U0543402

上海社会科学院哲学社会科学创新工程学术前沿丛书 · 第二辑

主 编：黄仁伟 叶 青

社会学理论前沿

主 编：杨 雄 李 煜

上海社会科学院出版社

上海社会科学院
SHANGHAI ACADEMY OF SOCIAL SCIENCES
1958

上海社会科学院哲学社会科学
创新工程学术前沿丛书·第二辑

编审委员会

上海社会科学院哲学社会科学创新工程学术前沿丛书概述

（代序）

当前，社会科学领域正面临大量理论和实践问题，需要理论界的证明和创新。上海社会科学院在“创新工程”的机制下，结合研究生教学和高端智库建设方向，于 2015 年初正式启动《上海社会科学院哲学社会科学创新工程学术前沿丛书》项目（下称“丛书”）。本丛书力图反映本学科最新研究成果和理论探索前沿，为研究生理论积累和博士阶段学习提供引导，同时也为授课教师提供基础性材料。

此次组织出版的丛书为 2015 年院“创新工程”和研究生院共同资助的第一批集中成果。丛书以马克思主义、毛泽东思想、邓小平理论、“三个代表”重要思想、科学发展观和“四个全面”为根本指导思想，以我院首批 38 个创新团队为骨干编辑撰写。整个申报评审过程秉承了院“创新工程”公开竞争，择优选取、差额资助原则，所有立项申请均委托第三方组织评审，根据申报质量进行差额资助，确定通过名单向全院公示。为确保编撰质量，成立了院领导牵头、各研究所所长组织、创新团队首席专家领衔、院部相关处室协同“四位一体”的组织框架和工作机制，为丛书的顺利出版提供了保障。

在此基础上，2015 年到 2018 年期间，我院将组织编写出版 60 部左右上海社会科学院创新工程学术前沿重点教材，作为上海社科院“创新工程”建设中的重要成果展示平台，也为建院 60 周年献上一份厚礼。整个项目将分两阶段陆续完成。第一阶段，第二至四年，每年编辑、审定和正式出版学术前沿教材 15 本左右；第二阶段，后一至二年，结合院“创新工程”各团队标志性成果，新增若干部国内顶级、国际一流的重要系列成果，并对已经出版的前期学术前沿进行必要修订与再版。

本丛书得到王战院长、于信汇书记的全面指导，黄仁伟副院长和叶青副院长策划监督执行，参与本次组织工作的人员包括：朱平芳、佘凌、胡晓鹏、汤蕴懿、王晓丰、杨璇。

上海社会科学院哲学社会科学创新工程
学术前沿丛书编委会
执笔：汤蕴懿
2016 年元月 1 日

目　录

第二篇　社会治理与社会发展

第三篇 社会问题与社会政策

第四篇 青少年问题研究

总论：多维视野下的社会发展与治理

进入21世纪以来，随着经济全球化进程的加快，我国的社会发展日益嵌入全球社会发展的进程之中，既受到全球化趋势的影响和作用，同时也以自身的转型实践为人类现代性发展提供了中国经验，这成为国内学术界从总体上认识中国道路的理论基点；与此同时，近10年来，随着社会转型的进一步深入，我国社会结构也不断调整并重组，不同阶层与利益群体的生产与再生产，直接影响了社会秩序的重新整合。学术界在关注社会阶层格局变动的同时，着力于关注阶级与阶层的社会生成，并对多样化的利益群体进行了深入分析，试图触及转型社会过程的内在逻辑；正是在社会深入发展的基础上，中国社会建设的实践进一步推进，不仅在社会政策、社会组织等方面都更注重本土化的实践与互动，而且也不断从社会政策与社会工作的角度介入社会发展的实践过程；同时也有学者关注结构分化背景下的社会心态裂变，着力讨论了社会共享价值观重建的重要命题；此外，自党的十八届三中全会以来，学术界面对依然处于快速分化过程中的社会现实，开始探索如何进行科学的社会管理并由此推进社会治理的进程，在分析中国传统与现代社会治理逻辑的基础上，寻找达成社会整合与社会秩序的路径。总体上看，社会学领域的理论与实证研究紧紧围绕中国社会发展的现实状况，在归纳和总结中国转型实践的同时也正在形成具有中国特色的学术话语，并力求与西方学术界形成对话与讨论。

第一节　中国社会转型与中国经验

改革开放30多年来，随着我国经济社会的快速转轨，也使得我国迅速从一个所谓的“计划社会”逐步转向“市场化社会”。市场体制的确立，不仅深刻地影响了经济关系的变动，同时更深入社会生活领域，并由此为新时期社会建设的进一步展开提供了基本的背景和条件。在这个过程中，中国经济社会发展在取得巨大成就的同时，也产生了如何认识中国社会、如何认识中国社会转型的现实问题。从近年来国内学术界的讨论来看，已经逐渐摆脱了西方学术话语的藩篱，开始形成基于本土发展实践的理论总结，也就是在讨论中国社会转型实践过程及其内在逻辑的基础上，进一步将其纳入中国道路和中国经验的分析中来。

一、社会转型的实践及其过程

长期以来，我国学者在分析中国社会转型与发展模式时，往往采用的是源于西方学术界的“国家与社会”关系分析范式。“国家与社会”是近年来国内外学界研究中国社会变迁的主导性视角。但当运用这一研究范式于本土实践时，研究者往往发现其先入为主地预设了“国家”和“社会”这两类系统的存在，由此可能：(1) 忽视西方社会理论建构中复杂和严苛的理论前提，或者(2) 仅仅关注社会变迁的某些片段，而略过了其复杂过程，(3) 把研究焦点放置在两类组织间的二元互动上，较少分析各自内部的分化和冲突及其对外部关系的影响和作用机制，从而简化了现实情境中正式权力与其施加对象之间的复杂关联。① 正是基于这一认识，在对中国社会转型实践及其内在逻辑的分析上，国内学者进行了理论方法上的创新，力求更贴近中国社会发展的现实。从相关研究来看，国内学者力图在全面展现中国社会转型整体面貌的同时，把握其本身特征及其内在逻辑。

作为改革开放 30 年总体回顾丛书的其中之一，李强主编的《中国社会变迁 30 年》基于人群和整体社会的原则，从整体上较为全面地展现了 30 多年来在社会领域各个方面的发展变化，这些领域包括社会各个群体在改革以后利益关系、地位关系的变化，社会结构的变化、社会政策的变化、组织制度的变化、城乡区域的变迁以及技术与社会变动等领域。在此基础上，研究者指出，中国社会变革与传承的特点分别为政府主导社会、整体利益社会、关系社会、

① 肖瑛.从“国家与社会”到“制度与生活”：中国社会变迁研究的视角转换[J].中国社会科学，2014,(9).

身份等级社会以及家庭伦理本位社会。①

与对社会变迁的整体分析相对应，以李友梅教授领导的科研团队则从近30年社会发展的历史过程入手，在展现不同阶段社会生活变迁面貌的同时力图把握社会转型的内在逻辑。在方法论上，他们努力超越"国家与社会"范式的理论想象，尝试从"制度与生活"的视角认识和理解中国社会生活的变迁，将改革开放30年来的社会变迁过程视为一个自主性不断生长的实践过程；②同时，这个过程也是一个党与中国社会之间始终存在着互相影响、互相认同又互相建构的现象，③并由此提出了当下社会公共性建设的重要问题。④

渠敬东、周飞舟、应星等青年学者借由政治经济学所生发出来的社会学视角，分析了中国社会转型的内在逻辑。他们将中国30年改革历程分为三个阶段：改革最初的10年形成的是以双轨制为核心机制的二元社会结构；20世纪90年代开始的全面市场化及分税制改革确立了市场与权力、中央与地方以及社会分配的新格局；进入21世纪后，行政科层化的治理改革得以实行，并成为推动社会建设的根本机制。由此，改革前的总体性支配权力为一种技术化的治理权力所替代。在他们看来，每个阶段都有其特定的社会问题，有其特定的改革突破口，有其特定的社会经济运行的逻辑，也必然形成其特定的社会矛盾和后果。正是在解决老问题而又形成新问题、转变旧机制而又构成新矛盾的曲折运动中展开的，而恰是在这样的曲折运动中，我们看到了中国社会转型所面临的机遇和挑战。⑤

从某种程度上看，改革开放30年来中国经济社会的快速转型，并不是一个完全被理论设计所主导的实践过程，而是中国国家与社会在持续的互动过程中，针对各个阶段不断出现的各种社会问题，不断转换问题的思维视角与认知方式，不断解决同时也形成了下一阶段新的社会矛盾的实践。在这个过程中，社会关系、机制与制度的变迁成为主导性因素，并形成了推动中国社会转型的内在动力来源。

---

① 李强. 社会变迁30年(1978—2008)[M]. 社会科学文献出版社，2008.

② 李友梅等. 改革开放30年：社会生活的变迁[M]. 中国大百科全书出版社，2008.

③ 李友梅，黄晓春，张虎祥. 弥散与秩序：制度与生活视野下中国社会变迁[M]. 中国大百科全书出版社，2011.

④ 李友梅，肖瑛，黄晓春. 当代中国社会建设的公共性困境及其超越[J]. 中国社会科学，2012，(4).

⑤ 渠敬东，周飞舟，应星. 从总体支配到技术治理——基于中国30年改革经验的社会学分析[J]. 中国社会科学，2009，(6).

二、转型的动力来源及其机制

正在进行中的我国经济社会转型可谓是人类历史上最为壮丽的发展过程之一，在短短三十多年，中国实现了经济领域从计划向市场的跨越式转变，与之相应的是政治、文化以及社会等领域的现代性转变，并由此共同构成经济社会的结构与制度性变迁，那么是哪些因素在推动这一剧烈转型的进程，其中的内在逻辑是怎样的，也是学术界关注的焦点之一。正基于此，社会学家在运用不同分析框架展现转型历程的同时，也深入探求触发、协调乃至于维系这一转型的社会机制。

对于推动中国社会转型的社会机制的分析，自 20 世纪 90 年代以来就成为社会学界关注的焦点之一。如李培林提出，社会结构转型是资源配置的另一只看不见的手，专注于对非正式制度、关系性社会结构等问题的经验研究和理论拓展，李培林及其团队在“社会结构转型论”框架下形成了由宏观到中观及至微观的系列研究。① 20 世纪 90 年代之后，孙立平的研究兴趣也逐步转向中国社会结构变迁，提出了“总体性社会”、“总体性资本”、“自由流动资源”与“自由活动空间”等重要概念和理论。进入 21 世纪进一步形成“实践取向的社会转型理论”，将实践社会学应用于社会转型研究，强调对作为实践状态现象的转型过程的四个环节，即过程、机制、技术和逻辑的分析。② 李友梅等人认为，在政府主导的背景下，与这些社会的不同面向相对应的社会力量如知识分子、市场、草根力量等都以各自不同的方式参与了社会的生产实践，并由此推动了中国社会转型。③ 可以说，这些研究取向更多地还是从“社会中心”的角度出发来观察社会转型。

针对于此，仇立平等人指出，应该在转型分析中“找回国家”，或者至少把国家和社会置于同等重要的位置，才能全面认识“国家”在社会改革中的重要意义，使社会学研究走向新的平衡。④ 关注国家在社会转型中的作用，就意味

---

① 臧得顺. 中国社会结构转型：理论与实证——对一个师承性学派研究成果的谱系考察[J]. 思想战线，2011，(4).

② 孙立平. 社会转型：发展社会学的新议题[J]. 社会学研究，2005，(1).

③ 李友梅等. 社会的生产：1978 年以来的中国社会变迁[M]. 上海人民出版社，2008.

④ 仇立平，刘博，肖日葵，张军. 社会转型与风险控制：回到实践中的中国社会[J]. 江海学刊，2015，(1).

着要关注社会转型实践中的路径依赖以及与此相联系的“实践感”，即要从“长时段”观察转型实践，并由此把握社会转型的内在逻辑，即强国家逻辑、市场逻辑与平民主义逻辑。① 此外，还有学者将中国的经济社会转型视为经济全球化过程变化中的一个重要组成部分，强调国家在转型中的作用。高柏认为，国家建设与市场建设是一个互动的、不可分割的过程；国家既是行动主体，也是结构，对经济与社会生活有重大影响。②

此外，王绍光借用卡尔·波兰尼的“大转型”理论指出，在20世纪90年代短暂地经历了“市场社会”的梦魇之后，中国已出现了蓬勃的反向运动，并正在催生一个“社会市场”。在社会市场中，市场仍然是资源配置的主要机制，但政府通过再分配的方式，尽力对与人类生存权相关的领域进行“去商品化”，让全体人民分享市场运作的成果，让社会各阶层分担市场运作的成本，从而把市场重新“嵌入”社会伦理关系之中。③ 同样，高勇、吴莹则将国家与社会的议题置于中国近代发展视野中，研究国家力量增强与社会活力激发这两个进程之间的动态关系和内在张力，并通过塑造身份认同、调整组织体系以及确立互动策略与手段等三方面展现了建设现代国家与激发民众活力的曲折进程。④

而今，中国社会转型的实践及其内在机制已经成为国内外社会学思想创新的来源之一。展望未来中国社会学的发展，作为人类文明的重要组成部分，中国社会转型的丰富实践不仅仅是本土现代性发展的理论来源，更是为全球现代性的发展提供了有益的补充，并由此为人类社会文明的进步提供了理论与知识财富。

三、中国经验与中国道路的实践意义

中国社会转型既是在全球化背景下展开的，同时也有着基于本土实践的特殊性，其所处的独特的历史背景也在一定程度上决定了中国社会发展的道路既要受到全球化经济社会发展趋势的影响，同时也有着本土实际所产生的独特性。正是从这个角度来看，中国社会发展道路与中国经验是中国向人类社会现代性发展所作的重要贡献。

---

① 仇立平，张虎祥. 当代中国社会治理及其逻辑[R]. 2014.

② 高柏. 中国经济发展模式转型与经济社会学制度学派[J]. 社会学研究，2008，(4).

③ 王绍光. 大转型：1980年代以来中国的双向运动[J]. 中国社会科学，2008，(1).

④ 高勇，吴莹. 国家与社会："强国"与新民的重奏[M]. 中国社会科学出版社，2015.

从国内外学术界对30多年来中国社会发展的解读上看，也经历了一个转变过程。经由20世纪90年代以来快速的市场化过程，市场经济体制已经在我国得以确立，但其市场发展的道路呈现出与西方明显不同的特征。与"华盛顿共识"相对应的，研究者将中国近30年来所取得巨大成就的经验概括为"北京共识"，即：其发展途径的驱动力，并非是让银行家高兴的愿望，而是在于对公平和高质量增长更基本的要求；从策略上来说，坚决进行革新和试验、积极维护国家边境和利益、不断精心积累具有不对称力量的工具。① 同时，更多的学者将之概括为"中国模式"，其特征在于向市场经济过渡过程中，市场经济制度主要不是依靠从外部（西方）"引进的"政策和规则，而是根据自己国家的国情和改革进程中形成的政策、规则、路径和方式，逐步实现国家的新制度安排。在这个过程中，中国在许多方面遵循了自由市场经济的发展模式，但在正式或非正式制度结构上，仍然带有从中央计划经济向更加市场经济转型的印记。②

从社会学的视角看，中国学者进一步将中国20世纪中期尤其是近30多年来经济社会发展的历史实践及其内在逻辑概括为中国经验，强调其所基于的复杂特征，即在全球化背景下的中国本土经验发展的内在逻辑与过程。李培林认为，"中国经验"是"东方现代化"新经验的重要组成部分，其有三个规定性，即不同于"中国模式"、"中国奇迹"，不仅仅指"成就"，也包括"教训"，包括走过的发展路程的一切特殊经历；特别指一些因为中国特定的人口规模、社会结构、文化积淀特点而产生的新的发展规则，一些对深化现代化道路认识有探索意义的东西；是开放的、包容的、实践中的、没有定型并在不断变化和发展中的经验。③ 作为人类发展的成果，"中国经验"包含着对三种现代性价值的实践探索和深刻反思，这就是"市场经济"、"民主政治"和"公正社会"。④ 郑杭生认为，中国经验或中国模式来源于对中国所做的事情、所走的道路的一种总结，反过来又指导自己进一步的实践，并且对别人的实践有一定的参考意义。这种模式、经验既区别于众多的资本主义发展的模式、经验，又区别于过去那些

① 黄平. 中国与全球化：华盛顿共识还是北京共识[M]. 社会科学文献出版社，2005.

② Michael A. Witt, China: What Variety of Capitalism? INSEAD Working Paper No. 2010/88/EPS.

③ 李培林. 东方现代化与中国经验[J]. 社会理论，2007，(1).

④ 李培林. 现代性与中国经验[J]. 社会，2008，(3).

失败的社会主义模式，是一种新型的中国特色社会主义的发展模式和经验。“中国经验”是中国社会上下结合、共同探索、互动创新的结果。中央经验是“中国经验”的核心、灵魂和指导。地方和部门经验、基层经验的重要性则在于它们共同构成了“中国经验”一个个亮点、一个个支点，共同标志着中国特色社会主义这种新型社会主义历程的一个个轨迹点、成长点。① 在此基础上，周晓虹进一步将作为一个拥有13亿人口的多民族在这场大规模的社会转型过程中所经历的精神历练与心理体验视为“中国体验”：中国人民在宏观变迁的背景下发生的价值观和社会心态方面的微观变化；人格的边际化或社会心态的两极化恰是中国体验的最重要特点；这种人格和社会心理嬗变因中国特定的人口规模、转型前后的经济与社会结构差异、历史悠久的传统文化、全球化的推动以及变迁的速度之快而带有一般的精神嬗变所不具备的特点；中国体验具有独特性，同时对其他民族或国家尤其是剧变中的发展中国家可能具有借鉴意义，一部分甚至可能在一定程度上加以复制。②

从大历史的角度来看，中国社会从20世纪中期以来尤其是近30多年以来的变迁可谓是人类社会发展史上一个极为壮丽的诗篇。正是从这个意义上看，中国道路、中国模式以及中国经验与中国体验，都构成了人类社会现代性发展的特定性经验，并且这种经验的获得既离不开全球化对中国社会的影响，更来自迥异于西方经济社会现实的东方本土社会实践。当然，无论是中国经验还是中国道路，目前仍然处于探索过程中，并没有形成相对稳定的模式，这也进一步体现了其开放性、实践性的特征。

第二节　社会结构分化与利益群体重构

社会结构变迁是中国社会转型的核心所在，同时也是社会学界最为关注的焦点所在，可以说，这一领域的发展代表了中国社会学学术发展的最高水平，尤其是近30多年来，与中国社会结构的快速变迁同步，社会学者在这一领域也不断提出新的理论与观点，涌现出了一大批极具理论价值与实践意义的研究成果。从现有研究看，主要体现在三方面：首先是对社会结构整体现状

① 郑杭生. 中国经验的核心[N]. 光明日报，2012－10－17.

② 周晓虹. 中国经验与中国体验：理解社会变迁的双重视角[J]. 天津社会科学，2011，(6).

的分析与未来发展趋势的判断；其次是对阶级阶层的生成实践与阶层固化现象的讨论；再次是对青年、妇女等社会利益群体的分析。

一、社会结构分化现状及其后果

围绕着当前社会分层结构的现状及其趋势，目前社会学界形成了四种不同的看法，即孙立平的“断裂社会”理论、陆学艺等人的中产化现代社会理论、李路路的结构化理论、李强和李培林的碎片化理论。① 虽然绝大多数学者都承认中国社会阶层发生了显著的分化，但他们对于分化的后果及未来的发展走向则有着不同的估计，在某些方面甚至是相互对立的判断，这成为当时社会分层研究领域争论的焦点。基于不同的理论分析，社会学家对中国社会阶级阶层结构的变动存在两种大致的判断，即所谓的“阶层化”与“定型化”。

较为乐观的判断认为中国的阶层结构正在“阶层化”，工业化和城市化提供了社会成员上升流动的机会，社会阶层结构正在形成一个以中间阶层为主体的现代社会阶层结构。② 基于这一判断，以陆学艺为首的课题组研究发现，改革开放以来，我国社会领域中的资源与机会配置已经发生重大变化，现代社会结构已基本形成。但与经济发展相比，我国社会结构滞后于经济结构大约15年。因此，进行社会体制改革，加强社会建设，调整社会结构，是目前和未来时期面临的重要任务。③ 卢汉龙也指出，中国能不能建成全面的小康社会，关键在于核心中产阶层能否和数量更为广大的直接生产者群体联合，有效地实现其与资本和强权的对话，保证社会公平，从而建设一个有“中产”、没有“阶级”的全面“小康社会”。④

而另一种判断认为中国改革后，阶层之间的继承关系在阶层相对关系模式中占据主导地位，原有的阶层再生产模式在城市社会的制度转型过程中被持续地再生产出来；⑤而更为悲观的看法认为社会阶层关系出现了“断裂”，社

---

① 李春玲.断裂与碎片：当代中国社会阶层分化实证分析[M].社会科学文献出版社，2005.

② 陆学艺主编.当代中国社会分层研究报告[M].社会科学文献出版社，2002；当代中国社会流动[M].社会科学文献出版社，2004.

③ 陆学艺主编.当代中国社会结构[M].社会科学文献出版社，2010.

④ 卢汉龙.转换中国社会发展的研究路径——以“小康阶层”取代“中产阶级”为尝试[J].探索与争鸣，2011，(11).

⑤ 李路路.制度转型与分层结构的变迁——阶层相对关系模式的双重再生产[J].中国社会科学，2002，(6).

会地位的差距形成了相互隔绝的上层社会和底层社会。[①] 更多学者还是强调了结构的定型化。如李路路指出，虽然代际关联度相对较低，但是代际继承性趋势仍然强于流动性，原有的社会分层秩序并没有因为再分配经济向市场经济转型而发生根本性变革。[②] 高勇利用全国六城市调查数据分析发现，中国城市代际流动出现了依类属分隔下的精英与非精英之间的樊篱。[③] 李强则明确指出，在中国当前社会转型的特殊时期，出现了社会分层群体、利益集体社会关系固化的现象，即当前中国社会阶层结构定型化了。表现为阶层之间的界限以及具有阶层特征的生活方式、文化模式逐渐形成；社会下层群体向上流动的比率下降；阶层内部的认同不断强化。[④] 他与王昊利用"五普"、"六普"的数据进一步证明，我国社会分层结构在两次普查期间有所进步，但整体仍然呈"倒'丁'字形"。制约我国社会分层结构优化的关键在于，社会日益分裂为"城市—农村"、"中小城市—超大城市"四个世界，不同世界之间社会分层结构迥异，并且差异有加强的趋势。我国社会结构的这种分化导致资源分布高度不均衡，并导致社会不稳定。改变此种分化局面需要推进城镇化均衡发展，改革资源分配体制，创新资源共享平台。[⑤]

其实，无论是"阶层化"还是"定型化"，都认为当代中国社会结构在经历了快速分化过程之后，正在进入重组并逐步趋于稳定的结构形态，并已经对社会政治活动产生了影响，如刘欣等人发现，阶层利益不但是联系阶层地位与投票行为的机制，而且还通过阶层认同阐明阶层地位与投票行为间的因果关联。[⑥] 但相对于西方较为稳定的社会结构，我国社会结构的变动性特征仍然较为突出。换言之，中国社会由于经济社会仍处于快速变动过程之中，尚未完全形成"常态社会"，阶级阶层的生产与再生产往往与阶层的固化同时并存，并由此形成了中国社会结构的复杂性特征。

二、新阶层的生成与结构固化

与社会结构变迁直接相关的是阶级或阶层的再生产。近年来，社会分层

---

① 孙立平. 断裂：20世纪90年代以来的中国社会[M]. 社会科学文献出版社，2003.

② 李路路. 再生产与统治：社会流动机制的再思考[J]. 社会学研究，2006，(2).

③ 高勇. 社会樊篱的流动——对结构变迁背景下代际流动的考察[J]. 社会学研究，2009，(6).

④ 李强. 社会分层十讲[M]. 社会科学文献出版社，2011.

⑤ 李强，王昊. 中国社会分层结构的四个世界[J]. 社会科学战线，2014，(9).

⑥ 刘欣，朱妍. 中国城市的社会阶层与基层人大选举[J]. 社会学研究，2011，(6).

研究开始摆脱阶层研究的方式,开始向阶级分析回归,开始关注到阶级的生产问题。仇立平认为,卡尔·马克思的社会阶级理论仍然适合分析当代中国的社会分层,并尝试运用稀缺性生产要素占有关系解读当下的中国阶级状况及其相互关系,认为阶级分化或冲突并不必然会导致阶级对抗,阶级合作是现代社会的一个理性选择。① 李路路等人在系统梳理当代社会学中阶级分析文献基础上指出,阶级分析视角的核心是基于社会关系所定义的结构性位置,是关于社会不平等以及相关社会现象的系统化的结构性解释。② 与这些观点相联系的是,大量的实证研究更多地关注农民工及其新工人阶级的生成过程及其现实状况。

作为阶级生产的核心,新工人阶级的生成一直以来就是关注的焦点。汪仕凯通过文献梳理,从阶级意识、阶级反抗的理由、阶级形成的场域、阶级形成的关键条件、阶级形成的模式等五个方面来展现阶级形成所包含的内容。③ 实证研究则更多关注农民工群体,如黄斌欢发现,新生代农民工呈现同时脱嵌于乡村与城市社会的特点,双重脱嵌下的新生代农民工处于持续不断的流动与漂泊状态,从而使得自为意义上的阶级形成面临重重困境。④ 郭于华等人认为,公民权利是工人阶级形成的前提条件,劳工阶级的出路在于形成自主的社会力量。工人的公民化过程,劳工权利亦即公民权利的获得与保护是解决劳资矛盾和转型正义的根本途径。就劳工问题而言,以能动社会的建设为先导,同时推进公民社会的建设,也许更为可行。⑤

与阶级生产相对应的趋势是出现了阶层固化的现象。正如前文所述,在社会结构快速分化的同时,20 世纪 90 年代以来出现了阶层固化的趋势。边燕杰和芦强认为,从宏观过程上看,阶层再生产容易形成阶层凝固化,地位的代际继承增强,资源在代际之间的继承性也随之加强,从而资源将集中在“二代”手中;从微观机制上看,教育资源作为影响代际流动的关键因素,也受到了父

---

① 仇立平.阶级分层:对中国社会分层的另一种解读[J].上海大学学报(社会科学版),2007,(2).

② 李路路,陈建伟,秦广强.当代社会学中的阶级分析:理论视角和分析范式[J].社会,2012,(5).

③ 汪仕凯.工人阶级的形成:一个争议话题[J].社会学研究,2013,(3).

④ 黄斌欢.双重脱嵌与新生代农民工的阶级形成[J].社会学研究,2014,(2).

⑤ 郭于华,黄斌欢.世界工厂的“中国特色”——新时期工人状况的社会学鸟瞰[J].社会,2014,(4).

代地位的影响，“二代”在教育资源的数量和质量上都会优于非“二代”，从而进一步加剧了阶层结构与资源的固化。[①] 李煜则认为，市场化和再生产的逻辑共同作用的后果是，社会流动机会的分布将以阶层高低分割为一个菱形结构：上层的精英阶层和社会底层多表现为家庭地位继承的流动模式，向上或向下的机会都不多，而处于中间阶层的大量普通社会成员受益于市场化进程所带来的社会开放性，其流动模式趋向自由竞争模式，他们会拥有较多的流动机会。[②] 李路路、朱斌也发现，我国总体社会流动率逐步提升，社会开放性呈波浪式变化，而代际继承在各个时期都是代际流动的主导模式。[③] 从相关经验研究来看，主要体现在对于精英如“官二代”、“知二代”以及“富二代”的研究，以及相对于底层如对新生代农民工、“蚁族”等的研究。这些研究基本上关注的是阶层地位在代际之间的传递和流动，主要的发现也基本说明阶层存在着相当程度的固化效应。

对于精英阶层的再生产研究，郑辉、李路路的研究发现，精英阶层的子女成为精英的发生比是非精英的子女成为精英的 1.925 倍，政治资本和文化资本、父代精英背景是不同精英地位产生的重要影响因素。[④] 孙明发现，1978 年以后干部选拔发生了绩效转向，教育成为重要的标准，而文化精英、经济精英的子代凭借教育上的优势更容易成为干部。其中，中高层干部的子代当干部的机会最大。[⑤] 重庆和浙江的定量研究也证明了这一点。[⑥] 底层研究则从另一面揭示了阶层固化的现象。王晓东发现，中国贫困阶层的产生是具有结构性特征的，自 20 世纪 90 年代以来，底层群体向上流动的机会、空间和渠道愈来愈狭窄，[⑦]一些局部研究也发现，农业劳动者阶层的代际流动的上升空间并不大，多数从农业劳动者阶层上升为产业工人阶层，跨越体力劳动阶层成为白

---

① 边燕杰，芦强. 阶层再生产与代际资源传递[J]. 人民论坛，2014，(3).

② 李煜. 代际流动的模式：理论理想型与中国现实[J]. 社会，2009，(6).

③ 李路路，朱斌. 当代中国的代际流动模式及其变迁[J]. 中国社会科学，2015，(5).

④ 郑辉，李路路. 中国城市的精英代际转化与阶层再生产[J]. 社会学研究，2009，(6).

⑤ 孙明. 家庭背景与干部地位获得(1950—2003)[J]. 社会，2011，(5).

⑥ “重庆市社会阶层状况调查分析”课题组. 社会阶层结构、社会流动与社会和谐：自重庆观察[J]. 重庆社会科学，2009，(9)；莫艳清，杨建华. 市场转型中的社会流动与内在机制：1978—2011——来自浙江省居民社会流动问卷调查的实证分析[J]. 浙江学刊，2013，(2).

⑦ 王晓东. 贫富差距的代际传承——对“穷二代”现象的透视与反思[J]. 甘肃社会科学，2011，(3).

领阶层存在较大困难，[①]与之相联系的还有如对大城市“蚁族”的研究，[②]等等。尽管在社会分层结构中这些群体较边缘化，但是从他们在社会阶层空间向上流动的机会日益狭窄反映出当前社会阶层的固化，也为我们拓宽“贫二代”研究视野提供了新的思路。

从某种程度上看，阶级生产与阶层固化均基于财富分配逻辑，由此形成了推动社会分化的结构性力量。但与此同时，李友梅也指出，风险社会作为对中国社会结构产生关键性影响的另一种力量开始崛起，风险分配逻辑与财富分配逻辑在中国语境下的互动将使中国社会结构在新世纪出现一种新的趋势。[③]风险视角的引入，意味着社会结构分化的推动力量在多元化、复杂化，对于经济社会发展的常态化来说是需要注意的问题。

三、利益群体的多样化发展

在社会结构分析中，利益群体分析也是一个重要的理论分析视角。李强较早提出了依据经济利益获得的不同划分利益群体的分析思路。[④] 近年来，随着市场经济的进一步发展，社会群体的利益分化日益明显，或以职业与业主等后致身份，或以性别年龄等先赋身份，当代中国的利益群体格局已经呈现较为明显的多样化发展。

相当多的研究以职业或业主等后致身份而展开，如市场经济转型以后出现的小区业主，因其表达利益诉求的维权而广受关注。郭于华等人在分析当前城市业主维权与社区建设的实践过程的基础上考察了住房商品化的经济、社会与政治后果，运用“居住的政治”等概念解析了其中国家、市场与社会的复杂互动关系以及其内在的机制与逻辑。[⑤] 黄荣贵则关注了业主从参与到维权转变的实践过程，并由此分析了业主行动的变迁与行动策略。[⑥] 桂勇等人也开

---

① 杨建华，张秀梅. 浙江社会流动调查报告[J]. 浙江社会科学，2012，(7)；王甫勤. 上海城市居民的社会分层与流动研究[J]. 中国人口科学，2012，(5).

② 廉思. 蚁族：大学毕业生聚居村实录[M]. 广西师范大学出版社，2009；蚁族Ⅱ：谁的时代[M]. 中信出版社，2010.

③ 李友梅. 从财富分配到风险分配：中国社会结构重组的一种新路径[J]. 社会，2008，(6).

④ 李强. 当前中国社会的四个利益群体[J]. 学术界，2000，(3).

⑤ 郭于华，沈原，陈鹏. 居住的政治：当代都市的业主维权与社区建设[M]. 广西师范大学出版社，2014.

⑥ 黄荣贵. 从参与到维权：业主行动的变迁与行动策略[M]. 上海社会科学院出版社，2014.

展了对基于职业的利益群体的分析，如以医生群体的心态为主线，以经验研究为基础，深入地刻画医生群体的心态与思维模式，及其心态产生的制度与关系背景。①

对于性别年龄等先赋身份，学者更多地以社会转型的视角来进行讨论。例如，陈映芳利用"角色"的概念联结社会与个人，用来分析其相互关联结构，由此分析了青年角色在社会变迁过程中的结构化过程；②李春玲则关注了 80 后群体，从 80 后群体的内部差异、80 后大学生的生活境遇及 80 后青年的社会政治态度四个部分，全方位展现了这一代人在社会变迁背景下的生活境遇及他们的应对和态度；③风笑天则系统考察了社会变迁与青年的教育、青年的就业、青年的婚姻与家庭、青年亚文化、青年群体、青年社会问题等方面之间的关系以及社会变迁对这些方面的影响。④ 这些围绕 80 后、90 后群体展开的研究普遍关注的是青年价值观的变动，杨雄指出，近 20 年来，青年在接受社会文化和价值观影响的同时，也在不断地挑战主流文化及其价值观，创造其新的文化和价值观。⑤

与之相应，社会变迁中的妇女群体也产生了极大的转变。吴小英运用女性主义视角的中国本土经验议题梳理和日常现象分析，突出了性别议题与全球化、国家、市场、传统文化以及社会变迁等因素之间的关联性。⑥ 刘筱红、赵德兴等人则关注了农村妇女的变迁，从其解放的历史背景与启悟、经济角色与经济地位的重构以及性别角色与地位及平等文化系统构建等几方面展现了改革开放以来中国农村妇女社会地位变迁。⑦ 陈琼以现代国家建构为视角，以政党、政府、妇女组织、妇女个体的关系结构为主线，通过梳理和剖析妇女组织的生成、流变、融合与发展的脉络，洞悉百年来国家建构与妇女参与公共行动之

---

① 黄荣贵，桂勇，冯博雅，孙秋梦，郭巍融，衣然. 当代中国医生心态研究[M]. 上海社会科学院出版社，2014.

② 陈映芳. "青年"与中国的社会变迁[M]. 社会科学文献出版社，2008.

③ 李春玲. 境遇、态度与社会转型：80 后青年的社会学研究[M]. 社会科学文献出版社，2013.

④ 风笑天等. 社会变迁中的青年问题[M]. 北京大学出版社，2014.

⑤ 杨雄. 主题与变奏——基于对 20 年来中国青年价值观演变的结构分析[J]. 当代青年研究，2012，(1).

⑥ 吴小英. 回归日常生活：女性主义方法论与本土议题[M]. 内蒙古大学出版社，2011.

⑦ 刘筱红，赵德兴，卓惠萍. 改革开放以来中国农村妇女角色与地位变迁研究：基于新制度主义视角的观察[M]. 中国社会科学出版社，2012.

间的内在逻辑。[①] 在关注社会变迁对妇女群体影响的同时，也有学者对女性性别发展与自我意识进行了分析。刘爱玉、佟新指出，中国男女两性的性别观念处于传统与现代的过渡状态，但女性的性别观念总体上更趋现代，越年轻者性别观念越趋向于现代；男性的性别观念更偏传统，且在不同年龄群体间表现出高度的一致性与稳定性；[②]夏国美、刘潼福在女性主义的自我批判中对女性主义陷入现有理论困境的原因进行了系统的梳理，发现女性主义若不确立自己的人本基点就无法摆脱男性思维的束缚而建立自己的理论。但现今所有的文明都是女性依附男权的文明，其中无法找到不被歪曲的女性真正的人本，唯有史前女神崇拜的社会中才可能发掘女性真实的人本。[③]

社会转型所带来的快速社会分化，已然使得中国社会的群体格局与关系结构发生了极为重要的变动，在这个过程中，不同群体的发展轨迹以及社会心态价值观总体上正在从传统向现代过渡，但这一现代性获得的过程无疑是漫长的，其间所蕴含着的矛盾和冲突也贯穿其始终，由此也体现出了社会转型的复杂性特征。

第三节　社会建设的理论与实践

面对经济社会快速发展所带来的深层次社会问题与社会矛盾，2004 年党中央提出了“构建社会主义和谐社会”的战略目标。其目标在于扭转以往重视经济建设、重视市场推进的偏颇，转而强调社会建设。在党的十七大报告中，首次将社会建设同经济建设、政治建设、文化建设并列。社会建设的提出，在一定程度上意味着社会生活领域的问题如社会阶层分化，收入分配差距特别是城乡差距、行业差距拉大等问题开始得到了重视，而不同利益群体出现，以及利益群体之间错综复杂的矛盾也开始进入党和政府的视野。近年来，社会建设已经从理论进入实践层面，对于社会事业与社会政策实践的研究逐次展开；同时，不仅仅关注物质层面，社会心态层面的共享价值观重建也提上了议事日程。

---

① 陈琼.现代国家建构与妇女公共参与：组织变迁的视角[M].社会科学文献出版社，2011.

② 刘爱玉，佟新.性别观念现状及其影响因素——基于第三期全国妇女地位调查[J].中国社会学，2014，(2).

③ 夏国美，刘潼福.女性主义的东方之路[M].上海人民出版社，2015.

一、社会建设与体制改革

从某种程度上看，社会建设的提出，意味着党和国家的社会政策导向发生了巨大的转变，即从以往的“以经济建设为中心”，逐步转向经济与社会并重的发展。郑杭生指出，社会建设是从社会所处的现实发展阶段出发，顺应社会发展的趋势，遵循社会发展的客观规律，动员各种社会力量，在社会领域从事的各项建设。其主体由政府、社会组织（包括非政府组织）及公民构成，其原则是社会的公平与正义。① 陆学艺也指出，社会建设至少有三类界定：一是指创建一个既能监督政府又能驾驭市场的社会；二是认为社会建设就是社会现代化过程，或者建设一个现代化社会，主要指社会结构的合理化和现代化过程；三是认为社会建设就是发展社会事业和民生事业。② 陈光金则从社会建设本身的客观依据、根本目标和行动路径等三个层面对“社会建设”的概念进行了界定，并由此衍生出社会建设的三大领域——基本民生建设、社会秩序建设和现代社会管理模式建设。③ 从总体上看，社会建设的核心仍然在于“社会”，即如何促成社会关系的建构与社会秩序的形成，由此也就提出社会体制转变的现实问题。

在社会关系的建构上，许多学者已经看到了社会转型所带来的关系变迁对于社会整合的影响。如王春光认为，在过去30多年中国从传统的农业社会迈向现代的工业社会过程中出现巨大的社会关系变迁，社会关系的“个体化”表现为生产领域和再生产领域，在很大程度上已经损害了中国社会秩序的社会基础。要化解个体化这一重要社会风险，要进一步进行福利国家制度建构；发挥既有的传统资源（如家庭功能、社区合作），提升社会自主能力。④ 张静指出，社会整合“事”虽在基层行动领域，“理”却在宏观结构领域，它看起来是求诸管理之道，实质上是探寻社会成员共享的利益及价值的协调机制，关键是公共制度建设。⑤ 由此，社会建设的核心之一就体现为社会体制的改革。

---

① 郑杭生.社会建设的前沿理论研究，载陆学艺主编.中国社会建设与社会管理：探索.发现[M].社会科学文献出版社，2011.

② 陆学艺.社会建设论[M].社会科学文献出版社，2012.

③ 陈光金.社会建设重点领域相关问题探析[J].北京工业大学学报(社会科学版)，2011，(5).

④ 王春光.个体化背景下社会建设的可能性问题研究[J].人文杂志，2013，(11).

⑤ 张静.社会建设：传统经验面临挑战[J].江苏行政学院学报，2012，(4).

社会体制改革是近年来社会学界讨论的焦点之一。李培林认为，社会体制改革的核心议题是不但要处理好政府与社会的关系，还要处理好市场与社会的关系。要更好地发挥社会力量的作用，一方面注重新的社会组织的发育，另一方面也要注重已有的社会组织的职能和机制转变。① 李友梅也指出，当前社会体制改革面临着与政治体制不衔接、公共性缺失、社会组织发展水平低等问题，因此，必须要设定这个改革的不同阶段的可预期合理目标，以及借助相对集中的决策、执行体系有效实施社会体制改革的整体战略规划。② 总体上看，社会体制改革作为社会建设的重点领域，已经成为学术界的共识。

同时，新型城镇化与新农村建设成为新时期社会建设与发展的热点。周飞舟指出，我国近年来的城市化实际是由“土地—财政—金融”的循环过程推动下的土地城市化，这种模式造就了经济的高增长和城市繁荣，同时也在累积着巨大的金融风险和社会风险。③ 新农村建设的政策在2008年前后在实践中开始服务于地方的土地城市化，在许多地方出现了“城市出钱、农民上楼、城市扩张”的情况，背离了以农村经济社会发展为中心的初衷。党的十八届三中全会提出“新型城镇化”则试图扭转这种发展模式，是以人为核心的城镇化，④关键在于农民的市民化。⑤ 陆学艺指出，只有把推进城镇化纳入社会建设总体规划，并积极推进农民工市民化，才能真正破除城乡二元格局，实现城乡一体化。⑥ 周飞舟、王绍琛则基于成都市以政府主导、资本介入的方式推动了农民集中居住（“农民上楼”）与农业的规模经营（“资本下乡”）模式，讨论了政府、资本、农民在这个过程中的得失损益和当前以“土地经营”为中心的城镇化模式的问题所在，以及转向“以人为本”的城镇化的历史必然性。⑦

从某种程度上看，社会建设意味着社会关系结构与制度框架的转型，在这个过程中，需要破除以往制约社会和谐发展的制度性瓶颈，从而真正实现以人为本、以社会为依归的社会实体性发展。正是从这个意义上看，作为纵横两个

---

① 李培林. 社会治理与社会体制改革[J]. 国家行政学院学报，2014，(4).

② 李友梅. 深刻认识当前中国社会体制改革的战略意义[J]. 探索与争鸣，2013，(3).

③ 周飞舟. 以利为利：财政关系与地方政府行为[M]. 上海三联书店，2012.

④ 文军. 城镇化的核心是人的城镇化[N]. 光明日报，2013－10－16.

⑤ 李强. 城镇化的关键是农民市民化[N]. 人民日报，2013－08－11.

⑥ 陆学艺. 遵循社会建设原则，积极稳妥推进城镇化[J]. 北京工业大学学报（社会科学版），2013，(5).

⑦ 周飞舟，王绍琛. 农民上楼与资本下乡：城镇化的社会学研究[J]. 中国社会科学，2015，(1).

维度的社会体制的新旧转换以及城乡统筹一体化将成为今后社会建设展开的关键所在。

二、社会政策发展与社会工作实践

作为社会建设的重要指向，党和政府进一步加强了“以民生为重点的社会建设”，相继在教育、医疗卫生制度、劳动就业、社会保障与福利制度等领域推出了一系列社会政策和改革，在满足民众社会生活需求的同时也在一定程度上缓和了社会矛盾。王绍光指出，政府通过再分配的方式，尽力将对与人类生存权相关的领域进行“去商品化”，让全体人民分享市场运作的成果，让社会各阶层分担市场运作的成本，从而把市场重新“嵌入”社会伦理关系之中。① 作为社会建设的重要内容，社会政策与社会保障领域得到了持续的关注，并通过社会工作的发展得到了进一步体现。

从社会政策领域来看，许多学者都关注到国家社会政策的发展。李迎生认为，当前国家主导型社会政策强调国家在社会福利方面的基本职责，同时借助市场机制的作用，并注重发挥社会、社区、家庭乃至个人等各方面的力量，以实现国民社会福利的最大化。② 岳经纶认为，中国的社会政策持续扩张，包括中央政府在社会福利和服务的角色得到了加强、我国的社会政策体系变得更具有包容性、地方政府积极进行社会政策创新（local activism）与地方福利国家（local welfare state）的形成、社会组织得到的发展及其在社会服务中的角色加强以及社会服务的快速发展和专业社工队伍的成长。③ 李培林则从社会学角度给出了社会政策选择的走向和思路，包括就业和劳动关系方面的体制改革、收入分配体制改革、社会保障体制改革、城乡管理体制改革、教育和科技体制改革、社会事业单位的体制改革、社区和社会组织管理体制改革、促进社会团结的社会阶层政策、稳定低生育水平的人口政策、综合治理的社会治安政策以及保护优先的生态环境政策。④

在社会保障领域，改革开放以来的体制机制进一步转变。郑功成与邓

---

① 王绍光. 大转型：1980年代以来中国的双向运动[J]. 中国社会科学，2008，(1).

② 李迎生. 国家、市场与社会政策：中国社会政策发展历程的反思与前瞻[J]. 社会科学，2012，(9).

③ 岳经纶. 社会政策与“社会中国”[M]. 社会科学文献出版社，2014.

④ 李培林. 社会改革与社会治理[M]. 社会科学文献出版社，2014.

大松、刘昌平分别回顾了改革开放30年来这一领域的发展，他们普遍认为，随着经济体制改革的逐渐深入和经济社会结构的不断调整，社会保障制度面临的困难和需要解决的问题也日益凸显。当前，社会保障体系不完善与人民群众日益增长的社会保障需求是构建和谐社会的突出矛盾之一。① 社会保障领域一些深层次问题逐步显现出来，典型的如社保双轨制、老龄化带来的养老保障以及社保体系的城乡统筹与跨省转移等体制机制的创新逐步提上议事日程。郑功成认为，当前中国社会保障体制面临着利益失衡与利益固化的藩篱，人口老龄化、少子高龄化带来的压力，大规模的人口流动与就业的灵活性、高流动性的应对，体制性障碍造成的路径依赖以及现行社会保障制度存在的缺陷等挑战；同时，他也提出了加强社保体系顶层设计、优化基本保障制度、调动市场与社会资源、确保事责与财权相统一、相关配套改革协同推进以及加强社保法治化等建立等建议。② 可以说，社会保障这一领域的各项体制改革与机制创新，都事关全体公民的切身利益，也是社会建设的重中之重。

与社会政策发展同步的是社会工作的兴起，相关的理论研究与实践干预也正在展开。面对社会建设的新形势，社会工作既存在发展机遇，也面临着挑战。文军认为，当前我国的社会工作正面临着许多困境，充满着许多严峻的挑战。③ 李迎生、方舒认为，目前中国的社会工作发展尚存在着两种模式并存、过渡性、不平衡性和民间组织发育不良等问题。中国社会工作模式必须在结合中国国情、借鉴国际通则、克服自身缺陷的基础上，实现创新与发展。④ 基于社会工作实践案例的讨论，郭伟和等人指出，把理论研究嵌入反思行动的实践过程。实现理论和实践的反思对话，就能够更好地平衡好社会工作价值投入和干预效力之间的紧张关系。⑤

从某种程度上看，在社会建设中，社会保障具有重要的基础性地位，是其物质性基础与保障，并最终导向抵御风险、建设安全社会、提高人们福祉、为人

---

① 郑功成. 中国社会保障30年[M]. 社会科学文献出版社，2008；郑大松，刘昌平. 改革开放30年中国社会保障体制改革回顾评估与展望[M]. 中国社会科学出版社，2009.

② 郑功成. 中国社会保障改革：机遇、挑战与取向[J]. 国家行政学院学报，2014，(6).

③ 文军. 当代中国社会工作发展面临的十大挑战[J]. 社会科学，2009，(7).

④ 李迎生，方舒. 中国社会工作模式的转型与发展[J]. 中国人民大学学报，2010，(3).

⑤ 郭伟和，徐明心，陈涛. 社会工作实践模式：从“证据为本”到反思性对话实践[J]. 思想战线，2012，(3).

的自我实现增能的社会质量。[①] 正是从这个意义上看，必须要着力于提升其保障覆盖面与水平，这就需要在相关体制机制方面加以创新；与此同时，社会政策的国家主导型的特征也反映国家在社会建设中的重要作用。

三、社会心态与共享价值观的重建

从某种程度上看，要推动社会建设的进一步深化，不仅仅要关注社会保障与社会政策，更要关注社会心态的变动与共识的凝聚。随着社会结构和群体利益的分化，不同群体的社会态度差异性逐步扩大，一些原有的共识被消解，而新的认同并未建立。如何重新凝聚共识、建立和谐良性的群体互动模式，已经成为当前亟待解决的重大理论和现实问题。[②] 据此而论，国内学术界关于社会心态与社会认同的研究逐步兴起，更加关注社会建设的心理层面，在描述转型期社会心态多样化的同时，也提出了重建共享价值观与社会认同的现实路径。

王俊秀认为，所谓社会心态，是在一定时期的社会环境和文化影响下形成的，社会中多数成员表现出的普遍的、一致的心理特点和行为模式，并成为影响每个个体成员行为的模板。对于处于转型期的中国社会来说，社会心态由于社会环境的变化而表现出相当的动态性，又因为全球化大背景下中西文化的交汇和冲撞而表现为相当的复杂性。[③] 周晓虹则认为，因个体与群体关系的紧张乃至冲突引发的心态秩序的危机问题，虽然作为客观的社会事实已经存在，但并没有立即引起整个社会在主观上的重视。作为一种社会事实，社会心态的失序问题最终落入人们的视野，既与学界和媒介的讨论与曝光有关，也与2004年后国家提倡建构"社会主义和谐社会"导致的公共性解释框架的变化有关：对"和谐"而不是"革命"或"发展"的强调，使媒介、公众乃至整个社会都有可能对种种不和谐的社会现象中反映出的心态失序问题表现出应有的敏感。[④]

周晓虹认为，在新中国成立后的前30年，中国共产党通过一系列政治运动实现了对中国社会的改造和整合，也使中国人的传统社会心理在分化变动之后走向高度同一；在此后30年，改革开放的伟大实践打破了僵化和保守的

---

① 张海东. 社会质量视角中的社会风险应对[J]. 江海学刊，2011，(3).
② 李煜主编. 上海市民社会态度报告(2014)[M]. 上海社会科学院出版社，2014.
③ 王俊秀. 社会心态理论：一种宏观社会心理学范式[M]. 社会科学文献出版社，2014.
④ 周晓虹. 转型时代的社会心态与中国体验[J]. 社会学研究，2014，(4).

意识形态，中国人的社会心态在经历了一系列波折之后发生了积极的嬗变。经过60多年的变迁，中国人的价值观与社会心态变得越来越理智和成熟、越来越开放和多元、越来越主动和积极，也越来越具有全球意识。① 李汉林等人的研究也表明，以2012年为基点，2013年和2014年中国的社会景气与社会信心指数呈现稳步上升的态势。② 与此同时，当前社会心态存在着以下一些突出问题：社会的总体信任进一步下降；自认为底层的民众感到不安全感、不公平感更高；社会进一步分化，群体之间的摩擦、冲突增加；社会转型中社会矛盾和冲突不断凸显；民众的权利意识增强；社会共享价值缺乏，社会共识难以达成。③

正基于此，要进一步推进社会建设，就必须要关注不同社会阶层的社会心态，重建社会共享价值观。而社会共享价值观的重建必须以朴素的个人价值观为基础，要坚守一些正经受冲击的传统社会美德，在尊重个体价值观的基础上引导社会共享价值观的形成，使得社会共享价值观的建立进入良性运行轨道，提高社会凝聚力，推动社会不断发展和进步。④ 从某种程度上看，新时期社会建设的关键就在于能否形成共享的社会价值观，由此推动社会整合与社会秩序的形成，并以此为社会的稳定与发展提供有效的支撑。

第四节　复杂社会的管理与治理转向

进入21世纪以来，随着中国日益融入全球经济体系，外部环境对国内经济社会的影响日益显著。与此同时，市场经济的进一步发展也产生了许多失灵现象，形成了许多社会问题与社会矛盾。此外，随着信息技术的发展以及在社会生活中的普及，使得社会公共领域的发展日趋明显。这些都使得一个相对独立的社会领域逐步浮现，进而对社会治理提出了新的更高要求。正是在这一背景下，党和国家于2004年提出了“建设社会主义和谐社会”，在2006年

① 周晓虹. 中国人社会心态六十年变迁及发展趋势[J]. 河北学刊，2009，(5).

② 张彦，魏钦恭，李汉林. 发展过程中的社会景气与社会信心——概念、量表与指数构建[J]. 中国社会科学，2015，(4).

③ 王俊秀，杨宜音主编. 社会心态蓝皮书：中国社会心态研究报告(2012—2013)[M]. 社会科学文献出版社，2013.

④ 王俊秀，杨宜音主编. 中国社会心态研究报告(2014)[M]. 社会科学文献出版社，2014.

进一步明确了社会管理格局的基础上，在 2013 年提出了“构建国家治理体系和提升国家治理能力”。由此，也意味着中国社会治理逐步从建设、管理转向了治理的新时期。从学术界的相关研究来看，主要围绕创新社会管理与社会治理及其相关领域展开。

一、结构性风险与社会应对

随着改革开放进入深水区，一些经济社会高速发展所累积下来的矛盾日益显现；与此同时，随着社会开放性程度与流动性的增强，由这种快速流动性带来的个体的“脱嵌”，个体身份重要性增加以及身份认同政治、新型社会性的出现，即作为个体的个人之间的社会互动的“个体化”日趋明显。① 由此，社会矛盾的显现与个体自主性增强的交互作用，使得社会整合与社会秩序面临着结构性的风险，并推动了社会管理向社会治理的转向。

2003 年发生的“非典”危机以及随之而来的一系列自然灾害、社会矛盾与冲突等的发生，使得由德国社会学家贝克提出的风险社会理论进入国内学术界，并被用于分析和解释当前我国面临的社会风险。李路路认为，当代中国社会因巨大的社会变迁已经进入一个“风险社会”甚至是“高风险社会”。② 强调由于经济社会快速发展所带来的贫富差距拉大、自然环境破坏以及社会矛盾的加剧，等等。但肖瑛指出，中国的“风险社会”非完全贝克意义上的“风险社会”，不能简单地照搬“风险社会”概念到中国，也不能完全遵循该理论的逻辑来分析中国风险社会的形成和规避机制。③

20 世纪 90 年代中期以来，在市场化取向的改革不断向纵深发展的同时，一些深层次的社会矛盾也在不断积累和暴露：利益失衡、分配不公、腐败盛行、权力失控等社会政治问题日趋严重，这些问题最后汇聚成一股空前的群体性抗争行动热潮。④ 邓伟志认为，从深层次看，当前社会矛盾主要体现为贫富矛盾、官民矛盾、文化矛盾等。⑤ 蔡禾指出，要正确评价当前的社会矛盾主要是围绕经济利益展开，化解社会矛盾不仅需要建立公平的利益诉求机制，更需要

---

① 阎云翔. 中国社会的个体化[M]. 上海译文出版社，2012.
② 李路路. 社会变迁：风险与社会控制[J]. 中国人民大学学报，2004，(2).
③ 肖瑛. 风险社会与中国[J]. 探索与争鸣，2012，(4).
④ 应星. 中国的群体性抗争行动[J]. 二十一世纪，2012，(12).
⑤ 邓伟志. 中国当今社会矛盾的特点与解决途径[J]. 探索与争鸣，2010，(1).

培育进入利益博弈场域中的弱者的博弈能力。实现社会管理目标必须以保障民生、保障民权、培育社会组织的自组织能力为基础。① 张静指出，随着单位职能的收缩与广泛的社会流动发生，社会应责和协调机制式微，个体和公共的连接关系不再，越来越多的社会成员面临没有组织向自己负责的局面。由此，主要发挥上述作用的社会机制衰退导致了社会情绪的政治性的转化。② 赵鼎新则从合法性的角度出发，指出在意识形态和程序合法性严重不足的情况下，执政绩效成了当前中国政府最为主要的合法性基础。③

虽然目前经济社会矛盾相当突出，但政治仍保持着大体的稳定。学者普遍认为，必须转变现有的维稳思维，以利益表达制度化实现长治久安。李路路认为，面对日益分化的社会阶层和日益深化的市场化程度，"公开"、"参与"与"平衡"是协调社会矛盾与冲突、重塑社会秩序的基本理念和方向。④ 孙立平等人认为，要实现真正的社会和谐与稳定，就必须彻底转变思路，形成维护社会稳定的新思维，把利益表达和社会稳定作为同等重要的双重目标，以法治为核心，推进市场经济条件下利益均衡与利益表达的制度化建设，形成社会长治久安的坚实基础。⑤ 应星认为，为了真正实现社会和谐稳定，必须消除"不稳定幻象"，形成关于社会稳定的新思维；缓解维稳工作的压力，形成宽松和理性的问题解决氛围；破除僵硬的维稳机制，形成以利益均衡机制为主导的社会矛盾化解新模式。⑥

从其理论创始以来，秩序与进步一直是社会学研究的永恒主题，尤其是在当下面对正处于快速转型中的中国社会，社会矛盾的增多以及社会风险的集聚愈益凸显出协调利益格局、创新社会管理与协同治理的意义与价值，这也成为社会建设进一步深化与转向的动因所在。正是在这个意义上，吴忠民认为，社会矛盾在实践中应当将社会矛盾视为社会发展进程中的"常态"现象，把维护和促进社会公正作为解决社会矛盾的关键，积极推动法治建设，有效化解社

---

① 蔡禾. 利益诉求与社会管理[J]. 广东社会科学，2012，(1).

② 张静. 通道变迁：个体与公共组织的关联[J]. 学海，2015，(1).

③ 赵鼎新. 当今中国会不会发生革命？[J]. 二十一世纪，2012，(12).

④ 李路路. 社会结构阶层化和利益关系市场化——中国社会管理面临的新挑战[J]. 社会学研究，2012，(2).

⑤ 清华大学社会学系发展研究课题组. 以利益表达制度化实现社会长治久安[J]. 领导者，2010，(33).

⑥ 应星. "气"与抗争政治[M]. 社会科学文献出版社，2011.

会矛盾的制度风险。[①]

二、创新社会管理的理论与实践

随着社会建设的进一步深化，创新社会管理开始成为党和国家社会建设战略的重要组成部分。2006年党的十六届四中全会提出，要"建立健全党委领导、政府负责、社会协同、公众参与的社会管理格局"。2011年以来，随着国际国内经济社会形势的变动，党和国家开始着力将创新社会管理作为推动社会建设的关键所在。在这种状况下，社会建设的内涵进一步丰富，从原先的以民生——与民众生活相关的各种物质性利益的分配逐步转向了社会利益关系的协调和社会秩序的重建。

对于社会管理体制创新，社会学者更重视其对于社会关系协调，并以此来建立有序的社会秩序。孙立平认为，社会管理的真正目的是改善人类的生存状况。而积极的社会管理则以主动的建设和变革为手段，以改善社会的状况，建设一个充满幸福感的、更好的社会为目标。公平正义是积极社会管理的实现途径。健全社会机制是积极社会管理的关键。[②] 郑杭生提出，要正确把握社会建设和社会管理的关系，要重视国家、市场和社会的有效整合与合作，要实现"组织构架的再造"，处理好利益多元化格局的关系，要在解决好各种关系的基础上努力实现科学管理。[③] 杨雄等人则从理论与上海实践的角度，对社会管理创新中的关键问题进行了系统论述，提出了更新社会治理理念，充分利用社会各方力量，完善社会治理的体制、机制和政策体系等方面的探索和思考。[④]

在创新社会管理的具体路径上，基于不同的理论视野，学术界也提出了不同的实现模式。如基于市民社会理论，学者会更多地强调社会自我的协调能力，以及社会的这种自我协调能力与国家管理间的相互协同对于形成良性社会秩序的意义。他们因此特别关注作为市民社会重要构件的各类社会组织在创新社会管理中的作用。王名指出，社会组织的快速增长及其在社会生活中

---

① 吴忠民.社会矛盾倒逼改革发展的机制分析[J].中国社会科学，2015，(5).

② 孙立平.走向积极的社会管理[J].社会学研究，2011，(4).

③ 郑杭生.走向有序与活力兼具的社会——现阶段社会管理面临的挑战及应对[J].西北师范大学学报，2013，(1).

④ 杨雄，周海旺主编.上海社会发展报告(2015)：从社会管理转向社会治理[M].社会科学文献出版社，2015.

作用的彰显，大大拓展了社会的包容力与多元化格局，在增大社会资本的同时提高了公民参与社会生活的能力及其张力，加快了我国走向公民社会的历史进程。① 同时，受到治理理论的影响，丁元竹指出，完善"多元治理结构(机制)"对于当前中国社会管理创新的重要意义，并强调在国家引导下形成多中心协商制度网络的现实必要性。② 唐文玉指出，当前中国社会管理创新的基本方向，就是要在新的历史时期建构出一种国家主导的、规范有序的"双轨政治"格局。③ 李友梅则从中观层面分析指出，社会管理的创新关键在于如何处理好纵向整合与横向协调机制之间的有效衔接，即以何种方式能够推动公众参与并形成有效的社会协商，在激发社会内在活力的同时来强化纵向秩序的合法性，实现有效的社会整合。④

从某种程度上看，社会管理体制的改革与创新回应了社会建设的主题，换言之，也就是社会建设必须关注社会关系的重建与社会秩序的稳定有序，要能够激发社会内在活力，推动社会主体参与到社会管理格局中来，并由此创新社会机制，从而实现社会的和谐稳定与发展。

三、社会治理与社会秩序的建构

近年来，随着社会建设的进一步深入，经济社会中原先积累着的许多深层次问题逐步显现出来，简单地靠政府在民生领域的社会政策已经难以解决；市场化转轨以来所兴起的经济主体的多样化，与日益兴起的公民社会组织的出现，使得社会权力结构日趋复杂化。同时，经济社会领域事务和问题的复杂性程度不断提升，单一主体已经很难以有效应对。由此，传统社会管理的思路逐步被社会治理的思路所取代，并且随着全社会对经济社会领域治理实践共识的形成，建构国家治理体系和提升国家治理能力于 2013 年成为党和国家新时期的重要任务，并由此为社会治理创新提供了理论指引和现实基础。

西方国家 20 世纪 90 年代以来的"治理"(governance)转型，主要是为了应

---

① 王名. 走向公民社会——我国社会组织发展的历史趋势[J]. 吉林大学社会科学学报，2009，(3).

② 丁元竹. 2012 年进一步创新社会管理的几点思考[J]. 中共中央党校学报，2012，(1).

③ 唐文玉. 当前中国社会管理创新向何处去？——基于国家与社会关系的分析视角[J]. 思想战线，2012，(1).

④ 李友梅. 中国社会管理新格局下遭遇的问题——一种基于中观机制分析的视角[J]. 学术月刊，2012，(7).

对这些国家出现的“市场失灵”与“政府失灵”所出现的“合法性危机”。但在本土语境中，社会治理概念的应用有着一定的差异。虽然中国遇到了与西方发达国家相类似的市场失灵和政府失灵，但是这种市场失灵和政府失灵更多地表现为市场不完备、制度不健全、法治缺失以及政府行政体制僵化、官僚主义和官员腐败等因素导致的合法性危机。由此，在中国语境下治理概念的内涵与实践，必须考虑全球化与本土化的背景性因素、传统与现代的承继与互动、国家与社会在其中的权力关系以及治理与秩序之间的依归与导向。①

传统及现代中国治理逻辑的讨论成为学界的焦点之一。如周雪光认为，中国官僚体制是国家权力与民众间的稳定纽带，提供了国家治理的组织基础。② 周雪光与练宏将政府各级部门间的控制权概念化为三个维度：目标设定权、检查验收权和激励分配权。诸种控制权在中央政府、中间政府、基层政府间的不同分配方式导致迥然不同的政府治理模式，诱发相应的政府行为。③曹正汉认为，中国政治体制的基本特征是治官权与治民权分设，形成“上下分治的治理体制”。这种体制包含着降低执政风险的两个机制——分散执政风险的机制和自发调节集权程度的机制，从而有助于治理体制自身的长期稳定。④ 冯仕政则关注了治理中的国家运动，认为基于强烈的历史使命感和所面临的强大绩效合法性压力，以及所提供的组织和合法性基础，国家能够不时打破制度、常规和专业分际，强力动员国家所需要的社会资源；但因其目标置换、政治凌驾专业和异化等因素的制约，任何一个国家运动都不可能永续发展，而只能与常规社会治理方式交替发生。⑤ 渠敬东则分析了以项目制为核心确立的新的国家治理体制与分级治理机制，并指出项目制所引起的基层集体债务、部门利益化以及体制的系统风险，对于可持续的社会发展将产生重要影响。⑥

对当前社会治理问题的分析也是学术界热点问题。李培林认为，创新社会治理，不仅是要保一方平安，也不仅仅是涉及维护社会秩序，更重要的是要

① 张虎祥，仇立平. 社会治理辨析：一个多元的概念[J]. 江苏行政学院学报，2015，(1).
② 周雪光. 国家治理逻辑与中国官僚体制[J]. 开放时代，2013，(3).
③ 周雪光，练宏. 中国政府的治理模式：一个“控制权”理论[J]. 社会学研究，2012，(5).
④ 曹正汉. 中国上下分治的治理体制及其稳定机制[J]. 社会学研究，2011，(1).
⑤ 冯仕政. 中国国家运动的形成与变异——基于政体的整体性解释[J]. 开放时代，2011，(1).
⑥ 渠敬东. 项目制：一种新的国家治理体制[J]. 中国社会科学，2012，(5).

处理好政府、市场、社会三者之间的关系，在解决重大经济社会问题过程中发挥各自的优势，建立起一种高效、快捷、低成本的社会运行机制。① 周雪光也指出，要解决权威体制与“有效治理”间的矛盾，其一是通过新的治理模式来减缓与转化；其二是减少各级政府特别是中央政府的一些管理功能，缩小“有效治理”的范围，以社会机制替代之。② 针对特大城市治理，李友梅认为，近20多年来，大城市持续推进的市场经济改革在使经济快速发展的同时，也引发了社会结构的快速分化、人口流动的加速以及社会依赖关系的重要变化，因而使大城市的社会治理创新成为越来越紧迫的任务。而当前中国城市既有的社会治理不仅在政策、策略和模式上，而且在基本理念和价值取向上越来越不适应经济社会发展的新要求。③ 张文宏也指出，在全球化时代，只有将行政动员、社会治理、民主协商等三种模式有机地结合起来，才能够合理应对现代化和城市化时代的社会风险，构建一个更加健康安全和可持续发展的良性社会。④ 社区治理也是一个学术热点，徐永祥等人指出，面对社区组织碎片化、社区公共性衰落、社区生活个体化三大新困境。以政府、社区、社会组织和居民为主体，以社会再组织化为手段的“社区治理共同体”，更有利于加强基层社会建设，创新社会治理体制。⑤

随着社会建设的进一步深入，社会治理格局的初步形成，对于国家治理逻辑乃至于探求其中的机制与规律将成为未来社会学研究的重要课题。从现有研究来看，学者关注的更多是中国社会治理概念与西方的差异性，这也是由中国国情的特殊性所决定的；同时，传统社会治理对于当代社会治理的展开有着较为深刻的影响，因此，理解传统及当代社会治理的内在逻辑，有助于我们把握其未来走向；此外，随着全球化趋势的进一步深化与中国社会的开放性增强，现有社会治理所面对的问题具有较为复杂的特征，这也使得如何加以应对成为进一步研究的课题。

（杨　雄　张虎祥）

---

① 李培林. 社会变迁新态势与社会治理[N]. 光明日报，2015-01-12.

② 周雪光. 权威体制与有效治理：当代中国国家治理的制度逻辑[J]. 开放时代，2011，(10).

③ 李友梅主编. 城市社会治理[M]. 社会科学文献出版社，2014.

④ 张文宏. 建构城市社会风险的复合治理模式[N]. 中国社会科学报，2014-02-27.

⑤ 杨君，徐永祥，徐选国. 社区治理共同体的建设何以可能？——迈向经验解释的城市社区治理模式[J]. 福建论坛(人文社会科学版)，2014，(10).

推荐阅读

1. 李培林，李强，马戎主编. 社会学与中国社会[M]. 社会科学文献出版社，2008.

2. 李友梅等. 改革开放 30 年：中国社会生活的变迁[M]. 中国大百科全书出版社，2008.

3. 陆晓文等. 上海社会发展与变迁：实践与经验[M]. 上海社会科学院出版社，2008.

4. 渠敬东，周飞舟，应星. 从总体支配到技术治理——基于中国 30 年改革经验的社会学分析[J]. 中国社会科学，2009，(6).

5. 应星主编. 中国社会[M]. 中国人民大学出版社，2015.

6. 孙立平，郑永年，华生等. 未来中国的变与不变[M]. 江苏文艺出版社，2014.

思考题

1. 如何认识当代中国社会转型的过程及其内在逻辑？

2. 中国社会结构的分化与整合的未来趋势会走向何方？

3. 创新社会管理体制与社会有效治理如何能够有机结合？

第一篇
社会结构与社会变迁

第一章
中国社会结构转型理论的谱系考察

1978年改革开放战略决策实施以来，中国的GDP始终以10%左右的速度高速增长，出现经济增长的"中国奇迹"，世界经济增长的重心悄悄地从大西洋向太平洋和亚太地区转移；在经济转型的同时，处在亚太地区并具有13亿多人口的中国，也正处于一个社会结构的全面转型期，即从农业社会、乡村社会、封闭半封闭社会向工业社会、城镇社会和开放社会转型。中国正处于经济社会的"千年未有之变局"中。

在这样一个社会结构巨变的年代，那些以经世济民为己任、追求破解经济社会发展难题的中国社会科学知识分子，胸怀极大的学术热情，投进扎扎实实的社会调查和学术研究之中。由于研究所处的学科不同、针对的问题对象不同、研究团体的地域分布不同、理论线索的源流不同，这些研究形成了许多具有不同理论预设、不同概念命题、不同分析框架和不同风格特点的学派。现在，中国正进入经济发展新阶段、新成长阶段，对于几十年来的社科理论研究成果进行梳理总结，无疑对于中国下一步的经济社会发展和学术研究都具有重要意义。

在当代中国的社会学研究领域，已经至少形成了一个渐趋成熟的学派——社会结构转型学派。这个学派以中国社会科学院社会学研究所李培林研究员为核心，早在1992年他就尝试构建了一个分析中国社会转型的"社会结构转型理论"，进而提出了几个分析性概念并对其进行了细化和大量的、各种面向的经验研究与实证分析。从1994年到现在，他培养的10多位博士的学位论文、学术论文和各自的专著都从不同侧面对其理论进行了经验验证和理论拓展，下面详细梳理并分析这个理论的学术谱系。

第一节 “社会结构转型”的理论建构

一、概念界定

20 世纪 90 年代初，中国正处于巨变之中，当时围绕“社会转型”的概念，在学术界有很多争论，争论的焦点是“什么在转型?”“转到哪里去?”李培林当时认为主要是两个巨变：一个是经济体制的转轨，另一个是社会结构的转型。经济学界当时的关注点是经济体制的转轨，即计划与市场的关系。在此学术背景下，他力主社会学界应当把社会结构转型当做研究的重点。因为从长远的现代化道路来看，中国作为一个发展中的人口大国，从农业的、乡村的、封闭半封闭的传统社会，向工业的、城市的、开放的现代社会的转型，也就是工业化和城市化的过程，是更加长期、更加深刻、更加艰难的转变。在《中国社会结构问题》《处在社会转型时期的中国》和《另一只看不见的手：社会结构转型》等文章中，记录了他这一时期的理论思考。作为《中国社会科学》(1992，5)头篇文章发表的《另一只看不见的手：社会结构转型》，获得了第一届全国青年社会科学优秀成果奖一等奖，①主要就是对“社会结构转型理论”进行最初的理论建构工作。

首先是对“社会转型”的概念进行界定：

1. 社会转型是一种整体性发展

单纯追求经济增长的“传统发展战略”，在 20 世纪 50—60 年代的世界各国占据优势，但到 70 年代初，西方国家开始出现“滞涨”的困难局面。第二次世界大战后几十年的实践表明，单纯的经济增长并没有真正消除贫困，而且由于发展的畸形，造成贫富悬殊、利润外流、债台高筑、资金短缺、环境污染严重、城乡差别进一步拉大等。平民教育、社会福利、医疗保健、生态环境、社会公平等社会进步因素都被当做经济增长的代价牺牲掉了。“无发展的增长”这句名言大概是对以上状况的精辟概括。它表明，社会发展是一个整体的概念，应该包括经济增长在内的人民生活、科技教育、社会保障、医疗保健、社会秩序等各个方面，其中经济社会结构的转型是发展的最本

① 李培林. 李培林自选集[M]. 学习出版社，2009，自序.

质内容。①

2. 社会转型是一种特殊的结构性变动

西方古典的现代化理论把社会结构分为传统和现代两种基本类型的二分法学术是一种“二元对立”的思维，是一种机械思维的“通病”。真正决定一个国家是否实现现代化的因素并非是与自身文化传统的完全决裂，而是社会结构的转型，因为从深层意义上来理解，传统本身就是一个蕴含着过去、现在和将来的动态积淀过程。②

社会结构转型实际上是一种特殊的结构性变动。这有三层含义：一是它不仅意味着经济结构的转换，同时也意味着其他社会结构层面的转换，是一种全面的结构性过渡；二是指它是持续发展中的阶段性特征，是在持续的结构性变动中从一种状态过渡到另一种状态，正如钱纳里在提出“结构转换”概念时所说的，“在描述经济发展的过程时，我们试图用从一种状态到另一种状态的转换这个概念，取代欠发达国家与发达国家之间的二分法概念”；三是指它是一个数量关系的分析概念，是由一组结构变化参数来说明的。③

3. 社会转型是一个数量关系的分析概念

把数量分析引入对结构性变动的考察，标志着人们对结构问题的一种重新发现。20 世纪 60—70 年代经济学领域中西蒙·库兹涅茨、阿瑟·刘易斯和钱纳里把数量关系分析引入对经济社会结构的考察和社会学家 A. 英克尔斯也探索以数量指标考察社会结构变动的例子标志着社会转型成为一个数量关系的分析概念。④

通过对社会转型的概念界定可以看出，社会转型的主体是社会结构，它是指一种整体的全面的结构状态过渡，而不仅仅是某些单项发展指标的实现，社会转型的具体内容是结构转换、机制转轨、利益调整和观念转变。在社会转型

---

① 李培林. 另一只看不见的手：社会结构转型[J]. 中国社会科学，1992，(5)；李培林. 另一只看不见的手：社会结构转型[M]. 社会科学文献出版社，2005，第 3—4 页.

② 李培林. 另一只看不见的手：社会结构转型[J]. 中国社会科学，1992，(5)；李培林. 中国社会结构转型：经济体制改革的社会学分析[M]. 黑龙江人民出版社，1995，第 19 页；李培林. 另一只看不见的手：社会结构转型[M]. 社会科学文献出版社，2005，第 4—5 页.

③ 李培林. 另一只看不见的手：社会结构转型[J]. 中国社会科学，1992，(5)；李培林. 另一只看不见的手：社会结构转型[M]. 社会科学文献出版社，2005，第 5 页.

④ 李培林. 另一只看不见的手：社会结构转型[J]. 中国社会科学，1992，(5)；李培林. 中国社会结构转型：经济体制改革的社会学分析[M]. 黑龙江人民出版社，1995，第 20—21 页；李培林. 另一只看不见的手：社会结构转型[M]. 社会科学文献出版社，2005，第 5—7 页.

时期，人们的行为方式、生活方式、价值体系都会发生明显的变化。①

二、理解社会结构的几个层面

1. 社会结构的三个层面

早在1991年，李培林曾把社会结构分为三个理解层面，即实体性社会结构（由一些作为社会实体的基本单元和要素构成，如个人、群体、家庭、组织、企业、社区等）、规范性社会结构（约束社会实体运行的规则、制度、行为规范等）和关系性社会结构（社会基本单元和要素按一定的秩序和相互关系的有机组合，如亲缘关系、地缘关系等），并认为这是从社会的要素构成形式、规范体系和关系网络的不同视角考察社会的结果，而且每个视角都有其理论背景和体系。而且上述三者并不是社会结构的三种不同类型，而是理解和认识社会结构的三个层面，即现象的层面、功能的层面和本质的层面。② 但到1995年，随着时代的不断发展，他指出这种分类法的局限，“现在看来，这种分类法对于说明社会结构转型和体制转轨的关系是有其局限性的”。③ 这时候，他把实体性社会结构大致上分为两种：非制度化结构和制度化结构。

2. 实体性社会结构的两种类型

实体性社会结构是社会实体要素及其相互关系按照一定的秩序构成的相互稳定的网络，包括两种类型：非制度化结构和制度化结构。非制度化结构又可分为两种：一种是由个人、群体、阶层、社区等社会要素构成的比较松散的结构，具有很大的变动弹性；另一种是由家庭、组织、社会潜网（非制度化的行为规范）构成的准制度化结构，因为从广义的制度来看，它们都属于制度层次，但与法律制度相比较，它们又是“准制度化”的，就变动的弹性来说，它们处于松散型结构与法律结构之间。制度化结构主要是指由法律规定的各种制度构成的结构，在目前的中国，它也包括由政策规定所形成的制度化结构，具有很强的刚性，而且在一般的社会发展中，制度化结构必须具有相对的稳定性。④

---

① 李培林. 另一只看不见的手：社会结构转型[J]. 中国社会科学，1992，(5)；李培林. 另一只看不见的手：社会结构转型[M]. 社会科学文献出版社，2005，第7页.

② 陆学艺主编. 社会学[M]. 知识出版社，1991，第281—289页.

③ 李培林. 中国社会结构转型：经济体制改革的社会学分析[M]. 黑龙江人民出版社，1995，第22页脚注[1].

④ 李培林. 中国社会结构转型：经济体制改革的社会学分析[M]. 黑龙江人民出版社，1995，第22页.

为了说明经济体制改革何以从结构变动弹性较大的层次向具有结构刚性的层次推进，他区别了准制度化结构和制度化结构，而且认为这种区别是至关重要的——因为不如此就无法说明个人对社会结构极具弹性的构造行为如何能够改变刚性的制度化结构，无法说明受制度化框架限制的个人选择何以会成为推动社会结构变动的群体选择和基础力量。[①] 强调非正式制度成为这个学派贯穿始终的一条核心学术线索，在后面的梳理和分析中我们会明显地看到这一点。

3. 社会结构的三个实体性要素

在《再论"另一只看不见的手"》中，李培林对"社会结构转型是另一只看不见的手"命题在理论上作了进一步阐述，分析了社会结构转型如何通过家庭（家族）、企业组织、社会潜网等基本结构实体要素影响资源配置，并考察了这种资源配置方式的可能的逻辑基础。家庭配置资源可以节省交易成本，家庭成员之间既不需要讨价还价，也不需要签订契约，监督的成本少，家庭成员之间存在一种亲属性默契，伦理规范同时也是经济行为的规范；在科斯的"企业是市场的一种替代组织"的观点下，企业在配置资源上不同于市场靠供求关系，而是靠科层制的职阶关系系统来配置资源，会比市场节省更多交易成本；作为非制度化的规则的社会潜网，对资源的配置往往通过更加广泛的社会交换如权力、地位、名声、人情等进行。[②]

三、社会结构转型理论的基本命题

在中国快速的经济发展和社会转型时期，影响中国资源配置和经济发展的力量，除了一只"有形之手"——国家干预和一只"无形之手"——市场调节之外，还存在着"第三只手"，那就是"另一只看不见的手"——中国社会结构转型。这是李培林在《另一只看不见的手：社会结构转型》《再论"另一只看不见的手"》和《中国社会结构转型对资源配置方式的影响》被称为"社会结构转型三论"中的核心观点，也成为"社会结构转型理论"的基本命题。这里的"另一只看不见的手"即社会结构转型侧重研究的还是非正式制度结构。

---

① 李培林. 中国社会结构转型：经济体制改革的社会学分析[M]. 黑龙江人民出版社，1995，第23—24页.

② 李培林. 再论"另一只看不见的手"[J]. 社会学研究，1994，(1).

这一理论命题的意义在于：跳出了在西方十分盛行的个体主义方法论解释模式的束缚，建立一种新的解释框架，来说明中国经济体制改革和中国经济成长的过程。他努力从规范性理论体系的框架出发为这一命题建立逻辑基础，认为社会结构的一些最基本的实体要素（如家庭组织、企业组织以及社会潜网等非正式制度）是一种特殊的资源配置形式，它们的形成受各种历史的、文化的和其他非经济因素的影响，而不是仅仅受"个人利己心"或"利润最大化"法则的支配，这只"手"的存在意味着要对经济学某些既定的暗含假设和前提作出新的修订。

四、中国社会结构转型的特点

社会结构转型并非社会主义发展中的特有现象，而是现代化过程中的一个过渡性阶段。但是由于中国社会在历史背景、文化背景、资源背景等方面的特殊性，使中国社会结构的转型表现出若干不同于一般发展进程的特点。李培林指出了中国社会结构转型的四大特点：①

1. 结构转型与体制转轨同步进行

社会结构转型和经济体制改革如此密切地联系在一起，这在其他国家的现代化过程中是很少见的。中国目前的社会结构转型，原因是多方面的，但最直接的动因是经济改革，这是确定无疑的。经济改革和对外开放促成各种新要素的产生和导入；另一方面，经济转轨过程中，新旧社会体制交替的过程是一个长期的过程，由此而产生的各种摩擦、矛盾和冲突会在一定时期内表现得异常激烈。

2. 政府和市场的双重启动

政府和市场两种不同推动力量的巧妙结合，是世界现代化过程中的一个范例。从政府的作用来看，经济体制改革是由党和政府发动的；从市场的作用来看，由于改革是以市场为取向的，改革直接表现为市场作用的扩大。在中国社会转型的过程中，政府力量和市场力量的巧妙结合得益于三个方面的条件：一是顺乎民心民意；二是坚持大多数人获益的原则；三是顺应结构转型的历史潮流，坚持在实践中探索和不断总结经验，调整政策。

3. 城市化过程的双向运动

中国城市化道路的一个独有特点就是城市的扩展辐射与农村自身城市化

① 李培林.另一只看不见的手：社会结构转型[J].中国社会科学，1992，(5).

的双向运动，具有“农村包围城市”的特点。主要有三个方面的原因：一是中国的改革是从农村开始的。改革以来最巨大、最显著的社会结构转变发生在农村，农村的发展快于城市，而且更加灵活、更加多样；二是事实上的城乡壁垒（如户籍制度、教育制度等）依然存在，从而使乡村地区的城市化更多表现为自身的结构转变；三是大城市的人口承载能力不高，大大地限制了城市的拓展和辐射能力。这种双向拓展的特点为存在着二元结构的发展中国家提供了另一种城市化道路的类型。

4. 转型进程中发展的非平衡

主要体现在地域之间的非平衡，城乡之间的非平衡，产业结构方面的非平衡，经济发展和社会发展之间的非平衡，人口重负与资源短缺之间的非平衡等方面。

五、结构转型对中国的特殊意义

结构转型的意义在于：结构转型绝不仅仅是表现为经济增长的结果。它本身就是一种社会变革的推动力量。它使结构性发展成为一种不可逆趋势，而且在体制改革时期，结构转型会成为一种无形的变革压力，影响微观经济领域中行为模式的变动。此外，除了它本身所具有的力量外，还因为它对于中国这样的发展中国家来说，具有特殊的意义：

第一，与发达国家依靠科技水平促进经济增长不同，在中国这样的发展中国家，生产要素的流动、劳动力转移和资源再配置是更重要的增长因素，因而结构性变动的意义更为突出。

第二，在现代化的过程中可以划分出一些不同的阶段，在各个阶段都有特定的具有特殊重要的增长要素。越是发展水平较低的国家，结构变动的重要性越大，而处在结构转型期的国家，结构变动的力量和成效就更为明显。

第三，与发达国家相对较小的结构变动余地不同，我国正处于结构转型期和体制转型期，旧的体制已被打破，新的体制尚未完全建立起来，结构的非平衡和要素市场的非均衡现象都非常突出，然而这正说明结构变动的余地更大，结构转型对经济增长将起到更大的推动作用。

第四，中国的产业结构、就业结构、城乡结构这三个基本的结构层面都处于快速的变动时期，发展战略的调整如果能优先考虑这种结构变动的需要，那么结构转型形成的加速力量就会更加明显。

深入探讨中国社会结构转型的特点与规律性，并把经济和社会发展中出现的种种问题、矛盾、冲突和摩擦放在社会结构转型这个大背景中加以考察，不仅可以使我们获得一个新的研究视角，提高工作的自觉性，克服盲目性，避免一切可以避免的失误，而且对于深入理解建设有中国特色的社会主义理论，指导改革开放与现代化的建设，都具有重要意义。①

第二节 “社会结构转型”的理论拓展与实证研究

1. 总体理论框架的构建

“社会结构转型”理论框架的构建在李培林的“社会结构转型三论”中已经较为成熟完整，②即认为：社会结构的一些最基本的实体要素（如家庭组织、企业组织以及社会潜网等非正式制度）是一种特殊的资源配置形式，需进一步探讨其在资源配置中的重要作用。其20世纪90年代左右的专著也都在一定程度上从经验研究和理论建构方面丰富和完善了该理论框架，譬如《转型中的中国企业》③《新社会结构的生长点》④《中国社会结构转型：经济体制改革的社会学分析》⑤等。

张继焦的研究成果也侧重于探讨“市场化中的非正式制度”在资源配置中的重要作用，实际上也是受到李培林的影响进而参与了这个学派理论框架的构建，因为“继焦对‘非正式制度’这个研究题目的选择，在很大程度上是我的要求和受我的鼓动的结果”。⑥ 在其博士论文⑦和根据博士论文修改出版的专著中，他运用人类学的田野调查方法，对海南省琼海市（书中起的学名为“琼市”，作者的故乡）进行了长期的实地调查，采用了“个人生活史”调查、“主位研究法”、“个案分析法”等方法，获得了丰富的经验材料。在此基础上，他对“非正式制度”的概念及其边界进行了界定，探讨了家庭伦理、亲缘网络在家庭商

---

① 李培林. 另一只看不见的手：社会结构转型[J]. 中国社会科学，1992，(5).

② 李培林. 再论“另一只看不见的手”[J]. 社会学研究，1994，(1)；李培林. 中国社会结构转型：经济体制改革的社会学分析[M]. 黑龙江人民出版社，1995，第20—21页.

③ 李培林，姜晓星等. 转型中的中国企业——国有企业组织创新论[M]. 山东人民出版社，1992.

④ 李培林，王春光. 新社会结构的生长点：乡镇企业社会交换论[M]. 山东人民出版社，1993.

⑤ 李培林. 中国社会结构转型：经济体制改革的社会学分析[M]. 黑龙江人民出版社，1995.

⑥ 张继焦. 市场化中的非正式制度[M]. 文物出版社，1999年序.

⑦ 张继焦. 市场化中的非正式制度——琼市个案研究[D]. 中国社会科学院博士学位论文，1997.

业中的作用;分析了家庭工业中的亲缘交往规则;考察了民间借贷与民间信用、农村非正式组织与农村经济、地方性规则与土地制度变迁、乡镇企业中的不规范的产权制度和组织形态、海外华人的侨汇、善举与投资等诸多问题,始终围绕"市场化中的非正式制度"这一中心问题。他们的研究奠定了这个学派的总体框架,该学派后来者的研究几乎都是在这个框架中进行更为微观和深入的研究,譬如张翼对国有企业家族化的研究①、蓝宇蕴对都市里的村庄的研究②和臧得顺对于农村土地产权制度的研究等。③

张继焦在从事企业人类学和都市人类学的研究过程中发表了较多的研究成果,也是沿着"市场化中的非正式制度"这条理论线索来进行的。他探讨了银行机构作为正式金融机构的局限、民间借贷作为一种非正式制度的功能和作用,特别是"高利贷"这种非正式的金融制度的性质、功能、变迁和局限等问题,是对这个学派关注"非正式制度"传统的延伸;④他还把血缘关系基础上的亲缘网络、亲缘交往规则、家族关系、社会资本等以及由此生发的海外华侨的寻根投资行为作为一种资源配置方式的运作进行了微观的经验分析和宏观的理论探讨;⑤从研究对象上看,张继焦对少数民族迁移者(2006)、家族企业(2005)、海外华侨(2006)、土地制度⑥等问题进行了关注,特别是对这些研究对象所涉及的非正式制度、关系网络等进行了深入的探讨。另外,从方法论上讲,他的研究也体现出力图打破二元对立思维、运用"连续谱"分析思路的倾

---

① 张翼. 国有企业的家族化研究——非正式组织对资源配置的影响(黔厂调查)[D]. 中国社会科学院博士学位论文,1998;张翼. 国有企业的家族化[M]. 社会科学文献出版社,2002.

② 蓝宇蕴. 都市里的村庄——关于一个"新村社共同体"的实地研究[D]. 中国社会科学院博士学位论文,2003;蓝宇蕴. 都市里的村庄[M]. 三联书店,2005.

③ 臧得顺. 农地产权制度的经济社会学分析——基于鲁、鄂四个村落的实地调查[D]. 中国社会科学院博士学位论文,2010;臧得顺. "谋地型乡村精英"的生成:巨变中的农地产权制度研究[M]. 社会科学文献出版社,2011.

④ 张继焦. 民间借贷、民间信用与金融制度变迁[J]. 云南社会科学,1998,(5);张继焦. 亲缘交往规则与家庭工业[J]. 中央民族大学学报,1998,(4).

⑤ 张继焦. 市场化过程中家庭和亲缘网络的资源配置功能——以海南琼海市汉族的家庭商业为例[J]. 思想战线,1998(5);张继焦. 非正式制度、资源配置与制度变迁[J]. 社会科学战线,1999,(1);张继焦. 迁移创业型家族企业:对存在的和生成的社会资本的利用[J]. 思想战线,2005,(1);张继焦. 关系网络:少数民族迁移者城市就职中的社会资本[J]. 云南社会科学,2006,(1);张继焦. 海外华侨对侨乡的侨汇、善举与投资行为:从人类学角度看侨商的寻根经济,收于陈志明等编. 跨国网络与华南侨乡:文化、认同与社会变迁[M]. 2006,第185—219页,香港中文大学香港亚太研究所研究丛书第68号.

⑥ 张继焦. 城镇土地制度的变迁——琼市个案的都市人类学探究[J]. 广西民族学院学报,2004,(2).

向，比如他对林毅夫区分强制性制度变迁和诱致性制度变迁的不满，认为这种区分：一是标准不一；二是所谓的“强制性变迁”只不过是政府作为一个变迁主体的“诱致性变迁”而已。总体来看，张继焦的研究延伸了李培林提出的“社会结构转型”理论中的非正式制度这条线，更多地体现出与人类学的研究有机融合的特点。

2. 对国有企业的研究（包括国有企业家族化、国有企业社会成本问题、下岗工人再就业等）

国有企业诸问题是这个学派关注的核心领域，正如作为博士生导师的李培林所讲的，“企业组织是我的老本行。我现在招收的博士研究生，还是‘企业组织与社会发展’研究方向的。我曾对国有企业组织、乡镇企业组织、私营企业组织以及作为一种经济组织的‘非农村落’，做过系列的研究”。①

张翼通过对贵州一座生产机械产品的三线企业——黔厂的深入实地调查，力图发现其中正式组织和以家族成员为中轴组成的非正式组织之间的互动状况，寻找和探索工人在以家族成员为核心的非正式组织中的活动和收益，以“企业科层制之中的家族关系、非正式组织和社会潜网，以及非正式制度对正式制度的修正问题”作为分析和论述的重点，探讨了国有企业中的亲缘化的非正式组织、家族化对企业配置资源和权力配置的影响，指出在国企改革的现实中应该注重非正式制度对于资源配置的重要作用。

在李培林、张翼合著的《国有企业社会成本分析》一书中，提出了一个解释国有企业行动的理论假说，即国有企业的人员过密化假说：国有企业在综合福利最大化和利润最大化双重目标的驱动下，企业逐步丧失了退出的机制，人员不断地膨胀，产出的剩余更倾向于“内卷”（involution）分配，而不是“外卷”（evolution）的发展，尽管产出还在不断增加，但人均可供分配的剩余却愈来愈少。② 这里所用的“内卷化”或“过密化”概念，受到黄宗智对长江三角洲和华北小农经济运行逻辑解释的启发。通过在 1996 年 8—10 月对全国 10 大城市（哈尔滨、沈阳、济南、上海、武汉、南京、广州、成都、西安、兰州）508 家企业（其中国企 358 家）的问卷调查和深度访谈，获得了非常丰富的第一手资料。在理

---

① 李培林. 李培林自选集[M]. 学习出版社，2009，自序第 3 页.

② 李培林，张翼. 国有企业社会成本分析[M]. 社会科学文献出版社，2007，第 21 页.

论分析和统计分析的基础上指出：正是由于追求综合福利最大化这一逻辑前提，国有企业的行动逻辑朝着功能内卷化和人员过密化的方向展开：综合福利最大化的目标规定了国有企业并非具有单一的利润取向，福利保障作为利润的替代指标引导企业走向功能内卷化，即福利功能向企业内部的转移和扩展，功能的内卷化决定了企业人员的过密化，即在企业总产值递增的情况下，由于人员及相应福利支出的增多而出现人均效益产出的递减，而人员过密化所形成的企业内相对独立的利益格局，反过来又成为企业功能继续内卷化并走上福利化道路的条件，以致不打破这一利益格局就无法改变国有企业的这种运行逻辑的轨道。① 如何解决？国有企业要走出自身有增长而无发展的人员过密化逻辑，完善的竞争性市场、政企分开和产权明晰化都是必要的条件，但也必须通过提供"另外的替代资源"（新兴产业、就业机会、社会保障）来实现，这样才能使原有的利益格局具有变动的弹性，使转型过程中可能发生的利益冲突得到化解，因为必须把关于企业的实际行动选择放在不同理性行动者之间的协作可能性中来考察。②

20 世纪 90 年代后期，国有企业职工下岗及其再就业问题成为中国重要的现实问题，李培林、张翼、赵延东合著的《就业与制度变迁》和赵延东的博士论文《下岗职工的社会资本与再就业》即是针对这个问题的学术探讨。前一项研究中对于下岗职工再就业的分析，是基于 1997 年劳动部与联合国开发计划署（UNDP）合作进行的、在促进城市就业项目中设立的城镇就业抽样调查子项目的问卷调查数据，该调查在沈阳、青岛、长沙、成都四城市共获取有效样本 9 319 份；对于农民工群体的职业获得与社会流动的分析，是根据 1995 年对山东济南市农民工的问卷调查数据而进行的。该研究对经济学"人力资本"理论强调个人的教育投资所形成的"人力资本"是影响求职实现和职业获得的最重要最显著的影响因素进行了补充解释，得出结论：中国正处于体制转轨的过程，在日常生活的某些领域出现了正式制度的缺位或供给不足，于是人们更多地转向求助于非正式制度，从而使由人际关系所构成的"社会资本"在求职中发挥重要作用。③ 赵延东通过对中国社会科学院社会学所"老工业基地失业下

---

① 李培林，张翼. 国有企业社会成本分析[M]. 社会科学文献出版社，2007 年第 2 版，第 20 页.

② 李培林，张翼. 国有企业社会成本分析[M]. 社会科学文献出版社，2007 年第 2 版，第 21 页.

③ 李培林，张翼，赵延东. 就业与制度变迁：两个特殊群体的求职过程[M]. 浙江人民出版社，2000，后记.

岗问题”课题组于2000年9月在武汉市的有关下岗职工再就业状况的问卷调查资料621份问卷数据的定量分析，将社会资本分解为“拥有社会资本”总量和“求职过程中实际使用的社会资本”两部分，分别探讨了他们在职工再就业过程中的作用。①

3. 对企业间信任关系、民营企业组织网络化与私营企业主关系网络的研究

张缨从“信任关系”的角度来阐述“非正式制度”对于经济组织和经济运行的重要性。信任也是一种“社会资本”，这种社会资本不是针对个体资本而言的社会资本，而是针对物资资本和人力资本而言的社会关系资本。作者采用深度访谈的案例研究法（调查了L集团公司、G集团公司、台商独资M集团等），在“嵌入性”（Embeddedness）视角下，从行为表现层面探讨了我国现阶段企业间信任关系，选择从企业行动者的微观个体信任关系入手，通过相关理论和研究，比较微观现实生活中不同于西方社会的信任运作逻辑及契约实施，对企业交易行为深入剖析，构建了转型期中国企业间信任关系研究的一个分析框架。借助这一框架进行实证研究，探讨了转型期我国企业间信任关系的核心特征及信任关系的重构，提出和验证了三个理论构想：一是我国企业间信任关系的实质是以工具性关系构建为核心的信任关系。它不同于港台地区及海外华人企业的信任关系，它是人情连带和理性计算的组合。不同于典型市场经济国家，是契约背景下的信任关系，而不是传统中国社会的缘约下的信任关系。二是我国企业间信任关系的构建是一种多元构建，主要有四种信任关系模式发挥了更大的作用，即特殊主义工具性信任关系（C），关系性市场型信任关系（C+D），共存庇护型信任关系（C+B）以及特殊主义协力式信任关系（C+A）。这四种模式运行逻辑并不一致，常常会带来企业行动者想要的信任关系难以真正构建起来。这可能是我国现阶段经济生活中低信任度、违约现象难以遏制的一个深层原因。三是我国企业间信任关系是由显性和隐性第三方来保障的信任关系。每一种保障机制既有它的作用也有它的缺陷。真正有效的第三方保障机制还没有建立起来。②

---

① 赵延东. 下岗职工的社会资本与再就业[D]. 中国社会科学院博士学位论文，2001.

② 张缨. 信任、契约及其规制：转型期中国企业间信任关系与结构重组研究[D]. 中国社会科学院博士学位论文，2001；张缨. 信任、契约及其规制：转型期中国企业间信任关系与结构重组研究[M]. 经济管理出版社，2004，序.

梁栋在其博士论文中主要探讨了信息化背景下随着市场环境的变化，企业组织形式日渐由等级向网络转型，从中抽离出组织网络化的内在动力。并通过对网络组织发展由来和理论背景的说明，厘清了一个合理网络组织的特性和作用机制，又分别对组织内和组织间网络的作用、特征、机制以及两者间的关系结构作了具体的阐释，从而构建起一个完整的网络组织构架。在理论分析基础上，还对烟草制造业组织的变迁（以云南昆明卷烟厂为例）、金融服务业组织（比较分析了中国银行、招商银行的组织结构及运行）、高新技术企业组织（对中关村 200 个高新企业问卷调查数据的定量分析）作了详尽的经验研究，支持了前面的理论假设。①

尉建文通过对武汉 30 名私营企业主的问卷调查数据进行定量分析，对成都、西宁两个城市 31 家企业和山东青岛、临沂两个城市 8 名私营企业主的深度访谈资料的分析，验证了作者提出的理论假设：私营企业主通过政府、市场和亲缘关系网络三条途径获取各种社会资源。私营企业主动用和建构关系网络是理性的行为，是对社会关系工具性的应用，互惠是关系网络运作和建构的最基本特征。具体而言：其一，私营企业主和官员打交道主要基于“资源获取”和“获取庇护”的考虑；其二，私营企业主建立各种客户网络是出于经济互惠的考虑；其三，亲缘关系网络是私营企业主达到经济目的而被运用的文化资源，既有亲情的特征，更多的是实用的理性主义。私营企业主动用亲缘关系网络看重的是其提供的社会支持和节约组织成本、监督成本和交易成本的功能。② 总体来说，作者按照社会资源配置的三种机制——市场、政府和社会潜网，勾勒了私营企业主获取社会资源的三张关系网络——官员网、客户网和亲缘网。在此基础上，对于私营企业主关系网络的运作、建构的过程以及关系网络的运行规则和资源交换规则进行了深入的探讨，对于中国本土化的关系研究有一定的推进。但也有明显不足，“在一本著作中全面分析私营企业主三张关系网，的确存在诸多困难”。③

---

① 梁栋. 网络组织的兴起——信息化与企业组织网络关系研究[D]. 中国社会科学院博士学位论文，2002.

② 尉建文. 关系网络与资源获取——私营企业主关系网络建构与运作的社会学分析[D]. 中国社会科学院博士学位论文，2006；尉建文. 中国私营企业主关系网络调查[M]. 中国社会科学出版社，2009，第 7 页.

③ 尉建文. 中国私营企业主关系网络调查[M]. 中国社会科学出版社，2009，序.

4. 对都市里的村庄的研究

2004年前后，李培林和他的博士生蓝宇蕴在参与课题“都市里的村落经济研究”和“‘城中村’村落终结过程中的利益冲突和社会政策研究”的调查过程中，对广东省广州市22个城中村包括三元里村、石牌村、猎德村等进行了深入的实地调查和深度访谈，积累了丰富的一手材料，两人各自写就一本可以当做“参照读物”的学术专著。在《村落的终结——羊城村的故事》一书中，李培林将22个村落冠以“羊城村”的学名，运用一种介于“文本概括法”和“文学概括法”之间的方法对调查材料进行了深入而富有新意的“质性”研究，探讨了城市化背景下村落终结的过程，得出以下五个结论：一是村落的终结和农民的终结不是完全统一的过程，不是非农化、工业化和户籍改革就能解决的，村落的终结更加艰难，更加漫长，一蹴而就的结果往往是造成社会的断裂；二是村落的终结必然伴随产权的变动和社会网络的重组，其间必然伴随着激烈的利益和价值冲突，需要建立一种超越“零和博弈”的新的合作和整合机制；三是村落组织的传统本土资源，并不完全是现代性的对立面，它也可以融入或被用来构建现代化的新传统，在所有被视为对立两极的中间，都存在连续谱的过渡和多样性；四是“城中村”在城市化过程中具有双重的功能，它既是城市异质的边缘，也是替代贫民窟而成为农民工融入城市并转变成新市民的摇篮和跳板；五是城中村的研究，为最终揭示从村落非农化到村落终结的变迁逻辑提供了可能。①

蓝宇蕴对相同的研究对象——都市里的村庄进行了与其导师有所不同的社会学研究。不同于导师进行的对22个村落的研究，蓝宇蕴主要选择了个案村“珠江村”进行深入的实地研究。她主要借鉴布迪厄的场域理论作为主体理论分析框架，提出了“新村社共同体”的核心概念，重点关注珠江村这个“后工业化”的“新村社共同体”即“都市村社共同体”。她的研究阐明：在乡村城市化的过程中，在产业和职业都已经转型的社会条件下，在村社区的地理坐落也已经走进城市的情形下，建立在非农社会经济基础上的、既有历史延续性同时又具有现实变异性的都市村社共同体是一个内涵丰富社会资本等资源与多层面适应性功能的社会组织，特别是当中的资源价值及其功能意义鲜明地体现于彻底城市化的动态过程中。她的研究展示出：都市村社共同体是已经走进

① 李培林. 村落的终结：羊城村的故事[M]. 商务印书馆，2004，第415页.

城市生活的特殊"村民"群体及其所在社区谋求生存发展、实现城市融合的重要倚赖，而其中尤其关注与强调的又是，在大政府与弱势"农民"群体之悬殊博弈力量的比照下，凝聚着这一特定社会群体行动逻辑的独特共同体组织是"末代农民"逐渐"脱胎"为市民、"农村社区"逐渐转变为城市社区最便捷的中介与桥梁，是农民城市化的一种值得注意的"新型社会空间"。[①] 相比较而言，李培林的研究"偏重于经济运行的社会规则"，而蓝宇蕴的研究更注重村落的社会层面和本土资源；[②]蓝宇蕴的研究调查更加深入，资料更加细致和丰富，而李培林的研究则是"功夫在诗外"，借"羊城村的故事"提炼出更多具有普遍意义的东西。[③]

5. 对国有(国营)企业和私营企业劳动关系的研究

游正林和王晓晖主要关注的是转型期中国企业的劳动关系问题。游正林主要研究国有企业中的干群关系，在他的博士论文[④]和由此修改出版的专著中，将国有企业内部干群之间的冲突关系定为研究的主题，从组织公正的理论角度提出了一个分析企业组织或工作场所中的干群冲突的理论框架，即认为干群之间的冲突源于应该由领导干部负责的职工群众的不公正感，或者说，是因为领导干部的所作所为导致职工群众产生了不公正感，把职工群众对不公正感的行为反应视为干群冲突的表现形式，并把这种表现形式视为职工群体针对领导干部的不公正做法的抗争行为，他用"不平则鸣"四个字来概括这个理论思路。[⑤] 然后，在对西部一个转制过程中的国有企业(学名西厂)进行深入的实地调查获得的大量经验材料进行分析的基础上，一定程度上揭示了国有企业内部干群冲突的逻辑和机制。但正如其导师李培林所指出的，该研究中"游正林的结论，在我看来似乎过于悲观。他是一个动情的学者，对产业工人有深厚的感情，长期的工会系统的工作背景，也使他更习惯于从工人的利益出发来考虑对改革过程的批判，但这也容易使他在调查研究中介入情感因素，把

① 蓝宇蕴. 都市里的村庄——关于一个"新村社共同体"的实地研究[D]. 中国社会科学院博士学位论文，2003；蓝宇蕴. 都市里的村庄——一个"新村社共同体"的实地研究[M]. 三联出版社，2005.

② 蓝宇蕴. 都市里的村庄——一个"新村社共同体"的实地研究[M]. 三联出版社，2005 年序.

③ 李培林. 村落的终结：羊城村的故事[M]. 商务印书馆，2004，第 415 页.

④ 游正林. 转轨中的国有企业干群关系研究(1979—2005)——西厂调查[D]. 中国社会科学院博士学位论文，2006.

⑤ 游正林. 西厂劳工——国有企业干群关系研究(1979—2006)[M]. 中国社会科学出版社，2007，第 41—45 页.

个案的结论推向总体，存在产生‘合成谬误’（fallacy of composition）的风险”，更不用说“干群关系”这个概念在“已经实行了全员劳动合同制的国有企业中”来使用也有不妥之处。① 不管怎样，他对国有企业的组织形态和其中的非正式制度特别是劳动关系的关注仍在一定程度上延续了这个学派的核心研究理路。

王晓晖关注的是中小型私营企业的劳资关系问题，对李培林研究的“老本行”工业社会学和游正林对国有企业劳动关系的理论有明显承继关系。在其博士论文中，王晓晖对贵州的三个水泥厂进行了深入的调查，从劳动过程视角出发考察中小型私营企业的“生产政治”，旨在回答劳动双方在日常生产中、在工作场所的相互作用塑造了什么样的关系。主要的发现有三个：一是为把劳动力转化为实际劳动，管理层采取了以威胁工人的经济收入和就业安全为主要机制的强制性劳动控制系统。二是在对工资、福利等劳动条件不满并进行抗争的同时，工人仍然在生产线上努力提高产量和质量，不满和抗争与努力劳动遵循不同的行动逻辑。这说明，劳动关系不是简单的如巴纳德、亚当斯、西蒙等人所谓的贡献与投入间的交换关系，工作场所本身作为一个场域，会塑造出不同于交换关系的行动逻辑。三是基于工人与管理者有无亲戚和老乡关系，管理者对工人实施了“差异管理”，造成同一工厂内的工人属于不同的工厂体制，这种现象被命名为“分层工厂体制”。“恩惠制”和“市场独断制”是“分层工厂体制”内的两种主要的次类型。市场独断制揭示了中小型私营企业劳动关系的根本特点：企业主和管理者掌握着劳动过程和工人利益的控制权，工人无权、无制度化渠道参与涉及自身利益的日常管理。② 王晓晖的研究虽然与“社会结构转型理论”中关注“关系性社会结构”有某种承继关系，但更为明显地伸向了另外一个具有深厚理论脉络的研究领域——工人阶级生成及劳动过程理论中，也由此可见把“社会结构”作为社会学探讨的核心问题的价值所在——因为客观上讲，对于许多生活中“社会事实”的深入探讨都绕不开“社会结构”。

6. 对农地产权制度的经济社会学分析

臧得顺通过对鲁、鄂四个村落（臧村、金村、朴村和桥村）的实地调查，将农

① 游正林. 西厂劳工——国有企业干群关系研究（1979—2006）[M]. 中国社会科学出版社，2007，第3页.

② 王晓晖. 生产政治——中小型私营企业劳动关系研究[D]. 中国社会科学院博士学位论文，2008.

地产权制度问题置于中国经济改革的进程之中进行经济社会学考察，始终围绕"市场进程中社会结构性要素如何界定农地产权"这一核心问题进行探讨，借鉴了周雪光"关系产权"的视角，透视了地权中的社会关系，提出了"关系地权"、"谋地型乡村精英"、小农的"钟摆式理性区间"、"培育社会型政府"（相对于奥尔森的"强化市场型政府"）等概念，以此作为研究当代中国农村农地产权变革的分析框架。作者指出，正在生成的"谋地型乡村精英"群体作为新时期乡村社会结构的实体要素之一，对当代中国以"家庭承包责任制"为主体、以"均等原则"为特征的地权分配方式起着严重的扭曲和变形作用。作为"另一只看不见的手"，乡村中的社会力量在现实的地权配置中起着不可低估的作用；就农地产权的制度设计而言，政府要善于培育积极的社会力量，抑制其消极性，逐步实行"削弱行政村农地权力"的政策，朝着"培育社会型政府"的方向转型。① 臧得顺的研究在经济社会学的理论体系中，借鉴公共选择学派埃莉诺·奥斯特罗姆（Ostrom，E.）的自主治理理论②和经典的"国家—市场—社会"三元理论框架，循着李培林的"另一只看不见的手"与周雪光的"关系产权"命题，③把关注的研究对象延伸到农村土地产权上，提出"关系地权"的核心概念和理论命题，进一步完善了"产权的社会视角"这条研究脉络，也坚持了这个学派研究"社会结构转型"、非正式制度的核心理路，在一定程度上拓展了其研究对象、丰富了其研究内容。

另外，从研究方法（定量和定性的角度）上看，该学派的研究大多坚持规范性研究的原则，按照完整的概念界定、理论预设（命题）、分析框架、经验验证、得出结论、政策建议等程序展开，具体方法则从定性和定量两种取向上切入。

一是定量研究。在前文提到的这个学派的主要研究成果中，主体上运用问卷调查并对数据进行定量统计分析的有李培林、张翼（1999；2007）合著的《国有企业社会成本分析》和李培林、张翼、赵延东（2000）合著的《就业与制度

---

① 臧得顺.农地产权制度的经济社会学分析——基于鲁、鄂四个村落的实地调查[D].中国社会科学院博士学位论文，2010；臧得顺."谋地型乡村精英"的生成：巨变中的农地产权制度研究[M].社会科学文献出版社，2011.

② [美]奥斯特罗姆（Ostrom，E.）.公共事务的治理之道——集体行动制度的演进[M].余逊达，陈旭东译，上海三联书店，2000.

③ 周雪光."关系产权"：产权制度的一个社会学解释[J].社会学研究，2005，(2).

变迁——两个特殊群体的求职过程》两部专著；张翼的博士论文及其专著《国有企业的家族化》(2002)和尉建文的博士论文及其专著《中国私营企业主关系网络调查》(2009)两本书中也部分地运用了问卷调查和定量分析的方法。另外，赵延东的博士论文《下岗职工的社会资本与再就业》(2001)中，在考查职工的社会资本及其他相关变量在其求职过程中的作用时，首先使用了相关分析、方差分析等统计方法分析了社会资本与研究因变量之间的简单相关关系，也就是在没有统计控制的情况下变量之间的两两相关情况，优点是可以直观地了解社会资本与职工再就业情况之间的关系，缺点是没有必要的统计控制，难以确定相关关系的真实性。为此，主要运用了加入统计控制的多元回归方法来分析职工社会资本对再就业的作用，另外还运用到 Logistic 回归分析、多项对数比率回归(Multi-nominal Logistic Regression)等分析方法。

二是定性研究。该学派的大部分研究成果都采用了个案研究、案例分析、实地调查、深度访谈等定性研究方法，对于事件史、问题背后的社会机制等的分析较为深入。代表作有李培林对国有企业的研究、对都市里的村庄的研究；张继焦对市场化中的非正式制度研究；张翼对国有企业家族化的研究；张缨对企业间信任关系的研究；梁栋对企业组织网络化的研究；蓝宇蕴对都市里的村庄的研究；游正林对国有企业干群关系、王晓晖对中小型私营企业劳资关系的研究；臧得顺对农地产权制度的研究等。

第三节　“社会结构转型”的理论价值与现实意义

一、“连续谱”的分析框架冲破了“二元对立”的思维定式

作为这个正在形成且不断完善中学派的核心，李培林很早就提出了分析社会现象和社会问题的一个新框架——“连续谱”的分析框架，[①]又在后来的专著和论文中多处进行了详细地阐发和应用，这在方法论上冲破了二元对立的思维束缚，确立了多元主义在学术研究中的重要地位。具体地讲，一是针对科斯和威廉姆森关于资源配置的市场和企业的二分法，他设想在市场和企业这

① 李培林.另一只看不见的手：社会结构转型[J].中国社会科学，1992，(5).

两种配置资源的理想化类型之间，真实的世界是一个连续谱，存在许多看似“过渡”、其实相当“稳定”的资源配置类型，它们的产生都是对特定社会条件及其这种条件的变化所作出的反应。① “网络化公司”是一种类型，“产业集群”是一种类型，集团“内部市场”是一种类型，“农村集市”是一种类型，羊城村的“企业化村落”也是一种类型。二是针对国有和私有的产权形式的二元对立，他指出：在现实中，企业的产权形式，从个人独资企业、合伙企业、私有责任或股份有限公司、股份合作组织、集体企业，地方政府所有企业、国家参股企业、国有控股企业，一直到全资国有企业，是一个产权形式多样性的“连续谱”，仅仅是一个“股份合作制”，细分起来，又可以根据产权的“私有化”程度，分成不同的形式。

所以，真实世界里的“连续谱”现象，以及我们由此建立的“连续谱”分析框架，并不只是针对“企业”和“市场”的二元对立，而是对二元分析框架的颠覆，也可以说是一种补充。换句话说，在我们已经习惯了的那些二元对立之间，事实上都存在着“连续谱”的真实世界，并非完全依赖理想化的二元对立分析框架就可以解释的。②

在此“连续谱”分析框架基础上，张继焦在分析中国少数民族城市移民的经济文化类型从“原生态型”到“市场型”的转变时指出，“传统—现代”二分法的基本思想被广泛地应用在了城市移民的研究之中，并具体表现为“对立—同化”分析模式。比如，芝加哥学派的学者如帕克在研究移民和城市的关系时，不但强调了“传统社区”和“城市社区”的差别，还指出“城市环境的最终产物表现为，培养了各种新型人格”。城市移民研究中的“对立—同化”分析模式认为，在文化上，移民和自己所在的城市分别代表了传统和现代两面，两者本质是彼此对立和相互矛盾的。使用“对立—同化”分析模式并不能完全说明发生于不同类型的城市移民各种现象。于是，社会学家、人类学家提出了“并存”(coexisting)分析模式，经济学家、政治学家提出了“联结”(articulation)分析模式，从学术上反驳了简单的“同化假设”和“对立—同化”二分法的分析模式。张继焦认为，乡土“小传统”与城市“大传统”不是对立的，是互补的，也是递进的关系。迁移到城市就业或创业使越来越多的人不再只是生活在乡土“小传

---

① 李培林.村落的终结：羊城村的故事[M].商务印书馆，2004，第59—60页.

② 李培林.村落的终结：羊城村的故事[M].商务印书馆，2004，第61页.

统”中，而是生活在乡土“小传统”与城市“大传统”之间。他在呼和浩特的实地调查显示，蒙古族移民正在逐渐地将草原上具有蒙古族特色的文化移植出来，并试图在现代城市中，使蒙古族的物质和非物质文化资源商品化和市场化，建立起一种符合现代都市需求的蒙古族经济文化类型。蒙古族的民族企业和民族企业家在城市经济中正在创建一种外向型的经济模式：一头是草原和牧场，另一头是外部更大的中国和国际市场。他们在社会文化生活方面，一方面具有相对封闭性和自己的独立发展空间；另一方面又表现为具有一定的兼容性，成为迁出地与迁入地之间、城市与乡村之间、传统与现代之间，甚至是城市与城市之间的“联结体”，二分法在他们的身上越来越不适用，他们在经济、社会身份、文化认同等方面具有多重性。①

臧得顺在分析农地产权制度的时候，以周雪光的“关系产权”为学术起点，提出了“关系地权”的核心概念。② 在分析地权界定中的各大利益主体的行为方式时，针对舒尔茨（Schultz, T. W.）和波普金（Popkin, S.）提出的小农的“经济理性”③与斯科特（Scott, J.）提出的小农的“道义（生存）理性”④之二元对立分析框架，尝试提出了小农的“钟摆式理性区间”概念，用以更加准确地分析真实世界中的小农的理性及其行为。他认为关于小农行为选择的“斯科特—波普金论题”，亦即“道义经济”（The Moral Economy）和“理性小农”（The Rational Peasant）之争，不过是一种为抽象现实生活而创造出来的“理想类型”而已，无论是“道义经济”的小农还是“理性小农”都是两个极端的小农之代表，现实生活中不存在纯粹的任何单纯哪一种类型。每一个小农都首先是一个鲜活的人，一个行为时刻处在复杂的、动态的、发展中的人，而不是一个静态意义上给贴上标签就静止不动的人。

---

① 张继焦. 经济文化类型：从“原生态型”到“市场型”——对中国少数民族城市移民的新探讨[J]. 思想战线，2010，(1).

② 臧得顺. 臧村“关系地权”的实践逻辑：一个地权研究分析框架的构建[J]. 社会学研究，2012，(2).

③ [美] 舒尔茨（Schultz, T. W.）. 改造传统农业[M]. 梁小民译，商务印书馆，1999. Popkin, S. The Rational Peasant: The Political Economy of Rural Society in Vietnam [M]. Berkeley: University of California Press, 1979.

④ [美] 斯科特（Scott, J. C.）. 农民的道义经济学：东南亚的反叛与生存[M]. 程立显，刘建等译，译林出版社，2001.

二、在国家和市场之外，探寻到资源配置的“另一只看不见的手”

与前文“连续谱”的分析框架相一致，该学派在资源配置的国家和市场之外找到了一种属于社会的“第三只手”，①指出了单纯市场体制与单纯计划体制的缺陷，打破了“市场万能”的神话，对以“经济人假设”为内核的西方经济学理论体系进行了理论和经验上的反驳，对其进行补充解释甚或是替代解释。

针对“中国发生的所有变化都是市场化改革的结果”这种唯市场至上的观点，李培林在《东方现代化与中国经验》一文中更加系统地提出“中国的改革发展是经济社会的全面变化”的观点。其实在现实生活中，经济、政治、社会、文化是一个混合的整体，现实生活的复杂性在于，人们不可能把一个领域从这个整体中单独分离开来。而每一个领域都有自身发展的规律和逻辑，如经济追求的最高价值是竞争的效率和经济的收益，政治追求的最高价值是社会稳定、社会活力和实现民意表达的社会理想，社会追求的最高价值是社会的整合、团结、和谐和公正，文化追求的最高价值是“传统”的更新延续和凝聚力。所以在现实生活中，要使这些不同的价值有沟通的桥梁，有相互协调的可能性，而不是用一个领域的逻辑去替代所有领域的发展规则。在中国目前的经济社会发展中，有四种力量（市场、政府、社会结构转型、全球化）在发挥着非常重要的作用。②

三、注重社会学调查，具有强烈的问题意识与现实关怀精神

该学派另外一个重要的特点是坚持社会调查，对中国特殊国情下的现实问题进行实地调查、实证研究，形成中国经验。比如，李培林对东北老工业基地的调查，张继焦对琼市市场化中的非正式制度的调查，张翼对贵州黔厂的调查，蓝宇蕴对广州城中村的调查，游正林对国有企业“西厂”的调查，王晓晖对贵州三个水泥厂的调查，臧得顺对山东省三个村落和湖北省一个村落农地产权制度的调查，等等。

---

① 李培林. 另一只看不见的手：社会结构转型[J]. 中国社会科学，1992，(5).

② 李培林. 东方现代化与中国经验[D]. 中国社会学学会 2005 年年会论文.

社会学领域中坚持这种社会调查的学者很多，但不同的是，该学派是在规范性研究的原则下坚持“社会学调查”，而不是一般意义上的“社会调查”，即在一定的理论假设、分析框架指导下深入实地、进行调查。

四、力促把社会结构转型当做社会学学科研究的主题和重点

从社会学学科建设和学科研究的意义上讲，该学派力促把社会结构转型当做社会学这门学科研究的主题和重点，对于促进社会学学科的发展和社会学的重建起到了重要作用。当然，其他的许多著名社会学家就此大多形成一致的意见，致力于把社会结构作为社会学这门学科的研究主题，比如陆学艺、李汉林、李路路、刘世定、孙立平等学者对社会结构的关注和强调，罗红光、赵旭东、王铭铭、张佩国等人对非正式制度及社会关系等问题的探讨，体现出与人类学的研究相互融合的鲜明风格。囿于本章主要任务的规定性，所以此处对这些学者的研究不能展开，还希望另撰专文详细讨论。

五、推动了一种新发展观的确立

该学派的理论观点有效地阐释了党和国家构建社会主义和谐社会、加快社会建设和社会治理的战略布局，推动了一种新发展观的确立。2004 年 10 月党的十六届四中全会提出了构建社会主义和谐社会的战略思想；2006 年 10 月党的第十六届六中全会专门就构建社会主义和谐社会进行了研究，并对若干重大问题作了决定；2007 年 10 月党的第十七次全国代表大会提出了包括经济建设、政治建设、文化建设、社会建设和生态文明建设在内的全面小康社会的奋斗目标。2011 年 2 月 19 日，在省部级主要领导干部社会管理及其创新专题研讨班上，胡锦涛指出：加强和创新社会管理，要深入贯彻落实科学发展观，紧紧围绕全面建设小康社会的总目标，牢牢把握最大限度激发社会活力、最大限度增加和谐因素、最大限度减少不和谐因素的总要求，以解决影响社会和谐稳定突出问题为突破口，提高社会管理科学化水平，完善党委领导、政府负责、社会协同、公众参与的社会管理格局，加强社会管理法律、体制、能力建设，维护人民群众权益，促进社会公平正义，保持社会良好秩序，建设中国特色社会主义社会管理体系，确保社会既充满活力又和谐稳定。党的十八大尤其是十八届三中全会以来，中央提出了“创新社会治理体制”的改革新思路，习近平总书记发表了一系列关于改善民生创新社会治理的讲话。党和国家在制定方针

政策的过程中，一步步更加重视民生导向的社会建设和社会治理，无疑体现出对市场和政府之外的社会力量配置资源的重视。社会结构转型理论客观上为这些战略决策提供了一定的资源和智力支撑。

（臧得顺）

推荐阅读

1. 李培林. 中国社会结构转型：经济体制改革的社会学分析[M]. 黑龙江人民出版社，1995.

2. 李培林. 另一只看不见的手：社会结构转型[J]. 中国社会科学，1992，(5).

3. 李培林. 再论“另一只看不见的手”[J]. 社会学研究，1994，(1).

4. 李培林. 中国社会结构转型对资源配置方式的影响[J]. 中国社会科学，1995，(1).

5. 李培林. 村落的终结：羊城村的故事[M]. 商务印书馆，2004.

6. 李培林. 另一只看不见的手：社会结构转型[M]. 社会科学文献出版社，2005.

7. 李培林，张翼. 国有企业社会成本分析[M]. 社会科学文献出版社，2007.

思考题

1. 影响资源配置的方式有哪几种？各自发生作用的特点和规律是什么？
2. 社会结构转型理论包含哪些方面的内容？
3. 中国社会结构转型具有什么特点？
4. 你认为“社会结构转型理论”具有什么学术价值和现实意义？

第二章
城市社会分层的理论与实证研究

社会分层是经典的社会学研究议题，不仅在国外已经发展为一个成熟的研究领域，在国内也迅速成为显学。从20世纪90年代到21世纪之初，海外和本土学者对当代中国社会分层所取得的研究成果，可集中参见边燕杰发表的"Chinese Social Stratification and Social Mobility"和张宛丽发表的《中国社会阶级阶层研究二十年》这两篇系统性的综述。① 然而，这两篇综述距今又有10多年了，并且当时回顾的是对中国社会的整体研究而非对城市社会的专门研究。在近年来我国城市化进程明显加快、大城市乃至特大城市的人口规模呈爆炸式增长的背景下，亟须对国内有关城市社会分层的理论与实证研究作一个回顾。本章正是这样一种尝试。第一节介绍关于分层结构的理论模型，虽然许多并非专门针对城市社会提出，但仍然具有涵盖意义。第二节介绍关于城市分层的实证研究，虽然许多并非直接回答城市社会的分层结构到底如何，但所关注的城市分层过程与结果中的那些关键要素却仍然具有参照意义。第三节将在综合前两节理论与实证研究的基础上，提出该领域目前的不足和将来的重点方向。

第一节　社会分层结构的理论模型

进入21世纪之后的10多年来，学者们就中国社会的分层结构提出了各种理论模型，大致可归结为三类：一是沿韦伯式的分析范式，以职业所代表的

---

① Bian，Yanjie. 2002. "Chinese Social Stratification and Social Mobility." *Annual Review of Sociology* 28：91－116. 张宛丽.中国社会阶级阶层研究二十年[J].社会学研究，2000，(2).

社会经济地位高低来划分阶层；二是沿新马克思主义的分析范式，以权力/资产的占有状况来划分阶级或阶层；三是则将视线从生产场所转移到居住场所，以住房来作为独特的阶层划分标准。

一、以社会经济地位为核心的分层模型

1. 陆学艺"十大阶层"模型

2002年，中国社会科学院社会学研究所陆学艺等人出版了《当代中国社会阶层结构研究报告》一书，率先提出了"十大阶层"理论。[①] 该分层模型不仅在当时就引起了极大关注乃至争论，而且时至今日也经常被援引和比较，因此毫无争议地成为此领域的开山之作。[②]

"十大阶层"模型以职业分类为基础，以组织资源、经济资源、文化资源的占有状况为标准，把全国社会成员划分为10个阶层(参见图1-2-1)。与改革开放前"两个阶级、一个阶层"的结构相比，社会分层发生了深刻的变化。[③] 时隔8年，陆学艺结合实际变化撰文指出：上述划分原则或标准总体上是符合现实的；十大阶层的排列位序仍然是成立的，只是各个阶层的人数规模发生了变化。[④] 同年，他领衔的研究团队又出版了《当代中国社会结构》一书，继续用

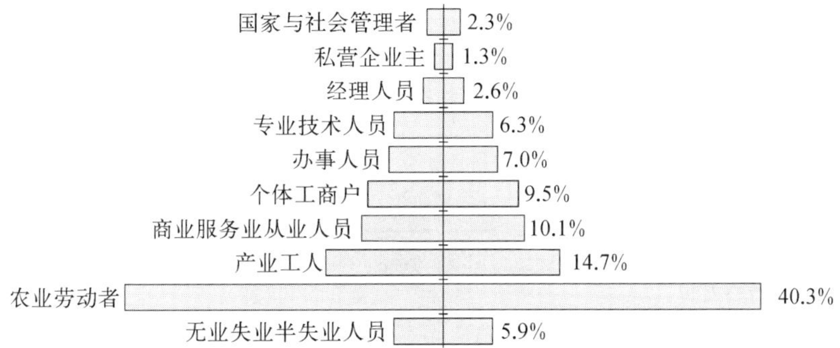

图1-2-1　2006年中国社会的阶层结构(陆学艺模型)

数据来源：陆学艺主编．当代中国社会结构[M]．社会科学文献出版社，2010.

---

① 陆学艺主编．当代中国社会阶层结构研究报告[M]．社会科学文献出版社，2002.

② 例如，下文将要介绍的林宗弘、吴晓刚(2010)和李路路等(2012)的理论模型，在实证检验其经验建构的效度时，就都与"十大阶层"理论模型作了比较。

③ "两个阶级、一个阶层"指工人阶级、农民阶级、知识分子阶层。

④ 陆学艺．中国社会阶级阶层结构变迁60年[J]．北京工业大学学报(社会科学版)，2010，(3).

“十大阶层”模型勾勒了2006年中国的社会阶层结构(见图1-2-1)。[①] 与2001年数据相比较,他们将阶层结构的主要变化总结为:(1) 中产阶层崛起加快;(2) 社会中下层规模比例进一步缩小;(3) 社会阶层分化加剧;(4) 社会阶层位序的局部变化。

2. 杨继绳“五大阶层”模型

在杨继绳看来,“十大阶层”模型的分层标准并没有脱离由韦伯开创并被现代西方学者广为接受的“地位三分法”框架(power, property, prestige,通常称为3P)。[②] 因为,组织资源近似于权力,经济资源近似于财富,文化资源近似于声望。不同的是,他在《中国当代社会阶层分析》一书中更加明确、更加直接地以3P标准来提出阶层结构模型。具体来说,他利用各种调查数据和实际判断,从财富、权力、声望三个维度为不同的职业赋予相应的等级分值,并根据三者的加权综合划分出“五大阶层”(详见表1-2-1)。从各阶层的人口比重分布或曰阶层结构来看,杨继绳“五大阶层”模型和陆学艺“十大阶层”模型相似,都呈金字塔形。

表1-2-1 2010年中国社会的阶层结构(杨继绳模型)

社会群体	财富等级(权数0.36)	权力等级(权数0.38)	声望等级(权数0.26)	加权综合等级	占全国经济活动人口的比重	所属阶层
高级官员	7	10	9	8.66	1.5%	上等阶层
国家银行及国有大型事业单位负责人	8	9	8	8.38		
大公司经理	9	8	7	8.10		
大型私有企业主	10	7	6	7.82		
高级知识分子(科学家和思想界、文艺界名人)	7	6	10	7.40	3.2%	上中等阶层
中高层干部	6	8	7	7.02		
中型企业经理	7	5	7	6.24		
中型私有企业主	8	5	6	6.34		
外资企业白领雇员	9	4	6	6.32		
国家垄断行业中层企业管理人员	7	5	7	6.24		

① 陆学艺主编.当代中国社会结构[M].社会科学文献出版社,2010.

② 杨继绳.中国当代社会阶层分析[M].江西高校出版社,2011.

（续表）

社会群体	财富等级（权数0.36）	权力等级（权数0.38）	声望等级（权数0.26）	加权综合等级	占全国经济活动人口的比重	所属阶层
一般工程技术人员和科研人员	5	5	7	5.52	13.3%	中等阶层
一般律师	5	6	7	5.90		
大中学教师	5	5	7	5.52		
一般文艺工作者	6	5	7	5.88		
一般新闻工作者	6	5	7	5.88		
一般机关干部	4	6	7	5.54		
一般企业中下层管理人员	4	5	5	4.64		
小型私有企业主	7	4	5	5.34		
个体工商业者	6	4	5	4.98		
生产第一线操作工人	4	2	4	3.24	68%	中下等阶层
农民工	3	1	3	2.24		
农民	2	1	4	2.14		
城市下岗待业人员	2	1	2	1.62	14%	下等阶层
农村困难户	1	1	1	1		

数据来源：杨继绳.中国当代社会阶层分析[M].江西高校出版社，2011.

3. 李强“倒丁字形”模型

显然，杨继绳的分层模型带有很大的主观色彩和人为判断。姑且不论三个分层维度的权重分配是否合理，也不论各个职业的等级分值是否准确，单就权力如何界定和测量这个问题来说都很难回答。所以，在理论上阐述分层原则比较容易，但在经验上构建一个好的测量却困难得多。所幸，国外学者在这方面已经有了长时间的积累，甚至在某种程度上达成了一定的共识，那就是“职业声望”（Occupational Prestige）和“国际职业社会经济地位指数”（International Socioeconomic Index of Occupational Status，ISEI）。李强正是用这两个国际化的分层指标来研究中国的社会分层结构，成果集中体现在他的《当代中国社会分层：测量与分析》一书中。①

① 李强.当代中国社会分层：测量与分析[M].北京师范大学出版社，2010.关于“职业声望”和“国际职业社会经济地位指数”，这本书中也作了相应的介绍，有兴趣的读者可以查阅。

李强通过分析2000年全国第五次人口普查(简称"五普")数据发现,中国当时的社会分层结构是"倒丁字形"(比"金字塔形"还差),即64.7%的人处在非常低的ISEI分值位置上,而其他群体则像一个立柱,两者之间显示出巨大的差异性。① 后来,他采用同样的方法比较分析"五普"与"六普"数据发现,在2000—2010年间,虽然社会结构有一定程度的进步——表现为社会底层比例有所缩小、中上层比例有所增加,但整体上仍然呈"倒丁字形"(见图1-2-2)。② 他在这篇论文中进一步指出,中国社会正日益分裂为"城市—农村"、"中小城市—超大城市"四个世界或他所称的"政治经济社会区域体",不同世界之间的社会分层结构迥异,并且差异有加强的趋势。具体到城市之间在分层结构上的差别来说,中小城市仍然呈"倒丁字形"结构,而超大城市则已接近两头小、中间大的"橄榄形"结构。

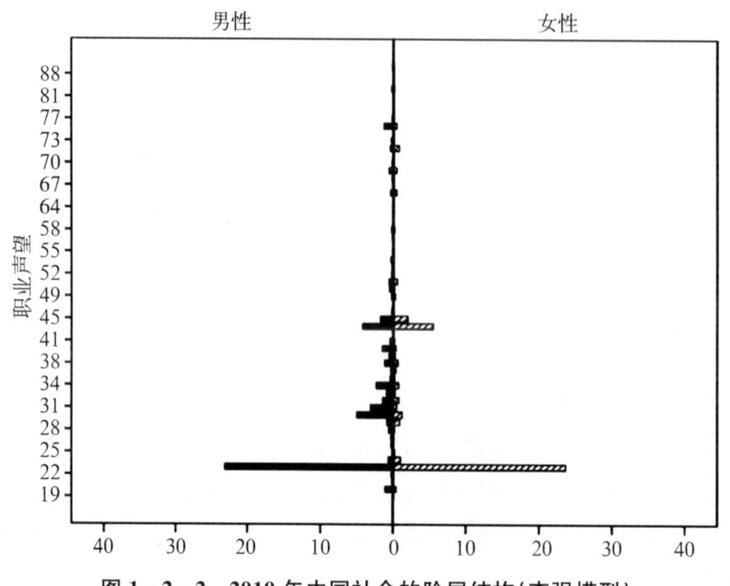

图1-2-2 2010年中国社会的阶层结构(李强模型)

资料来源:李强,王昊.中国社会分层结构的四个世界[J].社会科学战线,2014,(9).

上述三个分层模型都认为以职业为基础的社会阶层之间存在相对地位高低。相比之下,卢汉龙虽然也依据职业(和生活状态)来划分阶层(见图1-2-

---

① 这一发现首先发表于李强."丁字形"社会结构与"结构紧张"[J].社会学研究,2005,(2).

② 李强,王昊.中国社会分层结构的四个世界[J].社会科学战线,2014,(9).

3)，但却强调社会分层结构只是一种差别结构而不是等级结构，这也正是他将自己的分层模型称为“板块”结构的原因所在。①

<table>
<tr><td rowspan="6">(4)
富有阶层：
资本拥有者
食利者
小业主</td><td colspan="7">(1) 精英阶层</td><td rowspan="6">(5)
弱势阶层：
贫穷者
失业者
自立无望者</td></tr>
<tr><td colspan="2">党政领导官员</td><td colspan="3">公司高层管理人员</td><td colspan="2">高级专业人士</td></tr>
<tr><td colspan="7">(2) 中间阶层</td></tr>
<tr><td colspan="2">机关办事员</td><td colspan="3">白领办事人员</td><td colspan="2">一般专业工作者</td></tr>
<tr><td colspan="7">(3) 直接生产者阶层</td></tr>
<tr><td>农民</td><td colspan="2">体力劳动
工人</td><td>半体力
劳动工人</td><td colspan="2">商业
服务人员</td><td>个体
劳动者</td></tr>
</table>

图 1-2-3　中国社会的分层结构(卢汉龙模型)

资料来源：卢汉龙. 中国社会结构理论的反思[J]. 社会学，2003，(2).

二、以权力/资产为核心的分层模型

如果说陆学艺、李强等人提出的分层结构模型是以社会经济地位为核心，沿袭的是韦伯式的分析范式，那么另一大理论流派则主要借鉴了新马克思主义的分析范式，以权力/资产为核心来构建当代中国的社会分层模型。他们的代表人物是刘欣、李路路、林宗弘和吴晓刚等。

1. *刘欣城市阶层模型*②

刘欣认为，公共权力与市场能力构成了当前中国社会阶层分化的主要动力基础，并且前者是第一位的。③ 公共权力指国家权力，具体表现为作为社会公共事务管理者的权力和代表人民占有公有资产的权力。市场能力指人们在市场竞争中将自己所控制的资产产权——包括经济资本产权和人力资本产权——付诸实际交易的能力。例如，企业主的市场能力以经济资产的所有权为基础，经理的市场能力以经济资产的控制权为基础，专业技术人员的市场能力以教育和技术资本为基础，工人的市场能力以劳动力为基础。因此，根据对

---

① 卢汉龙. 中国社会结构理论的反思[J]. 社会学，2003，(2)；卢汉龙. 转换中国社会发展的研究路径[J]. 探索与争鸣，2011，(11).

② 刘欣. 中国城市的阶层结构与中产阶层的定位[J]. 社会学研究，2007，(6).

③ 刘欣在另外两篇论文中对我国阶层分化的制度基础作了更详细的讨论，参见刘欣. 当前中国社会阶层分化的制度基础[J]. 社会学研究，2005，(5)；刘欣. 当前中国社会阶层分化的多元动力基础——一种权力衍生论的解释[J]. 中国社会科学，2005，(4).

公共权力和资产产权这两种资源的占有关系，社会成员可首先区分为四个基本类型：有权者对无权者、有产者对劳动者，进而再按权力大小和资产类型进一步细分，最终得到由17类、5大阶层构成的中国城市社会分层模型(参见图1-2-4)。将此理论模型应用于2003年"中国综合社会调查"(CGSS)数据发现，中国城市社会的阶层结构还是一种较典型的"金字塔形"，其中，社会上层占0.6%，中产上层占7.6%，中产下层占22.8%，技术工人及小职员占25.7%，非技术工人及个体劳动者占43.3%。对2005年CGSS数据的分析得出的结论相似，各阶层比重依次为1.3%、9.7%、14.7%、36.2%、38.1%。①

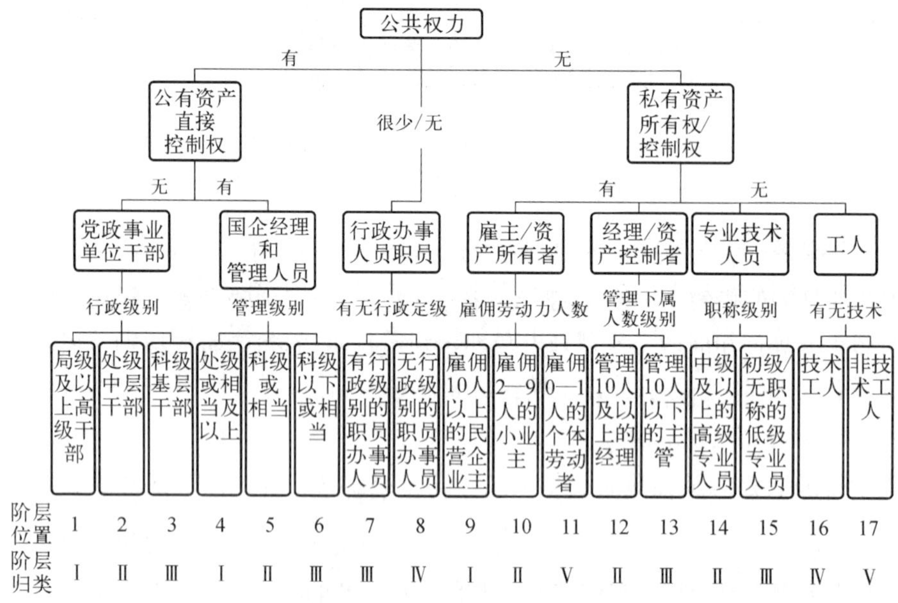

图1-2-4　中国城市社会的分层框架(刘欣模型)

资料来源：刘欣. 中国城市的阶层结构与中产阶层的定位[J]. 社会学研究，2007，(6).

2. 李路路"权威阶层"模型②

李路路等人构建了一个"权威阶层体系"。③ 虽然他们声称是用权力/权威

① 刘欣. 公共权力、市场能力与中国城市的中产阶层[J]. 中国研究，2008.

② 李路路，秦广强，陈建伟. 权威阶层体系的构建——基于工作状况和组织权威的分析[J]. 社会学研究，2012，(6).

③ 该模型的核心思想其实可追溯至李路路2002年的论文和2003年的专著，分别参见李路路. 制度转型与分层结构的变迁——阶层相对关系模式的"双重再生产"[J]. 中国社会科学，2002，(6)；李路路. 再生产的延续：制度转型与城市社会分层结构[M]. 中国人民大学出版社，2003. 在2002年的论

作为阶层分类的唯一标准，但从实际操作来看，其实与刘欣的模型类似，仍然是用资产和权力这两个基础性要素来进行划分，只不过是将资产（或财产权力）作为权力的一个基础或一种形式而已。[①] 但两者的不同之处也是比较明显的：其一，刘欣所说的权力侧重于公共权力，而李路路等人所说的权力侧重于组织内的权力或权威结构（以组织内的工作状况为基础）；其二，刘欣所说的资产是一个更广泛的概念（包括生产资料以外的东西），而李路路等人所说的资产则特指生产资料。

"权威阶层体系"是如何构建的？首先，根据财产（生产资料）的占有情况，将社会划分为雇主、自雇佣、雇员三个基本阶层位置。其次，对于雇员，从四个方面来分析或测量他们在组织内的权威关系：(1) 体力和非体力工作；(2) 是否拥有下属；(3) 决策权和对下属的管理权与监督权；(4) 对自身工作的控制权。最后，根据这四个方面的交互情况，将雇员在组织权威结构中的阶层位置进行等级划分和微调，再加入雇主和自雇佣两个阶层，最终得到了由 10 个阶层构成的"权威阶层体系"（见表 1-2-2）。李路路等人认为，他们的理论模型"从工作状况和组织权威维度入手，能够抓住当代中国社会结构形态的核心"，并简要阐述了几个理由。

表 1-2-2 2006 年中国社会的阶层结构（李路路模型）

基本阶层			细划阶层	比重
雇　　主			大雇主	0.5%
			小雇主	3.0%
自雇佣者			自雇佣	7.2%
雇员	非体力	Ⅰ	非体力高权威雇员（如高层管理人员）	3.6%
			非体力中低权威雇员（如中低层管理人员）	5.0

文中，李路路已经建立了一个包括五个社会阶层的结构框架，分别是权力优势阶层、一般管理人员/办事人员阶层、专业技术人员阶层、工人/农民阶层和自雇佣者阶层。按照他的表述，"权力支配关系在这一框架中占有核心地位"。

① 作者认为，"尝试在财产权力和组织权威的直接测量基础上，构建一个权威阶层图式"，"财产权和组织权威拥有共同的权力基础。在对两者进行直接测量的基础上构建新的权威阶层体系"，以及"基于财产（生产资料）而形成的社会关系是最基本的社会关系，也是权力地位和权力关系最重要的基础之一"。

（续表）

<table>
<tr><th colspan="3">基本阶层</th><th>细划阶层</th><th>比重</th></tr>
<tr><td rowspan="5">雇员</td><td rowspan="2">非体力</td><td rowspan="2">Ⅱ</td><td>非体力高自主性雇员（如高层专业人员）</td><td>15.0</td></tr>
<tr><td>非体力中低自主性雇员（如中低层专业人员）</td><td>19.8</td></tr>
<tr><td rowspan="3">体　力</td><td>Ⅲ</td><td>体力的、有监督权的雇员（如监工）</td><td>10.6</td></tr>
<tr><td rowspan="2">Ⅳ</td><td>体力高自主性雇员（如技术工人）</td><td>12.9</td></tr>
<tr><td>体力中低自主性雇员（如非熟练工人）</td><td>22.4</td></tr>
</table>

资料来源：李路路，秦广强，陈建伟.权威阶层体系的构建——基于工作状况和组织权威的分析[J].社会学研究，2012，(6).

3. “林—吴”阶级模型①

与刘欣、李路路等人相比，林宗弘、吴晓刚不仅在表述上更明确地强调“把阶级带回来”，而且在理论上也更明确地贯彻新马克思主义的概念与逻辑。他们的目的在于建构一个“生产性资产所有制变迁与阶级结构转型的模型”，它不仅能“静态地”呈现以资产或所有权为核心的阶级结构，而且能“动态地”展现所有制变迁所带来的阶级结构转型。他们从新马克思主义阶级分析所提到的四种生产性资产——劳动力、资本、权威、技术——出发，详细论述了中国改革开放前的户口制度、单位制度与干部制度大致对应于新马克思主义阶级分析中对劳动力、组织资产和工作场所权威/技术三种资产的所有权，因而户口、单位、干群之间社会类别的差异可以近似地理解为以对不同形式生产性资产占有为基础的阶级之间的差异。再加上改革开放后私有制的回归，就形成了四种所有权制度。

因此，根据户口制度对劳动力资产的限制、单位制度对组织资产的配置、干部身份制度对生产现场技术与权威的身份界定以及私有产权制度对生产资料或资本的保障，就可以对当代中国社会区分出十种阶级位置（详见图1-2-5）。只不过，改革开放前只有六类阶级：农民、农村干部、集体单位工人、集体单位干部、国有单位工人、国有单位干部，而改革开放后新增加了四类阶级：无产阶级、新中产阶级、小资产阶级或个体户、私人资本家。因此，阶级结构转型就是就业人口从国家社会主义下的前六个阶级位置向市场经济体系中的后四个阶级位置流动的过程。林宗弘和吴晓刚认为，这种阶级分类法“比较适合分析

① 林宗弘，吴晓刚.中国的制度变迁、阶级结构转型和收入不平等：1978—2005[J].社会，2010，(6).

中国的特殊制度所导致的阶级不平等，又能对四种生产性资产影响的变化提出相关的理论命题”。他们将其模型应用于2005年全国1%人口抽样调查（俗称“小普查”），得到的分层结构为：国家干部占5%，国企工人占7.87%，私人资本家占2.07%，新中产阶级占1.84%，无产阶级（非技术工人）占19.80%，小资产阶级（个体户）占9.54%，集体干部占0.39%，集体工人占1.24%，农村干部占1.82%，农民占50.50%。

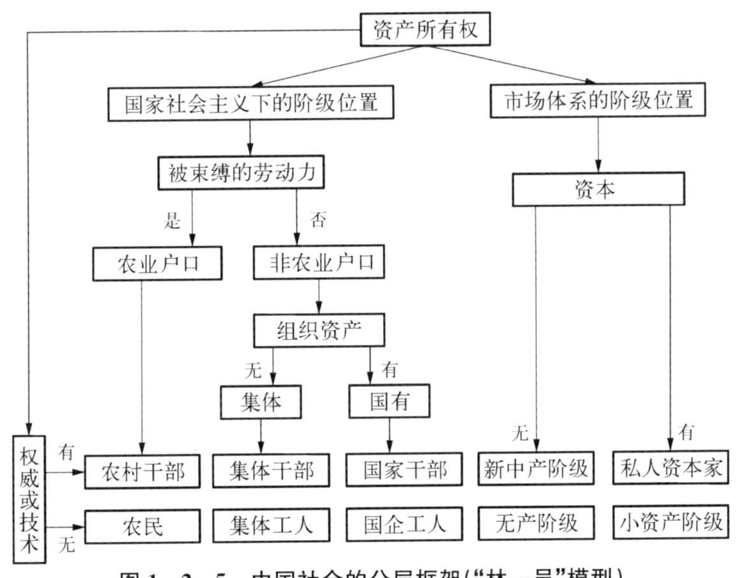

图1-2-5　中国社会的分层框架（“林一吴”模型）

资料来源：林宗弘，吴晓刚. 中国的制度变迁、阶级结构转型和收入不平等：1978—2005[J]，社会，2010，(6).

“林一吴”分层模型的最大特点是结合中国的具体或特殊制度来建立新马克思主义取向的阶级分类。类似地，李毅也是主要依据户口、单位与干部制度等提出当代中国的社会分层结构。① 所不同的是，他强调“李毅模式”的独创性，其中的阶级阶层类别不仅更加简化，而且更是“一以贯之”的（作者原话）。比较他对1959—1979年与对2005年中国社会所提出的分层模型，可以发现阶级阶层结构有延续也有变化（见图1-2-6），再观察他对1952—2003年中国社会所绘制的阶层分布，可以看出各个阶层所占比重此消彼长的变迁过程（见图1-2-7）。

① 李毅. 中国社会分层的结构与演变[M]. 安徽大学出版社，2008.

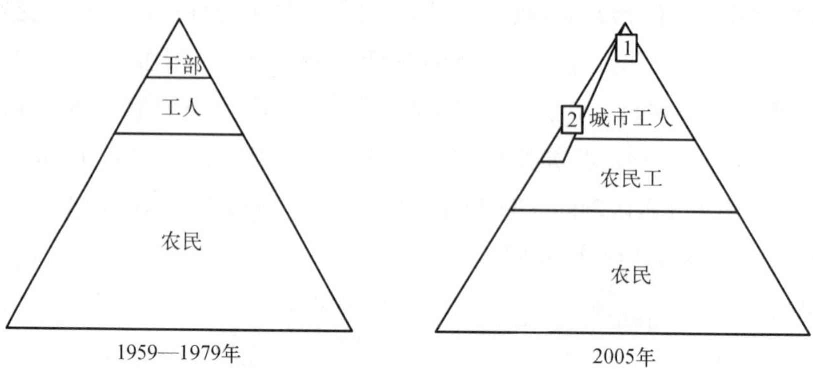

图 1-2-6　中国社会的分层框架(李毅模型)

注：右图中 1 为干部与准干部，2 为资产阶级。

资料来源：李毅. 中国社会分层的结构与演变[M]. 安徽大学出版社，2008.

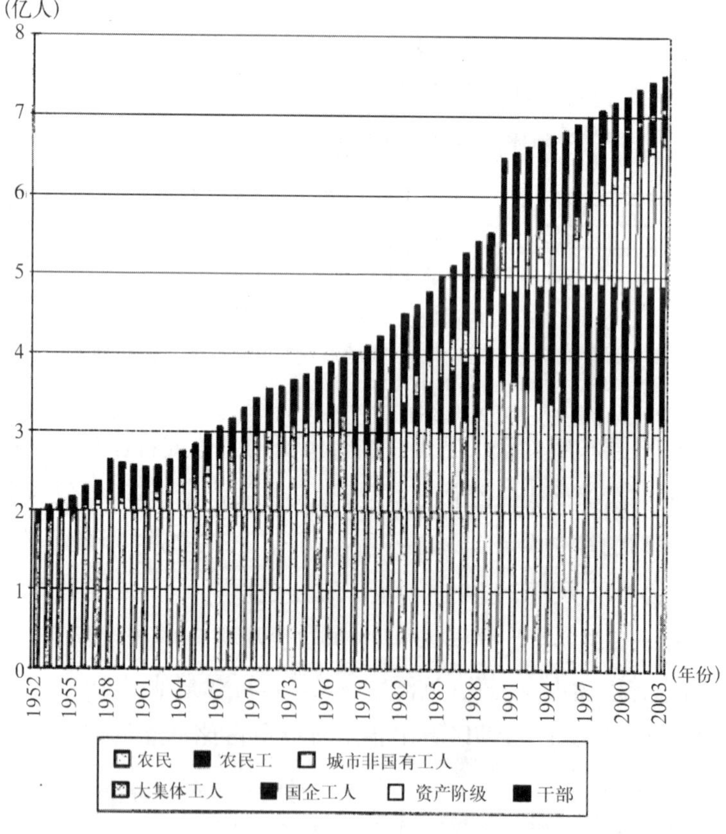

图 1-2-7　1952—2003 年中国社会的阶层结构(李毅模型)

资料来源：李毅. 中国社会分层的结构与演变[M]. 安徽大学出版社，2008.

三、以住房为核心的分层模型

无论是以社会经济地位还是以权力/资产为核心，若从实证或经验操作层面而言，上述分层模型采取的都是职业中心视角。这是因为在现代社会中，职业同时与教育、收入等其他常用的分层指标相连，是一个很好的综合性载体。然而，近年来，有学者开始从住房这个新视角来理解中国的社会分层。与其他许多只是将住房作为分层结果来加以考察的研究有所不同，他们试图论述住房本身就构成了社会分层的一个核心标准。

1. 李强“住房地位群体”模型①

李强可能是首位进行相关阐述的学者。尽管他提出的住房分层模型只是初步的——在北京发现了商品房户、回迁房户、单位房改房户、简易楼住户、廉租房户、传统私房户这六个住房地位有明显差异的群体。但是他围绕住房分层提出了一系列重要观点：(1) 住房地位虽然只是人们的多种社会地位之一，但其意义可能是第一位的；(2) 住房地位体现一种比较稳定的社会关系；(3) 住房地位的分化成为中国城市社会分层和社会分化的最主要内容之一。他在 2010 年出版的《当代中国社会分层：测量与分析》一书中，更专门阐述了住房在基于财产的社会分层秩序建立过程中的重要意义。但是，在 2009 年论文中，他只是简单提及了雷克斯和摩尔所开创的“住房阶级”理论流派，并认为“仅就住房来确定阶级，其标准显得单薄了一些”，因此刻意使用“住房地位群体”的概念来避免阶级概念可能造成的混乱。然而，正是由于这种理论上的刻意回避，反而使其住房分层模型缺乏逻辑上的清晰性和严密性。

2. 刘祖云“三阶五级式”模型②

相比之下，刘祖云、毛小平更明确地提出了一个“三阶五级式”的城市住房分层结构。“三阶”是指无产权房阶层、有产权房阶层、多产权房阶层，“五级”是进一步把有产权房阶层划分为福利性产权房阶层、商品性产权房阶层、继承性产权房阶层，与无产权房阶层和多产权房阶层一起构成从低到高的五个等级。他们发现，2010 年广州市住房分层结构的外在形态是两头小、中间大的

---

① 李强. 转型时期城市“住房地位群体”[J]. 江苏社会科学，2009，(4).

② 刘祖云，毛小平. 中国城市住房分层：基于 2010 年广州市千户问卷调查[J]. 中国社会科学，2012，(2).

“橄榄型”。虽然该城市住房分层结构或许并不能代表或反映中国社会分层结构，但它却与陆学艺等人提出的“十大阶层”结构一样，都是具有显著效度的社会分层方法。

3. 李骏“住房阶层”模型①

笔者也曾撰文认为，虽然西方“住房阶级”理论作为一种阶级理论可能还需要细致讨论，但若用它来构建一个新的阶层分析框架还是值得尝试的，这主要基于三点原因：(1) 正如李强所言，对于中国城市社会来说，住房显然已经成为社会经济地位的一个重要标志；(2) 住房与职业阶层之间的关系在中国较为松散；(3) 住房作为普通中国人最大宗的财产，在现实中已经具备了财富累积乃至利润回报的功能，因而可能成为“住房阶级”理论所说的韦伯意义上的财产。总之，既然住房并不能由职业地位完全决定或替代，它还作为一种可以产生收入或积累的财产独立影响了人们的生活机会，那么就有必要提出一个“住房阶层”分类体系。

但是，与刘祖云、毛小平根据住房产权的有无和多少来划分住房阶层有所不同，笔者根据住房产权的有无、产权净值现状和产权获得方式来作并行划分。按照是否拥有住房产权这个最重要的质的区别，住房阶层首先可以划分为两大阵营：有产阶层和无产阶层。对于有产阶层，可分别按三个标准再作进一步划分：(1) 以“住房阶级”理论流派代表桑德斯提出的房产使用情况为标准，可区分两类有产阶层：将房产用于累积的所有者(即“供应者”)、将房产同时用于累积和居住的所有者(即“自住业主”)；(2) 以产权净值现状为标准，可将有产阶层区分为全付业主和按揭业主两类；(3) 考虑到中国城市从住房公有制向私有制改革的特殊性，可以按照产权获得方式将有产阶层区分为补贴产权获得者、市场产权获得者、继承产权获得者三类。可见，笔者与刘祖云、毛小平的住房分层模型既有相似之处，也有不同之处。

第二节 城市社会分层的实证研究

从成果数量上来看，关于城市分层的实证研究比分层结构的理论研究要多得多。仅 2010 年至今，在《中国社会科学》、《社会学研究》和《社会》杂

① 李骏.城市住房阶层的幸福感与公平感差异[D].上海社会学年会论文，2014.

志上发表的相关论文就有约40篇。这里将对这些实证研究的核心观点与发现作系统梳理。与前文所介绍的理论研究有所不同,这些实证研究的共同特点是并不直接回答社会的整体分层结构到底如何(或者说社会到底有哪些阶级或阶层),而是关注分层过程与结果中的那些关键要素。但仔细回顾这些实证研究,将有助于我们更好地理解城市社会的分层结构。诚然,由于理论旨趣各异,这些实证研究的具体关注点也不同。但大致来看,它们的研究重点不外乎三大方面:职业与部门、收入与财富、户籍与移民。

一、以职业与部门为重点的分层研究

职业往往综合反映了人们在社会分层结构中的位置高低,所以经常成为分层实证研究中的因变量。但是,具体到概念的操作化,研究者们存在一定的差异。根据笔者的文献回顾,对职业分层所采取的理论视角或处理方法(两者往往是相连的)大致有如下几种:

1. 使用ISEI对职业的社会经济地位作连续测量

ISEI是"国际职业社会经济地位指数",具有国际化和综合性两个特点,在国内分层研究界已被引入和使用多年。虽然它对中国转型社会的适用性也受到一些质疑,但仍然继续被许多研究所使用。例如,王威海、顾源对中学教育分流与职业地位获得的研究就使用了ISEI来代表职业地位或阶层地位的高低,①其他使用了ISEI的研究者还包括李骏和顾燕峰、吴晓刚和张卓妮、谢桂华等。② 需要指出的是,作为对职业社会经济地位的连续测量,ISEI对职业编码的精度要求很高,理想状态下要求最为详细的4位编码。正是这种较高的数据要求,使许多研究不得不放弃ISEI而转向最简单的类别测量。

2. 使用职业或岗位类别来表示分层地位

有些研究者在使用职业类别时,并未明确说明它们的相对地位高低,只是隐含或暗示着某种大致的位序。例如,李骏、顾燕峰将职业区分为四个类别:单位负责人和专业技术人员、办事人员和有关人员、商业服务业人员、体力工人及其他,并以此来大致反映职业位置的高低和工作的"好坏"或"体

---

① 王威海,顾源.中国城乡居民的中学教育分流与职业地位获得[J].社会学研究,2012,(4).

② 李骏,顾燕峰.中国城市劳动力市场中的户籍分层[J].社会学研究,2011,(2);吴晓刚,张卓妮.户口、职业隔离与中国城镇的收入不平等[J].中国社会科学,2014,(6);谢桂华."农转非"之后的社会经济地位获得研究[J].社会学研究,2014,(1).

面”与否。[①] 有些研究者则明确说明了职业或岗位所表示的社会地位等级差异。例如，林易的研究就用人们在行政管理或专业职称上的级别来测量地位等级，分为高、中、低、底四个级别。[②] 类似地，童梅、王宏波对职业性别垂直隔离的研究认为，同一职业内部的管理、技术和普通劳动者这三种岗位具有等级含义，管理岗位在职业内部的权力、收入和声望较高，技术岗位次之，普通劳动者岗位则相应较低。[③] 因此，他们所说的职业性别垂直隔离就是指男女在职业中社会地位等级的隔离分布状况。

3. 使用特定职业或其属性来研究地位获得

不少研究者使用某类特定职业来表示社会上层或精英，进而研究人们的地位获得。从统计学上讲，这种二分变量在测量层次上要低于上面的两种方法。但从理论上来讲，这种测量可能具有特别的意义，因为精英研究是社会学的一个长期传统。然而，究竟考察哪种特定职业（或精英地位）的获得，在研究者那里也不尽相同。谢桂华用管理技术类职业的获得来衡量人们的社会经济地位获得，这类职业包括国家机关、党群组织、企业、事业单位负责人和专业技术人员。[④] 孙明研究的是干部地位获得，他所说的干部是指党政机关、事业单位和国有企业中代理国家权力的管理者和领导，具体操作化为拥有副科级以上国家行政级别的人。[⑤] 李忠路则研究是否拥有工作权威，它是指对工作单位的组织资源或人力资源进行控制的合法权力，通常与管理职位相对应。[⑥] 在他的研究中，具体是用“您是否有直接下属”这个问题来直接进行测量。

4. 使用某个或某些分层理论模型进行应用或比较研究

本章第一节所介绍的各种理论模型，大多都作了实证检验，彼此之间也作了一定范围内的相互比较。刘欣将其城市阶层模型应用于 2003 年 CGSS 数据，发现该模型对收入、家庭住房面积、阶层地位认同、幸福感等生活机遇和主观社会态度变量的方差的消减，具有高度的统计显著性。[⑦] 因此，仇立平、肖日葵对文化资本与社会地位获得的研究就借鉴了刘欣的分层模型来构建社会地

---

① 李骏，顾燕峰. 中国城市劳动力市场中的户籍分层[J]. 社会学研究，2011，(2).
② 林易. 男“凤凰”能飞多高？中国农转非男性的晋升之路[J]. 社会，2010，(1).
③ 童梅，王宏波. 市场转型与职业性别垂直隔离[J]. 社会，2013，(6).
④ 谢桂华. “农转非”之后的社会经济地位获得研究[J]. 社会学研究，2014，(1).
⑤ 孙明. 家庭背景与干部地位获得(1950—2003)[J]. 社会，2011，(5).
⑥ 李忠路. 工作权威层的性别差距及影响因素[J]. 社会，2011，(2).
⑦ 刘欣. 中国城市的阶层结构与中产阶层的定位[J]. 社会学研究，2007，(6).

位变量。[①] 林宗弘、吴晓刚将其阶级结构模型应用于2005年全国“小普查”、1996年“当代中国的生活史与社会变迁计划”调查、2003年与2005年CGSS数据、1988年与1995年“中国家庭收支调查”(CHIP)、1994年“城市居民生活就业情况调查”等多个数据，并与赖特模型(新马克思主义阶级分类)、戈德索普模型(EGP)、陆学艺“十大阶层”模型进行了经验比较。[②] 李路路等人将其“权威阶层”模型应用于2006年CGSS数据，从社会经济状况、雇佣状况、主观阶层地位认同、生活方式四个方面对该模型的经验效度进行了检验，并也与赖特模型、EGP模型、陆学艺“十大阶层”模型、“林—吴”阶级模型、刘欣城市阶层模型进行了经验比较。[③]

虽然用职业来反映分层地位俨然已经成为一个常用的分析范式，但在中国从再分配经济向市场经济的转型过程中，部门分割在地位获得过程中一直扮演着重要的角色，因而时常受到研究者的关注。在英文文献中，最早的研究是林南和边燕杰于1991年发表在《美国社会学杂志》(AJS)上的论文。[④] 他们根据经验发现指出，计划经济体制下的中国城市社会是以国有部门和非国有部门之间的体制分割为特征的，因为进入国有部门能够显著地提升就业者的社会经济地位(包括职业声望和工资水平)。其实，在海外和国内的社会分层研究文献中，“国有部门 vs. 非国有部门”这个城市二元结构理念型始终占据着核心地位。边燕杰等人后来还专门撰文讨论职业的地位资源含量问题，发现它在国有部门与非国有部门之间存在很大的差异。[⑤] 刘精明和郝大海、李路路等人也都专门研究过部门之间的差异。[⑥] 最近，王甫勤在研究劳动力市场分割时，仍然沿用了该分析框架。[⑦] 他发现人力资本和部门分割存在交互作用：人力资本高的劳动力越容易进入国有部门，且国有部门能为其劳动力提供更多

---

① 仇立平，肖日葵. 文化资本与社会地位获得——基于上海市的实证研究[J]. 中国社会科学，2011，(6).

② 林宗弘，吴晓刚. 中国的制度变迁、阶级结构转型和收入不平等：1978—2005[J]. 社会，2010，(6).

③ 李路路，秦广强，陈建伟. 权威阶层体系的构建——基于工作状况和组织权威的分析[J]. 社会学研究，2012，(6).

④ Lin, Nan, and Yanjie Bian. 1991. “Getting Ahead in Urban China” [J]. American Journal of Sociology 97(3): 657-688.

⑤ 边燕杰，李路路，李煜，郝大海. 结构壁垒、体制转型与地位资源含量[J]. 中国社会科学，2006，(5).

⑥ 刘精明. 劳动力市场结构变迁与人力资本收益[J]. 社会学研究，2006，(6)；郝大海，李路路. 区域差异改革中的国家垄断与收入不平等[J]. 中国社会科学，2006，(2).

⑦ 王甫勤. 人力资本、劳动力市场分割与收入分配[J]. 社会，2010，(1).

提升人力资本的机会。

近年来的一个趋势是，越来越多的研究者开始关注行业垄断这一新的部门分割形态。[①] 对此，边燕杰和张展新可能是较早进行研究的社会学者。[②] 许多经济学者也对行业或垄断行业作了专门研究。[③] 李骏、顾燕峰首次在经验层次上将这两种分割维度作了系统性的对比考察。[④] 他们发现，国有部门提供的所谓"好工作"、"体面的工作"或"白领工作"岗位反而比非国有部门要少，而垄断部门（行业）提供的这类工作却比非垄断部门（行业）要多。将 ISEI 作为因变量的补充性分析也得到了类似的结果：国有部门就业人员比非国有部门就业人员的 ISEI 平均得分低 0.43，而垄断部门就业人员比非垄断部门就业人员的 ISEI 平均得分则高出 2.22（两者均统计显著）。他们据此认为，国有企业不再像计划经济时期那样能够显著地提升职业地位（不同于林南和边燕杰 1991 年论文的核心发现），而行业的垄断性质却有迹象成为中国城市社会中人们职业地位的一个新的决定因素。邓峰、丁小浩在研究劳动力市场分割对性别收入差距的影响时，也同时考虑了行业分割和部门分割，但在具体的变量设定上与"李—顾"论文有所差异。[⑤] 他们的行业变量更简单，只划分为三大产业，且不能反映垄断性质；[⑥]但部门变量更复杂，划分为公共部门、社会部门（包括民办非企业组织、协会/行会/基金会等社会组织）、国有集体企业、私有企业、非正式劳动力市场（农村家庭经营和个体工商户）五类。[⑦] 尽管存在这种测量上的差异，但他们同样发现了部门分割的重要性：女性劳动者由于受教育水平

---

① 其实，王甫勤(2010)所参照的郝大海、李路路(2006)的"三部门划分法"（国有垄断部门、国有非垄断部门、非国有部门），已经结合了所有制和行业这两种部门属性。国有垄断部门包括三大类：一是与政治和意识形态控制相关的部门，如党政机关、学校和大众传媒等；二是与经济的宏观调控密切相关的行业，如银行、保险、证券及其他金融机构等；三是与关系国计民生的公共产品密切相关的行业，如电力、邮政、电信、铁路、航空、制药、医院和公用事业（如煤气、自来水、民用电）等。国有非垄断部门则包括国有垄断部门以外的所有国有行业部门。非国有部门包括集体企业、私营企业、外资企业、个体经营者等。

② 边燕杰，张展新. 市场化与收入分配——对 1988 年和 1995 年城市住户收入调查的分析[J]. 中国社会科学，2002，(5)；张展新. 劳动力市场的产业分割与劳动人口流动[J]. 中国人口科学，2004，(2).

③ 由于他们关注的是行业对收入分配的影响，笔者将在下文介绍其发现和结论，此处暂且略过不表。

④ 李骏，顾燕峰. 中国城市劳动力市场中的户籍分层[J]. 社会学研究，2011，(2).

⑤ 邓峰，丁小浩. 人力资本、劳动力市场分割与性别收入差距[J]. 社会学研究，2012，(5).

⑥ "李—顾"论文对行业垄断性质的测量是基于详细的 2 位编码。

⑦ 该部门划分方法参照了刘精明的框架，详见刘精明. 劳动力市场结构变迁与人力资本收益[J]. 社会学研究，2006，(6).

低而大量在第一产业和非正式劳动力市场中就业是造成性别收入差距的重要原因。

二、以收入与财富为重点的分层研究

前文提到，边燕杰等曾强调，职业的地位资源含量在当代中国社会并非“均质”的，而是存在部门等结构壁垒。① 在分析策略上，他们正是用职业的收入回报来反映其地位资源含量的，“虽然地位资源远远超出收入的范畴，但收入是地位资源越来越重要的指标”。在著名的“市场转型争论”中，收入其实也是各方研究所共同使用的地位指标。② 从中国改革开放以来的社会变迁来看，一个突出的问题也正是收入差距或贫富分化的不断扩大，这从政府、学界、媒体和大众对基尼系数的敏感性上可见一斑。正是在这种背景下，收入及其决定因素遂成为许多研究的分析对象。

从国际社会学界的研究脉络来看，对收入不平等的解释主要有两种取向：个人主义的和结构主义的。王甫勤正是从这个分析框架入手，同时考察了人力资本和部门分割对收入分配的影响，发现两者同时存在（虽然人力资本是主要决定因素）。③ 李培林、田丰也使用了非常类似的分析框架来研究社会经济地位（以收入水平和社会保障状况两个方面来界定）的影响因素，只是没有明确使用“个人主义 vs. 结构主义”这种表述而已。④ 他们的发现也非常相似，即人力资本和其他（结构）因素共同影响了经济社会地位（虽然人力资本是收入水平的主要决定因素）。⑤ 其实，对收入不平等的其他研究几乎都同时考察了人力资本和结构因素的作用，只是他们一般将讨论重点放在后者而已。

李骏、顾燕峰和邓峰、丁小浩都发现了部门和行业这两种结构性因素对于

---

① 边燕杰，李路路，李煜，郝大海. 结构壁垒、体制转型与地位资源含量[J]. 中国社会科学，2006，(5).

② 关于“市场转型争论”的核心文献，可参见两本书：边燕杰主编. 市场转型与社会分层：美国社会学者分析中国[M]. 生活. 读书. 新知三联书店出版社，2002；边燕杰，吴晓刚，李路路主编. 社会分层与流动：国外学者对中国研究的新进展[M]. 中国人民大学出版社，2008.

③ 王甫勤. 人力资本、劳动力市场分割与收入分配[J]. 社会，2010，(1).

④ 李培林，田丰. 中国劳动力市场中人力资本对社会经济地位的影响[J]. 社会，2010，(1).

⑤ 李培林、田丰所考察的“结构”因素比王甫勤更广，包括地区、性别、户籍和单位。他们所考察的人力资本也比王甫勤更广，包括教育、技术和经验。

收入的重要性，两者不仅直接影响了部门和行业之间的收入差距，而且间接导致了户籍群体和性别群体之间的收入差距。① 确实，行业对收入的影响近年来已经成为社会学者和经济学者共同关心的热点议题。仅 2010 年，《中国社会科学》就刊发了三篇论文。陈钊等人使用 1988 年、1995 年和 2002 年的 CHIP 纵贯数据，重点研究了行业对收入差距贡献的变化趋势，发现它是越来越大的——按原始行业划分历年来依次为 1.03%、3.02%和 10.07%，按合并行业划分依次为 0.41%、3.02%和 5.09%。② 并且，该趋势主要是由一些收入迅速提高的垄断行业造成的，例如交通、运输、邮电、通信和金融、保险业等。王天夫、崔晓雄使用 2003 年 CGSS 与经济普查的匹配两层次数据，重点研究了行业影响收入分配的两个逻辑与路径。③ 一是直接影响不同行业的平均收入，二是结构性地调整不同行业中个人特征（包括性别、年龄、教育等）的收入回报率。结果显示，收入差异中的 13%是由于行业的不同造成的，而行业特征（如行业规模、行业年龄、行业高学历比例等）对于个人特征的收入回报的影响则呈现出多种显著的方式。岳希明等使用 2005 年“小普查”数据重点研究了垄断行业高收入之中的合理与不合理部分的相对比例，发现垄断行业与竞争行业之间收入差距的 50%以上是不合理的。④ 他们还认为，由于目前的收入统计未能反映垄断行业的高福利，所以上述数值还可能有所低估。

除了部门和行业外，其他原来不大被重视的结构性因素也开始吸引研究者的注意。吴愈晓提出，中国的高考制度导致了另一种独特形式的结构性分割：拥有高等教育文凭的人属于首要劳动力市场，不拥有的人则属于次要劳动力市场。⑤ 他通过分析 2009 年“中国社会网络与职业经历调查”(JSNET)

---

① 李骏，顾燕峰. 中国城市劳动力市场中的户籍分层[J]. 社会学研究，2011，(2)；邓峰，丁小浩. 人力资本、劳动力市场分割与性别收入差距[J]. 社会学研究，2012，(5).

② 陈钊，万广华，陆铭. 行业间不平等：日益重要的城镇收入差距成因[J]. 中国社会科学，2010，(3). 2002 年两个估计值之所以出现较大差异，是因为在当年的行业合并中，作者根据行业性质将收入显著高于制造业的电力、煤气及水的生产供给业与收入显著更低于制造业的社会服务业一同并入了收入与制造业没有显著差异的卫生、体育与社会福利业。

③ 王天夫，崔晓雄. 行业是如何影响收入的——基于多层线性模型的分析[J]. 中国社会科学，2010，(5).

④ 岳希明，李实，史泰丽. 垄断行业高收入问题探讨[J]. 中国社会科学，2010，(3). 具体统计方法是使用 Blinder-Oaxaca 分解法，将两类行业之间的收入差距分解为禀赋差异（或可解释部分）与非禀赋差异（或不可解释部分），前者就代表了合理部分，后者就代表了不合理部分。

⑤ 吴愈晓. 劳动力市场分割、职业流动与城市劳动者经济地位获得的二元路径模式[J]. 中国社会科学，2011，(1).

的五城市数据，发现了经济地位获得的"二元路径模式"。其含义是，高学历劳动者与低学历劳动者由于处在两个分割的劳动力市场中，他们的经济地位获得路径完全不同。对于高学历劳动者，职业流动对收入获得没有任何作用，最重要的因素是人力资本（受教育年限和工作经验）；低学历劳动者的情形则完全相反，职业流动是提升他们收入水平的最重要因素，而人力资本因素则没有影响。李骏研究了组织规模对工资收入的影响，通过重点比较1996年和2006年两个时点的数据，发现这种影响几乎翻了一番。[①] 由于组织规模越大、雇员工资越高是国际学术界关于成熟市场经济体的一个普遍发现，所以作者认为，中国城镇劳动力市场的发展正趋近于市场经济国家的典型情形。

前文所介绍的以职业为基础的社会阶层结构模型，其多数提出者也不约而同地用它来解释收入不平等，并以此来检验或显示其理论效力。刘欣城市阶层模型在引入若干控制变量后能够解释2003年CGSS数据中年收入方差的19%，而且阶层之间的收入差异仍然十分显著，收入水平随阶层地位从高到低而依次下降。"林—吴"阶级模型在不引入控制变量的情况下能够解释2005年"小普查"数据中月收入对数方差的46.5%，优于赖特模型、EGP模型和陆学艺"十大阶层"模型。由于作者强调他们提出的是一个动态模型，所以还就四种生产性资产对收入影响的历时变化作出了推论：改革开放以后，户口制度影响收入分配的效果随时间递减；单位制则是直到20世纪90年代末在民营化的冲击下，其影响收入分配的能力才开始减弱；相对地，干部的优势得到维续；而1992年后，资本所有者的优势明显提升。综合历年数据的经验分析表明，这些推论基本上都得到了数据支持。因此，"阶级是导致贫富差距不可忽略的重要因素"。李路路等人的"权威阶层"模型在2006年CGSS数据中也能够很好地解释收入不平等，依次表现为：(1) 在双变量分析中，各个权威阶层在收入上存在显著差异；(2) 在多变量回归分析中，当控制若干变量之后再加入权威阶层变量，模型对年收入对数方差的解释力从25.6%上升到了29.9%；(3) 在与其他分层模型的比较分析中，权威阶层对收入方差的解释提升力为4.3个百分点，虽然低于陆学艺"十大阶层"模型(7.0)和赖特模型(4.9)，但却高于"林—吴"阶级模型(2.7)、刘欣模型(2.3)和EGP模型(1.7)。

---

① 李骏.组织规模与收入差异：1996—2006年的中国城镇社会[J].社会学研究，2014，(5).

值得指出的是，陈光金从“市场的 vs. 非市场的”分析框架——而非上述“个人主义的 vs. 结构主义的”分析框架——来研究收入不平等的成因。[①] 他关心的问题是：“推动中国现阶段收入不平等加剧的主要原因是市场化机制还是非市场化机制?”这个问题在“市场转型争论”中曾经占据着核心位置。他所说的“市场化机制”的基本含义是一个社会中参与收入分配的人们依靠自身的能力、努力和要素投入获取收入的过程，反之就是“非市场化机制”或“制度—结构性机制”，大致包括诸如税收和再分配、权力、行业垄断、特定社会结构（尤其是附着于某种具有强制性和歧视性的制度安排的社会结构）以及规范各种社会集团之间利益博弈的特定制度安排等因素。可见，虽然两个分析框架所使用的具体术语不同，但大致内容是相通的。他的数据分析支持了其基本假设——市场化机制对收入不平等的作用在加强并大于非市场化机制的作用，并且在讨论部分进一步指出：“市场化机制的不平等效应有其特定的制度—结构基础，而制度—结构性机制的不平等效应中也渗透着市场化机制的影响。”

收入并不是财富的全部，甚至很可能只占财富的一小部分。因此，收入不平等研究固然重要，但财富不平等则是它所指向并应到达的更高研究层次。遗憾的是，关于财富的数据收集非常困难，从而导致相应的研究十分稀缺。这不仅是国际社会科学界所面临的一个挑战，更是国内学术研究的一个短板，也正是皮凯蒂（Piketty）新著《21 世纪资本论》2014 年在国际社会引发强烈反响的一大原因，因为它系统地收集和分析了代表性国家 18—21 世纪以来的财富数据。[②] 近年来，依托几项大型社会调查，国内几个研究团队正试图弥补我国财富分层研究的不足。

一是北京师范大学李实等人对 CHIP 数据的系列研究。[③] 他们的研究表明，房产解释了全国家庭间 2/3 的财富不平等，并且这种住房财富的不平等从 2002 年到 2007 年显著上升了。以基尼系数来衡量住房财富的不平等，2002 年时，全国住房拥有者（户均）为 0.59，所有家庭（户均）为 0.63，所有人口（人均）为 0.67；到 2007 年时，三个数字均有上升，分别为 0.63、0.67 和 0.69。他们还发现，来自房产以及金融资产的家庭收入，在家庭总收入中所占的份额以

---

① 陈光金. 市场抑或非市场：中国收入不平等成因实证分析[J]. 社会学研究，2010，(6).

② [法] 皮凯蒂. 21 世纪资本论[M]. 巴曙松等译，中信出版社，2014.

③ 李实，佐藤宏，史泰丽. 中国收入差距变动分析——中国居民收入分配研究 IV[M]. 人民出版社，2013.

及它们对收入不平等的贡献度都出现了增加，并且这种情况在城市中更加突出。

二是西南财经大学甘犁主持的“中国家庭金融调查”(CHFS)。[①] 他们所调查的家庭收入包括以下各种来源：工资收入、农业收入、工商业收入、投资收入、转移性收入，所以称为“金融调查”，近似测量了财富。其调查报告发现，虽然工资收入占总收入比重最高(在全国样本中为 42.9%)、对基尼系数的贡献也最大(在全国样本中为 39.6%)，但通过比较各种收入占比与对基尼系数的贡献，却是工商业收入和投资收入拉大了总体收入差距。[②] 在全国样本中，工商业收入占比为 23.1%，对基尼系数的贡献为 30.9%；投资收入占比为 5.6%，对基尼系数的贡献为 6.8%。在城镇样本中，工商业收入占比和贡献为 25.6%和 34.6%，投资收入占比和贡献为 7.1%和 8.4%，作用更加明显。[③] 这说明，在工资收入之外，其他方面的财富不平等更大，尤其是在城市中。

三是北京大学谢宇主持的“中国家庭追踪调查”(CFPS)。[④] 他们根据该调查 2012 年的数据，从财产分布、财产结构、财产变动等方面得出了一系列重要发现与结论。在财产分布上，全国家庭财产的 90/10 比率接近 40，远远高于收入的 90/10 比率(约为 13)，说明财产分配比收入分配更不平等。[⑤] 与美国相比，相似之处是排名在顶端 1%的精英阶层都拥有全国 1/3 以上的财产，但去掉这部分顶端极富人群后中国的财产分布比美国较为平等。在财产结构上，房产在全国家庭平均财产中占到了 3/4，与其他国家相比严重偏高。同时，对财产基尼系数进行分解后发现，房产对财产不平等的贡献也占据主导地位，全国为 74.6%，城镇为 78.3%，上海更高达 86.8%。在财产变动上(2010—2012 年)，房产在全国家庭财产增长中同样起着主导作用，全国增加的财产中有 54.5%来自房产，而金融资产、生产性固定资产和耐用消费品以及土地增加比例都比较小。同时，底端 25%的家庭和顶端 25%的家庭保持相对位置不变的

---

① 甘犁等. 中国家庭金融调查报告 2012[M]. 西南财经大学出版社，2012.

② 他们在报告中所陈述的原则是，如果某项收入对基尼系数的贡献大于其占总收入的比重，则说明该项收入拉大了总体收入差距。

③ 在农村样本中，工商业收入占比和贡献为 16.5%和 22.7%，投资收入占比和贡献为 1.8%和 1.9%。

④ 谢宇等. 中国民生发展报告 2014[M]. 北京大学出版社，2014.

⑤ 90/10 比率指的是家庭收入按从低到高排序，排在 90%分位数上的家庭收入与排在 10%分位数上的家庭收入之比。

比例更高，反映出穷人阶层和富人阶层的流动性更小。尤其是在城镇地区，富人阶层的固化现象更严重。

虽然财富数据很难收集和测量，但住房财产却相对容易，所以社会分层学界已经就这个专题展开了研究。在这方面，中山大学刘祖云所领衔的团队近年来连续发表了相关研究成果。刘祖云、胡蓉首先用 2006 年 CGSS 数据分析了阶层（以职业、收入、教育来区别）之间在住房条件、住房产权和住房区位三个维度上所出现的分化。① 接着，在前文介绍的“三阶五级式”城市住房分层结构模型中，刘祖云、毛小平对 2010 年广州市数据的研究发现，个人的政治资本、人力资本、职业状况及收入水平对“住房阶层”地位获得均有显著影响。②

之后，毛小平使用相同的数据发现了“房改”过程中住房分层机制的自我选择性，从而修正了“政治资本或人力资本高的居民住房等级也高”这种一般性论断。③ 他发现的自我选择性是，在 1998 年前的体制内，能力强的人倾向于不购房，而在 1998 年前的体制外和 1998 年以后，能力强的人则倾向于购房。相应地，在 1998 年前的体制内，不购房者如果购房，其住房等级会下降；购房者如果不购房，其住房等级会上升。而在 1998 年前体制外和 1998 年后，那些人力资本或政治资本高的居民实际购房时，其住房等级会更高；购房者如果不购房，其住房等级会下降。因此，他修正的结论是，虽然权力机制与市场机制是影响住房分层的结构因素，但政治资本或人力资本的高低只是住房分层的必要条件而非充分条件。关于市场与权力对住房分层所形成的叠加或延续效应，方长春也有类似的发现和结论。④ 他对 2007 年南京市数据的分析发现，当前的住房不平等状况很大一部分是由房改前的住房分配过程和住房私有化改革过程导致的，社会成员越是接近体制的核心部门，其住房优势就越突出。胡蓉则专门研究了地区（以省为单位）的市场化程度对住房分层的影响，发现市场化虽然有效提高了居民的住房水平（以住房面积来测量），但在一定时期内

① 刘祖云，胡蓉. 城市住房的阶层分化：基于 CGSS2006 调查数据的分析[J]. 社会，2010，(5).

② 刘祖云，毛小平. 中国城市住房分层：基于 2010 年广州市千户问卷调查[J]. 中国社会科学，2012，(2). 胡蓉（2012）对 2006 年 CGSS 数据的再次分析也发现，政治精英在住房资源的占有上更具优势。

③ 毛小平. 购房：制度变迁下的住房分层与自我选择性流动[J]. 社会，2014，(2).

④ 方长春. 体制分割与中国城镇居民的住房差异[J]. 社会，2014，(3).

也拉大了住房资源分配的贫富差距(以住房面积基尼系数来测量),即存在倒U型曲线关系。①

其实,2010年以来关于收入(财富)不平等的研究还有两大块:一块是社会资本或关系网络对收入的影响,包括边燕杰的跨体制社会资本和历时趋势研究、梁玉成和陈云松等人的关系内生性研究、吴愈晓的初职获得方式研究、尉建文和赵延东的网络权力资源研究等。② 但由于社会资本并不构成社会分层的结构要素,此处不作赘述。另一块是户籍或移民的收入研究。

三、以户籍与移民为重点的分层研究

户籍制度一直深刻地形塑着中国的社会分层体系。改革开放之前,城乡差别经常被总结为中国社会最为根本的不平等结构,之后,持续增长的非正式迁移(改变居住地但不改变户籍)导致了数量庞大的"流动人口"现象,基于城乡户口划分的二元体制在继续存在的同时,还将这一身份界限从农村与城市之间进一步延伸到了城市内部。因此,在社会分层研究中,户籍与移民长期以来一直是个重点。根据具体研究对象的差异,近年来的实证研究可总结为三大类:对农民工的研究、对所有户籍群体的研究、对正式移民的研究。

对农民工的研究又包括三个分析路径:一是仅对农民工进行研究。这在农民工研究的早期几乎是一个主导范式。最近,刘林平等人从地区差异这个"尚未得到应有重视"的角度又作了分析。③ 基于2010年对珠三角和长三角地区外来工的调查,他们发现,在20项有关劳动权益保障的重要指标中——特别表现在工资水平、劳动合同签订率、社会保险购买率和工作环境等方面,长三角均显著好于珠三角,即使是在控制人力资本和企业特征之后也仍然如此。他们

---

① 胡蓉.市场化转型下的住房不平等:基于CGSS2006调查数据[J].社会,2012,(1).

② 边燕杰,王文彬等.跨体制社会资本及其收入回报[J].中国社会科学,2012,(2);边燕杰,张文宏,程诚.求职过程的社会网络模型:检验关系效应假设[J].社会,2012,(3);梁玉成.社会资本和社会网无用吗?[J].社会学研究,2010,(5);陈云松,范晓光.社会资本的劳动力市场效应估算——关于内生性问题的文献回溯和研究策略[J].社会学研究,2011,(1);陈云松等."找关系"有用吗——非自由市场经济下的多模型复制与拓展研究[J].社会学研究,2013,(3);陈云松等."关系人"没用吗?社会资本求职效应的论战与新证[J].社会学研究,2014,(3);吴愈晓.社会关系、初职获得方式与职业流动[J].社会学研究,2011,(5);尉建文,赵延东.权力还是声望?社会资本测量的争论与验证[J].社会学研究,2011,(3).

③ 刘林平,雍昕,舒玢玢.劳动权益的地区差异——基于对珠三角和长三角地区外来工的问卷调查[J].中国社会科学,2011,(2).

尝试用“地域—社会—文化”思路来解释，即长三角本地工人比例较高的人口事实(而非企业所有制性质)决定了该地区的企业更多采用“人情型”管理模式。

二是基于横截面数据将农民工与城镇工人进行比较分析。[①] 这类研究主要关心农民工的工资或收入显著低于城镇工人的原因。田丰基于2008年“社会状况综合调查”(CSS)数据，用布朗分解法将两类劳动者之间的收入差距分解为单位之间和单位内部的差异，发现前者占主要部分(99%)。[②] 结合农民工更少进入公有制单位这一发现，他的主要结论是，入职户籍门槛是阻碍农民工进入公有制单位从而获取较高收入的重要原因(同时也承认人力资本差异的重要性)。吴晓刚、张卓妮认为田丰的研究其实并没有考虑职业这一重要的“报酬机制”和“中介作用”，因而无法准确反映就职门槛和同工不同酬对两类劳动者收入差距的影响。[③] 他们基于2005年“小普查”数据，也用布朗分解法将两类劳动者的收入差距分解为职业之间和职业内部的差异，发现完全来自前者。并且，教育程度和单位类型是导致这种职业职离的主要因素。[④] 这两个发现共同解释了收入模型中农民工身份和单位类型的交互作用，即两类劳动者之间的收入差距随单位类型而变化(在党政机关/事业单位中这种收入差距最大)。因此，他们的主要结论是，农民工收入低于城镇工人的现象主要可归因于以户口为基础的职业隔离(同时指出教育机会的不平等是导致这种职业隔离的重要原因)，而非同工不同酬的劳动力市场中的直接歧视。

程诚、边燕杰基于2009年JSNET八城市数据，同样运用布朗分解法将两类劳动者的收入差距分解为职业之间和职业内部的差异，却发现主要来自后者(占64.8%)。[⑤] 但他们的研究特色或重点是在收入模型中引入了社会资本，其发现是，两类劳动者在社会资本上的差异(前者存量较低)既是他们在职

---

① 不同的研究对比较对象使用了不同的术语，例如城镇工人、城市职工、正式职工等，但大致含义是一致的。

② 田丰.城市工人与农民工的收入差距研究[J].社会学研究，2010，(2).他将单位划分为四类：公有制单位、外资和私营企业、其他小型单位、无固定工作单位。

③ 吴晓刚，张卓妮.户口、职业隔离与中国城镇的收入不平等[J].中国社会科学，2014，(6).

④ 他们将单位划分为三类：党政机关/事业单位、国有/集体企业、私有部门。

⑤ 程诚，边燕杰.社会资本与不平等的再生产：以农民工与城市职工的收入差距为例[J].社会，2014，(4).陈诚、边燕杰与吴晓刚、张卓妮的研究相比，除了分析数据的不同，对职业的测量也不同。吴晓刚、张卓妮使用的是详细的2位码职业(共68类)，陈诚、边燕杰使用的是1位码职业(共7类)。按照吴晓刚、张卓妮的意见，职业分类的粗细不同，得到的结论可能大相径庭；由于职业分类太宽泛，(大类)职业内的差异可能在很大程度上其实是(小类)职业间的差异。

业内部收入差异的重要原因，也是他们在职业之间收入差异的重要原因。[①] 结合农民工更少进入高收入职业这一发现，他们的主要结论是：农民工难以进入高收入职业，且职业内的讨价还价能力也很有限，这两种路径差异的综合，是导致农民工收入较低的重要原因。

与上述研究将职业/部门与收入作为解释变量有所不同，张春泥将注意力放在了工作流动上（反映的是工作稳定性）。[②] 她通过合并分析 2006 年"珠三角外来务工人员调查"（农民工样本）和 2003 年 CGSS（城市居民样本）数据得到了两个主要发现和结论：其一，农民工比城市工人更多发生工作流动，并且这种差异在公有部门比在私营部门更甚，这反映了户籍歧视的存在；其二，从"民工潮"时期（1993—2003 年）到"民工荒"时期（2004—2006 年），农民工的人力资本（即受教育程度）对工作流动的影响从不起作用到起作用，这反映了户籍歧视的下降。

三是基于纵贯数据进行历时趋势分析。李培林、李炜使用 2006 年和 2008 年 CSS 数据，从两个时点上描述了农民工的收入水平和社会保障水平都有了显著的提高。[③] 在收入水平上，由于农民工工资增加的速度快于城镇职工，因此两者之间的差距在缩小；然而，农民工和城镇职工更重要的工作待遇差异是在社会保障方面，包括养老保险、医疗保险、失业保险等。[④] 卢锋的研究更为系统，他收集和汇总了四类、200 多项调查数据，得到了改革开放 30 余年来（1979—2010 年）农民工工资的长期走势，主要有两个发现[⑤]：其一，农民工的工资长期呈增长趋势。从名义货币工资来看，年均增速约为 9.7%，[⑥]用消费者物价指数调整的实际工资指数变动来看具有阶段性特征，20 世纪 80 年代前中期显著增长，随后 10 多年相对停滞，晚近 10 多年增长较快；其二，农民工相对正式职工的平均货币工资比率大致经历了"前高后低"走势。20 世纪 80 年

---

① 作者在文中用户籍制度和交往同质性原则来解释这种社会资本差异。

② 张春泥. 农民工为何频繁变换工作：户籍制度下农民工的工作流动研究[J]. 社会，2011，(6).

③ 李培林，李炜. 近年来农民工的社会经济状况和社会态度[J]. 中国社会科学，2010，(1).

④ 值得注意的是，他们在两年数据中都发现，农民工与城镇职工的收入差距并非来自户籍身份的歧视，而是两个群体在人力资本（教育水平和劳动技术水平）上存在差异的影响。因为，在人力资本、工作状况、就业地点相同的条件下（即这些因素得到控制），农民工身份对应的回归系数未达到统计显著性。

⑤ 卢锋. 中国农民工工资走势：1979—2010[J]. 中国社会科学，2012，(7).

⑥ 作者在文中强调，由于不同类型数据的质量差异，对该估计值应谨慎对待。

代前期，农民工工资相对正式职工工资较高，两者比率在1.5倍上下；80年代后期以来的近20年间，农民工工资相对比率持续下降，大概在进入20世纪90年代后半期之后开始显著低于1，最低时在2008年达到48.5%（虽然近年开始止跌回升）。

由于农民工与城镇工人之间的差异并没有反映户籍分层的全景图式，所以有研究者试图对所有户籍群体作比较。根据户籍属性的双重划分——户口类别与户口所在地，李骏、顾燕峰运用一个新的研究设计，同时比较了本地城镇居民、本地农村居民、外地农村移民与外地城镇移民这四个户籍群体，从而呈现了一个更加系统的经验分析。① 他们对2005年上海市"小普查"数据的分析发现，虽然部门进入、职业获得和收入不平等的模式确实体现出了城乡户籍群体之间的差异，但本地居民与外地移民所受到的区别性对待在这些分层过程中也不可避免地存在。也就是说，是否拥有本地户口（或称"内外差别"）也会像是否拥有城镇户口一样（或称"城乡差别"）成为个体分层地位的一个重要决定机制。② 谢桂华在研究设计上使用了同样的户籍群体分类框架，但使用的是2005年全国"小普查"数据，从而把研究结论推至了全国。③ 一方面，她的发现与李骏、顾燕峰相似，即"外地城镇移民"或"外来非农户籍劳动力"在流入地劳动力市场上不存在融合的障碍，甚至与"本地城镇居民"或"本地工人"相比还具有明显优势。另一方面，她还发现，"外地农村移民"或"外来农民工"内部也存在差异：高技能者的收入将追上本地工人，实现经济地位的融合；而低技能者的收入劣势则无法改变，可能将一直处于城市社会的最底层。两项研究都表明，"外来人口"或"流动人口"并非铁板一块，而是具有内部异质性，不能简单理解或混为一谈。

上述两类研究都是从户籍现状进行分析，第三类研究则从户籍转变入手分析正式移民尤其是"农转非"群体的地位获得。这里的正式移民包括户籍类别或户口所在地发生了转变的人，其中最受关注的就是长期存在的"农转非"群体，即户籍类别从农业转变为非农的人。相对于没有实现"农转非"的人——例如农民工，他们一直被视为实现了向上的地位流动。但是，与出生时

① 李骏，顾燕峰. 中国城市劳动力市场中的户籍分层[J]. 社会学研究，2011，(2).

② 此外，他们通过同时引入所有制和行业两种分割维度来进行比较分析，还发现行业垄断这种分割形态更能反映和捕捉户籍分层的作用逻辑与过程。

③ 谢桂华. 中国流动人口的人力资本回报与社会融合[J]. 中国社会科学，2012，(4).

就具有非农户籍的人相比，他们是否也具有优势呢？因此，根据比较对象的不同，对“农转非”群体的研究就存在两种取向。

林易和谢桂华的研究取向一致，都是将“农转非”群体与城镇户籍出身群体相比较，但却得出了看似相反的结论。① 林易发现，男性“农转非”人口通常有不错的工作，也更容易获得晋升，但他们在从中级晋升到高级时却处于劣势；此外，除了在专业职称晋升上拥有优势之外，他们很难在行政上获得晋升，也难以在体制外获得高级管理职位。② 因此，他对“凤凰男”能飞多高这一问题充满了担忧。然而，谢桂华却发现，“农转非”群体在职业的社会经济地位指数和拥有管理技术类职业的概率上都具有显著优势，但这只限于在幼年至青壮年时期（35 岁之前）实现的“农转非”。两项研究结论的不同，或许来自数据时效和样本限定的不同，但也可能是研究内容本身的差异所导致。林易使用的是 2003 年 CGSS 数据，将样本限定为男性，研究的是晋升。谢桂华使用的是 2008 年、2010 年、2011 年的 CGSS 合并数据，样本中同时包括男性和女性，研究的是职业地位。

郑冰岛、吴晓刚的研究取向则是将“农转非”群体与农民工相比较。③ 他们对 2003 年、2006 年、2008 年 CGSS 合并数据的分析发现，“农转非”所带来的收入优势仅限于“选择性”而非“政策性”“农转非”群体。他们所说的“选择性农转非”是指通过升学、参军、招工、转干等渠道实现的“农转非”，而“政策性农转非”是指通过征地与移民安置等渠道实现的“农转非”。因此，从研究发现所强调的“农转非”的内部异质性来说，他们与谢桂华是相似的，虽然比较对象的侧重有所不同。④ 魏万青的研究取向与郑冰岛、吴晓刚一致，但他并未着眼于“农转非”群体，而是使用了“永久移民”的概念，包括 2002 年 CHIP 数据中所有出生时并非本市户口的人。⑤ 显然，他所说的“永久移民”与“农转非”群体不尽相同。但他的研究发现与郑冰岛和吴晓刚基本相似，永久移民与农民工相

---

① 林易.男“凤凰”能飞多高？中国农转非男性的晋升之路[J].社会，2010，(1)；谢桂华.“农转非”之后的社会经济地位获得研究[J].社会学研究，2014，(1).

② 作者认为社会资本缺乏是造成这种现象的可能原因，但并未提供经验证据。

③ 郑冰岛，吴晓刚.户口、“农转非”与中国城市居民中的收入不平等[J].社会学研究，2013，(1).

④ 此外，郑冰岛、吴晓刚还发现，非农户口的收入效应仅限于国有部门内教育程度和职业地位较高的群体，而在市场部门则不存在。从研究发现所强调的部门差异来看，他们与吴晓刚、张卓妮（2014）也是相似的（两项研究也都使用了倾向值匹配方法），虽然比较对象有所不同。

⑤ 魏万青.户籍制度改革对流动人口收入的影响研究[J].社会学研究，2012，(1).

比,收入显著更高,即使克服了选择性偏误之后也仍然如此(估计值甚至还更高)。①

第三节　城市社会分层研究的展望

综合前文所回顾的理论与实证研究,城市社会分层研究领域目前的不足以及将来的重点发展方向是什么?对此,笔者提出四点分析。

一、对城市社会分层结构的专门研究

在第一节所介绍的约10个分层理论模型中,只有5个是专门针对城市社会而提出的。其中,2个分层模型(刘欣和李路路)沿袭的是新马克思主义的分析范式,另外3个分层模型(李强、刘祖云、李骏)都是以住房来划分阶层,在韦伯式的分析范式下专门讨论城市社会分层结构的模型则付之阙如。即使沿用类似的理论框架,不同学者之间也还存在一定的不同意见。文中已经指出,虽然刘欣和李路路都是用权力和资产这两个基础性要素来划分阶层,但他们对权力和资产的界定范围却有所差异;虽然李强、刘祖云、李骏都围绕住房来划分阶层,但有的是以住房类型为标准,有的则是以住房产权为标准。同时,被后者视为分层核心的住房其实也是一种资产,但在前者那里则被排除在资产定义之外。那么,就城市社会的分层结构而言,住房到底是否构成了一个核心要素?显然,这两类分析范式之间缺乏直接的对话乃至争辩。目前来看,对城市社会分层结构的专门研究仍然处于起步阶段,学界还缺乏足够的重视和共识。

对第二节所回顾的约40篇关于城市社会分层的实证研究,笔者将它们的研究重点归于三大方面:职业与部门、收入与财富、户籍与移民。这或许可以帮助理论工作者来构建一个新的城市社会分层结构模型,因为这三大要素不仅在现实的分层过程中十分重要,也能在既有的社会分层理论中找到依据。韦伯式的理论分析范式,正是以职业所代表的社会经济地位高低来划分阶层。在由韦伯开创并被现代西方学者广为接受的"地位三分法"(3P)框架中,职业也通常被作为对财富、权力、声望这三个地位维度的综合反映。但是,由于转

① 作者还发现,两个群体的收入差距随着市场化进程推进变得更显著。

型中国社会的特殊性，同样职业在不同部门的收入回报可能不同(参见文中提到的边燕杰等人称之的职业地位资源含量问题)，户籍或移民身份也可能造成职业间隔离和职业内歧视问题(参见文中回顾的以户籍与移民为重点的分层研究)。这虽然已经使中国研究者意识到，收入可能是比职业更直接、更有效的地位指标，但它与财富这个"终极"概念之间仍然存在较大的距离。国内三个研究团队对财富分层的研究发现还具有一个共识，就是财富不平等在城市社会中表现得更加突出(参见文中回顾的以收入与财富为重要的分层研究)。所以，职业与部门、收入与财富、户籍与移民这三大要素对于个体在城市社会中的阶层地位的相对关系和意义需要进一步厘清。

二、对城市内地位不一致现象的研究

如果城市社会中的核心分层要素具有多样性，例如前文提到的职业与部门、收入与财富、户籍与移民，那么就可能存在地位不一致的问题。也就是说，个体可能在某些分层维度上具有较高的地位，但在其他分层维度上的地位却较低。韦伯自己就曾指出，虽然财富、权力和声望这三个分层标准存在密切联系并可相互转化，但在理论上必须严格加以区分。他同时强调，这三个分层属性并非在任何社会情势下都同等重要；相反，特定社会情势常常会将某个属性推到突出位置上。

国外在20世纪中期就出现对地位不一致的研究，[①]但后来趋于弱化，主要是因为这种现象作为一种社会事实并不普遍和持久。但在中国，地位不一致却似乎成为当下社会分层的一个突出现象或特点。遗憾的是，它并没有得到国内学界的足够关注。笔者曾在中国知网中对《中国社会科学》、《社会学研究》和《社会》杂志进行搜索，结果寥寥，只得到尉建文、赵延东发表的一篇文章。[②] 在这篇文章中，他们虽然主要谈论的是社会资本的测量问题，但提出的职业声望与职业权力之间的不一致性问题，却对整个社会分层研究具有反思意义。具体来说，他们发现职业的声望与权力分数之间存在差异，尤其在社会地位较高的职业上表现更为明显。

当然，如果将地位不一致从"客观地位不一致"扩展为"主客观地位不一

① 赵频，赵芬，刘欣.美国社会学家关于地位不一致研究的概述[J].社会，2001，(5).

② 尉建文，赵延东.权力还是声望？社会资本测量的争论与验证[J].社会学研究，2011，(3).

致”,则后半部分研究倒是在最近几年呈现一定的繁荣局面。例如,李汉林等就曾经分析了“地位不一致感”,并将其视为“结构紧张”所导致的“失范”表现之一。① 较宽泛意义上的主观阶层地位或阶层认同研究更是出现了一批成果。② 对城市社会内部地位不一致现象的研究,未来可能需要加强前半部分“客观地位不一致”的分析,并与后半部分结合起来作综合判断。

三、对城市之间社会分层差异的研究

中国社会分层结构中的城乡和地区差异可以说是耳熟能详了,但如果具体到城市社会,是不是也存在城市之间的差异呢? 这种差异,可能并不仅仅是一般意义上的经济发展或工资水平上的差异,还可能是分层结构上的差异。前文中已提到,李强、王昊最近对“六普”数据的分析指出,中国社会正日益分裂为“城市—农村”、“中小城市—超大城市”四个世界或他所称之的“政治经济社会区域体”,不同世界之间的社会分层结构迥异,并且差异有加强的趋势。上文还提到,刘林平等人重拾农民工研究中地区差异这个“尚未得到应有重视”的分析角度,尝试用“地域—社会—文化”思路来解释长三角与珠三角地区在劳动权益保障上的一系列差异。杨菊华较早的省际比较研究还曾发现,人均 GDP 越高,流动人口在当地的经济融入水平反而越低,表明移民相对于本地居民的弱势地位,在沿海经济发达城市比在内陆欠发达城市表现得更加明显。③ 上述三项研究都意味着城市之间可能存在社会分层的差异,但这种比较研究在数量上仍然相当少。

第一节所介绍的以住房为核心的三个分层模型,其实证数据分别来自三个不同的城市:北京、广州和上海。在第二节所回顾的数量更多的城市社会分层文献中,不少研究也都依赖于对单个城市的分析。例如,中山大学刘祖云所领衔的团队近年来连续发表的住房分层研究成果,都依赖的是其研究中心

---

① 李汉林,魏钦恭,张彦. 社会变迁过程中的结构紧张[J]. 中国社会科学,2010,(2).

② 中国社会科学院“当代中国人民内部矛盾研究”课题组. 城市人口的阶层认同现状及影响因素[J]. 中国人口科学,2004,(5);陈光金. 不仅有“相对剥夺”,还有“生存焦虑”——中国主观认同阶层分布十年变迁的实证分析(2001—2011)[J]. 黑龙江社会科学,2013,(5);李飞. 客观分层与主观建构:城镇居民阶层认同的影响因素分析——对既有相关研究的梳理与验证[J]. 青年研究,2013,(4);吴琼. 主观社会地位评价标准的群体差异[J]. 人口与发展,2014,(6);于铁山. 个人主观社会地位的社会影响因素——基于 CLDS(2012)数据的实证研究[J]. 人口与社会,2015,(1).

③ 杨菊华. 城乡差分与内外之别:流动人口经济融入水平研究[J]. 江苏社会科学,2010,(3).

收集的广州市“千户调查”数据；方长春的住房研究依赖的是南京市的调查数据。那么，我们自然要追问，基于单个城市的研究发现和结论是否具有一般性？从这个意义上讲，学界也应进一步开展城市之间的比较研究。“中国社会网络与职业经历调查”覆盖了国内 8 个城市，或许提供了城市比较研究的数据基础，但具体到每个城市的样本可能偏少，调查主题也仅限于网络研究。所以，未来需要在数据收集或研究设计上下功夫。

四、对城市社会分层结构变迁的研究

中国社会变化太快，这应该是学界的一个共识。相应地，社会分层研究就需要直面和展示这种变迁，包括其范围、趋势、速度等。然而，从前文中所涉及的分层文献来看，基于单个或合并若干横截面数据的实证研究仍然占据多数。这类研究固然也可以在某种程度上揭示和反映社会变迁，例如郑冰岛、吴晓刚对“选择性”和“政策性”“农转非”群体的比较就折射出“农转非”政策意涵在我国的实际变化过程。[①] 但这还不够，还需要更多的、直接的社会变迁研究，包括对城市社会分层结构变迁的研究。

从方法上来讲，变迁研究主要有三个分析路径，在前文中所引的部分文献中已经有所体现。一个路径是作重复横截面分析。相对于单次横截面分析而言，重复横截面分析可以把握长期趋势。例如，许多单次横截面分析都集中分析农民工相对于城镇职工的收入劣势(参见文中回顾的以户籍与移民为重点的分层研究)，但卢锋对改革开放 30 余年来(1979—2010 年)的纵贯研究却表明，农民工相对城镇职工的平均货币工资比率只是在进入 20 世纪 90 年代后半期之后才开始显著低于 1，而且在 2008 年之后开始止跌回升。[②] 这就引出了进一步的研究问题：什么原因导致了这种变化？显然，这是单次横截面研究不可能提出的问题。类似的重复横截面研究是陈光金对市场化机制和非市场化机制在导致收入不平等加剧中的相对作用大小的研究，在这项研究中，他用“中国居民营养和健康调查”(CHNS)和 CGSS 得到了“跨越 20 年的 8 次全国性城乡住户抽样调查数据”。[③] 在第一节所介绍的约 10 个分层理论模型中，

---

① 郑冰岛，吴晓刚. 户口、“农转非”与中国城市居民中的收入不平等[J]. 社会学研究，2013，(1).

② 卢锋. 中国农民工工资走势：1979—2010[J]. 中国社会科学，2012，(7).

③ 陈光金. 市场抑或非市场：中国收入不平等成因实证分析[J]. 社会学研究，2010，(6).

有4个也作了重复横截面分析。其中,陆学艺“十大阶层”模型比较了2001年与2006年的阶层结构变迁,李强“倒丁字形”模型比较了2000年与2010年的阶层结构变迁,“林—吴”阶级模型比较了改革前后的阶层结构变迁,李毅模型比较了1952—2003年的阶层结构变迁。另一个路径是作事件史分析。这种方法通过让受访者报告回溯性历史数据来分析时期变化,虽然调查本身仍然是单次进行的。例如,孙明通过分析CGSS2003中的事件史数据发现,改革前后家庭背景影响子代干部地位获得的机制有所不同;①张春泥同样通过分析CGSS2003中的事件史数据发现,户籍对农民工的工作稳定性的负面影响随历史时期而降低。② 第三个路径是作追踪数据分析。但我国大规模的追踪调查项目起步晚、数量少,像“中国家庭追踪调查”就是从2010年才开始收集的,目前发表出来的研究成果也还比较少。然而,不管如何,数据基础是越来越好的,这应该成为城市社会分层结构变迁研究的有力支撑。

(李　骏)

推荐阅读

1. 甘犁等.中国家庭金融调查报告2012[M].西南财经大学出版社,2012.

2. 李骏,顾燕峰.中国城市劳动力市场中的户籍分层[J].社会学研究,2011,(2).

3. 李强.当代中国社会分层:测量与分析[M].北京师范大学出版社,2010.

4. 李实,佐藤宏,史泰丽.中国收入差距变动分析——中国居民收入分配研究IV[M].人民出版社,2013.

5. 林宗弘,吴晓刚.中国的制度变迁、阶级结构转型和收入不平等:1978—2005[J].社会,2010,(6).

6. 陆学艺主编.当代中国社会结构[M].社会科学文献出版社,2010.

7. 尉建文,赵延东.权力还是声望?社会资本测量的争论与验证[J].社会学研究,2011,(3).

8. 谢宇等.中国民生发展报告2014[M].北京大学出版社,2014.

思考题

1. 关于社会分层结构的三大理论分析范式各是什么?它们之间的区别与联系是什

---

① 孙明.家庭背景与干部地位获得(1950—2003)[J].社会,2011,(5).

② 张春泥.农民工为何频繁变换工作:户籍制度下农民工的工作流动研究[J].社会,2011,(6).

么？是否可能加以整合？

2. 我国城市社会分层的核心要素有哪些？你认为相当重要但却被已有研究所遗漏的又有哪些？

3. 研究我国城市社会分层的常用数据有哪些？各有什么优点和局限？

第三章
国内社会流动研究的理论进展

社会中的不平等结构,特别是社会分层结构,一直是社会学研究中最核心的议题之一。当社会分层理论将社会不平等图释为一系列高低不同的结构位置后(熊彼得将其比喻为旅馆中等级不同的房间),随之而来的问题是,这些不同的位置(房间)是被谁占据、又凭什么。这就是广义的社会流动问题。回到伦斯基关于分层流动经典问题,"谁得到什么,为什么"?也可以理解为追问人与位置的匹配关系及其原因,而流动研究解决的是哪些人可以占据这些位置、他们是怎样获得这一位置的。

广义的社会流动,包括代际流动、代内流动(通常称为职业流动)和地域间的流动,本章仅关注狭义的社会流动,即代际流动。代际社会流动研究父辈和子女在社会地位上的传承模式和变化规律。分析的主题是父辈间的不平等结构是如何、又在多大程度上被传递到下一代。相对于社会分层研究讨论的是作为结果的社会不平等现况,社会流动研究的主题是机会的不平等,它是辨别一个社会是否开放及开放性程度的指标;更重要的,它还探究不平等的代际传递是如何实现的,即分析代际流动/继承的模式和机制。

国内的代际流动研究源起于20世纪80,90年代,研究主要沿袭布劳-邓肯范式,早期代表性的系统研究有陈婴婴的《职业结构和流动》[①]、李春玲的《中国城镇社会流动》[②]和许欣欣的《当代中国社会结构变迁与流动》[③]

① 陈婴婴.职业结构和流动[M].东方出版社,1995.
② 李春玲.中国城镇社会流动[M].社会科学文献出版社,1997.
③ 许欣欣.当代中国社会结构变迁与流动[M].社会科学文献出版社,2000.

等，她们的研究多运用地位获得理论和技术框架，也关注流动率的变化，但缺乏对流动模式的直接分析；研究侧重比较改革前后的变迁，对20世纪90年代中期前的社会流动情况有较多的分析。

本章拟就近年来国内代际社会流动研究的部分成果和观点进行介绍和小结。文献以近5年发表的论文为主，限于篇幅，也仅呈现作者所关心的若干核心议题，试图厘清观点争议和阐明进展，而非"点名式"的全景综述，所涉及文献难免挂一漏万，请读者明辨。

第一节　社会流动特征与趋势的整体判断

在计划经济体制时代，社会分层特征是"去分层化"[①]的"总体性社会"。[②]改革后，社会分层结构发生巨变，经济分层取代政治分层，[③]户籍、单位制、干部级别等身份制度被打破，贫富差距扩大，对应的代际流动模式也不再是社会主义意识形态下的国家庇护式流动[④]。对于改革后中国社会的"再分层化"，学界已经基本形成共识，但对于社会流动特征和发展趋势，学者们的观点仍存在差异，下面就近年来的一些代表性观点作一简述。

一、陆学艺等人的"职业结构高级化"和"走向开放社会"观点[⑤]

中国社会科学院"当代中国社会阶层结构研究"课题组的《当代中国社会流动》是继《当代中国社会阶层研究报告》之后又一引起社会广泛回响的力作。该书的主题是：十大社会阶层怎样从"两个阶级，一个阶层"结构分化演变而形成的，社会流动机制发生了哪些变化，社会各阶层今后将怎样继续演化。该书的核心观点有两个：

---

① Parish, William L. "Destratification in China." in *Class and Social Stratification in Post-Revolution China*[M]. edited by J. Watson. New York: Cambridge University Press, 1984.

② 孙立平，王汉生，王思斌，林彬，杨善华. 改革以来中国社会结构的变迁[J]. 中国社会科学，1994，(2).

③ 李强. 政治分层与经济分层[J]. 社会学研究，1997，(4).

④ 李煜. 代际流动的模式：理论理想型与中国现实[J]. 社会，2009，(6).

⑤ 陆学艺等. 当代中国社会流动[M]. 社会科学文献出版社，2004.

一是职业结构高级化推动结构性流动。随着工业化和产业升级，中国的职业结构正在日趋高级化，随之而来的结构性流动将扩大社会中间阶层的比例。他们认为职业结构的高级化进程在近年将有一个跳跃式提高，这将有效地扩大社会中间阶层的规模和比例，初步形成现代化社会阶层结构雏形，并有望向“橄榄形”的现代社会结构形态发展。

二是认为中国社会在渐进地走向开放型社会，但公正、合理、开放的现代社会流动模式尚未最终形成。在现代化和市场化双重驱动下，影响人们社会地位获得的机制也更加公平合理。那些标志着社会区隔的重大制度和政策，诸如阶级成分、单位制、城乡二元体制已经式微或消除，自致性要素（如教育）和上述先赋性要素在地位获得上的作用此消彼长，以就业来看，好工作好职位不再为体制内独占，在体制外已形成了相当规模的新型流动渠道。“现在，对于社会上绝大多数人而言，他们不是通过国家而安排工作，而是通过自己的努力和奋斗而决定自己的事业的局面。这一切都使我们做出这样的断言：中国社会的开放性程度正逐步提高”。同时他们也看到在当前中国的社会转型过程中，依然存有一些既不合理又欠公平的制度歧视，如教育产业化和户籍制度，造成社会成员的社会流动机会的不平等，阻碍中国社会开放与公平程度的提高。

二、孙立平的“断裂”论①

孙立平借图海纳的“马拉松”比喻，强调在中国剧烈社会变迁的条件下，原来相对静态的结构分析已经不足以把握社会现实：社会“从一种金字塔式的等级结构变为一场马拉松赛”，每跑一段，都会有人掉队，被甩出去，甚至不是被甩到社会结构的底层，而是甩出社会结构之外。30 年来，在社会马拉松中一些社会群体“集体掉队”，在底层群体逐渐“掉队”、“被甩出”的同时，中国社会出现了一个资源向上集中的趋势，在城乡、贫富和社会上层及下层之间呈现明显的两极分化格局，从而形成了一个阶层结构“断裂”的社会。

虽然，孙立平的断裂更多是从代内流动和代内分化来阐述断裂，但其对代际流动的意义同样清晰，在一个阶层堡垒扩大到断裂程度的社会结构中，跨阶

---

① 孙立平. 断裂：20 世纪 90 年代以来的中国社会[M]. 中国社会科学文献出版社，2003；孙立平. 失衡——断裂社会的运作逻辑[M]. 中国社会科学文献出版社，2004；孙立平. 博弈——断裂社会的利益冲突与和谐[M]. 中国社会科学文献出版社，2006.

层的流动势必日益艰难。而且“这种断裂的含义既是空间的，也是时间的，既是经济层面的，更是社会结构层面的。可以说，断裂社会的实质是几个时代的成分并存，而互相之间缺少有机的联系与整合机制”。[①] 这是孙立平“断裂”说对社会流动判断不同于其他观点之处，在他那里，阶层距离的扩大或堡垒的增高，不仅仅是一个程度上的扩大，而是阶层的界线与人类农业、工业和信息三次文明进程相重叠，不同阶层群体还对应于不同文明阶段的生产方式和生活方式。对于代际流动而言，不同于传统社会学在解释代际不平等传递中强调不同阶层在资源占有种类和数量的差异，马拉松下断裂的社会中不平等形成和传递，可能存在特殊的性质和特征，这都有待进一步的探讨。

简而言之，推演孙立平对于社会流动的总体判断是，社会结构的断裂将进一步阻碍社会流动，恶化社会的流动性。在另一篇文章中，[②]孙立平简要地谈到他的一个经验观察，在 20 世纪 90 年代中期后，社会结构开始定型化，定型化中的社会结构开始左右利益关系和利益格局的变动，利益分配也在开始定型的社会结构框定的架构内进行。定型化表现为阶层之间的边界和内部认同开始形成，90 年代中后期以后阶层之间的流动开始减少，他举了房地产经营领域的例子，“现在的一些大房地产开发商，有的当初就是借几万元钱就进入房地产领域的，而在今天，已经完全没有这种可能”，来说明流动的门槛提高了，社会阶层的再生产现象开始出现。

三、李强等学者的“结构定型”说[③]

进入 21 世纪以来，一些学者在不同场合都指出中国的社会阶级结构有走向固化、定型化、常规化的趋势。对此观点，李强在《改革 30 年来中国社会分层结构的变迁》中作了一个系统小结。李强指出，在过去的 100 多年，中国历经战乱、政权更迭和社会结构的重大变动，社会处于反复多次的解组和重组的动荡中，社会结构定型化的特征不明显。21 世纪以来，社会剧烈变革渐趋终止，社会阶级以及阶级关系趋于稳定、有规可循，阶级结构定型化，分层和流动

---

① 转引自郭于华. 转型社会学的新议程——孙立平“社会断裂三部曲”的社会学述评[J]. 社会学研究，2006，(6).

② 孙立平. 利益关系形成与社会结构变迁[J]. 社会，2008，(3).

③ 李强. “改革 30 年来中国社会分层结构的变迁”，载李强主编. 中国社会变迁 30 年[M]. 社会科学文献出版社，2008；李强. 当前我国社会分层结构变化的新趋势[J]. 江苏社会科学，2004，(6).

的格局从无序走向有序。表现在阶级阶层之间的界限逐渐形成，大跨度、两极式的流动明显下降，社会流动的规则渐趋稳定，具有阶级阶层特征的生活方式、文化模式也逐渐形成，阶级阶层内部的认同得以强化。

李强认为，任何市场经济社会，经济分化、分层的最终结果必然是分层结构的定型化。与结构的定性化过程对应的社会流动，将更遵循一定的标准、更有规律。“中国过去的社会流动确实没有规律，更多地表现为阶级、阶层瓦解所造成的社会流动”。在阶级结构定型化后，社会流动更有规律，“人们争取地位上采取更为常规的手段，比如考试、文凭、职务晋升等，其结果是社会将变得更为稳定”。

四、李春玲的“多级分层的结构化趋势”观点[①]

对于改革前后社会分化的特征和趋势，李春玲小结为“断裂”与“中产化”、“结构化”和“碎片化”的争议。她基于大量实证经验研究进一步提出“多级分层的结构化趋势”观点：首先，社会经济分化的形态上表现为“多级分层”，目前的资源分配格局是按一种差序等级规则进行的，社会上层获益最多，中上层获益较多，中下层部分获益，而社会底层成员获益较少。这种格局避免了两极分化和社会断裂结构的出现；其次，从分化趋势上看是结构化，即社会各维度（经济地位、社会地位和文化消费等）的分化趋于一致化、稳定化、持续化。这一结构化的观点类似前文的“定型化”，不过这里更强调的是社会分化各维度的结晶化趋势。

作为社会分化结构化作用于代际流动的后果，李春玲发现长距离、大跨度的流动明显减少，特别是社会下层直接流动到社会上层的机会大幅度降低，中下层社会成员进入社会上层的门槛越来越高，而优势地位阶层的代际继承性越来越强。从流动模式和机制上看，改革前流动机会取决于政治性和体制性因素，改革后阶层因素对个体的流动机会的影响越来越大。

以上几位学者的论断和思路都是以中国社会的转型为逻辑起点，试图以社会结构的变化为因，讨论作为结构变迁后果的社会流动的特征。在陆学艺看来，是职业结构中的高级化和市场化推动下社会阶层间堡垒的削弱，为代际

---

① 李春玲.断裂与碎片——当代中国社会阶层分化趋势的实证分析[M].社会科学文献出版社，2005.

流动打开了新的机会之门。孙立平的断裂和李强的定型，则更把结构的特征作为流动发生的前置条件。正如李强所指出的，当阶层结构定型化、阶级关系趋向稳定，流动从无序走向有序，其规律性也将凸显。下面两位学者试图在理论上小结不同社会的代际流动规律，直接回应社会转型后代际流动的特征和趋势。

五、李路路的“社会流动模式中的再生产与统治机制”①

不同于流动研究中一般流动研究的范式是试图比较国家间、时期间或人群间流动程度和模式的差异并探讨其制度、社会和文化的原因，李路路反其道而行之，试图解释为什么不同国家和社会中普遍存在社会流动的强继承性。他认为造成继承性占据主导地位是因为有两种普遍存在的机制，令不同社会结构、制度、文化和不同社会运行状况的社会中代际继承性普遍存在并延续。这两种社会继承性机制分别是：社会集团或社会群体的再生产机制和统治权力机制。

“再生产机制”指，处于社会不平等体系中的社会集团，特别是社会优势集团，基于维护、扩大、延续自己地位和利益的内在动力，使用各种“社会封闭”的策略和手段保持优势地位并在代际间不断传递下去的机制。李路路在再生产机制中强调“社会分层系统本身即是一个权力关系的结构，各种社会封闭的方式，是以分层系统的权力关系为基础的”。在不平等的权力关系下，通过强制或非强制“惯例、自愿、契约”等形式，排斥或限制其他人的参与资格，维护本群体对机会的垄断或优势地位。

“统治的机制”是作为再生产机制的反制，试图解释为什么相对弱势群体为什么不反抗优势集团的压制和代际再生产。李路路认为，在激烈利益竞争的社会中，占据统治地位的社会集团不仅拥有直接的“暴力”或“强力”的权力形式，而且更为重要的是，其将权力转变为“制度化权力”和“合法化的权力”两种“统治的权力”。前者令再生产机制成为一种普遍化的社会规则，得到国家权力的支持，而且对个体而言变身为制度化的“权利”，“维持社会位置的努力变得更加简单”；后者是那些占统治地位的社会集团，通过他们所掌握的文化

① 李路路. 制度转型与分层结构的变迁———阶层相对关系模式的双重再生产[J]. 中国社会科学，2002，(6)；李路路. 再生产与统治——社会流动机制的再思考[J]. 社会学研究，2006，(2).

和意识形态权力，让被统治群体接受现存社会分层秩序和统治秩序是公正合理的。统治权力的意义在于，既维护了既有社会再生产的秩序，也为继承性主导的社会流动模式提供了有限流动的空间，让社会分层秩序保持着某种程度的弹性。

传统上认为，工业革命和随之而来的社会现代化转型对代际流动有着深刻的影响。因为符合现代化社会的绩效原则的制度化（如劳动力市场的形成、教育均等化）都将推动社会流动。李路路认为再生产的逻辑会超越工业化和制度的影响。换言之，无论是工业化还是社会制度的变革都无法打破继承性的铁律。没有继承性的完全流动社会只是人们的理想，只存在于模型（完美流动模型）中，再生产的逻辑确实贯穿了人类社会的不平等历史。如果把他的观点进一步明确为，工业化和制度变迁都无法有效削弱代际继承性的话，他的确提出了一个比较激进而大胆的理论假设值得在理论和经验上进一步讨论和发展。

在讨论制度变迁下的社会流动时，他认为“即使在制度变迁的过程中，这种再生产的机制也会支配着社会流动的模式”：当制度变迁是在原有的优势阶层领导和控制下发生时，原有的社会分层秩序直接延续下去；当由原体系中下层领导和推动时，即使社会分层秩序发生翻天覆地的改变，当新的社会分层秩序形成以后，它的社会流动模式也会很快显现出继承性的特征。在随后一篇经验研究中，①对改革后精英的代际地位传递和类型转化作了实证验证，基本的经验结论是：在市场转型过程中，中国不同类型的精英群体（行政干部、技术干部、专业技术）一方面通过排斥非精英群体进入，另外一方面精英后代在精英类型上互相渗透，形成了一个团结的、合作的、没有分割的精英阶层，实现了整个精英阶层的再生产。精英排他与精英代际转化的双重作用共同促成了精英阶层的形成与再生产。这一研究支撑了原精英主导的制度变迁下社会秩序不变的假设。

六、李煜的“双重流动机制”下的菱形机会结构②

李煜认为一个社会的代际流动受到社会经济制度、经济结构、社会不平等

---

① 郑辉，李路路. 中国城市的精英代际转化与阶层再生产[J]. 社会学研究，2009，(6).

② 李煜. 代际流动的模式：理论理想型与中国现实[J]. 社会，2009，(6).

状况以及国家政策等因素的制约。在这些因素的作用下，社会流动表现出不同的特征和模式。代际流动模式可以概括为以下三种理想类型：绩效原则下的自由竞争模式；社会不平等结构下的家庭地位继承模式；社会主义意识形态下的国家庇护流动模式。改革前后各个时期将因社会经济制度和政策的不同，而相应在流动模式上分别呈现以上不同理想型的特征。

与李路路强调权力和再生产机制下的代际继承性不同，李煜认为改革前（特别是"文革"时期）社会流动的主要体制特征在于采取了国家庇护流动模式。对于改革后社会流动的方向判断存在两种对立的逻辑，一方面是以市场理性推动绩效原则，促进形成社会流动的自由竞争模式；另外一方面是不平等结构的强化、固化导致社会流动的模式将日益趋向于不平等条件下家庭地位继承模式。这是当前流动现象背后的两个对立存在，市场化和地位再生产的逻辑同时存在于当前中国社会，社会在对这一充满张力的社会力量的撕扯中前行。

李煜认为，虽然市场化和地位再生产的逻辑共存，但对社会不同群体的效能并不相同。对于社会中占小部分的精英阶层，社会再生产的逻辑将起主导作用；而对于广大普通人群，其资源和权力的占有量差异不大，流动机会的差异存在，但不会有天壤之别。市场化和再生产的逻辑共同作用的后果是，社会流动机会分布将以阶层高低分割为一个菱形结构：上层的精英阶层和社会底层多表现为家庭地位继承的流动模式，向上或向下的机会都不多。而中间阶层的大量普通社会成员，受益于市场化进程所带来的社会开放性，流动模式趋向自由竞争模式，拥有较多的流动机会。此为市场化和再生产"双重流动机制"下的菱形机会结构模式。

第二节 对阶层固化机制的核心争议：教育获得不平等的趋势和原因

对于社会不平等与社会流动的关系，人们直觉的判断是社会分化程度越高、不平等程度越高，社会流动就越不容易。但父代不平等程度的增加并不一定意味着子代机会不平等的上升。不平等结构在代际间能否得以有效传递，取决于一系列具体制度安排，影响教育获得和职业获得等过程中不同家庭出身子弟的命运，这需要学者们聚焦对制度及其过程的深入分析。而且不仅仅是社会不平等程度，社会不平等结构状况本身也对代际流动也起着至关重要的作用，这些议题还未得到学界的足够重视。

大约在2010年前后，社会开始热议“拼爹”和各式“二代”，即“富二代”、“官二代”和与之对应的“农二代”、“农民工二代”、“贫二代”现象。2010年9月16日《人民日报》发表了长篇通讯《社会底层人群向上流动面临困难》，提出一个疑问：“寒门子弟还能通过个人奋斗改变命运吗?”文章描述了草根在向上流动的教育和就业等环节遭受了制度性阻碍，农村家庭的子女大学收费高、毕业工作难找，高校毕业生中的农民和农民工子女在就业质量上明显处于弱势。文章小结“身份背景对后天发展的影响加大，社会底层人群向上流动面临困难”，阶层固化所导致的严峻社会现实已经摆在我们面前，再不可漠视。在此之后，以“二代”和“固化”为核心词的论文爆发性增长，成为一个学术热点。但大部分局限于对现象的描述、成因的一般性分析和原则性的对策，理论贡献上大多乏善可陈，相关主要成果也已有较全面的综述，①本文不再赘述。本节拟就阶层固化的核心机制——教育获得作一述评，因为教育不平等也已经有较完整系统的综述，②近年来的成果也非常丰硕，涉及扩招效应、③城乡、④性别、⑤族群⑥等差异，教育不平等的状况和趋势、⑦成因和后果，⑧等等。但为保持议题的集中，笔者的讨论将围绕一篇引起广泛讨论的论文就三个核心问题展开。

---

① 顾辉. 近十年来中国社会流动研究的新进展——社会流动视野下的“X二代现象”研究综述[J]. 学术论坛，2014，(4)；邓志强. 青年的阶层固化：“二代们”的社会流动[J]. 中国青年研究，2013，(6).

② 洪岩璧，钱民辉. 中国社会分层与教育公平：一个文献综述[J]. 中国农业大学学报（社会科学版），2008，(4).

③ 吴晓刚. 1990—2000年中国的经济转型、学校扩招和教育不平等[J]. 社会，2009，(5)；李春玲. 高等教育扩张与教育机会不平等——高校扩招的平等化效应考查[J]. 社会学研究，2010，(3).

④ 吴愈晓. 中国城乡居民的教育机会不平等及其演变（1978—2008）[J]. 中国社会科学，2013，(3)；李春玲. 教育不平等的年代变化趋势（1940—2010）——对城乡教育机会不平等的再考察[J]. 社会学研究，2013，(2).

⑤ 吴愈晓. 中国城乡居民教育获得的性别差异研究[J]. 社会，2012，(4).

⑥ 洪岩璧. 族群与教育不平等我国西部少数民族教育获得的一项实证研究[J]. 社会，2010，(2).

⑦ 齐亚强，牛建林. 教育的再生产：代际传承与变迁[J]，中国人民大学教育学刊，2012，(1)；巫锡炜. 中国教育不平等的变动趋势：队列视角的考察[J]. 人口研究，2014，(6).

⑧ 洪岩璧，赵延东. 从资本到惯习：中国城市家庭教育模式的阶层分化[J]. 社会学研究，2014，(4)；王甫勤，时怡雯. 家庭背景、教育期望与大学教育获得基于上海市调查数据的实证研究[J]，社会，2014，(1)；高明华. 教育不平等的身心机制及干预策略——以农民工子女为例[J]. 中国社会科学，2013，(4)；王进，陈晓思. 学校环境与学生成绩的性别差异一个基于广州市七所初中的实证研究[J]. 社会，2013，(5)；周潇. 反学校文化与阶级再生产：“小子”与“子弟”之比较[J]. 社会，2011，(5).

一、家庭背景对高等教育获得影响的变迁：寒门难出贵子吗

“知识改变命运”，这是当年希望工程的口号，激励了一代草根民众走上通过教育实现向上流动之路。2011年有一则媒体报道的相关数据被广泛流传，[①]“北大清华的农村生源所占比重不大，且连续多年下滑。2010年清华新生中来自农村的仅占17%，北京大学的农村生源仅占一成。清华招生办数据显示，今年清华所录取的新生中，县级以下中学学生近500人，只占清华新生的七分之一左右”，[②]似乎“寒门难出贵子”已成为定论。

2012年，李中清团队在《中国社会科学》杂志发表《无声的革命：北京大学与苏州大学学生社会来源研究(1952—2002)》，[③]引起学界很大反响，[④]可以称得上教育社会学中近5年最重要的研究成果。该文以北京大学和苏州大学15万学籍卡数据的翔实材料分析了两所学校学生的社会来源在1952—2002年间的变化。文章发现：20世纪80年代后两校学生的城乡来源比例基本未变，未出现农村生比例大幅度的下降；在家庭背景（父母职业）方面，50年来工农子女始终保持了相当比重，即便在改革开放后也并没有出现大幅下降，工人子女的比例在20世纪90年代还上升了。在控制了职业结构变迁后，比较1985—1994和1995—1999两个时期，由于工人子女辈出率的提升，北京大学（简称北大）工农总体的辈出率略有增长，苏州大学（简称苏大）工农总体的辈出率则有较明显增长。北大和苏大工人与农民子女的总比例分别达到学生总数的30%和40%，“相较于国外，中国教育系统更有效地削弱了父母职业对子女的影响，为工农子女提供了更多受教育及社会流动的机会”；而且重点中学无疑是中国精英大学的主要生源输送基地，北大和苏大来自重点中学分别约占90%和

---

① 更早的一篇有较翔实数据的报道来自赵婀娜、田豆豆的“重点高校农村学生越来越少”一文，刊于《人民日报》2009年1月15日，但未引起社会广泛注意。

② 转引自李润文“‘寒门难出贵子’被指不全面”，《中国青年报》(2011年08月26日05版)。

③ 梁晨，李中清，张浩，李兰，阮丹青，康文林，杨善华.无声的革命：北京大学与苏州大学学生社会来源研究(1952—2002)[J].中国社会科学，2012，(1)；梁晨，张浩，李兰，阮丹青，康文林，杨善华，李中清.无声的革命：北京大学、苏州大学学生社会来源研究(1949—2002)[M].三联书店，2013.

④ 《中国青年报》2012年4月16日刊文《寒门子弟为何离一流高校越来越远》，引述罗立祝、刘云杉、李文胜等学者的观点，否定《无声的革命》的发现，认为农村生源离一流大学越来越远是不争的事实。

70%。这些数据无疑冲击了社会的普遍认知，令学者们重新审视“近年来教育获得不平等不断扩大”这一判断是否可靠。

根据上述发现，李中清团队提出了“无声的革命”观点。他们认为，北大苏大这样的精英大学学籍卡资料客观反映了50年来精英教育状况，新中国的教育改变了精英阶层对生源的垄断、开创并保持了较高的生源多样性，成功给予社会中下层子弟更多的教育晋升途径并延续至今，促进了社会流动，“新中国成立以后取得的成绩和开放性，不仅对于自身传统是成功的，而且也可能要优于当前高等教育水平更高的欧美发达国家”。[①] “中国精英教育的生源革命，长期和根本性地改变了中国社会的运作模式和阶层来源与构成状况的手段”，并“必然对整个社会产生直接的影响”，[②]相较于政权更迭，是为“无声的革命”。

对于“无声的革命”之观点，应星等学者认为这是“被夸大的修辞”，[③]改革前的高等教育平等笼罩着浓厚的阶级斗争氛围，“对劳动人民子女教育权利的保障，是以强行限制和剥夺剥削阶级子女的教育权利为代价的，实行的是一种‘阶级内的平等’”，诸多地方有违于真正的教育平等精神，应该称为“被革命的教育”，不能被称为是真正有进步意义的教育革命。在笔者看来，双方观点的侧重不同，“无声的革命”强调的是后果，应星是对手段和过程的批评，双方并未能真正构成关于事实和机制讨论上的交锋，而是“修辞”背后意义的歧见。

在经验研究方面，王伟宜等人模仿李中清团队的方法，以高校学籍卡为资料并拓展到一般大学和大专。他们选取五省市16所高校（其中重点高校7所、普通本科院校5所、专科院校4所），采用分层随机抽样1982—2010年四个年级的部分专业获得共26 263名学生的学籍卡资料。分析显示，近30年来，城乡子女间的高等教育入学机会差异一直处于缩小态势，到2010年，城乡间的入学机会已基本实现了均等化。城乡子女在重点高校中的入学机会差异经历了一个先扩大后缩小的过程，但更多的城镇子女就读于重点高校，而在普通本科和专科院校中的机会差异一直处于缩小的状态。[④] 在家庭阶层背景的

---

① 梁晨，张浩，李兰，阮丹青，康文林，杨善华，李中清. 无声的革命：北京大学、苏州大学学生社会来源研究（1949—2002）[M]. 三联书店，2013，第9页.

② 梁晨，张浩，李兰，阮丹青，康文林，杨善华，李中清. 无声的革命：北京大学、苏州大学学生社会来源研究（1949—2002）[M]. 三联书店，2013，第23—24页.

③ 应星，刘云杉. “无声的革命”：被夸大的修辞——与梁晨、李中清等的商榷[J]. 社会，2015，(2).

④ 王伟宜，吴雪. 高等教育入学机会获得的城乡差异分析——基于1982—2010年我国16所高校的实证调查[J]. 复旦教育论坛，2014，(6).

影响上，近30年来总体的入学机会，各阶层子女间的机会差异在20世纪90年代初稍有扩大，之后一直在缩小。就不同类型高校的入学机会而言，重点高校的阶层差异也经历了一个先扩大而后趋于缩小的过程，即从1990年到2000年，差异一直在扩大，到2010年后开始有所缩小，即便如此，目前的均等化程度仍未达到20世纪80年代初的水平。[①] 这些结论基本支持了李中清团队的观点。

与此同时，李春玲使用全国抽样数据对《无声的革命》引发的争议作出回应，分析范围也从精英大学扩大到整个教育体系。[②] 该文认为，80后一代的城乡差距明显，教育路径选择呈现阶层分化，优势阶层更多获得优质教育机会并进入精英高校。她的结果部分地与《无声的革命》一文不同，但因为是抽样数据结果，数据可比性和结果差异的原因有待进一步讨论。

二、重点中学体系与学轨制：保障了精英教育生源多样性还是强化了教育获得不平等

《无声的革命》认为改革后农村孩子进入精英大学的一个重要通道是与精英大学构成对接关系的重点中学。前5%的重点中学输送50%的北大学生，前20%的中学输送了接近80%的北大学生，苏大也类似。他们认为县一级重点中学的设置与训练是农村学生与乡镇学生进入精英大学最重要的途径，是教育平等、生源多样性的制度性保障。应星等学者完全反对这一观点，认为重点中学内部差异巨大，一般县重点中学机会不多，而且县中本身入学机会也有利于优势阶层。而且重点中学体制以垄断优质生源和师资为前提，排斥挤压非重点学校，本身也缺乏道义正当性。[③]

上述争议的背后是关于“教育体制的设计如何影响教育获得不平等”这一核心问题。近20年来，关于总体教育获得的家庭背景影响，特别是高等教育入学机会，已经有丰硕的研究成果。随着研究的深入，关于教育分层体制、学轨制（教育分流和选择）这些原被忽视的议题在近期也得到了社会学界重视。

---

① 王伟宜．高等教育入学机会获得的阶层差异分析——基于1982—2010年我国16所高校的实证调查[J]．高等教育研究2013，(12)．

② 李春玲．“80后”的教育经历与机会不平等——兼评《无声的革命》[J]．中国社会科学，2014，(4)．

③ 应星，刘云杉．“无声的革命”：被夸大的修辞——与梁晨、李中清等的商榷[J]．社会，2015，(2)．

教育分流是指依据学业考试成绩，将学生分层别类，让学生进入不同的学校，按照不同的教学标准、内容，培养成为不同层次和类型的人才。教育分流直接为学生从事不同职业和进入不同的社会阶层打下了基础。在中国，分流的主要节点在中考和高考，分流的内容又与教育分层体系（重点/非重点）和学轨（普通教育/职业教育）密切联系。

在较早时候，方长春[①]研究了家庭背景与重点中学分流之间的关系，发现家庭背景因素可以直接作用于子女在各个阶段的学校选择，家庭经济和非经济因素帮助子女的学业表现，同时推行择校政策的结果实际上也有利于社会地位和经济收入高的社会群体。王威海等人[②]发现中学的教育分流（是否接受过重点学校教育）是家庭背景影响子女教育获得的中间变量，当控制教育分流效应时，家庭背景的效应开始减弱或消失。换言之，进重点学校是社会经济地位高的家庭确保其子女教育获得优势的主要手段。而且中学教育分流对人们的后续教育机会获得及职业地位（尤其是初职）获得都产生了重要影响，教育分流也就成了家庭背景代际传递的中间机制之一。

吴愈晓[③]将教育分层体系和学轨制相结合，对高中和大学阶段的升学轨道差异进行了综合的实证检验。他描述了中国城乡居民在初中、高中和大学三个教育阶段因上述两种教育体制所导致的升学路径分流情况及其影响因素，并以此理解现阶段中国教育机会不平等的结构与特征。文章发现，家庭社会经济地位对获得重点学校的教育机会有显著作用，表现在重点和非重点学校、普通高中和职业高中的路径差异上。同时在家庭背景的影响大小上，高中升大学阶段的路径分流情况显得比小升初和中考更为平等些。他认为以上研究发现表明“有效维持不平等（EMI）”理论也适合用来解释中国的教育不平等，即优势阶层更可能通过享受质量较优的教育来传递阶层地位，而非“不平等最大化（MMI）”假设所认为的是对入学机会的垄断。除此之外，该研究还发现，重点学校的机会是有累积性优势效应，即早期阶段是否获得优质教育对后续教育的路径分流有决定性的影响。他认为，精英教育体制实质是一个扩大阶层差距而不是促进社会公平的制度安排，重点学校制度和学轨制对我国教育

① 方长春. 家庭背景与教育分流：教育分流过程中的非学业性因素分析[J]. 2005,(4).
② 王威海，顾源. 中国城乡居民的中学教育分流与职业地位获得[J]. 社会学研究，2012,(4).
③ 吴愈晓. 教育分流体制与中国的教育分层(1978—2008)[J]. 社会学研究，2013,(4).

公平问题甚至整个社会的不平等问题有严重负面影响。

三、能力、出身与选择：教育不平等成因的理论框架

布尔迪约认为，学业成功与否并不完全是个体间天生禀赋差异的反映，教育体系是把先天资质差异和社会地位差异这两种不平等都转变为能力不平等的机制，从而使个体等级分化和不平等传递得以合法化。在这个意义上，学校教育所起的作用不是促进社会的平等化，而是对既有差异的再生产。①

已有的大量研究在全面揭示教育机会分配的社会不平等状况及其变化的同时，或多或少地混淆了因学生能力分化所产生的机会差异与分配不平等之间的区别，似乎不约而同地忽略了儿童能力分化对教育成就的影响，暗含的假设是不同家庭背景的子女天赋和能力是均等的。事实上，教育获得差别是基于个体努力和天赋还是出身，是判断教育是否公平的首要标准。刘精明②基于布劳—邓肯"先赋/自致"框架和布东的教育不平等形成的两个基本机制("首属效应"和"次属效应")，提出一个教育不平等形成的三种路径：一是因儿童个人禀赋、主观努力程度以及可资利用的家庭资源的不同而产生的能力差异或分化；二是因所处结构位置不同而产生的教育选择差异，这一选择通常是结构约束条件下的"理性"选择，是选择的不平等；三是因儿童处于不同结构位置(如户籍、城乡)、在"结构授予"机制下而产生的机会不平等，是成人社会的不平等格局强加于儿童群体的。他认为，如果混淆不同的机会差异机制而仅专注于"出身"或代际传承的影响，不仅不能对伤害教育公平的因素做到有的放矢的批判，反而可能损害学校教育应有的竞争精神和效率机制。公平合理的教育机会分配，应允许和鼓励儿童通过能力竞争而产生机会回报的差异。

刘精明③延续上述分析框架并基于经验数据直接引入"学生能力"的证据，完成了一项对高等教育的机会"能力还是出身"的实证研究。他用集束化多元对数模型区分了"因学生能力分化"所导致的机会差异和"因结构条件不同"而产生的机会不平等，追问当前中国高等教育机会的分配是以学生能力为标准，还是被家庭背景等所主导，两者是如何共同影响机会分配；对不同层次的高等

---

① 皮埃尔·布尔迪约，J.-C. 帕斯隆. 继承人[M]. 商务出版社，2002；皮埃尔·布尔迪约，J.-C. 帕斯隆. 再生产[M]. 商务印书馆，2002.

② 刘精明. 中国基础教育领域中的机会不平等及其变化[J]. 中国社会科学，2008，(5).

③ 刘精明. 能力与出身：高等教育入学机会分配的机制分析[J]. 中国社会科学，2014，(8).

教育,两种机制的影响有什么差别。分析发现:首先,就目前普通本科教育机会分配而言,能力标准占绝对主导地位;其次,随着本科层次(从二本到中国最精英的6所大学分五层)的提升,能力效应和出身效应同时扩大;最后,无论何种层次的高等教育机会,能力效应和出身效应之间的相对关系或基本格局维持在一个较为稳定的状态。他认为,因为采取以统一高考制度为主的人才选拔方式,机会分配中尽管存在出身的影响,但根本上仍秉持着能力评价的主导性标准,体现了绩能社会"唯才是举"的典型特征。

回到刘精明的分析框架,还有两个问题需要进一步讨论:一是第一路径中的能力是天赋和后天家庭背景的共同产物,能力形成过程中家庭的社会经济地位资源、文化资本,以及教育机构和环境(学校、班级、社区环境等)都发挥了重要的影响作用,"唯才是举"的绩能公平背后有多大程度的不平等传递这一问题并未解决,能力中的基因先赋、家庭先赋和个体自致都还需要进一步的区分和剥离;二是第二路径中"选择的不平等",刘精明的文章中未直接涉及,王进等人①以《理性还是文化》为题,建构了一个教育选择的分析框架。

教育选择研究源于布东所提出的次要效应②,指学生个体及其家庭根据自身所处的社会经济地位和条件作出理性的选择,最终形成选择偏好上的阶层差异,来自较高社会经济地位家庭的孩子更有可能掌握更为乐观的教育选择。这一理论经过布林和戈德索普③的系统化成为教育选择研究的主流理论。王进等人受弗莱④对马拉维农村青少年教育期望的研究启发,提出了教育选择的文化图示解释。弗莱发现那些农村学生虽然经济社会条件较差,但他们却反常地表现出较高的教育期望,这是理性选择理论无法解释的。她引入了"想象的未来"(imagined future)这一文化社会学的概念,认为当地政府大力推动让所有的孩子都能够通过教育改变命运的教育改革运动,给农村学生带来了向上流动的希望,形成的积极的自我身份认同,使得他们在对未来的想象和选择

---

① 王进,汪宁宁. 教育选择:理性还是文化——基于广州市的实证调查[J]. 社会学研究,2013,(3).

② Boudon, Raymond. *Education Opportunity and Social Inequality: Changing Prospects in Western Society*[M]. New York: Wiley, 1974.

③ Breen, Richard & John H. Goldthorpe. "Explaining Educational Differentials: Towards A Formal Rational Action Theory"[J]. *Rationality and Society*, 1997, (3).

④ Frye, Margaret. "Bright Futures in Malawi's New Dawn: Educational Aspirations as Assertions of Identity" [J]. *American Journal of Sociology*, 2012, (6).

上并不那么“理性”。

但它无法解释，一些处于下层社会经济地位的弱势群体仍然有着较高的教育期望和积极的教育选择。王进等人基于认知社会学对此提出了文化图示(cultural schema)的解释框架。文化图示是指个体身处熟悉的文化环境中所表现出的熟悉的、事先获得的知识，而且可能存在群体文化图示与个体文化图示的不同。那些建立在个人特殊经历之上的文化图示的影响作用是因人而异的，而建立在共同经历基础之上的文化图示则是被大众所普遍接受的。

通过对广州公立学校和以农民工子弟为生源的私立学校的比较分析，他们发现：首先，理性选择因素与文化图示因素能够同时对学生的教育选择产生影响，在理性选择模型中，个人能力的影响作用是非常显著的。而在关于文化图示的影响因素中，群体文化图示与个体文化图示对教育选择均有影响。其次，教育选择及其影响因素在不同制度环境中的显著差别。公立学校中的绝大多数学生会选择在初中毕业后继续接受高中教育，而民办学校中大部分学生选择放弃。但令人惊讶的是，有着如此巨大教育选择差异的两个学生群体却在群体文化图示上存在共识。王进等人认为其原因是，在民办学校中的学生虽然有着较强的群体文化图示，但在教育选择的过程中，行动者需要将群体文化图示转化为个体文化图示，而这一转化过程是以制度环境(户籍制度对升学的限制)为依托的，群体文化图示内化过程受阻无法指导个体实践，文化图示路径难以在目标与行动中接通，从而阻碍学生积极教育选择的形成。

《理性还是文化》最后强调，教育选择不仅仅是一个“自我选择”的过程，同样也是“制度选择”的过程，不同影响因素在不同的制度环境下有着不同的作用方式。在公立学校中，相比于理性选择模型，综合模型中理性选择因素的影响作用会减弱；在民办学校中，相比于文化图示模型，综合模型中文化图示因素的影响作用会减弱。

在笔者看来，该文所强调的制度选择(即制度约束)本质是理性选择框架下外部机会结构的一部分，在这个意义上，该分析框架尚未完全脱离理性选择范式。而该文的贡献在于，文化图示论所强调的价值观、未来预期、身份认同等是对原来理性选择理论中“阶层偏好”的丰富和发展，文章所提出的个体文化图示是以制度环境为基础的观点，在一定程度上也削弱了文化图示对社会行动的解释力。

关于代际不平等传递机制的研究还主要包括求职过程中家庭背景的作用,以及先赋性制度约束(如户籍),等等。[①] 其中以莫维[②]基于反事实框架质疑林南的社会资源理论受到的国内学者的广泛关注,以陈云松、梁玉成等人为代表的国内学者也参与到这一场持续近10年的“莫林之争”。[③] 限于篇幅,笔者对这些理论争辩不再展开。

第三节 未来研究有待突破的议题

代际流动是社会学研究的核心内容之一,近年来社会大众对“社会固化”的担忧和愤慨下,这个议题成了舆论的焦点。虽然这一领域专业性较强,前人的研究汗牛充栋,有较高的理论和技术门槛。但从上述的文献回顾可以看到,我国在这一领域的研究水平正迅速提高,出现了一批具有较高研究水平的成果和研究者,在一些具体问题的研究上,具有与国际社会学界对话的能力。以笔者愚见,未来中国的代际流动有待在整合个体群体流动框架、打通社会与地域流动、辨析两性差别等三个方面进一步作出突破和贡献。

一、急速社会变迁下的群体流动与个体流动

50年来,西方社会学界在代际流动领域发展了一整套理论和技术,特别是地位获得模型和流动表技术,在量化研究流动的数量、模式和比较差异上得到

---

① 吴晓刚. 中国的户籍制度与代际职业流动[J]. 社会学研究,2007,(6);林易. “凤凰男”能飞多高:中国农转非男性的晋升之路[J]. 社会,2010,(1);李骏,顾燕峰. 中国城市劳动力市场中的户籍分层[J]. 社会学研究,2011,(2);吴愈晓. 劳动力市场分割、职业流动与城市劳动者经济地位获得的二元路径模式[J]. 中国社会科学,2011,(1);谢桂华. “农转非”之后的社会经济地位获得研究[J]. 社会学研究,2014,(1).

② Mouw, Ted. “Racial Differences in the Effects of Job Contacts: Conflicting Evidence from Cross-Sectional and Longitudinal Data”[J]. *Social Science Research*, 2002,(4). — “Social Capital and Finding a Job: Do Contacts Matter?” [J]. *American Sociological Review*, 2003,(6).

③ 梁玉成. 社会资本和社会网无用吗[J]. 社会学研究,2010,(5);陈云松,范晓光. 社会资本的劳动力市场效应估算:关于内生性问题的文献回溯和研究策略[J]. 社会学研究,2011,(1);陈云松,比蒂·沃克尔,亨克·弗莱普. “找关系”有用吗——非自由市场经济下的多模型复制与拓展研究[J]. 社会学研究,2013,(3);陈云松,比蒂·沃克尔,亨克·弗莱普. “关系人”没用吗?——社会资本求职效应的论战与新证[J]. 社会学研究,2014,(3);吴愈晓. 社会关系、初职获得方式与职业流动[J]. 社会学研究,2011,(5).

广泛的应用。但在西方代际流动研究中通常假设时间和空间上社会结构的同构性，即社会结构各部分构成比例可以因为工业化而变化，但结构中各职业阶层的相对关系保持稳定。这并非完全是模型或技术的限制（如古德曼 RC 模型可以分别估计父代和子代体现各阶层之间关系的不同系数），而是在理论和实践中，学者们通常假设西方社会是一个相对稳定的社会，阶层间关系变动的代际差异不大。而这一假设在中国现实下有很大问题。仅就知识分子的地位而言，“文革”期间知识分子群体的地位是受冲击的，是臭老九，而工农的社会地位较高。改革开放后在尊重知识尊重人才的政策下，知识分子的政治地位上升，但经济上脑体倒挂，“拿手术刀不如拿剃头刀，搞导弹的不如卖茶叶蛋的”，直到邓小平“南巡”之后，知识分子的社会经济地位才得到根本性好转。

高勇①可能不是首先讨论这个议题，但他是国内最早以大样本数据和合适的模型进行实证研究的学者。他认为需要对西方代际流动研究中社会结构的静态性、同质性假设进行反思，在中国剧烈结构变迁背景下必须要凸显“双重流动”：人在社会樊篱间的流动和社会樊篱自身的流动。研究发现中国代际流动的社会樊篱布局已经发生了重要的改变：基于权力、经济资本或知识资本继承效应的社会流动樊篱始终较为稳固，尽管在 1979—1990 年其致密程度曾经略有下降；与此同时，在精英认同基础上的等级效应的社会流动樊篱显现。虽然他的分析受制于数据，阶层划分和方法模型也不够精致，但其研究对于摆脱流动个体主义范式、重回结构主义的阶层流动范式颇具启发意义。未来的研究需要更注重中国百年来社会结构的巨变，并把个体的流动放在阶层相对位置的变动条件下来考察，探寻结构与个体冲突和适应，而且巨变条件下的代际流动模式本身也是一个极具理论拓展意义的议题。

二、流动社会中的社会流动

现代社会的特征不仅在于社会阶层地位结构意义上社会流动，还包括物理意义上地域流动的频繁，包括跨国、跨地区和城乡流动等。现有代际流动往往将地域流动和代际社会地位流动区隔为两个不同的议题分开讨论，鲜有将两者相结合的研究。在再分配体制下形成的地区壁垒，不但限制了职业流动，也导致了同一社会经济地位其资源含量在壁垒之间的差异，使地区也成为地

① 高勇.社会樊篱的流动——对结构变迁背景下代际流动的考察[J].社会学研究，2009，(6).

位的象征和指示器。[①] 从生活经验上看，流动人口通常是完成了职业流动、乡村到城市的双重流动，而这双重流动的方向未必一致。例如20世纪八九十年代一些中国精英职业群体（如教师、公务员、工程师）到美国、日本从事体力工作，职业流动是向下的，而从地域流动角度是向上的。简单地以职业地位流动无法把握流动的整体内涵。

王宁[②]提出消费流动的概念，似乎能为整合社会流动和地域流动提供一个有益的尝试方向。他认为消费流动是社会流动的一个向度。但在以往的文献中，这个向度被忽略了。社会流动可以分解为经济流动、权力流动、消费流动和地位（声望）流动四个相互联系的向度。前三者共同构成地位流动的原因。经济流动、权力流动和消费流动都是分析性概念，而地位流动作为前三者的结果则是综合性概念。王宁认为要深化社会分层与流动的理论，需要用分析性概念来替代综合性概念。通过引入消费流动的向度，社会分层与流动的理论就不但能解释由市场机制所引起的社会不平等，而且也能解释权力主导下的由公共财政所供给的集体消费资源在空间配置上的失衡所导致的区域间或地方间的不平等，即由再分配机制所创造的社会分层。文章扩展了地理流动与社会流动之间的关系，把消费流动纳入社会流动，有助于整合地理流动与社会流动的理论框架，但在具体研究操作中，消费流动三种不同形式（消费方式流动、消费趣味流动和消费空间流动）的议题与已有分层框架重叠（如生活方式、品味、居住隔离等），如何避免在具体研究中保持这个概念的分析性、避免再次“综合性”化为“消费阶级”是研究实践中需要注意的。

三、女性的社会流动

性别是社会分层中仅次于阶层的重要议题，而在已有研究中罕见针对女性的社会流动模式。女性社会流动研究的技术困难在于女性的阶层定位困难，一方面女性就业率低、非全职就业多、因生育等原因职业生涯中断，另外一方面，传统观点认为女性阶层定位具有非独立性，更多取决于其家庭户主（往往是丈夫或父亲）的地位。即便如此，女性代际的特征和变迁在当代中国是一

---

① 边燕杰，李路路，李煜，郝大海. 结构壁垒、体制转型与地位资源含量[J]. 中国社会科学，2006，(5).

② 王宁. 消费流动：人才流动的又一动因——“地理流动与社会流动”的理论探究之一[J]. 学术研究，2014，(10).

个非常有意义的课题。学者们认识到，市场化改革对女性的就业和职业生涯产生不利影响，而独生子女政策下，家庭资源分配有利于女孩的教育和职业地位获得。在这些因素的作用下，当前女性社会流动的特征是什么，境遇比以往有改善还是恶化，这些问题不但具有学理意义，而且也是社会公众所关心的。

另外，婚姻也是女性实现社会流动的重要途径。已有研究对婚姻匹配的现状和历史变迁作出了概览性的描述。学者们发现，随着现代交通、通信技术的发展，地理距离对婚姻市场的限定作用逐渐减弱，家庭社会背景对子女婚姻选择的决定性作用开始削弱，但在传统社会婚姻安排过程中存在的"门当户对"式阶层内婚制现象仍然继续延展。绝大多数人的婚姻对象都在自己所属的阶层或与自己所属阶层等级地位临近的阶层。① 在区分了"门当户对"和"般配"这两种理论上分属先赋和自致不同类型后，②李煜③使用 2000 年全国人口普查数据，考察了我国 1949—2000 年初婚同期群夫妇的教育匹配特征，发现我国婚姻中匹配的同质性特征呈不断增强趋势。这是因为改革开放以后，受到市场不确定性的影响，同类婚因而在婚配模式中占据更为突出的地位。韩红云④用 2000 年全国人口普查数据和 2001 年人口与生殖健康抽样调查数据得出类似结论，并指出婚姻的教育匹配模式在城乡之间存在重要差异。更精细的分析是由李煜利用 2006 年中国综合社会调查数据，使用"双配"模型从技术上实现了对婚姻配对独立净效应的估计。该研究考察了夫妻双方父亲职业与本人受教育程度的匹配强度及变迁，发现改革开放以来自致的教育匹配程度大幅上升，而先赋的匹配关系则呈现倒 U 形的小幅波动。这一结果暗示当前不平等结构传递的特征为"父系再生产强化"模式，而社会开放性程度可能将有所下降。⑤ 齐亚强和牛建林使用同一数据对同类婚和异质婚具体形式进行了进一步分析，发现不同社会阶层的边界可渗透性在各时期存在明显差异，其中户口类型的婚配关系表明，以户口所属地的行政级别与户口性质来划分，户口类型越高，同类婚强度越强，异质性婚配的可能性越小。⑥ 未来的研究需

---

① 张翼. 中国阶层内婚制的延续[J]. 中国人口科学，2003，(4).

② 李煜，陆新超. 择偶配对的同质性与变迁——自致性与先赋性的匹配[J]. 青年研究，2008，(6).

③ 李煜. 婚姻的教育匹配：50 年来的变迁[J]. 中国人口科学，2008，(3).

④ Han，Hongyun. "Trends in Educational Assortative Marriage in China from 1970 to 2000" [J]，*Demographic Research*，2010，(24).

⑤ 李煜. 婚姻匹配的变迁：社会开放性的视角[J]. 社会学研究，2011，(4).

⑥ 齐亚强，牛建林. 新中国成立以来我国婚姻匹配模式的变迁[J]. 社会学研究，2012，(1).

要对女性婚姻在社会流动的重要性方面作出更精确的评估，对各不同维度婚配间的关系和模式有更清晰的描述，对婚姻匹配与女性职业生涯的关系有更深入的探讨。

（李　煜）

推荐阅读

1. 陆学艺.当代中国社会流动[M].社会科学文献出版社，2004.

2. 孙立平.断裂：20 世纪 90 年代以来的中国社会[M].中国社会科学文献出版社，2003.

3. 李春玲.断裂与碎片——当代中国社会阶层分化趋势的实证分析[M].社会科学文献出版社，2005.

4. 梁晨，张浩，李兰，阮丹青，康文林，杨善华，李中清.无声的革命：北京大学、苏州大学学生社会来源研究(1949—2002)[M].三联书店，2013.

5. 刘精明.能力与出身：高等教育入学机会分配的机制分析[J].中国社会科学，2014，(8).

思考题

1. 当前中国社会代际流动有哪些特征？其原因是什么，未来发展趋势如何？

2. 教育均等化与因材施教原则是怎样的关系，教育改革应该如何应对教育分层与教育公平之间的张力？

3. 强调素质教育会对家庭背景与教育获得之间的关系产生怎样的影响，为什么？

第四章
消费社会的诞生及其研究

消费社会的研究是一项集哲学、伦理学、人类学、社会学和经济学等为一体的综合性学科研究。工业化集约式大规模生产导致的商品绝对短缺状况的消亡,广告等消费引导方式的诞生,使得生产不再是人们消费的决定因素,消费却成为决定生产的决定性力量。消费从人们生活必需的物质条件变为显示社会身份与品位的标志,消费品的符号意义超过了其原来具有的实用意义。于是,消费成为不同社会阶层与个体的文化表现与存在意义的体现。在消费越来越个性化的背景条件下,消费正消解原有的社会伦理准则和行为准则。在一些人担忧无边界消费带来的后果时,也有人认为这是社会文化内涵和构成的又一次提升。

第一节　消费社会的诞生与理论背景

自20世纪40年代开始,西方社会发生了根本性的变化。这个变化的直接表现是:从过去的生产性社会转向了以符号为中介的消费社会。消费社会的概念由此诞生。在里斯曼看来,这个转向是资本主义社会的第二次革命,今天的资本主义是一个消费社会时代。[①] 在这个全新的社会形态中,物的存在方式发生了根本性变化。法国20世纪60年代的情境主义代表狄波特从真实与意象的关系角度论述了物的意象化过程,[②]并指出正是这种意象化使景观社会

① 大卫·里斯曼.孤独的人群[M].王崑,朱虹译,南京大学出版社,2002,第6页,里斯曼的这本书于1947年开始写作。

② Guy Debord. Society of the Spectacle[M]. Black and Red, 1983.

成为日常生活的基础;勒斐伏尔以"被控消费的官僚社会"为理论平台,指出社会走向了功能化的时代,其中一个重要方面就是物从过去的象征体系中解放出来,变成了零度化的功能物;[①]巴特则通过研究大众文化看到,在符号中介时代,物的存在方式发生了根本性的改变,即从物转向了符号,使符号创造出来的虚像成为人们自我认同的中介。关于符号物的分析,构成了巴特透视现代社会的一个重要窗口。[②] 正是在这些论述的基础上,鲍德里亚从消费社会出发,对物的存在方式进行了较为系统的分析,鲍德里亚在 1970 年发表《消费社会》。该书从现代社会中人与物的关系入手,从特殊的需求理论出发来界定社会。在这一需求理论中,消费者不是对具体的物的功用或个别的使用价值有所需求,他们实际上是对商品所赋予的意义(及意义的差异)有所需求。用鲍德里亚自己的话来表述,就是人们添置洗衣机等生活用品不仅是"当作工具来使用"而且被"当作舒适和优越等要素来耍弄",并愿意为后者掏钱。在消费社会,物像结构在技术的层面上走向了功能的零度化,即功能的随意组合使物的象征意义消解,变成了一种功能性的符号意义体系,这是物本身存在的合法性基础;与此对应,人的心理机制也走向了零度化,即通过对物的功能的投注确立自身的"主体"身份,找到自己的社会地位,而这种确立的过程,实际上是物的意义体系在人身上的配置过程,这是物体系存在的深层合法性依据。他从现代社会中人与物的关系入手,从特殊的需求理论出发来界定社会。在他的分析中表面虽然运用的主要是弗洛伊德(拉康)、巴特的话语,并受到勒斐伏尔与狄波特等的影响,但从深层上,恰恰又是以马克思关于商品社会的批判分析为基础,实现了一种理论的整合,从而揭示出消费社会的物像结构。[③]

在消费社会,任何一次成功的消费的发生,都是消费行为中充任游说的一方,调动各种以前被当做某种集体制作文本来使用的器物语言、行为语言等符号系统,将它转化成个人的创作语言,以打动消费者并将消费者整合成自己的"生产"或"创作"的内在组成部分之一的文本编织行为。在此意义上讲,任何一次成

---

① Henri Lefebvre. Everyday Life in the Modern World[M]. London, 1984.

② 巴特. 神话——大众文化诠释[M]. 许蔷蔷,许绮玲译,上海人民出版社,1999;流行体系——符号学与服饰符码[M]. 敖军译,上海人民出版社,2000.

③ Douglas Kellner 认为,鲍德里亚《物体系》的分析实现了结构主义、弗洛伊德关于隐藏意义的分析以及马克思的意识形态批评的结合,充满了有意义的看法。参阅 Douglas Kellner. *Jean Baudrillard: From Marxism to Postmodernism and Beyond* [M]. Polity Press, 1989.

功的消费游说，都是社会文本化的一种生成方式或展现形式。由是而论，如果说，消费社会的根本前提之一即人类生产行为的普遍消费化，那么，消费社会在总体上就可以被理解成一个普遍的文本化的社会，①即消费的符号象征意义。

第二节　中国消费社会的出现及研究

一、关于中国消费社会的出现与社会历史背景

中国进入 20 世纪 90 年代以后，城市家庭对耐用消费品的追求已经变成了高档音响、大屏幕彩电、分体空调等，“新富”家庭开始以名牌服装和私人别墅、私家汽车来显示自己与众不同的“档次”和“品位”，上述变化有理由确定中国社会正逐步进入消费社会。在 2000 年的《上海文学》第 12 期上，中国社会科学院社会学研究所的陈昕、黄平研究员的《消费主义文化与中国社会》中，已经开始进行消费主义文化与中国社会关系的研究，认为 20 世纪 80 年代以来，中国社会在经济迅速增长的同时开始快速迈入大规模消费（或“大众消费”）时代，这种前所未有的划时代发展时至今日已经历了 20 个年头。无疑这 20 年是中国历史上经济增长最快的时期，同样毫无疑问，这也是中国人的日常生活方式和消费观念发生巨变的时期。2012 年中国社会科学院社会学研究所的陈昕、黄平研究员在中国社会科学院中国社会学网站发表《消费主义文化在中国社会的出现》一文，再度提出目前中国社会正在出现消费主义文化，这种文化—生活方式的出现和扩散是以思想观念为主导的，是发生在日常生活层面和价值领域的一场深刻变革。

台湾地区学者也对这一主题进行了思考，台湾新竹清华大学陈光兴教授对台湾消费社会形成思考的结论是：台北都会区消费社会的扩张期出现在 20 世纪 80 年代后期，消费力伴随经济发展的成长，投入较前期更为昂贵的消费场域。最具指针意义的是在出国旅游及家用汽车方面，资料显示台湾汽车、旅游人口及旅游业最为快速的成长出现在 20 世纪 80 年代末期至 90 年代初期；这里，台湾当局保护政策的转变，开放观光，特别是对大陆地区，减低汽车进口税，外币开放交易等，不仅意味着经济是消费社会的国际化，也显示当局主导

① 蒋荣昌. 消费社会的文学文本[M]. 四川大学出版社，2004.

性力量的松绑。20 世纪 90 年代中期是台湾消费社会形成进入深化期的阶段,[①]也遭遇到所谓国际化与全球化时代的冲击。

中国经济景气监测中心 2002 年 11 月进行的一次在上海、广州和北京的调查显示,37.4%的受访者认为都市消费大型化趋势确已出现,49.0%的受访者认为有出现的苗头,以上计有 86.4%的受访者看到了都市中消费大型化的身影;只有 12.1%的受访者明确否定。而所谓"消费大型化",即消费的数量级越来越大,十几万元彩电、几万元冰箱、1.8 以上排量汽车、百平方米以上住房、名贵烟酒饰物、高昂价格的教育培训……在这样的定义之下,44.9%的受访者认为大型化消费应该归进消费主义,得出这样的结论主要缘于目前社会上将大型化作为身份象征。该次调查表明,上海市民中有 82%的人同意消费是有不同档次的,不同社会地位的人有不同的消费档次(76%),而且不同的消费方式体现了不同的生活品位(78%)。然而,消费又是个人选择的结果,有 79%的人表示消费完全是一个个人选择导致的行为,从不同的消费方式和构成中可以体现出一个个人的特点(70%)。这与人们对"消费社会"的定义与叙述的特点完全一致。1998 年 P. 福塞尔《格调》(社会等级与生活品位)一书中译本的出版,几乎与中国的消费脚步同步,使许多人获得了可以把眼前的消费直接与理论进行"国际接轨"的方便,发现可以通过消费细节的对号入座界定划分自己的社会地位等级。据此,中国人自 20 世纪末已悄悄进入象征消费的新阶段。

中国的学者也越来越将眼光投向消费背后的东西,将注意力转向中国消费变化后的社会意义。[②] 更有人意识到人类文化乃是不同的人类社会集体所制作和发明的一系列符号体系。在这个意义上,"词"与"物"不过就是不同层面的"词"。世界观下的世界、制度、语言、工具和器物、行为方式……人类社会中凡是与"人"遭遇的东西,无一不是"符号"或"语言"。基于这种广义的"文化符号学"观点,可以看到,消费社会结构逻辑的建立,便意味着在传统社会被当做某种集体制作文本来使用的器物语言、行为语言等符号系统由此获得了前所未有的解放——从集体制作的文本中解放出来,成为个人可以援引的"创

---

① 陈光兴,本文在 2001 年 6 月杭州的"Locating China: Space, Place and Popular Culture"会议中发表。

② 戴慧思,卢汉龙. 中国城市的消费革命[M]. 上海社会科学院出版社,2003.

作语言”。因此,在消费社会,任何一次成功的消费的发生,都是消费行为中充任游说的一方,调动各种以前被当做某种集体制作文本来使用的器物语言、行为语言等符号系统,将它转化成个人的创作语言,以打动消费者并将消费者整合成自己的“生产”或“创作”的内在组成部分之一的文本编织行为。在此意义上讲,任何一次成功的消费游说,都是社会文本化的一种生成方式或展现形式。由是而论,如果说,消费社会的根本前提之一即人类生产行为的普遍消费化,那么,消费社会在总体上就可以被理解成一个普遍的文本化的社会。①

根据百度学术网统计,现有研究中国消费社会相关著作、论文等大约共有2万多篇。

二、中国消费社会研究的主要领域、对象与结论概述

中国关于消费社会的研究分为三个方面:一是中国消费的现实变化,如2004年戴慧思、卢汉龙译著《中国城市的消费革命》;二是社会阶层分化后的消费倾向与特征,如周晓红有关中产阶级的研究;②三是中国具有整体消费社会特征的出现及其后果,如果中国消费社会的起始、特征、广告作用、消费符号等方面的研究,这个方面已经成为目前消费社会研究的主要领域。消费社会的研究是一个哲学、经济学、政治学、社会学,心理学等多重学科关联的领域。在环境资源等受到重大制约的今天,这个问题的研究已经关系到人类生存方式与意义等根本问题的思考。

1. 中国消费的现实变化与特点

2004年,戴慧思、卢汉龙译著《中国城市的消费革命》分别从住房、儿童消费、饮食、闲暇等各个方面观察中国人经济生活的变化,对麦当劳、贺年片、婚纱摄影、迪斯科舞厅、保龄球、情感热线等消费现象进行社会学或人类学的考察。该书的出版被评论为对当时中国经济消费领域作了全新的、系统的、纪实性的研究,填补了当时该研究的不足。中国的经济体制改革和对外开放带来了一场从经济领域开始的社会变革。消费现象表面上是一种经济现象,但实际上更是一种社会变动。消费文化,又称商业文化(consumer culture),是经

---

① 蒋荣昌.消费社会的文学文本[M].四川大学出版社,2004.

② 周晓红主编.中国中产阶层调查[M].社会科学文献出版社,2005.

济消费者的行为方式，又是经济生产和社会结果的重要交接口，也是人的自我实现的表现形式。所以从社会的角度来研究和看待消费现象有着特别重要的意义。

陈昕、黄平研究员认为中国社会正逐步进入消费社会，并日益成为世界体系的一部分，越来越多的人（当然，首先是所谓的“成功人士”，从沿海地区的“大款”、大城市的“新贵”，到演艺界的“名流”、高等院校的“专家”；其次是城市中年轻的“追星族”、“时髦族”）开始学会“与国际潮流接轨”，学会欣赏消费时尚，领导消费潮流。进入 20 世纪 90 年代中期以来，这种对“新潮”、“洋货”的追求更显示了全新的面貌：在各个大中城市，可以观察到越来越多的年轻人开始着手刻意改变自己的外部形象：从装束打扮化妆上模仿欧美和港台的歌星舞星明星，到把自己的头发染黄、皮肤染白、鼻子做高。与典型的消费社会相比，中国的经济能力依然应当使相应的消费方式适应于生产社会，但由于受到消费主义文化影响，中国居民的消费观念与消费行为又在追随消费社会而出现明显的消费主义倾向。因此目前中国居民的生活既有生产社会的特点又有消费社会的特点。前者主要是社会的经济能力和居民的购买能力的限定，如目前中国已经进入了所谓“内需不足”（“生产过剩”的代名词）；而后者则主要是受到文化—意识形态的影响，人们所期望和追求的一套价值体系和生活方式，这在逻辑上可以是和“生产过剩”与否没有什么直接的关联，在现实中更可以与“生产过剩”同时并存：一方面是购买力不足，另一方面是对商品符号和意义的消费欲望和狂热追求。①

朱捍华、季瑞国的有关研究显示城乡消费的差异性，如我国的城市追求个性化的消费文化明显，而广大的乡村和大多数小城镇基本上还是属于严密型简单型或中等复杂型文化，很容易形成固定行为模式。他们在江苏和湖北农村的调查证实这一点，在两地受访者中分别有 80％和 79％的农户表示，洗衣机和电冰箱对他们没有多大的用途，买了也不会经常使用，因为用不上或不习惯，但他们都表示买了或打算买，即使暂不打算买的人也表示对这些产品的向往和对拥有者的羡慕。因为城里人都有洗衣机和电冰箱，那是现代化和生活富裕的象征。当所谓的现代化生活方式涌入这种文化的社会，在趋同消费文化的作用下，易于生成随大流赶时髦的对某种

① 陈昕，黄平. 消费主义文化在中国社会的出现[R]. 2012.

产品的消费热点。①

蒋建国认为改革开放多年来，随着中国经济发展水平和综合国力的迅速提升，民众消费水平也得到不断提高。尽管在2010年中国的基尼系数已超过0.5，社会贫富悬殊越来越大。但是，由不断壮大的富裕阶层所引导的消费潮流在社会上具有广泛的传导性和感染力。如2010年，中国的奢侈品消费额已位居全球第二，《世界奢侈品协会2010—2011年度官方报告》显示，2010年年底，中国内地奢侈品市场消费总额已经从2009年的94亿美元攀升到2010年的107亿美元。中国已成为全球奢侈品消费最快增长国，预计将在2012年超越美国占据全球奢侈品榜首位；中国奢侈品消费者呈现"低龄化"特征：73%的中国奢侈品消费者不满45岁，奢侈品消费者年龄在18—34岁之间；尽管中国人的奢侈品消费大部分还集中在服饰、香水、珠宝、手表等，但私人度假酒店、顶级家具、艺术品投资、豪华游艇也渐渐受到中国买家的关注。这一变化显示出这一消费群体已经开始由消费奢侈品向消费奢侈生活方式转变。可见，中国作为一个发展中国家，其国人对奢侈品的追求却反映了当前消费主义文化的流行态势。消费主义强调商品的符号价值，追逐快感、梦想，强调个人主义与及时行乐，片面追求位置消费和炫耀性消费。消费主义文化在市场化的运作和推动下，与大众文化结合在一起，引导着生活潮流和社会价值观，并在大众传媒的操纵下，潜移默化地影响着消费者的意识形态和价值取向。②

2. 社会阶层分化后的消费倾向与特征

什么是区分社会阶层的标准与尺度，在中国社会结构发生巨大变化的过程中，学术界的认知也始终发生变化。试图用职业地位、社会威望、经济收入、消费状态、主体认同等多纬度、多视角审视、观察、判断和区别中国社会结构构成与不同社会阶层之间差别逐渐成为中国学术界的主流。一些主要的观点和结论有：

中国社会科学院社会学研究所研究员陆学艺主持的"社会结构变迁研究"课题组明确提出：一个现代化社会分层结构在现阶段的中国社会已现雏形，

---

① 朱捍华，季瑞国．试论中国当代消费文化的现状和发展态势[J]．西南民族大学学报（人文社科版），2007，(1)．

② 蒋建国．消费主义文化传播、仪式缺失与社会信仰危机[J]．现代传播，2012，(4)．本文系国家社科基金青年项目"市场经济背景下我国消费文化传播与媒体社会责任研究"（项目编号：08CXW003）的研究成果。

提出了以职业分类为基础，以组织资源、经济资源和文化资源的占有状况为标准划分的当代中国社会阶层结构的理论框架，而文化资源中就包括了消费内容，并据此勾画了当代中国社会十大阶层和五种社会地位等级组成的社会分层结构。①

鉴于消费是社会中上层保持和区别社会身份的重要手段和区分标志，所以消费不仅是社会分层的结果，而且具有社会区隔和再生产社会分层的功能。社会分层不仅存在于生产领域，同时也在消费领域占据重要地位，尤其是在共享生活方式的人群之中。社会分层决定阶级成员的主观倾向性、消费品位和消费选择，从而使其在具体消费需求上呈现出阶层内的相似性和阶层间的相异性。尤其是在中国社会经济结构出现快速转型的大背景下，消费不仅是社会经济发展水平的指示器，消费特征较之收入、职业等更能准确反映出社会分层的真实情况。②

近年来随着中国新兴中产阶层的迅速崛起，南京大学周晓虹教授在对中等收入阶层的研究中，大量地使用消费分析的方法，指出了中产阶层的前卫消费方式。中产阶层的职业性质决定了他们的消费一般不会在生产资料领域，而只能在生活资料领域，有房、有车常常是他们有“产”的重要标志。加之他们看重社会声望，又是时尚性传播媒介的主要受众，因此他们同其他阶层的群体相比消费上的前卫性十分明显。另外，因为中产阶层多数接受过良好的教育，所以他们在消费方面还表现出明显地追求生活品位和格调的趋势。所谓中产阶层，在学术概念的一般理解上就是以专业技术知识与技能获得稳定职业与较高收入的阶层。用衣着等消费方式来体现这个阶层的特点与不同，体现自己受过教育而且富有情趣的生活，是中产阶层乐此不疲的内容。从这样的意义上说，中国中产阶层除了稳定社会和促进消费作用以外，还具有对其他更广大人口的工作和生活方面的示范作用。这种示范作用不仅表现在消费方面对其他阶层尤其是中产以下的低收入阶层的影响，更重要的是会在敬业精神、职业道德、商业诚信、成就动机、家庭伦理、素质提升、文化品位以及子女教育方面向整个社会尤其是低收入和低文化阶层提供一个可以学习的榜样，以促进

---

① 陆学艺主编. 当代中国社会阶层研究报告[M]. 社会科学文献出版社，2002.

② 宋竞. 从“扩中”到“扩大消费”——转型时期中国新兴中产阶级测量、构成及消费特征研究[J]. 学术动态，2015，(1).

中国良好的工作伦理、健康的生活方式和稳定社会秩序的形成。[①]

宋树仁等人在利用2003年和2007年中国居民宏观统计数据的基础上，运用ELES模型对中产阶层的需求结构进行实证分析发现：中产阶层的基本需求和总体边际消费倾向保持在一个稳定水平，在衣着、家庭设备用品及服务、交通通信和居住四类消费品上的边际消费倾向均大幅上升。此外，从与消费相对应的居民收入分配结构的视角入手分析，钟茂初等人选择消费指标作为社会分层的主要依据，具体利用调整后恩格尔系数对中产阶级进行界定，发现目前中国居民收入分配格局已从“金字塔形”(即社会下产阶层占总人口最大比重)过渡到了“倒钻石形”(即从金字塔形向橄榄型过渡的中间模型)，并最终会进化到两头小、中间大的“橄榄型”的合理正态收入分配格局(即中产阶级占总人口最大比重)。通过各自的研究，经济学、社会学家比较一致地得到如下两大结论：一是他们总体上对中产阶级的增长规模和速度及消费倾向持乐观态度；二是他们普遍认为目前我国的产业结构和产品供给结构形成对中产阶级消费需求的硬约束，对释放中产阶级的消费潜能和实现消费结构升级形成一定障碍。朱迪通过对边缘中产阶层的社会经济特征和消费特点进行梳理和分析发现他们具有一定的购买力或向上流动的可能性，证明其具有很大潜力成为新的内需增长的重要载体。这无疑代表着一个值得进一步深入研究的方向，即由于当代中国新兴中产阶级所具有的快速成长和不断发展变化的特点，在未来研究中还相当有必要引入较长时间跨度的纵向追踪研究和社会流动性的动态视角，以实现对其消费特征发展变化以及未来发展趋势的更精确解释和预测。

另有学者直接从消费者行为研究中引入“自我概念”来对中产阶级消费价值观取向进行研究。综合利用人口特征、心理统计特征、生活方式、媒体使用习惯等指标，对处于转型期的中国消费者进行市场细分，研究者发现在中国城市中大概有15%的人口率先达到“小康”生活水平并构成了新兴中产阶级消费细分市场。在中产阶级消费决策心理方面，国内学者发现中国中产阶级初步形成了大致相同的心理取向，如渴求通过对名牌的消费实现品牌认同并获得相应的归属感和身份认同；希望消费高品质产品来实现对高品质生活渴望和实现；希望通过高端消费来炫耀或认同自己的社会地位。中产阶级对奢侈品

① 周晓虹.中国中产阶级：何以可能与何以可为？[J].江苏社会科学，2002，(6).

的消费则具有突出的个人导向动机，即注重自我取悦、自我赠礼与品质保证。①

3. 中国消费社会的符号意义、广告作用等变化与特征

在消费和日用生活用品的符号象征上，有研究者认为中国具有将日用生活用品符号化的历史文化传统。财产不仅是固定资产还包括器物的消费，什么等级该用什么、不该用什么都有详细的规定，历代王朝都以“会典”、“律例”、“典章”，或“车服志”、“舆服志”等各式法制条文和律令，管理和统治人们的物质生活和精神生活。这是权力统治财产的体制，没有地位和权力的，有钱也不能随意购买不该享用的消费品。权力通过器物消费的等级分配，物化为各个阶层生活方式的差异，所以礼制不仅以三纲五常为道德信念，还以日用消费品的等级分配作为物质内容，规范各阶层的行为和需求。因此任何物质器用不仅同时具有物质文明和精神文明的双重功能，对消费者来说又兼有物质待遇和精神待遇的双重价值。由此而形成以等级分配为核心，以伦理道德为本位的文化体系和社会制度，并渗透政治、经济、文艺、教育、人际交往，道德风尚，社会生活的各个领域，从权力财产的分配到日用器物的消费，几乎无所不在，形成了生活方式、伦理道德、等级序列三位一体化的内容。这种文化传统在今天依然有深刻的社会影响，今天一些官员的用车、居住、服装、活动空间与方式上，其痕迹还是非常明显。在今天，器物的使用和外观形态是表现社会等级和权利的重要外在形式，也是人们显示财富和炫耀身份的决定性手段之一，器物种类与使用在中国的历史上从来就有丰富的人文意义和精神内容。有一些西方和中国学者把目前“消费社会”定义为将消费物品“符号化”，这种现象实际上在中国的几千年前就开始了。②

陈昕、黄平研究员认为消费社会中由于追求使用价值需要的消费逐渐得到满足，消费社会越来越多地把人们的消费兴趣转移到商品的符号意义方面。这后一种意义，由于依托符号体系自身的编码规则，与商品物质形态的使用价值既相互联系又相对独立，从而也就脱离了传统的社会学和经济学意义上的需求或需要范畴。对商品符号意义的消费可以说也就是对欲望本身的消费，因此是虚幻的和无止境的需求。这种对商品符号意义的消费欲望以及由这种

---

① 宋竞. 从“扩中”到“扩大消费”——转型时期中国新兴中产阶级测量、构成及消费特征研究[J]. 学术动态，2015，(1).

② 刘志琴. 从生活领域拓展中国思想史的新资源——思想与社会史论之二[J]. 江海学刊，2003，(2).

欲望所推动的消费行为的现实意义与后果，不仅是消费主义文化—意识形态的特征之一，而且也是理解现代消费社会和消费主义文化—意识形态的关键。这里所说的消费主义文化—意识形态（culture-ideologyofconsumerism）不同于经济意义上的消费。消费主义是指这样一种生活方式：消费的目的不是为了实际需要的满足，而是在不断追求被制造出来、被刺激起来的欲望的满足。换句话说，人们所消费的，不是商品和服务的使用价值，而是它们的符号象征意义。合理满足消费的使用价值与无度占有符号意义的消费是基于两种不同类型的生活伦理、观念、价值的生活方式和生存状态。①

中国作为一个发展中国家，其国人对奢侈品的追求反映了当前消费主义文化的流行态势。消费主义强调商品的符号价值，追逐快感、梦想，强调个人主义与及时行乐，片面追求位置消费和炫耀性消费。消费主义文化在市场化的运作和推动下，与大众文化结合在一起，引导着生活潮流和社会价值观，并在大众传媒的操纵下，潜移默化地影响着消费者的意识形态和价值取向，不断促使消费者以“我买，故我在”证实身份认同。②

实际上，除了学术界之外，消费社会研究也是市场调查机构、咨询机构的重点内容与主题之一。由于这些机构处于市场细分的需要，其研究的深度和实证性往往比学术界更快、更实际和具有针对性，但其研究的目的往往相反。

零点调查公司的一份报告指出，在今天的商业环境之下，更好地理解消费者，洞悉消费者需求是成为企业竞争优势的唯一来源，因为产品可以被复制，但是理解难以被复制。然而与此同时也发现，理解变得越来越困难。过去了解一个人的消费模式只需知道其性别、年龄、职业和收入，但当前这种仰赖人口统计资料的传统消费者区隔方式无疑已然失真失效。如何获得更为精准的消费者洞察，从而重新理解和打动消费者成为需要去关注和思考的问题。调查的结果是要发现、理解和解读市场中的一切变化，并且创造机会在品牌和消费者之间建立理解的桥梁。要试图去厘清消费者与所选择产品之间的联系，并且逐渐由一般性社会统计变量转向深层次消费者价值观结构去挖掘购买行为的影响因素，认为购买行为背后的内在驱动力来自消费者自身的价值偏向。

---

① 陈昕，黄平. 消费主义文化在中国社会的出现[R]. 2012.

② 蒋建国. 消费主义文化传播、仪式缺失与社会信仰危机[J]. 现代传播，2012，(4). 本文系国家社科基金青年项目“市场经济背景下我国消费文化传播与媒体社会责任研究”（项目编号：08CXW003）的研究成果。

也就是说，品牌是一组价值承诺，只有当消费者对品牌的感知与其自身价值体系相吻合时，消费者才会作出积极购买行为。在此过程中，营销也经历了从以产品为中心的1.0时代向以人为中心2.0时代、继而向以价值为中心的3.0时代的转变。在数字化浪潮下，消费者正变得自觉、主动和强大，他们接受和传递信息的方式发生着改变，甚至购买决策行为也在发生着变化。以往他们从发现到购买往往需要经历一个漏斗模型的决策过程，而现在更像一个直柱模型，购买几乎在瞬间完成，并表现出许多跟以往认知不同的矛盾行为。不同消费者对相同产品属性的个人认知及重视程度因个人背景或兴趣不同而有所差异，得到的结果及价值也不同。所以，对消费者价值体系进行研究必须融入消费者的生活形态之中，这样才能与真实世界中消费者的购买决策更为接近，从而增加对消费行为的解释效度，精准地抓住消费群体。[①] 在学术界试图解释、揭示不同社会群体的消费特征和意义的时候，市场正用了解不同社会阶层的价值选择来使得社会群体的消费特点变得更为明显。

2015年3月，零点调查发布中国首份2000年(简称00)后出生者生活形态与消费方式报告。调查历时半年，发现的结果是：一是00后初具自我意识，开始拥有专属产品，00后是全面独生子女的一代，他们从小就有“我是唯一”的概念，00后家长也表示，给孩子独一份是最好的，如果别的孩子有的自己的孩子也有，那就不是独一份了。因此00后家长往往不会选择跟风消费。无论是商家还是家长，都开始意识到00后应该有自己的专属产品。报告显示，94.3%的00后有自己专属的数码产品，60.8%的00后中学生已经拥有自己专用的手机。即00后已经开始具有表示自己这一代的消费符号。二是00后与成人社会无缝对接。

消费社会的重要特征就是作为消费社会意识形态的广告。20世纪90年代以后，各种大众传媒系统中的消费宣传和内容极度膨胀，这样的温度至今还未消退，而且有进一步加温的趋势。今天，广告已经成为一个无时无刻不在的东西，渗透人们生活的一切领域与缝隙。人们消费时都有意识或下意识地受广告的支配，人们生活在一个符号的帝国，而广告是这个符号帝国的“国王”。我们的生存环境正在大幅度地广告化。广告对社会、对大众的影响绝不仅限

---

① 零点公司.提升消费者行为洞察能力[EB/OL]. http://www.horizonkey.com/cn/index.html.

于购物。广告已经成为塑造大众信仰、世界观、价值观的最重要媒介之一。今日的人类灵魂工程师，不是作家，也不是教师，而是广告！广告中的"成功人士"是大众模仿的偶像，广告中倡导的"理想生活"深深地渗透到大众现实生活的设计与美妙未来的蓝图之中。对于青少年来说，广告的影响要远远超过教师、家长以及教科书。①

有人总结道，20世纪90年代陡然繁荣之至的大众文化与大众传媒，都不约而同地将自己定位在所谓中产阶级的趣味与消费之上，甚至许多学术著作都以"中产阶级"作为自己的研究对象。这与其说是一种现实的文化需求，不如说是基于某种有效的文化想象；作为一个倒置的过程，它以自身的强大攻势，在尝试"喂养"、构造中国的中产阶级社群。② 而中国中产阶层在消费上的前卫姿态已凸显出来。③

中产阶层"成功人士"形象的成功在于他拥有高级轿车、别墅、豪华办公室以及美妻。或者说，成功的标志是"江山"（这里的"江山"已经不是革命江山，而是商业江山）与美人兼得。科学技术的意义在于带来消费水平的步步上升，以及物质享受程度的步步提高。高科技手段只是通向高消费的敲门砖。换言之，拥有高科技可以使你成为百万富翁，进而自然地拥有你想拥有的一切：名牌车、美丽的妻子、豪华的住宅等。成功是用物质价值加以计量的。在有些广告中，"成功"与某种商品之间关系没有被叙述得这么复杂，而是在两者之间简单地画上了等号，比如，"××是每个成功男士都拥有的"。

这就不难理解，这类关于"成功人士"的广告（谎言与神话）都是各种演艺界的明星做的，因为他/她们都是清一色的消费偶像。明星做广告，已经成为一种时尚，可以说明星离不开广告，广告更离不开明星。

这样的风格不仅成为广告的主流，而且成为目前许多都市电视剧和生活剧的主流。各种充满"小资"情调和白领主角的电视剧中展示着中产阶层或曰新富阶层的日常生活情境与魅力。在五星级饭店、总统套房式的豪华公寓、一夜骤富的泡沫经济奇迹、红男绿女、时装品牌组成的"视觉冰淇淋"，不仅准确地把握着一份温馨忧伤的中产阶级情调，而且开始以曲折动人的故事，娓娓诉

---

① 陶东风. 广告处处在场[J]. 时代潮，2002，(4).
② 戴锦华. 大众文化的隐形政治学[EB/OL]. http://www.culstudies.com.
③ 周晓虹. 中国中产阶级：何以可能与何以可为？[J]. 江苏社会科学，2002，(6).

说着中产阶层的道德、价值规范。在21世纪,那些过去只能在美国好莱坞电视剧看到的场景用于中国那些新贵们的生活,私人飞机、游艇、海边别墅、豪华轿车、钻石珠宝、美女成群。就是在描写一些打工仔的电视,也要在他们的住宿处和房间里摆上一些时尚的因素,表现一些"小资"的情调。在当下把20世纪30—40年代的歌曲和生活形态搬出来,以回味那个时代中产阶层的生活情调来为今天的类似生活方式加入历史文化的因素。现在有一大群人已经自觉地"为中产阶层写作"和"为有产者写作"。在今天,甚至可以这样说:广告,消费世界的意识形态。①

与这些带有批判性研究结果相反的是,市场界、广告界等却不遗余力地推行这样的意识形态,与学术界的人文批评形成了鲜明的对比。例如"恐惧策略广告"成为一种具有效果的消费策略。这种先制造恐惧,再由"专家"推荐商品解除恐惧的广告模式在10年前十分流行,当时的消费者也十分推崇各种"专家"的推荐。当确定了广告的具体受众群体后,需考量一下这部分受众的心理学特征,不同的性别、性格、年龄阶段都有其鲜明的心理特点,可以为确定恐惧策略的内容提供参考依据。比如儿童产品要以家长担心的内容作为恐惧的引发点:奶粉营养跟不上会影响孩子的大脑发育、孩子挑食发育不良……只要和孩子有关,随便哪一条都直击父母那一颗颗脆弱的心。此时的恐惧诉求广告效果已经达成一半,另一半需要针对恐惧给出解决方法。详细具体的产品解读会让家长对商品的效用产生更大的期待从而产生更大的行为驱动力,最后结尾别忘了呈现孩子身体健康、快乐成长的模样,那绝对是让家长行动起来购买商品的最后的强大推力。②

第三节 关于中国消费社会特点的主要观点、理论概括与批判

一、关于中国消费社会特点的主要观点、理论概括

宋竞的《从"扩中"到"扩大消费"——转型时期中国新兴中产阶层测量、构

---

① 陶东风."成功人士"与广告中的消费偶像[EB/OL].人民网,2001年6月22日。

② 零点公司.找准关键点,高效使用恐惧诉求策略广告[EB/OL]. http://www.horizonkey.com/c/cn/news/2015-01/08/news_2632.html.

成及消费特征研究》指出，消费水平，作为衡量不同社会阶层不同状况的指标性操作功能，已经获得社会学界研究社会结构与流动等肯定。在对中国中产阶层消费群体的识别和界定标准上，来自不同学科领域和专业机构的研究者目前并没有找到较为一致的操作化定义和测算方法，对有关中产阶层消费群体的定义和测量方法还在继续摸索中。也就是消费水平成为社会学界区分社会阶层的重要标尺。

与此同时，消费研究为中国市场和经济发展提供了具优势的视角。学者们推算出中国富裕中产阶层的消费支出在2010—2015年之间实现61%的大幅增长，高居金砖四国和其他新兴市场国家之首，按此发展速度中国将成为世界上最庞大的中产阶级消费市场之一。这吸引了越来越多的研究者针对中国中产阶层的消费现状和趋势进行研究和预测，以获取对这一正在崛起的社会阶层消费行为的深刻理解，当前针对中国新兴中产阶层消费属性的研究正处于上升期。从阶层区隔的功能来看，尽管物质消费单独也能起到"地位象征物"的作用，文化品位和文化消费才是最能有效地实现一个阶层对其地位特有的、独立于经济优势之外的象征性沟通方式。因此，越来越多的学者主张同时对这两方面的消费进行对比考察以得到更有意义的结论。

消费在社会经济发展中的关键地位日益凸显。但要想成功地通过刺激消费和以内需推动经济结构的平稳升级转型，就必须对中国现实社会中正在成长起来的中产阶层这一主力消费力量进行深入分析，才能据此提出更具针对性的政策、从而提高政策实施效率。政府意识到要实现中国经济的持续稳定增长在未来会更依赖于持续的内需增长，就必须对以下问题有明确答案：如何既防止中产阶级消费不足对经济发展可能产生的损害，又驱使他们在物质消费和精神文化消费各方面的需求从较低层次（基本型消费）向更高层次（享乐型、发展型消费）健康演进，并最终实现均衡消费及促进人的全面发展？

朱捍华、季瑞国对中国进入消费社会后的特征进行了概括，主要结论如下：一是中国消费文化的民族特异性和全球趋同性并存。经济快速发展的中国已经成为全球经济最具活力及最有潜力的市场，在这种背景下，中国消费文化势必要受到外来文化的冲击，出现被"西化"的倾向在所难免。中国消费者在消费观念、消费方式和消费物质等方面都显示出全球性消费文化的特征。尽管在全球经济化条件下的中国消费文化显示全球消费文化趋同的一面，但几千年传统文化所形成的中国所特有的消费文化显示出巨大的生命力，在全球消费文化趋同的过程中尤其显得重要和珍贵，并将长期影响人们的消费行为。中国传统消费文化具有强烈集体主义特征和储蓄先行的消费倾向，会更注重亲戚、朋友、同事对某产品的意见，并且他（她）在作出购物决策的时候会综合考虑家人的意见，有时甚至会为顾及家人的意见而压抑自己的购买偏好。二是中国消费文化的民族共性与地域差异性并存。几千年的历史传统和文化的积淀凝练出了一套相对固定的整个民族共同遵守的价值取向和行为规范标准，如中国人在消费中注重"礼尚往来"，讲究面子；注重家庭观念，"根文化"根深蒂固；注重储蓄，崇尚节俭消费等观念体现了中国消费文化的民族共性。同时由于中国地域广大、亚文化圈数量众多，不同地域由于自然环境和社会环境等因素的制约和影响，形成了不同的区域消费文化特征。我国地区经济发展不平衡导致了人口的大量流动，这就为地方特色文化的异地渗透创造了条件。经济的交流带来的不仅是经济的共荣，也导致了地域文化的相互交流和共同繁荣。三是中国消费文化存在城乡差异并将长期存在。长期以来中国的城市和农村在消费文化特别是在消费文化的物质表层上表现出巨大的差异性，形成两大不同的亚文化群体。四是消费主义文化倾向已经出现并呈扩散趋势。尽管中国社会整体无疑属于发展中国家，经济能力依然应当使相应的消费方式适应于生产社会，但由于受到消费主义文化的影响，中国居民的消费观念与消费行为又在追逐消费社会而出现明显的消费主义倾向，这倾向呈现出从高收入阶层向中低收入阶层、从城市向农村扩散的趋势。①

也有学者对一些具体的消费形态作出了理论评价，如赵峰关于信用卡消费的研究指出：信用卡消费一直没有被作为一个独立的社会学议题而予以研究。现有文献对信用卡消费的社会学特质的判定有两种不同的理论视角，消费文化的视角和社会理性化的视角。笔者认为这两种视角都只是将信用卡消费作为一种特定类型的消费模式而予以认识，从而忽略了信用卡消费现象中的两个基本事实，即消费者生活风格的内在关联性和资本体制的现实性。他从哈贝马斯关于生活世界和系统两分的视角出发，论证了信用卡消费具有原型特征：一方面，消费者在其生活世界中遵循消费实践的逻辑；另一方面，信用卡体制的战略实践则服从于资本逻辑，而消费者的消费逻辑则受到信用卡

① 朱捍华，季瑞国. 试论中国当代消费文化的现状和发展态势[J]. 西南民族大学学报（人文社科版），2007，(1).

体制的资本逻辑的引导和操控，形成了新的嵌入模式，即消费实践嵌入在资本体制的战略实践之中。①

又如王宁对消费水平的空间意义进行了分析，他指出伴随着消费单位的扩大，消费者的消费层级也将提高到更高的层次。更高的消费层级意味着消费对象的范围扩大，即从具体的物品消费上升到对一个地方或城市的整体的消费。这种对更高层级或更大范围的消费对象的价值偏好和额外的价格支付意愿，可以称为"地方消费主义"。具有高人力资本的人才往往是地方消费主义观念的携带者。他们的择地行为影响了高新技术产业公司的选址行为。而城市政府为了吸引高新技术公司，不但要考虑这些公司的盈利需要，而且要考虑人才的舒适物偏好或人才的地方消费主义观念。在劳动力自由流动的条件下地方消费主义构成助推城市产业结构优化升级的社会—文化力量。② 这是解释一些大城市为何消费社会形态国家明显的理论解释之一。

在20世纪中国社会刚具有消费社会某些特征的时候，有些人就指出了消费社会的弊端与对此的困惑。陈昕、黄平在21世纪开始时就提出：消费主义的大规模消费需求是被创造出来的，无形中把越来越多的人都卷入其中的生活方式，它使人们总是处在一种"欲购情结"之中，从而无止境地追求高档和名牌，这本身又构成了现代消费社会中社会关系再生产的条件，消费从而也成为人自我表达与认同的主要形式和意义来源，对商品的符号意义的消费过程构建了新型的社会统治与社会支配的方式，并且体现着一种新的社会生活组织原则。大规模消费向全社会各个领域的渗入已经构成了一种人们接受变化的新型合法性来源。接受了消费主义的生活方式就意味着对支撑这种生活的价值、思想和观念的认同，无论是传统的还是新潮的、本地的还是外来的、自觉的还是被动的、意识到的还是没有意识到的，总之人们对所发生的任何变化的自觉或不自觉的抵抗都行将瓦解。因为，在某种意义上可以说，任何有利于扩大消费和满足消费欲望的现实或变革都可以在消费主义文化—意识形态的基础上获得合法性。消费主义在引导和控制人们的消费观念和行为上表现为一种

---

① 赵峰. 嵌入在资本体制中的信用卡消费[J]. 社会学研究，2014，(6).

② 王宁. 地方消费主义、城市舒适物与产业结构优化——从消费社会学视角看产业转型升级[J]. 社会学研究，2014，(4).

话语权力。它为人们所提供的，不仅仅是生产和消费某些特定类型的消费品的正当性，而且还提供人们据以知觉和思考的意义与概念体系，它以话语权力的形式使人们"自觉认同"它所提供的"美好生活"的观念。然而，这种"美好生活"对于保证全球市场经济体系的生产和再生产是显然不可或缺的，这也恰好表明消费主义是一种意识形态。更为激进地说，如果消费主义文化—意识形态在现实生活中更多的是代表着某些特定社会群体的兴趣或利益的话，那么它还是一种葛兰西意义上的文化支配权或说社会生活中的主导意识形态。因为它在客观上维护并且再生产着一种带有特定利益格局的社会生活形式和利益格局。因此，消费主义的符号象征意义是指人们对这些被创造出来的"意义"的追求与消费，它使人们永远处在"欲购情结"之中。①

蒋建国对消费主义文化在中国的传播和影响作了强烈评判，他的观点是：在当下中国社会，消费主义思潮颇为盛行，它与个人主义、享乐主义、犬儒主义结合在一起，不断冲击着传统文化与道德伦理，导致社会信任的严重缺失，并破坏了传统仪式的社会价值和精神内涵，造成日常仪式的缺位。而宗教信仰的私人化倾向使社会共同价值观和人文关怀精神不断消解，信仰危机已经成为一个严重的社会问题。首先，随着消费主义的兴起，无节制的消费伴随着各种消费风险，对现实生活产生强烈的压迫和危机。各类自然风险、经济风险和技术风险的频繁出现，使消费者面临更多的陷阱，无法规避和作出客观的判断。而市场规则下身份伦理向契约伦理的转型，使商品交易打破了阶级和等级结构，对个体利益的诉求导致了最广泛的利益博弈。作为交易终端的消费者，在信息不对称和逐利主义的影响下，往往承受更多的消费风险，因此，当代风险文化与消费主义的结合，极大地冲击了传统道德伦理秩序，在法制规则不健全的状况下，其危害程度更深，违背了消费作为满足快乐的终极意义，对于消费者的社会信任感，也产生了极大的负面影响。其次，随着社会贫富分化不断加剧，富裕阶层的炫耀性消费和漠视社会公德的行为也饱受诟病，一些所谓的"黄金宴""豪车会""天价会所"已引起公众的强烈不满；而另一方面，富裕阶层在社会慈善活动中的吝啬举动甚至引起国际舆论的批判。由于教育、医疗、住房等方面的沉重压力，贫困阶层消费信心和消费水平不断下降，在分享改革成果过程中始终处于劣势地位，这进一步加剧了社会仇富心理的蔓延。再者

① 陈昕，黄平. 消费主义文化在中国社会的出现[R]. 中国社会科学院中国社会学网站，2012.

随着民众对奢华和时尚的片面追求,传统礼仪正面临着消解的危险。我们整个当代社会体系逐渐开始丧失保持它过去历史的能力,开始在一个永恒的现在和永恒的变化之中,而抹去了以往社会曾经以这种或那种方式保留信息的种种传统。由于现代性的影响,传统礼仪难以发挥文化聚合和社会信仰的作用。对于消费主义者而言,购物天堂远比礼仪殿堂重要,人与物的关系远比人与上帝(神)的关系重要。因此在消费社会,唯一能和哥特式大教堂比肩的便是超级购物中心。它们不断排挤、吞并规模还不够大的购物中心,并散发出更强烈的购物荷尔蒙,向那些住得更远的消费者大抛媚眼。我们的超级购物中心就是我们的先贤祠、我们的阎王殿,所有消费之神或恶魔都汇集于此,也就是说,所有的活动、所有的工作、所有的冲突以及所有以同样抽象方式废除了的季节……在如此统一了的生活内容里,在这篇无所不包的文摘里,不可能再有什么感觉:产生的梦幻、诗意与感觉的东西,即重大的搬迁与浓缩形式,建立在不同成分相互间有机连接基础之上的比喻与矛盾的重大意象,是不可能再存在了。显然,在消费社会,消费不仅是日常生活最重要的布展,而且,消费正在通过对空间和时间的占有和挤压,排斥宗教信仰和日常仪式。同时在消费社会,消费主义者沉醉于自我享受,对公共生活和集体活动漠不关心,对"他者"缺乏应有的信任。为了掩饰内心的不安,他们以不断"购买"和"消费"证实自身价值;他们以商品拜物教和信息拜物教寻求精神寄托,对日常仪式和文化传统视而不见;他们在自我解放中放弃了对"社会共同体"的追求;他们玩世不恭,愤世嫉俗,好自我表现,伪装成饱学之士却没有公共关怀精神……这就是消费主义者与现代犬儒主义者的杂糅。由此他的结论是:在消费社会,由于消费主义作为意识形态的主导作用日益明显,消费者的"城邦"意识日趋衰落,越来越多的消费者在物化的生活幻象中放弃了理想和信仰的追求。对人的意义和人生价值缺乏深入思考,对公众利益和权利缺乏文人关怀,对人文景观和生态环境缺乏亲近之感,对民族和国家的命运缺乏关切之情,对自然灾害和社会灾难缺乏悲悯之心……如此自恋的生活方式与人的本性和人生的终极意义渐行渐远。显然,信仰危机不仅是社会危机和文化迷失的重要表征,也是个人不幸和走向堕落的重要原因。①

---

① 蒋建国.消费主义文化传播、仪式缺失与社会信仰危机[J].现代传播,2012,(4).

二、关于消费社会研究的总结

从20世纪末进入消费社会的中国，消费主义作为一个文化形态、社会意识、社会阶层身份符号的特征已经强烈地显示出来。作为一种现代西方社会批判理论的系统概念，“消费文化”，与现代资本主义的发展历史有着紧密而深刻的内在联系。从一定意义上说，从马克思讨论的自由资本主义时期，到列宁、葛兰西和卢卡奇讨论的垄断资本主义，也就是组织化资本主义时期；再到20世纪40年代以后，由于电子和信息科学与技术，以及数字媒介的发展而导致的贝尔所谓后工业社会，即后组织化资本主义时期，无论研究的根本结果和基本论断如何，现代西方社会批判理论，都是在以马克思主义社会批判理论为根本起点的批判道路上发展而来的。如何批判地面对资本主义社会的发展进程是社会批判理论的一个核心主题，也是马克思社会批判理论对当代社会的一个重要回应。随着消费文化对使用价值消费的背离越走越远，这种背离在消费主义流行的时代走到了一个极端，也带来某种后现代的弊端。一般来讲，就人的全面发展以及社会整体进步而言，作为走向极端消费主义文化前提的消费文化，整体上认为是一种比较不利的主要因素和必然趋向。但也有人指出，消费文化毕竟不是消费主义。从历史学角度看，作为一种客观存在的经济和文化现象，消费文化的产生、存在和发展，及其在人类社会不同发展阶段中呈现出的综合形态，有其社会和历史必然性。正如我们所感受到的，在消费文化蓬勃发展的今天，消费者早已把商品的实用价值弃之如敝屣，不求最好，但求最新、最炫，人们在不同的消费层次上体验着身份认同的快感。愉悦的心理感觉带来了更多的实际“效用”。这种让一部分人感到“恐惧”的感觉意义上的“效用”，在一定程度上也确乎有其阻碍人格全面发展和社会全面进步方面的嫌疑。[①] 这两个方面正成为消费文化、消费社会研究主题讨论的焦点与核心。

（陆晓文）

推荐阅读

1. 凡勃伦. 有闲阶级论[M]. 蔡受百译，商务印书馆，2002.
2. 福塞尔. 格调，社会等级与生活品位[M]. 梁丽真等译，世界图书出版公司，2011.

---

① 陆扬. 从消费文化解读人的全面发展[J]. 学习与探索，2005，(5).

3. 让·鲍德里亚. 消费社会[M]. 刘成富，全志刚译，南京大学出版社，2011.

4. 李培林，张翼. 中国中产阶级的规模，认同和社会态度[J]. 社会，2008，(2).

5. 李春玲. 中产阶级的消费水平与消费方式[J]. 广东社会科学，2011，(3).

6. 戴慧思，卢汉龙. 中国城市的消费革命[M]. 上海社会科学院出版社，2003.

7. 周晓红主编. 中国中产阶层调查[M]. 社会科学文献出版社，2005.

8. 郑月娥. 社会转型和消费革命——中国城市消费观念的变迁[M]. 北京大学出版社，2006.

思考题

1. 不同社会阶层中都有具有向上消费的冲动与意识的人群，这种消费冲动与欲望是消费形态不断变更的动力，也是社会符号象征意义的载体和水平不断变更的原因。问题是，这种愿望是否应该有必要的边界？

2. 消费的内容、水平、形式、次数、地点都可以成为社会符号象征表述的具体范式，消费组合形式更是目前消费符号象征的决定性途径。这种消费的组合和符号的组合正成为社会学鉴别区分社会阶层的标尺，但这种标尺的建立是否最后变为社会阶层存在的文化合理性代言？

3. 高社会阶层消费的不可模仿性正成为一种社会现象，不同消费正成为阻隔不同社会阶层之间交流和理解的鸿沟，后现代的消费主义者认为它成了稳定社会秩序首要的支持因素，这样的结论是否能够成立？

4. 中低社会阶层却把消费改变视为保持社会体面和显示职业地位的手段。由此的结果是：一系列同过去和未来都毫无联系的断片组成的生活，是否消解真正影响现有社会秩序的本质存在而使人永远处于消费渴望的幻境中？

5. 消费不仅是衡量不同社会阶层差别的尺度，成为分隔不同社会阶层的鸿沟与界线，更是今天社会核心价值体系的集中表现，消费实际上已经成为一种社会意识形态。问题是，如果一个个人的体面、尊严、社会地位、职业地位都需要用消费来加以体现，人的内心精神世界还会留存些什么？

第五章
社会情绪研究：概念、理论与调适

转型期中国，各种矛盾叠加、群体性事件频发，社会情绪迅速进入学者、管理层和社会的视野，尤其是最近几年，社会情绪更是成为学术界和媒体的热词之一，涉入的学科领域包括社会学、心理学、传播学、政治学、管理学、计算机科学和经济学等。经过10多年的发展，我国社会情绪研究取得了一些成果，但面临的挑战依然是巨大的。本章试图对国内近年、尤其是近5年来有关社会情绪的研究进行梳理，尽可能为读者展现一幅较完整的画面。

第一节　社会情绪的概念与测量

传统上，心理学对情绪的研究局限于个体，也就是对个体情绪进行研究，后来拓展到群体层面，也就是群体情绪；而社会情绪的范围似乎更广一些。对于个体情绪，尽管各心理学流派侧重点不同，对情绪的定义也有所不同，但基本上能达成某种程度的统一；而对于群体情绪，其概念、定义至今仍在争论，加之，“社会情绪”是一个颇具中国特色的概念，国内学术界无法从国外直接借入一个概念，因此社会情绪在中国缺少一个统一的定义似乎也就比较容易理解了。

需要首先澄清的是，英文中的 Social emotion——中文翻作“社会情绪”——早有定论，它是指儿童发展过程在基本情绪喜、怒、哀、乐基础上出现的与人际交往有关的情绪，比如害羞、骄傲、尴尬等。很显然这个意义上的社会情绪和我们这里讨论的社会情绪并不是一回事，中国语境下的社会情绪是指普通存在于普通百姓之中的针对某些社会事件或某类群体的一种情绪状态，而且通常是一种负面情绪。那么，国内学术界对社会情绪究竟是怎样界定的呢？归纳起来，大概有三种做法：

一、社会情绪的三类定义

第一类学者认为，与个体情绪相比，社会情绪不但主体和对象不同，表现形式也有所不同。也许对社会情绪进行最详尽论述的当属王俊秀，①他对社会情绪的定义是，一个群体和社会中多数成员共享的情绪体验。王俊秀进一步指出，社会情绪是在个体情绪基础上形成的，“作为群体和社会共享的情绪，其实是群体和社会中众多个体在互动后逐渐出现的主导情绪……起初这些个体情绪、情感在宏观的群体和社会层面并未成为明确的社会情绪、情感，但却构成了社会情绪、情感的基调，一种社会情绪的准备状态，也就是形成了一种情感氛围(emotion climate)”。可以看出，王俊秀的社会情绪是个体之间相互影响之后，某种情绪成为社会多数成员所共有之后它便成了社会情绪。与主流的群体情绪定义相比，王俊秀的定义中并未特别强调自我类别(self categorisation)和身份认同(identity)的作用。

赵玉芳和张庆林②将社会情绪定义为“人们在社会交往与交互作用过程中产生的对某些社会事件的情绪反应”。他们认为社会情绪产生需要两个基本条件：第一，社会情绪是由某种社会事件引起，它是对个人生活中遇到的有一定影响范围的社会事件的反应；第二，社会情绪在人们相互影响下产生，是社会互动的结果。与个体的基本情绪相比，社会情绪具有以下三个独特的特点：共同性。由于群体成员之间彼此认同，并相互影响形成关于某件事的体会、感受。因此，社会情绪是社会成员共有的情绪体验；感染性和暗示性。社会情绪是在其成员的互动下形成的某种情绪状态，能够在成员间相互感染，也容易受他人的暗示；助长性。社会情绪的产生以群体的结构和目标活动特点为基础，有着利益上的一致性，因此社会情绪具有助长作用。可以看出，赵玉芳和张庆林的定义强调两点：事件指向和身份认同。

有些学者的社会情绪定义更宽泛，比如张润泽和杨华③在研究农村社会情

---

① 王俊秀.社会情绪的结构和动力机制：社会心态的视角[J].云南师范大学学报，2013，(9).

② 赵玉芳，张庆林.西部大开发的社会认知研究[M].新华出版社，2006.

③ 张润泽，杨华.转型期乡村治理的社会情绪基础：概念、类型及困境[J].湖南师范大学社会科学学报，2006，(4).

绪时将其定义为“广大农民对农村乃至整个社会的态度及其体验”。社会情绪可分为积极的社会情绪和消极的社会情绪，积极的社会情绪指的是积极、乐观、健康的一种社会心态。消极的社会情绪则表示农民群众对自己所处的地位、与各级党政机关的互动关系，以及对整个社会普遍持某种悲观的看法和态度，并在生活和劳作中以不同方式表现出来的一种心理倾向。从张润泽和杨华的定义很容易看出，他们把社会情绪拓展为态度和心态。

第二类学者主要采用大数据的研究方法，他们回避了个体情绪和社会情绪的区别，而是直接对互联网上的情绪词汇进行识别和统计。这些情绪是属于个体情绪还是社会情绪取决于研究者对情绪词汇选择范围的界定和筛选，实际上，在实际的操作中它们是很难区别的。

大数据研究的第一步是制作情绪词汇本，徐琳宏等人①的研究较有代表性，他们首先对几种（个体）情绪划分理论进行梳理，最终将情绪分为七大类、20 小类。七大类分别是乐（快乐、安心）、好（尊敬、赞扬、相信、喜爱）、怒（愤怒）、哀（失望、疚、思）、惧（慌、恐惧、羞）、恶（烦闷、憎恶、贬责、妒忌、怀疑）、惊（惊奇）。不过，这些词典也存在一系列的问题：首先，这些词典未对描述个体情绪和引发个体情绪进行区分；其次，这些词典将词语视为一个整体标注，而由于词语语义歧义的存在，往往导致标注结果的歧义。为了克服这些缺陷，徐睿峰等人②提出了一种基于情绪表达与情绪认知分离的新型词典，情绪表达是指该词用于描述个体持有的某种情绪，而情绪认知指的是该词的作用对象会因为这一词汇所描述的内容的刺激的认知结果而产生某种情绪。他们将情绪表达分为五种情况：个体自身情绪描述、个体表情性输出、个体动作性输出、个体评价性输出、特殊个体评价性输出。情绪认知又分为以下四种情况：个体接收到的动作性输入、个体接收到的非直接作用输入、个体接收到评价性输入、个体自身经历的事件或者承受的状态。除此之外，作者再按照情绪主体角色属性的不同归纳为以下四类角色类别：发出评价者的情绪，所属者或被描述者的情绪，动作、评价、事件、状态受体的情绪，旁观者或读者的情绪。在此基础上，作者再将情绪词汇区分为名词、动词、形容词和副词。采用以上四个维度，对情绪词汇进行标注，目的是增加准确率、减少歧义。

---

① 徐琳宏，林鸿飞，潘宇，任惠，陈建美．情感词汇本的构造[J]．情报学报，2008，(2)．

② 徐睿峰等．一种基于情绪表达与情绪认知分离的新型情绪词典[J]．中文信息学报，2013，(6)．

第三类学者不对社会情绪进行任何定义，他们假定社会情绪已经有了公认的定义，或者社会情绪的概念如此清晰以致无须定义。这一类的学者数量众多，论文多是论述性质的。比如，焦德武①认为作为社会现象的情绪渗透在生活之中，人们所说所做的每一件事均包含情绪成分。在生活中，无论什么时候，只要我们和其他人发生交往，就一定会体验和表达情绪。该作者认为微博舆论中的情绪涉及两个层面，一是个体情绪的表达，二是公众情绪的汇集。个体情绪是私密性的，但是当多个个体汇聚于同一事件、同一现象时就汇聚成具有强大社会力量的公众情绪。正面的具有积极意义的公众情绪能推动社会进步，负面的具有破坏因素的社会情绪则阻碍社会发展。

又比如，孙红永在研究新生代农民工的社会情绪时只对怨恨下了个简单的定义：②怨恨是新生代农民工在日常工作和日常生活中受到伤害或挫折时所产生的一种敌意情绪，这种情绪又因为自身的软弱无能而被强压在内心深处的愤懑。杨华对农村异向社会情绪研究时，没有对社会情绪进行定义，而异向也未被定义，它只是被认为"属于不良社会情绪类型"，文章仅列举了一些异向社会情绪的表现类型：聚众赌博、地下赌彩、地下教会、粗俗邪教，等等。而刘行芳对社会情绪的网络扩散进行研究时则未对社会情绪进行定义，完全将它作为一个众所周知的概念。③

总之，中国学者对待社会情绪定义上存在三种类型，第一类学者多是从事社会心理学或社会学研究，他们通常会对社会情绪下一个定义，但彼此之间的定义存在一定的差异。第二类学者多具有计算机科学或管理学背景，他们采用大数据的研究方法，回避了个体情绪和社会情绪之争，直接对网络中的情绪词汇进行标注。我们可以理解为他们之间对社会情绪概念的定义差异很小，同时由于他们采用与国外同行一样的研究方法和研究范型，因而他们在社会情绪概念的理解上和该领域国外同行的理解也非常接近。除此之外，其他学科背景的学者往往不对社会情绪进行精确定义，而把它当做一个已经人尽皆知的概念。

---

① 焦德武.微博舆论中公众情绪的形成与表达[J].西南民族大学学报(人文社会科学版)，2014，(3).

② 孙红永.新生代农民工社会情绪的危害与对策[J].重庆文理学院学报(社会科学版)，2012，(1).

③ 刘行芳.社会情绪的网络扩散及其应对[J].新闻爱好者，2011，(12).

二、社会情绪的测量

在学术研究中，我们经常看到这样的现象，众多学者、学派对某一概念、定义争论不休，但这丝毫不妨碍该领域研究的进展，其中一个主要原因就是测量，因为测量工具是推动一个学科发展的重要因素。所以接下来我们将介绍因以上三类定义而发展出来的三类社会情绪测量方法。

北京心理研究所 2013 年进行了一项北京居民社会情绪测量，①调查对社会情绪的定义为“一定社会环境下某一群体或某些群体或整个社会多数人所共享的情绪体验”。从这个定义可以看出，课题组对社会情绪的界定与前面介绍的第一类学者、尤其是王俊秀的定义非常接近。从这个定义出发，调查项目包括 2013 年发生的 32 个重大社会事件和根据生活事件量表(LES)选取的 35 个生活事件量。社会事件涉及政治、经济、文化、科技、教育、医疗、养老、住房、交通、法律、道德、环保、食品安全等方面的热点。根据起源或发生地，可分为国家(或中央)事件、北京事件、外省市事件。根据事实判断或根据法律、道德等标准进行价值判断，可分为正性事件、中性事件、负性事件。生活事件包含 25 个家庭条目和 10 个单位(学校)条目，涵盖了婚姻、家庭、工作、学习、社交等方面，同样分为正性、中性、负性三类。

被访者被要求选出自己最关注的，或者对自己影响最大的事件，评价事件对个人情绪的影响性质、类型和强度。情绪影响的性质和强度采用七点量表(负面影响、中性、正面影响)。产生情绪类型分为 7 种，分别是悲观、不满、浮躁、理性、平和、愉悦、乐观。事件对情绪影响持续时间为三个时间段(1—3 个月、4—6 个月、6 个月以上)来衡量。

赵玉芳和张庆林在西部大开发的社会认知研究中对社会情绪的测量相对简单，他们没有列出某一个具体的社会事件，只是选取了当时比较突出九大问题：精神文明建设问题、百姓收入提高问题、资源开发与环境保护问题、工人下岗问题、下岗工人再就业问题、三农问题、民族交往问题、进城民工的权益保障问题、治理腐败问题等。限于篇幅，我们只引用第一个问题的具体表述：“国家作出西部大开发的决策是英明、正确的，但是西部有些地区为了繁荣经济，

---

① 北京社会心理研究所. 北京社会心态分析报告(2013—2014)[M]. 社会科学文献出版社，2014.

却忽视了精神文明建设，例如，出现了黄、赌、毒等丑恶现象。"问卷采用5点量表，了解被调查者对所有9个社会问题的情绪体验，供选择的答案是：① 非常愤怒；② 有点儿气愤；③ 无所谓；④ 事实就是这样，不接受不行；⑤ 见得多了一点也不奇怪。

与前面介绍的更为宽泛的社会情绪定义相辅相成的是，有些学者对社会情绪的测量包含许多非情绪的内容。比如，王文静和吕慎刚①对大学生群体的社会情绪进行测量时，他们的测量量表包括公平认知（政策公平、机会公平、分配公平、总体公平），对不同组织和群体的信任度（中央政府、专业老师、新闻媒体、法官警察、学校各部门、地方政府、政府公布的统计数据），微观预期（个人发展和家庭发展的预期）和宏观预期（中国经济、政治发展和社会发展前景预期），社会参与（参加选举、参加就业创业活动、参观博物馆纪念馆、有机会为社会发展作贡献），对社会问题的关注和看法（包括就业创业、贫富差距、腐败问题、教育公平、环境污染、医疗问题、剩男剩女）。我们可以看到，他们的社会情绪量表测量的是影响社会情绪的因素，或是和社会情绪密切相关的东西，而很难说测量的是社会情绪本身。

类似地，王嘉毅和王成军②对西北少数民族社会情绪进行调查时，他们的测量量表包括：① 民众对自身生活状况的满意度和自身社会属性的认识情况，主要是对收入水平、物价的满意度；② 民众基本需求满足方面的压力，包括家庭收入、子女教育、住房问题、务工就业、养老问题、看病就医、土地承包、税费负担；③ 民众对本地政府工作的满意度，包括解决就业、反腐倡廉、贫富差距、干部办事效率、教育制度改革、办学条件、办学质量、减轻农民负担、推行计划生育、促进经济发展、新农村建设、基础设施建设、政治制度改革；④ 民众对社会问题的看法和关注度，包括社会治安、社会风气、环境污染、腐败、贫富差距、宗教冲突、务工就业、制假售价；⑤ 针对社会事件的行为反应倾向，依次是个人协商解决、联合亲友对抗、集体示威、发牢骚、打官司、向新闻单位反应、上访、忍受。

---

① 王文静，吕慎刚. 和谐社会视域下大学生群体的社会情绪研究[J]. 山东农业工程学院学报，2014，(4).

② 王嘉毅，王成军. 西北贫困地区少数民族社会情绪的调查与分析[J]. 甘肃社会科学，2009，(4).

第二类社会情绪测量采用大数据的方法。比如刘志明和刘鲁[①]对负面社会情绪的生命周期进行研究,他们选取了“舟曲泥石流”和“玉树地震”两个突发事件,用自身开发的爬虫程序对新浪微博中相关主题的微博进行抓取,利用生命模型对负面情绪活跃度进行建模。结果表明,舟曲泥石流事件引发的负面社会情绪呈现单峰型模式,而玉树地震引发的负面社会情绪出现了一次峰值和一次波动,但是它们都表明,情绪如生命周期模型所显示的那样,存在一个出生、成长、衰退和死亡的过程。王林、赵杨和时勘[②]采用 locoySpider 采集软件对腾讯微博平台数据进行采取,利用 ROST 内容挖掘软件(Content Mining System)进行微博内容挖掘分析和情感初步分析,负面情绪包括忧愁、悲伤、愤怒、紧张、焦虑、痛苦、恐惧、憎恨等。

相比而言,第三类学者对社会情绪的测量比较随意一些,他们或者根本没有测量,或者使用粗线条的分类代替测量。比如,饶咬成和饶丹珍[③]将农村青年的社会情绪分为对立情绪、背离情绪和观望情绪;曹帅,许开轶[④]将政治情绪分为政治冷漠、个体极端行为和群体性事件。

通过对三类社会情绪测量方法的梳理,我们可以看到,第一类测量除了社会事件引发的情绪外,还包括个体事件引发的情绪;除了测量情绪之外,还包括态度、认知、信任度、预期、满意度、关注度、压力、社会参与等。第二类测量使用网络大数据,单纯地对情绪词汇或情绪符号进行选择和标注。第三类或者没有测量,或者粗线条地对情绪进行分类。

第二节　社会情绪周期与传播

情绪的一大特点就是具有较清晰的生命周期,正如 Parkinson[⑤] 指出的,情绪事件可以被看成有清晰开头、中间和结尾的故事。通常它们是因为某件

---

① 刘志明,刘鲁. 面向突发事件的民众负面情绪生命周期模型[J]. 管理工程学报,2013,(1).

② 王林,赵杨,时勘. 集群行为的价值性执行意向微博实验研究[J]. 情报学报,2013,(1).

③ 饶咬成,饶丹珍. 农村青年的社会情绪研究[J]. 郧阳师范高等专科学校学报,2013,(2).

④ 曹帅,许开轶. 社会转型视阈下的政治情绪:内涵、表现与发生机理[J]. 甘肃理论学刊,2014,(3).

⑤ Parkinson, B. Putting appraisal in context [M]. In *Apparisal Processes in Emotion: Theory, Methods, Research*. Ed. By Schere, K. R., Schorr, A., & Johnstone, T. Oxford University Press, 2001.

事发生所引发的，紧接着个体在心智系统中对该事件进行加工，最后出现情绪反应；类似地，情绪本身也往往经历一个从无到有、再到消失的过程。社会情绪也是如此，它们通常因某一个社会事件的发生而引发，之后同样经历一个从发生、发展到消亡的三阶段过程。不过，社会情绪与个体情绪也有差异，其中一个较大差异是社会情绪具有较大的感染性和传播性，甚至有学者认为只有在社会群体中传播和感染的情绪才能称为社会情绪。社会情绪的生命周期和传播是两个紧密联系的现象，因此，在本节，我们重点介绍与社会情绪生命周期及传播有关的研究。

一、社会情绪生命周期相关研究

社会情绪生命周期的研究往往和网络舆情和突发事件联系在一起，这首先是因为社会情绪和舆情、重大事件存在紧密的关系。谢科范等人①将突发事件和网络舆情两者的关系归纳为以下三种：一是突发事件—网络舆情型，即突发事件在先，网络舆情在后，网络舆情影响公众对突发事件的看法与态度，甚至可能影响政府对突发事件处置的进程与方式。二是突发事件—网络舆情—衍生突发事件型。即突发事件在先，网络舆情在后，但网络舆情继而引发新的突发事件，导致衍生突发事件以及连环突发事件。三是网络舆情—突发事件型。即网络舆情在先，突发事件在后，由于网络舆情的爆发与失控而导致突发事件。而在上述三种类型中，社会情绪都起着重要的中间变量的作用。另外，从研究方法看，目前学者普遍采用大数据或计算机模拟的研究方法研究社会情绪的生命周期。

王林等人②采用微博大数据抓取，对曾经的一个热点事件——“活熊取胆”——所引发的社会情绪进行研究。他们将情绪区分为单一情绪和整体情绪，单一情绪包括积极情绪、中性情绪和负性情绪；整体情绪包括情绪分部度和情绪分部变化率，情绪分布度用来刻画不同情绪的分布情况，而情绪分布变化率用来刻画情绪分布的变化情况。

作者对微博网民情绪在 24 小时和 3 周两个时间段变化规律进行了总结，

---

① 谢科范，赵湜，陈刚，蔡文静．网络舆情突发事件的生命周期原理及集群决策机制[J]．武汉工业大学学报(社会科学版)，2010，(8)．

② 王林，赵杨，时勘．集群行为的价值性执行意向微博实验研究[J]．情报学报，2013，(1)．

结果表明，在24小时的网民微博情绪变化趋势中，一方面，单一的情绪均呈现了一个波形曲线，呈现出一定的周期性规律；另一方面，网民在微博上的情绪从早上6点左右开始出现急剧的上升，并在中午时分情绪爆发，出现第一个情绪高峰，而在晚上9点左右出现第二个情绪高峰。因此，这两个时间段是微博网民集群行为不断产生影响的时刻，需要对热点事件的价值性执行意向进行更多的正面引导，特别要挖掘负性情绪不断持续发酵的真正动因，从根本上对价值性执行意向的集群行为规律进行深入探索，为实践提供理论指导。

对于三周这个时间段，情绪热度基本上呈现了和热点话题变化的规律，第一周微博网民的负性情绪、积极情绪均比后两周要高，网民的情绪集中爆发在第一周，后两周基本上是第一周释放出来的情绪的一个延续，都出现了一定的周期性变化。

对于整体情绪分布变化率的分析表明，微博网民的整体情绪爆发出现在2012年2月25—29日这周，这周出现微博网民情绪分布变化最快。情绪分布变化率增长越快，说明此刻微博网民的情绪处于集中爆发时期，积极情绪和负性情绪的分布开始加速，不断有网民被卷入事件的讨论中。从3月1日开始，情绪分布变化率保持一个接近于0的水平，即“活熊取胆”热点事件引发关注的第二周开始负性情绪和积极情绪热度分布基本就保持不变，情绪分布变化率出现一条水平线。这可能是第一周网民情绪集中起来的能量在随后的第二、第三周进行释放，第一周的情绪分布基本奠定了后续积极情绪和负性情绪变化趋势。

另一类学者对群体情绪的建模已经取得了较多的研究成果。比如Schweitzer等人①通过多代理模型，对基于个人情绪代理之间的交换心事形成集体情绪(collective emotions)的过程进行了建模仿真。李先本等人②针对恐怖突发事件下恐惧传播的演化过程，应用平行系统的思想，构建了恐惧传播演化的人工系统。李从东等人③应用系统动力学方法从个体层面、传播层面和治理层面对群体情绪的形成过程进行建模仿真，并提出用信息熵的方法对社会

---

① Schweitzer, F., & Garcia, D. An agent-based model of collective emotions in online communities[J]. *The European Physical Journal B*, 2010, (4).

② 李先本，李孟军. 基于平行系统的恐怖突发事件下恐怖传播的仿真研究[J]. 自动化学报，2012，(8).

③ 李从东，洪宇翔. 面向突发事件的社会情绪稳定性建模方法研究[J]. 情报杂志，2014，(1).

情绪稳定性进行形式化表达。应尚军等人[①]建立了基于元胞自动机的股票市场投资者的投资心理模型。方薇等人[②]采用元胞自动机(CA)理论研究因特网舆情传播，设计了一个舆情传播元胞自动机模型。

接下来，我们较为详细地介绍一项关于社会情绪周期建模的研究作为这类研究的一个代表。该研究[③]基于 Aging theory 主题生命周期模型，生命周期模型的主要思想是：一个事件的发展过程类似一个生命形式，会经历出生、成长、衰退以及死亡四个过程。Aging theory 将事件的发展映射为能量值来表明事件当前的状态以及预测可能的生命阶段。高能量值表明事件是活跃的，而低能量值表明事件已经消退。类似于一个生命形式的能量值，如果没有营养素(例如事件相关的报道)补充，那么事件的能量值就会随着时间慢慢衰退。

该研究将情感倾向为负面的微博作为模型的营养素，使用情感强度和用户影响力概念来量化每条微博的营养素质量。通过这种方式，情感倾向相同的微博会因为微博带来的影响力不同产生数量不同的营养。随着时间的推移，负面情绪的营养值也会衰减，为了仿真能量衰减过程，该研究采用固定衰减方案进行计算。该研究采用新浪微博数据，对一系列突发事件引发的情绪周期进行研究，结果表明负面情绪存在一个明确的生命周期，比如，“舟曲泥石流”事件引发的情绪为单峰模型，峰值出现在事件发生后的第九天；“玉树地震”引发的情绪模型为波动性模型，在模型中出了一次峰值以及一次波动。

二、社会情绪在媒体中传播特点介绍

情绪与传播有着非常密切的关系，有些学者认为情绪是传播的动力，有些学者认为情绪是传播的框架，还有些学者认为情绪会影响受众的信息加工。国内学术界对情绪与传播关系的研究起步不久，不过已经有许多学者取得了有价值的研究成果。比如，沈阳[④]对问题定义框架、归因框架和解决问题框架等三种媒体框架与愤怒和信任情绪关系进行研究，他发现归因框架下受众的

① 应尚军，魏一鸣，范英. 基于元胞自动机的股票市场复杂性研究—投资者心理与市场行为[J]. 系统工程理论与实践，2003，(12).

② 方薇，何留进，孙凯. 采用元胞自动机的网络舆情传播模型研究[J]. 计算机应用，2010，(3).

③ 刘志明，刘鲁. 面向突发事件的民众负面情绪生命周期模型[J]. 管理工程学报，2013，(1).

④ 沈阳. 微公益传播的动员模式研究[J]. 新闻与传播研究，2013，(3).

愤怒水平最高,而解决问题框架下的受众愤怒水平远低于问题定义框架和归因框架下的受众愤怒水平。对于信任情绪而言,解决问题框架下受众信任水平最高,而归因框架下的受众信任水平远低于提出问题框架和解决问题框架下的受众信任水平。

Fan 等人①对新浪微博上 7 万条微博进行了研究,跟踪了愤怒、厌烦、高兴和沮丧这四种情绪在社交网络上的传播情况。他们发现,厌烦、高兴和沮丧这三种情绪的传播速度和影响力远不及愤怒。这表明,在互联网上愤怒情绪传播得更快也更广。在另一项类似的研究②中,作者采用"马航飞机失事"和"李某某案件"两个微博热门话题作为研究样本集,以情绪因素为主题,通过实证分析了微博中情绪因素对用户转发行为的影响。研究首先发现相比于中立性的微博。富有情绪色彩的微博更容易得到转发和传播;其次,研究通过负二项回归分析和 OLs 回归分析验证了本文设定的假设,并对控制变量和自变量的显著性进行了验证,实证结果说明情绪不仅对微博转发的数量有积极的影响,而且还可以提高微博的转发速度。

另一类学者利用各种模型对社会情绪的传播进行了仿真研究,例如,殷雁君等人③基于社会人际关系的群体情绪模型构建方法,以小世界网络模型构建个体间社会关系,并通过引入情感关系参数表达现实生活中个体间的强情感、弱情感和陌生关系。基于 Bosse 等人提出的群体情绪模型,以社会网络作为情绪传播媒介对不同类别人际关系情境中群体情绪的演化态势进行了实验模拟,分析了近邻数 K、重连概率 P 和情感关系 R 对群体情绪涌现所产生的影响。结果表明,情感关系越亲近、近邻数 K 越大,群体情绪最终的强度则越强烈,情绪涌现所需时间越短;重连概率 P 对群体情绪强度也有微弱影响,但作用并不十分显见。

李从东和洪宇翔④在分析了我国农村社会强网络嵌入性特征的基础上,基于社会网络理论提出了农村群体负面情绪传播的网络影响要素及其计算方

---

① Fan, R. Zhao, J. Chen. Y. & Xu, K. Anger is more influential than joy: Sentiment correlation in Weibo[J]. http://arxiv.org/pdf/1309.2402v1, 2013.

② 丁绪武,吴忠,夏志杰.社会媒体中情绪因素对用户转发行为影响的实证研究[J].现代情报,2014,(11).

③ 殷雁君,唐卫清,李蔚清.基于社会网络的群体情绪模型[J].计算机应用研究,2015,(1).

④ 李从东,洪宇翔.基于社会网络的农村群体负面情绪传播机制[J].计算机应用研究,2015,(1).

法；并且通过运用和优化元胞自动机建模方法，对农村群体负面情绪传播进行动态建模。仿真结果验证了社会网络特征属性，如意见领袖、干群关系等，对于农村群体负面情绪传播的影响作用显著。

纪雪梅①认为目前存在的问题主要为以下三个方面：第一，大多数研究通常笼统地将情绪按照效价分为积极情绪和消极情绪两种类型，较少有研究考虑不同情绪类型传播特征的差异，而实际上，不同类型的情绪会表现出不同的扩散模式。第二，缺少对情绪传播影响因素的研究，寻找影响情绪传播的关键因素。情绪传播可能存在多种影响因素，如情绪的类型、事件类型、用户特征等。第三，缺乏针对某一事件的研究，不同情境下情感传播模式可能存在差异。新闻消息、政治事件、商业产品、日常交流等不同情境下，情感的传播模式会存在差异。日常交流中的情感，如幸福感，可能传播的较慢，而某些政治突发事件在社交网络中的传播却是瞬间发生的，不满的情绪可能在数小时之内就会扩散至整个网络。

第三节 社会情绪产生原因与调节

赵鼎新②通过梳理解释社会运动和集群行为的主要理论，将影响和决定社会运动产生和发展的宏观结果概括为三个因素：变迁、结构和话语。这些理论中，斯梅尔塞的价值累加理论（value-added model）对中国学者的影响比较大，该理论提出集体行动发生的必然条件（并非充分条件）的六个因素：结构性诱因，结构性怨恨、剥夺感或压迫感，一般性信念产生，触发社会运动的因素或事件，有效的运动动员，社会控制能力的下降。随着上述因素自上而下形成，发生集体行动的可能性就在逐步增加。我们发现，中国的学者大多是按照价值累加理论对当下社会情绪产生原因进行分析，因此我们也首先对其产生的结构性原因进行总结。

一、社会情绪产生的结构性原因分析

赵鼎新总结的三个因素中，我们可以在一定程度上把变迁理解为原因，结

① 纪雪梅. 在线社交网络用户情感传播研究综述[J]. 全国情报学博士生学术论坛，2013.

② 赵鼎新. 社会与政治运动讲义[M]. 社会科学文献出版社，2012.

构理解为结果。他将变迁定义为由现代化、人口变迁、自然灾害、大规模疫病流行、外来思潮入侵等原因引起的种种社会变化。所谓结构,包括两个方面,一是国家的结构及其行为方式,二是社会结构及社会行动者的结构性行为。我们发现,中国的学者大体上也是按照这个逻辑来总结社会情绪产生的原因的。

温淑春①对我国当前社会情绪产生的原因进行了较为系统的总结。第一,改革深化和社会压力引发民众焦虑情绪加重。她认为衣食住行等基本生活需求是影响社会情绪的最重要因素,凡涉及收入分配、住房、医疗、教育、就业、社会保障、治安、环保等国计民生问题都会牵动整个社会情绪的神经,影响社会情绪走向。第二,经济发展和社会转型加速引起社会的浮躁情绪蔓延。转型期由于社会的规范和制度不够完善,甚至还来不及建立,一部人利用制度的不完善获得了意外的成功,引起了社会上一些人的躁动和仿效,人们之间的情绪感染容易形成浮躁的社会氛围。第三,分配不公、自身利益受损和权力腐败导致群体性不满、失衡情绪增多。体制制度的不健全、不完善,收入分配不公,收入差距扩大,加剧了社会的不公平感。改革过程中各种利益受损,使得一些阶层、群体相对剥夺感加重,助长了一部分人的仇官、仇富心理。第四,价值观模糊和社会信仰缺失助长了民众的冷漠情绪。实用主义、相对主义、虚无主义等消极负面价值观对人们的价值观和社会信仰产生冲击,并由此一定程度上造成价值判断标准上的迷失,进而导致政治冷漠和道德冷漠。第五,生存困境和潜在危机时一些群体的抑郁、悲观情绪趋于严重。一些职场人士因社会竞争和就业困难产生悲观失望情绪;部分边缘群体对自己的生存感到自卑和无奈,产生消极的悲凉情感。第六,面对一些深层次矛盾与问题难以解决表现出了社会逆反、怨恨情绪。各种深层次社会矛盾和利益冲突日趋复杂化、尖锐化,反映出普通民众对公权力的逆反心理以及社会成员之间一些非理性情绪和怨恨心理趋于加重。

曹帅和许开轶②使用政治情绪概念和社会情绪非常接近,他们同样认为现代化转型是政治情绪产生的根本原因。改革开放以来,随着从传统社会向现

---

① 温淑春.当前我国社会情绪的现状、成因及疏导对策[J].理论与现代化,2013,(3).

② 曹帅,许开轶.社会转型视阈下的政治情绪:内涵、表现与发生机理[J].甘肃理论学刊,2014,(3).

代社会的跃迁和转型，各种深层次的社会矛盾不断激化，进而滋生动乱。他们进一步从以下四方面对政治情绪的产生原因进行分析：第一，经济的迅速发展和利益的分配不均是政治情绪产生的经济利益因素；第二，政府的自利性与体制的迟钝是政治情绪产生的政治过程因素；第三，现代化对传统文化的碰撞和“青天情节”的现实落差是政治情绪产生的社会文化因素；第四，人类生理本能的反映和心理的感染作用是政治情绪产生的人类心理因素。

也有学者直接对怨恨情绪的产生进行研究，比如祝天智①认为怨恨情绪在部分群体中滋生和蔓延，既有结构性根源，也有主观方面的原因，其生成过程是一个主客观相互作用的复杂过程。他一共界定了三大原因：第一，经济转轨过程中的不公平因素，消费主义盛行背景下贫富差异显性化对弱势群体的巨大刺激，是怨恨情绪产生的经济根源；第二，腐败和公民权利保障低效是怨恨产生的政治原因；第三，社会流通中存在的问题，以及由于社会建设滞后导致的民生困难是怨恨情绪产生的社会根源。

在社会情绪产生原因的研究中，有些学者特别针对某一类群体的社会情绪，或者特别针对某一类事件产生的社会情绪，其中农民及农民工群体的社会情绪受到了较广泛的关注。比如，孙红永②专门分析了新生代农民工社会情绪产生的原因，他认为制度性的因素是第一位的，农民工的社会地位低下，处于社会底层，在资源占有方面处于劣势，加上严格的户籍管理制度和劳动人事制度，缺乏向上流动的机会。第二，身份迷失与困惑，不能真正融入城市生活。他们既不能融入城市又不愿回归从村，成为游离于农村与城市之间的边缘人。这种身份的迷失与困惑势必使他们心生怨恨。第三，社会交往狭窄，缺乏情感支持。新生代农民工的社会交往仍以初级关系为主，还没有完全建立以业缘关系为纽带的关系网络。宋高远③也认为农民工在城市身份低人一等，在生活和工作中处处受到歧视和不公平待遇是其产生消极情绪的主要原因。

二、政府及媒体对社会情绪的调节研究

传统上，情绪调节针对的主要是个体情绪，近年来，随着社会情绪研究的

① 祝天智. 社会怨忿情绪及其化解[J]. 理论探索，2012，(5).

② 孙红永. 新生代农民工社会情绪的归因分析[J]. 湖北农业科学，2011，(12).

③ 宋高远. 农民工的户籍歧视、消极情绪与反生产行为研究[D]. 吉林大学硕士学位论文，2013.

兴起，社会情绪的调节越来越被学术界关注。不过，由于时间较短，社会情绪调节研究还处于起步阶段，定性研究较多，社会情绪调节理论尚处于萌芽阶段。目前国内对社会情绪调节主要集中于两个方面：政府对社会情绪的调节，以及媒体对社会情绪的调节。下面我们依次对它们进行介绍。

既然社会情绪产生的根本原因来源于结构性因素，其中大部分和政府有着直接或间接的关系，因此，要从根本上调节社会情绪，政府是关键。正是基于这样的逻辑，温淑春①提出了疏导社会情绪、促进社会和谐稳定的六条建议：第一，保障民生需求，协调利益关系是缓解社会情绪的本质要求；第二，做好群众工作，维护群众利益是缓解社会情绪的重要保证；第三，加强社会建设，完善诉求表达机制是缓解社会情绪的重要环节；第四，推进民主建设，提高民众政治参与水平是缓解社会情绪的有效途径；第五，强化舆论引导，巩固主流思想舆论是缓解社会情绪的思想保证；第六，加强心理疏导，培育和谐文化氛围是缓解社会情绪的心理保障。祝天智持一个非常类似的观点，他提出了化解社会怨恨情绪的四点建议：第一，着力消除社会转型期诱发怨恨的结构性因素和物质诱因，这是化解怨恨情绪的前提；第二，通过提高公民政治效能感，消除怨恨情绪产生的主观诱因；第三，建立有效阻断机制，防止怨恨情绪的扩散；第四，建立怨恨情绪的消融和理性释放机制，不断化解已经形成的怨恨情绪。

如果说政府调节是社会情绪调节的源头，那么媒体调节作为一种过程调节手段也越来越受到学者的关注。张结海和吴瑛②在国内较早提出了一个针对危机事件、基于社会情绪的舆论引导模型，该模型认为，危机事件发生之后，舆论引导的首要任务是确定事件的性质，因为性质不同，它引发的受众情绪反应也不同；但是，该模型也强调受众情绪对事件性质的反向加工，它体现在两个方面：情绪对事件进行选择性注意，甚至受众在情绪驱动下会对事件进行扭曲性加工，两者的相互作用决定着最终的策略选择。具体来说，决定事件性质的直接因素有两类：自制的和先赋的，自制因素包括危机事件的责任、危机事件的确定性和可控性；而先赋因素主要指当事方的危机史和形象。除此之外，事件性质还受到危机类型和危机史的影响。

---

① 温淑春．当前我国社会情绪的现状、成因及疏导对策[J]．理论与现代化，2013，(3)．

② 张结海，吴瑛．重大事件舆论引导的中国路径：一种基于公众情绪色谱的模型构建[J]．现代传播，2014，(8)．

该模型进一步分析了社会情绪对公众的信息加工、风险偏好、认知加工过程、行为倾向等心理与行为过程的影响，主要影响包括：第一，负面的危机事件频发会引发公众对负面事件出现偏好，他们对负面事件的记忆更好，也更爱传播负面事件；第二，在对危机事件的归因过程中，公众往往会出现系统性的偏差，悲伤的人更倾向于将原因归结为环境因素，愤怒的人更容易将原因归结为个人或组织；第三，愤怒（高确定性情绪）会引发简捷加工，而悲伤（低确定性情绪）会引发系统加工；第四，愤怒会导致公众乐观的风险评估和风险追求选择，比如采取行动、寻求指导；第五，公众具有强烈的负面情绪时，他们有更强烈的惩罚偏好。在此基础上，模型提出了四大类情绪引导策略：一是在当下的舆论环境下，除了责任事故，非责任事故也需要格外地重视，这是因为只要出现生命财产损失，公众就有可能将责任归因为政府；二是危机事件的快速处理，这是因为公众已经形成了“一定是相关部门责任”的思维定势；三是信息公开透明，以消除公众的不信任情绪；四是危机事件发生之后，仅仅对受害者进行赔偿远远不够，一定要对责任当事人进行惩罚才能有效地平息公众的负面情绪。

也有学者从其他视角对媒体的疏导作用进行研究，比如薛素芬和鲁浩①提出网络媒体可以从以下几方面对社会情绪进行引导：自觉抵制网上“三俗”，利用网络宣传中国，传播互相救助的正能量，利用技术手段过滤，培养网上意见领袖。

第四节 结束语：社会情绪研究在中国——困境与出路

近年来，随着群体性事件，尤其是所谓的泄愤型的群体性事件的频发，社会情绪迅速成为一个热词，正如前面指出的那样，社会情绪是一个颇具中国特色的概念，除了社会层面普通大众的关注，社会情绪也吸引了众多学科的研究。到目前为止，我国社会情绪研究取得了一些成果，但是我们应该清醒地看到，社会情绪研究面临着巨大的挑战。因此，最后我们将对其中主要问题进行梳理，并试图寻找解决的方向。

---

① 薛素芬，鲁浩. 关于当前网络社会情绪及其化解疏导的调查分析[J]. 河南社会科学，2011，(11).

第一,社会情绪依然缺乏一个被广为接受的概念。不同的学者对社会情绪有着不同的定义,概括起来他们的分歧表现在三个方面:一是社会情绪到底是一种情绪还是一种态度,还是两者兼而有之?部分学者(主要是采用大数据研究方法的学者)认为社会情绪和个体情绪一样也是一种情绪,而部分学者认为社会情绪除了情绪之外,还应该包括态度、认知和心态。二是社会情绪究竟是针对社会事件还是个体事件?部分学者认为社会情绪产生的前提是身份认同,因此只有社会事件才能引发社会情绪;部分学者认为个体事件也可以引发社会情绪,只要这些个体情绪是社会多数成员所共有的。三是社会情绪是否具有不同于个体情绪的表现形式?有些学者认为,社会情绪和个体情绪一样,主要是愤怒、悲伤、恐惧、厌恶,等等;有些学者则认为,除了上述这些情绪表现之外,社会情绪还应包括不信任情绪、对立情绪、冷漠情绪、浮躁情绪,等等。

第二,缺少一个成熟的社会情绪测量方法和测量指标。由于概念定义上存在分歧,在测量方法上难以达成一致也就不难理解。具体来说,测量方法上的困境来源于两个方面:一是因为定义的不一致而无法达成测量对象的一致。既然不同学者眼里的社会情绪是不同的,那么不同学者使用的测量工具自然测量的对象也不同。二是现有的几类社会情绪测量方法都存在较大不足。大数据方法准确度低、纸笔测试不稳定、情绪实验室诱导人为性强,可以说每一种研究方法都有不完善之处。更有学者提出从经济指标、网络舆论中提取出社会情绪,其具体方法和准确性都有待加强。

第三,有中国特色的社会情绪理论依然处在萌芽状态。缺少统一的概念、缺少成熟的测量方法,社会情绪理论可能暂时还无从谈起。更加值得注意的是,国内许多研究还停留在思辨性的定性研究,仅仅停留在现象的罗列,缺少理论高度的思考。

面对上述挑战,我们认为首先还是要从定义和测量上面寻找突破,一个有效的解决方案是在坚持身份认同和社会事件作为社会情绪产生的核心前提的基础上,可以将社会情绪分为不同层次和类别。唯有这样,将不同的社会情绪和不同的测量方法结合才能较快地在实证研究层面取得进展。理论方面,西方在个体情绪和群体情绪方面提出的诸多理论,比如情绪评价倾向框架(ATF)和群体情绪理论都对我国的社会情绪研究具有较大的借鉴意义。

(张结海)

推荐阅读

1. 王俊秀，杨宜音（编）. 中国社会心态研究报告（2014）[M]. 社会科学文献出版社，2014.

2. 杨宜音. 个体与宏观社会的心理关系：社会心态概念的界定[J]. 社会学研究，2006，(4).

3. Cottrell，C. A.，& Neuberg，S. L. Different emotional reactions to different groups：A sociofuntional threat-based approach to "prejudice" [J]. *Journal of Personality and Social Psychology*，2005，(5).

4. Brewer，M. B.，&Alexandr，M. G. Intergroup emotions and images [M]. in D. M. Mackie & E. R. Smith (Eds.)，From prejudice to intergroup emotions：Differentiated reactions to social groups (pp. 209－225). New York：Psychology Press. 2002.

5. Fiske S T，Cuddy A J C，Glick P S，. A model of (often mixed) stereotype content：Competence and warmth respectively follow from perceived status and competition [J]. *Journal of Personality and Social Psychology*，2002，(82).

思考题

1. 你认为在社会情绪定义中，最核心的因素是什么？是群体身份认同、社会事件，还是相互感染和传播？你的理由是什么？

2. 请选择一个通过广泛传播的案例，试分析其中涉及哪些社会情绪，它们都是怎样对该事件传播起推波助澜作用的？

3. 面对目前广泛存在的负面社会情绪，你认为遭遇突发性事件时，政府有关部门该如何进行有效的应对和疏导？

第六章
社会学本土化：思想争鸣与学术进路

在中国社会学及社会科学发展史上，学术研究本土化都是一个不断被提起和引起热议的论题。在社会学、人类学等多个学术领域，不同时期均有关于“本土化”或“中国化”的讨论。① 尤其是在社会学领域，从20世纪30年代至今的多个时期均有学者提出各种社会学“本土化”或“中国化”的主张。② 近年来，关于中国道路的讨论高涨，其核心议题之一就是：虽然中国在经济发展上取得了成功，却始终面临文化与理论话语上的挑战和困境，建立中国社会科学主体性的任务凸显。中国社会发展中面临着如何实现“道路自信、理论自信、制度自信”的问题，这些理论任务都直接关乎社会科学的本土化建构。当下，试图超越西方社会科学内在困境，形成中国社会科学和社会学的基本理论论述，构建具有中国气派、中国风格的社会科学知识体系的要求愈益强烈。在社会科学多个领域，尤其是在社会学、法学和政治学等具有较强人文色彩的学科中，本土化的呼声都在上升，不少学者撰文倡导社会学或社会科学的本土化。③

---

① 如孙本文、吴文藻等在20世纪30年代就提出了社会学中国化的主张，中国大陆社会学界在20世纪80年代也曾掀起过一阵本土化讨论的小高潮，而台湾社会学界在20世纪80年代以来对本土化的呼声一直非常高涨。见郑杭生《二十世纪中国的社会学本土化》、叶启政《社会学和本土化》等著。

② 吴文藻. 社会学丛刊总序，社会学丛刊，1930，甲集第二种；孙本文. 中国社会学之过去现在及将来，载中国人口问题[M]. 世界书局，1932；杨国枢，文崇一. 社会及行为科学研究的中国化[M]. 台北中央研究院民族学研究所，1982；叶启政. 社会理论的本土化建构[M]. 北京大学出版社，2006；郑杭生. 中国社会学史新编[M]. 高等教育出版社，2000.

③ 相关论述见于多个相关学科，如郑杭生. 学术话语权与中国社会学发展[J]. 中国社会科学，2011，(2)；贺雪峰. 经验研究与中国社会科学本土化[J]；贺雪峰. 什么农村，什么问题[M]. 法律出版社，2008，第318页；邓正来. 中国社会科学的当下使命. 社会科学[J]. 2008，(7)；王绍光. “接轨”还是“拿来”：政治学本土化的思考[J]. 载公羊. 思潮：中国新左派及其影响[M]. 中国社会科学出版社，2003，第227页.

但是，无论是关于本土化论题的理论探讨，还是中国社会科学本土化研究的实质进展，目前都还面临着不少困难，本土化的方向并不十分明朗。对不少实证主义方法论取向的学者来说，社会学应像自然科学一样，以经验性的科学方法来探求普遍的规律，于是本土化就成为一个伪问题。而在本土化论的支持者中，也缺乏一致的定义和理论框架，很多阐述停留于一般的议论而非系统的论证，不同观点常常是横岭侧峰，各得一隅，甚至分属不同话语系统，对话更无以展开。

这样，“本土化”一词就成为一个高度含糊的概念，有关的学术主张也显得颇为多样和复杂，学界对“本土化”主张的态度也千差万别。可以认为，在有关的讨论中，学界关于“何为本土化”这样的基本问题仍然没有清晰共识。这就导致围绕本土化论题的其他一些问题，如“为何本土化”以及“何以本土化”等，也都难有明确答案。也由于这种概念上的含糊，有关本土化的讨论虽然屡屡提起，却很难形成更有效的学术积累和进步。面对这样的理论困境，我们就需要对本土化论题进行更为系统的反思。

第一节　社会学本土化论题的基本脉络

“本土化”是中国社会学和社会科学史上一个屡被提及的重要论题。从20世纪30年代开始，就有学者提出了社会学“本土化”（中国化）的主张。吴文藻、孙本文等第一代“学院派”社会学者明确提出了建设“中国化的社会学”等观点。早期学人从学科引入和满足中国实践需要的角度初步阐述了推进本土化的理由、目标和路径。① 尤其是吴文藻，“大力提倡和推行社会学中国化的学术运动，并苦苦思索社会学中国化的路子，认为社会学要中国化，最主要的是要研究中国国情”。吴文藻开创的“社区研究”传统更在实质的社会研究中践行本土化的主张，形成了具有浓厚本土特质的丰富理论成果，被誉为社会学研究的“中国学派”。②

---

① 吴文藻. 社会学丛刊总序，社会学丛刊，1930，甲集第二种；孙本文. 中国社会学之过去现在及将来，载中国人口问题[M]. 世界书局，1932.

② 李培林，渠敬东. 20世纪上半叶中国社会学学术史，载李培林等主编. 中国社会学经典导读（上册）[M]. 社会科学文献出版社，2009，第28—29页.

在1949年后的30年中，大陆的社会学被指为“资产阶级的学术”而完全受到禁止，本土化之说亦无从谈起。而在20世纪中期的台湾地区，社会学同样因为被台湾当局怀疑近于社会主义而受到压抑，发展缓慢。60年代之后，略为恢复元气的台湾社会学在美国学术的深度影响下，推崇科学主义和逻辑实证主义的方法论原则，本土化的诉求同样未能彰显。正如汤志杰所指出的，“强调对外显行为进行经验实证研究的行为主义”和“以统计方法来检证理论命题的社会调查模式”，“都不看重深入脉络(语境，context)的实地了解，不强调对社会行动的意义进行了解与诠释，反而认为从脉络中抽离出来，透过归纳追求普同的法则，才符合科学的客观要求”，社会学的本土化同样也无法深化。①

直到20世纪80年代，受国际学界学术范式多元化、台湾地区政治文化氛围变动以及台湾地区社会学发展日渐成熟等多重影响，台湾学界率先推动了一场“社会学本土化”的学术运动。② 在杨国枢、叶启政、李亦园、文崇一等学者推动下，台湾学界召开多届以“社会科学本土化”为主题的理论研讨会。他们主要聚焦于反思实证主义方法论，运用批判理论、解释学等理论资源，在知识论和方法论层面比较深入地探讨了本土化何以可能，以及如何推进的问题，形成了一批研究成果。③ 其中，何秀煌从社会科学概念的“开架性”等角度入手论证了社会科学的特殊性，以及本土化的必要和可能；高承恕从哈贝马斯关于知识的“技术旨趣”、“沟通旨趣”和“批判旨趣”三个层面出发论述了不同的本土化路径；叶启政同样认为当时台湾地区社会学的“实用”和“移植”性格，阻碍了本土社会学的原创力和想象力，需要对西方社会学进行根本性的检讨，超越实证主义的窠臼，培养中国社会学的批判力。④

同时期，大陆在社会学恢复重建过程中，围绕学科性质、研究对象等问题

---

① 汤志杰.本土社会学传统的建构与重构：理念、传承与实践，载谢国雄主编.群学争鸣：台湾社会学发展史——1945—2005[M].群学出版公司，2008，第572页.

② 汤志杰.本土社会学传统的建构与重构：理念、传承与实践，载谢国雄主编.群学争鸣：台湾社会学发展史——1945—2005[M].群学出版公司，2008，第577—615页.

③ 杨国枢，文崇一.社会及行为科学研究的中国化[M].台北中央研究院民族学研究所，1982；李亦园，杨国枢，文崇一等.现代化与中国化论集[D].台北桂冠图书公司，1985；蔡勇美等.社会学中国化[M].台北巨流图书出版公司，1988.

④ 上述三位学者的观点可见杨国枢、文崇一主编的《社会及行为科学研究的中国化》[M].(台北)中央研究院民族学研究所，1982.

的讨论，也主要从服务于中国社会实践和建设马克思主义的中国社会学等角度引出了社会学中国化议题。① 其中，徐经泽从社会现象的复杂性、文化背景的多样性和社会科学的不成熟性等角度入手，论证了社会学本土化的必要性；庞树奇认为社会学具有科学性和文化性双重性质，中国社会学在恢复重建阶段首先需要引入和学习，"进入"西方理论，然后才能"化出"中国化的社会学。但在总体上看，20 世纪 80 年代大陆社会学界的本土化讨论较少涉及基础性的哲学层面，而台湾学界因为已经长期受到西方社会学理论和范式的深度影响，本土化的反弹就更为强烈，讨论更为深入，较多涉及了本土化论背后的知识论基础等议题。

20 世纪 90 年代，关于社会学本土化的讨论进一步深化。尤其在台湾地区，关于社会学本土化的知识论和方法论反思更为深入。其中，杨国枢提出了"本土契合论"的概念作为社会科学本土化的主要内涵，认为本土化的核心就在于研究者的研究活动及研究成果与被研究者的心理与行为及其生态、经济、社会、文化、历史等方面的脉络密切或高度符合、吻合及调和；②叶启政则认为，社会学本土化要超越经验实证取向的"本土契合性"等立场，从"哲学人类学存有论预设"层面反思西方社会学和现代性等主张，成为台湾地区倡导本土化的一种有突出特点的代表性观点；③而同时期大陆学界在推进"学术规范化"的运动中，时常并行讨论"本土化"问题，在与规范化主张的参照中，有关讨论也开始触及深层的知识论议题。④ 如黄平就明确提出要在"规范化"与"本土化"之间把握平衡，认为"一方面我们缺乏甚至是起码的规范，致使许多所谓研究长期原地踏步乃至后退；而另一方面，在建立这种学科规范的过程中又要

---

① 徐经泽. 社会学中国化：中国大陆学者的讨论[M]. 山东人民出版社，1991；庞树奇. 社会学"中国化"的前期与使命——对社会学学科地位的再思考[J]. 学术季刊，1988，(2)；陈烽. "回到马克思"与"超越马克思"——关于我国社会学发展的再思考(之一)[J]. 社会，1988，(4)；杨心恒. 社会学中国化之我见——纪念社会学重建十周年[J]. 天津社会科学，1989，(6).

② 杨国枢. 心理学研究的本土契合性及其相关问题[J]. 本土心理学研究(台北)，1997，(8).

③ 叶启政. 对社会研究"本土化"主张的解读[J]. 香港社会科学学报，1994，(3)；传统与现代的斗争游戏[J]. 社会学研究，1996，(1).

④ 周晓虹. 全球化与本土化：社会心理学的现代双翼[J]. 社会学研究，1994，(6)；梁治平. 规范化与本土化——当代中国社会科学面临的双重挑战[J]. 中国书评，1995，(3)；黄平. 从规范化到本土化：张力与平衡[J]，中国书评，1995，(5)；王铭铭. 西学中国化的历史困境，"费孝通教授九十周岁诞辰欢聚会暨中国文化与现代化研讨会"论文，1999.

提防食‘洋’不化、生搬硬套，还要抑制来自西方的假科学之名的文化霸权。”①在 20 世纪 90 年代末期，著名社会学家费孝通教授则率先提出了中国社会学研究中的“文化自觉”论题，从而引出了社会学本土化讨论的一条新的发展路径。

2000 年以来，大陆学界关于本土化的呼声更加高涨，文献数量猛增，理论反思进一步深化。其中，郑杭生在费孝通先生提出的“文化自觉”基础上提出了实现中国社会学“理论自觉”的议题，即自觉到我们的目标是世界眼光中国气派兼具的中国社会学，而不是西方社会学某种理论的中国版；②赵旭东从“本土文化防御”角度系统反思了 80 年代以来的两岸学界的本土化讨论，提出了超越本土化的理论观点；③贺雪峰通过强调“田野的灵感”、“直白的表达”等主张，阐述了本土化研究中的方法论问题；④王绍光从形式理论与经验理论的辩证关系入手，讨论了社会科学知识的形态问题，认为普遍化的形式模型反而可能阻碍对现实的理解。⑤

在台湾地区学界，2000 年以来以叶启政为代表，也有更多的学者继续探讨本土化问题。这一时期，台湾学界的讨论仍然主要聚焦于本土化的本体论、知识论基础，剖析进一步深入。⑥ 其中，叶启政延续了 20 世纪 90 年代的思考，从反思西方现代性的角度为本土化社会学的发展赋予厚望；⑦萧全政则从社会科学中区分了“强调普适理论层面”与“强调具体事实层面”两种类型的学者，分析了他们在本体论、宇宙论、认识论、人生哲学，以及何为科学等方面的差异，为社会科学本土化寻求理论根据；⑧黄光国同样认为，有关本土化问题的讨论

---

① 黄平. 从规范化到本土化：张力与平衡[J]. 中国书评，1995，(5).

② 郑杭生. 学术话语权与中国社会学发展[J]. 中国社会科学，2011，(2).

③ 赵旭东. 超越本土化：反思中国本土文化建构[J]. 社会学研究，2001，(6).

④ 贺雪峰. 回归中国经验研究——论中国本土化社会科学的构建[J]. 探索与争鸣，2006，(11).

⑤ 王绍光. “接轨”还是“拿来”：政治学本土化的思考，载思潮：中国新左派及其影响[M]. 中国社会科学出版社，2003.

⑥ 萧全政. 社会科学本土化的意义与理论基础[J]. 政治科学论丛(台北)，2000，(13)；石之瑜. 从东方主义批判到社会科学本土化[J]. 二十一世纪，2002 年 12 月号，总第 74 卷；朱云汉. 社会科学本土化的深层课题[J]. 二十一世纪，2002 年 12 月号；汤志杰. 本土社会学传统的建构与重构：理念、传承与实践，载谢国雄主编. 群学争鸣：台湾社会学发展史——1945—2005[M]. 群学出版公司，2008，第 577—615 页；黄光国. 全球化与本土化：论心理学本土化的意涵[J]. 阴山学刊(社会科学版)，2010，(1)；黄厚铭. 社会学理论与社会学本土化[J]. 社会理论学报，2010 年春季，第十三卷第一期.

⑦ 叶启政. 全球化趋势下学术研究“本土化”的戏目[J]. 社会理论论丛，2010，(7).

⑧ 萧全政. 社会科学本土化的意义与理论基础[J]. 政治科学论丛(台北)，2000，(13).

必须从哲学的本体论、知识论和方法论层面有所突破，而发自新维也纳学派的“建构实在论”可以为本土化的主张提供有效支持。①

总之，围绕“社会学本土化”论题，已有的研究已经为我们奠定了比较扎实的基础，让我们得以实现一项更为系统、全面的梳理与反思。这些同样冠以“本土化”之名的主张显然缘于多种复杂的情绪，缘于不同历史背景下对某种学术现状的“不满”。而这些不满大多处于非常模糊的状态，涉及不同的情感层面和认知维度，很难概括为一个统一命题。从理论逻辑上讲，学术的“本土化”论题探讨的是一种“规范性”要求，事关不同学者对于“何为好的研究”的偏好和选择，而非一个“事实性”判断，显然也无法给出一个“科学”意义上的精确界定。这里，我们通过梳理学术史上关于“本土化”的代表性论述，辨识出主要的意义类型，从而为进一步的讨论奠定一个基础性的理论框架。

第二节　社会学本土化论的类型学分析

关于社会学本土化，已经有学者提出了一些类型学的划分。其中，在国内学界有代表性的是郑杭生教授的观点，他提出了一系列基于多种维度的类型学框架，如根据其展开方式，分为运动型与非运动型；根据发生地，分为中国、拉美化、印度化等；根据成果的形态，分为理论问题研究型、本土社会认识型、本土社会问题解决型和修正—创新型；②在印度学界，也有一些学者区分了不同类型的本土化。如 Krishna Kumar 根据印度学界的讨论把本土划分为三个层面的含义：人员机构本土化、问题意识本土化和理论的本土化。③ 应该说，他们从类型学的角度去讨论本土化问题，对本研究关注本土化论的类型有重要启发。

台湾地区学者萧全政的分类更具哲学反思的深度，有更强的借鉴意义。首先，他把本土化论分为两种类型：从方法论角度论述的本土化与从知识论角度论述的本土化。他指出，“一般而言，在这些论者中强调研究方法与方法

---

① 黄光国. 社会科学的理路[M]. 中国人民大学出版社，2006.

② 郑杭生，王万俊. 论社会学本土化的类型与特征[J]. 湘潭师范学院学报，2000，(4).

③ K. Kumar, 1979, Indigenization and Transnational Co-operration in the Social Science, Bonds without Bondage, University Press of Hawaii, Cited in Yogesh Atal 1981, The Call for Indigenization, International Social Science Journal, Vol. 33, p. 189.

论者，通常相信‘科学’是放诸四海而皆准的，因而无法跨越传统‘科学’概念内涵中的理性主义与逻辑实证论的机械化普同性，以至于难以从一般社会科学的普同性中，有效分离并确立台湾社会科学的特殊性；相对而言，强调认识论和知识社会学的观点，经常以具特殊性认识基础的文化社会脉络，或直接援引Karl Mannheim 的知识相对观与 P. Feyerabend 的多元典范，而解构社会科学的普同性与客观性，并从中凸显‘中国化’所能促成的学术主体性”。① 其次，萧全政又区分了“强调理论层面的社会科学观”与“强调事实层面的社会科学观”，指出前者以牛顿物理学所隐含的科学哲学为基础，更强调社会科学的形式性、规律性、客观性和普适性；后者则以不确定性和混沌论所隐含的科学哲学为基础，强调对充满特殊性的现实历史事实进行解释，强调社会现象的变异性和理论的特殊性。持这两种不同社会科学观的学者在本体论、历史观、认识论以及人生哲学上均持有对立的立场。

在本研究中，笔者主要根据各种本土化主张的动因、定义和要求等来建构一个更为全面的类型学框架。具体来说，笔者把中国社会学史上关于本土化的主张大致概括为五种主要类型，分别是：学科引入/应用论、理论验证/修正论、问题意识本土论、社会/文化特殊论、文化/学术自主论。

一、学科引入/应用论

第一种本土化主张含义最为明白浅显，也最为宽泛，笔者称之为“学科引入/应用论”。在这种含义上使用的本土化一词，是把西方知识体系在中国的引入、传播和发展过程都称为“某某学本土化（或中国化）”。这种含义的“本土化”，基本上视其为现代西方学术在中国传播、发展的过程本身。稍进一步，那种要求应用西方社会学理论和方法，以加强针对中国社会的研究，积累关于中国社会的经验材料的主张，也可以归入这一类型。

这种宽泛的本土化主张在社会学传入中国的初期尤为多见。在这样一个阶段，社会学引入和应用的工作还刚刚起步，对其在中国社会中的“适用性”还没有实际的经验，所以也就谈不上对社会学理论和方法本身的批判性反思。当然，社会学传入中国之初，学界在相似的意义上主要使用“中国化”一词，而非“本土化”。一些学者，如许仕廉、孙本文、吴文藻等，虽然提出过更具实质性

---

① 萧全政．社会科学本土化的意义与理论基础[J]．政治科学论丛（台北），2000，(13)．

内涵的“中国化主张”，但是他们在很多场合也是在这种比较宽泛的含义上使用“中国化”一词。即，主要是要求中国社会学在教学和研究中不应该抄袭外国的材料，而应注重实地考察，更多地采用中国的材料等。① 如代表性的学者孙本文教授在提到“中国化”问题时这样阐述：“(我们)应该建设一种中国化的社会学。如能采用欧美社会学上之方法，根据欧美社会学家精密有效的学理，整理中国固有的社会思想和社会制度，并依据全国社会实际状况，综合而成有系统有组织的中国化的社会学，此诚今后之急务。”②

而吴文藻教授对于中国化的问题意识同样源于相当朴素的意识，他在论述中国化之原因时说：“社会学诞生于中国，将近四十年，而大学之开讲社会学，至多不过三十年。始而由外人用外国文字介绍，例证多用外国材料。继而由国人用外国文字讲述，有多讲外国材料者，亦有稍取本国材料者，又继而由国人用本国文字讲述本国材料，但亦有人以一种特殊研究混作社会学者，例如：有以社会学为社会问题的研究者，亦有以社会学为唯物史观或辩证法的研究者。要之，当此期间，社会学在知识文化的市场上，仍不脱为一种变相的舶来品。”③

这种含义的“本土化”范畴除了为早期社会学家所使用外，在 20 世纪 80 年代大陆恢复社会学之初也非常普遍。在 20 世纪 80 年代末，徐经泽教授比较系统地回顾了社会学恢复重建以来关于“中国化”或“本土化”论题的观点，指出：“对于‘社会学中国化’这一命题，许多社会学学者有着自己的理解。大致看来，这些理解主要有两种。第一种观点认为，社会学中国化的含义是，将社会学的一般原理与中国社会的特殊性结合起来，即‘一般与个别的结合’。第二种观点认为，社会学中国化意味着运用社会学原理来解决中国实际存在的社会问题，即‘中国社会问题研究’。”④

徐经泽教授这一判断主要基于 1987 年召开的“‘社会学中国化’理论研讨会”上与会者提交的论文和讨论，应该说比较准确地概括了这一时期社会学中

---

① 郑杭生. 二十世纪中国社会学的本土化[M]. 党建读物出版社，2000，第 115—128 页.

② 孙本文. 中国社会学之过去现在及将来，载中国人口问题[M]. 世界书局，1932，转引自《中国社会学史资料选编》(内部资料)，陈树德，许妙发编，上海大学文学院，1986，第 211 页.

③ 吴文藻. 社会学丛刊总序，载社会学丛刊[M]. 商务印书馆，1943，转引自《中国社会学史资料选编》(内部资料)，陈树德，许妙发编，上海大学文学院，1986，第 284 页.

④ 徐经泽. 关于社会学中国化的初步研究[J]. 社会学研究，1987，(4).

国化论题上的总体状况。他所概括的这样两类中国化(本土化)主张,大致上都脱不了西方社会学理论在中国的引入和应用这样的角度。这次研讨会的相关论文也冠以《社会学中国化》之名由徐经泽教授主编出版,堪称代表了20世纪80年代国内社会学界对于本土化问题的基本看法。①

直到今天,也仍然有不少学者会在这种含义上使用"本土化"一词。如力主本土化的代表性学者郑杭生教授在《二十世纪中国的社会学本土化》一书中曾这样阐述:"可以认为,20世纪上半叶,社会学在中国的传入与发展,即是社会学学科的制度化过程,也是作为社会学的逐步本土化即中国化过程。"②虽然郑杭生教授对于本土化问题有更为深入和丰富的讨论,但在这里他显然也是在一种很宽泛的含义上使用"本土化"一词,即把中国社会学发展史本身视为社会学"本土化"的过程。而在实际上,在社会学以及相关学科领域中,冠以"本土化"之名的论著数量非常庞大。尤其是在社会科学诸应用性学科中,许多有关的讨论都主要是从"学科"、"理论"的引入和应用意义上使用"本土化"这一范畴。

总体上看,在此意义上展开的有关本土化问题的探讨,往往都只是表现为学科史的研究,致力于阐述社会学或者社会科学其他学科在中国不同阶段的传播和发展,视其在中国的应用和研究实践本身就是一个本土化或中国化的过程。③ 这样,从19世纪末20世纪初以来,西方社会学在中国的传入、发展和恢复重建的整个历史过程,以及期间开展的中国研究,就都可以视为社会学本土化的过程。

二、理论检验/修正论

关于社会学本土化,比前一种类型内涵更深一层的主张,是认为现有西方社会学理论不一定能包容中国社会的特殊性,应该以中国研究得来的实证材料来检验和修正,从而进一步发展更具解释力和普遍性的社会学理论和概念。

---

① 徐经泽.社会学中国化:中国大陆学者的讨论[M].山东大学出版社,1991.

② 郑杭生,王万俊.二十世纪中国的社会学本土化[M].党建读物出版社,2000,第105页.

③ 这种类型的著作和论文很多,通常只是把一些社会学、社会工作等领域的实证研究成果收集起来,冠以"本土化"之名,实际上很少对"本土化"的概念和理论本身有针对性的探讨。如王思斌.社会工作专业化及本土化实践[M].社会科学文献出版社,2006;徐杰舜主编.本土化:人类学的大趋势[M].广西民族出版社,2001;卓彩琴主编.社会工作本土化实践探索[M].华南理工大学出版社,2007.

中国学者需要做的不仅是结合中国实际吸收和应用西方社会学理论，而要以中国的材料对现有的西方社会学理论命题检验、补充、修改或反驳。

在20世纪早期，中国社会学在大学体系中制度化之后，这样一种社会学"本土化"或"中国化"的提法就出现了。早期中国社会学者，如许士廉、孙本文、吴文藻、晏阳初等都提出过类似主张。实际上，在前文所引的孙本文等人的相关阐述中也多多少少包含了这样一层含义。如孙本文所言，"如能采用欧美社会学上之方法，根据欧美社会学家精密有效的学理，整理中国固有的社会思想和社会制度，并依据全国社会实际状况，综合而成有系统有组织的中国化的社会学"。① 又如吴文藻也提出："必须理论与事实糅合一起，获得一种新综合，……（应该）以试用假设始，以实地证验终；理论符合事实，事实启发理论；必须理论与事实糅合在一起，获得一种新综合，……社会学才算彻底的中国化。"②

大陆社会学恢复重建以来，这样的"社会学本土化"也是一种常见的观点。尤其对于实证主义倾向的学者来说，本土化并不是一个很受欢迎的词语，相应地也不太热衷于谈论"本土化"。如果说可以接受"本土化"这样的提法，也只能是在这样的意义上有限地接受。因为基于实证传统的知识论和方法论，社会研究必须是"科学"的，即以经验事实为基础，以建构普遍性的规律或因果命题为目标。"本土化"只不过是为建构普遍的社会学理论提供更丰富的"个案"，使其更加具有涵摄力而已。

而在海外和港台的华人学界，这样的本土化论亦不鲜见。如美籍华人学者林南认为社会学中国化"最终在于重新整理那些根据欧美思想和资料所建立的社会学理论"。③ 他虽然把社会学中国化定义为"将中国社会文化特征及民族性融纳到社会学里"，似乎对本土化有某种更强意义上的期待，但是在社会学应该寻求具普遍性的客观知识的目标上并无异议；在台湾地区，社会科学本土化运动的领军人物之一杨国枢教授曾多次撰文讨论本土化问题，他的观点成为一种具有代表性的主流看法。他认为社会科学本土化所反思的是西方社会科学中不适合、不符合本土实际的成分，社会学本土化的衡量标准在于

① 孙本文. 中国社会学之过去现在及将来. 载中国人口问题[M]. 世界书局，1932，转引自《中国社会学史资料选编》（内部资料）[M]. 陈树德，许妙发编，上海大学文学院，1986，第197—220页.

② 吴文藻.《社会学丛刊》总序，社会学丛刊[M]. 甲集第二种，商务印书馆，1930，第1—2页.

③ 林南. 社会学中国化的下一步[J]. 社会学研究，1986，(1).

“本土化契合性”，即本土社会研究的概念、方法要能够更契合本土的历史、社会和文化条件。① 在另一篇论文中，杨国枢指出，学术本土化应该从四个方向入手尝试：“（1）重新验证国外的研究发现，（2）研究国人的重要与特有的现象，（3）修改或创立概念与理论，（4）改变旧方法与设计新方法。”他尤其从社会心理学的角度出发，提出“心理学研究中国化的目的，并不是要建立‘中国心理学’，更不是要为中国人开创一种‘本土心理学’。全世界只有一个心理学。……（中国化）是要建立更为健全的世界心理学。”②

这样的本土化论显然符合我们所讲的“理论验证/修正论”的特征，乃是在坚持科学之普遍主义的基础上所提出的。从知识论和方法论的角度看，这样的“本土化”观点虽然已较上一种本土化论有更深入的实质性内涵，但基本上仍然持一种实证主义立场，认为社会学理论乃是“符合”客观社会事实的、普遍的规律性知识。所谓“本土化”，主要是要求在普遍性和特殊性的二元关系中，强调更充分地考虑特定社会的“特殊性”一面，从而构建更加“科学”，更有解释力的普遍性理论。它虽然承认了中国社会具有经验上的特殊性，但基本立场仍然是认为社会科学应该是寻求某种普遍性的“科学”解释，并未像其他一些主张那样升级到对实证科学观本身的质疑和批判。正因为如此，叶启政教授也明确地把杨国枢等人的本土化主张称为“经验实证思维模式下的”本土化，认为这些主张没有真正触及本土化论题应有的深层意涵。③

三、问题意识本土论

这种观点认为，本土化的核心应该是体现独立的本土问题意识，而不是过度跟随西方尤其是美国学术研究中流行的议题。不少论者对过度“西化”的研究提出了质疑，批评它们研究脱离了实践的需要。在这样的观点看来，中国社会研究首先应该反思研究的问题意识，不能简单地追随看上去更“发达”的西方社会学，在研究议题上亦步亦趋，脱离本国实践而盲目进行抽象的理论对

① 杨国枢．心理学研究的本土契合性及其相关问题[J]．本土心理学研究（台北），1997，(8)．

② 杨国枢．心理学研究的中国化，载杨国枢等主编．社会及行为科学研究的中国化[M]．（台北）中央研究院民族学研究所，1982，第180—181页．

③ 叶启政．全球化趋势下学术研究“本土化”的戏目，载社会科学本土化之反思与前瞻[M]．（邹川雄、苏峰山编），南华大学教育社会学研究所，2009，第1—27页．

话。如贺雪峰认为："发达国家的社会科学，要研究其时代未被解决或正在面临的问题，而发展中国家要解决的问题或正面临的问题，却可能与发达国家不同。中国社会科学和西方社会科学并不存在绝对意义上的落后和先进，而只存在是否合于自己国家的国情，是否真正做到了本土化。"[①]吴重庆认为："当前中国社会科学的研究事实上存在着西方的话语霸权，这种话语霸权消解了中国问题本身的重要性，而凸显了西方社会关切的问题。所以说，社会科学本土化的关键在于确立'中国问题'的主位意识，而不是仅仅把精力花在寻找中国经验的独特性然后将之作为西方社会科学理论的注脚。"[②]欧阳芸、朱红文等人同样提出："在当今全球化趋势愈演愈烈的情形下，中国社会科学摆脱西方强势社会科学的束缚，延续上个世纪三四十年代的薪火，抓住'中国问题意识'，建立起独立的社会科学体系，具有至关重要的意义。"[③]

从深层的知识论立场上讲，这一立场主要是从两个视角触及了社会科学研究的某种特殊性——价值和语言。从价值视角来看，社会科学研究被认为有不同于自然科学的特质，是要处理包含着价值判断的议题，必须包含对价值和意图的主观理解，而非仅仅是对所谓"客观事实"的因果解释。这个价值关联的面向决定了科学研究，尤其是社会科学研究中，对无限杂多之现实问题和事实维度的"选择性关注"和"选择性定义"是至关重要的。所谓"事实"只会对持有特定价值关怀的心灵而呈现，进而从无名状态中脱颖而出，被"问题化"，被名状、诠释、说明和评价。曼海姆进一步发展了这一思想，认为"社会科学的基本命题既不是无意识地外部的，也不是无意识地形式的，它们也没有呈现为纯粹量的关系，而是呈现为对情况的判断，在这些判断中，我们大体上运用了为现实生活的行动目的而创造的同样一些概念和思维模式。很明显的是，每一种社会科学的判断都与观察者的估价和无意识取向紧密地联系在一起"。[④]

而从语言的维度看来，之所以强调社会科学研究中要有本土的"问题意识"，是因为社会现实和所谓"事实"都具有更强的"语境性"和"语言建构"色

① 贺雪峰.经验研究与中国社会科学本土化，载贺雪峰.什么农村，什么问题[M].法律出版社，2008，第318页.

② 吴重庆.农村研究与社会科学本土化[J].浙江学刊，2002，(3).

③ 欧阳芸，朱红文，廖正涛.全球化时代中国社会科学的本土化——从地方性知识的视角[J].兰州学刊，2005，(2).

④ [德]曼海姆.意识形态与乌托邦[M].商务印书馆，2000，第47页.

彩。一个“事实”之命名以及把哪些现象归入此一“类型”的事实，并不像自然物那样“自然而然”。如谢立中教授所言，当代“后社会学”理论同样复兴了这样一种认识，即“我们所能够感受、思考和言说的所有‘社会’现实都只是一种由人们在特定话语系统的引导和约束下建构起来的‘话语性实在’”。[①] 在社会科学中研究者会基于不同的价值立场对社会事实做不同的“类型化”和“抽象”，从而形成不同的问题意识。这种问题意识上的“本土性”，不仅是在一个统一的“问题集”中“选择性关注”的优先次序问题，更重要的在于，表面相同的“事实”也会在不同的问题意识中被“差异化”地定义和赋予意义。

这样一种“本土化论”通过对于本土问题意识的强调，也形成了研究方法上的相应策略。大体来看，持此论者大多更加强调了社会研究中“直接经验”的重要性，强调要更多地从“实地研究”和“质性研究”中对社会事实进行具有本土色彩的重新“概念化”，强调去发现社会实践的真实“机制”和“规律”，进而建构“理论”，而不是主要从“现有理论”出发，演绎性地形成“假设”，再去“验证”这些假设和理论。[②] 同时，这样的本土化主张也要求社会研究应该重视“价值关联”的因素，强调从议题设置、概念和理论建构等各个环节都应该重视不同“民族国家”的实践需要和利益立场。

四、社会/文化特殊论

第四种本土化主张我们称之为“社会/文化特殊论”。这种类型的本土化论的核心特征在于把社会研究的重点放在社会现象和社会问题的特殊性一面，强调中国的“特殊国情”，即社会现实或者文化的特殊性。可归入此类者对社会科学的“科学性”也有不同理解：温和者认为即使存在普遍的规律性知识，社会科学也仍然需要以对“现实问题”的历史性、综合性解释为最终目的；而激进者则认为社会科学理论在根本上不可能是完全客观普适的“知识”，而总是带有特定的历史特殊性。中国社会研究应该摆脱对西方社会学理论的过度追随，而深入中国历史文化的脉络中，以及特定时空下具体的问题情境中去发现真正有效的理论解释。这样一种类型是更强意义上的本土化论，强调要“以中国为本位”构建具有本土化特色的社会学理论体系，而非对西方社会学

---

① 谢立中.后社会学：探索与反思[J].社会学研究，2012，(1).

② 贺雪峰.回归中国经验研究——论中国本土化社会科学的构建[J].探索与争鸣，2006，(11).

理论的引入、验证和修正。

在本研究的框架中，可以归入“社会/文化特殊论”这一类型的本土化主张又可以分为两大不同的取向：宏观历史取向和微观行动取向。

第一，宏观历史取向。在有关本土化论题的讨论中，有些观点聚焦于宏观历史层面，认为在任何一个国家范围内发生的“社会现象”总是存在着自身的独特性，其需要面对的社会问题总是具有特殊的历史背景，社会研究的重点是要解释具有整体性和独特性的“社会现实”，解决同样高度复杂而独特的“社会问题”，而不是检验或者建构某种简化的、普适性的因果法则和逻辑命题。如郑杭生教授认为，“社会学本土化是一种使外来社会学的合理成分与本土社会的实际相结合，增进社会学对本土社会的认识和在本土社会的应用，形成具有本土特色的社会学理论、方法的学术活动和学术取向”。他认为社会学本土化基本目的可以概括为增进社会学对本土社会的认识，形成具有本土特色的社会学方法和社会学理论。① 郑杭生教授作为国内倡导本土化最为有力的学者，这种对于“本土化”的界定，其观点的核心部分就体现了前述“社会/文化特定论”的主要立场。

同样，贺雪峰教授在论述本土化的理由时，也批评一些过于强调国际接轨、致力于在高度专业化的各个领域检验修正西方理论的研究方式。他说：一些研究“是将中国经验当作可以随意切割，可以离开具体语境的材料，而完全不顾及中国经验是一个完整的具有内在逻辑的历史与现实整体……无法真正理解中国经验中的某些片断材料及其中的内在逻辑”。与此相反，“还有一种对待中国经验的办法，是将中国经验视作整体，视作具有内在逻辑联系的由不同层面和不同部分综合构成的巨型系统”。② 而曹锦清教授甚至是在更强的意义上强调了中国社会研究的主体性问题，认为中国社会科学应该打破“从外向内”看的思维定式，开始“从内向外”看，“以中国为中心”重新审视中国的历史和经验，而不能用西方的概念和理论套裁中国现实。也就是说，要充分尊重中国社会、历史的特殊性。③

---

① 郑杭生. 社会学本土化及其在中国的表现——中国特色社会学理论探索的梳理和回顾之三[J]. 广西民族学院学报，2004，(1).

② 贺雪峰. 经验研究与中国社会科学的本土化，引自贺雪峰. 什么农村，什么问题[M]. 法律出版社，2008，第 326—327 页.

③ 曹锦清. 如何研究中国[M]. 上海人民出版社，2010，第 4—5 页.

第二，微观行动取向。围绕本土化论题，还有不少学者聚焦于微观行动层面，认为社会研究面对的是有能动性的人及其情境性的、有文化基因之影响的社会行动。从这个前提出发，社会科学理论在根本上不可能是完全客观、普适的"知识"，而总是对基于本土文化背景和具体行为情境的诠释性理论。这一类型的本土化论主要由社会心理学家所倡导，在社会心理学界具有很大的影响。如台湾地区力主"本土化"的杨国枢教授主要结合社会心理学讨论了"本土化"问题，认为"社会文化因素可以影响心理学者所研究的问题，所建立的理论，以及所采用的方法。不同国家或社会的心理学研究，在不同的时期也会各有其特色"。他认为，研究本土化的衡量标准主要在于"本土契合性"，要求对人的行为的研究能够更契合本土的历史、社会和文化条件。① 黄光国则从"建构实在论"的知识论逻辑出发，认为社会现实莫不是一种"建构"的"实在"，受到文化多样性和历史传统的影响，社会科学研究应该在建构实在论的指导下构建"本土化"的理论。②

这两个不同层面的观点虽然有很大差别，但是因其共同的对"本土特殊性"的高度强调，我们就统称为"社会/文化特殊论"。前者主要表现在大陆社会学界和政治学界，而后者则主要是由心理学界，尤其是台湾心理学界所提倡。与前述的"问题意识本土论"相似，这一类型观点的基本历程也分别从不同的角度强调社会科学具有不同于自然科学的特殊性，高度认同社会科学本土化的诉求。

五、文化/学术自主论

关于社会学本土化还有一种主张，我们称之为文化/学术自主论。这是一种更具人文主义批判色彩的本土化论述。从这个角度出发的本土化观点为，在人文社会科学领域存在的一个严重问题就是文化殖民化，即西方国家的强势学术与文化对非西方国家形成了"文化殖民"，垄断了关于文化、价值、政治、经济、社会等领域各项议题的话语权，使发展中国家丧失了主体性，成为西方发达国家在文化上的盲目跟随者，进而成为政治、经济上不平等关系中的被剥

---

① 杨国枢．心理学研究的中国化，载杨国枢等主编．社会及行为科学研究的中国化[M]．(台北)中央研究院民族学研究所，1982；心理学研究的本土契合性及其相关问题，本土心理学研究[M]．(台北)1997，(8)．

② 黄光国．现代性的不连续性假说与建构实在论——论本土心理学的哲学基础[J]．香港社会科学学报，2000，(18)．

夺者，社会科学本土化的主要旨意是实现所谓的文化自主和理论自觉，构建我们自己的理论话语体系。①

在国内社会学界，世纪之交就由费孝通教授率先提出了社会学、人类学研究中的"文化自觉"议题。在费孝通先生看来，人类文明在全球化和现代化的过程中已经到了一个重要的节点，世界主要文明之间是冲突还是和谐的问题日渐突出。要实现人类未来的良性发展，各个文明之间应该逐步从"各美其美"，到"美人之美"，再到"美美与共"，最终实现"天下大同"。对于中国社会学、人类学来说，在这个过程中要努力发掘中华文化中的精华，实现文化自觉，进而才能推动整个世界文明的和谐发展。② 可以认为，费老对于"文化自觉"的论述开启了中国社会学本土化论题的一个新境界。

而在当前的学术界，随着中国国家力量的日渐强大以及国际政治格局的新变化，有更多的学者提出，要实现民族的文化自觉和独立，就应该注重社会科学研究的本土化，构建我们自己的理论话语体系。如邓正来指出："三十年来，中国社会科学以'知识移植'为主要品格的整个知识生产和制度化机制，实际上在建立起社会科学庞大体系的同时，也建立起了西方社会科学对于中国社会科学的'文化霸权'。""隐含在西方社会科学知识之中的各种西方社会秩序及其制度，经由'建构者'的我们，既为中国社会科学知识的生产和再生产，也为我们认识和选择某种社会秩序及其制度类型设定了相应的规定性，或者说'理想图景'。"③郑杭生也提出："学术话语权是中国社会学'理论自觉'深层要求之一。探讨学术话语权及其在中国社会学百余年发展历程中的体现，对进一步提高学术话语权意识，构建中国气派的社会学理论和方法，推动中国社会学从世界学术格局的边陲稳步走向中心，具有重要的理论意义和实践意义。"④青年学者梁孝强调指出，国际格局中的话语权才是"社会科学普遍性与特殊性之争的焦点"，"社会科学是民族国家的知识生产建制并为其服务。霸权国家的社会科学强调普遍性，认为其现存的制度和政策适合所有国家，并通过不断地'净化'历史，虚构一条普适性的发展道路。

---

① 郑杭生. 学术话语权与中国社会学发展[J]. 中国社会科学，2011，(2)；梁孝. 话语权：社会科学普遍性与特殊性之争的焦点[J]. 思想战线，2011，(1).

② 费孝通. 反思·对话·文化自觉[J]. 北京大学学报(哲学社会科学版)，1997，(3).

③ 邓正来. 中国社会科学的当下使命[J]. 社会科学，2008，(7).

④ 郑杭生. 学术话语权与中国社会学发展[J]. 中国社会科学，2011，(2).

而力图摆脱边缘地位的国家的社会科学则强调特殊性，为本国的发展道路争夺话语权。如果不加批判地承认西方霸权国家社会科学的普遍性，就会落入其话语陷阱”。①

此外，华人社会学界从文化角度进行的本土化反思还有一种特殊的表现，即台湾大学的叶启政教授所提出的主张。依照笔者的理解，叶启政教授所主张的那种本土化，明确地提出要超越实证主义范式下寻求对社会事实“更科学地”解释的本土化论，但是他的重点不在于从政治的角度突出东西方之间的“权力”关系和“话语权”争夺，而在于从人的存在意义等所谓“身心状态”角度反思整个人类的“现代性”问题。在叶先生看来，发自于西方社会的现代化进程已经到了一个重要的节点，从而“使‘本土化’被视为是引导人类走出‘西式现代化’困局的可能出路”。因此，他认为本土化的重点应该是“以哲学、语言学、社会思想史与社会史等等兼具的角度，重新检讨‘西式现代化’论述背后的基本哲学人类学存有论预设”。② 这一重新检讨一方面具有扭转西方话语霸权地位的作用，另一方面又可能为重塑人类新文明提供契机和潜力。

可以认为，从文化自觉和学术自主角度提出的本土化主张，在本文所概括的诸种“本土化论”中，对社会学之作为“科学”的地位提出了程度最深的质疑。从知识论视角看，这一种本土化主张受到批判理论、后殖民主义和后现代主义等多种思想流派理论资源的影响，侧重从“文化”的视角去看待社会科学知识，已经跳出了通常所理解的以谋求更好地解释本土现实为目的的本土化，而具有“反科学主义”色彩。从这种立场来看，至少在社会科学问题上，并不存在所谓完全“中立客观”的科学知识。一切所谓的社会科学知识都一定有着意识形态属性和文化属性，它们是建构性的而非完全“客观”的存在。尤其是在有关社会秩序和制度的领域，所有的范畴和理论，以及理论所指涉的现实，都在很大程度上是基于人们对何谓“好社会”、“好生活”的理解而建构出来的东西。这种充满“价值性”的知识，人类在现实和可预期的未来都难以说可以找到真正“普世性”的标准答案。

---

① 梁孝. 话语权：社会科学普遍性与特殊性之争的焦点[J]. 思想战线，2011，(1).

② 叶启政. 全球化与本土化的揉搓游戏——论学术研究的“本土化”，载叶启政. 社会学和本土化[M].（台北）巨流图书公司，2001，第 195 页.

第三节　当下语境中社会学本土化论题的讨论

从学术史看，每个历史阶段中国社会学本土化主张的主要旨趣都不完全相同。如果以对社会科学理论之普遍性的反思为尺度，从“学科引入/应用论”、“理论检验/修正论”、“问题意识本土论”、“社会文化特殊论”到“文化学术自主论”，其批判性大致上从无到有、由浅及深。前两类可以称为“弱意义”的本土化论，基本上不会质疑社会科学的普遍性和客观性，主要接受实证主义的方法论；而后三种类型可以称为“强意义”的本土化论，它们都在不同程度上反思社会科学的普遍性与客观性，从不同的理论维度对实证主义方法论提出了批评。总体上看，上述“弱意义”的本土化论所提出的目标和要求在学界基本上没有异议，而“强意义”的本土化论包含的本土化主张则往往面临不少的质疑。

一、当下中国社会学本土化论争的基本逻辑

从学术史来看，不同历史时期的本土化主张有着不同的“语境”，自然就具有不同的内涵和要求，我们很难奢望可以完全消弭分歧，达成一致和共识。① 但是，我们仍然需要针对当下中国的社会学本土化论题作更为具体的分析。那么，我们今天主要是在什么样的背景下谈论本土化问题的呢？从已有的争论看，近年来有关中国社会学以及社会科学本土化的讨论，主要是基于两种考虑：

第一，不少学者认为目前的学院派研究在“学术规范化”的口号之下，陷入方法论的技术迷思，对完美的量化模型的追求超过了对真正解释实质性问题的追求。他们批评这样的研究过于远离直接的经验描述，也脱离政策实践的需要，甚至成为小圈子的游戏。由于量化实证研究范式正是以美国社会学为代表的西方社会学主流，对于这种研究范式的批评也就往往被归入了“本土化”的旗帜之下。如贺雪峰在有关社会研究本土化的论文中就指出，中国社会研究“存在过早学科化、技术化，缺少整体性反思，热衷于用中国经验与西方社会科学抽象对话等问题……中国经验复杂而庞大，基本上所有的现象都是多

---

① 叶启政. 社会学和本土化[M]. 台北巨流图书公司，2001，第41页.

因多果，而且这些多因多果多未经过充分的定性研究。在这种前提下，许多研究却贸然进入技术性问题的研究，特别是定量研究，因此，往往会由于对经验本身的把握不够，而得出错误的结论。同时，这些错误的结论又因为有数理模型和大量数据，貌似科学，实则更容易蒙蔽人”。①

第二，当前的人文社会科学具有较强的依附性格，过于强调接轨、国际化，而失去对西方学术蕴含的话语版权的反思和中国社会科学的主体性。如邓正来认为，“我们所依凭的理论，还是我们所采用的分析概念或者工具，甚或我们所研究的问题等等，大都是从西方舶来的”。这样的后果之一，就是中国在有关的社会、政治议题上丧失话语权。学术殖民化的实质是，把一种号称为普适的科学强加给别人，掩盖背后的权力和利益关系。思想“殖民化”所带来的就是在国际规则中处于被动地位，进而导致政治、经济上的损失。所以，当前“不仅中国既有的学术传统正经受着西方社会科学‘文化霸权’的支配，而且中国学者也参与到这种‘文化霸权’的合谋中”。②

可以认为，这样两种考虑分别代表了前述的“方法论意义上的本土化论”和“价值论意义上的本土化论”。但是，在我们看来，这样两种含义上的本土化论又并非可以截然分开的。正如前文关于本土化的知识论逻辑的探讨所揭示的，因为社会现实的复杂性和建构性，不同价值和立场下对于何为事实和真相的“定义”也会有巨大差异，在不同的理论框架或者“范式”之间就会呈现不可通约的分歧。甚至可以说，任何一种对于外部世界和社会的“总体性理论范式”，通俗地说包括世界观、社会观等，都不是可以在经验材料基础上“证实”的判断，而是基于不同的偏好、价值或者信仰。而这种不同的“范式”就构成了对于外部世界进行经验研究的基本预设和概念框架，进一步导向不同的研究方法和理论建构方式。在这个意义上可以认为是“价值”决定着“方法”。也正是在这一意义上，马克思才指出，“人的思维是否具有客观的真理性，这不是一个理论问题，而是一个实践问题……离开实践的思维……是一个纯粹经院哲学的问题”。③

第三，我们也看到，在微观研究与宏观研究领域，学术本土化所强调的重

---

① 贺雪峰. 回归中国经验研究——论中国本土化社会科学的构建[J]. 探索与争鸣，2006，(11).

② 邓正来. 中国社会科学的当下使命[J]. 社会科学，2008，(7).

③ 马克思，恩格斯. 马克思恩格斯选集(第1卷)[M]. 人民出版社，1995，第55页.

点是差异的。在微观研究领域谈论本土化问题，强调的更多是理论和概念的经验解释力和本土契合性问题，即构造出适合中国特殊性的概念和解释框架。而从近年来的文献来看，对本土化的论证主要是从西方中心论和国际不平等格局这样一个宏观"政治经济学"语境出发来谈论的。它不是从现象学、解释学、语言哲学维度对实证主义的批判，不是要突出社会研究中的"诠释"和"理解"面向，不是一个微观层面的问题。它相对更加接近批判理论对实证主义的批判，是从反思利益立场、权力格局等宏观的、结构性的政治维度来论证的。对后者而言，重点是"研究议题的设置"，是跳出西方中心主义的思维范式。这是因为，一旦上升到宏观层面，研究对象和问题的"不可观察性"就上升了，譬如"失范"、"团结""不平等"等都不是很容易真正测量出来的。同时，由于在宏观层面的问题在"问题化"的过程中，往往涉及利益冲突和价值立场，存在一个更为突出的选择性关注问题，而不是一个纯粹的解决经验性问题的"技术过程"。在微观层面，所有的利益和价值冲突都更多地会在同一话语体系中进行，从而使面临的问题更具技术性。而在宏观层面，尤其是不同的民族国家间，历史、文化、政治等因素必然凸显，则会直接面对不同话语体系之间的分歧。

二、当下中国社会学本土化路径探讨

本研究概括了关于本土化论的五种类型，这一梳理从两个方向为当下中国的"社会学本土化"讨论提出了可能的进路：作为方法论要求的本土化和作为价值论要求的本土化。前者主要关注如何建立对中国社会更有解释力的理论，以及如何更好地解决中国现实问题；而后者则主要关注社会科学中的价值关联因素，以及如何建构中国社会科学的国际话语权等问题。

1. 本土化作为一种方法论要求

方法论意义的本土化，是本土化论题最为直接的内涵。从方法论的角度看，之所以提倡推进本土化，乃在于由于中国社会的特殊性，既有西方社会学和社会科学理论不能有效地解释中国现实和解决中国问题。从具体的研究方法和策略角度看，要更加有效地解释中国现实，推进社会学的本土化，当前可以从以下几个方面入手：

第一，应该强化对中国社会的实地调查和"质性研究"，提升质性研究的水平和质量。关于"质性研究"，由于它在方法上的特征，与前述的诠释学视角和复杂性视角有密切联系。质性研究更加强调对具体个案的长时期深入探究,重视被研究事物的具体逻辑而非某种既有形式化理论命题,其成果和研究方法内在地具有很强的"本土性",更贴近具体的经验而非既有的理论。如陈向明就指出,质性研究"一般基于解释主义的理论,强调对事物进行深入细致的调查研究,再现当事人的视角以及他们看待世界和描述世界的方式,找到对他们来说具有意义的'本土概念',然后在这一基础之上建立'扎根理论'"。[①] 通过运用质性研究中的"扎根理论"等方法,研究者可以强化对于中国问题和经验现实的重新概念化,摆脱对于既有西方概念和理论的过度依赖。如贺雪峰等人在提倡社会科学本土化时,就高度强调要通过在微观层面的长期、综合性实地研究,形成所谓的"经验质感"作为更为专门和技术化的研究的基础。[②]

第二,应该对"应用研究"的性质和地位给予重新评价,充分借鉴其中形成研究策略、方法和理论成果,深化对其蕴含的特定方法论的探究。从本研究的角度看,应用研究与前述的"实践论视角"和"权力论视角"有密切关联。其作为一种研究类型,涉及一系列具有自身特点的方法论问题,对推进社会科学理论的本土化有重要的启示。

应用研究的实践性决定了其所处理的问题总是多侧面、多维度、动态和充满特殊性的。当研究者进行这样一种研究并提出解释时,一定会发现有大量的"真实因素"是无法用少量普遍性的概念去界定和分析,无法简单套入既有的、主要来自西方的社会科学概念和理论模型。这样,要给出一个贴切的解释就必然需要大量的、不那么抽象化和一般化的语言,以及这些语言指涉的事件、事实、行动和变量进入分析框架。此时,研究者通常要较多地采用具体的、生活实践中的日常语言去指涉事实和解释事件,把它们放入地方性的知识体系中去实现一个贴切的理解。即使我们在此基础上作出了进一步的"概念化",其理论形态也仍然会具有更多本土化的特征。

总之,应用研究注重的是具体问题的综合性、整体性、政治性和历史性,这种类型的研究处理的问题与学理性问题有着本质性的区别。现实问题显然无法完全套入既有主要来自西方的理论和概念中,尤其在今天这样一个剧变和

---

① 陈向明.社会科学中的定性研究方法[J].中国社会科学,1996,(2).

② 贺雪峰.总体经验法——华中乡土派对经验研究的认识,未刊稿(2013).

高度不确定的时代，社会科学需要对中国现实进行重新“概念化”，突破常规科学阶段的理论框架。这就需要我们高度关注现实问题，在社会科学研究中赋予中国的直接经验以更多的权重。

2. 本土化作为一种价值论诉求

从价值论的角度看，社会学本土化的一个重要目标在于建立中国学术的理论自觉，打破西方的话语霸权，建构中国的文化和理论话语权。在理论自觉和文化学术话语权之间有着密切关联，“理论自觉是学术话语权的前提”。① 我们至少可以从如下几个方面强化理论反思和自觉：

第一，视野拓展。社会学研究应该拓展自身的视野，摆脱逻辑实证主义的束缚，对社会发展总体格局之应然图景的描绘有所贡献。很大程度上，本土化的任务不仅仅是去修正所谓某些具体的西方主流社会科学理论、概念或者研究方法在中国社会中的适用性问题，更不是要把西方的“高级学问”化为我们自己的知识，而是真正地、整体性地反思现有的学问样式和学术内容，揭示它背后的永恒存在的意识形态性质，即永远只是特殊时代、特殊利益的曲折反映（即只是在那种特定权力格局下被选择性地视为正确而已）。不要仅仅把社会学研究束缚在哈贝马斯所谓的“技术性旨趣”之下，而要发挥社会学对于社会生活应该具有的沟通和批判职能。

这样的学术期待同样也是叶启政教授在“本土化”议题上所持的立场，即要通过对于本土文化的重新发掘，以东方传统文化观念矫正西方社会学背后的哲学人类学“存有论”预设，反思西方现代性，以回应其“可能为人类带来几近浩劫之隐忧”。② 叶启政先生甚至还乐观地认为，边陲落后国家在现代西方强势文明冲击下所受到的挫折、困苦境遇，可能恰恰构成了他们更敏锐、更有洞见，在“客我”文明的碰撞中生发出新的文明形态。③ 而这种宏观层面、人文旨趣的学术关怀，与那种微观的、高度专业化、技术旨趣的、实证主义取向的研究不同，表现了一种更为深刻的本土化意涵。

第二，议题设置。社会学研究本土化的一个重点，应该是强化在研究议题的设置上拥有更多的自主性，在立场和视角上拥有主体性。研究议题的选择

---

① 郑杭生. 学术话语权与中国社会学发展[J]. 中国社会科学，2011，(2).

② 叶启政. 社会学和本土化[M]. 巨流图书公司，2001，第 147 页.

③ 叶启政. 全球化与本土化的揉搓游戏——论学术研究的“本土化”. 载叶启政. 社会学和本土化[M]. 台北巨流图书公司，2001，第 181—184 页.

体现着不同主体的价值立场，这也正是韦伯所指出的“价值关联”的意义所在。亦如曹锦清教授所指出的，一种文化和知识体系体现的“话语霸权”首先就在于对社会事实的筛选权：“即让什么样的事实进入你的视野，话语权就是筛选事实的机制。它筛选了一批社会事实，罢免了一批社会事实。”[①]这里，本土化首先是个民族立场的问题，是个国家利益的问题，是个文化自觉和自信的问题。本土化论题的核心，不只是强调“质性方法”和本土性的“意义解读”等，而主要的应该是对社会科学中的西方中心主义的批评。这样一种批判性反思不再主要是基于解释学的批评思路，而主要是通过对宏观的政治和意识形态批评来实现。在当代中国这个大变局中，首先要做的是提出“真问题”，而不是亦步亦趋跟在西方理论后面做检验的工作。我们首要的任务是理解中国现实，服务于实践，而不是服务于某个西方理论体系。

研究中“问题的选择”，以及使用的关键词语和概念，无不隐含着不同的哲学预设和价值预设，这些预设追究到根源时往往是“无解”的，没有终极的唯一正确答案。所以，一个理论，只有在它由以产生的“语境”中才是“可沟通的”、“有意义的”。即使使用同一“词语”，人们也往往无法对同一概念作出完全达成共识的清晰定义。而定义总是“人为”的，并没有所谓的“客观标准”。实际上，“问题界定”本身蕴含着极强的“理论”和“旨趣”，绝不是纯粹客观中立的。本土化的一个重要方面，就是要反思现有社会科学(主导的就是西方社会科学)的基本预设。这些基本预设在当代已经表现为一种常识和当然，以至于后人毫无反思，并基于此而形成自己的“理论问题”。比如，对流动机会不平等的研究，它在价值上的基本预设就是：社会流动应该机会平等，现代化的路径和方向就“应该是”流动机会日益均等。正是在此价值预设之下，相应的研究问题才会凸显出来。又如，社会理论中的“现代化叙事”等理论范式，就像关于气候变暖、食品安全等问题一样，某种程度上都是被建构出来的问题，是在某种立场之上被选择性地“问题化”的。但一旦这些叙事框架被确定、被接受，社会科学研究的议题设置、证据选择、概念建构等就都有了特定的方向和方式。

第三，概念建构。概念建构牵涉到社会研究的方法论和价值论两个难以分割的层面，在深层次上决定着我们观看世界的方法和立场，塑造着科学知识的面目和性质。我们在社会研究的“概念建构”中，应该充分反思已有看似普

---

① 曹锦清. 如何研究中国[M]. 上海人民出版社，2010，第 26 页.

遍的那些概念的历史性和意识形态性质。我们承认，现有中国社会科学中的基本概念体系（包括马克思主义），都已经是高度西化的，离开了这些语言我们已经无法思考。但是，在中国社会研究中，我们也要"承认中国的现实和经验本身，并不能完全由西方的概念来加以规定。相反，必须根据中国语境进行语义学上的转化"，过滤掉隐含着的西方历史文化背景，而融入当下中国历史文化脉络，以恰当的汉语概念进行表达或者重新定义。① 又如贺雪峰教授所言，我们应该先对中国问题有一个"整体的"定性把握，有所谓的"经验质感"，然后再去做精确的、高度专门性和分化的、数量化的研究。② 已有的理论概念大多看上去都是"分析性"的、"专门化"的，但它背后则是西方历史和社会的整体参照，这个语义背景是通常不被明确表达的。如果对中国问题没有整体的"质感"，我们就不知道这些截取片段性的专门化的"概念"、"理论"在一个全景中的位置和意义。同时，如果不直面中国经验，以中国现实经验为本位去思考，就容易不自觉地陷入既有西方概念蕴含的特定意识形态中。更严重的问题是，在近代百年"西学东渐"的历程中，我们很难说真正完成了有效的知识迁移。在政治和社会领域，汉语思想中的许多概念和范畴在使用上仍然处于没有根基的漂浮状态，其语义内涵甚至从未得到过深刻、清晰的界定。套用金观涛教授的语言来说，经由这些范畴而建构的社会观和意识形态，在今天就像一幅"破碎的万花筒"③这样一种语言和文化状态，显然既难以对中国社会现实形成有效的解释，也无法从中构建一个关于中国社会未来的恰切图景。

总之，不同的"概念建构"不仅仅关系着对中国社会的科学解释，不仅仅关系着杨国枢先生所提倡的"本土契合性"，更关联着不同的"社会观"，即对于社会的某种规范性想象。这种规范性想象关系着"什么应该成为事实"，以及"什么将会成为事实"，从而绝不是某种无关紧要的东西。在当前国际格局下，我们应该开始充分认识到中国作为重要的一支力量，在构建关于国内国际未来的社会图景和秩序中应该发挥的作用。中国社会学研究在这个未来图景和秩序的建构中，应该要发挥特殊的作用。

（李宗克）

---

① 曹锦清. 如何研究中国[M]. 上海人民出版社，2010，第 32—33 页.

② 贺雪峰. 总体经验法——华中乡土派对经验研究的认识，2012 年未刊稿.

③ 金观涛. 观念史研究：中国现代重要政治术语的形成[M]. 法律出版社，2010，第 1—3 页.

推荐阅读

1. 黄光国. 社会科学的理路[M]. 中国人民大学出版社，2006.

2. 叶启政. 社会理论的本土化建构[M]. 北京大学出版社，2006.

3. 邓正来. 中国社会科学的当下使命[J]. 社会科学，2008，(7).

4. 贺雪峰. 回归中国经验研究——论中国本土化社会科学的构建[J]. 探索与争鸣，2006，(11).

5. 石之渝. 从东方主义批判到社会科学本土化[J]. 二十一世纪，2002，(74).

思考题

1. 社会学本土化是一个伪问题吗？

2. 当下中国社会学本土化的内涵和重点应是什么？

第二篇
社会治理与社会发展

第一章
现代社会组织体制与社会治理

20世纪80年代以来，随着全球社团革命的兴起，国际上有关非营利组织的研究日趋增多，经济学在此领域中的研究可为一马当先。经济理论对NPO的贡献虽然很多，但主要集中于NPOs的定义、NPOs的供需、非营利分配约束、市场失灵、政府失灵、公共物品提供、交易双方信息不对称等。经济学家首先用“制度失灵”来解释第三部门的存在原因，但他们缺少经验论证，并忽视了历史、社会和政治因素。作为一种另类的理论框架，组织生态学取代了传统的三部门模型。这一视角是由历史学家戴维·哈马克(David Hammack)和经济学家丹尼斯·扬(Dennis Young)建立的。他们发展了一种建立在市场经济结构之上的复杂的、相互依赖的整体性模型。在这个模型中，不同的利益群体占据着不同的功能空间。这一理论框架的关注焦点从组织形式转向了组织的网络、环境和整个生态系统，而非营利组织就嵌入在整个市场经济的生态系统中。市场经济结构被界定为一个复杂的、互动的、互赖的非营利组织、营利组织和政府部门构成的混合体。①按照这一理论框架，政府、营利组织和非营利组织这三个部门是高度交织和相互依赖的，它们是同一整体的组成部分，而不是各自独立的王国。而萨拉蒙的第三方治理理论较为系统地论述了非营利部门的特性，及政府与非营利部门在福利提供中建立伙伴关系的内在机制。②

---

① Hammack, D., and Young, D. (eds.). *Nonprofit Organizations in a Market Economy* [M]. Jossey-Bass, San Francisco, California, 1993.

② Salamon Lester M. *Partners in public service: Government-Nonprofit Relations in the Modern Welfare State* [M]. Johns Hopkins University Press, 1995.

在国内,随着社会主义市场经济体制的逐步确立,对外开放的进一步深入,以及政府职能的转变,有关民间组织和社会组织的研究也逐渐热了起来。但在20世纪80年代和90年代前期,这种研究仍处于分散的状态。自90年代后期起,这种状况有了很大的改变,有关非营利组织、非政府组织、第三部门以及"国家与社会"的研究可以说成了学术界的一个热点。本章旨在梳理和评述学界(主要是社会学界,但亦不限于社会学界)有关社会组织体制与社会治理的种种研究视角和观点,并对该领域未来的发展方向提出自己的一些看法。

第一节 多元视角下的现代社会组织体制

一、国家—社会关系视角

这类研究关注制度变迁中国家与社会关系的建构。首先,在政府与社会的合作关系研究方面,有学者采用国家与社会分析框架探讨了如何建构新型的政社关系;有人将社会组织与政府的关系是独立还是依赖作为考察的重要维度;有学者通过考察国家对多种社会组织的实际控制,提出了"分类控制体系",并认为分类控制体系是一种新的国家与社会关系的"理想类型";①有学者考察了制度背景下政府与社会组织合作关系的建构过程及伴随这些过程而产生的资源、权力的变化;②有学者采用国家与社会分析框架探讨了政府购买公共服务对重构新型政社关系发挥的作用和功能。③

周雪光认为,随着当代社会的多元化,社会群体高度分化,产生了不同的利益群体。我们可以观察到两个不同方向的演变:一个趋势是乡土中国的传统社会自组织能力随着村治官僚化、城镇化和社会流动而走向松散衰落,在弱化了集体抗争能力的同时也削弱了基层社会自组织、自我解决问题的能力。

---

① 康晓光,韩恒.分类控制:当前中国大陆国家与社会关系研究[J].社会学研究,2005,(6);刘鹏.从分类控制走向嵌入型监管:地方政府社会组织管理政策创新[J].中国人民大学学报,2011,(5).

② 杨团.社区公共服务设施托管的新模式——以罗山市民会馆为例[J].社会学研究,2001,(3).

③ 章晓懿,沈崴奕.政府补贴对非营利养老机构发展影响研究——基于上海H区社会办和政府办养老机构运营状况比较[J].中国第三部门研究,2013,(1);王锦军.走向合作治理:政府与非营利组织合作的条件、模式和路径[M].浙江大学出版社,2012.

结果是，各种社会矛盾冲突不得不直接转向国家及其代理机构以求答案，使得地方性有效治理的困难急剧加大。另一趋势是，各种新兴利益群体的兴起和自主发展大大增强了社会自组织能力。这些自组织力量与各级政府发生了各种互动，如业主维权、法律援助、环保动员等，这些互动过程重新塑造了中央与地方关系。一个明显的例子是，随着社会媒介的信息传播和动员能力的增强，地方政府的行为（如暴力执政）得以迅速地、非官方地传递到中央政府，使得以往松散关联的中央与地方关系转变为一个高度关联、高度敏感的体制。①

近年来，国家与社会关系随着区域性发展而呈现出多元化发展的趋势，许多研究成果已经清楚地表明，不同城市的社区建设有着不同模式，针对抗争事件的处理也有着不同的尝试。各地政府在探索新的治理模式和解决问题的能力，积极寻找新型城市社区管理和建设的途径和做法，使得各地城市化过程带有明显的地域性差异和不同方向的试验，各种新的组织机制随之出现，如NGO、各类中介组织、业主组织等。在这个意义上，城镇化过程推动下的社会建设为中国社会转型提供了新的契机。②

康晓光等人则通过对当前中国大陆的国家与社会关系进行了实证研究，考察国家对多种社会组织的实际控制，提出了“分类控制体系”。他们认为，在这一体系中，政府为了自身利益，根据社会组织的挑战能力和提供的公共物品，对不同的社会组织采取不同的控制策略。这是一套国家利用“非政府方式”，在新的经济环境中，对社会实行全面控制、为社会提供公物品的新体制。通过与其他国家及社会关系类型的比较，文章指出，分类控制体系是一种新的国家与社会关系的“理想类型”。③

康晓光等人的研究特色是系统性和实证性，可以说比较深刻地揭示了中国社会组织的独特性。他们的学术抱负或贡献是尝试提出一种能够刻画或涵盖当代我国“国家与社会关系”的新的理想类型，以避免以往许多学者简单套用西方的“市民社会”和“法团主义”分析概念的做法，应该说是非常有新意的。尽管“分类控制体系”这一概念似乎更多的是一种单向的、静态的视角，即国家如何来控制和管理各类社会组织，而没有描述出社会对于国家的能动作用。

---

① 周雪光. 中国国家治理及其模式：一个整体性视角[J]. 学术月刊，2014，(10).

② 周雪光. 社会建设之我见：趋势、挑战与契机[J]. 社会，2013，(3).

③ 康晓光，韩恒. 分类控制：当前中国大陆国家与社会关系研究[J]. 社会学研究，2005，(6).

也许“强国家—弱社会”的分析概念才能更准确地刻画中国现阶段国家—社会关系的特征，也预示着这种关系未来有可能发生变化。

不过，也有学者对于国家—社会视角是否契合中国的现实提出了疑问。如李友梅认为就中国目前状况而言，国家—社会视角只具有目标意义，而难以契合中国社会的实际情况，因此提出“制度—生活”的替代性视角，以强调两者之间复杂的互动、相互嵌入关系。按照这一视角，中国社会生活近30年的变迁过程实质上是不同行动者围绕“自主性”而持续互动的历史。“自主性”的增长，不仅给社会带来活力，也会造成一些社会冲突，因此，协调不同自主性之间的关系，是和谐社会建设的核心内涵，也是制度改革的目标所在。

在她看来，“制度—生活”的分析框架并不背离国家—社会范式的价值取向，也不否定社会力量约制国家权力的企图，但具有后者不具备的某些触角和学术敏感：第一，它力图在具体的社会背景下透过国家与社会的二元对立关系来解读制度与生活之间既相互渗透、相互建构又相互矛盾的动态关系；第二，它努力分析在一个强国家弱社会的力量格局下，以及一个“权利”意识基本没有发育的环境中，制度与生活之间的力量关系以及两者是如何相互改变的；第三，它尝试在制度与生活的互动关系中分析社会力量和权利意识的发育和成长过程，以及在这一过程中制度与生活之间关系的转变逻辑。①

同样，黄晓春也试图提出一个从总体上理解当代中国社会组织自主性生产机制的分析框架，并希望在两个方面有所突破：在中观层次进一步剖析“自主性”和“制度环境”这两个高度抽象的概念，使其具有实质性的分析效能；展现社会组织在既有制度环境下策略性行动的复杂机制，以及由此可能产生的社会后果。②

二、体制创新视角

该视角认为，政府当前的登记管理制度是一种典型的计划经济体制条件下的思维模式，随着改革的不断深化和社会转型的推进，社会治理结构的变革，简单的门槛限制已不起作用，有效的管理应包含制度约束、社会规范和组织自律等更深的层次。

---

① 李友梅．自主性的增长：制度与生活视野下的中国社会生活变迁[A]．上海社会科学界联合会：2008年度上海市社会科学界第六届学术年会文集(年度主题卷)[C]．上海社会科学界联合会，2008.

② 黄晓春，嵇欣．非协同治理与策略性应对——社会组织自主性研究的一个理论框架[J]．社会学研究，2014，(6).

王名认为，社会组织体制改革包括两个基本方面：一个是改革旧的社会组织体制；另一个是建设新的社会组织体制。政社分开、权责明确、依法自治是现代社会组织体制的三大基本属性，即独立性、社会性和自主性。从国家、社会、组织三个层面来看，现代社会组织体制的构成包括以国家为主体，构建监管、政策、法治体制，以社会为主导，建立问责、合作、治理体制，以社会组织为主导，建立资源、能力、自律体系。①

笔者认为，创新社会组织体制包含如下三个层面或维度：首先，以政社分开为重点，推进社会体制改革。在我国，长期以来，政社不分的现象大量存在，一方面，政府成了社会治理中的"孤家寡人"，不得不承担无限的责任；另一方面，政府代替了社会，严重影响了社会发育。在现代社会，政府、企业和社会组织是社会的三大支柱。政府与社会组织不是简单的管理与服从、控制与被控制的关系，而是协商、合作、互补关系。因此，要把政社分开作为社会管理体制改革、政府转型、社会组织发育和成长的切入点。其次，明确政府和社会组织各自的权责。首先需要政府转变自身角色和职能，从既"掌舵"又"划桨"，社会管理事无巨细、包揽无遗，到学会制定规则和做好"裁判"工作，将大量可以交给社会组织去做的事务通过服务外包和购买服务等方式交给社会组织去做。社会管理的社会化是政府"瘦身减负"的需要，同时也是社会自身成长壮大的迫切需要。培育社会和服务社会应当成为政府社会管理职能的主要内容。再次，在依法自治的框架下，促进社会组织的发育和壮大。依法自治，可以解决长期来"一管就死、一放就乱"的尴尬局面。一个没有自治精神和自治能力的社会，只能依赖于外部的政府管理。长此以往，社会将缺乏创新精神和生机活力，养成依赖习惯和寄生习性，政府将会陷于"保姆式"管理而不堪重负。依法自治，不仅能够激发社会和社会组织自身的活力，也能避免因社会组织自律和他律机制的缺乏而造成的财务混乱、非营利目标偏离等问题。②

三、困境论视角

该视角指出了我国社会组织发展中存在着诸多的困境，如合法性的困境，

---

① 陈鹏.社会体制改革：理论争辩与政策思考——第三届中国社会管理论坛综述[J].学会，2015，(2).

② 郑乐平.社会建设及社会管理创新——关于加快形成现代社会组织体制的研究[R].上海市社科规划系列课题结题报告，2013.

法律、法规不完善，组织管理不规范、组织发展不平衡、专业人才和资金的缺乏等，因此社会组织的出路在于改变上述种种困境。①

王名认为，我国现有社会组织相关法律规范仅三个，存在法律位阶低、相互协调差、实体规范少、政策不配套、制度有盲点等问题，不利于社会组织的发展和规范。在推动社会组织管理体制改革的同时，应加快社会组织立法工作：一是要从法律上明确社会组织财产的公益属性并加大保护力度；二是要尽快创设并出台社会组织基本法，形成社会组织领域统一的法律、规范；三是要加快修订社会团体、基金会和民办非企业单位三个行政法规；四是要针对行业协会、涉外组织等特殊类别的社会组织，制定更加明确和有针对性的法律规制。②

孙立平等人则认为，"社会"在中国发育程度低，且呈现发展的不均衡。首先，民间组织数量虽然有了较大增加，但依然缺乏真正的自主性和自治性。有研究者用"GONGO"这样一个充满悖论的术语来称呼中国的非政府组织；还有另一些研究者则直截了当地提出，与发达国家中的自治组织相比，中国的社会组织只是"形同质异"的。很多社会组织有名无实，并未承担起制约权力、驾驭资本的功能，工会就是一个典型例子。其次，即便是在如此发育不良的社会中，各个部分的发育程度也是很不均衡的。社会组织发展的不均衡突出体现在劳资关系中。在各类民间组织中，作为雇主组织的工商联合会、企业家协会、企业联合会、行业协会等发展最为迅速，而劳资关系中的另一方，即普通工人的组织化程度和行动能力则要弱得多。他们强调，社会建设就其根本而言，应该是一个"自组织"而非"他组织"的过程。③

四、治理转型视角

一些学者基于实证分析，探讨了社会组织体制建构与国家治理结构转型之间的关联性。有学者基于实证分析，探讨了公共服务购买与国家治理结构

① 高丙中. 社会团体的合法性问题[J]. 中国社会科学，2000，(2)；谢海定. 中国民间组织的合法性困境[J]. 法学研究，2004，(2)；夏建中，张菊枝. 我国社会组织的现状与未来发展方向[J]. 湖南师范大学社会科学学报，2014，(1).

② 清华大学教授王名新浪博客，http://blog. sina. com. cn/s/blog_7579c5bb0100qjkd. html?tj=1。

③ 清华大学社会学系社会发展研究课题组. 走向社会重建之路[J]. 民主与科学，2010，(6).

转型之间的关联性。① 有学者认为政府购买公共服务意味着国家治理结构从权威治理到合同治理的模式嬗变；②有学者将其视为一种新型政府治理工具或多方合作式治理。③

周雪光认为，中国社会过去 30 年的多元化发展已经远远超越了政府组织机构试图统而管之的能力。社会建设的基本状况是，政府的城市治理机制大多落后于社会的多元发展，主要表现为疲于应付各种危机和追求急功近利的短期目标。从这个意义上说，各地政府所面临的挑战首先不是如何“管理”社会，而是如何改变自身以便更好地“适应”社会；不是将已经在多方位有所扩展的市民社会重新纳入传统的管理体制，而是如何改变政府管理模式，鼓励、推动新的组织形式来适应城市社会的发展趋势。这应该是政府在今后的社会建设中的基本定位。④

蔡禾的研究则侧重于大城市管理的角度。他认为，面对大城市管理中公共产品供给的效率与公平、社会群体多元分化与社会秩序建立、空间规划与社会建构等问题，城市管理者必须改变依靠单一政府权力主体、自上而下的垂直权力体系以及通过威权来解决社会问题和公共产品供给的模式，实现政府、社会组织、企事业单位、人民团体为多元权力主体参与、互动沟通的横向权力网络，并通过政府与市场、社会的合作来规范公共产品供给，实现社会公平。⑤

五、第三部门视角

第三部门视角强调的是社会组织与政府和企业相比，所具有的不同的组织特性、运作逻辑和比较优势，以及三个部门间的协调合作所产生的协同效应，但亦不否认由于组织特性和运作逻辑的差异所产生的部门间和组织间的

---

① 敬义嘉. 中国公共服务外部购买的实证分析——一个治理转型的角度[J]. 管理世界，2007,(2).

② 詹国彬. 公共服务合同外包的理论逻辑与风险控制[J]. 经济社会体制比较，2011,(5)；詹国彬. 需求方缺陷、供给方缺陷与精明买家——政府购买公共服务的困境与破解之道[J]. 经济社会体制比较，2013,(5).

③ 李静. 基于合作式治理视角的政府购买公共服务机制创新研究——以长沙市政府购买居家养老服务为例[J]. 北京邮电大学学报(社会科学版)，2011,(2).

④ 周雪光. 社会建设之我见：趋势、挑战与契机[J]. 社会，2013,(3).

⑤ 蔡禾. 从统治到治理：中国城市化过程中的大城市社会管理[J]. 公共行政评论，2012,(6).

矛盾冲突。

李培林认为，作为第三部门，从社会治理来说，非营利组织有其自身相对于政府和企业的比较优势：一是它们具有很大弹性，可以根据社会服务需要的变化很快作出调整，从而使服务更具有针对性；二是它们通常都很贴近社区和群众，对群众的需要有更深切的理解，非营利组织工作人员的规则方式也更有人情味；三是它们的运行成本比政府部门低，它们要通过降低服务成本、提高服务质量的竞争来获得政府的资金支持；四是它们要保证公益目标，不以谋利为目的，法律上不允许它们获得分红的利润；五是它们提供的服务更加丰富多样，可以满足多样性的需求和针对不同的特殊需求。①

李琼等人提出，第三部门可以在许多方面弥补政府所不及或不适进入的领域，可以不花钱或少花钱去解决政府难以解决的社会问题，可以动员更多的民众参与社会经济发展。研究显示，第三部门的效率越高，行为越活跃，给予社会需要服务的各方面支持越多，对社会问题的解决越有积极的作用。在这一点上，第三部门的存在价值与政府的目标是相通并一致的，因此政府应该加强与第三部门的共生关系，鼓励全社会关注第三部门的健康发展。②

第二节　社会治理

一、社会治理概念探源

根据英美政治科学的理论，城市治理的特征是公共、私人、志愿和社区部门的代表一起参与决策过程。人们广为引用的斯托克(Gerry Stoker)提出的五个命题，试图根据信任、不同机构和行动者共同参与解决社会和经济问题的边界和责任的模糊来界定(全球范围)从地方行政管理向地方治理的转变。治理意味着搞定事情的能力不只是依赖于政府发号施令或使用其权威。在地方背景下，治理可以被理解为实施某种特定的正式制度安排或非正式安排，包括公民、地方社团、利益集团和私人行动者的介入，以达成某个共同目标，如提供促进社区发展的公共服务或项目。从行政管理向治理的转变与以下四种趋向

---

① 李培林. 我国社会组织体制的改革和未来[J]. 社会，2013，(3).

② 李琼，夏晓辉. 共生：第三部门与政府治理的现代转型[J]. 探索，2009，(2).

有着密切的联系：

一是公共部门作用的下降，私人和非营利/社区部门的作用上升。这种转变既指的是服务提供中的作用，也指的是地方领导中的作用。它包括采用管理模式的私人部门(新公共管理及后继的理论)在地方上的影响力的增长。

二是向效率、有效性和政策目标“提供”的转变。尽管采用新公共管理的策略受各国具体情况的影响，但普遍存在通过服务的私有化和分散化、财政监管改革和问责制来追求效率和有效性的趋势。

三是在制定治理决策时，以伙伴关系作为重要平台。伙伴关系意味着治理模式的基本原则的固化——行动者不仅来自政府内部，也来自政府外部，政府的角色不是划桨而是掌舵。伙伴关系依靠的不是层级制的力量，而是网络的力量。

四是出现了新的公共参与和融入的新形式。这些地方参与民主和协商民主的形式往往伴随着政治家和政党影响力的下降(降格为伙伴关系中的利益相关者中的一员)。对直接参与的强调形成了参与体制或项目，其间公民融入了服务提供的决策或决策过程之中。公民融入通过一系列方式而产生：公民调查、公开的公共会议、社区论坛、公民评议会等。

由罗茨(R. A. W. Rhodes)和斯托克提出的治理理论将治理的出现置于传统地方行政管理失灵的情境中，从官僚机构在按成本效益的方式提供满足公民需求时的缺乏效率，到地方代议制民主的局限性。对其他人来说，地方行政管理与政治经济中更广泛的结构变迁，与全球化、跨国化和国际化，与新自由主义有着不可分割的联系。

进入21世纪以来，我国学界有关社会治理的概念梳理和理论探讨也日益增多。俞可平认为，一个国家的社会治理状况，取决于政府对社会生活的管理能力，更取决于公民的自我管理水平。要实现良好的社会治理，真正在社会领域实现善治，既需要强有力的社会管理，更需要高度的社会自治。社会自治是人民群众的自我管理，其主要形式表现为城乡居民自治、社区自治、地方自治、行业自治和社会组织的自治。①

俞可平认为，治理指官方或民间的公共管理组织在一个既定的范围内运用公共权威维持秩序、满足公众需要的活动过程，包括公共权威、管理规则、治理机

---

① 俞可平. 论国家治理现代化[M]. 社会科学文献出版社，2014.

制和治理方式等。“良好的治理”或“善治”就是使公共利益最大化的社会管理过程。“善治”的本质特征在于它是政府与公民对公共关系的合作管理,是政治国家与公民社会的新颖关系。俞可平等人进一步界定了中国社会治理的内涵和外延,阐述了中国社会治理评价的目标和原则,同时提出了一个包含人类发展、社会公平、公共服务、社会保障、公共安全和社会参与等六个基本维度的中国社会治理评价指标体系。在他们看来,这六个评价维度构成了中国社会治理评价指标体系基本框架的六大支柱,体现了民主、法治、公平、正义、稳定、参与、透明、自治等社会治理的重要价值和理念,引领着社会管理创新的发展方向。①

王名认为,社会治理可以从两个视角来理解：一个是体系化、结构化的视角,可用四维分析来框架解释。第一个维度：法治社会,包括法律对公民权利的保障、公民对法律的义务、对公权力必要的约束;第二个维度：社会自运行、自组织系统,即社会基本层面的基层自治系统,这并不限于空间概念,包括各个层面的自治;第三个维度：社会共治;第四个维度：德治,其与公民教育有关系,包括公民的基本素质和内在约束。二是内和外的视角。向外的视角,即规制社会,即如何让社会和谐有序;向内的视角,即公民的主体性建构,《中庸》称之为“修治”。②

陈成文和赵杏梓认为,从社会学的视角来看,社会治理是指政府、市场、社会组织、公民在形成合作性关系的基础上,运用法、理、情三种社会控制手段解决社会问题,以达到化解社会矛盾、实现社会公正、激发社会活力、促进社会和谐发展目的的一种协调性社会行动。这一界定的启迪意义在于：一是有助于科学区分社会管理与社会治理的异同;二是有助于正确处理政府与社会组织的关系;三是有助于在实践中建构一种科学的社会治理观。③

周庆智认为,改进社会治理方式,运用法治思维和法治方式,而不是用传统的自上而下的行政管理方式来治理社会。对于社会来说,就是要提高自我管理、依法自治的能力和水平,实现政府治理与社会自我调节、居民自治良性互动。社会治理体制现代化的关键在于制度的改革和创新,也就是说,创新社会治理体制是要形成一个政府、企业组织、社会组织和居民自治组织等多元主

① 俞可平.中国治理评估框架[J].经济社会体制比较,2008,(6).

② 参见李利平.社会体制改革与社会治理创新的观点综述[J].中国机构改革与管理,2015,(1).

③ 陈成文,赵杏梓.社会治理：一个概念的社会学考评及其意义[J].湖南师范大学社会科学学报,2014,(5).

体共治的社会治理体系，有了良好的社会治理体系，才能不断提升社会治理水平，增强社会发展活力。①

迄今为止，有关社会治理概念的界定还不能达成一致的看法，但基本观点可以说是相似的，一是强调了政府的社会管理和社会的自治化管理；二是强调了社会治理是政府、企业、社会组织、居民自治组织和公民等多元主体的协同共治。

二、社会治理焦点问题

近年来，在中国学界，围绕社会治理这一议题进行了积极的探索，可以大致归纳为如下四个焦点问题：

1. 焦点问题之一：社会转型与社会治理

在中国的语境下，社会治理概念和理论引起人们的广泛关注，主要原因是由社会转型所带来的治理方式、模式和机制的转变。1978 年以后，以市场化为主导的经济体制改革在我国启动并不断深化，带动了社会领域的变动。30 年的改革过程中，民间组织开始发育，个人权利意识不断张扬，网络社会日趋活跃，社会管理主体逐步多样化，一个相对开放、自主的“多元社会”正在浮现。②

周雪光从整体性视角考察了中国国家治理的种种模式及其相互间的转化，指出历史上形成的一系列治理机制——官僚体制、观念制度、运动式治理、社会自组织能力——在中国改革开放的历史进程中发生了深刻变化，中央与地方、国家与民众的关系也随之演变。这些转变为当今的国家治理带来了不确定性和探索性的特点，而这些转变的主要推动力是中国社会的不可抑制的多元化发展，它不可以是人为设计的，亦难以用顶层设计方式自上而下地推而行之。他认为，随着当代社会在全球化过程中的扩展，特别是利益分化和社会媒介的兴起，国家与民众关系这一主线（相对于中央与地方关系）日益占主导地位，正在改变和重塑着中央与地方关系，推动着国家治理模式和机制的演变和创新。深入理解这些变化，特别是这些变化背后的因果关系，提出强有力的理论解释，这是社会科学学术研究面临的历史责任。唯有在这样一个基础上，学术研究和政策研究才会有良性的互动。

---

① 周庆智.社会治理体制创新与现代化建设[J].南京大学学报，2014，(4).

② 李友梅.关于社会体制基本问题的若干思考[J].探索与争鸣，2008，(8).

周雪光是从中国城镇化过程来谈论社会变革与治理转型之间关系的。他认为，中国经济起飞的“后发优势”通过政府主导的资源动员和推动得以淋漓尽致地发挥。但社会发展有着多重目标，受当地天时地利人和等综合条件的约束，在这方面，难以复制他人成功经验。城市化过程中形成的社会群体间的利益分化、日常生活中的多方面诉求，现代通信技术所提供的多渠道表达方式等，与现行官僚机制的权威关系和指令传递机制存在不兼容，这难免要造成磕磕碰碰甚至引发各种摩擦和紧张局面。由此而见，以经济发展为中心的官僚体制逻辑难以应对社会多元化趋势，难以适应城市民众多元生态环境的复杂性、多变性，近年来，许多城市中涌现出的有关环保、城管、业主利益等诸多利益诉求和抗争事件即是明证。①

随着市场经济的不断发展，社会自组织能力有了相当程度的发展，在传统的村落宗法组织之外……各种律师团体、商会、论坛以致社会媒介上意见领袖的出现、再生产和极其顽强的生存能力。中国社会以不可遏止的势头在多元方向上发展起来。这些趋势重塑了国家与民众关系。社会自组织能力的增强对于国家治理提出了新的挑战，即自上而下的单渠道的官僚体制和一统观念已经难以实现有效治理，无论是总体性支配还是技术性治理都难以奏效，面临着接踵而来、延绵不断的重重困境。

民众的分化和自组织能力削弱了国家的动员能力，制约了传统治理模式。首先，“组织化动员”模式难以奏效或者难以按推行者的意图而展开进行；其次，官僚体制的单渠道运行与多元的民众呼声常常发生紧张摩擦，难以为继；再次民众抗争的组织程度重塑着基层自治的形式。社会自组织能力的提高增强了社会内部的协调能力和谈判能力，可以与国家制度设施一并成为解决社会问题能力的重要基础之一，为国家治理提供新的契机和模式。②

沈原认为，在当今全球化的潮流中，国家权力和市场联袂登台，携手推进商品化。这个急剧扩展的进程将经济（和政治）领域极大地膨胀起来，挤压了社会领域。这就迫使“保卫社会”成为当代社会学的核心议题。不过，在中国市场转型期的独特背景下，由于以往的“再分配体制”从根本上压抑了自组织的社会生活，因此，“生产社会”而不是“保卫社会”成为第一位的任务，它既是

---

① 周雪光. 社会建设之我见：趋势、挑战与契机[J]. 社会，2013，(3).

② 周雪光. 中国国家治理及其模式：一个整体性视角[J]. 学术月刊，2014，(10).

一个社会实践的任务,也是社会学认知的任务。同样由于历史条件的独特聚集,“生产社会”表现为二重性,即我们不得不在同一个时空条件下,将波拉尼意义上的“能动社会”与葛兰西意义上的“公民社会”共同地生产出来。此种社会生产的特殊性决定了人们在社会行动的层面上必须同时打造“阶级”和“公民”。①

孙立平等人在《走向社会创建之路》一文中强调,权力扩张与“资本之恶”意味着我们面临对社会的双重呼唤,即我们既需要制约权力的“公民社会”,也需要驾驭资本的“能动社会”。公民社会以民主为第一要义,有助于避免葛兰西意义上国家吞没社会的“政治专制主义”;能动社会以民生为第一要义,有助于避免波兰尼意义上市场吞没社会的“市场专制主义”。因此,当前的社会建设必须是公民社会和能动社会的双重建设。②

相对于国家的“公民社会”和相对于市场的“能动社会”,构成了社会的两个基本面向。公民社会是建立在个人从事经济、文化和社会活动的基础上并与国家相对应的一个公共领域。各种非政府组织、志愿性社团、慈善组织、协会、社区组织、利益团体构成了公民社会的基本元素。在这个公共领域中,社会本着自我组织、自我规制的原则,在法治和民主协商的框架下自主运转,并与国家权力相制衡。随着资本主义的发展,以价格机制为基础的市场原则不断扩张,土地、劳动力和货币不断地被商品化,市场原则全面渗透人类社会生活,从而制造出一个“市场社会”。与市场扩张相抗衡的则是社会的自我保护运动,面对市场的侵蚀,社会本身展开动员,产生出各种社会规范和制度安排,诸如工会、合作社、争取减少工作时间的工厂运动组织、争取扩大政治权利的宪章运动,以及政党的初步发展等,以此来抵御和规训市场。这种对市场过程作出积极回应的社会就是“能动社会”。③

孙立平等人的判断是,“社会”在中国发育程度低,发展不均衡。公民社会和能动社会都强调社会本身独立于国家、市场并与之形成制衡的相对自主性。自主性的载体是组织,即各种非官办、非营利、志愿性、自治性的中间组织。而从自主性和组织化的角度来看,当前中国社会的发育还处于一个较低的水平。

---

① 沈原.社会的生产[J].社会,2007,(2).

② 清华大学社会学系社会发展研究课题组.走向社会重建之路[J].民主与科学,2010,(6).

③ 清华大学社会学系社会发展研究课题组.走向社会重建之路[J].民主与科学,2010,(6).

为此,他们所主张的社会建设,着眼于三个重要维度:以社会结构为基础,以社会组织为载体,同时以社会制度(机制)为保证。就现实而言,能动社会与公民社会的双重建设,可以分别选择"劳资关系"和"官民关系"为突破口。①

考察社会转型与社会治理之间的关联性,可以让我们清楚地认识到,社会治理概念和理论在当代中国成为一个热点,并非是学者的心血来潮,而是有其深刻的社会、历史渊源,上述社会学者的相关论述无疑为建构中国的社会治理理论和实践提供了一个更加宽阔的学术视野。

2. 焦点问题之二:社会治理与社会体制

当前国内学界关于"社会体制"有如下两种基本观点:一种观点认为社会体制主要涉及社会事务管理的相关体制及公共政策,是介于经济与政治之间,又同经济与政治紧密相关,既相互促进,又相互制约的相关体制。它包括就业、收入分配、社会保障、教育、医疗、住房、安全生产、社会治安等整个社会领域。社会体制包括公共服务体制和社会管理体制。另一种观点将社会体制理解为区别于国家(政府)、市场的第三部门的概念,包含政府社会职能、社会政策、社会治理、社会保障、社会福利、社会服务、非政府组织、非营利组织以及国家与社会关系等基本要素。这种观点依据的是"国家—社会"关系的理论范式,将社会体制列入与国家、市场相对应的"第三领域"。②

李强认为,社会体制是与市场、政府相对应的,由全体社会成员参与的、社会关系、社会组织、社会规范的稳定模式。党的十八届三中全会决定中将社会体制改革放在整体改革布局中考虑,明确要求促进社会公平正义、深化社会体制改革,这是对社会体制改革目标的准确理解。③

王思斌则对社会体制作了一个比较系统的梳理和诠释。其一,他强调了社会体制的关系维度。社会是相对独立的,其与政府和市场都有交叉。社会体制的提出,是从国家与社会关系的视角着眼的,也涉及经济与社会的关系。按照党的十八届三中全会建立现代国家治理体系的思路,应是政府(国家)—市场(企业)—社会组织(民间)的三角形结构,社会体制改革的核心就是正确处理好这三者之间的关系。社会体制是社会领域的组织体系及运作系统。社

---

① 清华大学社会学系社会发展研究课题组.走向社会重建之路[J].民主与科学,2010,(6).

② 李友梅.关于社会体制基本问题的若干思考[J].探索与争鸣,2008,(8).

③ 李利平.社会体制改革与社会治理创新的观点综述[J].中国机构改革与管理,2015,(1).

会体制既有内部关系也有外部关系。其内部关系是各种社会组织之间的关系，社会体制是社会组织、组织体系和系统的运行机制的综合。同时，也有外部关系，社会与政府和经济（市场）的关系。其二，他强调了社会体制的结构—行动维度。社会体制的基本逻辑是社会团结，是它在外部关系制约下的社会组织系统的活动模式，包括了组织间的结构关系和互动关系。结构关系是体系，互动关系是机制（运行逻辑），结构与互动（行动）是不可分离的。社会组织（体系、体制）是自主的，即它有自己相对独立的运行逻辑，但是它的运行又受到经济系统和政治系统的影响。①

有鉴于人们对社会体制概念过度宽泛和狭义的使用，董克用认为，如果从广义上定义社会，社会体制概念没有立足之地，因为社会体制改革就等同于社会变革；如果从狭义上定义社会，也涵盖不了今天中国面临的社会问题，因此，建议抛开传统的广义和狭义的区分法，从新的角度去理解社会。从国家发展的角度去审视社会，可能是理解社会体制改革的一个新视角。因为任何一个国家的发展都需要有五大支撑系统，包括政治系统，解决权力问题；经济系统，解决资源配置问题；文化系统，解决价值观；生态系统，解决可持续发展问题。从系统角度看，社会系统是国家系统的重要组成部分之一。社会系统区别于其他系统的特征就是，社会系统能为公众提供某些特殊的服务或产品，这些产品无法或者不宜通过经济系统（市场）或者政治系统（政府）提供。社会系统的主体包括四大主体和两个支撑体：四大主体分别是事业单位、社会团体、慈善组织和社区组织；两个支撑体分别是政府和企业。②

李友梅的研究则将社会学界对社会体制的认识又推进了一步。她认为，社会体制既是一个自成体系的复杂系统（表现为其有独立的价值、要素、运作逻辑和制度载体），又与其他相关体制互为犄角。③ 因此，她强调，我们需要加快推动的社会体制改革，其所涉及的领域实际横跨了政府若干主要业务部门（如民政、人力资源和社会保障、教育、医疗卫生等），而且与多种类型的社会组织以及部分市场部门有紧密联系。然而，综观整个中国政府体系，无论是在中央层面还是在地方层面，都缺乏可以实质性跨领域开展协调和组织工作的机

---

① 李利平. 社会体制改革与社会治理创新的观点综述[J]. 中国机构改革与管理，2015，(1).

② 李利平. 社会体制改革与社会治理创新的观点综述[J]. 中国机构改革与管理，2015，(1).

③ 李友梅. 深刻认识当前中国社会体制改革的战略意义[J]. 探索与争鸣，2013，(3).

构设置。为了避免政府相关部门在改善民生的社会建设中“各自为战”，有必要为当前的中国社会体制改革提供一种“大部制”的探索。①

此外，李友梅等人把社会治理模式视为“社会体制”。换句话说，创新中国社会治理模式也就是建构和完善中国特色社会体制的过程。李友梅等人认为，社会体制在传统意义上是围绕公共产品配置而进行的一系列制度安排。在利益与公共产品的来源高度多元化，民众权利意识日益觉醒的背景下，要实现公平正义的社会建设目标，凭借传统体制内的单一努力和较小政策网络的动员难以产生长期效果，而必须借助社会多种力量和公众的有效支持。因此，与这些要求相适应的社会体制“是围绕公共产品的公平正义分配而构建的不同利益主体之间的交往和协商制度”。②

3. 焦点问题之三：社会治理创新

有关社会治理创新的研究，党的十八届三中全会可能是一个重要的分水岭，之前学者们可能更多地使用的是社会管理创新的概念，虽然也有学者已经在使用社会治理创新的概念，但未成为一种主流的概念。

邓国胜认为，党的十八届三中全会提出了创新社会治理体制。社会治理和社会管理之间的最大差别之一就是治理强调多元主体的参与。多元主体参与的基本模式是党委领导、政府负责、社会协同、公众参与、法治保障。他认为，在这个模式下，社会组织参与社会治理创新的有如下几个重点：第一，多元治理主体的培育，特别是社会组织的培育是社会治理的关键；第二，治理主体能力的提升；第三，搭建多元主体参与的平台；最后，社会治理是一个过程，需要不断地创新，提升治理绩效。③

李友梅认为，中国的创新社会管理实际上同时面临着两条相互影响的主线：第一条主线是如何适应当前社会分化的客观情境，发展出有中国自身特色的横向秩序协调机制。这个问题的复杂性远远超出诸如“发育社会组织”之类的简单理论预设。第二条主线是如何在纵向秩序协调机制几近高峰的当代中国建立起一种纵横结合的秩序整合新框架。在很大程度上，解决这个问题遇到的挑战并不在于如何设计一些形式上的保障制度，而在于如何在实践中

---

① 李友梅.深刻认识当前中国社会体制改革的战略意义[J].探索与争鸣，2013，(3).

② 李友梅，肖瑛，黄晓春.当代中国社会建设的公共性困境及其超越[J].中国社会科学，2012，(4).

③ 邓国胜.社会组织与社会治理创新[J].中国民政，2015，(3).

找到一种理性克制纵向秩序整合机制无限自我强化的现实路径。社会管理的创新关键在于如何处理好纵向整合与横向协调机制之间的有效衔接，即以何种方式能够推动公众参与并形成有效的社会协商，在激发社会内在活力的同时来强化纵向秩序的合法性，实现有效的社会整合。①

李友梅进一步指出，由于国内当前关于创新社会管理形成的理论共识基本上是建立在市民社会理论、治理理论和新公共管理理论基础上的，而这三种理论在很大程度上都属于宏大叙事层面的"一般化理论"；虽然其可以在理想类型的意义上为人们思考当代中国社会管理创新提供一种初步的分析框架和认知路径，但却无力在中观层面揭示出社会管理实践中诸多组织机制间的复杂因果链条和微妙互动关系，因而其理论推导大多也就停留在"应然"的层面，难以洞穿实践中的诸多现实挑战与困境。概括地来看，现有理论的认知瓶颈主要体现在以下三个问题上：第一，现有理论难以从中观和微观机制上揭示当前多元治理格局建设面临的结构性困境以及这种困境的内在强化动因。第二，基于第一点，现有理论也无法对当前社会管理创新走出实践困境提供建设性的思路。现有的理论分析侧重"应然"和价值层面的判断，因此其无法厘清现有实践困境背后的复杂机理，也就更无法针对困境提出化解之道。第三，现有理论共识在很大程度上都是参照西方现代化经验而形成的，其在解释机制的层面缺乏与中国当代实践之间的紧密嵌合。②

4. 焦点问题之四：社会组织与社会治理

笔者认为，在我国，社会组织的发展是为了避免"政府失灵"的情况下发展起来的。在政府和市场、政府和社会以及市场和社会之间客观存在的中间领域为社会组织活动提供了广阔的空间，概括起来，社会组织在社会治理中的作用概括起来有如下几项：① 充当国家与公民之间的中介；② 以组织化的形式参与社会管理和社会政策的制定；③ 提供公共服务和社区服务。需要指出的是，民间组织所提供的服务的性质完全不同于政府。政府提供的是覆盖全体的，以公平为基础的标准化服务，而民间组织是因地制宜的，是特殊主义的，所提供的服务因目标群体的不同而不同，在地域分布上也是不平衡的。公共服

① 李友梅.中国社会管理新格局下遭遇的问题——一种基于中观机制分析的视角[J].学术月刊,2012,(7).

② 李友梅.中国社会管理新格局下遭遇的问题——一种基于中观机制分析的视角[J].学术月刊,2012,(7).

务的社会化,其核心是引入多元的公共服务主体,形成“社会化治理”的格局。市场化机制的引入,可以打破政府对公共服务领域的垄断,从而在多元化的公共服务主体间形成有效的竞争机制,以提高公共服务供给的效率,实现资源的有效配置。社会组织的介入,一方面可以形成政府和社会组织在公共服务产品提供方面的合作和竞争,另一方面也可以在不同社会组织之间展开良性的竞争,以提高公共服务供给的效率和质量,反过来也可以进一步提升社会组织自身的能力。社会组织的公共服务提供可以大致分为三种形式:利用各种社会资源提供准公共服务;与政府和企业进行合作;政府购买服务。①

张紧跟以珠江三角洲为例,指出近年来珠江三角洲地方政府不断加大培育和发展社会组织的力度,不仅使社会组织数量迅速增长,而且也扩展了社会组织的作用空间。但与此同时,地方政府缺乏让社会组织自主运作的动机。这种中国特色的“社会转型之谜”产生的原因在于地方政府在实践中坚持“治理社会”逻辑,从而遮蔽了蓝图规划中的“社会治理”逻辑。因此,社会治理创新还有赖于完成从“治理社会”逻辑向“社会治理”逻辑的转换。②

三、如何建构中国现代社会组织体制

王名等人的研究提出了一个比较综合性的分析框架,他们认为,现代社会组织体制至少包含五大方面:一是现代社会组织的监管体制。它指的是国家关于社会组织管理的行政机构设置、权限划分、权力运行机制等方面的体系和制度的总称,包括社会组织的登记、备案、分类监管和行为管理等制度。现代社会组织的监管体制实质上体现的是国家与社会关系的一个基本侧面,是利用公权力处理国家与社会关系的一种国家制度,在本质上是政府对社会组织发展的一种风险控制体制。二是现代社会组织的支持体制。三是现代国家与社会组织的合作体制。四是现代社会组织的治理体制。它是基于自治和共治的理念,在政府引导及社会广泛参与下建构并形成的一种社会公共制度。五是现代社会组织的运行体制。③

---

① 郑乐平.社会组织与治理转型.载卢汉龙.新中国社会管理体制研究[M].上海人民出版社,2009.

② 张紧跟.治理社会还是社会治理?——珠江三角洲地方政府发展社会组织的内在逻辑[J].天津行政学院学报,2015,(2).

③ 王名,张严冰,马建银.谈谈加快形成现代社会组织体制问题[J].社会,2013,(3).

同样，李友梅指出，“现代社会组织体制”不仅涉及培育社会组织，而且涉及社会组织成长的制度支持环境、能力提升环境、功能培育环境，乃至社会组织之间的相互合作与自我完善的社会责任，因而涉及一系列复杂的社会政策创新。①

洪大用认为，社会组织体制有四个方面内涵：一是政府、社会组织、公众与市场之间的关系是其核心；二是社会组织之间的结构关系；三是促进组织有效发挥作用的配套政策体系；四是社会组织内部的管理体制。构建现代社会组织体制的工作重点有六个方面：一是开放社会组织的发展空间；二是改革政府管理方式，实现“四个转变”：政府与社会组织的关系从主从关系向平等伙伴关系转变、从行政管理为主到依法管理转变、从垄断性资源分配向竞争性资源分配转变、对社会组织评价从主管部门评价向社会评价转变；三是改革社会组织自身运作方式，建立健全内部约束机制和外部监督机制；四是社会组织要实现专业化和横向联合；五是培育社会组织文化；六是建议适时设立独立的社会组织管理局。②

李培林的研究强调了盘活社会组织资源存量和扩大社会组织资源增量的不同路径。他认为，在我国，要加快形成现代社会组织体制，就要从国情出发，盘活现有社会组织资源的存量，扩大社会组织资源的增量，通过体制内改革和体制外发展的双轨驱动，来构建我国现代社会组织体制。具体来说，就是一方面要通过社区组织、事业单位和人民团体的改革盘活现有社会组织资源的存量，另一方面要通过发展民间组织扩大社会组织资源的增量。③

张静认为，改革开放以来，我国的社会结构、社会关系已经发生重大改变，社会组织还远远不能适应社会发展的需要。对社会组织作整体评估，有助于为深化改革明确方向。考察分析社会组织，不仅要看数量增长，更要看质量提升。中国社会组织的质量问题表现在三方面：一是社会互助自组织能力弱；二是行政化，缺乏社会坚实的基础；三是商业化，公共利益和团体利益边界不清晰，亦官亦民亦商，导致行为标准不清楚，公益性和正当性不明。社会组织应是一个中间性角色(intermediate role)，公民可以通过社会组织，与国家的公

---

① 李友梅.深刻认识当前中国社会体制改革的战略意义[J].探索与争鸣，2013，(3).

② 李利平.社会组织体制改革与社会治理创新——社会组织体制改革座谈会观点综述[J].中国机构改革与管理，2015，(3).

③ 李培林.我国社会组织体制的改革和未来[J].社会，2013，(3).

共制度联系起来,依靠国家的公共制度来保护自己的生存和权益。当前中国的社会组织整合功能弱,在国家和社会之间还难以承担起连接、代表和利益传输的职能。社会组织改革要加强顶层设计,对公共利益和非公共利益要在组织、行为标准、目标和规则上作出明确区别,通过立法和政策引导社会组织的行动方向。①

丁元竹的研究通过考察全球非营利组织的兴起和发展背后的内在动力,强调社会组织体制发展是一个自然的历史过程。现代社会组织体制是满足人们社会利益——信仰和文化、教育、研究探索、医疗保健、体育娱乐、环境保护、休闲活动的重要制度安排。因此,他认为,要着力研究社会组织体制特色、社会组织的功能定位、政府与社会组织的关系,以及社会组织发展趋势。

贾西津认为,党的十八大报告提出的建立"政社分开、权责明确、依法自治的现代社会组织体制"和"党委领导、政府负责、社会协同、公众参与、法制保障"的社会管理体制,均强调了法治与自治的重要性。为此,如果说30余年的经济改革对社会改革提供了什么经验,最重要的就是对自治和社会理性的信心。无论在经济领域,还是社会领域,只要有了自治的空间,有了法的基本原则精神,社会自然会解决它自己的诸多问题。社会体制改革要树立对社会自治和法治的信心。②

此外,王名还强调了人民团体改革对于建构中国现代社会组织体制的重要性。他认为,人民团体改革是一个重大的政治问题、社会问题,要放在时代背景下审慎考虑。总的思路是按功能特点进行分割式改革。其中,政治功能政党化,逐步剥离;行政功能部门化,其承担的行政功能逐步回归政府;社会功能社会组织化,人民团体逐步过渡转型为真正的社会组织。从国际比较的视角看,现代社会组织体制有三种主要类型:一是(基于自由)国家与社会平行发展,国家原则上不限制不监管、NGO较少参与公共服务并较少得到公共资源;二是(基于合作)国家与社会协同发展,国家鼓励并监管、NGO积极参与公共服务并大量得到公共资源;三是(基于管制)国家管制社会发展,国家限制并监管、NGO分为官办和民间。不同的国家,体制类型不同。中国要加快形成

---

① 李利平.社会组织体制改革与社会治理创新——社会组织体制改革座谈会观点综述[J].中国机构改革与管理,2015,(3).

② 朱巍巍.建立现代社会组织体制:社会建设和社会体制改革的重要目标——建立现代社会组织体制专家座谈会综述[J].中国民政,2013,(3).

现代社会组织体制：还组织于社会，改革现行社会组织体制、建构现代社会组织体制；还服务于社会，全面推进政府购买公共服务、改革现行事业单位体制、建构现代社会服务体制；还治理于社会，深化政法维稳体制改革，改革重建基层自治体制，推动人民团体体制改革，建构现代社会治理体制。①

笔者认为，建构中国现代社会组织体制需关注如下几个维度：其一，发挥政府的服务、支持和管理作用，强化枢纽性、支持性、专业性组织的沟通、协调、中介的角色，以及培育社会组织的功能。其二，进一步在制度和法律上明确社会组织在社会管理和公共服务体系中的地位和作用。应逐步放开登记制度，这样不仅可以调动不同社会组织的积极性，而且可以形成良性的组织能力和公信力竞争，形成社会性的管理机制。其三，明确社会组织在社会治理中的主体地位，在政治—社会地位，财政支撑，人才的培养、引进、选拔和激励等方面给予其相应的地位，并通过一系列制度化机制来加以保证。其四，优化社会组织发展的制度化环境。具体方式有：① 进一步推进政社分开和资源化整合。梳理现有政府职能，确保社会组织发展与政府职能转变相同步；完善社会组织工作的财政保障机制和资源调配机制，在财政转移支付的基础上，采取更有利于社会组织发展的扶持政策。在财政上设立一定比例的社会组织发展基金；有机整合社会组织资源，形成社会组织网络化、一体化、开放性、竞争性发展格局，完善社会组织的生态链。② 完善政府购买服务的体系。政府购买服务的方式可以逐步调整为“标准式管理”，区别不同事务设立服务标准，并更多地采用招、投标等手段，按照市场竞争机制运作、调节和评估，提高社会组织的能力水平和公信度。此外，建立面向社会组织的共同服务采购基金、招投标机制和评估机制。③ 在管理机制上从行政性的管理转向行业性、专业性和枢纽式的管理。发挥好枢纽性和支持性组织所扮演的沟通、协调、中介的角色，以及培育社会组织的功能，扩展社会组织自我管理、自我服务、自律互律的新模式。④ 加强社会组织的能力建设，促进社会组织的专业化、规范化发展。②

---

① 李利平. 社会组织体制改革与社会治理创新——社会组织体制改革座谈会观点综述[J]. 中国机构改革与管理，2015，(3).

② 郑乐平. 社会建设及社会管理创新——关于加快形成现代社会组织体制的研究[R]. 上海市社科规划系列课题结题报告，2013.

四、讨论与展望

纵观21世纪来中国学界有关社会组织体制和社会治理研究,可以发现如下三个基本特征和趋势:

首先,该领域的研究已经跳出了早期研究中过度借用西方的概念和视角,缺乏中国问题意识的弊病,而开始有了自觉的理论意识,并尝试提出本土的理论概念。

其次,不再满足于该领域中存在的规范性研究,而尝试将规范性研究和实证研究很好地结合起来。换句话说,我们既需要有丰富的社会学想象力和思想性,又需要严格的实证研究,只有这样才能避免要么陷入天马行空的高谈宏论,要么陷入没有思想的数据堆砌的陷阱之中。

再次,开始对"社会"这个概念本身,以及社会体制的运行逻辑进行深入的思考,如孙立平、李友梅、周雪光、沈原、应星、渠敬东等人。对"社会"及"社会体制"概念的思考,不仅具有深刻的理论意义,而且对于社会领域的实践和决策亦具有不容忽视的价值。

然而,我们也必须看到,中国学界,尤其是社会学界要在社会组织与社会治理研究领域有更大的拓展和贡献,需要在如下方向上下功夫:第一,理论逻辑与实践逻辑的问题。目前许多有关国家—社会关系、社会组织体制和社会治理诸问题的研究偏多于阐释和梳理概念及理论,或者着眼于阐释其理论逻辑,但对于这些现象或关系的实践逻辑的探究则相对比较缺乏,尽管一些研究者已开始在这个方向上进行积极的探索。第二,宏观研究与中、微观研究之间的衔接问题。与前一个问题不无联系的是,现有不少研究更多地偏向于宏观的、结构的、规范的研究,而对于这些现象和关系在中、微观层面上的实际运作逻辑或行动机制缺乏深入的研究,造成了宏观研究与中、微观研究之间的脱节,因而也在一定程度上影响到中国本土化的社会学理论和概念的建构。第三,社会组织研究和制度研究的深度问题。例如:① 现有不少研究更多地依赖于一般的规范性论证而非系统的经验论证;② 对于制度环境或外部结构如何影响组织层面的微观行为,以及微观层面的组织运作如何影响制度环境及其建构缺乏系统的研究。

(郑乐平)

推荐阅读

1. 蔡禾.从统治到治理：中国城市化过程中的大城市社会管理[J].公共行政评论，2012,(6).

2. 康晓光,韩恒.分类控制：当前中国大陆国家与社会关系研究[J].社会学研究，2005,(6).

3. 李友梅,肖瑛,黄晓春.当代中国社会建设的公共性困境及其超越[J].中国社会科学,2012,(4).

4. 李友梅.中国社会管理新格局下遭遇的问题——一种基于中观机制分析的视角[J].学术月刊,2012,(7).

5. 沈原.社会的生产[J].社会,2007,(2).

6. 周雪光.社会建设之我见：趋势、挑战与契机[J].社会,2013,(3).

7. 周雪光.中国国家治理及其模式：一个整体性视角[J].学术月刊,2014,(10).

8. 清华大学社会学系社会发展研究课题组.走向社会重建之路[J].民主与科学，2010,(6).

思考题

1. 我们可以从哪些视角来考察中国社会组织体制？这些视角的优势及局限是什么？

2. 如何理解中国语境下社会治理的理论意义及现实意义？

3. 社会组织在社会治理转型中的地位和角色是什么？

第二章
中国信访制度研究述评

信访制度作为牵动方方面面的国家基础性的治理制度，一直处于存废、改革、调整的风口浪尖。由于信访制度吸纳了过多的社会矛盾，它实际上承受了整个社会治理低效与失灵的代价，制度化地缓冲了社会矛盾对整个社会的冲击。而信访研究的兴盛，显然与信访制度在现实运行中的情境尤其是困境密切相关。近 10 年来，关于信访存续的必要性和改革的紧迫性论争不断，诸多学者聚焦中国信访的理论、现实、历史、治理诸议题，展开了对信访的制度变迁、治理困境、压力体制、创新理路等方面的深度辩论与交流，在国家与社会治理的语境下省思和检视信访制度的执政价值、治理传统及其面临的诸多挑战，从而为中国信访治理提供了真切的理论观照。

第一节　基本脉络：三个转向中的信访研究

基于现实中逼仄的信访窘境，大约 10 年前藉由“信访洪峰”的出现及《信访条例》的修订而展开的信访研究带有浓厚的论争色彩，此后逐步趋于常态化并有所消长，研究旨趣也更加多元、更富理性，丰富了我们对信访现象的认知。观其脉络，主要体现为三个转向：

一、从理念上由社会中心论到国家中心论的转向

始于 20 世纪 90 年代的“社会中心论”在某种意义上与人们对“国家强大、社会弱小”的理念预设有关，一度成为支配性的信访分析框架，“维权”与“抗争”是其核心概念与主导话语。但其对税费改革后的信访解释力明显不够，并有过度政治化的嫌疑。应星发现农民的上访维权活动仅具有“弱组织性”与

"非政治性"的特征。[①] "国家中心论"以上访者的对立面(国家)为主要分析对象,表征了信访研究找回"国家之维"的努力,形成了由李昌平提出并沿用至今的"治权"话域。[②] 申端锋认为那种以公民权为中心、以为只有抗争才能推动国家与社会关系发生实质性变化的抗争范式忽视了国家的意愿和能力,进而提出奠基于人民内部矛盾学说的非抗争范式。由于"国家中心论"更加关注上访行为发生的社会与治理结构,这就导向了信访制度设计的溯源性研究。[③] 冯仕政将信访制度的形成与演变置于国家政权建设的话语下,认为信访工作具有社会动员和冲突化解两种取向,两者的失衡会带来相应后果。[④] 刘正强通过信访为信访的去政治化使这一独特的社会治理手段失去了方向,底层民众自发的政治化、民粹化则是其后果之一。[⑤] 田文利则揭示出了信访制度所具有的多重属性,并企图最终将信访打造成一个超越于立法、行政、司法之上的特殊形态的权力实体。[⑥]

二、从功能上由制度合法性到治理有效性的转向

关于信访的存废、臧否之争一度主导了信访研究的格局,这与人们对信访背后核心理念(民主、法治等)的预设有关,治理的有效性压倒制度的合法性,成为主导话域。但如何有效治理面临一些理论与实践困境,尤其是合法性和有效性之间的内在紧张。肖唐镖认为信访的勃兴正是威权体制的产物,也暗合于中国传统体制的精神,但却严重悖于现代国家建设的民主、法治与科学精神。[⑦] 陈柏峰等人总结了基层政府对无理上访的应对策略,梳理了上访治理的历史经验,认为当前信访治理的困境就在于政府不能通过有效的制度装置来对上访者进行定性,信访治理没有原则。[⑧] 田先红认为各种不合理上访(即边缘式上访)行为的产生和蔓延,并逐渐主导了信访治理逻辑的走向,表征了国

---

① 应星. 作为特殊行政救济的信访救济[J]. 法学研究,2004,(5).

② 李昌平. 现在的农民为何"爱"上访[J]. 中国乡村建设,2009,(4).

③ 申端锋. 非抗争政治:理解农民上访的一个替代框架——兼与于建嵘、应星等先生商榷[J]. 探索与争鸣,2013,(9).

④ 冯仕政. 国家政权建设与新中国信访制度的形成及演变[J]. 社会学研究,2012,(4).

⑤ 刘正强. 重建信访政治——超越国家"访"务困境的一种思路[J]. 开放时代,2015,(1).

⑥ 田文利. 信访制度的法律定性问题研究. 未刊稿.

⑦ 肖唐镖. 信访政治的变迁及其改革[J]. 经济社会体制比较,2014,(1).

⑧ 陈柏峰. 缠讼、信访与新中国法律传统[J]. 中外法学,2004,(1).

家转型的困局。而迈克尔·曼关于中央“专断权力”与“基础权力”的分析对当前的信访窘境有很强的解释力。[①]

三、从方法上由宏大式叙事到本土化解释的转向

在学界法治思维主导、政界维稳原则至上的夹缝中，一些学者开始探索信访的本土解释策略，并与法治论者形成鼎立之势，信访的分类治理就是最具学术原创性的概念之一。申端锋、陈柏峰、田先红、杨华、尹利民、饶静、王德福等人分别提出了不同的信访分类，以揭示底层政治的运作逻辑并试图提出治理策略。应星曾以人类学的“深描法”全景式地展现了农民上访的农村社区生活世界及其权力关系网络，揭示了中国特色的乡村集体行动逻辑。[②] 狄金华则从国家与社会的夹缝中展示了农民如何利用国家意识形态构建出具有政治正确的各种情境，从而实现其上访行为的合法性自证。[③] 关于访民的政治认同，胡荣的研究表明，到北京上访次数越多、逗留时间越长、走访部门越多，对中央的信任度就越低。[④] 刘正强提出在悬置对访民的价值判断基础上，将信访分为原发型和扩展型两类，从而试图超越杂多的分类，揭示信访不断扩张的逻辑与机制。[⑤]

境外关于中国信访的研究主要散见于各种政治学文献中，并偏向于以西方的政治制度框架解释中国问题，总体上把信访视作民众的抗争行为并作出泛政治化的理解，带有“民主关怀”的偏见，因而与内地学者难以形成充分对话。比如白宇烈(Wooyeal Paik)就认为弱势群体构成中国民众政治抗争的主体，并且抗争政治理论比现代化理论更能解释中国的信访问题。[⑥] 欧博文(Kevin J. O'Brien)、李连江继提出“依法抗争”概念后，又对地方政府软性的维稳模式进行了分析，提炼出“关系型镇压”，即依赖抗议者亲戚朋友的劝说和

---

① 田先红.意识形态转型与信访治理的伦理困境[J].战略与管理，2012，(3).

② 应星.大河移民上访的故事[M].三联书店，2002.

③ 狄金华.情境构建与策略表达：信访话语中的国家与农民——兼论政府治理上访的困境[J].中国研究，2014.

④ 胡荣.农民上访与政治信任的流失[J].社会学研究，2007，(3).

⑤ 刘正强.扩展型信访：对中国信访僵局的一个基础性解释[J].思想战线，2015，(4).

⑥ 白宇烈(Wooyeal Paik)：Economic development and mass political participation in contemporary China：determinants of provincial petition(Xinfang) activism 1994－2002，*International Political Science Review*，January 2012 vol. 33 no. 1.

施压来瓦解大规模抗议，并总结了基层政府维稳的三大机制。①

第二节　回归信访制度的原初设计

在中国社会结构急剧转型，尤其是中国政治生态和社会治理充满弹性变化的今天，没有哪一项制度像信访制度这样招致了如此之多的褒贬，使我们很难仅以某种主义、原则、话语来归纳或评判信访本身。大约10年前，伴随着信访条例的修订，曾有一个持续数年的信访论争高潮，废除、维持、强化乃至创新信访制度的各种不同论说得以充分释放。对这套制度体系的有效性、合法性和可持续性的不断追问，要求我们在回归信访制度原初设计的基础上寻求共识。

在20世纪50年代，信访制度的建立是中共形成与完善自身的执政基础与手段的一个自然而然的结果。刘正强倾向于从中共早期建政时的制度安排来理解信访制度设立的初衷。在他看来，信访制度具有鲜明的中共执政伦理色彩，被打造成为落实人民主体地位、贯彻群众路线、正确处理人民内部矛盾等诸多功能的一个平台。以毛泽东本人的秉性，他对中共建政后的官僚体系抱有深深的警惕，他纵容打烂公检法、踢开党委闹革命，以至在“文革”中亲自指挥几乎砸烂了由他亲自建立的国家机器，其实这背后的理念与信访制度有着密切的关联。② 林华也认为信访是政治意义上的治理策略与传统，是执政党的一种治理术和社会控制手段，而现实信访制度的运作困境不在于信访制度本身而在于其他制度运作的失灵与无效。从这个意义上说，脱离中国的政治传统与惯例而讨论信访之存废是没有意义的。③

信访制度的初始设计尤其注重清除政权肌体中的无组织力量、异己力量，并以一种特殊的方式保持群众对政府的批评权及中央政府对地方政府、上级政府对下级政府的监督权，从而使政权的运作始终处于鲜活状态，以期跳出黄炎培向毛泽东提醒的“王朝周期律”。这是一种特殊的常规运作加社会动员的

---

① Li Lianjiang, Mingxing Liu and Kevin J. O'Brien: Petitioning Beijing: The High Tide of 2003 - 2006, The China Quarterly, 2012, vol. 210.

② 刘正强. 信访的“容量”分析——理解中国信访治理及其限度的一种思路[J]. 开放时代, 2014, (1).

③ 林华. 信访性质的溯源性追问[J]. 中国政法大学学报, 2011, (6).

治理模式。按照叶笑云的观点，这种制度安排回应了民众的需求，形成了一个类似政治机会的结构，满足了民众政治参与乃至利益表达的要求，藉此形成了“党—政—民”的社会治理结构并完成了对社会的整合。她认为信访制度在执政党与群众的互动中产生，也是执政党的现代价值取向和政治理念与民众的传统政治心理相耦合而出现的制度化产物，历史传统的逻辑与现代国家的逻辑就在信访制度上体现出一种交汇。她进一步认为，革命逻辑的泛化可能导致制度功能的紊乱，但通过信访制度平反冤假错案，实现拨乱反正和秩序恢复，执政党通过制度进行了自我纠错，合法性基础得以修复，政治体系得以恢复平衡。① 显然，叶笑云更多地论证了革命与制度语境下的信访生成史，对于其权利救济等功能则鲜有涉及。在这种语境下，处理群众所反映的自身问题及困难是信访制度次要的功能，并被置于帮助政府了解民情、改进工作的话语中。

冯仕政则将新中国信访制度的形成与演变置于“国家政权建设”的话语下。他认为，根据群众路线的要求，信访工作具有社会动员和冲突化解两个基本内容，并应做到二者的有机统一。但在信访实践中，国家在不同历史时期总是偏重其中一个方面，并相应形成社会动员和冲突化解这样两种信访工作取向。1978年以后，国家信访工作的主导取向由社会动员向冲突化解调整，从而极大地促进了信访制度的科层化。随着社会形势的变化，冲突化解取向也逐渐暴露出它的局限，即不能有效地回应民众的政治参与需求，却又在客观上有利于民众的政治动员。他认为国家怎样回应这一矛盾，将在很大程度上决定着今后信访制度的演变(冯仕政，2012)。与叶笑云不同，冯仕政提炼出与信访的社会动员功能相对应的“冲突化解”工作取向，但从狭义上讲，由于“冲突”基本上基于利益而引发，或许用权利救济甚至利益诉求来理解更为恰当。

第三节　臧否、存废之争与民主、法治理想

尽管信访制度的确具有中国特色、具备中国风格，并在60多年的历程中形成了独特的运行模式，然而随着国家制度体系的完善，尤其是法治的倡行，信访制度在愈益科层化的同时，它自身及其与外部环境之间的张力不断释放

① 叶笑云.平衡视阈下的当代中国信访制度研究[D].复旦大学，2008.

出来，这鲜明地表现在关于信访制度去留、存废、臧否的不断冲突与龃龉中。今天，面对着更加逼仄的信访局面，这些论争不但没有过时，并且愈益复杂，相关的研究也更加多元、更富理性，已远远超越了诸如存废之类的简单甚至是意气之争。这些不同的主张构成了对于信访制度存废之争的一个完整谱系，而在每一种主张背后可能都有着不同的价值预设或政治理想。

早在10年前，于建嵘就是信访制度的一个持续和激进的批判者。在他看来，信访体制不顺、机构庞杂，缺乏整体系统性，导致各种问题和矛盾焦点向中央聚集，在客观上造成了中央政治权威的流失。尤其是信访功能错位、责重权轻，人治色彩浓厚，消解了国家司法机关的权威，从体制上动摇了现代国家治理的基础。此外，信访程序缺失，受理不规范，终结不完善，也不断诱发严重的冲突事件。在他看来，改革人大制度，加强民主法治，将信访承载的功能转移出去，从而最终废除信访制度，是走出当前信访困境的最终出路。① 由于于建嵘的主张奠基于民主、法治这些宏大的原则与理念，加之他鲜明的底层立场与“意见领袖”的身份，其影响力一直得以持续。不同于于建嵘，尽管肖唐镖也是一个信访弱化论者，他论证的方式显然与他的法学背景有关，其表达更加深刻但也过于理想化。他认为信访的勃兴正是威权体制的产物，也暗合于中国传统体制的精神，但却严重悖于现代国家建设的民主、法治与科学精神。因此，应当明确信访本身在宏观体制和结构中的角色与功能定位，并回到其宏观体制之根，推动宏观体制本身的民主化、法治化和科学化改革。② 肖唐镖以现代法治乃至现代政治制度来审视信访制度，他自然对现实中信访扩权的冲动保持了警惕，因为在信访扩权背后自然是公权力的思维在发力。他从政府与民众关系是人类政治运作的恒久轴心这一立论出发，认为其构成现代政治关系的基本框架，体现着政治的基本属性。作为硬币的两面，信访一方面反映着政府及其管理过程，代表着公权力属性，另一方面反映着民众及其表达过程，代表着公民权利属性。以此观之，信访作为文明政治的表征，其目的和宗旨都应是维护和保障民众的权利。此外，肖唐镖还从现代科层制的角度来证伪信访制度，他认为按科层制原理，现代官僚制中的任何一个部门均应有其专业分

---

① 于建嵘. 信访的制度性缺失及其政治后果[J]. 凤凰周刊，2004，(32)；中国信访制度批判[J]. 中国改革，2005，(2)；信访制度改革与宪政建设[J]. 二十一世纪，2005，(6).

② 肖唐镖. 信访政治的变迁及其改革[J]. 经济社会体制比较，2014，(1).

工，在履行其专业主干职能的同时，均应有信息沟通、化解矛盾、研判形势、提供咨询，甚至保护合法权益等辅助性的多元化功能。但如果将这些辅助性功能无限放大，就会冲击其主干功能，使各部门的功能错位并导致冲突。

尽管民主、法治这些主流理念构成了信访研究的基本背景，但对这些概念的不同理解往往导致分歧甚至截然相反的结论。比如，在冯仕政看来，信访的强化论和弱化论背后有各自的政治理想：强化论背后的支持理念是民主，弱化论背后的支持理念是法治。这样，他就把两个"论"的冲突化约为了民主与法治的对立。在他看来，强调法治必然导致排斥信访这种非"主流"的制度，即只要坚持法治导向的改革，就可以避免民众缠访闹访、政府截访拦访的困境。而强化民主必然导致肯定信访所具有的社会动员功能，认为信访可以保证人民对公共事务的参与及政府对民众诉求的回应。冯又往下推演，他把民主与法治的矛盾进而解释为民主所强调的参与性与法治所强调的规范性的矛盾。但肖唐镖并不支持这种大胆的推论，他认为所谓强化论者背后的"民主"理想可能是假民主，而信访中的吸纳民意和群众参与并不意味着真正的民主，他声称自己所持的信访弱化（乃至取消）论的背后也不仅仅是法治，还有民主。

在现实语境下，民主、法治既是一些政治上正确，又可能不断产生歧义的概念。民主有直接民主与间接民主之分，法治亦有形式法治与实质法治之别。而它们又同时被其他一些概念所规定，比如参与性、规范性等可能都会成为对民主、法治内在属性的不同制约。基于不同的，甚至相同的政治原则而产生的这些分歧，实际上不可能在原有的话域中消除，民主、法治这些抽象的概念可能不足以涵盖对信访的分析。

第四节　治理范式：信访的本土解释策略

的确，常常有学者以设计出一套完善的制度为能事，但制度运行本身可能是更为关键的方面，这就需要对信访的研究形成中国的解释范式、本土的话语体系。在学界法治思维主导、政界维稳原则至上的夹缝中，一批青年学者开始探索信访的本土解释策略，并与推崇法治的论者形成鼎立之势。信访的治理范式在表面上从政治原则、法治原则退向比较中性的"治理"原则，而其核心却是希冀信访研究从"社会"回归"国家"。

在上访的抗争范式取得了支配性地位的情况下，学界关于人民内部矛盾的研究，多是对经典话语体系的论证和诠释，没有在不断变化的当代中国社会语境中来理解。例如，白宇烈(Wooyeal Paik)通过对1994—2002部分省份信访资料的分析，认为在市场转型过程中，随着经济的快速发展，民众的政治参与也出现了大幅度的增加。他认为与其他国家不同，弱势群体构成中国民众政治抗争的主体，并且抗争政治理论比现代化理论更能解释中国的信访问题。这代表了国外主流学者对中国信访问题的认识，他们往往把信访泛政治化。基于对人民内部矛盾学说历史脉络与逻辑体系的梳理，申端锋认为以公民权为中心、只有抗争才能推动国家与社会关系发生实质性变化的抗争范式忽视了国家的意愿和能力，进而提出并完善了由人民内部矛盾学说演化而来的非抗争范式的框架。他认为学界对人民内部矛盾的研究均是将之作为一种思想体系来加以诠释，限制了人民内部矛盾学说对当下社会矛盾的解释力，阻碍了其在解决现实问题中的应用。人民内部矛盾学说必须直面不断变化的形势，将自身社会科学化、操作化，从而完成自身的创造性转换以回应当下的问题。① 申端锋意图发掘人民内部矛盾学说的当代意义，从而实现对人民内部矛盾学说的创造性转换，为解决群体性事件、信访高潮以及维稳困局提供一种完全不同于抗争范式的理论视角。非抗争范式是以国家建设或国家治理为中心的，它实际上隐含有一个假设：只有国家才能够解决社会矛盾，并倡导使人民内部矛盾重回分析的中心。但他只是把这个挑战性的命题抛了出来，至于如何实现这种转换并打通与现实的链接还需要更多的理论构建，比如用人民“内部”矛盾的提法必然引出与其相对应的“敌我”矛盾，尤其是人民内部矛盾作为一种意识形态的逻辑，如何转化为现代政治的逻辑，并解释当下的社会问题?

陈柏峰在对无理访的思考中从另一个方面刷新了我们对信访的认识。他不但总结了基层政府对无理上访的应对策略，而且梳理了上访治理的历史经验，特别是对新中国社会治理的分析呼应了申端锋的思路——这体现了他们对“治权”分析的共同体认。② 在陈柏峰看来，乡村治权乃是对乡村权力与治理资源关系的一种概括，基层治理的困境同乡村各种治理资源的流失密切相关。基层治理的出路在于加强基层治权建设，在政府治权与民众权利之间寻求合理的平衡，尤其是应当以公共秩序为基础赋予基层政府治权并构筑相应的强

---

① 申端锋.将人民内部矛盾带回分析的中心[J].开放时代，2012，(7).

② 陈柏峰.缠讼、信访与新中国法律传统[J].中外法学，2004，(2).

制处罚措施。此外,他还从话语的角度论及了由于法律文化的引入而给信访治理带来的混乱。对于这一点,田先红从意识形态变迁等多个角度进行了阐发。他认为各种不合理上访(即边缘式上访)行为的产生和蔓延,并逐渐主导了信访治理逻辑走向的主流趋势,表征了国家转型的困局。在全能教化政体走向解体的过程中,意识形态的世俗化和权利话语的弥散,使国家所提供的意识形态对民众的规约能力下降,国家话语权快速流失。信访治理遭遇的伦理困境,正是国家陷入意识形态缠绕、无力主导意识形态方向和提供强有力的话语权的表现。①

与此相对应的是,狄金华的研究揭示了农民如何利用国家意识形态构建出具有政治正确的情境,从而实现其上访行为合法性的自证。在他看来,上访者所建构的"苦难—救援"、"蒙冤—为民做主"以及"腐败—惩戒"等三种基本情境,皆是基于新中国父爱主义传统或当下中国政府讲政治的意识形态宣称。农民通过将自己的各种利益诉求嵌入"政治正确"的情境中,责成或迫使信访机构正视和满足自己的要求。这使得基层难以消解农民上访特别是无理上访的合法性与合理性。这自然加剧了个体权利的张扬、意识形态转型的失衡及中央与地方关系的失调。

基于这种情境,田先红认为迈克尔·曼关于中央"专断权力"与"基础权力"分析对当前的信访窘境有很大的解释力。他认识为扭转国家意识形态转型断裂的局面,走出信访治理困境,需要从政治与治理两个层面统筹安排,尤其是增强国家对基层代理人和农民的规训及动员能力,使基层代理人的行为能够符合现代国家要求,并让农民顺利转换成为现代国家所期望的集权利与义务为一体的公民,最终建立起依靠现代法制和公共规则展开社会治理的民族国家。

第五节　分类治理的贡献及其限度

由于深深地嵌入在了中国制度体系中,信访制度不管是内部的还是外部的运作都受到强势制度与文化环境的影响,因而需要将其置于更宏大的国家制度背景下考察。尤其是在维稳的格局下,如何走出信访运行的困境并释放

① 田先红.治理基层中国[M].社会科学文献出版社,2012.

其制度活力？不可否认的是，在国家机器逐步健全的情况下，信访所赖以运行的理念与民主、法治等话语产生了越来越深的抵牾。国家治理不但要符合政治原则，还要契合法治理念，更要保障民生需求，“分类治理”就是试图从中突围的一种努力。

陈柏峰认为当前信访治理的困境就在于无法对上访者进行定性，信访治理没有原则，致使政府未能通过有效的制度装置来对上访者的问题性质进行区分。他根据上访诉求的合法性程度，将上访分为有理上访、无理上访、商谈型上访三大类及若干具体小类。其中，有理、无理上访沿用了政府部门的分类，是基于行政管理角度所作出的治理性区分。商谈型上访的合法性比较模糊，上访人的合法权益未必受到侵犯，却认为相关法律和政策不合理，因此上访“商谈”。① 田先红则依据农民上访的行为和动机提出了维权型上访和谋利型上访的区分，维权型上访是税改前农民上访的主导特征，税改后农民上访行为的逻辑发生了变化，谋利型上访凸显出来。② 杨华在谋利型上访和维权型上访基础上提出治理型上访，这是指在农村治理缺位情况下，农民借助上级政府对下施压的方式要求乡村组织，尤其是村级组织履行治理责任的上访。③ 尹利民以表演型上访作为“作为弱者的上访人”的武器的展示，④饶静等以要挟型上访作为农民上访分析框架的使用，⑤王德福对政策激励型群体性事件的分析，⑥都试图揭示底层政治的运作逻辑。申端锋走得更远，他认为计划经济时期之所以能够完成国家政权建设的任务，根本原因就在于建立了以阶级划分为基础适应现代国家治理要求的分类治理体系。申端锋进而提出的治理方案是，运用各种手段（村庄规范、村庄结构等）对治理对象（即农民）作出区分，并强化治权以达到有效治理。⑦

---

① 陈柏峰. 无理上访与基层法治[J]. 中外法学，2011，(2).

② 田先红. 从维权到谋利——农民上访行为逻辑变迁的一个解释框架[J]. 开放时代，2010，(6).

③ 杨华. 税费改革后农村信访困局的治理根源——以农民上访的主要类型为分析基础[J]. 云南大学学报（法学版），2011，(4).

④ 尹利民. “表演型上访”：作为弱者的上访人的“武器”[J]. 南昌大学学报（人文社会科学版），2012，(1).

⑤ 饶静，叶敬忠，谭思. “要挟型上访”——底层政治逻辑下的农民上访分析框架[J]. 中国农村观察，2011，(3).

⑥ 王德福. 政策激励型表达：当前农村群体性事件发生机制的一个分析框架[J]. 探索，2011，(5).

⑦ 申端锋. 乡村治权与分类治理：农民上访研究的范式转换[J]. 开放时代，2010，(6).

信访的分类治理是“治理范式”的一个基本概念。上述研究大都试图在对信访进行分类或者提出某种信访类别基础上，建立一套合法有效的分类体系，从而为信访治理提供前提和策略。社会领域的分类离不开价值预设，但在上述研究中渗入了过多的现实关怀和浓厚的“治理”情结，从而导致在研究中形成了许多价值介入，这表现在关于有理—无理、合法—非法、谋利—维权、强势—弱势、刁民—良民等非此即彼的对立二分上。如申端锋依据对象而不是事端进行分类治理，过于先入为主，甚至有些唯成分论的意味。而陈柏峰则以是否符合法律规定为标准，来划分有理访与无理访，这可能经不住推敲：且不说目前中国社会问题可法律化程度如何，也不说法律在现实生活中有没有至上性，法律对合法与非法的评判尚且勉强，遑论对有理与无理的判断？

刘正强认为这些分类未必对信访治理有实际贡献：由于中国人秉持实体正义的理念，又有着独特的情理法观念结构，并兼受市场化的洗礼，个人逐利的动机也不断释放，对同样的问题会有不同的看法，因而对于是非对错、有理无理可能见仁见智，很难形成相对确定的分类标准，尤其在“分类治理”范式具有浓厚的现实关怀和治理情结的情况下。于是，他倡导回归马克斯·韦伯价值中立的立场，在悬置对访民的价值判断基础上，将信访分为原发型和扩展型两类。原发型就是纯粹意义上的信访，扩展型信访是由原发型生长、扩展而来的信访，从而试图超越杂多的分类。① 尽管这种分类可以启发我们更加注重信访的扩张机制，但能否对信访治理有所裨益并被接受还是未知数。

第六节　信访重构的政治考量

为什么要废除信访？为什么要保留信访？为什么要强化信访？为什么要弱化信访？在这些看似冲突的理念背后，是人们对这套制度体系有效性、合法性的持续追问。由于维稳原则的压倒性力量乃至法治与民生话语的滋长，如果专注于信访治理的有效性，其合法性、正当性流失的一面就可能被遮蔽，从而无助于我们厘清非常复杂的现实问题。一些关于信访制度改革的论争实际

---

① 刘正强.扩展型信访：对中国信访僵局的一个基础性解释[J].思想战线，2015，(4).

上就是建立在无视或者放弃对信访进行政治分析基础上的。在经历了充分的历史沉淀后,信访制度愈益展示出其政治价值。在现有的政治生态下,要重新认识信访制度特有的政治整合、社会动员及道德促进等功能。

信访面临的最大挑战可能在于政府公信力方面,它究竟是造成了政治流失还是补强了政治信任?于建嵘曾对第一次进京上访的632名农民进行了问卷调查,虽然他们在进京上访之前有94.6%是相信和认同中央政府的,但通过他们自己在北京上访过程中的所见、所闻、所感,7天之后,仅有39.3%的群众认同和信任中央政府。而且群众到北京上访次数越多,逗留时间越长,对中央政府的信任度也就越低。胡荣的研究表明,上访对政治信任的流失具有很大影响:上访者到达政府层次每提高一级,其对政府的信任就减少一个档次。到北京上访次数越多、逗留时间越长、走访部门越多,对中央的信任度就越低①。陈丰试图将这些抽象概念操作化,他运用新制度经济学的相关原理和博弈理论,在对信访制度政治成本的研究中提出一个模型,结合相关数据分析了信访制度运行的政治效应。他认为当前信访的治理模式,可能导致中央和地方信任度的双重下降,并用政治权威、依法行政、行政效能三个指标进行了分析。② 席伟健则以政治学的视角藉由信访引向了对"全能主义政府模式"的思考。在他看来,全能主义政府模式所赖以运转的科层官僚制所造成的官僚主义压力体制,在某种意义上证成了信访制度在中国具有存在的必然性和正当性。除了依靠由行政主导、体现领导人格化魅力的信访制度来进行权利救济、制约和监督公权力外,穷极想象力似乎也找不到更好的维护社会公平正义的办法。但另一面,这个可以"集中力量办大事"的体制,在处理微观层面的治理事务时则会显得力不从心。一旦整个社会的需求层次随着社会的发展而提高,这种管理体制的天然缺陷与新生弊端就会暴露出来,与社会其他子系统的耦合就会走向失败。他建议将信访制度从权利来源及属性这个根子上引向宪法规定的请愿权,并以代议机关的作用来完善之。③ 侯猛细致刻画了北京地区上访、接(截)访的种种乱象,尤其是地方法院"驻京办"的扎堆现象。他对黑监狱现象的描述、分析与梳理,为我们展现了"京控"制度的一个现代版本。他认

---

① 胡荣.农民上访与政治信任的流失[J].社会学研究,2007,(3).

② 陈丰.中国信访制度成本问题研究[M].华东理工大学出版社,2012.

③ 席伟健."建制议程"与请愿权:信访制度宪法化及其链接[J].学术月刊,2014,(10).

为"京控"困境是之前单一制度改革所带来的负面后果，而进京上访形势的根本改善，不是靠继续推行高压维稳政策，而是取决于政治体制改革和社会转型的完成。①

同样是对信访制度功能的分析，田文利的思考将其论争引向了另一个极端并对此作出了迄今最为大胆、浪漫的设想。她试图从对信访的法律定性入手来揭示出信访制度所具有的多重属性：信访是彰显"国家之爱"的法定机制、是承载"人民之信"的法定机制、是促进"和谐关系"的法定机制、是政治与法律之间的"动态民主"机制、是国家法律整体制度的"关系协调"机制、是简便高效的"权利救济"法定机制、是法治体系的"事后反思"机制、是法律事实的"个别筛选"机制、是国家活力的"健康免疫"法定机制、是国家道德的"良心检验"法定机制。信访之所以在田文利的视野中承受如此之重，是因为她企图最终将信访打造成一个超越于立法、行政、司法之上的特殊形态的权力实体(仅次于全国人大)，它可以再次启动立法、行政和司法程序，剔除甚至纠正立法、执法和司法机关及其工作人员的错误公务行为。

刘正强从对社会思潮与社会情绪的捕捉入手，认为当前中国信访所面临的访量与治理成本双双高企的困境背后，有着民粹主义思潮的隐秘背影。1978年后国家逐步弱化信访的政治动员功能，确立了基于"维稳"原则的工具化治理策略，致使信访由社会治理的手段演化为被治理的对象，从而陷入利益收买与行政压制的尴尬两端。信访的去政治化使这一独特的社会治理方式失去了方向、出现了真空，底层民众自发的政治化、民粹化则是其后果之一。由于信访制度设计的起点是群众路线，并且也承载了政治动员的功能，这使其与民粹的思潮具有天然的亲和，民粹主义可能演化成为访民的心理支持系统，从而实现反向的政治动员并带来巨大社会风险。他提出重建信访政治以回应民粹主义的风险，即在回归信访制度的经典设计，恢复和创新群众观念基础上，重建信访的政治属性，完善国家治理体系，从而回到信访对社会的治理这一本义上来。②

---

① 侯猛.最高法院访民的心态与表达[J].中外法学，2011，(3)；进京接访的政法调控[J].法学，2011，(6)；进京上访的社会管理——从"黑监狱"现象切入[J].法学，2012，(5).

② 刘正强.重建信访政治——超越国家"访"务困境的一种思路[J].开放时代，2015，(1).

第七节　小结：在不同话语中寻找共识

信访是与中国国家、社会、民众紧密勾连在一起的一套制度。作为具有中国特色的制度设置，其功能与作用不容小觑。自20世纪90年代以来，信访运行逐步陷入困境，反映了社会转型期国家治理的失灵和困顿，引发朝野关注。关于信访制度改革的争议不断，对其一废了之、做大做强乃至维持现状的声音皆有一定市场。既有研究从不同方面深化了对信访问题的认识，使得信访研究的谱系更为完整。但还存在很大的不足：在研究视野方面，较少从国家与社会治理的高度理解信访制度，更缺乏与其他社会治理制度的关联分析与纵贯的深度。在信访治理方面，要么过于理想主义，以建构一套完美制度为能事，要么过于工具主义，不断为信访治理打上各种“补丁”，尤其是缺乏针对信访积案的整体性化解策略与社会关切。

对于信访问题的思考，需要我们具备一种更加超越的视野，从国家的总体性治理体系中去理解和把握。一般认为，改革开放前，中国社会是一个政治、经济、意识形态高度重合的总体性社会。[①] 在这种社会条件下，其实也存在着一套与其相对应的总体性治理体系。这套治理体系，以强大的意识形态认同为核心，形成了刚性的国家机器，具有强大的基础和专断权力。除了公检法司等常规化的国家治理制度外，这套架构还包括基于中共执政的理念、伦理而形成的泛政治化制度集合，比如统一战线与政治协商制度、信访制度、人民调解制度、劳动教养制度、收容遣送制度等。不仅如此，这套治理体系还具有极强的政治教化功能，并且不同制度间紧密衔接、相互耦合，具有较好的系统性、整体性、协调性。

今天，经过30多年的社会变迁，昔日总体性的社会已经发生了分化。由于社会发展的不平衡，社会各个部分变迁的速率、节奏乃至方向等并不完全一致，导致社会更加多元、复杂，尤其是市场机制成为影响与控制社会的另一重力量。但由于中国以经济为主导的改革路径选择，尽管整个经济社会结构发生了翻天覆地的变化，总体性的治理格局却维持了下来，没有显著变化。这使

---

① 孙立平，王汉生，王思斌，林彬，杨善华. 改革以来中国社会结构的变迁[J]. 中国社会科学，1994，(2).

得在社会及其治理之间产生了缝隙。不仅如此，总体性治理体系本身的效能也在不断减弱。一方面，国家积累了雄厚的社会治理资源，具有强大的社会管控的物质和技术手段，大部分治理制度藉由理性化、科层化的目标得以强化；另一方面，治理体系内部各治理层次、手段、制度的共享性、兼容性在下降，它们之间的联结也变得松散。尤其是按照事本主义的要求，治理体系中不断祛魅、去政治化，政治治理、运动治理逐步被扬弃或趋于仪式化。基于法治、人权等的要求，一些治理手段（如收容遣送制度、劳动教养制度等）先后被废弃，治理体系各部分之间有所松动并不断形成缝隙。

依法治国已上升为国家方略。由于社会结构尚未定型、社会安排尚未凝固，这使得中国的法治建设呈现出非常复杂的面相。虽然我们已率先完成了一套法律文本体系（有中国特色社会主义法律体系），由于在立法中秉持形式法治的理念和“粗放式立法”的偏好，再兼对传统伦理习惯等本土资源的排斥及对工具性、技术性的片面追求，导致这套法律体系缺乏应有的历史厚度和文化视野，“合法性”基础较弱，从而与现实生活形成了深深的抵牾。由于废旧立新是一个过程，新的基于法治的治理手段的形成完善尚需时日，这就造成了治理体系的缺口。由于信访问题的复杂性已溢出信访制度的框架，信访制度之改革必须放在中国政治社会的背景下及国家与社会治理的总体格局中通盘考虑，做大做强未必可取，一废了之则失之草率。在大的社会结构和体制不会有根本改变的情况下，一种可行的方案是在形成新的信访治理共识基础上，走出压制型和收买型的双重误区，摆脱运动式和非常态的治理惯性，形成多元化和包容性的治理结构，通过信访治理机制创新突破信访僵局，为深化信访体制改革创造条件。

当今中国的信访困境，折射了国家与社会、政治与法律等的复杂关联。信访的源头是作为政治原则的群众路线，而法治理念已上升为国家方略，同时信访又承担了艰巨的治理功能。在这种情况下，信访问题其实凸显了国家的总体治理困境，在这种格局下，信访作为最基础、最有效的治理安排和制度设置之一，实际上在以一种总体性、综合性的制度发挥作用，尤其是承担了“维稳”、救助等诸多勉为其难的功能，演化为一种兜底性的制度。所以，信访问题的严峻以及信访治理的窘境并非纯由信访制度本身使然，相反，更多的是因为信访制度承受了整个治理体系低效的代价。

如何以自己的智识和情怀，省思和检视信访制度的执政价值、治理传统及其面临的诸多挑战？恐怕首要的是在政治、法治、治理等这些原则中形成平衡，在多种话语中达成对话。我们既要从学理上回归信访制度的原初设计，梳理其变迁过程，也要承接地气、直面信访运行的逼仄窘境，从而为中国信访治理提供更真切的理论与现实观照，并进而形成关于信访治理的本土策略与话语体系。这不单单是解决中国的信访问题，而且可能也是创新与优化国家治理体系的突破口。在这种意义上，不同论者都会激发我们的思考，在这种激辩、交流中形成的哪怕是微小的共识也可能是一种很大的进步。

（刘正强）

推荐阅读

1. 陈柏峰. 无理上访与基层法治[J]. 中外法学，2011，(2).

2. 冯仕政. 国家政权建设与新中国信访制度的形成与演变[J]. 社会学研究，2012，(4).

3. 刘正强. 重建信访政治——超越国家"访"务困境的一种思路[J]. 开放时代，2015，(1).

4. 申端锋. 乡村治权与分类治理：农民上访研究的范式转换[J]. 开放时代，2010，(6).

5. 田先红. 治理基层中国[M]. 社会科学文献出版社，2012.

6. 叶笑云. 平衡视阈下的当代中国信访制度研究[D]. 复旦大学博士论文，2008.

7. 应星. 信访救济：一种特殊的行政救济[J]. 法学研究，2004，(2).

8. 于建嵘. 中国信访制度批判[J]. 中国改革，2005，(2).

思考题

1. 如何认识信访制度在中国政治架构乃至国家治理体系中的地位和作用？其在当下的运行功效又是怎样的？

2. 关于信访的存废之争，你持有什么观点？依法治国与信访制度有无内在的关联或龃龉？如何理解这种现象？

第三章
市场转型中的劳动关系变迁

伴随着经济转型与社会变迁，国有企业的“单位制”也发生了深刻变革。这种变革随即影响了工人群体的构成、其生产生活状况，以及上下级、雇主—雇员之间的劳动关系。这引发了研究者对于当前中国工厂劳动关系与工人阶级状况的持续关注。层出不穷的经验探索与理论思考聚焦于考察，与指令性计划经济时期相比，中国企业的劳动关系究竟发生了哪些主要变化，以及促成这种变化的核心动力机制又是什么？

这些研究大多将两种模式作为工厂劳动关系的“理想类型”(ideal type)，用中国工厂与之进行对比，一种是华尔德(Andrew Walder)提出的“新传统主义”(neo-traditionalism)模式，另一种则是布若威(Michael Burawoy)提出的“霸权式工厂政体”(hegemony factory regime)。华尔德认为，指令性计划经济时期，在中国的全民所有制工厂中，工人通过让渡自己的忠诚成为积极分子，与直接上司建立庇护式关系，以效忠来换得政治保障与少量的经济回报。这种典型“单位制”中的劳动关系，是在资源约束和全能政体双重作用下、产生于上下级之间的“施恩—庇护”关系，是结合了传统的“特殊主义”(particularism)逻辑与“非个人化的”(impersonal)共产主义意识形态的复合物，华尔德将之称为“共产党社会的新传统主义”。①

与之类似，布若威也试图将政治引入生产组织过程，提出了“工厂政体”的概念，指的是“规范与约束劳动过程的各种政治与意识形态机制”。

---

① 华尔德.共产党社会的新传统主义：中国工业中的工作环境和权力结构[M].龚小夏译.牛津大学出版社，1996.

他认为，在资本主义国家和社会主义国家都出现了“专制”(despotism)向“霸权”(hegemony)的转变，也就是从更多依靠雇主自上而下的强制，转向雇员自下而上的认同。在社会主义国家，这种转变过程是由市场介入促发的，市场成为人们获取物质资源的替代性途径，使得专制体制赖以发挥作用的特权失效了；管理者要刺激工人努力工作，必须采用经济激励，因此促成了绩效导向的科层制霸权控制政体。①

华尔德与布若威的理论关联在于，在市场体制兴起之后，华尔德理论模型中的“资源约束”条件自然弱化，管理者或者雇主无法利用对有限资源的垄断性分配来掌控工人，必须要转向其他的控制与激励途径；自上而下的控制能力不断削弱，劳动关系的维系更多要求自下而上的顺从，工厂政体由此向布若威所提出的“霸权”体制转变。

然而，中国的劳动关系转型与变迁似乎呈现了不一样的图景。对中国企业的研究困惑在于，市场转型后的中国企业中，旧有的情境和条件多大程度上得以留存，或已经发生了变异？是否因此产生了不同的劳动关系模式？研究者对既有的理论类型作出了哪些补充、修正或是重构？目前研究认为，中国企业的劳动关系已经发生了深刻变革，研究者也从不同视角讨论了变革的动因，大体有三个方面：国家角色、劳动关系主体，以及全球化力量。

第一节 国家角色变迁

对工厂制度与劳工境遇的分析很难避开国家角色，共产主义(或后共产主义)制度下的研究者对于国家在劳动关系中的作用自然不会感到陌生，即便在后工业社会，国家也越来越多地扮演了一个积极的产业发展参与者的角色。②在考察劳动关系时，既有理论认为，规制型国家(regulatory state)能够为工人

① Burawoy, M. 1985, The Politics of Production: Factory Regimes Under Capitalism and Socialism. London: Routledge; Lee, C. K. 1999, “From Organized Dependence to Disorganized Despotism: Changing Labour Regimes in Chinese Factories.” China Quarterly 157.

② 理查德·海曼. 劳资关系：一种马克思主义的分析框架[M]. 黑启明主译，于桂兰校译，中国劳动社会保障出版社，2008，第 89—91 页.

提供保护,能够建立制度化的劳资协商机制、经济主义取向的工资福利与雇佣关系等,能够制造出有效管理工业系统所需的意识形态,[①]这些都消解了劳工对于资本的抵抗。

在中国,工人阶级与劳动关系研究上,国家角色的变化体现在两方面:一是国有企业的"市场属性",即企业对职工的评价与回报多大程度上基于绩效原则;二是国家作为劳资争议调停者的角色变化,即国家多大程度上能够对工人权益进行保护,通过何种方式来调解劳资争议。

一、国有企业的市场属性

研究者认为,即便是在国有企业内部,市场属性的表现也有很大差异。分化主要依据规模与行业:对于一些仍然受到体制庇护的、非市场化的、中等规模国有企业,"新传统主义"模式得以延续,父权制、家庭化和专权主义的管理方式仍然十分常见。例如,李铒金对于东北两家国有工厂的研究发现,能够拿到国家计划订单的企业中仍采用新传统主义式的劳动关系,即模糊的评定概念、"赚活儿"和"亏活儿"的分配、有原则的任人唯亲、"车间政治"表现出效率诉求与实际操作中的巨大张力。即便是那些考虑了绩效原则的工厂,绩效分配在实际操作过程中也常常以资历为基础。作者提出,在国企车间,"身份"仍然是生产和生活的基础,身份的刚性和身份内的弹性在转型期的国企普遍存在。[②] 在张翼研究的黔厂和游正林研究的西厂中,国有企业的新传统主义模式也很大程度上存留,企业内部的管理涉及员工政治、经济生活的各个方面,员工与管理者会依据"私人关系化的"(personal)原则而结成不同帮派群体,非正式制度围绕着正式制度的约束与纵容而充斥着整个工厂。[③] 游正林甚至认为,国有企业中的劳动关系冲突,核心是干群矛盾,也就是围绕着行政级别而展开的冲突,离经济契约型劳动关系相距甚远。[④]

大型垄断国有企业则出现了"一企两制":一方面,评价职工的标准不完

---

① Bendix, R. 1956, Work and Authority in Industry: Managerial Ideologies in the Course of Industrialization. London: Transaction Publishers.

② 李铒金.车间政治与下岗名单的确定——以东北的两家国有工厂为例[J].社会学研究,2003,(6).

③ 张翼.国有企业的家族化[M].社会科学文献出版社,2002.

④ 游正林.西厂劳工——国有企业干群关系研究(1979—2006)[M].中国社会科学出版社,2007.

全基于亲疏和效忠的“特殊主义”，开始转向绩效原则，以政治忠诚为准绳的派系结构逐渐变为绩效导向的科层式管理，技术化治理的特征越来越明显；另一方面，核心利益的分配又维持了相当程度的专制和“自己人导向”。正如刘平、王汉生等人对垄断性国企的研究发现，这些企业中对于可分配收益的占有和支配正变得越来越特殊化，也就是不在全集团范围内分配，而是在核心层内分配；同时，对于大多数职工，技术专长和管理能力的评价被有效地放大了，层次分化明显了，从一般工人到高级技工，从技术员到总工程师，从生产班组到总经理的层级序列被抻长了，而政工序列的管理环节则明显扁平了，人员数量也被压缩了。研究者认为，大型国有企业没有成为开放市场要素的一部分，而是形成了有清晰边界的新利益共同体。① 陈文府的研究也呼应了这一观点，认为垄断性国有企业中形成了管理者与核心雇员合谋的局面，这种新近形成的利益共同体往往侵占其他群体的合法权益。②

在“一企两制”模式下，工人往往依据“身份”发生分化。例如，吴清军对国企工人不同抗争方式的研究发现，退休职工采取的是公开的、有组织的抗争，他们往往利用国家在意识形态以及政策上赋予他们的权利来证明现实的不合理并进行抗议；固定工采取的是消极顺从，面对巨大的生活压力，大多数人选择默认，调整个体化的生存策略，为自己谋求更多的利益；合同工，也就是就业不那么稳定的工人，全面地被碎片化，在权益抗争过程中几乎完全失语和缺位。③ 工人群体依据劳动人事身份出现了分化，形成吴清军所说的“身份政治”。④

程秀英对于某市属国企改制后工人信访的研究不仅佐证了国有工人和临时工人在身份与斗争方式上的分裂性，还细致呈现了工人的分裂性如何在外界压力下被再生产出来。在对待国有老工人的诉请时，国家在形式上充分照顾“社会主义雇员”的被尊重感；而在对待临时工时，则是简单粗暴与不屑的无视。国家对象征资源的垄断性运作消解了工人群体的阶级性团结，最终完成

---

① 刘平，王汉生，张笑会. 变动的单位制与体制内的分化——以限制介入性大型国有企业为例[J]. 社会学研究，2008，(3).

② 陈文府. 中国劳资关系多样性的立体图景，载荣兆梓等. 通往和谐之路：当代中国劳资关系研究[M]. 中国人民大学出版社，2010，第 225 页.

③ 吴清军. 国企改制中工人的内部分化及其行动策略[J]. 社会，2010，(6)；吴清军. 国企改制与传统产业工人转型[M]. 社会科学文献出版社，2010.

④ 吴清军. 国企改制与传统产业工人转型[M]. 社会科学文献出版社，2010，第 280 页.

了“消散式遏制”。[①]

绝大多数国有企业由于追求经济绩效而出现了“简单控制型”劳动关系。佟新基于对四家国有企业的个案分析提出，新传统主义式的“施恩—庇护”关系只是有限度地存在于国家与企业经营者之间，对劳动者的庇护已经完全交由市场了。[②] 在这些企业中，管理者作为第一级“代理者”(agent)与国家保持紧密联系，得到政治与经济上的庇护，有绝对支配权；技术人员有市场能力优势，属于“核心员工”；技术工人还能够享有一定的保护，但这一群体总体上呈老龄化趋势；大量普通工人由于农民工、临时工的身份处于等级化用工模式的底端。当老的国有企业工人的利益被侵犯时，他们的反抗模式与抗争诉求往往是基于“道义经济”的，旧有的文化传统被他们用来质疑新兴利益群体的合法性，[③]但同时他们提出的逻辑又是遵循市场经济逻辑的，即要求对“国有资产”行使自己的所有权。[④]

李铒金也提出，对于那些不能拿到国家计划订单的企业，企业对员工采取的是“准契约制”的劳动关系安排，原有的庇护在弱化，市场因素不断强化，追求效率的逻辑得到普遍认可。[⑤] 正如刘建洲所提到的，国有企业的改造引发了传统产业工人位置的结构性变化，职业状态转向劳动力市场中的各种行业、在不同岗位和单位之间的流动性显著增大并引致了身份认同的变化、工人阶级的文化和传统也出现断层。[⑥]

对经济改革与市场转型过程中国家的市场属性变化及其社会政治后果，汪晖作了深入的分析调查。基于对扬州某国有企业改制的调查报告，汪晖提出，中国的经济改革通过国家放权让利、发展企业自主权、鼓励各种形式的经济发展和国有企业的私有化，将市场关系扩展至社会生活的各个领域；但国家却没能对市场转型中失利者的利益提供有效的保护，反而成为国内垄断和跨

---

① 程秀英.消散式遏制：中国劳工政治的比较个案研究[J].社会，2012，(5).

② 佟新.国有工业企业简单控制型的劳动关系分析[J].开放时代，2008，(5).

③ 佟新.延续的社会主义文化传统——一起国有企业工人集体行动的个案分析[J].社会学研究，2006，(1).

④ 佟新.从工人集体行动看社会主义的文化传承.载佟新.中国劳动关系调研报告[M].中国言实出版社，2009.

⑤ 李铒金，2003.

⑥ 刘建洲.传统产业工人阶级的“消解”与“再形成”——一个历史社会学的考察[J].人文杂志，2009，(6).

国垄断的保护者，引发了深刻的社会危机。①

二、国家作为劳资利益协调者的角色

国家协调劳资利益主要有两种做法：一是通过劳动立法明确劳雇双方的权责义务；二是通过设置一系列的制度性机构化解劳资争议。

对于劳动立法的作用，学界持有不同观点。强调劳动立法的声音在目前中国的劳动关系研究和政策实践领域仍是强势意见，研究者持“法律中心主义”的观点，认为立法可以通过契约来界定劳雇双方的权利和义务，并依靠国家力量来保障实现双方的权益。② 他们强调要用法律来培育与引导劳动者的法律和权利意识，并认为2008年颁布的新《劳动合同法》在这方面已经收到很好的效果。③

对于“法律中心主义”的反驳是，法律的明晰有效与国家作为权益的外在保障者在劳动关系问题上时常不能得到满足，从而大大限制了法律对于劳雇双方权益的保障。何一鸣认为，法律的“不完备性”在劳动契约上显得尤为明显，使其容易缺失“外生性权益保障”(exogenous claim enforcement)。劳动契约保障的是雇员人力资本与努力程度的产权交易，这种交易物的属性过于复杂多样，在订立合约时对于人力资本和努力程度交易的数量、质量等都很难给出明确规定。交易主体即便有所保留，或是出现欺诈、怠工等现象，也很难一下被察觉到，更难以诉诸法律。劳动契约的“不完备性”使得通过法律从外部监督劳动契约的实施变得十分困难。④ 王蓓则指出，劳动契约的“不完备性”特征需要争议调停者有较多的信息与知识储备，但在实际的劳资争议调停过程中，纠纷调停者的知识往往并不比当事人多，也不了解实际情况，这使得裁定纠纷往往耗时耗力，争议协调的成本居高不下。⑤ 边燕杰于1996—1997年间

① 汪晖. 改制与中国工人阶级的历史命运——江苏通裕集团公司改制的调查报告[J]. 天涯，2006,(1).

② 赵顺章. 中国劳动立法的进步和完善——国际劳工组织的核心劳工标准与我国有关劳动立法的比较[J]. 社会，2004,(10).

③ 常凯，邱婕. 中国劳动关系转型与劳动法治重点——从〈劳动合同法〉实施三周年谈起[J]. 探索与争鸣，2011,(10)；常凯. 劳动关系的集体化转型与政府劳工政策的完善[J]. 中国社会科学，2013,(6).

④ 何一鸣. 新劳动法的制度经济分析. 第八届中国经济学年会，第八届中国制度经济学年会论文，2008.

⑤ 王蓓. 我国劳动争议处理制度分析：基于法经济学的视角[M]. 法律出版社，2013.

在北京等 6 个城市访谈了 100 名就职于不同部门的雇员，他发现在新兴市场经济体中，既有单位制快速瓦解，工作机会、薪水、升迁等方面的不确定性急速膨胀，新的就业与劳动权益保障制度虽有形式上的规定，但无法获得有效实施，也得不到就业者和雇主对此类制度的信任，他将这种现象称为“制度真空”(institutional holes)。在制度真空下，雇佣双方一旦出现纠纷，很难诉诸法律解决，劳动契约及相关规章都难以约束雇佣双方的机会主义行为。[①] 其他研究者也有类似判断。[②] 更严重的是，法律本身没有明确规定禁止的做法，在推行法律的过程中，反而成为普遍的实践模式。例如，1994 年与 2007 年两次劳动合同法令的出台，反而造就了强调灵活的、不稳定的、个体化的、雇主可以“任意为之的(precarious)”劳动关系，与立法初衷背道而驰。[③]

有关劳动立法的另一项争论是，中国近年的劳动立法导向的是劳动关系“集体化”还是“个体化”？哪一种赋权形式才能有效提升中国工人的福祉？

常凯等劳动法研究者认为，以新《劳动合同法》为主的一系列劳动法令是中国劳动关系从“个体化”向“集体化”转型的标志，这些法令在制度层面为构建集体劳动关系奠定了基础，提升了全社会的劳动法治理念和劳动者的权利意识与集体意识。常凯认为，新《劳动合同法》颁布后层出不穷的工人集体抗争与维权事件，以及集体合同签订率的提升都开启了劳动关系集体调整的新起点。[④]

但对于常凯的观点，许多研究者并不认同，认为目前的政策实践还是停留在“个体赋权”，并没有“集体赋权”。游正林提出，根据他国经验，劳动立法与劳动关系的集体化转型往往呈现负相关，通过法律来赋予劳动者与资本讨价还价的武器、通过法律来保障劳动者的经济与社会利益，这常常导向劳动者的

---

① Bian, Y. 2002, “Institutional Holes and Job Mobility Processes: Guanxi Mechanisms in China's Emergent Labor Markets.” In T. Gold., D. Guthrie, & D. Wank (eds.), Social Connections in China. Cambridge: Cambridge University Press. pp. 131 - 133.

② 左春玲. 劳务派遣下的劳动关系[M]. 知识产权出版社，2014，第 43—44 页；Gallagher, M. E. & B. Dong. 2011, “Legislating Harmony: Labor Law Reform in Contemporary China.” In S. Kuruvilla, C. K. Lee, and M. Gallagher (eds), From Iron Rice Bowl to Informalization: Markets, Workers, and the State in a Changing China. Ithaca, NY: Cornell University Press; Zhu, Y. & M. Warner. 2000, “An Emerging Model of Employment Relations in China: A Divergent Path from the Japanese?” International Business Review 9(3).

③ Gallagher and Dong 2011.

④ 常凯. 劳动关系的集体化转型与政府劳工政策的完善[J]. 中国社会科学，2013，(6).

"个体化",而非"集体化"。[①] 董保华等人也指出,中国的劳动立法事实上受到"集体化"和"个体化"两股力量的牵扯,法律既强化劳雇双方在协调劳动关系中的个体权责义务,又不断重申将工人"组织起来"的重要性;在试图强化雇员"个体化"地位,并让其为自己福祉负责的劳动法中,立法者为什么要加入有关工会与集体合同的条款,这种做法显得立法目标非常不明确。[②] 这似乎仅仅是为了迎合某种意识形态的宣传,即赋予名义上的领导阶级—工人阶级—必要的政治和经济地位。

孙中伟则提出了一个"赋权"与"赋能"的理论框架,认为应当从"个体赋权"迈向"集体赋权"与"个体赋能",前者着眼于提高工人的结社力量,后者则力图提高工人的结构力量,提升工人的发展权。作者进一步提出了关于劳工保护的"权—能"模型,即低度赋能与个体赋权相结合,提供的只是"饭碗型"权益,即生存型的底线保障;低度赋能与集体赋权相结合,提供的是"悬浮型"权益,即由于工人个体能力较差致使许多权益无法落地;高度赋能与个体赋权相结合,导致劳工抗争多发;高度赋能与集体赋权结合,才能形成劳资关系平衡。[③]

劳动关系能否实现集体化转型取决于工会等组织化制度设计的有效性,研究者对此也有不同观点。虽然陈佩华等人在20世纪90年代就提出中国劳动关系开始转向多方参与的"合作主义模式",[④]但许多学者对此提出质疑。冯钢认为中国现行工会组织有"制度性弱势":[⑤]一方面,工会组织对行政主管和企业领导高度依赖,国有企业的工会主席大多由同级党或行政领导兼任,而非国有企业的则由老板本人或其亲戚、亲信担任。[⑥] 行业或区域工会的主席则由本单位党组织或上级工会委派。[⑦] 另一方面,中国工会存在多重职能,除了作为"维

---

① 游正林.对中国劳动关系转型的另一种解读——与常凯教授商榷[J].中国社会科学,2014,(3).

② Gallagher and Dong 2011, pp. 32 - 34.

③ 孙中伟.从"个体赋权"迈向"集体赋权"与"个体赋能":21世纪以来中国农民工劳动权益保护路径反思[J].华东理工大学学报(社会科学版),2013,(2).

④ Chan, A. 1993, "Revolution or Corporatism? Workers and Trade Unions in Post-Mao China." Australian Journal of Chinese Affairs 29; Unger, J. & A. Chan. 1995, "China, Corporatism, and the East Asian Model." Australian Journal of Chinese Affairs 33.

⑤ 冯钢.企业工会的"制度性弱势"及其形成背景[J].社会,2006,(3).

⑥ 刘小刚,张青蕾.关于工会主席兼职情况的调查[J].中国工运,2010,(4);闻效仪.增量改革下的工会干部职业化.载颜辉主编.中国工会劳动关系研究[M].中国工人出版社,2008;吴亚平.吴亚平文集[M].光明日报出版社,2013.

⑦ 吴亚平.关于基层工会主席直接选举的几个问题.载颜辉主编.中国工会劳动关系研究[M].中国工人出版社,2008.

权性”组织之外，工会还有若干其他任务。[①] 无论是游正林提出的工会的“限定性维权”职责与“脱离群众”倾向，[②]乔健提出的“工会多重角色”，[③]还是吴清军所定义的“形式维权”，[④]孙中伟、贺霞旭提出的工会作为“稻草人机制”，[⑤]都与“合作主义”模式所要求的、具有政治与经济上相对独立性的工会相距较远。

对于国家在劳资争议协调中扮演的角色，研究者从不同的视角提出了类似的观点，即国家并不是不偏不倚的中立调停者，它在政治上以维护稳定为目的，在经济上以促进地区发展和招商引资为要义，因此在劳资争议的调处中常常无法对劳动者提供有力的支持。与此同时，研究者也认识到，中国的劳资争议协调模式中，法律与非法律的机制都扮演了重要角色，这也使得“中国式”的矛盾处理具有不同于他国的特色。

蔡禾区分了“行政赋权”与“劳动赋权”，认为自改革开放以来，国家对于农民工权益的保障遵循的是“行政赋权”的逻辑，也就是政府以城市为中心的经济社会发展需要而采用的策略，多大程度上赋予农民工权利服从于地方经济增长目标和政治稳定目标的要求，使得占产业工人主体的农民工权利具有不完整性、不稳定性和权变性。蔡禾强调，要将“行政赋权”的思路转换为“劳动赋权”，也就是只要劳工参与了城镇的劳动过程，他的权利就应当受到完整的法权保障，而不应受到行政权力的剥夺。[⑥]

郑广怀提出，在农民工的权益维护上，制度文本与制度运作实践发生了严重的脱离，“赋权”最终演变成“剥权”。[⑦] 地方政府在面对农民工维权，尤其是工伤维权时，往往会选择“资本优先”的实践模式，而在劳工权益保护上持消极态度。政府一方面在制度文本上对农民工进行“赋权”，以此维持当地社会的稳定，建立良好的投资与经营环境，另一方面则选择性地利用和诠释制度文

① 吴建平. 转型时期中国工会研究——以国家治理参与为视角[M]. 光明日报出版社，2012，第79—81页.

② 游正林. 60年来中国工会的三次大改革[J]. 社会学研究，2010，(4)；游正林. 如何理解中国工会的“维权”职责[J]. 江苏社会科学，2012，(6).

③ 乔健. 在国家、企业和劳工之间：工会在市场经济转型中的多重角色[J]. 当代世界与社会主义，2008，(2).

④ 吴清军. “守法”与“维权”的边界：外企工会组建与运行模式的分析[J]. 学海，2008，(5).

⑤ 孙中伟，贺霞旭. 工会建设与外来工劳动权益保护——兼论一种“稻草人机制”[J]. 管理世界，2012，(12).

⑥ 蔡禾. 行政赋权与劳动赋权：农民工权利变迁的制度文本分析[J]. 开放时代，2009，(6).

⑦ 郑广怀. 伤残农民工：无法被赋权的群体[J]. 社会学研究，2005，(3).

本，采用实体性和程序性的“次标准”，即显著低于劳动法规定的各项标准，对工人权益进行“合法”剥夺，抑制维权意识。① 郑广怀认为，这是“安抚型国家”的主要特征，国家在处理劳资争议时，通过模糊利益冲突、不严格执行法律法规、采取精神安抚和物质安抚相结合的方式，使得既定的法律政策保持文本与实践上的长期分离，达到平复劳资争议、减少冲突的目的。②

庄文嘉定义了国家在处理劳动争议时的“选择性”策略，即国家在仲裁调解时，对于大规模集体争议事件采取重点防范，而对于小规模集体争议或个体争议事件则相对忽略，导致了集体争议事件在数量上得到遏制，人数规模相对减少，但争议事件总量始终在高位运行。③ 不同于法律吸纳和刚性压制，中国在劳动争议处理中采取的“柔性调解”模式确实会收获效果，但也存在风险。④ 研究者指出，调解过程事实上会导致劳动争议处置过程的“去司法化”，“去司法化”的背后是国家的维稳观，与工人“准司法化”的维权观形成冲突，反而降低工人对于制度内维权的偏好，“柔性调解”反而提升了工人寻求体制外解决争议的偏好。⑤

程秀英提出“循环式国家”的概念，认为这一模型既不同于“集权主义”，也不同于“分裂的权威主义”，它在既有的行政制度之外引入了法律系统，法律制度在一定程度上约束和规范了行政力量，同时也给了行政力量缓冲的余地，使得劳资争议事件往往会在政府不同部门之间“循环”，而大大耗散了抗争的烈度，甚至转换了斗争的目标。⑥

第二节 劳动关系主体变迁

中国工人群体的构成已经发生了剧烈变化。“老”工人阶级在企业转型与

① 郑广怀，孙中伟. 劳动法执行中的“次标准”——基于2006—2010年对珠江三角洲农民工的调查[J]. 社会科学，2011，(12).

② 郑广怀. 劳工权益与安抚型国家——以珠江三角洲农民工为例[J]. 开放时代，2010，(5).

③ 庄文嘉. “调解优先”能缓解集体性劳动争议吗？——基于1999—2011年省级面板数据的实证检验[J]. 社会学研究，2013，(5).

④ 岳经纶，庄文嘉. 国家调解能力建设：中国劳动争议“大调解”体系的有效性与创新性[J]. 管理世界，2014，(8).

⑤ 岳经纶，庄文嘉. 转型中的当代中国劳动监察体制：基于治理视角的一项整体性研究[J]. 公共行政评论，2009，(5)；庄文嘉，岳经纶. 从法庭走向街头——“大调解”何以将工人维权行动挤出制度化渠道[J]. 中山大学学报(社会科学版)，2014，(1).

⑥ 程秀英. 循环式国家：转型中国的符号式劳动治理机制探析[J]. 社会，2015，(2).

经济改革中已几乎消解，目前城镇单位中雇佣的工人大多是农村转移出来的劳动力。根据国家统计局的相关调查，建筑业、制造业成为农村转移劳动力主要聚集的产业。目前的新兴工人群体中的主体是农村转移出来的劳动力，劳动关系主体发生的变化会给工人境遇与劳动关系带来哪些新特征？

既有研究认为，一方面，农村劳动力会将一些传统社会关系带入城镇工业生活，让正式的契约性劳动关系"嵌入于"一种非正式的社会关系网络中，使得劳动关系具有"嵌入性"特征，有助于管理者实施有效的科层制控制，并可能阻碍了新工人阶级形成；另一方面，这种传统关系也可能会成为(部分)工人用以对抗资本剥削的社会资源。

一、运作社会关系来实施控制

清华大学的沈原团队对布若威的工厂政体理论作了中国式修正，认为中国工厂也有"专制"与"霸权"两种类型，差别在于雇主/管理者与工人之间是否存在垂直型的社会连带关系。

上下级之间一旦存在"先赋性"社会纽带，就形成了"关系霸权"式劳动关系。这意味着，人们会因为"先赋性"纽带而形成雇佣关系，将社会关系带入劳动过程，并在生产中不断强化与再造这种社会关系，使其成为雇主行使控制权的资源。研究者指出，布若威的制度霸权是制造上下级之间的共识，而关系霸权则是约束工人对雇主的不满，"关系霸权存在的结构性条件就是网络化的劳动力市场；较为松散的、非科层化的控制文化限制了专制主义的支配，使得关系霸权能够有条件发挥较大作用"。①

如果雇主—雇员之间不存在这种"先赋性"社会纽带，那么就构成了"专制政体"。沈原认为，专制政体分为两种，一种是"常规性工厂专制政体"，指的是，虽没有"关系霸权"中的强社会关系，但仍有一些社会关系的存留，而且得以成为工人抗争行动的资源，另一种是"军管式工厂专制政体"，即工人被割断所有的社会联系，彻底原子化。② 这种分类被用于解释劳动者在抗争方式上的差异，在"常规性专制政体"中，工人采取集体性的抗争行动，而在"军管式专制

---

① 沈原，周潇."关系霸权"：对建筑工劳动过程的一项研究.载沈原.市场、阶级与社会：转型社会学的关键议题[M].社会科学文献出版社，2007，第216—217、233页.

② 沈原，闻翔.转型社会学视野下的劳工研究：问题、理论与方法[J].清华社会学评论，2012，(5).

政体”下，则频频出现自杀等极端个体化抗争行为。

由于强调“关系”因素，这些研究者多关注建筑工人和家户式工厂，他们认为，建筑行业的层层分包制和家户式工厂的生活与工作场所的高度重合，使得宗族、亲缘、地缘等社会关系大量涉入雇主—雇员之间的劳动契约，使得雇主或管理者可以轻易地利用社会关系来约束工人的反抗意识。例如，亓昕分析了建筑业的欠薪体制，认为分包老板采用欠薪带来的不确定性制造了工人群体的分化，一部分工人同老板存在社会连带关系，因而愿意承受不确定性，并自愿赶工，就形成了关系霸权。① 陈秋虹、童根兴等人连续多年考察了河北某箱包生产基地的家户式工厂，他们发现，此类工厂中生产过程与生活场所的高度重合使得生产关系在文化上被家庭关系、传统伦理环绕，缺乏现代意义上的劳动契约，仅仅靠着朴素的权利和义务来维持，这使得工人臣服于雇主的控制而不会感知到任何张力。②

与“关系霸权”概念类似，中山大学的蔡禾与贾文娟基于对路桥建设业的分析提出了“拟差序格局”，指的是一旦发生欠薪，与工头或管理者没有亲族同乡关系的雇员会优先拿到工资，而有此类关系的雇员反而会利益受损，管理者通过运作传统社会关系来约束雇员的不满，消减其抵抗意识。③

冯同庆对中国劳动关系中的非契约性因素，即传统社会关系因素作了方法论上的思考。他认为，西方的抗争政治理论很大程度上是基于对行动者个体理性的假定，而忽略了家庭纽带和情感的重要性；而在中国，决定工人政治倾向的关键在于他们与他人的关系，包括亲族关系。④ 他受到裴宜理(Elizabeth Perry)研究的影响，后者在《上海罢工》和《安源矿工实录》中都提到了工人依据传统特征产生分裂和聚群，从而激起了不同模式的抗争。

一些学者认为，劳动关系的“嵌入性”成为雇主或管理者得以有效支配和

---

① 亓昕．欠薪体制与建筑工的分化——建筑工地劳动过程的民族志[J]．清华社会学评论，2012，(5)．

② 陈秋虹．家庭即工厂：河北北镇乡村工业化考察．载郑也夫，沈原，潘绥铭编．北大清华人大社会学硕士论文选编[M]．中国青年出版社，2011；童根兴．北镇家户工——日常实践逻辑与宏观政治经济学逻辑．载郑也夫，沈原，潘绥铭编．北大清华人大社会学硕士论文选编[M]．山东人民出版社，2005．

③ 蔡禾，贾文娟．路桥建设业中包工头工资发放的“逆差序格局”：“关系”降低了谁的市场风险[J]．社会，2009，(5)．

④ 冯同庆．劳动关系研究的回顾及方法论思考．载佟新主编．中国劳动关系调研报告[M]．中国言实出版社，2009，第23页．

控制劳工的工具,也从根本上消解了劳动者的阶级认同、抗争意识,从而阻碍了工人作为一个阶级群体对于既定生产制度安排的反抗。

潘毅、卢晖临等人提出,与西方工人的“无产阶级化”相比较,中国城镇中的农民工经历的是“未完成的无产阶级化”,也就是职业身份的工业化与权益保障的去城市化并存。职业身份的工业化和城市化,让农村、农民成为城镇建设用工的“蓄水池”,当有用工需求时,只需开闸放水,农民就会源源不断地转变身份为工人,参与到城镇工业建设中来;权益保障的去城市化,则是以农民可以返乡为借口,不负担或尽可能少负担其劳动力再生产的开支,比如住房、子女教育、医疗、养老等支出,让农村承担劳动力再生产的成本。[①] 蔡禾的“行政赋权”也有此类意味,即对于农民工的权益保障是以城镇经济建设为中心,这种管理实践背后的逻辑就是将外来务工人员定位为可进可退的“候鸟型”劳动力,认为他们可以在故乡娶妻生子养老,在生产萧条时返回乡村,在工业生产需要人手时再度回到城市。[②] 陈映芳、熊易寒等人都提出,国家通过一再确认和强化农民工“非城非农”的特殊身份,从自身利益需要出发,仅仅开放有限的市民权,将本应遵循普遍主义的公民权化约为“地方性公民权”。[③]

几位研究者相继提出了“双重脱嵌”的概念来描述并解释农民工的代际分化。[④] 他们认为,农民工由于城镇的排斥性制度安排而面临“制度脱嵌”的困境,即在就业获得、居住与生活、社会保障和获取公共服务等方面的需求仍然与正式制度的供给水平和供给渠道之间存在深刻的鸿沟,政策实践效果碎片化,政治权利也基本“悬空”。老一代农民工由于与土地、传统社会纽带之间的各种联系,即“无产阶级化程度不完全”,而对排斥性的城镇制度较为包容;然而,新生代农民工则面临着制度与传统的“双重脱嵌”困境,一方面,传统社会支持与关联的弱化让他们的“无产阶级化”程度较父辈更高,因此对“制度脱嵌”的耐受度大为降低;另一方面,无产阶级化可能成为“激进主义”(radicalism)和新“工人阶级”形成的推进器。

---

① 潘毅等.农民工:未完成的无产阶级化[J].开放时代,2009,(6).

② 蔡禾,2009.

③ 陈映芳.“农民工”:制度安排与身份认同[J].社会学研究,2005,(3);熊易寒.半城市化对中国乡村民主的挑战[J].华中师范大学学报,2012,(1).

④ 黄斌欢.双重脱嵌与新生代农民工的阶级形成[J].社会学研究,2014,(2);朱妍,李煜.“双重脱嵌”:农民工代际分化的政治经济学分析[J].社会科学,2013,(11).

对于农民保有与农村社会的土地、制度与心理关联，有学者提出不同观点，他们认为中国的工业化所处的内外环境都与工业化时期的西方国家有很大差异，盲目剥夺农民的传统纽带，让农民成为“无产者”可能引发巨大的社会政治风险。例如，曹锦清认为，让农民不脱嵌于传统社会，并为工业迅速发展提供持续低廉的劳动力是中国式增长与社会稳定的重要引擎。① 2008 年国际金融危机导致 7 000 万农民工返乡后，贺雪峰等人也提出，“中国式的城乡二元结构使农民可以出得来，又可以回得去……农村是中国现代化的‘稳定器’和‘蓄水池’，稳定的农村为政策选择提供了宽松的条件”。② 这些研究者并非倡导以农民工可以返乡为借口，降低其在城镇中所能享受到的社会保障水平，但他们却从另一角度理解农民工的传统纽带，认为这种纽带使其可以宽容在城镇中遭受的用工不稳定等各种对待。

二、传统社会关系作为工人抗争的资源

裴宜理在其经典著作《上海罢工》中提出，中国的工业化发展进程中，农村的生活传统和共产主义的意识形态仍在延续，与其说是工人阶级形成时失去了乡村的特征，毋宁说是新式的资本主义在农村包围中形成。对于传统地缘关系的认同往往基于信仰，基于不同地区的习俗、仪式，基于来自动荡社会中的准宗教性质帮会。裴宜理试图回应的问题是，工人依据传统特征而形成的分裂必然导致其难以形成“阶级”吗？她认为并非如此。裴宜理对于近代上海工人群体的研究发现，由于生产性质、技术流程、招工方式等差异，工人依据地缘发生了深刻分裂；虽然在每一地缘群体内部，都有自上而下的庇护政治，但由于地缘群体之间的利益不一致，庇护政治反而有助于工人的政治化，最终形成了工人运动。③

潘毅等人提出了“宿舍劳动体制”的概念，即工厂大量使用外来劳动力，并采用工厂宿舍的形式对其实施暂时性安置，让宿舍来承担劳动力日常再生产。与传统的家长制或“工厂式社区”的管理模式不同，中国工厂的“宿舍劳动体制”之特殊性在于，企业为雇员提供宿舍“并不是为了收买劳动力的忠诚或者

---

① 引自魏城编著. 中国农民工调查[M]. 法律出版社，2008.

② 贺雪峰，袁松，宋丽娜等. 农民工返乡研究：以 2008 年金融危机对农民工返乡的影响为例[M]. 山东人民出版社，2008，第 23—24 页.

③ 裴宜理. 上海罢工：中国工人政治研究[M]. 刘平译，江苏人民出版社，2012，第 147—149 页.

保住稀缺技术，而是为了确保在短期内获得单身的、廉价、年轻的外来工”。①当然，诚如研究者所言，城镇将外来工看作是“临时居民”，也就是农村人，以此为借口不为他们提供住房等设施，这才导致了资本通过提供住宿以极其低廉的成本对这些劳动者实施“全景式”监控。但这种“宿舍劳动体制”恰恰构成了工人反抗的资源，工人的宿舍式聚居方式为他们的集体抗议行为提供了空间与社会基础：既便于传播流动与工作信息，也为工人建立共识、发展策略以及采取集体性行动创造了有利条件，让工人得以建立或强化社会关系，并提供便利渠道促成各种团结形态，给予了集体抗争的空间和社会基础。

蔡禾等人对于珠三角的调查支持了集体行动的资源动员理论。② 这一理论认为，劳工要组织起集体行动，网络有着非常重要的作用。社会网络可以起到沟通、传递信息、协助认知解放、提供“团结诱因”等功能。网络是资源的载体，拥有网络就意味着行动者具有从网络关系中获取实现目标的资源。因此，农民工在迁入地和企业中的社会关系越多、越紧密，就越可能参与利益抗争行为。研究者发现，居住在企业集体宿舍中的农民工参与抗争的程度要高于其他居住形式的农民工。

对于农民工的传统社会关系在工人抗争与阶级形成中的作用仍然存在争议。研究者认为，既有的政治与政党斗争、阶级形成等理论对于保有着大量传统特征的外来劳工并不适用，他们的斗争还只停留在经济层面，并不具有政治标签；传统特征上的分裂致使这些斗争即便时有出现，也十分脆弱；与成熟的(established)工人群体不同，外来劳工也不具备作为“工人”的文化特征，因此汤普森等人的阶级文化论也难以奏效。③ 也有研究提出，争议的产生是由于既有研究尚未区分社会关系类型：从新制度主义有关正式与非正式制度“耦合”(coupling)与否的视角来看，当这种社会关系与企业正式制度能够“耦合”，即出现劳动关系“嵌入性”理论所强调的垂直型社会关系，企业正式管理制度的效力能够得到强化，管理者得以通过运作传统关系来达到控制、约束与激励员工的作用；当这种社会关系与企业正式制度“脱耦”(decoupling)时，两者会产

① 任焰，潘毅. 跨国劳动过程的空间政治：全球化时代的宿舍劳动体制[J]. 社会学研究，2006，(4).

② 蔡禾，李超海，冯建华. 利益受损农民工利益抗争行为研究[J]. 社会学研究，2009，(1).

③ 黄岩. 全球化背景下外来工的权利表达与阶层意识[J]. 人文杂志，2008，(1).

生潜在冲突，从而削弱了企业正式制度的效力，降低了员工的服从与忠诚。[①]但目前，对于劳工传统社会关系的研究仍然停留在不完备的理论论述和碎片式的经验呈现阶段，尚未形成系统，无论是“嵌入论”还是“资源论”，其机制都有待进一步的阐明和论证。

第三节　资本的全球化流动增强

全球化对于新兴经济体中的劳工与劳动关系带来几项后果，一是资本流动与“发展型政权”结合带来的“逐底竞争”(race to the bottom)使得劳工的生存状况和生产异化程度显著提升；[②]二是全球化带来的观念变迁，既形成了一种“市场自由主义”的抽象力量，[③]为资本的剥削披上了合法性外衣，也促成了民族主义，继而是国家主义意识形态的兴起，[④]由此构成劳工在抗争中所面临的“隐藏敌人”，很难直接予以还击；三是资本与生产的全球化也同时导致了劳工权益抗争与信息共享渠道的全球化。第一种力量可能正在产生一个“新的反抗主体”，所谓“资本流动到哪里，工人阶级的抗争就在哪里出现”；[⑤]第二种力量则削弱了工人的抗争意识，让劳工很难找到自身糟糕境遇的始作俑者；第三种力量对于提高劳工的福祉有所裨益，但仍面临很大限制。

一、全球化带来的“逐底竞争”

对于全球化的前一种影响，即“逐底竞争”导致的劳工状况恶化，已为许多研究者认可。黄德北对于珠三角工厂的调查发现，自20世纪80年代以来，发达国家的公司为了降低生产成本，已经逐渐将工作重心放在产品技术研发和品牌创建上，把生产环节转由发展中国家的工厂代工。全球商品生产供应链

---

① 朱妍.影响组织忠诚的非正式制度：两种类型的初级社会连带[D].中国社会学年会论文，2013.

② Silver，B. J. 2003，Forces of Labor：Workers' Movements and Globalization since 1870. Cambridge：Cambridge University Press；潘毅，许怡.垄断资本与中国工人——以富士康工厂体制为例[J].文化纵横，2012，(2).

③ 李静君.中国工人阶级的转型政治.载李友梅等主编.当代中国社会分层：理论与实证[M].社会科学文献出版社，2006.

④ 玛丽·E.加拉格尔.全球化与中国劳工政治[M].郁建兴，肖扬东译，浙江人民出版社，2010.

⑤ Silver，2003.

的产生促使跨国公司和加工工厂之间建立了紧密的上下游协作关系。在中国，这种协作关系由于是买家主导的供应链，因此即便有劳动监察、企业行为守则运动、企业社会责任等正式非正式的监督，代工工厂也缺乏与跨国公司谈判和溢价的能力。跨国公司仍然会将成本压至最低，相应地，代工厂则只能采取各种策略来规避劳动监察等引致的成本提升，最终往往导致劳工权益受到极大损伤。① 佟新也强调，跨国公司在与本地代工厂的合作中凭借巨量的订单居于明显优势地位，如果缺乏替代性的保护和规制，发展中国家的企业只能依附于这一生产链谋求生存。②

黄岩对于珠三角工厂赶货代工的考察发现，代工和赶货是在订单极不稳定，而劳动力市场高度流动的条件下促发的。代工订单和上游生产商几乎全部来自海外，代工劳动力也几乎都是外来的。在劳动法无力规制，而资本又有着极强的话语权和备择方案时，代工工厂和工人几乎没有任何博弈的能力。中国式赶工也与台湾的家户式工厂有显著差异，后者的上下游之间、雇主（即"头家"）和雇员（即"黑手"）之间还有一些类家庭的情谊，但中国式赶工则是无差别地追求利润与收入的最大化。作者认为，恰是赶货工与雇主双方在充分竞争的劳动力市场上各自找到了平衡点，也就是工人的赶工既符合自身利益也符合雇主利益，自愿达成了共识。③

事实上，劳动关系学者早在中国"加入 WTO"之初就提出，经济全球化背景下，劳资关系的力量对比将变得越发失衡。世界各国就国际劳工标注早已提出许多条款，而中国"加入 WTO"之后应以国际劳工公约中的核心劳工标准为依据，健全劳动立法，否则随着资本追逐低成本高利润的流动，中国劳工的福祉必然受到巨量伤害。④

二、全球化对意识形态的重构

对于全球化带来的第二种影响，一些学者已经有所认识，但流于猜想，缺

① 黄德北. 全球商品供应链与出口加工工厂劳动关系之研究. 载黄德北，冯同庆，徐斯勤主编. 全球化下的劳工处境与劳动研究[M]. 社会科学文献出版社，2011.

② 佟新. 全球化下的劳资关系和产业民主. 载冯同庆主编. 中国经验：转型社会的企业治理与职工民主参与[M]. 社会科学文献出版社，2005.

③ 黄岩. 工厂外的赶工游戏——以珠三角地区的赶货生产为例[J]. 社会学研究，2012，(4).

④ 常凯. WTO、劳工标准与劳工权益保障[J]. 中国社会科学，2002，(1).

乏细致研究论证。学者们发现，在全球化背景下，中国劳工和资本、国家之间达成了一种类“资本主义式的共识”，[①]包括计划体制、市场体制等各种元素在一个体系中共存，经历转型、利益受到极大伤害的绝大多数似乎并没有奋起反抗。要知道，东欧多国都由于重新定义社会契约而经历了政治与社会风波，[②]与之相比，中国的经验值得玩味。

有研究者猜测，这是由于中国借全球化之力完成了意识形态的改造：全球化所培育的“中国必须参与到国际竞争并在世界经济体系中谋求一席之地”的理念，在工业化过程中成为促成意识形态转型的工具，构成了一组“支配性的社会系统工程”。旧体制下的城镇职工逐渐意识到，他们必须放弃在社会主义制度下所享有的福利，并接受一套新的资本主义话语和崇尚竞争的道德经济学（moral economy）逻辑，改造工人以适应市场、竞争、风险，将工人福祉转而归为个人责任而非国家责任，这一整套意识形态工具和话语体系促成了这种转变。[③]

在这种市场化的生产关系嵌入社会主义政治体制的独特制度背景下，全球化带来了国家、市场与资本霸权的核心价值观：旧的国企工人由于难以界定到底应该由谁为其负责，也只能将企业管理者认定为他们利益的（直接）侵害者；当企业本身经历转制或破产后，这种不满就失去了指向，由此更难引发抗争激励，他们逐渐固化一种意识，即生活状况的好坏几乎完全取决于企业本身的状况，而对背后的机制缺乏探究的能力。[④] 对于那些从农业转移出来的劳动力，他们因为缺乏汤普森所说的“工人阶级的文化”，更是不会将生存际遇糟糕归因为资本的剥削，他们的自我身份认同模糊；与西方工人不同，在面临利益受损时，他们是“讨薪”，而非“讨工作”。

三、劳工权益保障机制的全球化

许多学者都注意到，全球化带来“逐底竞争”的同时，也催生了有关劳工权

---

① 杜赞奇.中国漫长的二十世纪的历史和全球化[J].开放时代，2008，(2)；康晓光，韩恒.分类控制：当前中国大陆国家与社会关系研究[J].社会学研究，2005，(6)；汪晖，2006.

② Adam, J. 1991, Economic Reforms and Welfare Systems in the USSR, Poland, and Hungary. New York: St. Martin's Press.

③ 加拉格尔，2008.

④ 吴清军.国企改制与传统产业工人转型[M].社会科学文献出版社，2010.

益保障的非政府部门的成长与兴盛，包括之前提到的企业行为守则运动、对企业履行社会责任的监察等，都是以非政府部门的兴起为载体的。正如黄岩对于某台资代工企业的抗争运动所呈现的，在这一运动中，跨国的倡议网络扮演了重要角色：工人因利益受损而激起骚乱，在当地劳工非政府组织的介入下，工厂代工的诸多著名品牌所属的跨国公司也受到了在地的企业生产伦理调查，并通过对代工企业压缩订单而形成压力，最终促成了劳工状况的改善。①

但总体来说，这种星星之火，远未呈燎原之势。目前仅仅对提升少数工厂、部分员工的福利可能起到作用，如果没有外界力量的强制性规制，缺乏溢价能力的代工厂和工人很难为自己争取到整体的福祉提升。②

余晓敏对起源于 20 世纪 90 年代的“反血汗工厂/公司行为守则运动”的发展作了分析，发现这一“守则运动”作为倡导与维护劳工权益的第三条道路仍有很大的局限性：一方面，公司守则运动的工作重点是监察而非赋权，即便是积极推动赋权的某些非政府组织由于受到资源和政治压力，也未将组建跨国性的工会作为重点去推进，只是试图去改良政策；另一方面，要组建跨国性的工人联盟事实上也面临很多限制，工会的活动很难超越国家的边界，不同国家经济发展水平和利益分配的悬殊也加剧了跨国公司与代工厂之间合作的困难，双方的工会都有义务和诉求为在地劳工谋求最多的福利。③

第四节　结语与展望

一、共识与争议

回到开篇所提到的两项议题，中国工人与劳动关系研究者都认为中国企业的劳动关系已经发生了深刻变化，而导致这些变化的核心力量包括国家角色的变迁、劳动者构成的变化，以及全球化带来的资本流动和观念重塑。在这些力量的推动下，华尔德所看到的指令性计划经济体制下国营企业的“新传统主义”劳动关系也逐渐消解，即便是在当前的国有/国有控股企业内，上下级之

---

① 黄岩.市民社会、跨国倡议与中国劳动体制转型的新议题——以台兴工人连锁罢工事件为例分析[J].开放时代，2011，(3).

② 黄德北，2011.

③ 余晓敏.经济全球化背景下的劳工运动：现象、问题与理论[J].社会学研究，2006，(3).

间基于“施恩—庇护”的资源分配模式在弱化，绩效原则和管理主义兴起，并很大程度上取代了既有的管理、约束、激励与晋升。

但这种绩效原则和管理主义又与布若威构想的“霸权”模式有很大差异：后者依赖大量的争议调停机制、普遍的经济激励等制度设置，谋求自下而上的顺从；但由于国家角色的“亲资本”特征以及劳工主体的乡城替代，导致了中国企业的管理模式流于简单控制，难以获取大多数低层工人的顺从，资本采用几乎无穷尽的劳动力储备来替代（威胁）离职或怠工的不满工人，远未达到上下共识的“霸权”模式，而是形成了李静君所说的“无序专制”（disorganized despotism）。①

研究者目前在研究方法上存在些许争议，即对于工人阶级形成过程中的阶级意识与阶级行动，应当采用何种研究方法。许多劳工研究者倾向于采用民族志与个案比较的研究方法，呈现在不同制度情境下，工人群体阶级意识与行动的类型差异。但仅仅采用案例分析方法难免存在局限，这种方法可以对单个事件或行动主体作深入的剖析，但捕获的经验资料往往较少；因为无法定义个别案例的普遍性和典型性，也就难以对这一案例的解释效力进行推断。另一些研究者强调劳工史的研究，认为这种方法才可以“迈向一种集体的、动态的（而非个体的、静态的）关于阶级意识的概念化方法”，②才能够采取主位视角，将行动者所处的历史与文化情境考虑在内。③

二、未来研究的方向

今后的劳工研究有几项议题可能是新知识与新理论的增长点：

一是劳动关系“嵌入性”的理想类型。今后若干年，劳动关系的构成主体仍将为农村不断转移出的劳动力，而这些劳动者能否构成中国新兴的产业工人阶级，一个重要的问题就是他们如何将传统特征（例如，传统社会网络关系、与土地之间的关联等）带入城镇工业生活。裴宜理向我们展示了20世纪二三十年代上海工厂的眩目图景，提出地缘、亲缘等传统特征与行业、技术等产生

① Lee，1999.

② 瑞克·范塔西亚.从阶级意识到文化、行动与社会组织[J].刘建洲译，国外理论动态，2008，(3).

③ 闻翔.“世界工厂”与劳工研究——2010年劳工社会学的回顾与反思[J].中国社会科学报，2011，(157).

“结晶化”，并因此构成了工人政治化与激进主义的基础。① 那么，当前的情况呢？

无论是“关系霸权”和“未完成的无产阶级化”都提出了劳动关系具有“嵌入性”特征，但对于这种“嵌入性”的原因、后果以及在不同情况下的变异模式都缺乏进一步的研究和概念化。

更进一步说，如果将视线从工作场所中传统关系和传统特征的保有推至工厂之外，还需要考虑农村劳动力的农地保有和户籍状况，这两者分别测量了劳动者与流入地和流出地的利益关联，并会由此影响其对于城镇工业生活的期待与愿景。

二是对全球化因素的研究还刚刚起步，对于这一力量带来的资本在全球范围内的重新配置及其后果关注不足。之前综述了全球化的三项后果，即逐底竞争、价值观念变迁和跨国权益抗争兴起，而这三项后果对于发展中国家工人阶级的形成所产生的作用方向并不一致，甚至有些呈反向作用；在不同的政治经济制度条件下，三项因素也会产生完全不同的后果。

对于逐底竞争和跨国权益抗争兴起，有一些个案加以呈现，但缺乏纵贯的数据资料分析，由此无法获取一个较长时段的情况变化；而对于价值观念变迁所导致的资本主义合法性变化，则基本流于猜想，对于劳动关系变化的观念与文化基础仍有待深入研究。

（朱　妍）

推荐阅读

1. 荣兆梓等. 通往和谐之路：当代中国劳资关系研究[M]. 中国人民大学出版社，2010.

2. 佟新主编. 中国劳动关系调研报告[M]. 中国言实出版社，2009.

3. 贺雪峰，袁松，宋丽娜等. 农民工返乡研究：以 2008 年金融危机对农民工返乡的影响为例[M]. 山东人民出版社，2008.

4. 华尔德. 共产党社会的新传统主义：中国工业中的工作环境和权力结构[M]. 龚小夏译，牛津大学出版社，1996.

5. 黄德北，冯同庆，徐斯勤主编. 全球化下的劳工处境与劳动研究[M]. 社会科学文献出版社，2011.

---

① 裴宜理，2012.

6. 玛丽·E. 加拉格尔. 全球化与中国劳工政治[M]. 郁建兴，肖扬东译，浙江人民出版社，2010.

7. 潘毅. 中国女工：新兴打工主体的形成[M]. 任焰译，九州出版社，2011.

8. 沈原. 市场、阶级与社会：转型社会学的关键议题[M]. 社会科学文献出版社，2007.

9. 魏城编著. 中国农民工调查[M]. 法律出版社，2008.

10. 吴清军. 国企改制与传统产业工人转型[M]. 社会科学文献出版社，2010.

思考题

1. 请解释"不完全无产阶级化"的含义。为什么一些研究者认为，"农民工"群体的无产阶级化是不完全的？

2. 雇主—雇员之间的劳动契约与一般商品契约相比有什么不同？劳动契约的特殊性如何制约了劳动相关立法的实施效力？

3. 资本在全球范围内的快速流动产生了哪些后果？并对劳工权益抗争、劳工运动造成了何种影响？

第四章
社会稳定风险评估的理论与实践

我国正处于经济发展的加速转型期，社会利益主体日益多元化，社会矛盾的触点增多、燃点降低，各级党委和政府维护社会稳定的难度加大。如何进行社会治理创新，科学地统筹好发展与稳定之间的关系，是摆在各级地方党委和政府面前的重要工作。在经济社会发展中，省(直辖市)、市、地方、乡(镇、街道)制定和实施事关人民群众根本利益并与人民群众切身利益密切相关、影响面广、容易引发社会不稳定因素或问题的重大决定、重要政策、重大改革举措和重大工程建设项目、大型活动等社会稳定风险事项的决策，以及对涉及社会敏感问题即“四重一大敏感”(重大决定、重要政策、重大改革举措、重大工程建设项目、大型活动等决策事项以及事涉及食品药品安全领域的重大社会敏感)问题的抉择时须进行社会稳定风险评估。[①] 开展重大事项社会稳定风险评估是防范社会风险的制度性措施，是指重大政策或项目事项等在制定、出台及决策实施前后对可能发生危害社会稳定的诸因素进行分析，评估发生危害社会稳定的频率，对不同的风险进行管理，做好危机预防及计划准备工作，采取切实可行措施防范、降低、消除危害社会稳定的风险。[②] 这项制度的建立就是要通过社会治理模式和制度安排的创新来摆脱目前维稳的困境，达到社会的良性稳定，实现维稳模式从“控制”到“协商”，从“被动”到“主动”，从“救火”到“防火”的有效转变。

---

① 付翠莲. 重大事项社会稳定风险评估机制研究[M]. 中国社会科学出版社，2011.

② 胡建一，杨敏，黄玮. 公共项目社会稳定风险分析与评估概论[M]. 上海社会科学院出版社，2011，第58页.

我国要求和强调并关注社会稳定的思想始自2002年11月召开的中共第十六次全国代表大会。大会首次提出建设和谐社会的思想后，接着党的十六届三中全会又首次完整提出以人为本的科学发展观；党的十六届四中全会将构建社会主义和谐社会作为党的执政目标和执政能力建设五大任务之一；党的十六届六中全会又作出《关于构建社会主义和谐社会若干重大问题的决定》，强调“积极预防和妥善处置人民内部矛盾引发的群体性事件，维护群众利益和社会稳定”；党的十七届四中全会第二次全体会议决定，要加强源头治理，坚持科学民主依法决策，建立健全重大社会决策、重大工程社会稳定风险评估机制；党的十七届五中全会第一次全体会议决定，“推动建立重大工程项目建设和重大政策制定的社会稳定风险评估机制，从源头上预防和减少社会矛盾的发生”。党的十八届三中全会通过的《中共中央关于全面深化改革若干重大问题的决定》指出，“要创新有效预防和化解社会矛盾体制，并健全重大决策社会稳定风险评估机制。建立畅通有序的诉求表达、心理干预、矛盾调处、权益保障机制，使群众问题能反映、矛盾能化解、权益有保障”。在改善民生和创新社会管理，加强社会建设方面提出要“正确处理内部矛盾，建立健全党和政府领导的维护群众权益机制，完善信访制度，完善人民调解、行政调解、司法调解联动的工作体系，畅通和规范群众诉求表达、利益协调权益保障渠道”。至此，社会稳定风险评估业已成为我国经济社会发展过程中确保经济社会平稳、有序发展的一个重要且关键的保障措施和手段。

马小丁提出由于社会稳定风险分析评估在我国的实践中尚处于刚起步阶段，对“有关社会稳定风险评估理论的运用，尤其是社会稳定风险评估的基本定位和功能作用，如究竟是采用定性方法(指标)还是定量方法(指标)还存在不同认识，在具体实际工作中产生了不同的影响”。[①]

第一节 社会稳定风险评估的基础理论

我国社会稳定风险评估理论的来源之一主要是参照了国际上通行的对建

① 马小丁.对稳评的几个基本认识[J].中国投资，2013，(11).

设项目进行的社会评价理论与方法。随着人类面临的新挑战和人类发展观念的变化，为避免建设项目可能引起的社会冲突和社会风险，研究项目的社会可行性就变得非常紧迫和必要，社会评价研究就是基于这种情况而发展起来的。

20 世纪 70 年代，随着人类可持续发展观的确立以及全球环境与生态问题的凸显，人们对项目的环境效果日益重视，环境影响评价（EIA）引入项目评价体系。EIA 对人类进行开发活动时可能引起生态系统及环境系统的变化事先进行识别、预测和评价，并在评价基础上提出合理减轻或消除环境负面影响的对策，以促进社会经济发展和环境保护。

20 世纪 80 年代后期，尤其是 90 年代中期以后，由于在项目的建设和开发中面临着诸如贫困加剧、贫富差距加大、环境污染日益严重、代际发展的公平性等问题，可持续发展观及以人为本发展观被广泛接受，也促成了在投资项目评价中除了需保证经济、环境可行性外，也应保证社会的可行性。基于这样的认识，世界银行、亚洲开发银行等一些国际金融机构率先在一些投资项目中引入社会影响分析，并据此逐步演变为对整个项目的社会评价。①

一、国外社会评价的发展

国际上社会评价研究实践数十年，已处于相对成熟阶段，其先驱主要是世界银行、亚洲开发银行、联合国开发计划署、英国海外开发署等投资和援助机构。世界银行是国际上较早开展社会评价的机构，取得了许多重要的研究成果，其在项目中开展的社会评价（Social Assessment）实践具有一定的代表性。1974 年，社会学家和人类学家在世界银行仅处于实验性部门的初级职员位置，他们在世界银行从事处于边缘地位的有关社会学的工作。20 世纪 80 年代初，世界银行开始重视发展项目中的社会学问题研究，如制定非自愿移民的政策，派社会学家、人类学家参与项目的社会评价等。世界银行在 1984 年就要求“社会评估”应成为世行进行项目可行性研究工作的一部分，在项目评价阶段，与经济、技术和机构评价共同进行。世界银行社会评价专家迈克尔·M. 塞尼教授在他的《把人放在首位——投资项目社会分析》②一书中，阐明了他的工程社会学观点：“任何工程都只能以造福于民为目标。工程应当对它所侵害的那

① 陈琳，谭建辉. 建设项目社会评价研究——理论与实践[M]. 中国建筑工业出版社，2009.

② 迈克尔·M. 塞尼. 把人放在首位——投资项目社会分析[M]. 中国计划出版社，1998.

一部分人的利益有所补偿，以使工程所涉及的所有人都能从中获利。”这个观点已经得到广泛认可，并作为建设项目社会评价的准则。项目评价已从单一的财务分析和经济分析，发展到财务、经济、技术、环境和社会等方面的评价，其中社会评价在项目评价体系中扮演着越来越重要的角色。[①] 我国在接受世行贷款项目的同时，也开始接受世行的项目社会评价理念，开始重视重大项目移民安置、少数民族、妇女等弱势群体问题，并在实践中开始突破。

二、社会风险与社会稳定风险

所谓社会风险，是指因个人或单位的行为，包括过失行为、不当行为及故意行为对社会生产及人们生活造成损失的风险。[②] 社会稳定(social stability)是指社会系统运行的有序化和社会环境的和谐状态，广义的社会稳定包括经济稳定、政治稳定、思想文化稳定和军事稳定等各方面，而从区域视角，社会稳定又被划分为全国社会稳定、地区社会稳定、城市社会稳定、农村社会稳定以及边疆社会稳定和社区社会稳定等；徐成彬教授更是强调，社会稳定主要是指一种相对稳固安定的社会状态，包括政治稳定、经济稳定和社会秩序稳定等。政治稳定是指政治局势的平稳和秩序，政治稳定是社会稳定的保障；经济稳定则是经济的持续、健康、协调发展，包括经济增长、就业充分、物价稳定和国际收支平衡等内容，经济稳定是社会稳定的基础；社会秩序稳定则是指人民群众安居乐业，思想文化稳定和社会治安秩序良好，社会秩序稳定是社会稳定的直接体现。[③] 狭义的社会稳定主要指社会秩序的良好状态，如治安良好、刑事犯罪率低等。风险(risk)是指结果的不确定性或损害(失)发生的可能性，与危险、危机和不确定性概念紧密联系又相互区别。社会风险(social risk)是一种导致社会冲突，危及社会稳定和社会秩序的可能性，一旦这种可能性累积到一定程度，社会风险就会转变为社会危机，从而构成对社会稳定和社会秩序的威胁。由此可以看出，社会风险的存在会危害社会稳定，社会失稳则是社会风险发展到一定程度的结果。因此，社会稳定风险是社会系统中社会风险累积到一定程度，使得社会系统发生社会无序化和社会环境不

---

① 世界银行. 发展项目移民规划与实施手册[M]. 中国国际工程咨询公司译，中国计划出版社，2007.

② 杨敏，胡建一，刘文敏. 社会稳定风险基本概念和基础理论研究[R]. 2014.

③ 徐成彬. 投资项目社会稳定风险分析与评估实务[R]. 2015.

和谐的可能性。[①] 或者“社会稳定风险是指社会各个领域中的不确定因素引发社会动荡、社会冲突、社会损失的一种‘潜在的可能性关系状态’”。[②] 社会风险属于风险，而社会稳定风险又属于社会风险。

重大决策和重大项目推出无疑也属于公共政策范畴和组成部分，使得公共政策的边界得以扩展和更新。童星和张海波曾在《高风险社会中的公共政策》一文中提出，高风险社会已经扩展了公共政策的传统边界，改变了公共政策的评价标准。[③] 未来整个公共政策的导向都是面向社会风险的。市场化改革只是“工具理性”，不是我们追求的目的；只有防范公共风险，以避免公共危机，才是改革所追求的价值，[④]他还认为，“公共政策的边界已由传统的政府部门和第三部门扩展到涵盖了企业，既然公共政策的评价标准已由‘成本—收益’分析转变为‘收益—风险’分析，也就意味着凡是政府、第三部门甚至企业有重大的政策决策出台，都应对其所带来的社会稳定风险进行评估，所以，目前和今后必须对重大政策和建设项目，推进和完善社会风险评估”。

三、社会稳定风险的基础理论

社会稳定是与公共冲突相对应的一个概念。从 2004 年以来各级政府以维稳为第一目的进行的实践来看，社会稳定风险专指社会大系统中经济、政治、文化等某个子系统内部因某个事项处理不当而引发公共冲突的风险，这种风险属于社会风险的范畴。因此，社会风险及其预警的某些研究理论和范式同样可以用来作为社会稳定风险评估工作的理论依据。[⑤] 学术界对我国社会稳定风险评估理论层面的研究还处在探索阶段。近年来，国内学者的研究主要有四个方面：

1. “利益相关者”(Stakeholder)理论

该理论是基于利益相关者利益诉求、期望、心理和行为表现的风险评估模型。利益相关者分析的内容主要包括对利益相关者的利益诉求的合法合理性

① 张长征等. 重大水利工程项目的社会稳定风险评估[M]. 清华大学出版社，2013，第 9—10 页.

② 胡象明等. 大型工程的社会稳定风险管理[M]. 新华出版社，2013，第 185 页.

③ 张海波，童星. 高风险社会中的公共政策[J]. 南京师大学报，2009，(6).

④ 童星. 公共政策的社会稳定风险评估[J]. 学习与实践，2010，(9).

⑤ 杨芳勇. 论重大事项社会稳定风险评估的理论基础与方法来源——以房屋拆迁为例[J]. 中共南昌市委党校，2012，(13).

的分析，对不同利益相关者之间的关联网络、社会网络、社会资本的分析，以及利益相关者之间、利益相关者与项目之间在利益、价值观和心理感受等方面存在的矛盾冲突等内容的分析和评估。①

利益相关者（stakeholder）作为一个学术概念最早是由美国斯坦福研究中心（现为 SRI 公司）于 1963 年提出。为克服公司治理中“股东（stockholder）至上”的弊端，研究人员使用利益相关者概念以拓宽公司管理人员关注的对象，即由原来仅关注和满足股东的需要转向关注所有利益相关者的需要，告诫人们在企业发展过程中不能仅仅考虑股东利益，还应该满足许多与公司相关人群的利益需求（包括股东、顾客、雇员、供应商、债权人和社团）。斯坦福研究院（SRI）定义“利益相关者”为：“是这样一个团体，如果没有他们的支持，企业就无法生存”。

国内学者已有的研究主要集中在运用利益相关者理论分析公共危机事件治理。如沙勇忠提出了公共危机的利益相关者分析模型，②并在此基础上对兰州“9・16”公共安全危机事件进行了实证分析；林凇从群体性突发事件中的利益相关者角度，对群体性事件情境下的复杂适应系统理论（即 CAS）进行了分析。熊健和杨爱华根据威勒的利益相关者分类方法构建了群体性事件利益相关者四种分类模型，并提出了群体事件利益相关者管理的具体步骤。胡象明和唐波勇以汶川“5・12”地震为案例，提出利益相关者合作逻辑下的公共危机治理模式，该模式强调通过利益相关者间多元角色的互动，充分发挥各利益相关者的主动性与合作精神，从而提高公共危机治理的效率与回应性。

利益相关者分析方法的引入，拓宽了我国风险管理研究和社会稳定风险评估的视角和路径。“利益相关者导向型风险评估”开始运用于“重大决策的社会稳定风险”评估上。在国家发改办《国家发展改革委办公厅关于印发重大固定资产投资项目社会稳定风险分析篇章和评估报告编制大纲（试行）的通知》（2012），以及上海市发展改革委、市维稳办《关于印发〈上海市重点建设项目社会稳定风险评估报告编制指南〉》（2011）等文件中，强调在重大项目社会稳定风险评估中应以利益相关者为中心和导向，关注和发现重大项目利益相

① 王锋，胡象明.重大项目社会稳定风险评估模型研究——利益相关者的视角[J].新视野，2012，(4).

② 沙勇忠，刘红芹.公共危机的利益相关者分析模型[R].2008.

关者的不同需求(包括物质的需求和心理的需求),寻求通过协商、参与、合作等机制化解不同利益相关者之间、利益相关者与重大项目之间存在的利益冲突和风险争论。

2. 社会燃烧理论

该理论构建社会稳定风险体系:作为燃烧物质的重大事项、作为助燃剂的利益诉求、舆论与沟通、作为点火温度的重大事项的实施方式。① "社会燃烧理论"从社会物理学理论中凝练而出。社会燃烧理论最早是由中科院牛文元院士提出的,该理论运用自然科学的思维方式,将社会风险的累积爆发类比为物理学中燃烧现象,并开始运用于国家应急管理的重大科学问题研究中,为社会风险的演变和预警研究提供了依据。

社会燃烧理论的基本原理指出,当"人与自然"之间的关系达到充分平衡、"人与人"之间的关系达到完全和谐时,整个社会处于"理论意义"上绝对稳定的极限状态,发生任何背离上述两大关系的平衡与和谐,都会给社会稳定状态以不同程度的"负贡献"(即形成影响社会稳定、发生社会动乱的"燃烧物质"),当此类"负贡献的量与质"积累到一定程度,并在错误的舆论导向煽动下(即相当于增加社会动乱的"助燃剂"),将会形成一定的人口数量密度和地理空间规模,此时,在某一"突发导火线"(即出现了社会动乱的"点火温度")的激励下,即可发生"社会失衡(不稳)、社会失序(动乱)或社会失控(暴乱)直至社会崩溃"。

社会燃烧理论在社会风险管理中的运用:

(1) 社会燃烧理论最先运用应用于社会风险预警研究领域。燃烧发生的过程与人类社会的"风险—危机"发展过程作合理类比,则社会环境不稳定状态就是"燃烧物质",而信息熵则为"助燃剂",群体性突发事件就是"点火温度"。牛文元和叶文虎据此提出了建立社会稳定预警系统的可行性。以社会燃烧理论为基础构建的社会稳定预警系统目的是为将社会危机消灭在萌芽状态,在社会不稳定要素尚未积累到爆发的临界点之前,就能够提前予以识别,及时跟踪预报,发出预警报告,提出应对方案。

(2) 社会燃烧理论运用于社会群体性事件成因研究。近年来,社会燃烧

① 杨芳勇.论社会燃烧理论在"重大事项"上的应用——重大事项社会稳定风险评估的理论基础与方法模型[J].中共浙江省委党校学报,2012,(4).

理论广泛运用于社会群体性事件成因研究上，如群体性事件成因的社会物理学解释——社会燃烧理论的引入；[①]社会燃烧理论框架下的航班延误引发群体性事件应对研究；[②]基于社会燃烧理论的农村土地冲突原因及其治理研究[③]等。学术界开始进行社会燃烧理论在重大事项社会稳定风险评估中运用探讨，如论社会燃烧理论在“重大事项”上的应用——重大事项社会稳定风险评估的理论基础与方法模型。这些研究显示，在重大事项（重大决策、重要政策、重大改革举措、重点工程建设、重大活动）社会稳定风险评估上，可以应用社会物理学（社会燃烧理论）的思路、观点和方法，有成效地在自然科学与社会科学的充分融合中，探索出一条研究中国社会和谐与社会稳定的新方向和新道路。

3. 风险社会理论

“风险社会”概念由德国学者乌尔里希·贝克在1986年出版的《风险社会》一书中提出。贝克、吉登斯是“风险社会”理论的主要代表。贝克、吉登斯都把当代风险问题作为其社会理论的核心议题，他们将风险问题置于现代社会变迁的宏观考察之中，由此构建关于风险整体转型的风险社会理论。他们系统深入的研究奠定了两人作为风险社会理论开拓者和主要代表的地位，他们的合作研究扩大了风险社会理论在世界范围内的影响。

贝克对风险问题的解析。[④] 贝克对风险的理论研究揭示了当代风险的实质。1986年以来，他先后发表了一系列著作和文章，系统地提出了风险社会理论，对风险以及风险社会概念进行了深入而全面的论述。贝克认为，风险社会的定义关系与马克思的生产关系相似。风险社会的定义关系是在特定文化背景下的规则、制度和对风险的认定与评估能力。为了有助于理解风险社会的定义关系，贝克提出了四组问题：其一，谁定义并确定产品的有害性、危险、风险？责任在于谁？哪些是风险制造者，何者从中渔利，哪些是潜在的受影响者，还是公共机构？其二，涉及了哪一种对原因、维度和行为者等的知与不知？对于他们来说，有可以提交的证据和“证明”吗？其三，在一个环境风险的知识必定是有争议的和随机的知识这样一个社会，什么可以算是充分的证据呢？

---

① 单飞跃，高景芳. 群体性事件成因的社会物理学解释——社会燃烧理论的引入[J]. 上海财经大学学报，2010，(6).

② 赵斌. 社会燃烧理论框架下的航班延误引发群体性事件应对研究[J]. 吉林大学学报，2012.

③ 周骏. 基于社会燃烧理论的农村土地冲突原因及其治理研究[J]. 南昌大学学报，2013.

④ 刘岩. 风险社会理论新探[M]. 中国社会科学出版社，2008.

其四,谁决定对受害者的赔偿,决定用什么来构成未来灾害限度控制和规则的适当形式? 贝克对风险社会的阐发为当代风险社会理论奠定了基石,并由此引发吉登斯、拉什等人的讨论和思考。

吉登斯和贝克一样,也把风险概念视为一个现代概念,认为风险是伴随着现代性的发展而被发明出来用以刻画社会未来发展前景的不确定性和可能性的一个概念。风险"这个显然非常简单的概念却能说明我们生活其中的这个世界的一些最基本的特征"。①

我国对风险社会理论的研究。中国学者从各个领域都对贝克的风险社会理论展开研究,呈现一种不分专业,多方参与的局面。江苏省社会科学院国际社会冲突研究所刘挺在《风险社会与全球治理》②一文中提出,"全球治理"治理主体的多元化、权力运行向度的多元性和治理范围的广泛性,为人们提供了一条管理全球化时代的风险的有效路径。杨雪冬的《风险社会与秩序重建》③一书从风险社会理论角度讨论秩序重建的可能。童星等人的《中国转型期的社会风险及识别——理论探讨与经验研究》④一书广泛探讨了全球化时代的社会风险到公共危机等问题。张成福在《风险社会中的政府风险管理》⑤中提出,政府应尽快将风险治理纳入议程,在政府和全社会培育和建立风险治理的思想观念、体制机制、方式方法和保障条件,形成风险治理的共识与合力,最终实现风险善治。这些研究著作的出版,说明风险问题在中国已经走进社会科学的研究领域,人们还将风险社会分析研究推向社会稳定研究。社会稳定是中国的研究者和政府在风险社会之上延伸出的一个重要概念和问题,由于社会风险是社会稳定的破坏性因素,国内出现了一批专门研究社会稳定风险评价的研究者。

4. 风险的社会放大理论⑥

Kasperson 等人提出"风险的社会放大理论",认为当危机发生时,心理、社会、制度和文化等方面的因素会与风险事件发生相互作用,会加强或减弱人们

---

① 安东尼·吉登斯. 失控的世界[M]. AbramsImage 出版社,2007.

② 刘挺. 风险社会与全球治理[J]. 社会科学家,2004,(2).

③ 杨雪冬. 风险社会与秩序重建[M]. 社会科学文献出版社,2006.

④ 童星,张海波等. 中国转型期的社会风险及识别——理论探讨与经验研究[M]. 南京大学出版社,2007.

⑤ 张成福. 风险社会中的政府风险管理[EB/OL]. www. chinareform. org. cn/... 2015-4-14.

⑥ 肖群鹰等. 公共危机管理与社会风险评价[M]. 社会科学文献出版社,2013.

对风险的感知，促使其进一步调整作出新的风险行为，而这种行为反应会造成新的社会后果，这些后果将远远超过事件对人类健康或环境的直接伤害。

根据该理论，公共危机发生后的风险是可传递的，风险总量是动态变化的，在突发事件的风险传播过程中，信息系统和公众反应系统是决定社会风险放大（或缩小）的核心环节。为此，在应急管理过程中，政府必须把握好正式或非正式的风险源信息管控。在应急救援过程中，要充分做好公共安全评价工作，把握好技术专家对事件后果的评价讨论、政府组织对风险信息的利用发布、社会媒体对危机的宣传报道等环节，按照科学、及时、准确的原则，向政府、社会机构、公民群体、公民个人等提供各类信息。

社会风险放大的关键步骤包括过滤信号、风险信息加工、赋予社会价值、通过群体互动对信息作出解释、形成对风险作出反应的意图、采取集体或个体行动应对风险。行为反应又会对认知、经济活动、政治社会压力、风险监控等产生影响，这些影响再次被个人和社会群体所感知，并可能引发第二轮的风险放大，从而产生 Slovic 所说的“涟漪效应”。

社会风险放大主要是信息系统和公众反应两个因素互动的结果，它们是决定风险本质和严重性的主要因素。信息系统主要从两个途径放大风险：一是强化或弱化个人或群体所接收到的风险事件信息；二是基于对风险事件的态度和重要性判断而对信息进行过滤。公众的反应机制包括四个途径：简单地基于个人价值观评估风险并作出反应，在政治运动和社会群体的互动中形成行为反应，根据对风险的熟悉程度形成风险严重性、危害性的评估和行为反应，基于负面想象（污名化）引发行为反应。

风险的社会放大理论揭示了风险放大的要素构成和关键环节，为风险研究开辟了新的视野，近年来被越来越多的学者应用于对各种风险事件的分析解释。但这些应用多见于对自然、技术等灾害事件的个案分析，最为成功的分析，仍是 Kasperson 的团队通过对 128 项灾难案例和 6 例个案的定量分析和个案研究。他们得出了一系列有价值的试验性结论，验证了风险社会放大框架的解释力。刘慧君和李树茁在性别失衡方面通过对瓮安事件的研究，在中国文化背景下拓展应用风险的社会放大理论，建立了风险的多级放大框架。

上述这些理论研究及观点对我国的社会稳定风险评估进行了理论构建，探索了社会稳定风险评估的内在规律。

第二节　社会稳定风险评估的方法与实践

对投资项目基本属性的认识，带来了评价理念和方法的不断发展。从单纯的技术经济论证到全面、综合的评价理念，标志着我国对投资项目基本属性的认识在不断加深。在改革开放初期，我国面临的是技术落后和资金短缺的严重制约，以技术经济论证为基本理念，以技术评价、经济评价成为分析评价投资项目可行性的核心内容，技术的可行性、适用性、经济性以及财务盈利能力和偿债能力，成为判断项目可行性的核心指标。然而，随着发展环境和条件的变化，以技术经济论证为核心的投资项目评价体系，对项目是否可行的评价决策是不够全面的。

随着对投资项目基本属性及其客观规律认识的逐步深入，人们已经意识到，过去有效的理论方法，如果不根据客观实际进行调整、优化和发展，是不能适应新形势、新常态要求的。在社会稳定风险评估中，面临的是以利益主体多元化、利益诉求多样化、人的主体行为和意识充满不确定性为特征的、复杂多变的社会环境和条件，只有以定性和定量指标相结合的评价方法应用于稳评可能是恰当的。

比较国外的经验，社会评价方法，就是在成熟的技术经济论证方法无法解决投资项目建设过程中面临的社会问题和社会风险背景下，通过引入社会学、人类社会学等学科理论和方法后逐步形成和发展，并产生明显效果。

我国现行的社会稳定风险评估，其基本出发点、评价对象、评价内容，与社会评价并没有什么明显的差异。在理论和方法上，社会稳定风险评估还需要补充社会学等人文学科的内容，借助其他学科的知识，弥补因技术经济论证惯性导致的不足。

社会评价方法，坚持以定性与定量相结合的方法，遵循严密的因果逻辑关系，借助社会学的基本分析理论，通过对人的行为和意识的观察、描述和预测，来分析人们在受到投资项目影响后作出的反应，并据此对项目面临的社会风险进行判断，分析项目的社会可行性。社会稳定风险评估中，完全可以采用社会评价的相关方法，以定性与定量相结合的分析为主要方法，并设置相应的指标。

一、社会评价与项目社会稳定风险的评估方法

社会评价的内容一般包括三个方面：项目社会影响评价，项目与当地技术、组织和文化的互适性分析，项目的社会风险分析。但不同类型的投资项目，其社会评价的具体内容会有较大差别。中国目前在公共工程项目社会评价方面，主要关注的重点问题包括六个方面：公平问题、非自愿移民、妇女与贫困、利益相关者群体协调、参与问题、可持续问题。社会评价以人为本，分析的对象是受到项目影响的不同利益群体在项目中可能对项目产生什么样的影响和作用，进而决定项目与当地社会的相互适应性，决定社会风险发生的可能性的水平，与建设项目社会稳定风险评估相比，更具有宏观性。①

项目风险评估是识别项目可能存在的潜在风险因素，估计这些因素发生风险的可能性及由此造成的影响，分析为防止或减少不利影响而采取对策的一系列活动。它包括风险识别、风险估计、风险评价及对策研究四个基本阶段。投资项目的主要风险包括市场风险、技术与工程风险、组织管理风险、政策风险、环节与社会风险、其他风险。社会稳定风险是上述风险的其中之一，也包括由于上述各种风险引发的社会稳定风险。

由于投资项目的社会稳定风险是项目风险的其中之一，为此投资项目社会稳定风险评估，从理论上来讲，可以运用风险管理中风险评估的一些基本方法，辅助于工程咨询、社会管理的方法。但在实际应用中，通用的风险评估方法有一些比较适用，有一些比较勉强，有一些比较简单、方便，有一些比较复杂、繁琐，有一些比较直观、有效，有一些比较抽象、效果不佳。国家稳评编制大纲(2013)②中没有设置明确的定量指标，一个重要方面不能忽视，即我国普遍存在的地区差异性，带来了对分析方法和相关指标的复杂要求。同样的风险因素，在不同的地区并不会导致同样的风险，因为不同地区的发展水平存在差异、地区性的历史传统存在差异、各地的社会环境对同一个风险因素的容纳和承受程度存在差异。在这种情况下，确实也无法采用全国统一的指标来对社会稳定风险进行度量，而是在编制大纲中反复强调了依据各地方人民政府

---

① 秦春.关于投资建设项目社会稳定风险评估若干问题的理解与探讨[J].中国工程咨询，2014,(8).

② 国家发展改革委办公厅关于印发重大固定资产投资项目社会稳定风险分析篇章和评估报告编制大纲(试行)，发改办投资[2013]428号.

确定的社会稳定风险评判标准来确定风险等级。目前国家稳评分析大纲中建议的一些评估方法实际上是一套最基本、最简单的风险评估方法，在具体实践中，人们可以此为基础不断探索运用和创新一些新的风险评估方法。

二、稳评方法运用的几种观点

首先，对于开展投资项目社会稳定风险评估是采用定量分析方法和指标，还是定性分析方法，目前专家和学者都有不同意见。项目社会稳定风险分析评估应该是投资项目社会评价的重要组成部分。国际上，投资项目社会评价主要强调采用定性分析方法，这在世界银行、亚洲开发银行等国际组织及西方国家基本形成了共识。原因在于社会评价面对的是非常复杂的社会问题，主要借鉴社会学的研究思路和分析框架，通过对人的行为和意识的观察、描述和预测，分析各类利益相关者在受到拟建项目诸如环境污染、征地拆迁等影响时所作出的反应，并据此对投资项目所面临的社会风险进行判断，分析投资项目的社会可行性。从逻辑上，定量分析方法难以对拟建项目各利益相关者的复杂社会行为进行科学评判。

因此，作为社会评价的重要组成部分，项目稳评需要重点反映多元利益主体的各种利益诉求。各利益相关主体所面临的社会环境条件不同，每位独立个体的受教育程度、家庭背景、宗教信仰、价值取向、个人行为特征等都有很大差别，且受到当地经济发展水平、区域环境条件、社会人文状况、历史文化传统等诸多因素的影响。在复杂多变的社会环境条件下，期望采用一个简单的整体社会稳定风险定量指标用以帮助判断拟建项目的社会稳定风险发生的可能性，有许多工作要做。

其次，在社会稳定风险评估中比较重要也很关键的一个内容即如何确定项目社会稳定的整体风险。目前，相关专业机构如设计院、社会科学研究院、大学或相关工程咨询机构较常用的方法为综合指数法。综合指数法是对项目整体风险程度进行定量分析的一种方法，依据各个单因素风险的风险程度，采用适当的方法来确定每一个风险因素的权重，来计算项目的整体综合风险指数。通过计算每一个单因素风险的风险指数，将每一个单因素风险的权重系数与等级系数相乘，所得分值即为每一个单因素风险的风险等级指数，最后将项目综合风险指数计算表中所有单因素风险的风险指数相加，得出整个项目的综合风险指数，根据项目综合风险指数的计算结果，评判项目的整体初始风险程度，分值越大，项目的整体初始社会稳定风险程度越高。

再次，中国工程咨询公司李开孟认为采用综合风险指数法，是我国工程咨询领域一个非常独特的方法创新，其所蕴含的分析思路、内在逻辑和判断标准设定等均存在问题，并且感到，目前全国各地普遍采用的综合风险指数法及其相对应的 0.36 判断标准，没有科学依据，相当主观随意。出现这种情况的原因主要在于：一是体制机制问题。项目单位和地方政府开展项目稳评工作，只是迫于申报项目的要求而不得不为之。在这种心态的影响下，各地容易将项目社会稳定风险评估报告编写成一个应付项目审批、核准的可批性报告，不愿意投入更多的时间和精力开展专业、优质的项目稳评论证工作。二是缺乏必要的专业知识支持。项目稳评在我国是一项新生事物，涉及的问题复杂。编写一本高质量的项目稳评分析报告，或者制定一份高水平的社会稳定风险应对计划，是一项专业性要求很高的工作。无论是项目业主单位、地方政府、工程咨询机构还是行业主管部门，均缺乏专业经验。三是缺乏对项目稳评方法标准应用的专业引导。在项目社会稳定风险评估实践中，各地区各部门无论提出什么样的方法和标准，都必须符合基本逻辑。社会稳定风险评估的研究成果没有机会得到有效传播和及时应用。所以最终认为，逻辑上，相互独立的风险之间不存在所谓“耦合”或叠加的问题，不能将相互独立的各个风险的评价值通过加权平均计算的方式得到项目整体的“风险等级”。为此，定量指标仅作为对拟建项目的社会稳定风险水平进行定性判断的辅助性指标，定量分析是为定性分析服务的，不能将定量分析方法作为投资项目社会稳定风险分析的主要方法，甚至是唯一方法，以避免将项目稳评引入歧途，陷入数字游戏的怪圈。

最后，胡建一教授①认为在对整个项目社会稳定风险的评价估计（或称措施前概率）方面，一是应当对社会稳定风险进行社会调查研究，征询相关人群的意见，从认识分析社会稳定风险因素特征入手去识别构成社会稳定风险的各项单因素风险。二是选择适当的方法进行社会稳定风险估计分析，查找出社会稳定风险点、发生的可能性及其影响。三是评价社会稳定风险程度，包括社会稳定单因素风险程度估计和对整个项目社会稳定风险的评价估计（或称措施前概率），做出项目社会稳定风险初始结论。四是提出针对性的社会稳定

---

① 胡建一. 关于社会稳定风险分析与评估几个基本概念的若干思考[J]. 中国工程咨询，2014，(8).

风险对策和防范、化解社会稳定风险的措施方案，并作出采取相关措施后的社会稳定风险等级建议。重点应放在稳评初始整体风险估计和对策措施方面。

社会稳定事件的风险估计是在社会稳定风险因素的识别基础上，对各种单因素风险发生的可能性及其影响和对整体社会稳定风险进行综合分析和估算的过程。可以采用定量和定性方法的结合。

社会稳定风险单因素概率可以采用主观概率估计，即是基于评估者、专家的经验和知识或是类似事件的比较推断概率，应用性较广，一般也和其他经验评判法结合应用。在对人群的反应及诉求等应该鼓励采用客观概率法，客观概率是实际可能发生的概率，可以根据历史统计数据或大样本统计数据来获得。随着统计数据信息处理技术的现代化和网络网格化，已为估计重大事项社会稳定风险提供了技术支持。由于重大事项的社会稳定风险涉及影响人群有的是处于点状区域，涉及范围较小，而有的是处于块状区域、条状线状区域，涉及范围广，在初步掌握调查总体人群的情况下，可根据实际情况抽样选取获得推断覆盖总体稳评风险的基础数据，尽量做到对调查人群的全覆盖或总体推断。一般认为，在评价评估社会稳定风险时，使用主观概率法较多些。而在编制社会稳定风险分析报告时，应尽可能运用社会统计调查方法，以积累获得相对可靠客观的源数据并计算其概率。

项目的整体社会稳定风险概率或称为整体初始预警社会稳定风险可以用项目各社会稳定风险单因素概率与归一化权重积的和来表示，按照评判标准给予项目的社会稳定风险评判定级。

三、社会稳定风险评估的实践——公众参与

徐亚文等人认为，就我国来说，对重大决策、重大项目开展社会稳定风险评估是一项全新的事业，全国各地都在推进和落实中。开展这项工作由于经验不足与过于敏感，地方政府对社会稳定风险的处理方式更多的是压制而非疏导，地方政府片面控制风险的现实性，反而导致了非现实性的风险感知的扩大化。[①] 正如卢曼所认为的，哪里存在着控制，哪里就存在着风险。[②] 所以，社

① 徐亚文，伍德志. 论社会稳定风险评估机制的局限性及其建构[J]. 政治与法律，2012，(1).

② Georg Kneer、Armin Nassehi. 卢曼社会系统理论导引[M]. 鲁显贵译，台北巨流图书公司，1998，第224页.

会稳定风险是系统性而非局部性风险，即全国性的风险而非地方性风险，几个专家学者、几家评估机构或舆论媒体、几位当事人不能代替民主机制与司法救济。即便是民主机制与司法救济也不是试图对社会稳定风险进行全面控制，因为风险本身的不可控制性决定了这类机制不可能做到这一点。

社会稳定风险评估机制是一种新型的公民参与决策模式，是对传统行政决策模式的重大变革，在实施过程中受到认识水平、评估技术、责任追究等问题的制约，这项制度在推进过程中存在一些问题和难点，如何解决，认真做好公众参与可以把社会稳定风险评估做到更好。

真正确立公众参与在社会稳定风险评估中的地位。目前，有些部门和人员对社会稳定风险评估的内涵认识不足。有的人把"社会稳定风险评估"等同于经济评价和建设项目的环境影响评价，成为典型的为评估而评估；有的人把社会稳定风险评估看作是党政机关内部自我评估，根据领导的需要来决定风险等级以及应对措施，把社会稳定风险评估变成推卸责任的"挡箭牌"，致使评估流于形式；其次，对社会稳定风险评估的功能认识不足。有些部门担心社会稳定风险评估机制的推行会影响地方发展和城市建设，对社会稳定风险评估还心存疑虑，担心这一机制会影响地方项目的推进，进而影响地方的发展速度。胡建一等人认为由于受"一把手"决策惯性思维的影响，有些地方干部习惯于自上而下的决策模式，对社会稳定风险评估的推行在思想上还有抵触，认为这会增加决策程序，影响决策效率；①最后，对社会稳定风险评估机制如何运行的认识不到位。社会稳定风险评估是决策部门、经济发展部门、民生保障部门和政法维稳部门之间相互协同配合的过程。因此，社会稳定风险评估中发现的问题和影响面都很多、很广，解决这些问题不仅是政法机关或维稳部门的责任，涉及政府行政管理的各个部门和各个环节。在推进过程中，由于各部门所处的立场不同，对风险评估的认识还不尽相同，有的部门存在重发展、重项目，而轻评估、怕评估的观念。

开展项目社会评价除了要突出公众参与的重要性外，还应关注另外几个方面，如公平、非自愿移民、妇女与贫困、利益相关者群体协调、可持续发展。通过对这些方面分析发现问题并提出规避和解决方法，可降低项目的社会风

---

① 杨敏，胡建一，郑琦. 上海第三方中介机构在社会稳定风险分析评估中作用和地位[R]. 上海社会科学院社会学研究所，2013.

险，保证项目的社会可行性，而公众参与是社会稳定风险评估最关键因素之一。

对于公众参与问题是社会稳定风险评估中比较关键的方面，公众参与有效、全面与否有时决定着项目从社会发展角度考虑能否成功的关键。“公众参与”主要是指群众或利益相关者参与政府公共政策的权利，“协商”把相关利益者中可能存在的问题提出来由利益相关方共同商讨，寻求解决的办法和途径。提出“公众参与”就是通过由项目建设的利益相关群体对项目建设、搬迁、安置和补偿等方面进行民主协商，通过相关利益群众积极参与决策过程和专家的辅助作用，使利益相关群体中的普通群体真正拥有自我发展的选择权、参与决策权和受益权。李小云认为，通过合理有效的参与机制建立“共享资源，共享决策”，①实现资源公平、合理的配置和有效的管理，最终实现社会的可持续发展。

在项目的建设和运行中，让不同的利益群体参与项目，可以使项目管理方和计划方充分了解不同利益群体对项目的要求和态度，他们对项目有什么诉求、是支持还是反对，以及如何做好对项目持反对意见的利益群体的工作，使当地人民自身的发展和项目的发展维系在一起，以取得当地人民对项目的支持和合作，自觉维护各项设施，促进项目的顺利进行和效果的持续发挥。

目前，部分领导和职能部门都认为公众参与很重要，但在执行中还存在欠缺和不足。如有关人士或领导还是担心项目尚未正式上马，开展项目社会稳定风险评估推行公众参与是否会影响项目设立并进而影响项目建设，尤其是上马具有社会影响的项目，更是畏首畏尾不敢发挥公众参与的积极意义，使公众参与职能不能在社会稳定评估中的起到应有的作用和意义，而是将社会稳定风险的影响排摸仅限于在专业的或职能部门层面内反复讨论和研究，此种做法与真正意义上的公众参与相去甚远。秦春②认为，风险调查的成败与否，取决于能否调查到利益相关者的真实愿意和诉求，调查到项目建设实施可能产生的社会矛盾和不稳定因素。

公众参与的问题是，既体现利益相关群体协调问题，同时还体现公平问

---

① 李小云.参与式发展概论[M].中国农业大学出版社，2001.

② 秦春.关于投资建设项目社会稳定风险评估若干问题的理解与探讨[J].中国工程咨询，2014，(8).

题。因此,社会稳定风险评估离不开真正意义上的公众参与,它在社会稳定风险分析中的作用和地位是非常重要的。

第三节　讨论与展望

伍德志等人在《论社会稳定风险评估机制的局限性及其构建》中认为,社会稳定风险源于传统意识形态和社会控制机制逐渐失效,而新的社会治理机制尚未形成。风险政治的逻辑出发点不仅仅是事实性的,而且也是规范性的:不仅有现实性的一面,也有非现实性的一面。① 当前,我国正处于经济与社会转型时期,利益诉求日趋多元化,社会稳定风险的来源是多方面的:历史的因素和现实的因素,人为的因素和政策、法律因素往往相互交织在一起。风险点既有群众的利益诉求过高所引发的,也有现有的政策、规章和法律滞后于现实发展的原因,还有的是历史遗留问题诱发的。此外,社会稳定风险与社会环境密切相关,尤其是政府的公信力对风险起到决定性作用。"一个系统需要信任作为输入条件,缺乏信任会形成恶性循环,系统就无法在不确定性和有风险的环境中激发起支持行动"。在地方政府与公众信息不对称的情形下,如果地方政府公信力缺失,无论地方政府出台的重大项目或重大政策具有多大的可行性、合理性和合法性,民众都会提出质疑。② 因此,在决策和政策出台前,通过界定利益相关方,充分运用问卷调查、民意测验、听证会、专家咨询、访谈等多种形式,对评估事项广泛征求群众意见,并对利益诉求进行合理分类、进行风险定级,在技术层面能测量出客观风险指标。但是对满意度、信任、社会心态等影响社会稳定风险的主观指标还很难设计出一套有效的、标准化的识别和测量体系,在一定程度上影响了社会稳定风险评估的可靠性。

一、要建立社会稳定风险评估的责任追究制度

社会稳定风险评估机制嵌入我国地方政府的原有决策模式之中,在一定

---

① 徐亚文,伍德志.论社会稳定风险评估机制的局限性及其构建[J].政治与法律,2012,(1).

② 尼古拉斯·卢曼.信任:一个社会复杂性的简化机制[M].瞿铁鹏,李强译,上海人民出版社,2005,第120页.

程度上改变了原有的决策程序，对地方政府的决策起到了一定的纠错功能。在实际运作中存在以下几种情况：一是上级要求地方必须贯彻落实的项目和政策。这类事项如果在评估中存在风险，为了保证顺利推进，地方政府往往采取提高利益补偿标准的方式。但是，这种做法为其他重大项目和政策的推进埋下了风险隐患。一旦社会风险产生“翻烧饼”或“涟漪”效应，社会稳定风险产生的责任就难以界定。二是地方多个部门联合推动的重大事项。由于重大事项由地方各部门共同推进，各部门之间的权力和职责交叉，风险的界定难以清晰，这就导致在进行责任倒查的过程中各部之间相互推诿。三是重大事项的社会风险具有扩散性和传染性。社会稳定风险是网络时代的系统性风险，风险认知由于网络发达而被加强，社会稳定风险因此变得极具扩散性和传染性，任何一点小的信息符号就能导致人们的无限猜想，从而带来风险的扩大化。甚至民众会把某个特定的风险感知扩大到整个制度层面。① 这类社会风险责任难以界定。四是社会稳定风险具有变动性。对重大事项的风险评估，在评估阶段风险低，但在执行中却产生极高的风险的情形，造成责任倒查中的责任主体难以界定。目前，社会稳定风险评估还停留在地方性的制度层面，还未进行立法，对重大决策社会稳定风险评估责任界定和倒查，还缺乏法律的刚性约束力，这必然会影响评估制度的实效。②

二、要关注社会稳定风险评估中人的作用和影响

目前，对社会稳定风险评估的重点都是围绕着项目建设实施的合法性、合理性、可行性、可控性展开的，通过对“四性”调查研究和评估识别风险因素、估计风险发生的可能性及影响程度，研究提出防范和化解风险的措施，论证措施的可行性和有效性，判断采取相关措施后的社会稳定风险等级建议等。

中国社会稳定风险源于传统意识形态和社会控制机制的失效和新的社会控制机制如法治尚未真正建立。③ 随着经济发展，人的主动性作用在投资项目建设过程中也不断增强，过去那种普通老百姓为国家或集体利益而牺牲个人利益的状况已经不复存在，人们的主体意识、法律意识、自我保护意识等逐步

---

① 徐亚文，伍德志．论社会稳定风险评估机制的局限性及其构建[J]．政治与法律，2012，(1)．

② 蒋俊杰．我国重大事项社会稳定风险评估机制：现状、难点与对策[J]．上海行政学院学报，2014，(2)．

③ 徐亚文，伍德志．论社会稳定风险评估机制的局限性及其建构[J]．政治与法律，2012，(1)．

增强，在投资项目建设给个人合法利益带来损害时，受影响的人们无一例外地会采取保护自身的行为，对项目建设形成反作用。① 当前，选择重大政策和建设项目，推进和完善社会稳定风险评估是我国未来强化和完善社会治理的一个重要方面，还有许多方法有待发现和完善。社会稳定风险评估其对象针对的主要是人，人类完全是社会性的动物。人们的信念、欲望和行为受到人们的关系和人们生活的社会环境和决策偏好的影响。人们是从社会以及个人的角度看到世界的"群体思维个性化"（group-minded individuals）。人们在思想中了解的其他人和经常做出的行为就好像人们自己的大脑与别人的大脑相连一样。政策可以利用人们的社会倾向和行为交往成为群体成员产生社会变革。②

社会稳定风险评估的主要目的是消除或尽量减少因项目实施所产生的各种负面社会影响，使项目的内容和实施方案符合项目所在地区的发展规划、实际情况和目标人群的具体发展需要，为项目地区的人群提供更广阔的发展机遇，提高项目实施的社会效果，并使项目能为实现项目地区的区域社会发展目标，如减轻或消除贫困、维护社会稳定等作出贡献，促进经济与社会的协调发展，使项目建设地区人们对建设项目具有社会认同感和激励感。人们都知道经济激励能够影响人们的行为，很少有人认同社会激励同样也能对人们的行为产生强大的影响。③

重大政策决策和建设项目的社会稳定风险评估是一件新事物，其方法还需在实践中摸索。值得指出的是，应认真借鉴发达市场经济和健全法制国家所采取的一系列方法，包括舆情民意调查、听证会、相关利益群体协商、充分利用各类媒体特别是互联网为载体、经济补偿等，可以结合我国国情，大胆进行试验。④

（杨　敏）

---

① 马小丁. 对稳评的几个基本认识[J]. 中国投资，2013，(11).

② 2015年世界银行发展报告："思维、社会与行为"[R]. World Development Report 2015: Chapter 2 : Thinking socially — Mind, Society, and Behavior, www. worldbank. org/en/publication/wdr2015.

③ Kamenica(2012) provides a review of how behavioral economics has shaped thinking about incentives. Madian(2014) discusses uses of incentives informed by a behavioral approach in public policy making.

④ 童星. 公共政策的社会稳定风险评估[J]. 学习与实践，2010，(9).

推荐阅读

1. 胡象明等.大型工程的社会稳定风险管理[M].新华出版社,2013.

2. 童星.公共政策的社会稳定风险评估[J].学习与实践,2010,(9).

3. 杨芳勇.论重大事项社会稳定风险评估的理论基础与方法来源——以房屋拆迁为例[J].中共南昌市委党校学报,2012,(13).

4. 王锋,胡象明.重大项目社会稳定风险评估模型研究——利益相关者的视角[J].新视野,2012,(4).

5. 杨芳勇.论社会燃烧理论在"重大事项"上的应用——重大事项社会稳定风险评估的理论基础与方法模型[J].中共浙江省委党校学报,2012,(4).

6. 刘岩.风险社会理论新探[M].中国社会科学出版社,2008.

7. 童星,张海波等.中国转型期的社会风险及识别——理论探讨与经验研究[M].南京大学出版社,2007.

8. 秦春.关于投资建设项目社会稳定风险评估若干问题的理解与探讨[J].中国工程咨询,2014,(8).

9. 国家发展改革委办公厅关于印发重大固定资产投资项目社会稳定风险分析篇章和评估报告编制大纲(试行)发改办投资[2013]428号.

10. 胡建一.关于社会稳定风险分析与评估几个基本概念的若干思考[J].中国工程咨询,2014,(8).

11. 蒋俊杰.我国重大事项社会稳定风险评估机制：现状、难点与对策[J].上海行政学院学报,2014,(2).

思考题

1. 开展社会稳定风险分析和评估对我国当前强调建设法治社会和重大决策的采纳有无促进作用？主要体现在哪些方面？

2. 社会稳定风险理论的建立和完善尚在实践和探索中,如何结合我国当前社会发展的实际研究积极探索符合我国经济社会法治的社会稳定风险理论？

3. 如何理解我国社会稳定风险分析与评估的理论来源？

4. 如何理解我国社会稳定风险分析与评估的操作思路？

第五章 中国情境下的新型社会风险

社会风险理论产生于欧洲，受全球性的风险事件的推动和中国社会风险形势严峻而传入中国。诞生于西方社会的社会风险理论，迅疾成为中国的社会风险考察的重要参照，面临多重社会风险的叠加影响的当下中国，兴起了社会风险的研究热潮，从理论解读到经验验证，中国的风险研究都深深带有西方理论的烙印。

中国社会风险的衍生，与中国的社会转型和全面改革相伴而生。中国的社会风险像“压缩饼干”，即风险多类共存，这不仅仅是不同种类风险的共时性存在，如自然灾害风险、疾病传播风险、道路交通风险、社会治安风险和食品卫生风险等，而且是分属于不同社会发展阶段如传统、现代和后现代的风险的叠加性存在。这种对中国风险形势的带有预判性的理论解说，与现实中不断演化的风险经验之间，形成了一种相互印证关系，这一方面促进理论的反思，另一方面推进经验的总结。

本章关于国内社会风险的研究概述，在风险经验类型的选取上另辟路径。研究视野中并没有特意选取关注度较高的风险类型，如灾害事故风险、食品卫生风险或道路安全风险等，而是选取了另外两大类风险作为集中梳理对象，即城镇化风险和网络风险。这种选择基于两个考虑：一是这两大类风险在中国属于新型风险，亟待开展研究；二是这两大类风险规模当属整体性风险，它对中国社会的影响既宏观又深远。

第一节 国内社会风险的研究兴起和实务探索

一、研究兴起

中国对社会风险理论学说的敏感发现及对其研究兴起，实乃国际化的风险形势及国内风险紧急情况的不断验证的客观结果。可以说，正是接连不断的国际风险事件，将欧洲境内的社会风险理论推向了国际学术平台，而且也将这种理论持续导入中国学术领域，这是一个学术走向成熟获得传播的过程，在中国学术界。这一过程表现为对风险新学说的学术敏感、系统引介、研究热潮、研究力量及初步积累等。

1. *学术敏感*

早在 20 世纪 80 年代初，中国已有对社会风险的介绍，当时出于对风险作为新型文化观念及潜在新兴研究领域的敏感。1983 年，国内刊物介绍美国多萝西·内尔金的风险观念，她认为技术风险，不仅仅是技术问题，而且是重要的社会问题和政治问题，其中多萝西援引了 1982 年道格拉斯(M. Douglas)和威尔达维斯基(A. Wildavsky)合著一书《风险与文化》中的观点。[①] 3 年之后，国内已经感受到风险研究将是一个新的综合领域，1985 年有学者撰文《风险和社会——一个新的综合研究领域》，[②]该文以会议信息报道的方式介绍了匈牙利和日本国内的风险研究，并提到了它的跨学科研究(Interdisciplinal)特征，与此同时，有学者撰文提出要注意风险管理，[③]这是国内最早对该问题的关注。不过，当时社会风险理论也只是一种理论学说，尚未进入国际学术交流体系。贝克的德文版《风险社会》出版于 1986 年，当时并无多大学术影响，美国学者于 1992 年将其译成英文，风险理论还停留在理论学说的层面，学术影响尚未显露。

中国对社会风险理论的关注，实乃国际化的风险形势对这种新型学术理论印证的客观结果。正是接连不断的国际风险事件，最终将欧洲境内的社会风险理论推向了国际学术平台。1986 年的苏联切尔诺贝利核泄漏事故、1996

① 多萝西·内尔金. 谈风险的社会和政治认可[J]. 科学对社会的影响，1983，(2).
② 符志良. 风险和社会——一个新的综合研究领域[J]. 科学学与科学技术管理，1985，(3).
③ 张旭初，魏华林，邓大松. 风险管理初探[J]. 汉江论坛，1985，(12).

年的英国疯牛病疫情，2001年美国的“9·11”恐怖袭击事件，先后都给社会风险理论提供了有力的现实佐证，中国2003年的“非典”疫情，是中国情境下现实风险的进一步印证，由此中国也密切关注社会风险研究领域，也开始了集中对国外社会风险理论研究的引介。2004年，国内出版了《风险社会》一书的中文版，贝克关于社会风险的核心思想，即“风险支配逻辑”理论学说从此被国内学者所熟知，该思想认为风险不仅仅是局部的，乃是一种社会演化的总体特征，风险分配取代了之前的财富分配成为社会分化的元动力。[①] 可以说，SARS疫情风险成了中国风险史上的里程碑事件，从此之后，社会风险的常态性和不可回避性[②]逐渐被学界认可。

2. 系统引介

正式系统引介社会风险理论则从21世纪初开始。当社会风险理论在欧洲出现并不断传播的时候，国内学术界也予以了关注，国内刊物《马克思主义与现实》是系统介绍国外社会风险理论的代表性刊物，堪称风险理论的前沿阵地。从2002年开始至今，该刊物至少发表了近50篇[③]国内外风险研究，其中有将近20篇为直接编辑国外学者的风险理论观点，其中2002年和2003年，刊物连续编译了风险理论研究代表人物的风险研究成果，可以算是较为系统地介绍了国外最新的风险理论，2002年刊发的《风险社会再思考》一文，则直接介绍了风险理论创始人德国学者贝克(Ulrich Beck)对其风险概念的修正，[④]这算是最新社会风险思想的跟进，另外一篇《风险社会与风险文化》，[⑤]则是介绍了英国学者拉什对风险文化研究，该文中拉什以书评的方式，间接介绍了欧洲最早的风险研究成果，即1982年由道格拉斯和威尔达维斯基合著的《风险与文化》，该书作者属于风险建构学派的早期代表人物。2003年，《马克思主义与现实》分两期连续且大篇幅地系统介绍了贝克的社会风险理论，[⑥]这是贝克

---

① 乌尔里希·贝克.风险社会[M].何闻博译，译林出版社，2004，第15—57页.

② 薛澜，张强，钟开斌.防范与重构：从SARS事件看转型期中国的危机管理[J].改革，2003，(3).

③ 这个数据主要通过中国期刊网——知网的搜索引擎查询获得，具体方法是通过“风险”和“《马克思主义与现实》”的双重设限，然后统计析出文献数量。

④ 乌尔里希·贝克，郗卫东.风险社会再思考[J].马克思主义与现实，2002，(4).

⑤ 斯科特·拉什，王武龙.风险社会与风险文化[J].马克思主义与现实，2002，(4).

⑥ 乌尔里希·贝克.从工业社会到风险社会(上篇)——关于人类生存、社会结构和生态启蒙等问题的思考[J].王武龙译，马克思主义与现实，2003，(3)；乌尔里希·贝克.从工业社会到风险社会(下篇)——关于人类生存、社会结构和生态启蒙等问题的思考[J].王武龙译，马克思主义与现实，2003，(5).

社会风险理论首次在中国的系统介绍，2004 年，贝克的中译本《风险社会》[①]在中国正式出版，此后，一批关注风险的社会理论学家的著作中译本，在中国倍受关注或得以推出面世，如鲍曼的《现代性与大屠杀》2002 年版中译本，[②]集中论述了现代科层制的风险衍生能力；再如吉登斯于 20 世纪 90 年代出版的《现代性后果》在 2011 年有了中译本，[③]该书界定了社会风险内嵌的四个维度等。至此，社会风险的理论引介不一而足，这便说明了作为一种理论学说的社会风险理论转变成了新兴的研究领域，并正式迈入中国学术界。

3. 研究热潮

由于中国社会改革深化和社会风险事件增多，从而激发了社会风险研究。自 2003 年 SARS 卫生事件之后至今，中国的社会风险研究快速兴起并已成迅猛热潮。2000 年期刊网上以“社会风险”为主题的各类研究只有 62 篇，10 年之隔 2010 年篇目数量已达 983 篇，2013 年高达 1 790 篇，截至 2015 年 5 月，中国学术期刊网络出版总库中，以“社会风险”为主题的成果记录高达 11 963 篇。然而，社会风险的研究，在各个学科内分布不均，研究最多的是集中在金融和投资领域(分别为 1 751 篇和 1 716 篇)，宏观经济管理及可持续发展 (1 284 篇)，中国政治和国际政治(1 103 篇)，行政学及国际行政管理(1 070 篇)和保险(1 004 篇)学科，社会学及统计学(898 篇)的研究相对而言，显得力量薄弱。

4. 研究力量

在社会风险的研究热潮中，研究学者出现了老一辈领衔和新一代跟进的齐头并进局面。大致来看，国内社会学对社会风险的研究代表人物，分为老一辈代表和新生力量代表，我们通过这些代表研究者的成果来看，以公开发表和社会风险有关的学术论文或公共言论为例，老一派学者明显积累更多，如童星(约 66 篇)、宋林飞(约 19 篇)和洪大用(约 14 篇)等，但由于新生研究力量不断涌现，他们在对国外理论引介或对国内风险探索来说，研究成果也日渐显著，如张海波(约 40 篇)，杨雪冬(约 25 篇)，赵延东(约 20 篇)，陶鹏(约 14 篇)周战超(约 8 篇和社会风险有关的学术论文或公开言论)。值得注意的是，南京大学于 2005 年成立了社会风险与公共危机管理研究中心，该中心系江苏省首批哲学社会科学

---

① 乌尔里希·贝克. 风险社会[M]. 何闻博译，译林出版社，2004.

② 齐格蒙·鲍曼. 现代性与大屠杀[M]. 杨渝东，史建华译，彭刚校. 译林出版社，2002.

③ 安东尼·吉登斯. 现代性的后果[M]. 田禾译，黄平校，译林出版社，2011.

重点研究基地,从事灾害、危机、风险管理的预警方法、应急制度、政策供给和治理网络研究,产出了一批有影响的风险研究成果,其中有两篇发在《中国社会科学》上,两文皆是对中国10多年来社会风险管理经验的总结和提炼,因而可以说在国内风险研究领域独树一帜。清华大学于2008年成立了中国保险与风险管理研究中心,该中心受世界著名金融保险机构苏黎世金融服务集团的积极赞助成立,通过举办定期或不定期举办国际学术会议或研讨会组织开展保险与风险管理领域的理论与实务研究,在国内的影响也不断扩大。

5. 国家资助

中国的社会风险研究还受到国家层面的长期资助。在中国学术期刊网络可以看到有449项①国家社会科学基金项目研究主题关涉风险,这与国家对社会风险诸领域研究的支持力度相当,国家社会科学基金设立于1991年,到目前为止已立项3 820项目,其中560项与风险研究相关,这个支持力度与风险的科研产生数量大致相当,可见国家对该领域研究的重视。但是,从国家支持力度来看,社会学的风险研究还显力量稍弱,在受资助的研究风险的社科基金项目中,排在首位的是应用经济(185项),其次是管理学(102项),再次是法学(46项),社会学排在第四(44项)。

6. 研究进步

中国对社会风险的研究,在概念区分、理论阐释和管理探索上都不断有进步。随着社会风险理论的引介,与社会风险有关的众多概念也一并涌现,如风险(risk)、危险(danger)、危机(criss)、突发事件(emergent event)和灾害(hazard)等,对于这些纷起的概念及其交互关系,年轻学者张海波认为这些概念之间具有共性,"风险、灾害、危机、突发事件可作为核心概念,危险,群体性事件、脆弱性、恢复力等可作为从属观念。随着现实的发展,风险、灾害、危机、突发事件的内涵也在不断扩展,以涵盖并容纳不断增加的威胁,以至于概念之间的共性越来越强,出现了明显的融合趋势",②但他从理念型和管理型两个不同维度对几个核心概念作了细致区分,如在对风险概念的区分,理念型的概念强调风险作为整个社会的赋予特征及其对社会体制总体影响,而管理型的概

---

① 关于国家社会科学基金的项目数据,都来自"全国哲学社会科学规划办公室"官网上的项目数据库,由于项目的社会科学研究导向,因而在项目数据的筛选条件上,是以项目名称包含"风险"为设限标准,筛选所得的项目被视为等同于社会风险大类。

② 张海波.公共安全管理:整合与重构[M].三联书店,2012,第53页.

念则是强调根据风险危险的不同级别将会进行相应的等级化管理。[①] 在理论阐释方面，与贝克的“风险支配逻辑”对话持续不断，最新研究显示国内学者依然认为中国存在风险分配理念、分配程序和分配结果等不正义现象，中国社会分化的动力是财富分配与风险分配的叠加效应，[②]与此同时，还有研究探索风险支持逻辑的制度框架受限性，[③]认为现代科层体制内嵌有风险放大机制，因而主张风险管理的背后的多元权力主体的集体参与。中国的社会风险管控呈现了“重中间紧急干预，轻事先预防和事后恢复”的不平衡治理模式。中国 2003 年 SARS 疫情改变了人们对风险的认知，它已不仅是局部的地域危机，而开始演变为蔓延全社会乃是全球化的社会性危机，[④]SARS 之后 2008 年的南方雪灾以及汶川大地震、2008 年“三鹿劣质奶粉事件”、2011 年“甬温线动车事故”和 2013 年“芦山地震”等一系列突发公共灾难事件的连续促动，[⑤]构成了中国严峻的风险形势，因而风险治理立即起步并快速发展，然而风险管理的总体架构呈现应急性管理超前发展而事先预防和事后恢复滞后的特征，国内学者称此模式为“彗星模式”，指的是政策体系、应急预案建设和救援处置机制等方面都超前发展，于是就呈现出彗星式的物理光照效应，应急性风险管理因发展快速而显得“高亮”，而事先预防和事后恢复则因发展相对不足而显得“灰暗”。

二、社会风险的管理探索

社会风险研究在中国成为热点，乃是因为现实风险的紧急促动。2003—2013 年的 10 年间，国内发生了 77 起“Ⅰ级（特别重大）”灾难类风险事故，这显示了中国社会风险形势的严峻。中国正是在 2003 年抗击“非典”之后应急出台了《国家突发公共事件总体应急预案》（简称《总体预案》），2005 年年初，国务院审议并原则通过了《国家突发公共事件总体应急预案》，很快国务院陆续发布了应对当前主要风险的应急预案，2006 年 1 月 8 日国务院授权新华社全文播发了《总体预案》，作为全国应急预案体系的总纲，俗称“一案三制”，它明确了各类突发公共

---

① 张海波. 公共安全管理：整合与重构[M]. 三联书店，2012，第 56—60 页.

② 冯志宏. 社会正义视阈下的当代中国风险分配[J]. 马克思主义与现实，2015，(1).

③ 薛亚利. 风险民主化与科层制隐忧[J]. 学术月刊，2014，(11).

④ 薛澜，张强，钟开斌. 防范与重构：从 SARS 事件看转型期中国的危机管理[J]. 改革，2003，(3).

⑤ 张海波，童星. 中国应急管理十年(2003—2013)：结构变化及其理论概化[J]. 中国社会科学，2015，(3).

事件分级分类和预案框架体系，规定了国务院应对特别重大突发公共事件的组织体系、工作机制等内容，是指导预防和处置各类突发公共事件的规范性文件。①

1. 分类预案

根据中国风险的既有传统及新形势演化，《总体预案》对社会风险进行了分类分级及匹配相应的预案。到目前为止，中国的社会风险大致可分为五大类，《总体预案》中按风险事件性质列举了四类风险，分别是自然灾害类（有 7 个预案）、事故灾害类（有 10 个预案）、公共卫生事件类（有 5 个预案）、社会安全事件类（有 12 个预案）。由于食品风险问题的出现，特别是 2008 年“三鹿劣质奶粉事件”，国家设立食品安全管理委员会用于监管食品安全，②第五种风险出现并得到国家认定并有相应预案。至此，中国形成了减灾救灾、安监、疾控、治安“维稳”和食品安全的五大类风险灾种管理系统。为了细化对公共风险事件的应对，《总体预案》又将各类突发公共事件按照其性质、严重程度、可控性和影响范围等因素，一般分为四级：Ⅰ级（特别重大）、Ⅱ级（重大）、Ⅲ级（较大）和Ⅳ级（一般）。风险的应急管理责任主体因险种不同，也形成了层次不同的议案，按照权限大小，可以分为按国家总体预案、专项预案、部门预案、地方预案、企事业单位预案以及大型集会活动预案等六个层次。

2. 应急体系

“一案三制”是中国当下应急型的风险管理体系。所谓“一案三制”，是指由应急预案、应急体制、应急机制和应急法制构成的应急管理体系。其中，“应急预案”为《国家突发公共事件总体应急预案》。“应急体制”是指的统一式的行政机构建设，国务院首当其冲是应急管理最高行政领导机构，国务院是突发公共事件应急管理工作的最高行政领导机构，在国务院总理领导下，由国务院常务会议和国家相关突发公共事件应急指挥机构负责突发公共事件的应急管理工作，必要时，派出国务院工作组指导有关工作。“应急机制”则是对具体风险事件的处理办法，包括健全监测预警机制、应急信息报告机制、应急决策和协调机制，这就要求省级、市级行政主管部门建立监测机构和监测网络并设专职监察员对其进行检查监督，注意应急信息报告中的条块件机构结合，还应确

---

① 汪崇华.“一案三制”：中国应急管理体系建设的核心内容[EB/OL]. http://www.cqsafety.gov.cn/html/2009-10-24/5b198c6624825e060124874217220016.html.

② 张海波，童星. 中国应急管理十年(2003—2013)：结构变化及其理论概化[J]. 中国社会科学，2015，(3).

保应急管理工作中应急决策中协调问题，要理顺各应急救援指挥机构的工作关系，总之，靠资源整合和信息共享，以合力应对事故灾难。“应急法制”，主要通过我国现行或新出台的各项风险管理立法推进应急管理工作的法制化。目前，国家专项、国务院部门出台的法律法规、政策措施及其相应预案约有 80 项，如《安全生产法》《港口法》《公路法》《食品卫生法》《道路交通安全法》《矿山安全法》《生产安全事故报告和调查处理条例》《安全生产应急管理条例》《国家突发公共事件总体应急预案》《国家安全生产事故灾难应急预案》等。

3. 现实挑战

“一案三制”，应急型风险管理体系的问题及挑战。2003—2013 年的 10 年间，国内发生了 77 起“Ⅰ级(特别重大)”灾难类风险事故，这显示了政府应急型风险管制体系的多种问题。首先，是政府统一管控，社会参与不足。如 2008 年“汶川地震”的“对口支援”多系政府政治动员，10 年之后，2013 年“芦山地震”中救助模式依然如此，社会组织和私人部门的参与并纳入政府应急管理体系。[①] 其次，风险管理重应急处置轻社会治理。10 年间的 77 起“Ⅰ级(特别重大)”风险事故，多以对人的问责，代替了不均衡制度理念及受限性组织框架的反思和纠偏。如 2004 年“阜阳劣质奶粉事件”发生后，同类大型食品风险事故 4 年后在继发生，即 2008 年又发生了“三鹿劣质奶粉事件”。死亡人数最多的 2008 年“山西襄汾尾矿库溃坝”(死亡 276 人)、伤亡人数最多的 2003 年“重庆开县井喷”(死亡 243 人，累计门诊治疗 26 555 人次)、影响人数最多的 2005 年“吉化爆炸”(松花江污染危及流域数百万人饮用水安全)三起事件，也未推动应急管理结构的改进，这都说明风险社会治理严重不足。再次，风险预案先行难与滞后法制衔接。由于 2003 年的 SARS 疫情，推动中国出台《总体预案》，它是中国经济社会发展变化和客观形势所致，应对目标是国内各种突发险种事故，这就造成“一案三制”的内部矛盾，就风险管理而言，一般是先行立法再依法拟定预案，但中国却是预案先行[②]和立法缓后，这就导致风险形势催生的

① 张海波，童星. 中国应急管理十年(2003—2013)：结构变化及其理论概化[J]. 中国社会科学，2015，(3).

② 关于“预案先行”，也存在一个各个险种不均衡的现象。国外的应急管理一般是先有分类、部门预案，然后才有国家预案，而在我国，情况比较特殊，只有几个和传统灾害有关部门如地震、消防、抗旱等有预案机制之外，大多数部门根本没有，都是在《总体预案》出来之后，临时快速制定的。具体见《“一案三制”：中国应急管理体系建设的核心内容》，来自应急指挥中心。

各项预案超前发展，却缺乏立法基础，很多应急预案难以有效应用，应急预案体系结构混乱，功能发挥受到限制，①张海波认为在国家层面，立法与预案的时间约为2年；在省和市一级的时间差为4—6年。②

第二节　中国情境下的两类新型风险：城镇化风险和网络风险

这里选取了两大类风险作为集中梳理对象，即城镇化风险和网络风险。关于国内社会风险的研究概述，在风险经验类型的选取标准上，没有特意选取关注度较高的风险类型，如灾害风险、食品卫生风险或道路安全风险等，这种选择基于两个考虑：一是这两大类风险在中国属于新型风险，亟待开展研究；二是这两大类风险规模当属整体性风险，它对中国社会的影响既宏观又深远。

一、影响最深远的城镇化风险

规模巨大的城镇化，当属中国社会转变进程的一个明显特征。最新研究发现，中国拥有人口超过1 000万人的特大城市已有6个，③但国外研究认为实际情况为该数字的两倍，④1980年只有19%的人生活在城市，但到2012年，这一数字却达到52%。到2013年年底，每年占全国总人口的1/6有2.45亿的人在流动，正源源不断地朝特大城市人口聚集，其中90.5%流往了中东部发达城市地区。⑤

1. 风险累积

中国特殊的城镇化模式具有较大的社会风险累积。与西方城市化动力靠市场驱动不同，中国的城镇化动力却来自政府的主导推动。政府推动城市化

---

① 张海波. 中国应急预案体系：结构与功能[J]. 公共管理学报，2013，(2)；张海波. 中国应急预案体系的结构特征、功能约束与整体优化[J]. 中国应急管理，2011，(6).

② 张海波. 中国应急预案体系：结构与功能[J]. 公共管理学报，2013，(2).

③ 国务院于2014年11月发布《关于调整城市规模划分标准的通知》，新标准增设了“超大城市”。按此标准，截至2014年年末，中国境内有6座超大城市，分别为北京、上海、天津、重庆、广州、深圳，http://news.xinhuanet.com/2014-11/20/c_1113330964.htm.

④ 经合组织. 中国遭遇“快速城镇化之痛”[N]. 参考消息，2015-04-23.

⑤ 国家卫生计生委流动人口司. 中国流动人口发展报告2014[EB/OL]. http://www.chinadmd.com/file/svstc6uspizostxvuwtwsuuc_1.html.

的途径很多，大致而言，有建立开发区、建设新区和新城、城市扩展、旧城改造、建设中央商务区、乡镇产业化和村庄产业化。① 这种政府主导的自上而下的城镇化发展，带来了深远的社会风险问题：一方面，这种自上而下的单向城镇化发展决策，必然决定了对低层民众的诉求考虑欠妥以及长远的利益不均衡问题；另一个方面，在城市规划及开发项目的决策中，由于政治机会或市场机会的流动，在决策中占支配地位的大多是具有流动性的地方官员和开发商，前者是政治机遇的升迁流动，后者是市场机遇的流动，因而，这就造成了政策不当的长期消极后果往往由当地民众承担。② 洪大用等人总结了快速城市化的八大风险，分别有基础设施、人口结构、公共卫生、利益冲突、能源资源、环境污染、价值观冲突、城乡分化等诸多风险。③ 政府单一主体推动城镇化模式，带来城镇居民的利益格局变化，城镇化的各种开发项目，既造成了部分居民利益的不公正受损，也带来了部分居民利益的机遇性陡增，政府、开发商和内部利益分化居民之间的关系错综复杂，不断演变为各种群体性事件，典型表现就是很多事件转变成了难以解决的重点信访事件。

2. 风险扩张

群体性事件类风险的出现，反映了中国城镇化风险内涵的扩大及复杂性的增长。城镇化的问题逐渐外化为一种特殊的风险类型——群体性事件，“群体性事件”概念较早使用于2000年，当系公安部在颁文《公安机关处置群体性事件规定》中首次使用，该文正式对群体性事件拟用定义，概念强调事件的“群体性”、“违法性”和“社会危害性”。2002年中国行政管理学会课题组的一份调研报告中提到该概念并作进一步阐释，详细列举了事件的几种表现形式，如集体上访、阻塞交通、围堵党政机关、静坐请愿和聚众闹事，淡化了原来概念中的社会危害性，更重要的是，概念对事件性质作了“人民内部矛盾”的限定。2004年，中央预防和处置信访突出问题和群体性事件的联席会议制定了处置群体性事件的专文，基本上沿用2002年的概念。群体性事件进入公众视野后，其频繁发生和快速增长与中国城镇化快速增长同步。1994—2004年的10年间，从1万多起增长到7.4万多起，增长4倍多；10年间，参与人数从73万起上升

① 李强.中国城镇化推进模式研究[J].中国社会科学，2012，(7).

② 经合组织.中国遭遇“快速城镇化之痛”[N].参考消息，2015-04-23.

③ 洪大用，张斐男.快速城市化与城市社会风险的应对[J].学习与探索，2013，(2).

到 376 万起，增长 4 倍多。① 对南京市某区（7 个街道）3 年间（2008—2012）涉及的 182 例难案的梳理发现，因城镇化的拆迁安置问题（38%）包括失地农民生活困难问题（24%）而上访的比例，在各类社会矛盾事件中占到 50%。城镇化中征地带来的风险问题也尤为突出，国土资源部的数据表明，全国 1/3 的群体上访归因于土地，其中的 60%左右直接因征地引起，因为快速城镇化带来的暴力拆迁以及补偿标准过低等问题，让这些失地农民成为信访和群体性事件的主要参与群体。②

3. 风险升级

群体性事件风险具有升级动态特征。在对群体性事件风险的研究发现，此类风险具有动态演化的不确定性。童星认为可以大致将群体性事件分为四种类型，即“有组织—有直接利益诉求”、“有组织—无直接利益诉求”、“无组织—有直接利益诉求”和“无组织—无直接利益诉求”，这四类风险对社会秩序的冲击程度不同，处理的难易程度也有所不同，其中“有组织—有直接利益诉求”，因为目标明确且能组织交涉，相对容易处置，但“无组织—无直接利益诉求”却因为群体边界模糊具有潜在的社会动员能量，相对难以处置。然而，由于城镇化背后利益格局变动等各种催化因素存在，现实中的各个类型的群体性事件之间有可能发生动态升级转化，如 2008 年贵州瓮安事件和 2009 年的湖北石首事件，都是较低级别的风险升级为高级别风险的典型案例，即从个别刑事案件发展为大规模的围攻行政机关的打砸行动。两例风险都是在事发之前，城镇化过程中积累了过多的社会矛盾，如水库移民、政府征地和城市拆迁等。以瓮安事件的风险卷入来看，该县有 3 万多因为父母外出到城市打工而缺乏监管的青少年，这些无一不是城镇化衍生出来的问题；湖北石首案例情况大同小异，石首撤县改市，但非农产业不发达，大量脱离农业的人口进入县城，缺乏就业机会，使这些人并未进入城市体制管理系统，从而成为风险事件升级演化的社会土壤。

群体性风险事件升级的另一个宏观因素，乃是城镇布局结构的错位。中国城镇化存在一种产业结构已城市化，但人口结构远远低于城市化，根本原因

---

① 童星等. 中国应急管理：理论、实践、政策[M]. 社会科学文献出版社，2011，第 132—133 页.

② 童星等. 中国应急管理：理论、实践、政策[M]. 社会科学文献出版社，2011，第 142—144、187 页.

是中国当前的城镇化缺乏产业体系纽带的内部支持，很多城镇化都带有“产业空心化”和“就业不充分”的特征，它在城镇的地理空间上出现了“结构性空洞”、“三不管地带”或“社会角落”，[①]生活在这些地理空间的人陷入贫困且不断代际传递，从而成为违法犯罪的高发人群，这些人碰到突发的社会事件，便会迅速聚集，从而形成突发性群体事件。[②] 中国城镇化格局的错位结构，可以说是政府主导的城镇化模式带来的另一个问题。

4. 风险深化

中国规模巨大的城镇化，同时打破了城市和农村的社会秩序和经济结构带来的潜在社会风险。首先，城镇化建设投入的不均衡风险。城镇化的推进模式更多地关注于经济增长，大量投资投向了基础设施和生产领域，而在改善居民生活软环境上的投入相对较少，[③]而且由于地方政府在城镇化浪潮中存在速度竞争，这导致了城市基础设施重复建设，考虑到人口增长吸收的只是其中一部分，但无法被吸收的部分无疑是社会资源的巨大浪费。[④] 其次，是城镇化居民城市化水平不均的问题。城镇化带来的农民进城，并不一定就是真正的城市化，由于户籍制度、就业机会或生活方式等因素的影响，流入城市的农民呈现了复杂的城市化现象，典型表现就是城市身份获得与城市融入程度的矛盾问题：一方面，出现了“有身份，无融入”的现象，即一部分人因城镇化获得了城市户籍的人，却保持着传统农业生活方式，事实上并没有融入城市；另一方面，又出现了“无身份，半融入”的现象，即另一部分流入城市且多年留居的人却在事实上已经融入城市生活。于是，从城市居民角度来看，出现了“主动城市化”和“被动城市化”的双重城市化。[⑤] 主动城市化的人却难以城市化，而被动城市化的人却不愿意城市化，这两类群体与已有市民身份的人之间，既存在着利益差距，又有心理落差。这些群体在城镇化的过程中，或因为征地、移民和拆迁等问题，有着程度不同的相对剥夺感，如“递减型剥夺感”、“欲望型剥夺感”和“发展型剥夺感”，[⑥]尤其是想“主动城市化”的流动群体，但由于各个城

---

① 张鸿雁. 中国新型城镇化理论与实践创新[J]. 社会学研究，2013，(3).

② 童星等. 中国应急管理：理论、实践、政策[M]. 社会科学文献出版社，2011，第186页.

③ 蔡翼飞，魏后凯，吴利学. 中国城镇化成本的度量研究[J]. 发展研究，2014，(1).

④ 经合组织. 中国遭遇“快速城镇化之痛”[N]. 参考消息，2015-04-23.

⑤ 李强. 论农民和农民工的主动市民化与被动市民化[J]. 河北学刊，2013，(4).

⑥ 赵鼎新. 社会与政治运动讲义[M]. 社会科学文献出版社，2006，第89页.

镇的政府更多考虑如何维护本地居民的利益，而对其享受公共服务设置较高壁垒，与本地城镇居民相比，他们在基本公共服务领域如社会保险、教育和住房保障上的人均支出差距明显，因而在城市社会内部存在一种保持着社会矛盾的张力。这种社会张力从根本上来说来自城镇化的利益成果共享的不公平问题。① 总之，新型城镇化带引发的利益纠葛，是群体性事件频发也是社会运动威胁的最大动因。

二、边界性最模糊的网络风险

网络风险，是中国当前可谓是最前沿也最棘手的新型风险。学界对其研究主要集中在三个方面：一是关注中国互联网发展及网络使用的快速增长，以及网络行为的潜在社会风险；二是研究网络在具体社会风险事件中的诱发作用或媒介作用；三是探索如何发展技术手段来监管网络风险。这三个方面的研究，分散为焦点不同的风险议题，具体表现为网络兴起后的风险关联、网络风险力量的表现、网络风险的运行机制、网络风险实例以及网络风险管理难题等。

1. 网络崛起

我们的互联网发展迅速，网络形式日益多样便捷。截至 2014 年 12 月，我国网民规模达 6.49 亿，互联网普及率为 47.9%，手机网民规模达 5.57 亿，网民中使用手机上网的人群占比由 2013 年的 81.0%提升至 85.8%，2014 年新网民最主要的上网设备是手机，使用率为 64.1%，可见手机接入互联网的比例增长很快。2014 年，台式机、笔记本等传统上网设备的使用率保持平稳，通过台式电脑和笔记本电脑接入互联网的比例分别为 70.8%、43.2%，在家里使用电脑接入互联网的城镇网民中，家庭 WiFi 的普及情况已达到很高水平，比例为 81.1%。此外，随着网络技术和宽带技术的发展，网络电视融传统电视和网络为一身，其共享性、智能性和可控性的优势，目前使用率已达到 15.6%。②

2. 风险关联

面对中国崛起的网络现象，国内对网络风险隐患探讨参考了国外对网络

---

① 蔡翼飞，魏后凯，昊利学. 中国城镇化成本的度量研究[J]. 发展研究，2014(1).

② 中国互联网络信息中心(CNNIC). 第 35 次中国互联网络发展状况统计报告[EB/OL]. http://www.cnnic.net.cn/hlwfzyj/hlwxzbg/hlwtjbg/.

的研究，且聚焦在网络的积极性作用、管控性追究和风险因素关联上。早期的互联网研究者关注网络面较多，他们把互联网与开放、自由，平等和共享等联系；然而，随着对网络背后政府控制和商业利益集团对信息的控制，使得很多研究导向了网络"控制革命"的研究。对网络行为的深层讨论，认识到了网络具有赋权和控制的双重功能，网络行为有不可测性和对现实社会秩序的威胁性。很多对网络行为的研究发现，它会加深文化冲突且可能成为潜在的社会矛盾，这是因为与现实中的人际互动不同，网络互动是基于个体化信息空间发展以来，这种个体化的形式决定了网络互动的几个偏向，从权利角度来说更容易利用权利而规避义务，从群集互动来说更加深同质群体相聚而异质群体相斥，从而导致网络群际交往的极端化，①这种极端化就成为影响网络行为与现实行为之间相互转化的重要因素。随着对互联网本质特性的再认识、网络行为及网络空间互动模式的新理解，引发了对网络社会中国家安全的重新定义以及对互联网治理和治理权的探索，最近对国外互联网政治动员关注研究，发现已主要集中它的信息结构对受众的动员潜力，信息网络的社会资本增进作用以及信息平台的公共舆论空间作用上，②这些无疑为中国网络风险研究提供了借鉴。

3. 风险力量

国内对网络风险的关注，已开始探讨网络信息化交流对权力结构和社会结构的塑造作用上。自 2011 年以来，世界各国的社会运动中网络信息交流的助燃作用引起了中国学者的关注，如突尼斯、埃及、利比亚等北非国家爆发的政治运动，特别是英国伦敦、德国汉堡的社会骚乱、美国的占领华尔街和占领华盛顿的社会运动等，对此刘少杰认为，网络具有能引起社会变迁的基础性作用，中国现在处于一个网络化的时代，由于网络互动中以传递经验为主的缺场交往方式，导致人际沟通活跃、影响广阔，因而彰显了它强大的社会认同作用，这种认同权力，将能改变社会权力结构之后进一步加深对社会结构的改变，最终促使社会走向一种崭新形态，③这从网络流行语可见一斑，很多网络流行语不仅活跃在网络交往行为中，而且已经流出网络进入现实生活中，这种灵活感性网络流行语，既有文化娱乐型，如"偶"、"弓虽""美眉"和"童鞋"等，也有社会

---

① 蔡文之. 国外网络社会研究的新突破——观点评述及对中国的借鉴[J]. 社会科学，2007，(11).

② 黄荣贵. 互联网与抗争行动：理论模型、中国经验及研究进展[J]. 社会，2010，(2).

③ 刘少杰. 网络化时代的社会结构变迁[J]. 学术月刊，2012，(10).

事件批判型，如“河蟹”、“打酱油”、“躲猫猫”和“欺实马”，等等。这些网络流行语并非仅是对现实生活的形象表达，其中还包含了对社会消极因素的讽喻，体现了网民至公众对社会公平的理性要求，网络流行语的分析可揭示复杂的权力关系和深刻的社会矛盾。①

4. 风险机制

对国内群体性事件中网络作用的初步总结，也集中在它的政治参与途径、与现实空间的互动及公共舆论空间的作用上。互联网的政治动员作用，因为互联网上的群体关系并不完全是虚拟的，而是具有参照实体，网络上的各种联结如 QQ 群、论坛、微博、微信等，都有着较为稳固的现实基础，这意味着现实潜在公共性的网络回归，②这赋予了网民前所未有的强大信息权利。黄荣贵参照国外的互联网政治动员研究的议题现状，如互联网信息结构的动员效力、信息网络的社会资本累积效应及信息平台的公共舆论平台作用，也相应地梳理了国内的互联网与抗争行为的研究，初步总结了国内互联网影响抗争行动的三种不同的理论取向，分别为互联网为一种非制度化的政治参与途径，互联网作为虚拟空间在与现实空间的互动中的连带动员作用，以及互联网的公共舆论作用。其中就提到中国互联网对现实风险事件作用的改进作用。如以 2003 年的“孙志刚”事件和“非典”疫情为例，黄荣贵（2010）还提出了中国互联网与抗争研究的建议，应该超越“技术决定论”和“政治决定论”。前者强调互联网的政治动员作用的主导性，后者强调国家管控能力的主导性。应该考虑一种互联网作为政治参与的积极作用与国家推进制度化的民主建设间的良性关系和深层机制，为此建议对互联网政治抗争事件的类型化研究，关注更加地方性互联网抗争事件的动员机制探讨。③

5. 案例解析

由于互联网抗争议题较新，因而备受国内不少学者的青睐，他们尝试解释中国的网络抗争事件。如西南政法大学硕士申金鑫，通过对中国 1995 年以来网络抗争事件的回顾，④总结网络抗争行动的演变特征，发现它依然是传统抗

---

① 刘少杰. 网络流行语的感性化与讽喻性[J]. 人文杂志，2013，(3).

② 宋辰婷，刘少杰. 网络动员：传统政府管理模式面临的挑战[J]. 社会科学研究，2014，(5).

③ 黄荣贵. 互联网与抗争行动：理论模型、中国经验及研究进展[J]. 社会，2010，(2).

④ 申金鑫. 互联网与抗争行动研究——对 1995—2011 中国网络抗争行动的比较分析[D]. 西南政法大学硕士论文，2011.

争行动的历史延续，但又发展出新的特征，如发生频率高、阶层参与多、社会基础广、自发性与组织性并存、追求适度且不偏激目标、采取传统对抗性和新的非破坏性的抗争手法等。总之，网络抗争突破传统抗争行动的程序成为当前中国抗争政治的组成部分，是对当代中国社会出现的新问题的回应，而且网络抗争还反映了社会认同问题，快速社会结构转型中产生的认同危机和社会危机。浙江大学硕士卜晓珊集中探讨了网络群体性事件的发生机制，以 2008 年瓮安事件和 2013 年年初中生发帖为例，研究认为，传统的集体抗争与网络社会运动相互强化，并演化为网络社会运动的自我生成。网络社会运动基于利益的理性选择，通过金钱、抗争符号、群体行动等有形资源，以及情感、社会舆论和专业知识等无形资源，能充分动员事件直接、间接利益者及无关利益者，从而形成强有力的行动组织网络，抗争主体能发掘政治机会，利用事件中的利益博弈和结构紧张，形成了框架性的主旨议题，从而设置多样化的抗争策略，推进连续性、政治化的抗争进程。① 但也有研究认为网络上政治参与还有另外一些特征，如精英参与霸权，网络政治参与中的法律和规范缺失，参与过程缺乏规范，网络公民参与中的理性与非理性的纠结，网络议题的松散、政治参与的无序和短暂等，从而建议政策应革新网络治理策略，主动推动虚拟公共领域的构建，依托网络虚拟社区和推进公民自治。②

6. 风险挑战

互联网的迅速发展可能引发更多风险，对当前的社会治理模式产生根本性的影响，带来传统政府管理模式的危机。③ 传统政府管理模式是建立在信息资源垄断的基础上，在互联网影响下，将发生一种转变，从全景监狱式管理转变为共景监狱式治理，所谓的全景敞视监狱式管理结构，也就是被管理者之间缺少有效的沟通信息和传递信息的渠道，因此，管理者拥有至高无上的权力，他可以凭借对信息的垄断使权力发挥作用，但网络化时代催生的治理模式却是一种共景式的围观结构，管理者和被管理者之间共处一个场景，管理者与公众之间信息的分配已经比较对称，公众之间信息自由沟通，能够设置社会的公共议程，因此政府正在逐渐丧失其绝对权威，传统的政府管理模式难以为继。

---

① 卜晓珊. 网络社会运动发生机制研究[D]. 浙江大学硕士论文，2014.

② 周恩毅，胡金荣. 网络公民参与：政策网络理论的分析框架[J]. 中国行政管理，2014，(11).

③ 宋辰婷，刘少杰. 网络动员：传统政府管理模式面临的挑战[J]. 社会科学研究，2014，(5).

面对互联网发展带来风险形势的挑战，政府在调整网络风险管理模式。政府更加重视互联网安全，2014 年成立了中央网络安全和信息化领导小组，审议通过了《关于推动传统媒体和新兴媒体融合发展的指导意见》，旨在全力推进网络安全和互联网治理工作，同时加强传统媒体与新媒体融合建设。何明升[①]认为目前中国网络管理已经落后，这是因为网络应用理念的更替速度远远高于网络法律规制的进展速度。在 Web1.0 时代，政府建立了相对有效以“网站内容服务”为对象的管理模式，但 Web2.0 时代以博客尤其是微博为代表，这是以“用户为中心”的网络模式，这让此前依托网站的管理模式难以为继，当前，网络功能更加多样化，如 3G 网络催生出了手机群聊的“微信”，它集语音短信、视频、图片、文字于一体且支持多人群聊。他认为，对网络管理最大的挑战，当属网络虚拟空间秩序背后的权界不清问题，网络管理者需要把控网络秩序，而网民关注更多的则是网络权利，如网络反腐已成为网民的监督利器和议政方式，但人肉搜索、网络推手、网络独立调查人等极端手段却容易跨越法律边界。因此，他主张网络管理观念上的双重规制，即“用户”规制与规制“网站”并重，具体来说就是借鉴 Web1.0 时代以“网站”为规制主体的管理经验，同时顺应 Web2.0 时代的“用户中心”模式，规制网络中的不法行为，同时，推进网络管理的法制化，建立分类的网络法制体系，如《信息安全法》《电子政务法》等，清晰界定“禁止性规范”与“义务性规范”，以规范网络虚拟空间的各种秩序。

第三节　研究评议及未来拓展

即使风险学说在社会学领域出现之初带有浓重的理论阐释色彩和社会批评能力，但迈入中国学术界并未在理论路径上获得长足发展。正是由于中国社会风险形势的严峻和急迫，反倒是社会风险的实务管理获得最快的发展，并形成了应急型的社会风险管理体系，当然，这种快速发展带有单维度特征，因而也面临着进一步完善的压力。

中国社会风险研究的完善压力并不是针对社会风险的实务管理方面，而是与风险研究相关的所有不平衡性的方面。具体说来，大致有三个方面：一

① 何明升. 推进我国网络法制建设的思考[N]. 中国社会科学报，2014 - 06 - 04.

是对中国的风险经验梳理还有待延续，尤其是早期风险经验的回溯；二是对西方社会风险理论的反思，引介到中国的西式理论，它内含着西方社会发展特征及风险异质性问题，我们需要透过理论来进一步反思理论背后不同社会风险类型的差异；三是需要深化关于风险文化的研究，风险的主客观二重性决定了纯粹经验研究的不完整，因而，未来的风险文化研究作为基础研究的重要性凸显。总之，关于中国社会风险研究的不平衡性推进将是一个长期的过程。

一、中国经验梳理有待延续

在欧洲社会风险理论引介入境之前，中国学者已经对中国经济体制改革启动的隐含风险表现出了敏感，也就是说，中国的社会风险研究一开始就带着中国经验特征。中国转型特别是经济改革引发的社会风险，成为中国学者开展研究的基本前提。中国的市场经济如国内学者已有人倡导对风险问题的统计，主张除了要对森林火灾、洪水灾害、雷击等常见的自然灾害进行系统的统计，还特别倡导要对经济发展过程中的安全生产、环境污染等风险问题进行统计，如鉴于苏联核电站泄漏事故，我国要发展核电站就必须加以对风险的调查统计。①

中国1992年正式开始市场化的经济体制改革，这是中国社会风险形势变化的一个重要节点。中国经济体制的市场化化改革，则成为中国社会的重大风险源之一，早年就有学者撰文提到了国有企业包括集体乡镇企业的市场化所面临的风险挑战，由于乡镇企业员工可以就地务农，而国有企业却面临失业工人的生活保障、退休养老、医疗保障和意外保险等多重难题，因而国有企业的风险前景更大，②童星则撰文《发展市场经济的社会风险》③细数国企改革中的几大风险，如打破工人的“铁饭碗”、干部的“铁交易”、军人的“包安置”和大学生的“包分配”。中国当时的市场化体制首先触及金融领域，于是，就出现了金融风险的探讨股票投资风险④和通货膨胀风险，从此，金融领域的风险研究从未中断。中国的社会险情多因改革引发的社会转型所致，与国外的社会风

---

① 张尧庭，王晋.应积极推动社会风险的调查与统计[J].统计研究，1992，(6).

② 忻文.深化企业改革与强化风险承受能力[J].天津社会科学，1992，(4).

③ 童星.发展市场经济的社会风险[J].社会科学研究，1994，(3).

④ 张学云.谈谈股票投资风险[J].广东金融，1992，(11).

险情况有所不同，宋林飞就提出了适合我国国情的风险评估指标体系，①包括社会风险指标选择方法的界定，社会风险预警综合指数、核心指数及社会波动机制与统计规律，以估量中国社会人们经受社会改革带来的损失与痛苦程度。

然而，对于中国社会风险经验的改革路径探析，却因急性风险危机抢占研究视野而延续不够。中国接连发生大型的公共安全事件，如2003年“非典”事件、2008年的南方雪灾和汶川震灾等，此类灾害事件迅速进入公共视野引发公众关注，这就导致中国风险管理研究的急迫性，也进而导致了中国社会风险研究管理路径方向的显著进步，那么，这也就意味着中国社会转型和改革路径方向的风险研究相对不足，也可以说，关于社会转型、市场化的经济体制改革和城镇化风险研究并没有得到系统讨论。由此，从中国经验的风险研究出发，必须还要重视中国风险衍生的历史起点和关键阶段，寻找关注中国变革背景下社会风险的演变规律。

二、西方理论反思有待深化

引介到国内的社会风险理论，明显地影响了中国风险领域的探索性研究。最明显的影响表现在两个方面：一是对国内社会风险研究立场上认可了社会风险的双重性，它兼具客观主义和建构主义；②二是对目前国内的社会风险的总体特征判断，认为它是压缩饼干式的、③交互的、复杂的、多重的，④这两点上基本上已成为国内风险研究的共识，还有学者从实证的角度来验证中国风险的交互特征。⑤ 但也有学者基于中国风险经验的特殊性，与贝克的“风险支配逻辑”进行对话，从而作出了相对修正性的评判，如李友梅⑥认为在中国经历了30多年的改革开放，社会结构内部相互重叠和复杂冲突，尽管风险社会作为对中国社会结构产生关键性影响的一种力量开始在崛起，风险的弥散性和普遍

① 宋林飞.社会风险指标体系与社会波动机制[J].社会学研究，1995，(6).

② 乌尔里希·贝克.风险社会再思考[J].郗卫东译，马克思主义与现实，2002，(4)；司马媛，童星.对风险社会理论的再思考及政策适应[J].学习与实践，2011，(12)；杨雪冬等.风险社会与秩序重建[M].社会科学文献出版社，2006，第17页.

③ 张海波.公共安全管理：整合与重构[M].三联书店，2012，第1页.

④ 薛亚利.风险情景中的差异及分化，载上海市民生活态度报告2014[M].上海社会科学院出版社，2014.

⑤ 刘岩，赵延东.转型社会下的多重复合性风险：三城市公众风险感知状况的调查分析[J].社会，2011，(4).

⑥ 李友梅.从财富分配到风险分配：中国社会结构重组的一种新路径[J].社会，2008，(6).

性使得跨越阶级、阶层、职业、性别、信仰和种族而进行全社会动员成为可能，从新的角度和新的范围带动公民社会的生产，然而，具体风险的分布却又在一定程度上同阶级、阶层的分化同构，强化后者的分化，从而成为生产新社会冲突的再生动力，因而，“风险支配逻辑”在中国不是一剑独秀，而是“财富分配逻辑”与“风险分配逻辑”的双剑互动。

伴随着对西方社会风险理论的引介，中国的社会风险研究走向热潮，这就导致了中国社会风险研究的框架性受限问题。社会风险理论诞生于欧洲社会，这种理论学说的核心是对欧洲资本主义体系发展过度与否的批判性反思，同时也包括科技理性对社会领域渗透过深的知识批评，只是在此理论预设前提之下，来推演对各种类型风险事件的分析，如生态环境风险、工业生产风险、经济风险、政治风险及社会运动等。然而，国内的社会风险研究，无论是对欧洲的社会风险理论解读，还是对国内社会风险的实质研究，大多受限于原有的理论框架，在理论解读上，更多关心概念、内涵或理论体系，较少将理论与欧洲的社会特征及风险经验进行比对，较多地只是抽离式关注理论本身，更没有关注到西方当下资本主义体系本身的风险实质问题；在实证研究上，也是较多关注中国的风险经验是否与西方当下的风险经验相似，大多通过比较风险议题，用来印证社会风险理论的阐释范围，探讨中国社会风险特殊动力机制[①]的研究则少之又少。因此，关于国内的社会风险研究，需要重新审视西方社会风险理论，要上升到对这种学说的理论预设及其社会特征关联层面上，同时，在对中国社会经验的实证研究，也要清晰研究的理论预设以及与中国社会特征的关联上，研究要旨必须重视中国社会的情境特征和经验表象。

三、风险文化研究有待开掘

在社会风险的理论流派引介上呈现一种不均衡状态，即重客观学派而轻建构学派。一直以来，中国引介风险文化研究的数量寥寥。从接触西方社会风险思想而言，道格拉斯和威尔达维斯基合著的《风险与文化》一书最早被国内获悉，但至今国内尚无该著作的中译文，《风险与文化》的英文著作于 1982 年出版，要早于贝克 1986 年出版的《风险社会》，然而后者先有中译本且在中国学界广为流行，《风险与文化》即使被作为风险研究的一个流派被熟知，但在

---

① 张乐.风险的社会动力机制基于中国经验的实证研究[M].社会科学文献出版社，2012.

中国境内研究不多,国内对该书思想的研究,还较多倚重英国学者拉什的一篇分析,[①]该文评析风险文化的分析特征,拉什认为它是一种以反思为特征的实质文化,这种反思不是一种建立在制度规范和程序上的确定性判断,而是一种反制度规范及程序的不确定性判断。目前,拉什对道格拉斯的风险文化解释影响较大,这是因为国内对风险研究较少所致。

在国内为数不多的风险文化关注上,依然是理论引介为主,而本土文化探索较少。张宁介绍了道格拉斯的风险文化的建构类型,主要用于解释公众会因为团体或阶层关系不同,对风险认识和态度也不同,具体来说有四类风险文化,[②]疏离化的个人持宿命论风险文化,而身处市场竞争环境中组织个人认为高风险与高收益相伴,持乐观主义风险文化;纵向科层制度体系中的职业者,认为可以对风险加以规范管理,持一种高度理性的风险文化;那些处于横向平等团体中的人,则对风险的公共危害特别敏感,会持一种协商合作的风险文化。然而,关于道格拉斯的风险文化解释,并没有深入探究风险文化背后的资源条件、权力关系及文化背景因素,尤其是文化背景如宗教文化和意识形态的影响等,也没有对这种风险文化包含的规范、价值和信仰深入探讨。

中国的风险文化研究工作还未真正启动。中国素有传统文化的厚积沉淀,在不同的文化体系中都包含着对社会风险的认识和判定,已有个别研究发现了"天人感应"观是古代特有的一种风险文化,[③]它面对风险时能将其中的不确定性转化为确定性,并以逆向推理获取警示效果,因而它不仅仅是一种朴素的宇宙观,也是一种特殊的风险文化,它包含一定的理性解释,它把简化的天命论与复杂的阴阳五行推理相结合,也是一种带有反思性思维特征的风险文化。遗憾的是,基于中国文化传统和民众心理的风险文化探索较少。

风险文化研究在中国未来的研究空间很大,在概念和理论分析框架上都有待突破。从对社会风险的研究路径而言,风险文化当属两大路径之一,其重要性可想而知,由于中国社会风险形势的一时严峻及应急管理的跟进,导致风险文化路径的研究弱化,随着中国新常态方向的转变以及风险管理的深化,都

---

① 斯科特·拉什.风险社会与风险文化[J].王武龙译,马克思主义与现实,2002,(4).

② 张宁.风险文化理论研究及其启示——文化视角下的风险分析[J].中央财经大学学报,2012,(12).

③ 张介明."天人感应":中国古代的风险文化[J].中国行政管理,2009(1).

势必提出关于风险文化研究的各项命题，未来的风险文化研究，作为社会风险研究的深化方向，有望产生大的进展。

四、简短小结

就中国的社会风险形势而言，它与中国宏观的社会转型相伴，因而当属中国社会一体两面的总体性特征。在中国的社会转型过程中，一些大型的风险危机事件，造成了中国社会风险形势的陡然严峻局面，这就直接导致了中国风险管理在应急管理领域发展迅速，用于应对各类风险，如自然灾害风险、疾病传播风险、道路交通风险、社会治安风险和食品卫生风险等，这些都是中国社会风险的经验表象。然而，中国的社会风险中还有一些更为宏观性或整体性的类别，即城镇化风险和网络风险，这些风险作为深度风险不断衍生出小型的表层风险，如城镇化的风险研究不但衍生出各类群体性风险事件，网络风险能将各类风险事件从潜在状态推向现实，因而，这些大型风险都是中国风险研究领域的当下新课题。遗憾的是，笔者对社会风险的研究，不可能做到面面俱到，无法列数当前更多风险领域的研究，如自然灾害风险、疾病传播风险、道路交通风险、社会治安风险和食品卫生风险等，只是选择两类新型风险的梳理，只能是无法避免挂一漏万的简要梳理。

就中国的社会风险研究而言，与国外相比毕竟起步较晚，研究成果虽有不足但已有积累。由于中国风险应对应急管理发展迅速，因而研究进步也多集中在应急事件类风险管理上。大体来看，国内的风险研究还是取得了长足的进步，如研究数量的逐步增加，领域的不断拓展，同时，基础性研究、开创性研究和延伸性研究都在不同程度地深化。但依然有诸多问题亟待深入，如理论研究薄弱、文理学科割裂和成果转化不力等问题，①未来学界的风险研究，必须在加强学理性探究、促进文理科融合、宏微观并重上继续推进，这将未包括风险应急管理在内的学科发展取向。总之，不管是现实风险的多重演化，还是学界对风险研究的多方推进，同属于中国社会转型的历史过程，也同是这一历史过程的进度反映。

（薛亚利）

---

① 李尧远，曹蓉．我国应急管理研究十年（2004—2013）：成绩、问题与未来取向[J]．中国行政管理，2015，(1)．

推荐阅读

1. 张海波，童星. 中国应急管理十年(2003—2013)：结构变化及其理论概化[J]. 中国社会科学，2015，(3).

2. 薛亚利. 风险民主化与科层制隐忧[J]. 学术月刊，2014，(11).

3. 张乐. 风险的社会动力机制基于中国经验的实证研究[M]. 社会科学文献出版社，2012.

4. 张海波. 公共安全管理：整合与重构[M]. 三联书店，2012.

5. 李强. 中国城镇化推进模式研究[J]. 中国社会科学，2012，(7).

6. 童星等. 中国应急管理：理论、实践、政策[M]. 社会科学文献出版社，2011.

7. 刘岩，赵延东. 转型社会下的多重复合性风险：三城市公众风险感知状况的调查分析[J]. 社会，2011，(4).

8. 黄荣贵. 互联网与抗争行动：理论模型、中国经验及研究进展[J]. 社会，2010，(2).

思考题

1. 就中国的风险形势而言，属于一种多风险叠加的“压缩饼干”式风险。那么，这种交错关系到底如何？

2. 相比较社会风险研究的两大路径即客观主义和建构主义，究竟孰优孰劣？

3. 建构主义风险观认为客观风险并没有增多只是感觉到的多了。你怎么看？

4. 就社会风险理论而言，产生于欧洲的理论学说，用于中国风险经验解释，这种解释力到底如何？

5. 中国传统文化体系中有关于风险的文化论述，这些论述与西方风险文化观点有何不同？

第六章
民族理论热点与国家治理

民族问题是现代国家和社会共同关注和重视的话题，作为民族学范畴的民族理论研究对于国家治理的作用显得极为重要。我国是一个多民族国家，各民族之间的关系应该如何处理、多民族国家如何进行治理，是一个关系国家稳定与长治久安的重大理论与现实问题。对此，民族学、人类学界在21世纪以来有着不同的观点和看法。在民族学、人类学界，2010—2015年间关于民族关系处理和国家治理主要围绕三大维度进行研究，即如何看待中国的民族问题、如何看待中国的民族国家治理模式（民族区域自治制度），以及如何对现有的民族政策进行修正。围绕这三大理论维度，出现了民族问题是否应该"去政治化"、"第二代民族政策"说、民族认同和国家认同关系、关于现行中国民族政策的讨论四大议题。

20世纪90年代初，苏联解体和东欧社会主义国家巨变，世界两大阵营之间冷战消除，世界各国民族主义抬头，以致世界范围内出现了第三次民族主义的浪潮，多民族国家内部的民族分离主义运动此起彼伏，世界性的民族过程和国家民族治理因此受到极大影响。当时，中国开始反思苏联和东欧社会主义国家出现民族问题的理论和政策是否得当，其中什么样的教训值得注意，同时开始反思、总结中国几十年来在民族问题上的经验和教训。

进入21世纪后，发生了美国"9·11"事件，民族主义在有些地区成为民族分裂主义、宗教极端主义、暴力恐怖主义，并在此基础上形成了民族分裂势力、宗教极端势力和国际暴力恐怖三股势力，对世界格局产生了重大影响。而中国先后于2008年在西藏拉萨发生"3·14"事件、2009年新疆乌鲁木齐"7·5"事件。一年半的时间中国民族地区两起重大事件的发生，促使人们开始思考中国民族政策的经验和教训。

同时,21世纪以来中国的改革开放向纵深发展,西部大开发、“一带一路”等战略的实施加大了对少数民族和民族地区的优惠和扶持力度。随着对少数民族以及民族地区各项平等权益的赋予和保障,少数民族和民族地区在经济、社会等各个领域有了更大的发展。但与此同时,随着中国社会的急速发展,民族之间、民族地区和非民族地区之间发展的差距越来越大,发展过程中出现的带有民族因素的问题越来越凸显。特别是在少数民族和民族地区的发展中,各民族发展差距、地区差距带来的资源、权利和利益的分配不均问题,少数民族地区资源、环境生态的破坏问题等导致了民族成员甚至民族地区的相对剥夺感增强,带来民族成员乃至民族地区汉族成员的很大不满。社会上很多人以及学界对于包括诸如少数民族高考加分、计划生育等针对少数民族的优惠政策产生怀疑,认为这是对于汉族成员的“逆向歧视”而质疑中国当前的民族国家治理模式(民族区域自治制度),提出需要认真思考当前中国民族政策和国家治理模式,并进一步进行修正的问题,就此学术界展开了激烈争论。

第一节　民族问题“去政治化”理论讨论

改革开放以来,社会学、人类学、民族学等社会科学发展突飞猛进,其中关于族群范式的研究成果相当丰富。从常规上讲,族群范式研究关注的是社会分类分层的现象与本质,即使在“冲突论”、“资源竞争论”等重要理论领域其论述涉及内容也多为国家与阶层、阶级关系,对于族群和国家构建与治理的关系并非其关注重点。近年来,在多元主义、全球化等思潮的影响下,族群范式在研究关注点、在宏观和微观上都在扩展,在整个社会和国家层次上的理论关怀逐渐增多。在我国,“文化化”与“去政治化”的族群范式理论涉及多民族国家的国家治理,近年来受到学术界的广泛关注。目前它已成为我国多民族国家治理理论热点中最突出的一个,虽然它还不具有完整的理论体系,但在多种回应中有着逐渐成长的潜力,值得我们仔细分析。

一、“去政治化”族群范式理论讨论的源起和过程

北京大学的马戎教授于2004年在《北京大学学报(哲学社会科学

版)》第 6 期上发表了其撰写的《理解民族关系的新思路——少数族群问题的“去政治化”》①一文。该文以族群理论研究范式,对照前苏联、美国等多民族国家治理的经验,建议我国反思传统民族理论和政策的合理性,提出了民族问题“去政治化”的观点和解决民族问题“文化化”的政策手段。马戎的这一主张在他后来在《中央民族大学学报》2007 年第 3 期发表的《当前中国民族问题研究的选题与思路》②、《中国民族报》2007 年 3 月发表的《反思民族研究：理论与实践》③、《云南民族大学学报》2011 年第 5 期发表的《中国民族问题的历史与现状》④、《中国民族》2011 年第 9 期发表的《“去政治化”的意思就是要给少数民族更大的活动空间和更完整的公民权利：对话著名社会学家马戎》⑤等一系列文章中又作了进一步的重申和补充。

马戎教授“去政治化”的解决民族问题的“新思路”,意在对于中国当前的民族理论政策和解决民族问题的道路进行重新评价甚至否定,因此,“去政治化”的观点一经提出立即引起了民族学界的广泛争鸣,陆续引起不同学科背景的学者参与讨论,特别是当 2008 年拉萨“3・14”事件和 2009 年乌鲁木齐“7・5”事件发生后,加剧了整个社会对我国当前民族理论、民族政策以及国家治理模式的反思,多层面的思潮似乎在短短时间突然爆发。虽然马戎教授在事件发生前所写的文章并没有预测或映射此类民族问题的发生,但他的观点是这一时代思潮的反应,因此引来了民族理论学界多重的解读和回应。

二、关于“去政治化”族群范式理论讨论的内容

综合多篇文章中马戎教授“去政治化”理论的主要论点,他认为：在理论上,“民族”和“族群”是两个截然不同的概念,代表着完全不同的人类群体。民族于 17 世纪出现,与西欧的“民族主义”和“民族自决”政治运动相联系,族群则出现于 20 世纪并在美国使用较多,用于表示多族群国家内部具有不同发展历史、文化传统,甚至体质特征但保持着内部认同的群体。尽管这两个概念之

---

① 马戎.理解民族关系的新思路：少数族群问题的“去政治化”[J].北京大学学报(哲学社会科学版),2004,(6).

② 马戎.当前中国民族问题研究的选题与思路[J].中央民族大学学报,2007,(3).

③ 马戎.反思民族研究：理论与实践[N].中国民族报,2007-03.

④ 马戎.中国民族问题的历史与现状[J].云南民族大学学报,2011,(5).

⑤ 马戎.“去政治化”的意思就是要给少数民族更大的活动空间和更完整的公民权利：对话著名社会学家马戎[N].中国民族报,2011-09.

间存在着重要差别,但是两者之间并没有一道不可逾越的鸿沟。通过一定的内外部条件,两者之间是可以互相转化的。也就是说,在某些内部和外部条件的共同作用下,一些族群确实存在着从现有国家中分裂出去的可能性,即从"族群"转变为"民族"。这样就引出了解决民族问题的两种政策分类导向:"政治化"与"文化化"。在马戎看来,中国古代儒家文化传统在看待和处理民族关系时,就是把各民族看作是具有不同文化传统的群体,从"文化差异"的角度来看待民族差异。而在当今世界,美国和印度则是对本国少数族裔采取"文化化"的政策导向的典范。与之相对,苏联和中国则继承了民族问题"政治化"的基本思路。鉴于 20 世纪 90 年代苏联和前南斯拉夫出现的民族分裂主义运动,马戎担心,一旦国内外政治形势发生变化,这种强化了的族群政治意识就会转变为"民族主义"运动,特别是由于中国实行的是民族区域自治制度这一"把族群与地域正式挂钩起来",那么在外部势力的影响和国内一定的政治和社会条件下,就有可能出现割据或者独立的倾向,从而对国家的统一和稳定构成挑战。因此,马戎提出要把新中国成立以来在族群问题上"政治化"的模式改变为"文化化"的新方向,把少数族群问题逐步"去政治化"。

具体来说,马戎对当前中国民族政策的批评主要集中在三个方面:一是"民族识别",认为新中国成立以后进行的民族识别工作强化了少数民族与主体民族的不同,不利于民族融合的实现;二是民族区域自治制度,即"对所有少数族群都采取了'区域自治'",使得一些"原本已经没有多少政治色彩的族群也'政治化'了";三是民族优惠政策,国家在政治、经济、教育和文化等方面对少数民族实行以民族为对象的优惠政策,使得主体民族的成员遭受到了"逆向歧视"。因此,马戎主张把族群关系用"文化多元主义"的思路来解决,从文化的角度看待中国当前的民族问题,从保障公民个人的权利角度入手,逐渐取消国内各民族的集体身份和集体权利,取消国家对少数民族和民族地区的各种优惠政策,即把民族问题去政治化,在民族政策上以"文化化"取代"政治化"的新思路。

对于马戎教授的这种"去政治化"理论,最早进行回应的是郝时远研究员。郝时远对于"去政治化"的研究思路提出了批评。他认为民族问题和族群问题是多民族国家普遍存在的社会问题,其表现涉及政治、经济、文化和社会生活的各个方面,难以对其作出抽象的"政治化"或者"文化化"的类别分类。所谓民族问题"去政治化"、要"文化化"的观点并不是什么新的研究思路,而是西方学术界自由进化论的遗风。在现实生活中，民族问题的复杂性不是依靠概念的分类以及研究话语的转变就可以自动消除的，而在于民族平等政策具体落实的情况。因此，多民族国家内部的民族问题最终是要依靠“政治化”的制度安排解决，而不是寄希望于单纯“文化化”的民间消解。①

陈建樾教授也明确地对马戎的观点进行了批评。陈建樾认为民族和民族问题是一个建构于利益之上的政治事项，这是在多民族国家关于族际关系的所有制度性安排必然要诉诸政治制度和公共政策加以解决的逻辑前提。因此，马戎的“去政治化”观点是从绝对平等的理念出发，无视族际发展过程中存在的不均衡现实，混淆了多民族国家族际政治安排与民族优惠政策之间的不同，因而推导出以公民身份淡化民族身份，通过“文化化”来淡化民族问题的错误结论。②

都永浩的《政治属性是民族共同体的核心内涵——评民族的“去政治化”与“文化化”》一文，强调了政治属性是民族共同体的核心内涵。他对马戎提到的前苏联、美国、中国和印度等国家的民族政策的研究得出了与马戎完全不同的观点。他认为民族与政治属性是同质的，“去政治化”就是去“民族”，这是不可能实现的目标。中国未来解决民族问题的目标应该是建构完全的公民国家，而不是创造一个与国家同质的大民族。对于当前中国的民族政策，尽管不是十全十美，但也无须推倒重来，应该是基于本国国情基础上的创新发展。③

金炳镐撰文认为以“族群”替代“民族”与民族问题“去政治化”、“文化化”的观点是不顾中国民族和民族问题的实际，不顾中国共产党把马克思主义民族理论中国化的民族理论创新、民族政策创新的事实，以西方的理论解决中国民族问题的做法。这种主张实际上是 100 年前第二国际机会主义主张过的“民族是文化共同体”、要“民族文化自治”纲领的翻版。④

这种“去政治化”观点的争论并非仅限于国内学界，国外一些相关学者也积极加入相关争鸣中。美国藏学家、印第安纳大学教授斯伯苓认为，马戎的观点可能会影响到中国政府未来民族政策的导向；英国学者吉伯诺（Montserrat

---

① 郝时远. 构建社会主义和谐社会与民族关系[J]. 民族研究，2005，(3).

② 陈建樾. 多民族国家和谐社会的构建与民族问题的解决：评民族问题的“去政治化”与“文化化”[J]. 世界民族，2005，(5).

③ 都永浩. 政治属性是民族共同体的核心内涵：评民族“去政治化”与“文化化”[J]. 黑龙江民族丛刊，2009，(3).

④ 金炳镐，孙军. 民族概念：民族纲领政策的理论基础——纪念中国共产党建党 90 周年民族理论系列论文之二[J]. 黑龙江民族丛刊，2011，(2).

Guibernau)和莱克斯(John Rex)主编的《族群读本：民族主义、多元文化主义和移民》(第二版)也新收录了马戎的文章《现代中国的“文化主义”与“民族主义”》。① 国外学者中最为挑战马戎学术观点的声音来自香港科技大学的沙伯力教授。沙伯力反对把美国、印度两国的基于自由主义价值观的民族政策作为解决中国民族问题的最佳参照。② 同时，他以比较政治学的研究方法，针对马戎的民族问题“去政治化”观点展开了全面严谨的分析和批评，关凯在民族报刊发的《民族“去政治化”：一种被挑战的理论》一文全面比较了马戎和沙伯力两人的对话，指出了两人不同的对话维度及在一定层面的相同理论关怀。③ 袁长庚在《一个问题，两种逻辑，更多答案？——也谈马戎与沙伯力的争论与启示》文中追论了这一争论，深入地分析了两人不同的语境及殊途同归的交集。④

为了更好地扩大这一理论争鸣的传播范围，部分学者开始把讨论中的诸多文章收编成书籍出版。谢立中教授主编的“北大社会学专题系列丛书”《理解民族关系的新思路——少数族群问题的去政治化》⑤收录了郝时远、王希恩等学者对马戎教授所倡理论的多层面反应的文章及马戎教授对部分批评意见的回应文章。该丛书初步反映了主流的马克思主义民族理论界与“族群问题去政治化”理论的基本思想的争论。金炳镐等人以《黑龙江民族丛刊》为平台陆续刊发了民族理论前沿研究系列论文，系列论文前后多达 8 篇，以传统马克思主义的多民族国家治理理论和模式经验，针对民族问题“去政治化”的观点从概念与逻辑到结论与措施，进行了全面的分析和评论。其中《民族问题“去政治化”、“文化化”——“新思路”还是“老套路”?》一文系统总结了传统民族理论学界诸多专家，如郝时远、陈建樾，王希恩等人对民族问题“去政治化”多层面的回应。⑥

---

① Montserrat Guibernau, John Rex. The Ethnicity Reader: Nationalism, Multiculturalism and Migration [M] (2nd Edition). Blackwell Publications, 2010.

② 沙伯力. 中国民族政策能否采用美国或印度模式? [J]. 中央民族大学学报，2014，(4).

③ 关凯. 民族去政治化：一种被挑战的理论? [N]. 中国民族报，2010-11-05.

④ 袁长庚. 一个问题，两种逻辑，更多答案? 也谈马戎与沙伯力的争论与启示[N]. 中国民族报，2010-11-12.

⑤ 谢立中. 理解民族关系的新思路：少数族群问题的去政治化[C]. 社会科学文献出版社，2010.

⑥ 金炳镐，孙军，肖锐. 民族问题“去政治化”、“文化化”:“新思路”还是“老套路”? ——民族理论前沿研究系列之三[J]. 黑龙江民族丛刊，2012，(3).

第二节 国与族：民族意识和认同研究

当今世界上的大多数国家是多民族国家。在多民族国家中，民族意识与公民意识、民族认同与国家认同很多时候存在着张力与紧张。中国历史上一直是多民族国家，民族意识与公民意识、民族认同与国家认同的协调整合关系到国家各民族的团结和国家的统一。近年来，民族学、人类学界就民族意识与公民意识、民族认同与国家认同是相互促进还是对立的问题进行了广泛的讨论。

一、讨论的过程

在中国，有关民族意识的研究最早见于孙中山、梁启超的零散言论。20 世纪 80 年代之前，在国内学界对这个领域少有人问津。随着改革开放，民族意识理论研究开始起步。到 20 世纪 90 年代，民族意识成为民族学理论界研究的热点。20 世纪 90 年代末，国内学者开始注意研究民族意识的发展趋势问题。最近 10 年以来，关于民族认同与国家认同双重认同的理论研究日渐增多。

陈茂荣在《"民族"与"民族认同"问题研究述评》一文中总结 10 年来中国解决民族认同和国家认同矛盾关系出现的两种观点：①一是"冲突论"，认为民族认同的强化必然导致国家认同的弱化，两种是矛盾、对立的，存在着必然的冲突。要解决这个问题，只能寻求弱化民族认同的手段。二是"和谐论"，认为"民族认同问题是民族认同取代了国家认同，并且在民族成员认同结构中最高级序的位置"，②民族认同与国家认同并不冲突，可以同时被一个民族所认同，具有双重身份认同，只是"级序"不同，或者"优先顺序问题"，③两种认同能够和谐一致。

二、讨论的主要内容

1. 民族意识、公民意识的统一关系

陈理认为公民意识和国家意识一方面具有差异性，同时具有兼容性，强调

---

① 陈茂荣."民族"与"民族认同"问题研究述评[J].黑龙江民族丛刊，2011，(4).

② 高永久，朱军.论多民族国家的民族认同与国家认同[J].民族研究，2010，(2).

③ 钱雪梅.从认同的基本特征看族群认同与国家认同的关系[J].民族研究，2006，(6).

加强公民意识与国家意识教育。①

杨虎德以为，把民族意识和国家意识两者对立起来的认识是不正确的。民族意识，更准确地说就是一个民族的族属意识，主要体现为一个民族的人们基于共同记忆、体貌特征、血缘关系等形成的对其文化倾向的认可与共识。国家意识，主要指的是民族成员的国民意识，主要体现为个体或群体在心理上认为自己归属于某一国家这一政治共同体，意识到自己具有该国成员的身份资格。毫无疑问，民族意识与国家意识有一定的区别，民族意识不能完全等同于国家意识。在极端情况下，民族意识有可能超越国家意识，并对国家和谐稳定产生消极影响，但是，两者又是统一的。在现代社会，每个个体一定属于某个民族，同时也属于某个国家，民族认同意识和国家认同意识共存于个体的观念和意识中，有机地统一在一起。在一般情况下，国家意识作为一种共性和共同利益的理性认知以及由此产生的同胞情感，居于每个民族个体的首位。民族意识与国家意识的关系并不是简单的负相关，或者说，民族意识强必然导致国家意识弱。②

明浩认为，现代国家的发展一般经历两个阶段：早期追求“一个民族、一个国家”的民族国家，第二次世界大战后摆脱“民族”束缚，进入“后民族”即“公民国家”阶段。新中国成立初期，国家建构呈现明显的“阶级国家”特色，近年来呈现明显的“民族国家”建构趋势。但是应该认识到“民族国家”的局限性，推进“公民国家”建构。强化各民族的“公民意识”前提是国家建构的“公民化”。③

马戎从中华民族的角度出发，认为要强化中华民族的“民族意识”和现代国家的“公民意识”，应该充分尊重、保护少数民族传统文化和语言，以“公民权利”的名义对需要特殊帮助的少数民族成员给予扶助。④

2. 民族意识、民族认同与民族主义的关系

奂平清认为，民族认同是社会成员对其所属民族或民族国家成员身份的认知，以及由此引起的归属感、忠诚和奉献精神。民族认同通过各种民族主义

---

① 陈理. 加强公民意识和国家意识教育是今后教育工作的重心[N]. 中国民族报，2011-09-23.

② 杨虎德. 民族意识与国家意识不是此消彼长的对立关系[N]. 中国民族报，2011-12-09.

③ 明浩. 从“民族国家”走向“公民国家”——当前民族研究的困惑与出路[N]. 南方周末，2010-10-21.

④ 马戎. 强化中华民族的“民族意识”[J]. 人民论坛，2008，(14).

表现在民族意识中，与民族意识、民族主义联系密切。民族认同、民族意识和民族主义是民族成员之间的精神纽带，能够把人们凝聚起来。①

陈茂荣则认为，民族认同具有排他性。民族是一种随着族群共同体的形成、逐渐稳定以及不同民族交往的深入，个体特别是其中的少数精英油然地产生的一种渐趋强烈的对本民族的依附、归属情感，并不断扩展到整个民族，形成整体民族意识。随着民族认同感的形成并不断强化的同时，也会产生对其他民族的一直潜在地或直接地排他的情绪和意识。②

3. 民族认同与国家认同的统一

对民族认同的定义从单一民族的角度来看，万明钢等人把民族认同定义为，民族成员在民族互动和民族交往过程中基于对自己民族身份的反观和思考而形成的对本民族和他民族的态度、信念、归属感和行为卷入，以及其对民族文化、民族语言和民族历史等的认同。③ 同时，万明钢等人认为，无论是具体的民族认同还是中华民族认同都是在一定历史情境中建构起来的，具有情境性，如果偏离了这一点，将会失去研究的价值。④

从本民族认同和中华民族认同的双重角度来看，左斌等人认为，民族认同就是民族的自识性，是个体对本民族身份的确认，具体来说，民族认同是个体对自己民族归属的认知、承认和感情依附。中华民族认同就是中华民族中的成员对自己中华民族归属的认知和感情归属。⑤ 对于两种认同之间的关系，史慧颖等人认为，民族认同是指在多民族国家中，各民族个体对自己既作为单一民族成员身份，同时也作为国家民族成员双重承认的统一。⑥

对于民族认同和国家认同的矛盾，一些学者主张把各个民族整合成为一个同质性的"国族"，通过消解民族身份而形成公民身份，实现"民族认同"和"国家认同"的同质化。⑦

---

① 奂平清. 全球化背景下的当代中国民族认同[J]，北方工业大学学报(社会科学版)，2010，(1).

② 陈茂荣. 论"民族认同"与"国家认同"[J]，学术界，2011，(4).

③ 万明钢，王亚鹏. 藏族大学生的民族认同[J]，心理学报，2004，(1).

④ 万明钢，高承海. 近年来国内民族认同研究述评[J]. 心理科学进展，2011，(8).

⑤ 左斌，秦向荣. 中华民族认同的心理成分和形成机制[J]，上海师范大学学报(哲学社会科学版)，2011，(4).

⑥ 史慧颖，张庆林，范丰慧. 西南地区少数民族大学生民族认同心理研究[J]. 民族教育研究，2007，(2).

⑦ 陈茂荣. 论"民族认同"与"国家认同"[J]. 学术界，2011，(4).

4. 国家认同与政治认同

佐斌、秦向荣认为,民族认同就是民族的自识性,是个体对自己民族身份的确认,中华民族认同是中华民族中的成员对自己中华民族归属的认识和感情归属,并对其心理成分和形成机制进行了初步探索。①

陈茂荣归纳总结了民族认同和国家认同的概念以及各自特征。国家认同是指公民对国家的政治权利和统治权威的认可、接纳、服从、忠诚。国家认同具有主权性、政治性、领土性、阶级性、合法性和波动性等特征,是鲜明的政治意识现象。对于民族认同和国家认同的矛盾关系,普遍主义思想主张把民族整个视为一个"同质性"的"国族",经由消解后的民族身份转化成公民身份,实现"民族认同"与"国家认同"的同质化。②

彭兆荣认为,现代社会的认同是一个多层次、多等级的价值系统,包含国家认同、族群认同、血缘认同、地缘认同、党派认同、信仰认同、方言认同、乡党认同、行业认同、性别认同、年龄认同,甚至兴趣认同等。在这个价值系统中,两种认同至关重要,即国家的政治归属性认同和民族的文化归属性认同。这两者时常发生交错。③

进一步,徐黎丽认为,国家认同最终必然落实到政治认同的层面上,政治认同是国家认同的载体。④

金志远认为,国家认同与民族认同在实质上是既有联系又有区别的。国家认同的实质是政治认同,而民族(族群)认同的实质在于文化认同。国家认同与政治认同在认同主体、客体、目的和标准价值方面存在关联性。民族认同与文化认同在认同主体、客体、目的和标准依据方面存在包含关系。⑤

总之,对于民族意识、公民意识,民族认同和国家认同关系,学界普遍认为虽然每对概念相互之间会有不协调的情况存在,但并不是简单的此消彼长的对立关系,它们是可以协调统一起来的。

---

① 佐斌,秦向荣.中国民族认同的心理成分和形成机制[J].上海师范大学学报(哲学社会科学版),2011,(4).

② 陈茂荣.论"民族认同"与"国家认同"[J].学术界,2011,(4).

③ 彭兆荣.在国家与民族认同之间[J].北方民族大学学报(哲学社会科学版),2010,(4).

④ 徐黎丽.论多民族国家中民族认同与国家认同的冲突:以中国为例[J].西北师大学报(社会科学版),2011,(1).

⑤ 金志远.论国家认同与民族(族群)认同实质的相异性[J].前沿,2011,(9).

第三节 对“第二代民族政策”说的讨论

一、社会背景与讨论的缘起

2010年1月18—20日，中共中央、国务院在北京召开了第五次西藏工作座谈会。会上，胡锦涛发表重要讲话，讲话中强调，把有利于民族平等团结进步、有利于各民族共同繁荣发展、有利于民族交往交流交融、有利于国家统一和社会稳定作为衡量民族工作成效的重要标准，以推动各民族和睦相处、和衷共济、和谐发展。① 这里，首次在中央文件中提出了“有利于民族交往交流交融”的概念。接下来的2010年5月17—19日，新疆工作座谈会在北京召开，胡锦涛在讲话中又一次指出：“要坚持有利于民族团结进步的政策导向，从有利于提高各族群众物质文化水平、有利于各民族交往交流交融出发，完善和落实招生、就业等政策，依法保护各族群众享有平等的教育权、劳动权、婚姻自由权等权利，促进各族群众相互学习、互相交流、和谐相处。”②

2011年《新疆师范大学学报》在第5期刊发了胡鞍钢和胡联合合写的《第二代民族政策：促进民族交融一体和繁荣一体》一文，此文后来被新华文摘第24期转载。在该文中，作者认为：“2010年1月和5月先后召开的中央第五次西藏工作座谈会和中央新疆工作座谈会明确提出了促进‘民族交往交流交融’的‘第二代民族政策’”。“‘第二代民族政策’说的提出，虽没有引起什么政治效应，但使得国内的民族理论学界认为这是我国民族政策从第一代开始向第二代转型的标志。”同时，文章作者认为，应该仿效美国的民族大熔炉模式，也把“去政治化”作为促进民族融合的主要方法，主张采取“非政治化”的政策措施保障个人的公民权利平等，而不是强化国内各族的集体身份和集体权利。积极倡导国家推行淡化民族意识观念，强化中华民族的身份意识和身份认同，大力推进中华民族一体化和国家认同的政策，建议从政治、经济、文件和社会

① 中共中央国务院召开第五次西藏工作座谈会[EB/OL]. http://xz.people.com.cn/GB/139187/139207/10828422.html.

② 中共中央文献研究室，中共新疆维吾尔自治区委员会编. 新疆工作文献选编(1949—2010)[M]，中央文献出版社，2010，第717页.

四个方面促进国内各民族交融一体。①

二、讨论的内容

"第二代民族政策"说提出后在国内民族学界受到普遍批评。其中比较典型的批评主要有：

中央民族大学的张海洋教授第一个对"第二代民族政策"说作出了回应。张海洋认为，"第二代民族政策"不愿意正视民族文化多样性和民族认同意识，把处于弱势地位的少数民族当成是敌对势力，急于搞民族关系的"大跃进"，目的在于推翻由宪法规定的中国解决民族问题的治理框架。②

黄铸认为，"第二代民族政策"急于实现民族融合和由此提出的一套政策是不可取的，并且对于"第二代民族政策"提出者主张促进民族交往交流交融一体的建议，分别从政治、经济、文化和社会四个方面进行了反驳。黄铸坚决反对另起炉灶，实行所谓的"第二代民族政策"，认为中国现行的民族政策是成效显著的和正确的，必须坚持和完善下去。③

郝时远对于"第二代民族政策"展开了全面的批评。他认为，所谓"第二代民族政策"是对"各民族真正平等"的中国民族政策核心原则的取代，是对民族问题"去政治化"主张作出的全方位的"政策理念设计"，是对中国民族问题理论和实践的严重误导。同时，郝时远认为，只有各民族真正的平等才能实现广泛的交流，才能保持和睦交往，才能成就自觉交融。坚持和完善以各民族真正平等为核心原则的制度和政策才能巩固和发展社会主义民族关系，才能促进各民族的交往交流交融。④ 针对"第二代民族政策"提出者对美国、巴西、印度经验的推崇和对前苏联教训的列举，郝时远认为都是对近年来民族问题"去政治化"的观点的再一次罗列。而所谓的"国际经验的比较和借鉴"也绝不能脱离所在国家自身的国情现实。⑤

---

① 胡鞍钢，胡联合. 第二代民族政策：促进民族交融一体和繁荣一体[J]. 新疆师范大学学报，2011，(5).

② 张海洋. 民族团结是中国立国之本[N]. 中国民族报，2011-12-30.

③ 黄铸. 何为"第二代民族政策"[N]. 中国民族报，2012-01-13.

④ 郝时远. 中国民族政策的核心原则不容改变：评析"第二代民族政策"说之一（上、下）[N]. 中国民族报，2012-02-03，2012-02-10.

⑤ 郝时远. 国际经验的比较和借鉴必须实事求是：评析"第二代民族政策"说之三（中）[N]. 中国民族报，2012-03-09.

金炳镐也发文驳斥了“第二代民族政策”说。金炳镐认为，“第二代民族政策”说完全是主张者的政治臆断，违背了民族和民族问题的发展规律；背离了中国多民族的基本国情；背离了中国社会主义初级阶段民族问题长期存在的事实。是民族问题“去政治化”说的一种必然延续。①

由于“第二代民族政策”说的提出在国内民族学理论界引起的较大震动，对此，2012 年 2 月 23 日，中国民族理论学会召集了中央民族大学、中国社会科学院民族学与人类学研究所以及党校、社会主义学院等高校、科研院所的 40 多位专家就“第二代民族政策”说召开专题研讨会。在会议中，李红杰认为，关于“第二代民族政策”说的讨论使得以往对民族问题仅限于民族识别、民族区域自治、民族优惠政策等政策和操作层面的讨论上升到了理论和方法论的层面。他认为民族研究不仅要有纵向的辩证法，也要有横向的辩证法。目前应该采取的是包容性的、以差异为前提的与时俱进的平等观。金炳镐强调了胡锦涛提出的“交往、交流、交融”的概念，认为“交融”并不是指“融合”，中国目前阶段民族政策中不适宜提“融合”的概念，并且进一步认为，“第二代民族政策”说把民族“交融”的概念偷换成了“交融一体”，这是不顾中国国情的做法。现阶段中国应该坚持民族平等，不搞民族同化，而且民族认同和国家认同也不是如“第二代民族政策”说中所认为的此消彼长的关系。“第二代民族政策”说的提出者不仅混淆了概念，还把民族认同和国家认同两者对立起来，显然是错误的观点。②

2012 年 4 月 7—8 日，中央民族大学民族理论与政策研究中心再次组织民族理论研究热点问题学术研讨会，就民族理论热点问题展开讨论。在研讨会上大多数专家认为，近几年来以马戎的“去政治化”说和“第二代民族政策”说为主的理论大讨论是近年来民族理论界的热点。而“第二代民族政策”说是“去政治化”说的必然发展结果。这些观点不仅在学术界而且在社会上造成了思想和理论上的巨大争鸣，一定程度上引起了思想上和理论上的混乱，甚至引起了对“中央要对现行民族政策进行重大调整”的揣测。金炳镐认为，“第二代民族政策”说是民族问题“去政治化”观点基础上的设计，背离了中国多民族的

---

① 金炳镐. 坚持中国特色社会主义民族理论政策：评析“第二代民族政策”说[N]. 中国民族报，2012 - 04 - 27.

② 专家学者热议当前民族理论和民族工作新态势[N]. 中国民族报，2012 - 03 - 02.

国情。马平认为，当今中国不是“消除文化差别，淡化民族意识、促进民族融合”的时代。“民族融合论”在当前阶段很有可能引起思想混乱、社会动荡，对增强中华民族的凝聚力无益而有害。国家意识和民族意识并不是天然对立的，而是可以相互协调统一的。[①]

可以说，自 2010 年至今，国内民族学界最为重大的一次争鸣讨论就是围绕着“第二代民族政策”说而展开的。学界一致批评“第二代民族政策”的理论肤浅性，认为这是对于中国民族政策改革方向的一种臆测，忽视了中国目前民族关系的现实复杂性。

第四节 关于现行中国民族政策的讨论

对于中国当前民族政策的讨论围绕少数民族的优惠照顾政策。争论的核心议题包括中国民族政策的价值取向和现行民族政策的存废。

一、讨论的缘起

2002 年，周平教授的一篇名为《民族政策的价值取向及我国民族政策价值取向的调整》的文章对中国民族政策的价值取向进行了首次探讨。周平认为，中国的民族政策采取的是一种同情、关心和帮助弱小民族的“民族主义”的价值取向，并且认为长期采用这种“民族主义”取向的民族政策蕴涵着一定的政治风险，即会强化各个民族的民族意识，导致某些始料不及的后果。因此，作者主张把中国的民族政策调整到以国家的整体利益和长远利益为基础的制定民族政策为出发点的“国家主义”的价值取向。[②] 2010 年，作者再次发表文章[③]强调这种观点。由此，引发了国内民族理论界关于中国民族政策价值取向的讨论。

二、讨论的内容

1. 现行中国民族政策的价值取向

关于中国民族政策价值取向最早是由周平教授提出，并且他也是在这方

---

① 民族理论研究热点问题学术研讨会在京举行[N]. 中国民族报，2012－04－13.

② 周平. 民族政策的价值取向及我国民族政策价值取向的调整[J]. 学术探索，2002，(6).

③ 周平. 中国民族政策价值取向分析[J]. 当代世界与社会主义，2010，(2).

面撰文最多的学者。归纳起来,周平的主要观点是:尽管民族政策的价值取向种类很多,但无非是取向于各民族利益的"民族主义"和取向于国家利益的"国家主义"这两种基本类型。从同情关怀、照顾和帮助弱小民族的价值理念出发,中国共产党对民族平等的要求的诠释就是关心少数民族、照顾和帮助少数民族,维护少数民族的各项权利,促进少数民族地区发展。这种认识和价值判断成为中国共产党民族政策的基调,即民族政策的价值取向。这种价值取向是一种有别于"国家主义"的"民族主义"的价值取向。这是受到了当时中国共产党的地位、民族的概念和中国传统文化中的怀柔思想的影响的。①

对于周平的这种观点,王志立进行了反驳。王志立认为,中国民族政策的价值取向是站在中华民族根本利益的立场上考量、制定、实施和评估民族政策的,这种民族政策不仅体现政策主体制定者的价值偏好,也是由党的性质和中国民族状况的实际决定的。中国共产党看待和处理民族问题以中华民族利益为基本价值立场,鲜明的态度表明了民族政策的基本价值倾向是"国家主义",而不是"民族主义"。②

徐则平认为,新中国成立以来,中国制定过许多民族政策。这些民族政策不仅种类繁多,内容丰富,而且形式多样,形成了一个完整的民族政策体系。总体上看,这些政策的价值取向很明朗一致,这就是对少数民族及其聚居的地区即少数民族地区,进行支持、扶持、扶植,维护少数民族的权利,帮助少数民族发展,促进少数民族利益的发展。因此,可以概括地说,新中国成立以后,国家的民族政策是取向于少数民族利益的,尽管个别的政策也许会在某种程度上偏离这样的取向,但这并没有影响、更不能改变民族政策的这种基本取向。③

2. 现行民族政策存废

潘志平、马戎、关楚克三位学者在《环球时报》上发表了《中国可进一步完善民族政策》的文章。三位学者认为,现行的民族政策已经过时,对少数民族的优惠政策导致了"逆向歧视",是"不公平的"。"民族识别"和"民族区域自治制度"是错误地照搬了苏联的"政治化"模式。对此三位学者同时给出了解决问题的出路:即"平等也许是最好的民族政策",强调用面向地区、区域的不分

① 周平. 民族政策的价值取向及我国民族政策价值取向的调整[J]. 学术探索,2002,(6).
② 王志立. 也谈中国民族政策的价值取向:与周平教授商榷[J]. 学术界,2011,(9).
③ 徐则平. 国家语境下的民族政策价值取向[N]. 贵州民族报,2015-04-08.

民族"身份"差别的"区域自治"代替"民族区域自治",通过"去政治化"、"去民族化"、"族群化"等无民族身份差别的"平等"来消解"民族区域自治"。①

胡鞍钢、胡联合在提出关于"第二代民族政策"的观点时也认为应该采取"非政治化"的中国民族政策调整新措施,把对以民族成分为优惠照顾对象的帮扶政策调整为对处于贫困弱势处境的公民为优化照顾帮扶对象的政策,以不断淡化各民族的民族意识,强化公民意识和中华民族意识,大力推进中华民族一体化和国家认同的政策。②

包胜利认为,少数民族和少数民族地区为新中国的成立和全国的经济社会发展作出了重要的贡献,付出了巨大代价,理应得到补偿和照顾。经济社会发展方面的巨大差距决定了这种照顾政策还没有到终结的时候。用"公民权利平等"来代替或消解"民族优惠政策"在现实中其实是一种冒险。而在国家大的"民族区域自治"制度框架下通过因地制宜、分类指导、局部微调等措施,进一步完善现行中国的民族政策是必要的、可行的,也是应该的。③

杨虎德认为,在当前和今后一段时间,对少数民族实现特殊优惠政策,符合马克思主义的民族平等原则、社会公平正义原则,也体现了社会主义的本质属性,应作为中国一项基本原则坚持下去。④

路宪民认为,民族优惠政策是马克思主义处理民族关系、解决民族问题的一项创举,作为解决民族问题的一项基本原则,对于维护多民族国家的稳定和社会经济的繁荣有着重大的现实意义。⑤

总体来看,这些争论的实质在于当前的中国社会还要不要继续在民族政策上优惠照顾少数民族,这涉及现实政策层面上少数民族优惠政策是否妥当与合适和政策的价值取向上以"民族主义"还是"国家主义"为主的两个层面的问题。同时也是中国目前在民族和边疆治理上必须认真对待的重大现实问题。这类争论在理论层面影响着中国民族政策的未来走向;在现实层面很大程度上决定着国内民族问题如何解决、民族关系如何改善以及边疆如何保持稳定。

---

① 潘志平,马戎,关楚克.中国可进一步完善民族政策[N].环球时报,2011-09-20.

② 胡鞍钢,胡联合.第二代民族政策:促进民族交融一体和繁荣一体[J].新疆师范大学学报,2011,(5).

③ 包胜利.也谈中国可进一步完善民族政策[N].中国民族报,2011-10-28.

④ 杨虎德.正确认识我国的民族优惠政策[N].中国民族报,2011-10-21.

⑤ 路宪民.社会主义民族优惠政策的理论依据及其现实意义[J].民族论坛,2011,(8).

第五节 前景展望

相对于中国社会科学中的其他学科，民族学因为涉及中国的民族问题这一复杂而又敏感的问题，成为一门复杂敏感的学问，特别是鉴于近年来中国国内民族问题不断复杂变化的发展态势，民族学在很大程度上已经进入社会和公众的视野。自 21 世纪以来，有关我国民族问题的各种讨论一直在学术界持续。讨论的主题主要就是如何回顾和评价新中国成立以来占据主导地位的民族理论、现行的民族制度和民族政策的实际社会效果以及中国的民族政策在 21 世纪是否需要进行系统的反思等重大基础性、方向性问题。围绕这些相关话题，学术界提出了各种不同的观点，来自社会学、民族学、人类学、历史学、政治学、民族理论等不同学科的学者都在一定程度上参与了相关的各种讨论，形成了“百花齐放、百家争鸣”的局面，显示了中国民族研究领域学术繁荣的景象。

在笔者罗列的民族问题“去政治化”、“第二代民族政策”说、民族认同和国家认同关系、关于现行中国民族政策的讨论四大讨论中，民族问题“去政治化”不仅是在 21 世纪伊始最早提出、引起最大震动的理论大讨论，也是其余大讨论的基石和理论缘起，不同程度上催生出了其后的三大讨论。

自 2004 年马戎教授提出民族问题“去政治化”理论后，这个观点一直在发酵。学界花了 5—6 年消化这个理论后，终于在 2010—2011 年开始了一场较大规模的对于“去政治化”理论的反思。针对“去政治化”理论的批评，马戎没有写文章进行正面回应。马戎认为持批评意见的学者并没有真正理解或者不愿意理解“去政治化”的观点，同时认为自己和批评者考虑的问题并不在同一个层面上。马戎认为，首先，民族问题“去政治化”理论是从全中国 13 亿人的立场出发来思考中国的民族问题，既不站在汉族立场，也不站在少数民族整体或任何一个特定民族群体的立场上去考虑如果“(少数)民族”“去政治化”后，这个民族目前的既得利益或长远利益可能会受到什么损害。其次，是想把新中国成立以来我国 56 个“民族”的民族问题发展历程与发展前景，放到人类社会现代化进程的全球视野中进行思考。同时，马戎强调民族问题“去政治化”、要“文化化”的本意并不是要将少数民族只变成文化符号，也不是要剥夺少数民族的政治权利，而是希望通过“去政治化”的方式给少数民族一个更大的活动空间和更完整的公民权利。

对于马戎教授的回应，笔者基本是赞同的。综观民族问题“去政治化”讨论参与的学者以及观点，可以发现三个有趣的现象：从事党的民族理论和民族政策领域研究的学者绝大多数持反对和批判意见；长期生活在民族地区的人，特别是长期生活在民族地区的汉族更易于接受“去政治化”的观点；一些少数民族干部、少数民族知识分子大多不接受民族问题“去政治化”的观点。所以，笔者认为，由于中国民族问题的复杂性决定了关于中国民族问题的理论争论也多具有复杂性，不同学科背景、不同学者的民族身份、不同民族情感以及现实中理论讨论可能波及的不同民族成员的实际利益等多种因素会直接或间接影响参与理论讨论的学者的学术立场和学术观点。因此，在笔者看来，也许和民族问题“去政治化”这一带有政治性的讨论议题本身具有复杂性一样，民族问题“去政治化”大讨论也在不同程度上具有相当的复杂性。

与此同时，民族问题“去政治化”理论从刚提出时大家的陌生、愕然、震动，到今天的批评、争论，5—6 年反映了一个原创性学术理论从传播到成为大众话语的理论周期。不管学术层面关于这一理论的讨论、争鸣孰对孰错，现实中把 56 个“民族”的表述改变为“族群”的表述[①]；把中华民族构建为国族的建议等观点正在扩张。

“去政治化”理论可以说是一个学者积蕴已久的思想爆发，显示出相当的思想原创性。五六年之后，民族问题“去政治化”理论被真正摆到了众目睽睽之下，被聚焦，被剖析，被争执。事实上，这不完全是一场简单的学术理论的被注视与被拷问的过程。“去政治化”理论是在与中国社会现实的对话中开始它的理论构建历程，而关于“去政治化”理论的讨论也是一方面与学界展开迫近对话，一方面与纷繁复杂的中国当代社会现实对话的过程。

总体看来，关于中国当前民族关系与国家治理的议题在国内学术界还处于激励讨论、争议的阶段。关于中国的民族问题应该如何解决、中国当前的民族政策应该如何变化等重大理论和现实问题也尚未形成统一的共识性结论。但是这类讨论、争鸣对于解放思想，不断深化对中国社会现实、民族地区社会的理解，全面和深入地结合现实中国民族问题的实际进行创新性的理论思维，

---

① 例如，国家民委已经把其全称“中华人民共和国国家民族事务委员会”的英文改为“State Ethnic Affairs Commission of People's Republic of China”。

探讨未来中国民族政策制度创新的各种可能性，是一个非常可喜的局面。在学术层面，一种理论，一场学术大讨论对于学界的搅动力有多大，这一过程本身就让我们看到中国当代学术思想的活力。

（朱志燕）

推荐阅读

1. 马戎.理解民族关系的新思路：少数族群问题的“去政治化”[J].北京大学学报(哲学社会科学版)，2004，(6).

2. 毕跃光.国家类型与民族问题的解决：兼谈国家对少数民族政策的“政治化”与“文化化”[J].世界民族，2009，(4).

3. 胡联合，胡鞍钢.第二代民族政策促进民族交融一体和繁荣一体[J].新疆师范大学学报(哲学社会科学版)，2011，(5).

4. 金炳镐.民族理论通论[M].中央民族大学出版社，1994.

5. 金炳镐.民族理论前沿研究[M].中央民族大学出版社，2014.

思考题

1. 民族问题“去政治化”族群范式理论的主要观点是什么？

2. 民族认同与国家认同的关系是怎样的？

3. 为什么“第二代民族政策”说不符合中国复杂民族关系的现实，对此请谈谈你的理解？

4. 请谈谈对现行中国民族政策中少数民族优惠照顾政策的认识，其中的合理性与不合理性分别是什么？

第三篇
社会问题与社会政策

第一章
“中国式小农经济”发展模式研究

在工业化、城镇化快速推进的背景下，大量农村劳动力持续向外转移，农村土地流转不断加快，农业进入转型期。这一时期，“中国式小农经济”的发展模式和发展方向成为学界讨论的热点问题。

党的十八大报告指出，“坚持走中国特色新型工业化、信息化、城镇化、农业现代化道路，推动信息化和工业化深度融合，工业化和城镇化良性互动，城镇化和农业现代化相互协调，促进工业化、信息化、城镇化、农业现代化同步发展”，“培育新型经营主体，发展多种形式规模经营，构建集约化、专业化、组织化、社会化相结合的新型农业经营体系”，表明了要以推进农业体制机制创新，发展现代农业为发展方向。伴随各地土地流转加速，以农业企业、家庭农场和农民专业合作社为代表的新型农业规模经营主体逐步发展起来。不少研究指出，推进现代农业建设不可能依靠传统的高度兼业化的分散小农经营。也有很多学者认为，小农家庭经营与现代农业并不矛盾，中国式小农经济有自身发展规律，并且在相当长一段时间内具有合理性。

总体而言，主要形成了三种差异较大的政策主张：一是小农经济衰亡论，倡导发展自由市场理论主导下农业企业化、产业化，主张通过大规模土地流转基础上形成大农场和专业大户，其典型模式就是大面积连片经营的机械化农场模式。二是认为资本主义社会大农业并不比小农业具有优势，小农经济仍具有稳固性和生命力。提倡在发展适度规模的资本-劳动密集型家庭农场，并在此基础上构筑以合作社为媒介的纵向一体化。三是主张历史地、辩证地看待小农经济。它属于经验主义路径，认为国家政策应当支持当前小农经济中自发兴起的、适度规模的“中农”群体。本章主要梳理近几年围绕以上几种观点的主要论争以厘清对此问题的认识。

第一节 “中国式小农经济”的内涵与特征

20 世纪 80 年代以来，随着我国农村家庭联产承包责任制的实施，小农经济在我国农村又得以恢复。对小农经济的定义，不同的学者从不同的学科背景和视角有不同的理解和争论，但一般都认同小农经济是自然经济的一种类型的概括，属于自耕农经济范畴，它以家庭为经营单位，结合了农业与副业，生产的主要目的是满足家庭生活需要，而不是交换，因此它具有分散性、封闭性和自足性的基本特征。然而随着我国农业经营制度的变革和农业的发展，当前我国的小农经济既不同于中国历史上的“男耕女织型小农经济”，也不同于西方某些发达国家超大规模经营的“盈利型家庭自营农场”，它有了自身的独有特征。不少学者将当前农村的小农经济形态称为“中国式小农经济”。①

有学者总结了“中国式小农经济”这一概念内含的三重内容：小农经济、社会主义与中国特色。其中，小农经济，意味着中国特色社会主义小农经济不是其他任何经济形态，它是小农经济，具有小农经济的基本特征和内涵。小农经济与英国大工业、美国大农场不同，它有如下传统：小规模的经营组织方式、精耕细作式的农业耕作、农副业结合的家庭经济、家庭内部的男女劳动性别分工、劳动密集型的生产传统等；而社会主义，则表明中国特色社会主义小农经济具有社会主义的本质属性，主要体现在作为生产资料的土地的集体所有制形式和“统分结合、双层经营”的经营形式上；中国特色是指它符合中国历史和现实的某些基本要求，带有强烈的中国要素和中国农村传统气息，诸如城乡二元结构制约下“以代际分工为基础的半工半耕”的收入模式与经营结构，在农业类型上主要是多种经营主体并存，等等。上述三者的有机结合，形塑了中国独特的小农经济，它既区别于日，韩以及我国台湾地区的合作社小农经济，也区别于东南亚式小农经济，同时与传统中国的小农经济也有本质区别。

---

① 贺雪峰.关于“中国式小农经济”的几点认识[J].南京农业大学学报(社会科学版)，2013，(6)；杨华.论中国特色社会主义小农经济，待刊稿.

第二节 关于“小农经济衰亡论”的论争

一、“小农经济衰亡论”及其主张

马克思主义和自由主义研究路径下都认为小农经济必然走向衰亡。一般认为，马克思主义视域下的小农经济是一种旧式的经济形态，小农生产方式是一种过时的生产方式，是注定要被历史淘汰的。马克思认为：“这种生产方式是以土地及其它生产资料的分散为前提的。它既排斥生产资料的积聚，也排斥协作，排斥同一生产过程内部的分工，排斥社会对自然的统治和支配，排斥社会生产力的自由发展。”①更重要的是，小农经济所代表的生产资料所有制关系，在资本主义的所有制下极大地束缚了农业生产力的发展，因为“把土地分成小块耕种的方式，排斥了采用现代农业改良措施的任何可能性”，“一切现代方法，如灌溉、排水、蒸汽犁、化学产品等等，都应该广泛地应用于农业，但是，我们所具有的科学知识，我们拥有的进行耕作的技术手段，如机器等。只有在大规模的耕种土地时才能有效地加以利用大规模地耕种土地，即使在目前这种使生产者本身沦为牛马的资本主义生产方式下，比在小块和分散的土地上经营农业优越得多”。② 由此，小农经济陈旧的生产方式最终将被资本主义经济所排挤，小农将变成被人剥削的“农业雇佣工人”或“农业无产阶级”，并受大农场主和土地所有者的双重剥削。

张新光认为，分田到户后我国出现的小农村社制度天然地是一种最保守、最落后的东西，是一种非市场的东西，难以摆脱其分散经营小块土地、使用粗笨工具、利用落后技术、组织化程度低、抵御自然灾害和市场风险能力弱而与其他产业关联度低、商品率低、劳动生产率低、比较收益低等特征，势必排斥资本、技术、知识、人才、管理等新型生产要素向农业生产领域的转移，已成为制约我国现代农业发展的最大障碍。下一步，如何实现小农制与现代农业的有效衔接，将成为理论界和政府部门亟待深入研究的一个重大实践课题。③

---

① 资本论(第1卷)[M].人民出版社，1972，第830页.

② 马克思恩格斯全集(第2卷下册)[M].人民出版社，1972，第452页.

③ 张新光.关于小农经济的理论争论与现实发展[J].农业经济问题，2008，(4).

在新自由主义者和主流经济学家看来，未来要发展现代农业必然要走企业化、产业化发展道路。[①] 农业企业化即农业生产的企业化运作。按照一般的理解，农业企业化是在市场经济条件下，农业生产逐渐成为一种适应新形势要求的市场化、规模化和深度开发化的渐次高度化过程。其实现形式既可以是农户联合经营方式、委托经营方式，又可以是合作经营方式、公司经营方式。狭义的“农业企业化”，即工商企业流转农地进行规模经营（公司经营方式）的过程。龙头企业是通过订单合同、合作等方式带动农户进入市场，实行产加销、贸工农一体化的农产品加工或流通企业。农业企业化的特征还在于，工商企业不仅取代农户成为农业经营主体，而且不像农户主要使用家庭劳动力并以家庭为农业生产的核算单位，转而大量雇佣劳动力并以企业为核算单位。[②]

在古典马克思主义和新自由主义那里，大规模经营的方式被称为“资本主义农业”。随着商品经济的发展，资本主义大生产必然要从工业领域扩展到农业领域，未来小农经济家庭经营模式必将被资本主义雇工经营所替代。农业企业化能够重组中国数量庞大的、分散的个体农户，在扩大农业生产规模的基础上能够提高农业生产效率，降低交易成本。这种观点曾一度被主流政策看重并采纳，从中央到地方都采取一系列优惠政策支持农业龙头企业发展，在这一政策推动下，各地纷纷推出“公司＋农户”模式，由公司充当交易媒介，希望龙头企业能够发挥统领带头作用，带动地方农业发展。从而，工商企业通过流转土地进行大规模经营成为近年来农业规模经营的趋势。

近年来不少研究从制度经济学的组织变迁理论、交易成本理论等方面论证农业企业化的合理性，小农生产、分散的家庭经营模式使农民面临着高额的市场交易成本，使得农民在农产品价格和市场交易方面都处于弱势地位，通过农业企业化，可以降低农户参与市场交易的成本，构建其供需平衡的农产品交易市场，进而提高农民收入，促进农业生产发展，最终实现农业现代化。规模化的机械化农场可以释放农业生产要素的效率，如劳动力、水利设施、农业机

---

① 不少研究者使用“农业企业化”来概括这种趋势，即农业生产实现企业化运作。农业企业是指采用现代企业经营方式，进行专业分工协作，从事商业性农业生产及其相关活动，并实行独立经营、自负盈亏的经济组织。农业企业可以是专业农户注册的，但更多的是大小不等的龙头企业，主要为农产品生产的各个环节提供服务，是连接专业化的小农户和大市场之间的桥梁。农业企业可以大致分为两大类，一类是农民流转土地成立有限责任公司，另一类是农业龙头企业和带资本下乡圈地的工商企业。

② 胡鞍钢，吴群刚. 农业企业化：中国农村现代化的重要途径[J]. 农业经济问题，2001，(1).

械满负荷工作效率和购买、销售网络的谈判好处。农业企业化的支持者认为应当以市场来配置资源,今后中国农村发展的方向是要进一步深化市场化改革,“小农家庭制已经成为我国农业发展最重要的‘制度瓶颈’”,“改革农业经营组织形式势在必行,农业企业化是家庭联产承包责任制改革的方向和目标”,推行农业企业化可以有效克服小规模农户的组织与行为缺陷,改进其效能,从规模经济的角度看,企业化经营是我国农业微观组织的最佳模式。①

持这种观点的学者将农业企业化进程与城镇化看作一体两面,认为要建立城乡统一市场,推进城乡资源流动的一体化,让农民自由进城和资本自由下乡。主张赋予农民更大的土地权利,让市场在资源配置中起决定性作用,通过变换农地集体所有为私人所有可以明晰所有权,从而解决农地规模经营问题。按照现有的法律规定,农户只享有土地的承包权,而村组所代表的行政权力事实上掌握了土地的所有权,②只有将所有权还给农户,“三农”问题才有可能解决。③ 通过农村土地确权让土地自由流动,农民才能够将住房、宅基地和土地承包经营权等资产盘活,农民可以带着财产自由选择进城。农户在农地流转过程中的行为被假定为一种理性行为。农户参与农地流转的行为是经济利益驱动的结果,土地流转能够实现农户经济收益的最大化。

地权的弱化有可能导致农户对土地的长期投资缺乏积极性,进而影响农业乃至整体社会本身的竞争力。“现行建立于城乡隔离之上的土地制度在生产要素高度流通的今天已经与市场经济的内在要求相冲突,它使得弱势群体的处境进一步下降、使生态环境进一步恶化、使得城市化的成本增大。土地私有制与市场经济之间是一个高度相洽的关系,土地私有制是无法抗拒的经济规律”。④ 小规模土地经营带来高劳动投入和低资本投入,导致我国农产品成本较高,缺乏国际竞争力。小农生产方式与科技化、市场化、现代化农业发展是格格不入的,家庭经营无法完成实现农业现代化的任务。已经进城的农民

---

① 郭振宗,杨学成.农业企业化:必然性、模式选择及对策[J].农业经济问题,2005,(6).

② 中国农村的土地制度是集体所有制,即农村集体经济组织享有土地的所有权,农户享有土地的承包经营权。为了鼓励农民的生产积极性,中央不断强调承包经营权的稳定。从 1983 年一轮承包时的 15 年不变,到 1998 年二轮承包时的 30 年不变,乃至在 2004 年《中华人民共和国物权法》中,土地承包关系被界定为一种长期不变的“物权”关系。在尽可能地保持意识形态延续性和政治稳定性的前提下,国家不断地将地权“还权于民”,以实现土地资源的市场配置。

③ 茅于轼.恢复农民对土地财产的所有权[N].建设市场报,2009-02-06.

④ 文贯中.现行土地制度使现代化成本大大[N].经济观察报,2008-04-07.

工已经不愿意也不可能再回到农村，同时在农村还有一份承包地，制度安排应当让他们完全融入城市生活。家庭承包经营解决不了农民的富裕问题，外部企业进入农业可以带来技术资金，创新农业经营主体，改造传统农业。目前制度条件下，中国农村最缺乏的就是企业家要素和资金要素，要推进农村土地流转制度改革、放开农村金融，要进一步完善农民土地产权权能，保障和实现农民的土地财产权利。①

总之，主张农业企业化的学者多将以美国为代表的西方国家作为发展的参照，主张大规模土地流转，为了更好地推动土地流转，还有人认为应该培育农村土地租赁市场、强调农村土地承包经营权的稳定，强调建立计划调控和市场调节相结合的土地流转机制等。中国农业的方向是要形成农业生产的产业分工和地区分工，即区域农业生产规模化经营。

二、近几年地方大规模农业经营实践及学界理论反思

改革开放后，随着新自由主义在我国农业发展的话语中逐渐占据霸权地位，农业企业化的呼声也越来越高。这些为全国各地的农业企业化实践提供了强大的理论支持。政府从 20 世纪 90 年代就开始推出一系列政策推动农业企业化，农业企业化在各省市迅速发展。正如胡鞍钢、吴群刚所说的那样，"农业企业化是一场具有深刻意义的农村经济组织的变革，直接触及几千年来中国农村的核心问题——土地问题，并有可能成为中国历史上规模最大、发展最迅速的土地兼并过程"。②

近年来，农业产业化龙头企业发展迅速，在农业产业化经营过程中发挥着重要作用，在农业产业化龙头企业发展的同时，其他工商企业也开始扩展涉农业务，并携带资本下乡租赁土地。农业产业化经营的核心就在于将农业生产的产前、产中和产后等环节有机相连，而扶持龙头企业，通过"市场牵龙头，龙头带基地，基地连农户"的产业组织形式可实现这种纵向一体化。这成为各级政府推行纵向一体化的主流方式。

各地不断出台政策支持农业企业化发展，农业企业化实践发展迅速。据统计，截至 2012 年年底，全国 2.7 亿农地流转中，流入工商企业的耕地面积为

---

① 北京天则经济研究所中国土地问题课题组.土地流转与农业现代化[J].管理世界，2010，(7).

② 胡鞍钢，吴群刚.农业企业化：中国农村现代化的重要途径[J].农业经济问题，2001，(1).

2 800万亩，比2009年增加115%，占流转总面积的10.3%，工商企业经营的面积占到20%左右，即工商企业经营的耕地面积高达5 400万亩。农业部统计显示，2014年6月底，全国家庭承包耕地流转面积3.8亿亩，占家庭承包耕地总数的28.8%，较2013年年底增加了4 000万亩，流转比例提高了2.8%。

无论是政策部门的统计中还是学界研究视域里，地方政府在推动大规模土地流转基础上支持农业企业化带来一系列问题开始被广泛关注。中国社会科学院农村发展研究所发布《农村绿皮书：中国农村经济形势分析与预测(2014—2015)》，绿皮书指出，一些地方急于求成，人为强行推动农地流转，城市工商资本急于在农村“圈地”，一些原来没有从事过农业生产的单位、个人跨界进入农业领域，在没有很好地进行项目的前期规划和论证前提下，就大规模流转农地，造成经营不善，破坏了农业生产力，引发农地流转中的各种矛盾，特别是影响到粮食生产，这种方式的土地流转给未来农业特别是粮食生产稳定带来了潜在危险。快速和大规模的农地流转所存在的问题，给未来农业特别是粮食生产稳定带来了潜在危险。不管是高层决策部门、地方政府，还是农民，及农地的流入方，都在重新认识、反思这场大规模的农地流转。①

一些学者关注到了农业企业化地方实践的运作逻辑存在很大问题，发现“地方政府为更好地招徕工商企业发展规模经营，各地政府不惜投入大量奖补资金、出台多项扶持政策，而且总体趋势是经营规模越大，奖补资金越高，扶持力度越大”。而地方政府之所以强行推动工商资本进行大规模经营，主要有三个方面的原因：第一，很多地方政府认为规模经营既是实现农业现代化的必由之路，还是促进农村发展、农业增效、农民增收的有效手段；第二，吸引工商企业流转土地进行规模经营有助于完成地方政府的招商引资任务；第三，在以上两方面原因的作用下，不少地方都将土地流转和规模经营纳入了政府的绩效考核体系，成为衡量下级政府所做政绩的重要指标，从而导致各地政府在推进土地流转和规模经营上大有竞争、攀比之势。同时研究还指出，由于地方政府的积极招商引资使得资本化大公司获得垄断地位和专权，而导致一系列资本和地方政府合谋压低收购价格甚至不正规收购行为。② 孙新华在其博士论

---

① 参见中国社会科学院农村发展研究所发布的《农村绿皮书：中国农村经济形势分析与预测(2014—2015)》。

② 孙新华. 惠农项目的企业化运作：机制、后果与对策[J]. 安徽师范大学学报(人文社会科学版)，2014，(1).

文中还指出尽管地方政府在推动农业转型过程中发挥了至关重要的作用，但是其出于自身利益最大化的考量却一味地吸纳精英阶层，排斥了社区普通农户的利益及其有关农业转型的意志，从而使社区主流意志无法在农业转型中得到彰显，对社区及其主要成员都带来了不良后果，他将此概括为“行政吸纳社区”，并提出为了更好地实现农业转型，亟需构建社区本位的农业转型。[①]

在党的十七届三中全会出台土地流转政策后，不少学者就提醒道：“对这样一项具有长远而深刻影响的政策，如果没有一整套配套措施，政策很容易变质，一项原意是赋权农民的政策会不知不觉地演变成为一项道道地地的赋权资本的政策，意在让农民受惠，实则对农民的大举剥夺”。[②] 陈锡文指出，“必须避免农村出现大资本排挤小农户，避免出现土地的大规模兼并，避免大批农户丧失经营主体地位、不得不沦为雇农的现象”。

不少学者指出农业企业化带来的所谓双赢模式只是一种想象，对资本下乡流转土地表示担忧。黄宗智指出资本下乡名为带动农业产业化，领导农民致富，实际上却导致农民的依附性，并丧失农民本应得到的利益，从而导致更大的城乡差距。[③] 潘维表示政府容许“资本下乡”去促进“流转集中”有可能导致官商勾结进而损害农民利益。[④] 他们在研究中都非常明确地反对将美国或者西方模式作为中国的参照，认为农业现代化要充分结合中国国情，将保障农民利益、农村和谐稳定以及城乡的统筹发展作为考量我国农业发展道路的核心指标。

一方面，他们反对将土地单纯看作生产要素的观点。温铁军认为讨论土地问题不能仅从经济视角考虑土地作为一个生产要素的收益最大化。随着劳动力迁移逐渐成为农村劳动力的一种关键经济活动，对那些从事农业的家庭来说，外出劳动力的价格成为他们在衡量农业劳动投入时需要比较的“隐性工资”。在中国大的政治制度背景下，农地——不是商品——承载着三重功能：农业生产要素、农民生存保障和农村社会稳定。舒尔茨基于市场的理性农民

---

① 孙新华. 再造农业——皖南河镇的政府干预与农业转型(2007—2014)[D]. 华中科技大学博士论文，2015.

② 郑永年. 资本虎视土地如何确保赋权农民[EB/OL]. http://news.ifeng.com/opinion/200810/1014_23_830183.shtml.

③ 黄宗智. 小农户与大商业资本的不平等交易：中国现代农业的特色[J]. 开放时代，2012，(3).

④ 潘维. 农地“流转集中”到谁手里？[J]. 天涯，2009，(1).

假设在中国环境下并不适用，并强烈谴责工商业资本在农业部门的扩张，认为这会带来村庄治理的低效。他在梳理中国土地制度变迁的客观过程基础上，比较东亚原住民社会土地制度与西方殖民化社会土地制度，指出中国新型城镇化要按照乡土社会的生态多样性来安排城镇化与乡村相结合的可持续发展的规划。①

另一方面，不少学者提出，在具体实践过程中，资本化和城市化具有强大的推力，农民显然处于弱势。李昌平列举即使是具有优势的城市中产阶级业主都难以建立自组织以抗衡房地产开发商，农民更不可能。李昌平直接指出龙头企业在金融、加工、流通和农业投入等各领域剥削小农，政府应当支持农村组织，而不是支持龙头企业。② 周立通过对美国家庭农场的研究，发现虽然小农场具有更低的生产成本、更高的生产效率，但因其不能承受更低的边际利润，而被挤入破产兼并行列。③ 以此预示中国政府推动资本下乡搞大规模土地流转的更为严重的后果。

贺雪峰将各地上演的大规模土地流转称为"规模经营情结"，反对政策扶持龙头企业的行为，认为"三农"问题的关键是农民问题，而不是农业问题和资源配置问题，必须考虑到中国当下有接近 9 亿农民的现实。农村的土地制度是农民生活、社会交往和乡村治理得以展开的经济基础。土地流转作为一种利益重组的方式，必然会对农民的生活、村庄社会结构、乡村治理甚至城乡统筹产生重大影响。在农村、农民已经发生巨大分化的背景下，不同农民对于土地和土地流转的态度具有很大差异，当前的兼业模式对于中部地区的很多农民有养老、家庭再生产、提高农民福利等多重意义，工商资本下乡搞农业企业化经营恰恰会摧毁这部分倚重土地的农民。农地私有化将导致土地高度集中带来严重的贫富分化和一系列社会问题。④

吕新雨是对新自由主义话语反思颇为彻底的一位学者，她驳斥新自由主义市场理论将国家汲取视为农业危机的唯一原因，"其不证自明的逻辑是：只

① 温铁军."三农"问题与制度变迁[M].中国经济出版社，2009；温铁军.解构现代化：温铁军演讲录[M].广东人民出版社，2004；温铁军，董筱丹.村社理性：破解"三农"与"三治"困境的一个新视角[J].中共中央党校学报，2010，(4).

② 李昌平.大气候——李昌平直言"三农"[M].陕西人民出版社，2009.

③ 周立.美国家庭农场.要么变大，要么走人[N].第一财经日报专栏，2008 - 05 - 19.

④ 贺雪峰.论农地经营的规模[J].南京农业大学学报(社会科学版)，2011，(2).

要国家推出、市场进入，三农问题自然就可以得到解决”。市场问题被归结为农村自身的问题，问题是农业的市场在农村之外。应当回答且更为重要的是中国农业的市场空间到底在哪里，今天中国农业是否拥有这种空间。她在一篇长文中指出，美国的现代农业模式是土地垄断权同资本联合的结果，美国式农业资本主义道路离不开政府的土地政策和补贴政策。她更指出，美国的农业不能作为世界农业的榜样，中国也不适合走能源集约、资本集约的现代化农业道路。她还从城乡关系的角度论证中国的城市化进程不同于西方国家，中国的城乡关系历来是互补关系、互为哺育的关系，并提出“新乡土主义”支持乡村发展，指出如何在反思的视野中重建农民与乡村社会在现代性理论与实践中的主体性是最迫切的历史课题。① 不少学者都指出中国城市化的特殊条件，不可能走西方的城镇化道路。

中央政策制定者也发现，实践过程中，企业和城镇居民随意到农村租赁和经营农户承包地隐患较多，甚至可能造成土地兼并，使农民成为新的雇农或沦为无业游民，危及整个社会稳定。为稳定农业、稳定农村，中央出台政策不提倡工商企业长时间、大面积租赁和经营农户承包地，地方也不要动员和组织城镇居民到农村租赁农户承包地。

第三节 “小农经济稳固论”

一、“小农经济稳固论”及其代表性观点

“小农经济稳固论”观点认为小农经济在我国将长期存在，不仅是因为资本主义社会化大农业本身产出率不高，而且马克思在论及小农趋于灭亡时是附加了外部条件的。这些外部条件包括“高利贷和税收制度”对小农的盘剥，“生产资料无止境地分散，生产者本身无止境地分离；人力发生巨大的浪费；生产条件日益恶化和生产资料日益昂贵是小块土地所有制的必然规律；与此同时，农村家庭工业由于大工业的发展而被消灭，小农的土地逐渐贫瘠和地力枯竭；农产品价格下降，另一方面要求较大的投资和更多的物质生产条件，这些

---

① 吕新雨. 农民、乡村社会与民族国家的现代化之路[J]. 读书，2004，(4)；吕新雨. 近代以来中国的土地问题与城乡关系再认识[J]. 开放时代，2012，(7).

也促进了上述土地所有权的灭亡”。[①] 还包括诸如农地可以自由交易与集中,[②]及资本可以自由进出农业领域[③]等。这些条件在新中国成立以后,尤其是改革开放后一个都没有出现,反而得到了很大的改善,为小农经济在中国的持续、快速和健康发展奠定了基础。

我国学者在小农经济稳固论的基础上提出了一系列的小农理论,包括市场化小农理论、[④]社会化小农理论、[⑤]过渡性小农理论、[⑥]动态开放型小农理论、[⑦]效率改进型小农理论、[⑧]后工业化小农理论、[⑨]家庭式农场理论[⑩]等。

其中,社会化小农理论颇有影响。刘金海、邓大才在总结这一理论时,就指出农村经济体制改革拉开了小农家庭回归的序幕,开始还小农以独立的社会地位,给予独立的核算和经营自主权,并且同时还通过一些制度改革开始解下束缚小农行动能力和范围的链锁。可以说,家庭联产承包责任制的实施在一定程度上恢复了小农经济形态。对应传统小农经济的特征而言,这一时期的特征也主要表现在三个方面:第一,小农的前提条件得到了恢复。以家庭为基本单位,一家一户拥有相对独立的土地。第二,家庭开始成为独立核算、自主经营的经济单位。耕地虽然以个人或劳动力为分配单位,但耕地的经营和结构的调整都是建立在家庭的基础上。家庭作为独立的核算单位,既要考虑到整个家庭的经营安排,也要考虑到具体生产过程中的方方面面,还要考虑到家庭生活消费结构和消费水平。家庭投资所需如货币开支、人情往来等,生活所需大到粮食必需品小到芝麻等,上缴国家税费和实物等,都被纳入家庭经营计划之中。正是由于家庭恢复了经济功能,其作为社会基本单位的功能也随之恢复,家庭开始成为独立的社会单位。除了基本的生产活动和消费活动之外,家庭还承担了相当多的社会功能,特别是对外交往功能、家庭教育和赡

---

① 资本论(第1、3卷)[M].人民出版社,2004.

② 马克思恩格斯全集(第41卷)[M].人民出版社,1982,第156页.

③ 马克思恩格斯全集(第26卷Ⅱ)[M].人民出版社,1975,第261页.

④ 曹阳,王春超.中国小农市场化:理论与计量研究[J].华中师范大学学报,2009,(6).

⑤ 徐勇,邓大才.社会化小农:解释当今农户的一种视角[J].学术月刊,2006,(7).

⑥ 高帆.过度小农:中国农户的经济性质及其政策含义[J].学术研究,2008,(8).

⑦ 温锐,游海华.劳动力的流动与农村社会经济变迁:20世纪赣闽粤三边地区实证研究[M].中国社会科学出版社,2001.

⑧ 向国成.小农经济效率改进的超边际经济学分析[D].江西财经大学博士论文,2004.

⑨ 黄宗智.中国小农经济的过去和现在:舒尔茨理论的对错[M].福建教育出版社,2008.

⑩ 杨成林.中国式家庭农场:内涵、意义及变革依据[J].政治经济学评论,2015,(2).

养功能等在这一时期都得到了恢复。更为重要的是，家庭已经作为一个独立的社会法人开始出现在社会关系之中，作为一个完整的责、权、利一致的社会行动单位，家庭自主地处理同外部的能量和物质以及社会关系的交换。第三，农村社会回复到相对平等的小农时期。由于农业生产仍然回复到以家庭为基本单位，农业生产过程仍然以家庭内部分工为主，农业的生产方式仍然具有了同构性特征，农户与农户之间很少在生产方面发生联系。耕地分配是以个人或劳动力或两者结合为标准，但都是以个体为单位，家庭规模与经营面积之间存在着一定的均衡关系，相互之间相差不大。并且，家庭之间不仅在家庭结构、家庭规模上差不多，而且在经营结构、经济形态、产品供给和生产剩余等方面都差不多，农村社会又回复到相对平等的小农时期。①

当然，家庭经营原本就具有强大的生命力和竞争力，这已被各国经验证实。小农经济具有相对较低的交易费用，通过家庭内部的劳动投入和小型农业机械投入实现精耕细作，能够较好地适应市场，还能够吸纳农村的剩余劳动力，能够实现自然再生产与社会再生产相结合。黄宗智认为未来中国农业发展方向和马克思主义和新自由主义两大理论传统所预期的资本主义雇工农场不同，会更接近于“小农经济”理论家恰亚诺夫的设想。他与合作者在一系列文章中对中国小农家庭生产的维系有比较详尽的论述。研究分析小农家庭生产在农村市场化改革30多年后依然占到绝对优势，根本原因在于中国家庭作为一个基本的经济单位具有强韧的生命力，这与新古典和新制度经济学所暗含的资本主义经济逻辑天然不同，廉价的妇女化和老龄化农业生产要比雇工经营的资本主义规模化经营农场更有竞争力。“家庭经济是当前中国经济运行中的关键要素，是中国经济发展成功的要诀”。②

中国的人口结构、劳动力资源具有特殊性，中国当下非常严峻的城乡差别和分配不公说到底是源自其极其沉重的人口负担和巨大的劳动力过剩，家庭经营具有合理性。研究还指出，家庭经营在农业生产环节的不可替代性。农业产业特征决定了农民家庭才能成为农业经营的主体。因为农业是在复杂多变的自然条件下植物生命生产活动，农作物生产周期长，雇工经营

① 刘金海.“社会化小农”：含义、特征及发展趋势[J].学术月刊，2013，(8).

② 黄宗智.中国过去和现在的基本经济单位：家庭还是个人？[J].人民论坛·学术前沿，2012，(1)；黄宗智.制度化了的“半工半耕”过密型农业(上)[J].读书，2006，(2)；黄宗智，彭玉生.三大历史性变迁的交汇与中国小规模农业的前景[J].中国社会科学，2007，(4).

难以监督且难以达到农场主预期的经营效果。黄宗智在研究中反复论证了家庭农场特别适合“劳动和资本双密集化”的新农业生产，认为在生育率下降、农民大规模非农就业及农业结构转型的“三大历史性变迁交汇”的背景下，未来将迎来两种新型农场兴起，即高值农产品的“新农业”农场和适度规模的“旧农业”。未来中国农业的出路应当在“新农业”基础上发展资本劳动密集型的家庭农场，以市场化的兼种植、养殖小规模家庭农场为主，并迈向绿色农业。①

他特别强调，如果中国农业继续沿着世纪之交以来的大力扶持“龙头企业”的道路，走向逐渐全盘资本主义的农业，其结果将会是像印度农业那样，越来越高比例的农业从业人员变成无地雇工。在当下的土地制度下，中国走向了“没有无产化的资本化”道路，当下中国农业亟待解决的问题是怎样保护面对大商业资本的小农户，“中国特色”的农业长远发展道路需要政府和农民合作社协同建立纵向一体化服务，并且合作社要代表农户自身利益。②

与鼓励工商资本下乡主张走资本主义农业发展模式的学者不同，农业现代化发展不一定要通过土地私有化实现大规模农场运作和企业化经营，家庭经营并不妨碍农业规模经营和农业现代化。温铁军、杨团等人的研究指出中国农村必须实现由多数人而非少数人共享的繁荣和可持续性目标，中国需要找到的是能够养活众多人口的发展模式。③ 当前农地制度能够为多数农户提供基本生活保障，家庭经营与农业现代化并不存在实质性的矛盾，发展规模经营不能动摇家庭承包经营这个基础。小块土地的经营者照样可以广泛使用各种现代生产要素，并利用社会分工使自己的生产纳入专业化、商品化、社会化轨道。通过改善家庭经营的外部环境，实现生产环节的专业化、社会化。在已实现农业现代化的国家和地区，无论耕地经营规模的大小，基本形式都是社会化服务体系支撑下的家庭经营。适度规模经营是在小农经济基础上发展，在此过程中要以人为本，建立耕者有其田的市场运作机制。随着城镇化发展，传

① 黄宗智. 中国过去和现在的基本经济单位：家庭还是个人？[J]. 人民论坛·学术前沿，2012，(1)；黄宗智. 制度化了的“半工半耕”过密型农业（上）[J]. 读书，2006，(2)；黄宗智，彭玉生. 三大历史性变迁的交汇与中国小规模农业的前景[J]. 中国社会科学，2007，(4).

② 黄宗智. 中国的新时代小农场及其纵向一体化：龙头企业还是合作组织？[J]. 载中国乡村研究（第8辑）. 福建教育出版社，2010.

③ 杨团. “综合农协：新农村建设路径选择”[J]. 今日中国论坛，2011，(10).

统分散农户经营存在的制度缺陷与问题日益显露，需要积极创新农业生产经营体制机制。但不管怎样，农户是最适合农业生产特点的经营单位和形式。只要农业生产的特点不变，这种经营形式的适应性就不会发生变化，动摇了农户为基础的农业经营模式就动摇了农业可持续发展的基础。①

陈锡文在其进一步的研究中指出，在探索农业经营形式和农村社会形态创新过程中不能忽视不同国家的不同资源禀赋和不同发展历史，中国人均土地面积和人均农业自然资源稀少的国情下，农村将生活大量人口，必须考虑以村庄为基础建构的农村社会形态。他区分了两种不同的农业经营形式和农村社会形态，认为传统国家和新大陆国家的农业和农村，最大的区别不在于农地经营规模而在于农村的社会形态，有无村庄在工业化进程中的前因后果及过程完全不同，传统国家更为复杂。我国应注重农民家庭在农业经营中的主体地位，注重支持农民的合作组织。在对农业经营形式进行选择时，应当始终以农民的长远生计、农业的持续发展和农村的社会稳定作为考虑问题的重点。②

在土地流转问题上，主张适度规模家庭经营的学者强调要建立自愿、依法、有偿的土地流转机制，反对地方政府采用强制性的手段流转土地，反对资本下乡圈地。"关键是建立和健全市场化的土地使用权流转机制，而不能采取强制性的手段，要充分发挥市场机制在生产要素和自愿配置上的基础性作用"。农业经营规模的扩大是一个渐进的过程，农业剩余劳动力的转移、农民向非农业的转移就业问题与农业经营规模扩大是同步过程且应当相匹配。片面强调规模经营将使很多农民陷入困境，通过促进城镇化和非农产业发展使得经营规模的扩大水到渠成。③

有学者在此基础上发现农户自发流转土地与资本下乡流转土地对农民生活的不同影响。有研究发现，农户自发流转中农户根据各自家计情况基于自愿在相互之间流转土地，不仅对于农户这一群体有好处，对于各类农户尤其是纯农户和兼业户均有莫大的益处。而政府和资本结盟推动的资本下乡流转打破了原有在村庄中农户间互利共赢流转模式，与原本就很弱势的农户争夺微

---

① 陈锡文. 关于农业规模经营问题[J]. 农村工作通讯，2002，(7).

② 陈锡文. 把握农村经济结构、农业经营形式和农村社会形态变迁的脉搏[J]. 开放时代，2012，(3).

③ 陈锡文. 把握农村经济结构、农业经营形式和农村社会形态变迁的脉搏[J]. 开放时代，2012，(3).

薄的土地收益，在这个过程中，纯农户和兼业户的受损最大，他们不仅在收入上受到损失，还可能面临就业的难题。① 也有研究表明，原本农村通过自发的土地流转形成的良性循环在资本下乡带来的大规模流转下被打破，除了举家外出务工农户获益外，其他农户都遭受了不同程度的损失：原本既可保持完整家庭生活又可获得可观收入的农民不得不外出谋生；原本就在村庄中处于弱势地位的老年人地位更加堪忧——将面临货币收入少和无人照料的双重压力，晚年生活陷入困境。② 这些研究都认为在农地流转中要节制资本，将资本下乡和合作社限定为在农民和农业生产服务的领域内，防止资本对农民土地的兼并导致农民失业破产。

二、近几年关于适度规模的家庭农场发展及问题研究

尽管地方政府对工商资本流转土地的热情越发高涨，近几年的中央政策更为强调对以家庭农场为代表的新型农业经营主体的支持，对遍地资本下乡有所警惕。2008 年党的十七届三中全会决议指出，建立健全土地承包经营权流转市场，发展多种形式的适度规模经营，"有条件的地方可以发展专业大户、家庭农场、农民专业合作社等规模经营主体"。2013 年中央一号文件提出，鼓励和支持承包土地向专业大户、家庭农场、农民合作社流转。家庭农场是指以家庭成员为主要劳动力，从事农业规模化、集约化、商品化生产经营，并以农业收入为家庭主要收入来源的新型农业经营主体。中央官方文件正式表述中从以往的"规模经营主体"转变为"新型经营主体"也是突出不能盲目追求经营规模，农业农村发展要基于我国国情和各地区经济发展水平。一方面，中国农业商品化和现代化需要出现多元化的经营主体，另一方面，现有的新型经营主体不能满足当前农业商品化和社会转型的需要。两种因素的叠加催生出了家庭农场这一新型经营主体的出现。

在适度规模问题上，有的研究者认为应当不能超过 500 亩，也有研究者认为应当在 200 亩左右。最近有研究者认为大型农场用地外，中国农业的转型应当以 20—30 亩规模为主体，多种经营的现代技术水平产业。其中有一个大

① 孙新华. 土地流转与农户家计：两种流转模式的比较[J]. 贵州社会科学，2012，(4).

② 王德福，桂华. 大规模农地流转的经济与社会后果分析[J]. 华南农业大学学报(社会科学版)，2011，(2).

致的共识就是，中国人均耕地面积很少，农村人口基数庞大，土地是稀缺的战略性资源，不可忽略当下的小农家庭经营的重要贡献。家庭农场是基于当下的小农家庭经营渐进发展起来，家庭农场的土地面积应根据各地不同的自然地理特征和耕种条件而不同，但不能超过家庭所能经营的范围。

普遍认为家庭农场至少具有四个基本特征：一是以家庭作为经营单位；二是劳动力以家庭成员为主，不雇佣和很少雇佣家庭成员之外的劳动力；三是经营的农地具有长期稳定性并达到一定规模；四是农业经营收入为家庭全部和主要收入来源。这几个特征将家庭农场与自给自足的小农经济区分开来，家庭农场不仅仅用于满足自身需要，具有市场性，以市场为导向，以市场交换为目的，进行商业化的商品生产。不少研究都指出，与传统的小农相比，家庭农场是以农业产出为主要收入来源，其必然全身心投入农业生产，研究市场的消费需求，克服农业的兼业化现象；与其他经营主体相比，家庭农场解决了农业生产领域中的监督和管理问题，最大程度保持了土地的产出率和国家粮食安全。与大规模农场相比，劳动和资本双重密集型的适度规模经营农户更加符合我国人多地少的基本国情，是在现有城镇化及土地流转水平下解决农业隐性失业、收入低下、产业升级困难等一系列问题的出路所在。①

近几年也有不少学者积极探索适度规模家庭农场的发展条件和实现途径。土地的集中种植和机械化作业是家庭农场发展的前提条件。随着工业化和城镇化的持续发展，这些条件逐渐成熟。朱启臻认为培育家庭农场需要以人为本，教育并培养新型职业农民。新型职业农民与兼业农民的最大区别在于收入来源不同决定了对土地的态度不同，他们更重视农业的产出和市场价值，注重资源的合理配置，具有较高的生产积极性。不仅如此，新型职业农民的稳定性使之更重视土地的可持续利用，避免农业经营的短期行为，是可持续农业的重要条件。新型职业农民培育和存在需要特定载体，最理想的载体是家庭农场，家庭农场劳动者是典型的职业农民。②

还有研究者指出可以在专业大户、承包大户基础上发展适度规模的家庭农场经营，并论证家庭农场的优势所在。家庭农场承包面积、承包地点相对更

① 刘文勇，张悦. 家庭农场的学术论争[J]. 改革，2014，(1)；高强，刘同山，孔祥智. 家庭农场的制度解析：特征、发生机制与效应[J]. 经济学家，2013，(6).

② 朱启臻. 新型职业农民与家庭农场[J]. 中国农业大学学报(社会科学版)，2013，(2).

为稳定。专业大户、承包大户由于承包关系的不稳定，不愿意对土地进行长期投资以及购买相应的农业机械设备等，农业的长期发展得不到实现。一些地方在发展专业大户的基础上，开始培育多种形式的家庭农场，实现农业经营的企业化、规模化、机械化和知识化。一些在乡村具有稳定的承包面积和稳定生产预期的承包大户，可以通过登记注册转化为家庭农场。

孙新华、谭林丽通过比较不同农业经营方式的生产效率，发现家庭农场少量雇工可以避免劳动监督难题意味着家庭经营在农业生产上具有天然的合理性。家庭农场的家庭劳动力可得到最大程度的利用，实现了充分就业，不仅劳动生产率比较高，而且可以收获高于社会平均收益的较高收入。加之家庭农场主有动力采用更好的技术，所以土地产出较高，甚至与小农和中农相差无几。因此，家庭农场较之于工商资本，优势在于生产成本低而单位产出高；较之于小农和中农，其劳动生产率、收入较高，在采用新技术上也更有动力。①

陈义媛以水稻生产为例，通过实地调查和案例分析对农业经营主体的分化进行再讨论，认为资本主义式家庭农场既不同于只耕种自家承包地的小农，或免费耕种亲友承包地的中农，也不同于龙头企业的生产基地经营；它能够借助政府或资本所提供的机遇发展起来，也正从村庄内部内生性地形成。其兴起的结构性条件在于农村土地流转市场、农村劳动力市场形成，以及农业机械化的普及和推广。②

基于以上比较优势，很多研究者认为，家庭农场将成为未来我国农业发展中居于主导地位的经营主体。要以推进农业生产的规模化、专业化和职业化来设计未来的家庭农场制度。

有研究指出，家庭农场和农民将是中国未来农业种植的主体，家庭农场的功能发挥还需要与其他经营主体建立纵向一体化的关系。家庭农场主要从事具体的第一产业的生产活动，合作社及其他服务组织除了少数从事第一产业生产活动外，其他主要为较小规模的专业农户提供产前、产中和产后服务。理想的农民专业合作社是在农村家庭承包经营基础上，同类农产品的生产经营者或者同类农业生产经营服务的提供者、利用者；自愿联合、民主

---

①　谭林丽，孙新华. 当前农业规模经营的三种路径及其辨析[J]. 西南大学学报(社会科学版)，2014，(6).

②　陈义媛. 资本主义式家庭农场的兴起与农业经营主体分化的再思考——以水稻生产为例[J]. 开放时代，2013，(4).

管理的互助性经济组织，其成员就是专业农户。合作社被期望为促进农业产业化发展并同时能够保障农民利益的理想组织，为其中的专业农户农业生产提供产前、产中、产后等服务，帮助其克服在农产品价值链升级中遇到的种种问题。

合作社的确是一种尝试，然而当下合作社的真假和成效也是有争议的问题。很多学者的研究发现，当下的多数合作社都没有想象的那样发挥作用。为了追求农业经济利润，农业合作社就不限于农业的产前和产后服务领域，也进入种植领域。也有研究指出，即使在合作社成立之初经营者之间存在合作，但最终都会演变成个体农民进行市场活动的纯经济实体。农民的专业合作"名"与"实"分离的现象日益突出。合作成了政府和乡村精英的事情，普通村民只是被合作。[①] 合作社成员异质性、乡村内部阶层分化导致合作社内部民主参与不足。[②] 政府、公司、富农是合作社的主角，他们只是为了套取中央及地方政府的优惠政策和补贴。有些学者甚至呼吁取缔这些假合作社。

围绕着真假合作社的争论从来没有停止过，之所以出现假合作社泛滥的情况，在某种程度上是在现行农业政策背景下，农业经营者的一种策略化行动。一方面，为了与其他市场主体进行资金和业务的往来，以及树立品牌的需要，农业经营者需要实现从自然人到市场法人的过渡。由于成立企业的门槛较高，在家庭农场未出现之前，农民所能在工商部门登记注册的组织便只能是专业合作社；另一方面，由于国家大力扶持合作社的发展，在大多数地区，以合作社的名义进入市场不仅能享受税收减免的优惠，还能获得一系列生产资料和设备等补贴。于是，农业的经营者便有了成立专业合作社的动力和愿望。有学者认为家庭农场或将改变长久以来中国农业经营中以合作社之名从事个体经济活动的现象。通过创设一种既不同于企业又不同于合作社的新市场法人身份，这种从事经济活动的经营者将得到准确的归类。在家庭农场出现之

---

① 张德元."皮包合作社"折射出的基层官民关系——对农民合作社的所见所思的调查感悟[J].人民论坛，2011，(25).

② 苑鹏.合作社民主管理制度的意义和面临的挑战[J].中国农民合作社，2010，(6)；冯小.农民专业合作社制度异化的乡土逻辑[J].中国农村观察，2014，(2)；赵晓峰.农村社会阶层分化对农民专业合作社发展的影响机制分析[J].农业经济问题，2012，(12)；赵晓峰.农民专业合作社发展面临的结构性困境与突围路径[J].农业经济，2013，(1).

后，农民的专业合作社要回归到《合作社法》对其功能的界定上来，退出种植领域，而在农业生产资料的统一购买、农业技术以及农业机械的服务等领域发挥作用，进而成为真正服务农民的合作性组织。①

很多学者试图找到破解这一难题的方法。温铁军及其团队很关注日本、韩国和我国台湾地区的“综合性合作社”实践，研究指出在东亚模式中，政府支持全国性农民协会协调和整合生产、交通运输、金融等领域，并制定法律限制农业中的公司资本。希望在中国乡镇发展综合农协让其发挥实质性作用，并进一步建议中国政府能够从整体战略层面重视该问题。② 张晓山发现“公司+农户”组织形式已显现出“公司”成为内部人控制的趋势，因此认为专业合作社要健康发展的话，从事具体农产品生产或营销的专业农户应该成为专业合作社的利益主体。③ 不少学者认为要让合作社发挥实质作用应当让农民成为农业产业化主体。

这些争论背后都折射着对农业发展和“三农”问题的思考和关切。面对合作社发展的较大争议，严海蓉等学者认为对于那些强烈支持或批评农村合作社的人来说，当务之急是中国农村发展的可持续性问题和探寻第三条发展道路的可能性问题。④

第四节　“小农经济辩证论”

一、“小农经济辩证论”及其主张

“小农经济辩证论”强调要历史地、辩证地看待中国的小农经济。首先，它的存在具有历史的必然性。从中国的现实条件来看，人多地少、资源匮乏的人地关系一直是中国面临的首要问题，在当前大量农村剩余劳动力无法顺利转移出去的情况下，劳动密集型的小农经济为劳动力的农业就业提供了保障。从国际农业生产来看，西方发达国家普遍通过殖民地扩张和大量屠杀土著人，极大地缓解了国内的人地紧张关系，使其率先实现了农业机械化和现代化。

① 郭亮，刘洋. 农业商品化与家庭农场的功能定位，待刊稿.

② 温铁军. 综合性合作经济组织是一种发展趋势[J]. 中国合作经济，2011，(1).

③ 张晓山. 农民专业合作社规范化发展及其路径[J]. 湖南农业大学学报，2013，(4).

④ 严海蓉，陈航英. 农村合作社运动与第三条道路：争论与反思[J]. 开放时代，2015，(2).

但是，在发展中国家，如印度、拉美国家及东南亚，因为照搬和复制发达资本主义国家的农业发展模式与道路，普遍出现了“耕者无其田”和城市贫民窟化的现象，甚至其农村长期存在武装割据的游击队，成为这些国家和地区不得不面对的严重政治社会问题。所以，选择何种农业发展模式，要借鉴和吸取国内国际的历史经验和教训。

其次，还需要辩证地看待小农经济。正如马克思及其他观察者所看到的那样，小农经济具有极大的历史局限性。但是，也不能忽视它的正面功能和历史贡献。从小农自身的特点来看，小农生产的劳动高度集约化，擅长于精耕细作，它可使土地得到充分地利用，提高土地生产力，最大限度地生产粮食，既可以满足农民的养家糊口，也能为保障国家的粮食安全作出贡献。从中国快速工业化、城市化所处阶段来看，现有的小农经济承担着降低工业化、城市化及经济社会发展成本的功能。这主要源于它所发挥的“蓄水池”、“缓冲器”作用和社会保障功能。此外，过去我国小农经济以“剪刀差”的形式降低了工业化的成本，而现在，小农经济正在降低工业化和城市化的成本。①

华中村治研究学者还系统论述了中国式小农经济的基础、结构和功能。在这些学者的学术思想中，中国特色社会主义小农经济的基础是指，构成中国小农经济运行的基本架构，主要包括三个方面：集体土地所有制与家庭承包经营制度；保护型城乡二元结构；农村家庭制度。第一个方面说的是小农经济所赖以依存的生产资料形式，包括土地的所有制形式和土地的具体耕作形式。第二个方面说的是小农经济持续、接力运行的保障。第三个方面说的是小农经济的劳动力主体，指的是劳动力的性质和来源问题。②

中国式小农经济的结构指的是它的构成要素，主要包括经营形式、分工模式与农业类型。杨华将中国式小农经济的经营形式概括为“统分结合，双层经营”，即家庭分散经营与集体统一的社会化服务相结合的双层经营结构。这种经营结构强调，要从农业生产过程不仅要受经济规律制约，还要受自然规律影响的特点出发，宜分则分，该统则统，统分结合，相互补充，相互促进。只有把家庭分散经营的积极性与集体统一经营的优越性发挥出来，才能促进农业生

① 杨华. 论中国特色社会主义小农经济. 待刊稿.

② 贺雪峰. 小农立场[M]. 中国政法大学出版社，2013；贺雪峰. 城市化的中国道路[M]. 东方出版社，2014.

产力的发展。中国式小农经济的分工模式是以代际分工为基础的“半工半耕”模式,即年轻人“务工”与中老年人“种地”的稳定格局。中国式小农经济的农业类型包括两种“老人农业”与“中农农业”。[①]

杨华详细叙述了中国式小农经济的功能:① 发挥中国特色社会主义优越性的功能。经济基础决定上层建筑。生产资料公有制是中国特色社会主义的一项基本经济制度,它保障了国家政权的人民性和社会主义性质。农村土地集体所有制是生产资料公有制的基本实现形式,它否定了私有制,杜绝了土地的买卖与集中,也就杜绝了土地食利者,使得生产资料掌握在农村绝大多数人手中,实现了“地利共享”的基本理念。② 生产资料、社会保障与粮食安全的功能。作为小农经济制度基础的农村土地集体所有制,为农民提供了重要的生产资料功能。集体土地所有制使得集体成员都享有承包土地的权利,农民可以将承包地作为基本的维持生计和获取收入的手段。由于农民职业的分化和流动加剧,农民获取收入的手段多元化,土地对于多数家庭而言不再是生产资料,但土地仍然可以在特殊时期和特殊环境下发挥社会保障和失业保险的功能。小农经济是精耕细作的农业类型,虽然人均产出率不高,但是土地产出率高。在中国人口众多,土地资源稀缺的情况下,选择资本主义大农场的农业类型,显然无法保障粮食安全。小农经济是最佳选择。③ “蓄水池”与“稳定期”的功能。④ 保障大部分农民家庭分享农业 GDP 收益的功能。[②]

半工半耕是当前小农经济最基本的分工模式和经营制度。2000 年以后,凡是能够外出务工经商的农村青壮年男女劳动力都出去了,留下中老年人在种地和照看家业,老人农业在这个阶段开始出现,同时“留守老人”“留守儿童”也因此成为社会问题。以代际分工为基础的半工半耕模式近年来引起很多学者的关注和研究。

贺雪峰、杨华等人对当前农村以代际分工为基础的半工半耕的特点进行了深刻的描述。他们认为当前阶段的半工半耕首先具有“长期性”。农村“半工半耕”常常被认为是这样一种无奈的经营制度,人多地少下的过密型农业因比较收益不高而迫使大量农民外出务工,而外出务工的风险又反过来倒逼人们以务农来承担保障责任。当前中国仍有约 7 亿农民生活在农村,另有超过 2

① 杨华. 中国农村的“半工半耕”结构[D]. 2014.

② 杨华. 中国农村的“半工半耕”结构[D]. 2014.

亿农民工在城市务工。以当前中国农民工的工资收入水平及当前城市生活水平计算，进城务工的农民工中只有少部分幸运儿有机会、有能力在城里安家落户，过上体面的城市生活，其余大部分农民工无法在城里真正立足，还得过着"半工半耕"的生活模式。第二个特点是"稳定性"。当前农村以代际分工为基础的"半工半耕"结构，是以家庭内部劳动力分工的重新调整为条件的，这项调整逐渐具有稳定性。这便是说，在务农的比较效益低、务工收入相对较高，但又不得不有人来务农作为务工保障的情况下，在家庭内部的分工中，就必须有人来从事农业生产；同时，城市工厂流水线需要的是手脚比较灵活、脑袋反应灵敏的年轻人，而不是年龄大的人，超过一定年龄的农民工就得退出流水线。那么，在家庭内部的分工中，年轻夫妇必然会（被）选择比较效益高且迎合流水线的工厂务工，而中老年人则选择比较收益低、被流水线排斥的务农。所以，这种家庭内的代际分工将维持一个长期稳定的状态，形成一个稳态结构。第三个特点是"再生产性"。当前以代际分工为基础的"半工半耕"结构具有再生产的性质。这是其长期性和稳定性存续的前提，即不断有新的人员来填充这个分工结构。当年轻夫妇随着年龄增长，不再适合于流水线上的工作后，流水线上就会有更年轻的人来填充，当他们彻底退出城市之后，就回到农村接收他们父辈留下来的土地而从事耕作，其父辈则因年龄大不再耕种土地。而他们的成年子女则可以进城务工。这样，家庭内部的分工就从中老年农民务农、年轻夫妇务工，转变成老一辈年轻夫妇务农、新一代年轻夫妇务工的模式。如此循环往复。这就是以代际分工为基础的"半工半耕"结构的再生产性。[①]

夏柱智等人认为，当前农村的"半工半耕"结构是一种总体性的结构，它不仅仅是农业经营制度或是农村家庭收入结构，它还具有农村经济结构和社会结构的内涵。说它是经济结构，首先是指它是一种收入结构，"半工半耕"结构意味着农民家庭的收入由两部分构成，一是务工的收入，二是务农的收入。对于一个农民家庭来说，这两部分收入都不可或缺。其次，它还是农业经营制度。"半工半耕"结构决定了农村土地经营主体是农村中老年人及部分青壮年劳动力，他们的经营方式是家庭经营。说它是社会结构，其一，它是村庄结构的一部分，"半工半耕"意味着村庄中有一部分农民外出务工，另一部分农民留在村庄，这两部分人保持着紧密的联系，并且大部分农民工的预期是最终要回

① 杨华. 中国农村的"半工半耕"结构[D]. 2014.

到村庄，村庄还是农民的归属和目的地，村庄仍然具有价值生产和社会规训的能力。其二，它是家庭结构组成部分。“半工半耕”结构既是一个农民家庭的分工结构，它在代际之间形成了模式化、稳定的分工，同时也形成了一个稳定的新的家庭形式。在新家庭形式中，因为外出务工，年轻夫妇没有跟父母分家，父母还有义务为子女照看家庭、培养孙辈、积攒财富，但是年轻夫妇与父母又分别是独立的会计单位。①

二、近几年关于小农家庭经营发展模式及问题研究

当前，小农家庭经营的两种主要模式是半工半农基础上的“老人农业”和中农阶层主导的“中农农业”。

“老人农业”是近年华中村治研究团队在调研中总结出来的描述性概念。顾名思义，老人农业主要是中老年人作为经营主体的农业。在农村的代际分工中，中老年人因其禀赋较低被分配在家种地。这些中老年人的年龄一般在50岁以上，65岁以下。一般耕种家里的承包地，数亩到十几亩不等，超过了20亩就耕种不过来了。由于当前农业机械化程度较高，一些繁琐和重体力活都由机械替代，过了70岁的中老年人可以耕种些土地，不过较五六十岁时耕种要少。中老年人种地属于自雇性质，耕作单位是家庭，一对中老年夫妇，外加少数半劳动力，一般不雇工，少数农活请机械，农忙会有少数亲戚朋友帮忙，属人情与换工性质。其经营的目的主要是自给自足，维持家庭生活，而不以市场交换为目的。只有少数多余农产品用于市场交换，老人农业的简单再生产资金积累源于这些市场交换。②

华中村治研究团队的基本论断是，“老人农业”并不像外界所想象的那样落后，它仍然是有效率的农业形态。杨华、余练详细总结了当前“老人农业”几个特点：① 精耕细作。农村中老年人不仅有丰富的耕种经验，而且他们的机会成本较少，没有在城镇务工的机会，因此“有时间”。② 劳动集约。正因为中老年人的机会成本较少，他们就可以在较少的土地上无限地投入他们的劳动力。③ 土地生产率高。因为是劳动力的无限投入和精耕细作，老人农业的土地产出率便可以提高。④ 一些环节实现机械或市场替代。⑤ 对新品种、新

① 夏柱智.论“半工半耕”的社会学意涵[J].人文杂志，2014，(4).

② 桂华.中国农业生产现状及其发展选择[J].中国市场，2011，(33).

技术有需求。中老年人主要出于对减少劳动强度和增加产量考虑，对新品种、新技术有需求。但不会主动寻求新品种、新技术，需要相关部门的推介。⑥ 农业经营的目的是自给自足，少量投放市场。因此老人农业不是市场和利润导向的农业。⑦ 兼业农业。中老年人在农闲之余还可以兼业，比如五六十岁的中老年人可以在附近工地上打小工，或者从事饲养、捕捞副业，或者种植蔬菜水果供应城镇市场，等等。⑧ 休闲农业。在农村公共文化生活较少的情况下，中老年人可以通过耕种土地打发时间，愉悦心情，没事就到地里走走，看着庄稼一点点成长，他们心情就很喜悦。这样，既可以避免呆在家里无所事事，与儿子、媳妇发生矛盾，又可以使时间容易过去，还可以通过劳作松松筋骨，起到锻炼的效果。对于基数庞大的农村老年人口，老人农业甚至可以大大缓解养老压力。①

老人农业在当下确实具有不可替代的作用，但是老人农业未来还是面临着谁来种地的问题，并且老人农业主要是面向家庭消费，缺少农业科技投入，难以引进现代农业管理方式。如果不能提升农业的集约化和商品化程度，农业本身将缺乏吸引力。

与老人农业不同，"中农农业"的主体是中农阶层，在经营规模、经营方式、经营诉求、发展前景等方面都与老人农业有很大区别。

在华中村治研究者的视野中，农民已不再是一个均质的群体，而是分化成具有不同利益、不同意识的不同阶层。"中间农民"，或者说"中农阶层"、"中坚农民"在其分析中占据重要的地位。他们主要将耕种中等规模土地（20—40 亩不等）、收入在农村属于中等水平的一批农民称为"中农阶层"。②而这批农民在农村社会和乡村治理中又起着主导和中坚的角色，遂又称为"中坚农民"。后来，陈柏峰又将包括中农阶层在内的农村庞大的中等收入群体统称为"中间阶层"。③ 可见中间农民在华中村治研究视野中是个发展的、动态的概念，其边界和内涵都还在发展中。农户作为自耕农，通过将劳动力与土地相结合不仅可以获得最基本的物质收入（粮食、蔬菜、肉类等），还可以获得一定的货币收入。仍以户均 10 亩土地计，一般农户家庭的所有务农收入，可达 2

① 杨华. 中国农村的"半工半耕"结构[D]. 2014；余练. 农业变迁的阶层动力[D]. 华中科技大学博士论文，2015.

② 贺雪峰. 当下中国亟待培育新中农[J]. 人民论坛，2012，(13).

③ 陈柏峰. 中国农村的市场化发展与中间阶层[J]. 开放时代，2012，(3).

万元左右。[①] 这一收入水平可以使相当一部分农户不必外出务工，其中那些又流转其他农户土地的“中农”阶层就可达到同在外务工农户同等水平的家庭收入，成为村庄里的中间阶层。对于“半工半耕”的兼业户来讲，务农收入不仅为农民工在城市提供变相失业保障和变相老年福利，还保障了其人口再生产（抚养留守儿童）。

华中村治学者调研发现，在“半工半耕”背景下，农村中大部分青壮年劳动力外出务工，他们的土地要么留给父母种，要么流转给村里其他人种。后者属于典型的农村土地自发流转。农村自发土地流转属于人情行为或市场行为。基于人情的土地流转不需要缴纳土地流转租金，也不需要正式的合同协议，属于短期流转，只要承包户回来耕种土地便可要回土地。基于市场交易的土地流转需要缴纳租金，当前普遍的价格是约 200 元 1 亩，也不需要签订正式的流转协议。[②]

他们进一步发现，在农村自发土地流转中，一些土地会逐渐集中在某些青壮年劳动力手中，他们一般在 40—50 岁之间。他们之所以没有外出务工，可能是自家的承包地较多，老年人又耕作不过来；也可能是家庭中有老年人要照顾，有上初中高中的小孩需要陪读，他们走不开；也有可能是外出务工失败，等等。总之农村中还有部分青壮劳动力在耕田。通过土地的自发流转和集中，这样的家庭一般耕种 30—100 亩不等的土地，这个规模的土地在农村属于中等规模。这些家庭占农村总户数的 15%左右，即 100 户农户中有 10—20 户这样的青壮劳动力。

华中村治研究将这种通过农村自发土地流转而相对集中土地经营的农业称为“中农农业”。

---

① 孙新华、杨华等人指出，一般计算农户的务农收入，只是将耕地的毛收入减去成本。其实这里面有个误区——既没有将农户的物质收入和货币收入分开，也没有看到农户除了土地收入还有家庭副业收入。以产粮农户为例，农户首先会从土地中拿出一部分粮食留作口粮，这部分收入应以农户购入同样的口粮作价，而不应以作为粮食的售出价计算收入，此其一；其二，农户利用一部分粮食和土地产出的附属品（如红薯梗、叶等）用于养殖家禽或牲畜等，从中可以获得远比投入较高的产出；其三，农户的菜园和鱼塘等可以改善其生活水平，如果将这部分收入也货币化，又增加一笔可观收入。需要指出的是，农户的家庭副业是与种田紧密相连的，没有了耕地，农户的副业也无以为继。仅从这三个方面计算，农户的务农收入远高于只以粮食产量计算的收入。笔者在苏中金镇调查时详细计算了一个典型农户的务农收入，这户耕种 8 亩水田和 12 亩旱地并养了牛、猪、鸡、鸭、鹅、鱼等，将所有收入都货币化，可得 3.4 万。若耕地全为水田收入会更高。

② 杨华. 农村土地流转与农村社会阶层的重构[J]. 重庆社会科学，2011，(5).

他们的调研发现，农村耕种中等规模土地的“中农”介入乡村治理和农村政治，影响乡村治理和农村政治的整体面貌，进而型塑不同的政治社会现象。主要包括：村庄主要的公职由中农担任，如小组长、村民代表、村两委委员、主任、支书等；中农在农村基层组织与农民群众之间扮演着中间人的角色；中农是参与农村民主政治建设的主体；中农是村庄建设的积极分子。

另外，不同农民群体之间的界限并不是十分明显，而且相互之间有流通。小农、农民工和“中农”之间形成了一种各得其所、互利共赢的局面。中青年农民外出务工时将土地交由中老年农民耕种，前者变为农民工，后者变为“中农”；当部分外出务工的中青年随着年龄的增长无法务工需要返回家乡务农时，他们收回自家的耕地成为小农，或同时流入其他人的耕地变成“中农”；而之前的“中农”随着年龄的渐老，退还别人的耕地变为小农。如此一来，不同的农民根据自身的资源禀赋(劳动力、家庭需要等)选择了最适合自己的与土地的关系，从而使农村形成了小农、中农和农民工之间动态的转化秩序。这种动态转化秩序既可实现小农的利益、中农的发展和农民工的进退自如，又可为村庄秩序提供中坚力量。①

杨华、刘锐在调研的基础上深刻挖掘了中农阶层的社会禀赋，主要包括五大类：一是中农阶层的主要社会关系在村庄，主要利益关系在土地上。这是相对于农村其他阶层而言的，如农村精英阶层、举家外出经商阶层、务工农户的主要利益关系都不在土地上，半工半耕阶层只有部分利益在土地上，那么他们对土地上的公共品建设、对国家的土地政策就不会有中农阶层那么重视。同时他们的社会关系也大部分在村庄外边，就不太注重村庄内的关系建设。二是中农阶层在时间最长，对村里最熟悉。其他阶层因职业关系和利益关系，在村的时间较短，或者间歇性在村里，对村庄不太熟悉。只有对村庄较为熟悉的才能担任村干部或者村干部的中间人，也才能担当其他阶层的中间人。三是中农阶层的经济收入在中等水平，生活较为从容。只有生活从容的人才能担任村干部，才会去思考村里的公共事务，才能够有时间去做家务以外的事情。四是中农阶层拥有质量较高的社区关系。这意味着中农阶层与村庄其他各阶层的关系都较好，因而能够协调各阶层之间的关系。五是中农阶层是当

---

① 贺雪峰.取消农业税后农村的阶层及其分析[J].社会科学，2011，(3).

前农村政策和土地制度安排的既得利益者,他们因而最支持党和国家在农村的政策。①

余练在其博士论文中阐述了中农农业与资本主义大农场的区别。首先,资本主义大农场以追求平均利润为唯一依归,而中等规模家庭农场既追求平均利润,也追求土地单位面积产出率。其次,资本主义大农村以雇佣劳动为主要劳动力,具有剥削性质,中农农业以家庭劳动力为主,属于自我剥削,辅以少量短雇工。再次,中等规模家庭农场有规模限制,超过100亩的限度就不会再扩大再生产,资本主义大农场无规模限制,会不断扩大再生产。最后,资本主义大农场完全实现了机械化与现代化,中农农业既有机械替代,又有人工劳动。所以,在性质上,中农农业依然是小农经济。②

这些学者还细致探究了中农农业的系列特征:① 中等规模收入。耕种30—100亩的土地,一年收入在3万元—10万元不等,这个收入在农村属于中等偏上水平。拥有这个收入,一个农村家庭完全可以提供日常生活所需,完成劳动力再生产,完成各项人生任务等,而且不需要外出务工,也可以过得很悠闲、宽裕,经济压力不大,家庭生活完整。② 实现了农业规模化、集约化、商品化经营。耕种中等规模土地,可以实现规模化和机械化耕种,产生规模效益,资本在家庭农场中也实现了集约化。家庭农场的经营主要是面向市场,实现粮食的完全商品化,而不是自给自足,这与“老人农业”区别明显。③ 精耕细作,土地产出率高。根据我们的调查统计,农村一对青壮年夫妇,加一台拖拉机,外加机耕、机收,农忙时请短工,完全可以在100亩左右的土地上精耕细作。因此,自雇和自我剥削性质较强,土地的产出率也较高。④ 追求土地生产率与平均利润。中等规模家庭农场,因为种植规模不大,首先是追求土地的单位面积产量,有了产量才有收益。其次,当家庭农场规模超过100亩以后,农场主就开始追求平均利润,当平均利润为零时,他们就不会再进行投资。所以,家庭农产既有小农经济的特性,又开始突破小农经济的逻辑,走向资本经营的逻辑。⑤ 扩大再生产。对土地上的投资较“老人农业”要慷慨。耕种规模达到30亩以上,一般都会有台拖拉机,到60亩以上开始购买插秧机和旋耕机,到100亩左右就可能购买收割机,并可能对机械进行合作社和市场化运

① 杨华.“中农”阶层:当前农村社会的中间阶层.开放时代[J].2012,(3).

② 余练.农业变迁的阶层动力[D].华中科技大学博士论文,2015.

营。在新品种、新技术上的投资也随着规模的扩大，积极性增大。

刘锐等人进一步阐述了中农农业对农村和农民在经济上的意义，他们将农村由中农农业所辐射的经济形态称为“中农经济”。在他们的研究中，“中农经济”与传统的小农经济有一脉相承的特点，也有不同于小农经典理论的一些基本预设。①

伴随着农户之间自发流转的大量发生，村庄内部出现了明显的经济社会分层，其中“主要利益关系在土地上，主要社会关系在村庄里”的“新兴中农阶层”在村庄政治社会事务中扮演着举足轻重的角色，发挥着“中间阶层”的积极作用。在他们看来，新兴中农阶层“是村庄公共事务和公益事业最热心的倡导者，是村庄人情往来最热情的参与者，是农业新技术、耕作新方法最主动的采用者，是村庄社会秩序最有力的维护者”。因此，他们成了“村组干部最为重要的担当者和后备人选”和“党在农村基层最可靠的支持者”。正是由于有这部分人群的存在，在农村人、财、物纷纷外流的情况下农村社会才能得以保持稳定而有序的社会秩序。② 也正因为此，刘锐认为中农阶层不仅应该得到政府积极的培育和扶持，更应该成为基层组织的治理主体，实现乡村治理的转型。③

这些研究反复强调的是，我国的小农经济内部正在孕育自我改造，即有一批农户正在自发地走向适度规模经营，即中等规模经营。这些自发生成的中农大大提高了劳动生产率。更重要的是，这种中等规模经营之路是与农村劳动力向非农产业的转移速度相匹配，它不会对其他需要种田的农户产生侵害。尤其要警惕地方政府推动大规模土地流转与资本下乡经营农业。大规模土地流转会带来以下几个社会后果：一是它的流转是不可逆的，农业企业与农户签订数年到上十年的租约。在这段时间，农民被赶出土地，大量属于城市无效劳动力的农村中老年人既不能务农，又无法在城市找到工作，因而在农村无所事事，无聊至极。二是大规模土地流转为资本下乡经营农业、打败小农开路。④

然而，中农阶层能否维持稳定仍是一个有待探讨的问题。或许正是因为认识到了中农的内在不稳定性，贺雪峰及其团队呼吁国家对这一特定阶层给

---

① 刘锐等.中农经济：微观实践与理论意义[J].西北农林科技大学学报(社会科学版)，2014，(1).

② 陈柏峰.城乡二元结构中的农村中间农民[J].人文杂志，2014，(7).

③ 刘锐.农民阶层分化与乡村治理转型[J].中州学刊，2014，(6).

④ 魏程琳.土地细碎化治理与农地制度变革[J].北京社会科学，2015，(5).

予支持。除了市场条件下固有的分化趋势之外，中农阶层自身的再生产也取决于许多因素。其中一个因素就是他们从进城务工人员手上流转过来的土地使用权的不稳定性。此外，贺雪峰及其团队所关注的“中农”群体的再生产正处于这样一个不利情境下：农业企业对生产资料的掌控正不断增大，并已显示出从价值链上攫取更多利润的显著趋势。① 另外，目前的自发土地流转并不是十全十美的，其主要问题就是无法解决地块分散的弊病，给耕作、种植面积的扩大和现代技术（如机械化）的应有带来了不便。因为分散经营的农户既无法单个提供生产所需的基础设施，也难以克服农业生产合作中的搭便车问题，甚至无力在市场上购买农业社会化服务，贺雪峰指出这些问题必须由基层组织来承担和提供。然而事实上，这些问题的存在以及小农和中农的有限种植规模不符合社会各界对于规模农业的想象，促使各地政府近年来普遍掀起了引进工商企业进行大规模经营的高潮。②

总之，这种具有社会学意义的“半工半农”农业模式面临着越来越多的挑战。

第五节 讨论与展望

城镇化背景下，农业人口向城市转移、生育率下降、土地流转加速、饮食结构的转变等中国农业进入转型期，在这一时期谁来种地，怎么种地，成为“三农”领域的重大问题。对于这一重大问题，学界、政界争论激烈，争论焦点集中于土地制度、农地流转和农业经营模式三大问题，这几大问题是农业发展方向的一体三面，争论背后折射着对我国应该选择什么样的农业发展道路的不同看法。

中国农业的现代化面临着复杂的两难困境。农业如果完全按照资本化方式经营，资本的趋利性会自发推动农业现代化发展。然而，从事大宗粮食生产的基础农业获利空间是十分有限的。从当前发达国家的经验来看，农业资本获得平均利润率必须有高额的政府补贴。即使中国农业资本不需要政府补贴

① 武广汉.“‘中间商＋农民’模式与农民的半无产化”[J].开放时代，2012，(3).

② 贺雪峰，印子.“小农经济”与农业现代化的路径选择——兼评农业现代化激进主义[J].政治经济学评论，2015，(2).

就能获益并保障粮食供给，农业资本化道路必然带来粮食价格上涨、农村劳动力排斥，农民生活处境恶化、城乡居民生活成本抬高，并且还可能带来工人工资水平提高、劳动力再生产成本提高，产业优势丧失等一系列严重后果。资本主义生产逻辑下农民将被快速分化，小部分得到发展，大部分境况会越来越差。

中国式小农经济要走向农业现代化，其根本问题在于，既要改造“传统农业”，又要避免农业被资本异化。小农生产方式下农业很难可持续发展，走资本化道路，农业又面临被资本异化。对于旧农业向新农业的转变过程中如何避免农民走向无产化，本书提及和未能提及的很多学者都进行了有益的探索。如黄宗智倡导的如恰亚诺夫所设想的在市场经济环境中的农业资本化和纵向一体化的家庭农业发展模式，并认为当前农村劳动力转移和食品消费结构转型将为中国发展具有中国特色的发展高附加值农业的小规模家庭农场提供历史契机；温铁军等学者提出学习东亚经验，加强国家介入、发展多层次综合合作体系为目标的农业合作化道路；李昌平提出商业资本参与支持“三农”发展要学习东亚模式，将扩大的农业收益留在农业、农村内部；吕新雨提出中国城乡互哺、发展“新乡土主义”；贺雪峰提出培育农村自发生成的“中农阶层”维持农业和农村发展；还有很多学者提出中国发展生态农业是根本出路。

无论如何，小农经济是中国现代化的重要基础。当下，我国的农业经营模式主要由小农家庭经营和多种类型的新型经营主体并存。随着劳动力非农就业的不断增加，农业的规模经营是必然趋势。同时，由于中国的人口基数庞大及人均耕地面积较少，适度规模的小农经济也将是中国长期存在的重要现象和趋势。中国的农业问题不仅仅是农业问题，在人口基数庞大带来的人口压力、农村贫困人口众多、老龄化压力等综合因素条件下，又凸显了原本就存在的农民问题和农村问题。农业农村的改革发展要从整体考虑，治理农业必须尊重农民的实践和创造，从农村实际出发，在充分研究农民进行规模经营的实践、条件及其问题基础上探寻中国农业发展的可能性道路。中国农业的出路何在，仍然是一个有待深入研究的沉重课题。

（王　会）

推荐阅读

1. 黄宗智. 中国的隐性农业革命[M]. 法律出版社，2010.

2. 黄宗智.“小农户与大商业资本的不平等交易：中国现代农业的特色”[J].开放时代,2012,(3).

3. 温铁军.“三农”问题与制度变迁[M].中国经济出版社,2009.

4. 贺雪峰.地权的逻辑——中国农村土地制度向何处去[M].中国政法大学出版社,2012.

5. 吕新雨.农民、乡村社会与民族国家的现代化之路[J].读书,2004,(4).

思考题

1. 当下农村有哪几种主要的农业经营模式？农业企业化、小农家庭经营和适度规模的家庭农场各自的优势及问题在哪里？

2. 分散的、小规模的农业经营方式未来很难满足农业可持续发展的要求，中国农业走资本化道路又会带来很多问题。农业资本化主要问题有哪些？在此两者之间，是否存在第三条道路？

第二章
城镇化进程中的社会认同

中国快速的城镇化进程带来了大规模的跨越城乡和区域的人口流动，形成了改革30年来蔚为壮观的所谓的“民工潮”。在这样的大流动的背景下，社会结构和社会环境急剧变化，使得宏观层面的社会整合和微观层面的个体认同成为值得探讨的课题，总体上都可以统合在“社会认同”这一大框架下加以讨论。

关于“社会认同”常常众说纷纭，一直缺乏共识性的内涵和理解，很多议题都可以纳入其下。为了研究问题的聚焦，我们有必要先对“社会认同”作一个研究范围的界定。

社会认同的经典定义来自泰弗尔(Tajfel)和特纳(Turner)等人。泰弗尔将社会认同界定为个体对自己属于某个(或某些)社会群体或社会范畴的意识，而这种群体或范畴身份能给个体带来重要的情感和价值意义。① 泰弗尔和特纳又提出社会认同是“一个社会的成员共同拥有信仰、价值和行动取向的集中体现，本质上是一种集体观念，它是团体增强内聚力的价值基础”。② 国内学者也有自己的定义。王春光将社会认同视为“对自我特性的一致性认可、对周围社会的信任和归属、对有关权威和权力的遵从等”。③ 方文则将认同界定为“行动者对自身独特品质或特征积极的认知评

---

① Tajfel, H.: Social Identity and Intergroup Relations, Cambridge: Cambridge University Press, 1982.

② Tajfel, H. & J. C. Turner: The Social Identity Theory of Intergroup Behavior. In Psychology of Intergroup Relati ons, (eds.) by Worchel S. & Austin W. Nelson Hall: Chicago, 1986.

③ 王春光.新生代农村流动人口的社会认同与城乡融合的关系[J].社会学研究,2001,(3).

价、情感体验和行动承诺，进一步还可以理解为独特的群体资格”。① 可以看到，这些定义都反映出认同是个体对自我身份、特性的认知，这亦是本章的研究旨趣所在。

本章所要讨论的“社会认同”正是个体对其自我社会身份的主观确认。这里重在强调一种自我意识，而不是外部评价。因此，它是 identity 意义上的认同，而不是 status 意义上的身份，确切地说是一种自我的归属、心理上和情感上的价值和意义。但是即便是这样一种认同的界定，也可能涉及多方面的认同。梳理国内近年来所涉及的城镇化进程中的社会认同研究，我们发现，研究内容主要包括身份认同、群际关系、社会融合、社会适应、归属感、乡土情感、城市认同、城乡比较等议题。将这些议题提炼后，我们最终将研究问题锁定于目前中国城镇化进程中两种最主要的认同：群体认同和地域认同。所谓群体认同，即对于“我归属于哪个特定群体”的回答；所谓地域认同，即对于“我归属于哪个特定地域”的回答。本章对中国城镇化进程中的社会认同的现状及其影响因素的综述，都将围绕这两大认同展开。

第一节　社会认同的现状描述

目前针对农民工社会认同的研究，有一些是针对群体身份归属的研究，有一些是针对城乡偏好的研究或本地偏好的研究，但更多的研究则并没有对上述几方面加以明确区分，有时看起来是询问群体身份归属，但实际上也混合了对地域偏好的追问，存在一定程度的混合应用。但无论是哪方面具体议题的研究，在谈到农民工社会认同现状时，学者普遍使用了“认同困境”、“认同危机”、“认同的模糊化”来描述。“我是谁?”这个被学者引向农民工子女身份认同②的问题在某种程度上在中国城镇化进程中可以被推论到整个乡—城移民群体。在描述这场认同危机时，学者们使用的词语还有“认同的内卷化”、“认同的断裂”、“双重边缘人”、“无根的非市民”、“过客心态”、“游民

① 方文. 群体资格：社会认同事件的新路径[J]. 中国农业大学学报(社会科学版)，2008，(1).

② 熊易寒. 城市化的孩子：农民工子女的城乡认知和身份意识[J]. 中国农村观察，2009，(2).

化倾向”等。[①] 总的来说,这些词语反映了乡—城移民群体在认同上仍处于漂移不定、寻找自我的过程中。

郭星华、李飞指出,农民工的社会认同在现实中不是同质线性和单维度的,而是复杂、多维度的,具有二重性的特征。他们的结论挑战了泰弗尔的社会认同理论,亦即个体对内群体和外群体的评价与认知是一种此强彼弱的关系,必然具有内群偏好和外群排斥的特征。他们提出的问题是:在一定时期内(共时性),同一个体是否存在对两个(或多个)群体的同时认同,或者都不认同?即个体自身的认同是否会出现一种张力或个体的社会认同是否具有共时二重性的特征?他们的研究结果显示,农民工城市认同和农村认同的权重大致是相当的,出生于农村、户籍身份为农民的农民工中只有刚过半数的人将自己定位为农民,从中可以看出农民工社会认同状况的复杂和多维性。[②] 石长慧的研究也发现,处于弱势地位的流动少年同时表现内群偏好和外群偏好,她认为在这里系统正当化理论(即接受现有的社会安排)比社会认同理论更有解释力。[③]

另一些学者则从认同的策略、情境论、文化建构的角度同样发现了农民工在认同上的这种矛盾心理和深刻冲突。熊易寒的研究发现,农民工子女的身份认同不是简单地由社会结构所决定,而是在事件的驱动下,间歇性地生产出来,充满了建构性和不确定性。身份认同兼具自我展示和自我保护的功能,分别形成进取性认同(城里的孩子)和防御性认同(外地人),这两种认同倾向实际上反映了行动者(农民工子女)与社会结构(城乡二元结构)之间的深刻冲突。[④] 石长慧的研究也强调了文化和情境的力量,比如流动少年对自身籍贯的认定也不是一成不变的,不是命定的,在他们那里,籍贯不一定是祖居或个人出生的地方,也可能是个人成长和接受社会化的地方。这表明在社会环境急

---

① 王春光.新生代农村流动人口的社会认同与城乡融合的关系[J].社会学研究,2001,(3);卢晖临,潘毅.当代中国第二代农民工的身份认同、情感与集体行动[J].社会,2014,(4);唐斌."双重边缘人":城市农民工自我认同的形成及社会影响[J].中南民族大学生学报(人文社会科学版),2002,(4);Solinger, Dorothy J.: Contesting Citizenship in Urban China: Peasant Migrants, the State and the Logic of the Market,Berkeley: University of California Press, 1999;吴玉军,宁克平.城市化进程中农民工的城市认同困境[J].浙江社会科学,2007,(4);周明宝.城市滞留型青年农民工的文化适应与身份认同[J].社会,2004,(5).

② 郭星华.漂泊与寻根:农民工社会认同的二重性[J].人口研究,2009,(6).

③ 石长慧.城市更好:流动少年的身份认同与群体偏好[J].中国农村观察,2010,(3).

④ 熊易寒.城市化的孩子:农民工子女的城乡认知和身份意识[J].中国农村观察,2009,(2).

剧变化的社会，身份不再是理所当然的，流动的个体并没有被动地接受制度、他人和社会对自己身份的规定，他们的身份认同处在形成和变化过程中，只能理解为“成为（being）”和“变成（becoming）”的过程。① 在论证这种变化过程时，熊易寒使用了“城市化的孩子”一词；而石长慧将流动少年分为“城市化中的流动少年”和“城市化了的流动少年”，由于不同的成长和生活经历，这两类少年对城乡的态度是不同的，后者有更强的城市偏好。②

柴民权指出，就农民工的认同管理而言，实质上是在城市社会场域中对其社会认同进行主体性建构的过程，这一过程既包括其对基于乡土记忆的乡土认同的解构和重构，也包括其对城市文明为代表的城市社会文化生活的建构和内化，而农民工社会认同管理的关键无疑是如何使这两个过程互不冲突，达成稳定和谐的社会认同状态。③ 显然，目前阶段农民工社会认同这两个过程的冲突非常明显，以下将从三方面来呈现农民工社会认同的复杂性。

一、群体认同与地域认同的不一致

农民工社会认同的复杂性，最主要的表现是群体认同和地域认同的不一致。在不同的研究中，使用的术语可能不一样，但概念范围基本是一致的。比如蔡禾、曹志刚研究农民工的城市认同时，实际上是区分了身份认同（您是否觉得自己的身份属于农民?）和空间认同（您是否觉得自己不属于这个城市?）两个维度，正好对应于本章所界定的群体认同和地域认同的概念。他们的研究结果发现，农民工的空间认同感要高于身份认同感，他们的推测是因为空间认同更具有自我建构的特征，而身份认同则更受到制度权利的制约。他们进一步根据身份认同和空间认同这两个维度将农民工的城市认同类别划分为四种类型：类型1是隔离型认同（即身份认同为“农民”，空间认同为“不属于这个城市”）占比28.2%；类型2是断裂型认同（即身份认同为“农民”，空间认同为“属于这个城市”）占比26.1%；类型3是游离型认同（即身份认同为“不是农民”，空间认同为“不属于这个城市”）占比10.9%，类型4是融入型认同（即身份认同为“不是农民”，空间认同为“属于这个城市”）占比10.1%。其中断裂型

---

① 石长慧.我是谁?：流动少年的多元身份认同[J].青年研究，2010，(1).

② 石长慧.城市更好：流动少年的身份认同与群体偏好[J].中国农村观察，2010，(3).

③ 柴民权，管健.代际农民工的社会认同管理：基于刻板印象威胁应对策略的视角[J].社会科学，2013，(11).

认同和游离型认同这两个类别可以大致反映出群体认同和地域认同不一致的比例,合计有37%。需要注意的是,在这四种类型之外,还有24.7%的样本回答"不清楚"或漏答,这部分人群也很可能是认同困惑的情况。如果把回答不清楚和漏答者剔除掉,断裂型认同和游离型认同的合计将达到49.2%,相近一半。① 这项调查告诉我们,农民工的群体认同和地域认同不一致是比较突出和普遍的现象。

其他一些研究也有类似的发现。米庆成的研究发现进城农民工存在着对流入地在地域上的强归属和群体心理上的弱归属的矛盾心理。② 郭星华、李飞针对北京流动人口的调查发现,农民工相对普遍的看法是"算是北京的一员,但不是北京人",也就是说,他们把对北京这个城市的认同与对北京市民的群体认同区分开来。他们认为,农民工对城市的认同仅仅是他们认同的一个方面,与市民的关系决定了他们的社会认同是存在张力的,可以说,农民工把对城市的认同和对市民的认同进行区分是不得已而为之的做法。③ 熊易寒的研究则发现,"我不是农村的孩子,我是城里的孩子,但我不是上海的孩子"这句话经典地表达了农民工子女的身份认同,即,这些生于上海、长于上海的孩子,已经是一群"城市化"了的孩子。④ 在他的研究中,农民工子女在群体认同上将自己归属于"城里人",但在地域认同上,却无法将自己归属于自己成长和生活的那个城市,群体认同与地域认同也是分离的。

二、都市异乡人:"外地人"成为重要认同,"农民工"不是一个认同单位

群体认同和地域认同不一致的根本内涵是,乡城移民对城市虽然有认同(或归属)的意愿,但认同结果与认同意愿却不相一致,他们想做"某地人",但最终要么不得不继续做"农民",要么就变成非农的"外地人"。所以他们中的一些人会说"算是北京的一员,但不是北京人"、"我不是农村的孩子,我是城里的孩子,但我不是上海的孩子",这些表述都提示乡城移民的"本地化"(而不是

① 蔡禾,曹志刚.农民工的城市认同及其影响因素——来自珠三角的实证分析[J].中山大学学报(社会科学版),2009,(1).

② 米庆成.进城农民工的城市归属感问题探析[J].青年研究,2004,(3).

③ 郭星华.漂泊与寻根:农民工社会认同的二重性[J].人口研究,2009,(6).

④ 熊易寒.城市化的孩子:农民工子女的城乡认知和身份意识[J].中国农村观察,2009,(2).

“非农化”)是城镇化进程中最大的问题。

这种“非本地化”对认同的影响在农二代身上表现得尤其明显。熊易寒对农民工子女的研究发现,这些孩子更习惯把自己看作一个异乡人,而不是外界通常所称呼的“农民工子女”或“民工子弟”。在他们的思维框架中,“本地人”和“外地人”是最为重要的对立,自己之所以受到不公正待遇,就是因为“我们”是“外地人”。一个可能的解释是,迁徙并没有带来身份的变迁(身份依然是农民),农民工子女更多地感受到的是地域间的流动,农民工以地域为基础的“抱团”行为,以及政府对流动人口的管理政策,都可能强化农民工子女的“外地人”意识。①

石长慧对流动少年身份认同的研究同样印证了熊易寒的观点,而且他还专门调查了在流动少年眼中到底谁才是“农民工”? 谁才是“农民工子女”? 他的研究发现,在流动少年眼中,“农民工”就是以前种过地、当过农民、从外地来到城市打工的,而且以干重体力活为主,特别是工地上的建筑工人,几乎成了“农民工”的代名词。因此那些占有少量资本的自雇佣者和完全依赖打工的受薪者,通常会认为自己与建筑工、重体力工这些“下层的”是不同的,他们自己并不属于“农民工”这样一个劣势范畴,而处在更为优势的范畴/群体之中,如果称呼他们为“农民工”是对他们的不尊重。② 与熊易寒的研究发现一样,石长慧也指出在流动少年那里,“农民工”和“农民工子女”已成为两个充满污名而需要回避的名词,根本没有进入他们的日常话语中。

与陈映芳认为“农民工”已经成为与“农民”和“城市”居民相并列的“第三种身份”、被社会建构而得到农民工群体广泛认同(或默认)③这一观点不同,熊易寒认为,“农民工”或“农民工子女”不构成一个认同单位,而是由国家的治理行为而得到强化的身份标签,它是不以农民工或农民工子女的意志为转移的,是无可选择的。④ 因此“农民工”只是一种外部社会强加的标签,不是一个认同的单位。

那么农民工真正的身份认同是什么呢? 各项研究都表明,答案是“外地人”。然而“外地人”实际上并不是一种真正的群体认同,只是有着共同生活机

---

① 熊易寒.城市化的孩子:农民工子女的城乡认知和身份意识[J].中国农村观察,2009,(2).
② 石长慧.我是谁? 流动少年的多元身份认同[J].青年研究,2010,(1).
③ 陈映芳.“农民工”:制度安排与身份认同[J].社会学研究,2005,(3).
④ 熊易寒.城市化的孩子:农民工子女的城乡认知和身份意识[J].中国农村观察,2009,(2).

遇的人的集合体，内部缺乏有机的社会联系和凝聚力，仅在某些方面（例如社会经济地位）具有原子意义上的相似性。熊易寒的思考是，“我是外地人”是一个伪装为肯定陈述的否定句，它背后真正要表达的是“我不是本地人”。[①]

三、代际分化：从老一代的“双重认同”到新生代的“双重不认同”

农民工社会认同的复杂性和二重性在不同时代的农民工身上均有表现，但一些研究揭示出这种复杂性和二重性存在着明显的代际分化。

在中国将自己转变为“世界工厂”并逐步实现工业化的同时，与世界其他工业化中的国家不同的一个特殊之处是：中国的工业化和城市化是两个高度分离的过程，政府鼓励农民到城市工作，却又不鼓励他们留在城市。受户籍制度的制约，地方政府不愿意为来到本地工作的农民工提供住房、教育、医疗和其他社会保障等社会福利，因此，对于进城农民工来说，他们生产在城市，但自身的再生产不得不仍然在农村，这种具有空间分隔性的无产阶级化过程使他们经历着深刻的不完整的身份体验，无论他们如何努力地在城市工作、交往和消费，都无法真正在城市获得一种完整的身份感，从而心安理得地在城市留下来。[②] 这是农民工认同危机的根源，但同样面对这样的危机，老一代和新生代农民工的个体体验却大为不同。卢晖临认为，与老一代农民工相比，新生代农民工的工作和生活条件有所改善，但经历着更加明显的城乡分裂、更大的收入不平等，以及更深刻的社会排斥。[③] 新生代农民工是伴随着改革开放出生和成长的一代，随着中国农村的日益空巢化和日渐凋敝，新生代农民工走出农村、转化自我的要求比老一代农民工更加强烈，跟上打工潮是他们的普遍愿望，而且与老一代农民工相比，他们外出的经济动机相对减弱，他们更渴望获取个人的发展、自由和体验不一样的生活方式，但这种更加抽象的目标在现实中更难实现，于是，他们陷入了虽然可以自由迁徙，但却前路已堵死、后路已关闭的深度困境，变成了城市中的陌生人和一个永远的“过客”，失去了“家”的归属感，无处安身。而老一代农民工则更多地只将城市作为打工赚钱的暂居地，赚到

---

① 熊易寒. 城市化的孩子：农民工子女的城乡认知和身份意识[J]. 中国农村观察，2009，(2).

② 卢晖临，潘毅. 当代中国第二代农民工的身份认同、情感与集体行动[J]. 社会，2014，(4)；余晓敏，潘毅. 消费社会与“新生代打工妹”主体性再造[J]. 社会学研究，2008，(3).

③ 卢晖临. “农民工问题”的制度根源及应对[J]. 人民论坛，2011，(29).

了钱后他们愿意回到农村的老家，农村依然有他们的“归属”。他们与城镇工业生活之间形成了一种临时性的心理契约，将自己在城镇中的忍辱与牺牲看作是暂时的。[①] 秦洁用“忍”来概括老一代农民工的这种对“农民命”的认同和归属。[②] 卢晖临则用“过渡”和“断裂”来分别刻画两代农民工的境遇。“过渡”意味着转化，可以给人们带来希望和转变的梦想，他认为老一代农民工经历了一个从自我否定、打工到最终接受农民身份的“完整”循环历程，打工只是一个过渡的阶段。而断裂则会造成死结：既没有使自己变为城市工人的希望，也没有回到农村老家重做农民的可能，因此新生代农民工无法完成一个完整的认同过程。[③] 朱妍、李煜将新生代农民工的这一困境称为“双重脱嵌”，即既游离于制度性权力结构和福利保障体系之外（“制度脱嵌”），也在客观纽带和主观认同上脱离传统乡土中国（“传统脱嵌”），而且当新生代脱嵌于传统时，“制度脱嵌”的负面效益会被放大。[④]

这些情况实际上造成了新生代农民工的认同现状就是“双重不认同”。王春光认为新生代农民工的社会认同会趋向“内卷化”的建构，即只认同于自己这个特殊的群体，既不认同城市，也不认同农村。[⑤] 卢晖临则将他们的这种情感体验与工人怨恨的政治与集体行动相勾连，他的研究发现新生代农民工在对外在保护或拯救力量“死心”的同时，诉诸自我的心思正在萌芽，“我们只有靠自己。我们没法相信政府，没法相信老板，我们要的只是一点公平”。[⑥] 卢晖临揭示出新生代农民工身份认同的困境对这一群体负面情绪的显著影响，他们正从老一代的焦虑、痛苦情绪向怨恨、愤怒、绝望这样一些更具社会破坏性的情绪发展。

柴民权从认同管理策略的角度进行研究，进一步印证了农民工社会认同上的代际差异及其社会后果的理性程度。他的研究发现，老一代农民工不仅具有较高的农村人认同，而且与新生代群体相比，也具有更高的城市人认同，而且随着年龄的增长，其城市人认同具有显著的上升趋势，因此柴民权认为老

① 朱妍，李煜.“双重脱嵌”：农民工代际分化的政治经济学分析[J].社会科学，2013，(11).

② 秦洁.“忍”与农民工身份认同研究——基于对重庆“棒棒”城市生活心态的深度访谈[J].开放时代，2013，(3).

③ 卢晖临，潘毅.当代中国第二代农民工的身份认同、情感与集体行动[J].社会，2014，(4).

④ 朱妍，李煜.“双重脱嵌”：农民工代际分化的政治经济学分析[J].社会科学，2013，(11).

⑤ 王春光.新生代农村流动人口的社会认同与城乡融合的关系[J].社会学研究，2001，(3).

⑥ 卢晖临，潘毅.当代中国第二代农民工的身份认同、情感与集体行动[J].社会，2014，(4).

一代具有城市人和农村人的"双重认同"的趋势,能对城市人认同和农村人认同进行有效的分离管理,使两者并存于其认同系统中,他们的认同管理是稳定的、理性的,也具有更高的认同维护意愿。而与老一代相比,新生代农民工的认同状况是不稳定的,他们希望将城市人认同和农村人认同进行调和,城市融入相比乡土认同对其具有更为重要的心理意义,一旦面临刻板印象威胁,他们表现出强烈的否定动机,不但否定刻板印象威胁内容的准确性,还否定自己和农村人群体身份的关系,而且其高度的认同意愿并不伴随有高度的认同维护意愿,他们的认同管理是不稳定的、非理性的。①

综上,城镇化进程中的农民工群体经历着深刻的认同危机,他们的社会认同具有复杂性和二重性,其表现包括群体认同和地域认同的不一致,认同意愿和认同结果的不一致,自我认同与社会标签的不一致,其认同不再是社会结构、身份、角色的必然结果,而表现出更多的情境性、建构性和多维性,且这种认同存在着明显的代际分化,新生代农民工群体正走向城市与农村"双重不认同"的深度困境。

第二节　社会认同的影响因素

梳理近年来的城市流动人口或农民工的认同文献可以看到,其认同主要受到四个方面因素的影响,分别是:制度因素、市场与经济因素、社会网络因素、文化与情感因素。以下将逐一进行梳理与总结。

一、制度因素

众所周知,中国特有的户籍制度是导致城市流动人口或农民工认同困境的一个制度根源,它人为地划分出"城市人"与"农村人"、"本地人"与"外地人"这样两类极不平等且难以逾越的社会阶层、群体或范畴,阻碍了外来的乡—城移民对流入地城市公共资源的分享。熊易寒指出,中国的户籍制度本质上是一种地方性公民权,即在地方层面而不是国家层面进行权利配置

① 柴民权,管健.代际农民工的社会认同管理:基于刻板印象威胁应对策略的视角[J].社会科学,2013,(11).

与社会排斥，[①]它使乡—城移民成为流入地城市中被排斥的“非公民”。

那么，以户籍制度为代表的制度性因素对乡—城移民的社会认同的影响主要包括哪些方面？户籍是否成为城镇化进程中影响社会认同的最重要的因素呢？

从研究方法看，学者们研究制度对认同的影响时所选用的指标主要包括社会压力和政策支持这两大方面。蔡禾、曹志刚的制度压力假设选取了制度不公平感、希望政府提供帮助（种类）等指标作为预测变量，其假设是制度不公平感越深、对政府的制度期望越少的流动人口，其认同越低。[②] 李荣彬、张丽艳的制度支持假设选取了参加社会保险、参加社区选举这两项指标作为预测变量，其假设是流动人口在迁入地获得政策支持和社会福利的多少决定着他们身份认同度的高低。[③] 褚荣伟、熊易寒、邹怡的社会结构假设选用了社会保险覆盖面这项指标来看制度性因素的影响。[④] 上述研究从不同程度都验证了制度性压力或支持对流动人口的社会认同具有显著影响。

杨菊华、张莹、陈志光的研究略有不同，他们关注到户籍制度的影响主要包括户籍类型和户籍地点这两个维度，他们推测户籍类型对身份认同的意义更大，其假设是乡—城流动人口的身份认同意愿低于城—城流动人口，因为前者的劣势更明显，但研究结果并未支持他们的假设，反而是乡—城流动人口的认同意愿高于城—城流动人口。[⑤] 这一研究结果的启示值得进一步讨论。

另一个问题是当制度性身份和社会文化性身份相冲突时，哪一个对认同的影响更大？这显然是一个极具争议性的问题，现有研究虽然无法给出压倒性的答案，但中国户籍制度对城镇化进程中的移民认同的资源约束性作用却得到了不少研究的支持。石长慧对流动少年的研究，采用定性研究的方法，发现流动少年对自我身份意识的模糊性随着流动时间的延长而有所增加，户籍日益成为重要的划分标准；流动时间较短的流动少年身份意识相对清晰，偏向

---

① 熊易寒.新生代农民工与公民权政治的兴起[J].开放时代，2012，(11).

② 蔡禾，曹志刚.农民工的城市认同及其影响因素——来自珠三角的实证分析[J].中山大学学报(社会科学版)，2009，(1).

③ 李荣彬，张丽艳.流动人口的身份认同现状及影响因素研究[J].人口与经济，2012，(4).

④ 褚荣伟，熊易寒，邹怡.农民工社会认同的决定因素研究：基于上海的实证分析[J].社会，2014，(4).

⑤ 杨菊华，张莹，陈志光.北京市流动人口身份认同研究——基于不同代际、户籍及地区的比较[J].人口与经济，2013，(3).

“农村人”身份的认同不仅取决于先赋性的户籍规定，还来源于农村的社会化记忆，但随着流动时间的延长，(农村)文化因素的影响变弱，户籍成为更重要的标准，尤其是当流动少年不能继续在城里的公立学校上初中，强化了他们对户籍的意识。石长慧提出文化上已经儒化的“城里人”，是文化上“城市化了”的孩子，但这并非意味着他们认为自己是“城里人”。① 褚荣伟、熊易寒、邹怡也有同样的结论，他们基于对农民工社会认同的研究认为，移民的基于文化的涵化理论可以扩展为基于资源的适应选择理论。② 而蔡禾、曹志刚的研究则发现，制度压力因素对农民工空间认同的影响作用要大于它对农民工身份认同影响上的作用，③这是否也意味着城镇化的过程给移民带来的压力更多是基于空间流动所产生的资源约束？无疑，这给进一步的研究提供了丰富的空间。

二、市场与经济因素

众多研究都告诉我们，导致乡—城移民地域流动的最主要原因是经济动机，因此流动的方向主要是从经济欠发达地区到经济发达地区、从农村乡镇到城市地区、从中小城市到更高级别的大城市及特大城市。但是这仅仅是从利益和机会结构的角度来解释中国的乡城流动和城镇化过程，那么对于具有明显社会文化建构属性的认同来说，市场与经济的因素到底起着怎样的作用呢？

从研究方法上，现有研究对影响认同的市场与经济因素的测量主要集中在个体维度上，包括教育程度、职业技能、收入水平、社会经济地位、生活艰难程度等指标。研究结果主要发现了教育程度和社会经济地位对认同有显著影响。

最主要的影响来自农民工的主观地位评价。郭星华的研究发现，农民工实际的打工收入对其认同度的影响不显著，但与城市居民收入的比较却有明显的作用，即对收入的主观差距感比客观的收入更能影响农民工的社会认同度。④ 崔岩也发现，虽然客观上的经济地位差异与农民工的本地身份认同有着

① 石长慧. 我是谁？流动少年的多元身份认同[J]. 青年研究，2010，(1).

② 褚荣伟，熊易寒，邹怡. 农民工社会认同的决定因素研究：基于上海的实证分析[J]. 社会，2014，(4).

③ 蔡禾，曹志刚. 农民工的城市认同及其影响因素——来自珠三角的实证分析[J]. 中山大学学报(社会科学版)，2009，(1).

④ 郭星华. 漂泊与寻根：农民工社会认同的二重性[J]. 人口研究，2009，(6).

正相关关系，但这并不具备统计上的显著性，而主观社会地位评价的影响则具有统计上的显著性，外来人口主观认知的经济社会差距越小，越可能实现心理层面的社会融入①。褚荣伟、熊易寒、邹怡则发现，从经济成功方面看，收入地位只有在内群体比较时才能够显著增加城市认同，而与外群体的收入比较并没有显著影响，因为农民工如果与本地居民比较，他们所感知的经济收入普遍处于中下层，甚至是底层，但在移民群体中的收入地位则能够帮助他们完成实践性的城市认同；另外他们的研究也发现收入的绝对水平并不会对农民工的身份认同产生影响。② 关于主观地位评价采用内群体比较的方式，石长慧对流动少年身份认同的研究也有相似的发现，在对"农民工"或"农民工子女"这一称呼的态度上，当流动少年的父辈已经成为占有少量资本的自我雇佣的个体工商业者或完全依赖打工的受薪者时，他们会将自己的父母与从事重体力活的建筑工人等农民工加以区别，认为自己处于一个更为优越的等级位置，认为把他们和他们的父母归入"农民工（子女）"群体中，是对他们的一种冒犯和侮辱。③

教育程度对农民工认同的影响主要是负相关关系。蔡禾、曹志刚、李荣彬、褚荣伟、熊易寒、邹怡的研究④都发现，对于本地认同（是否归属于这个城市，是本地人还是外地人），教育程度越高的农民工其本地认同度更低，但这几项研究并没有给出比较有说服力的解释，褚荣伟、熊易寒、邹怡认为农民工的教育水平可能并未转换为人力资本和经济资本，他们对城市的认同并没有随着教育水平的增加而增加。⑤ 但是在对"是否农民"的身份认同上，蔡禾、曹志刚则发现教育程度越高的农民工越认同自己不是农民，这说明教育程度与"城市人认同"是正相关关系。

另外值得一提的是，杨菊华的研究发现了流入区域与认同意愿的关联

---

① 崔岩. 流动人口心理层面的社会融入和身份认同问题研究[J]. 社会学研究，2012，(5).

② 褚荣伟，熊易寒，邹怡. 农民工社会认同的决定因素研究：基于上海的实证分析[J]. 社会，2014，(4).

③ 石长慧. 我是谁？流动少年的多元身份认同[J]. 青年研究，2010，(1).

④ 蔡禾，曹志刚. 农民工的城市认同及其影响因素——来自珠三角的实证分析[J]. 中山大学学报(社会科学版)，2009，(1)；李荣彬，张丽艳. 流动人口的身份认同现状及影响因素研究[J]. 人口与经济，2012，(4)；褚荣伟，熊易寒，邹怡. 农民工社会认同的决定因素研究：基于上海的实证分析[J]. 社会，2014，(4).

⑤ 褚荣伟，熊易寒，邹怡. 农民工社会认同的决定因素研究：基于上海的实证分析[J]. 社会，2014，(4).

度，这也在一定程度上说明了区域维度上的市场因素对认同的解释力，但这里指的是认同意愿，而非认同结果。他的研究发现，流动人口的认同意愿存在显著的地区差别，从流入区域看，融入意愿由强到弱依次是西部、东北、中部、东部地区。可见，认同意愿较强的流入地几乎都处于经济欠发达地区，而流入发达地区的人的认同意愿较弱。他认为，这样的结果或许暗示，认同意愿与物质财富的多寡关系不大，尽管从理论上看，作为主观认知的认同意愿需要劳动保障和收入保障等物质条件为基础（经济不发达、政府公共服务水平低下等难以让流入人口产生认同），但主客观之间并不是完全一致的。东部发达地区的流动人口之所以认同意愿低，一是这些地方劳动就业机会多，许多流动人口来这里主要就是为了赚钱；二是地区越发达，制度性、结构性、观念性要素的排斥就越强，而这些都在时刻提醒流动人口作为"外来人"的身份。①

从以上研究结果可以看出，总的来说，无论是从个体维度还是从区域维度来看，市场与经济因素对农民工认同的影响是比较有限的。正如前面提到的，城镇化进程中的乡—城地域流动的主要驱动力是经济动机，虽然利益与机会结构的区域性差异导致了移民的"推—拉"动力，但认同显然更具有主体能动性和社会建构性的特征，更容易受到制度排斥大背景下的文化与环境因素的影响，越是市场与经济发达的地区，对普通外来劳动力的排斥力越大，环境的负向作用和个体在心理、文化上的被歧视感可能更强，从而不利于乡—城移民在流入区域的身份认同。

三、社会网络因素

认同发生于行动者间互动的过程中，存在于自我与他人交往的人际网络中，因此社会网络是考察个体认同的重要坐标，这一点是具有普遍共识的。关于社会网络因素对农民工社会认同的影响，已有研究无论在研究方法上还是最终的研究结论上都具有相当高的一致性，只是在概念表述和操作化的细节方面略有不同。

在研究方法上，学者们基本上都将农民工的交往对象分为两大类，但在概

---

① 杨菊华，张莹，陈志光. 北京市流动人口身份认同研究——基于不同代际、户籍及地区的比较[J]. 人口与经济，2013，(3).

念的操作化上略有不同。第一类可以被界定为内群体，比如，在郭星华的研究中称为同质群体，指那些交往相对频繁的老乡、工友等，[①]在蔡禾、曹志刚的研究中称为乡土社会网络，指那些带入城市的乡土关系网络，主要包括家人、亲戚、老乡、同学等。[②] 第二类可以被界定为外群体，比如在郭星华的研究中称为异质群体，指那些交往相对较少的城市居民等，在蔡禾、曹志刚的研究中称为新生社会网络，指农民工在城市工作和生活中建立起来的网络，主要包括企业内的工友、主管、上级负责人和企业外的朋友等。比较郭星华和蔡禾、曹志刚的研究设计，可以看到，基本上乡土网络近似于同质群体，而新生网络近似于异质群体，唯一的区别是企业中的工友如果是农民工进城后认识的，在后者的研究中被界定为新生网络，而在前者的研究中被界定为同质群体。

从研究结论看，基本假设都是与异质群体的交往或与新生社会网络的交往将有利于农民工的城市认同，都得到了数据的验证。比如，郭星华的研究发现，农民工在日常生活中与城市居民打交道越频繁，社会认同越有可能出现二重性的状况，[③]即城市性元素增加。蔡禾、曹志刚的研究发现，新生性社会网络在农民工身份认同中有重要影响，如果最好的三个朋友中有当地人（意味着新生社会网络已经进入他们的社会网络的核心层面），则农民工对“非农民”的身份认同会显著增加；而如果最好的三个朋友中有老乡，则农民工对“农民”的身份认同会显著增加。但蔡禾、曹志刚的研究同时发现，社会网络因素对农民工身份认同（即“群体认同”）的影响作用要大于它对城市空间认同（即“地域认同”）的影响作用，对后者的影响虽然也符合理论假设，但并未通过显著性的检验。[④] 褚荣伟、熊易寒、邹怡的研究则发现，参加同乡聚会对乡村认同没有影响，但参加单位活动有助于城市认同感的提升，与不同人群的交友意愿也有不同的影响，与老乡交朋友并不会增加乡村认同，而与城市人交朋友则会显著提高城市认同；另外他们的研究还发现，农民工与其他省市的人交朋友的意愿显著降低了他们的城市认同，增加了乡村认同，其可能的原因是外省市人也被认

---

① 郭星华.漂泊与寻根：农民工社会认同的二重性[J].人口研究，2009，(6).

② 蔡禾，曹志刚.农民工的城市认同及其影响因素——来自珠三角的实证分析[J].中山大学学报(社会科学版)，2009，(1).

③ 郭星华.漂泊与寻根：农民工社会认同的二重性[J].人口研究，2009，(6).

④ 蔡禾，曹志刚.农民工的城市认同及其影响因素——来自珠三角的实证分析[J].中山大学学报(社会科学版)，2009，(1).

为是外地人,“同病相怜”并没有帮助他们更好地融入城市。[①] 杨菊华、张莹、陈志光的研究也发现,与本地人较多的社会交往会提高流动人口对流入地的认同意愿。[②]

从以上结论可以看出,内群体的交往不利于农民工对城市的融入和社会的认同,它会形成一种“自愿性隔离”[③]和社会网络的“孤岛化”[④]状况,也即,他们与城市的本地市民基本上没有交集,这一状态使他们遇到困难的时候,可以求助的社会网络基本局限于原有的亲缘和地缘关系,从而在城市中形成“二元社区”。郭星华认为,这种与本地居民缺乏交往或“交往表层化”是一个表象,更深层次的原因是农民工头脑中根深蒂固的“社会分层想象”,他们话语中的“档次”一词很能说明问题,结果是强化了农民工对自身农民身份的认同。[⑤] 因此,李培林、田丰认为,社会资本的构建在迁移之初可能依赖于同乡或其他外来人员,但到后来真正实现融合则需要摒弃这种网络。[⑥]

四、情感与文化因素

情感与文化因素对认同的影响是最毋庸置疑的,毕竟认同对于个体来说本身就是一种具有情感和价值意义的身份。梳理文献后发现,可以归入情感因素的认同影响因素主要是:时间与经历因素;体验与情境因素。

时间是决定情感的一个客观指标,多项研究指出,流动人口在流入地居留时间的长短与其认同意愿或认同结果有明显的关联度。任远、姚慧、褚荣伟、熊易寒、邹怡、郭星华的研究都发现,流动人口居住城市的时间越长,继续居留以及城市认同的概率都越高;如果流动人口已经在城市居住了10年,那么基本上他就会有很强的倾向性继续居留。[⑦]

时间维度将直接作用于人们的记忆,或者说反映了人们的生活历程,这是

---

① 褚荣伟,熊易寒,邹怡. 农民工社会认同的决定因素研究:基于上海的实证分析[J]. 社会,2014,(4).

② 杨菊华,张莹,陈志光. 北京市流动人口身份认同研究——基于不同代际、户籍及地区的比较[J]. 人口与经济,2013,(3).

③ 郭星华. 社群隔离及其测量[J]. 广西民族学院学报(哲社版),2000,(6).

④ 李强. 中国城市化进程中的“半融入”与“不融入”[J]. 河北学刊,2011,(5).

⑤ 郭星华. 社群隔离及其测量[J]. 广西民族学院学报(哲社版),2000,(6).

⑥ 李培林,田丰. 中国农民工社会带入的代际比较[J]. 社会,2012,(5).

⑦ 任远,姚慧. 流动人口居留模式的变化和城市管理——基于对上海的研究[J]. 人口研究,2007,(3).

认同的重要影响因素。熊易寒、石长慧的研究中都提到了“城市化了的孩子”一词。石长慧认为那些在城市生活10年及以上、在城市接受完整的中小学教育且没有回家乡长期生活的流动少年，他们在文化上是已经被儒化的城市人，是文化上城市化了的流动少年，他们与城市化中的流动少年对城乡的认同是不一样的。[①] 熊易寒认为这一批“城市化的孩子”是伴随着中国的城市化进程出生和成长起来的，他们自身也在经历一个城市化的过程，乡土性逐渐地从他们的心性中被剥离，城市以特定的方式塑造了他们的心智、观念、气质和认同，即李强所称的“日常生活的城市化”，[②]最后他们所经历的痛苦、彷徨、迷失是由“半城市化”带来的，最终也必须通过城市化来解决。[③] 很显然，石长慧和熊易寒的这两项研究中的那些“城市化了的孩子”，他们已经很难从他们原籍的农村老家找到自己的“根”，这是由他们特定的生活历程和集体记忆决定的。这不像郭星华对北京农民工的一项调查中所描述的，农民工即便认为自己“算是北京的一员”，但他们对乡土有着根深蒂固的情感和认同，这都源于其“根”在农村，他们要“叶落归根”，“在北京就是打点工、挣点钱”。[④] 这种对农村老家是否还有“根”的记忆和眷恋的情感，对农民工或其孩子的认同将有决定性的影响。

熊易寒根据个人生活历程和集体记忆的不同，将农民工子女区分为两个群体：“一代半”移民和第二代移民。第二代移民是出生在城市，或者在尚未记事的年龄就随父母进城的农民工子女；而那些在乡村生活时间较长的农民工子女则介于第一代移民(其父辈)和第二代移民之间：一方面，他们对乡村生活有记忆、有情感，这使他们不同于第二代移民；另一方面，他们又能较早地在城市生活和受教育，其个人的“城市化”历程要明显早于第一代移民。[⑤] 梁宏的研究重点关注了未成年时期的经历(即父母是否外出打工，以及父母外出时他们是有流动经历还是留守农村)与农民工内部差异的关联度，他将青少年时期父母有过外出打工经历的新生代农民工定义为第二代农民工，又进一步将第二代农民工区分为流动的一代和留守的一代。他的研究发现，模糊的身份认

① 石长慧.城市更好：流动少年的身份认同与群体偏好[J].中国农村观察，2010，(3).

② 李强.中国大陆城市农民工的职业流动[J].社会学研究，1999，(3).

③ 熊易寒.城市化的孩子：农民工子女的城乡认知和身份意识[J].中国农村观察，2009，(2).

④ 郭星华.漂泊与寻根：农民工社会认同的二重性[J].人口研究，2009，(6).

⑤ 熊易寒.城市化的孩子：农民工子女的城乡认知和身份意识[J].中国农村观察，2009，(2).

同在第二代农民工身上，尤其是流动一代中更为明显，而且相比于第一代农民工以及留守的第二代农民工，流动的第二代农民工对城市的打分也更低。他的研究发现，与留守经历相比，流动经历令身份更困惑。①

前面讲了时间与经历这一决定情感的客观指标对认同的影响，再来看不同情境下的个体体验对认同的影响，这是决定情感的主观指标。主要包括流动人口在流入地是否有家的感觉，在流入地的生活满意度状况，以及从周围环境中所感知到的别人对他们的态度。很显然，在流入地找到家的感觉能在一定程度上增加对城市的认同感，②在流入地生活满意度越高，地域认同感越强，③这都得到了一些研究的支持。另一个重要方面是流动人口所感知到的别人的态度。当地人的态度反复被印证与流动人口的融入和认同密切相关，比如，蔡禾、曹志刚的研究选取了当地人好不好相处的指标，④杨菊华、张莹、陈志光的研究选取了是否受到本地人排斥的指标，⑤褚荣伟、熊易寒、邹怡的研究选取了本地居民接受度的指标，⑥都毫无意外地证明了本地人接纳程度的重要性。熊易寒的研究则发现了特定情境对农民工子女认同策略的影响，而情境发生作用的中介变量正是别人的态度，农民工子女回到家乡面对农村的孩子时，将自我认同为"城里的孩子"（进取性认同），而在城市孩子面前他们又将自己认同为"外地人"（防御性认同），这两种认同倾向实际上反映了行动者（农民工子女）与社会结构（城乡二元结构）之间的深刻冲突作用于他们的情感后对主体认同的不同影响。⑦

文化因素的影响对于乡—城移民的城市认同并不明显，对乡土文化更多是情感上的依恋，随着在城市生活工作时间的增加会不断削弱，正如褚荣伟、

① 梁宏. 生命历程视角下的"流动"与"留守"——第二代农民工特征的对比分析[J]. 人口研究，2011，(4).

② 熊易寒. 城市化的孩子：农民工子女的城乡认知和身份意识[J]. 中国农村观察，2009，(2).

③ 李荣彬. 流动人口身份认同的现状和影响因素——基于我国106个城市的调查数据[J]. 人口与经济，2012，(4).

④ 蔡禾，曹志刚. 农民工的城市认同及其影响因素——来自珠三角的实证分析[J]. 中山大学学报（社会科学版），2009，(1).

⑤ 杨菊华，张莹，陈志光. 北京市流动人口身份认同研究——基于不同代际、户籍及地区的比较[J]. 人口与经济，2013，(3).

⑥ 褚荣伟，熊易寒，邹怡. 农民工社会认同的决定因素研究：基于上海的实证分析[J]. 社会，2014，(4).

⑦ 熊易寒. 城市化的孩子：农民工子女的城乡认知和身份意识[J]. 中国农村观察，2009，(2).

熊易寒、邹怡的研究所指出的，当考虑其他因素后，文化态度的影响会消失，这符合国内移民的地方亚文化不会成为涵化关键障碍的假设，因此，关于涵化中的文化态度和价值观的重要性在农民工群体中会降低。但是，有一项因素却是影响农民工认同的重要的文化表征，那就是当地语言的能力或方言的熟悉程度；对当地语言的熟悉程度会显著提高农民工对流入地的认同度，这在蔡禾、曹志刚的研究和蔡禾、曹志刚的研究中都得到了印证。[①]

第三节　讨论与展望

综上所述，城镇化进程中的社会认同研究涵盖的内容较为广泛，包括了身份认同、群际关系、社会融合、社会适应、归属感、乡土情感、城市认同、城乡比较等多种议题。学者们对上述议题的讨论和研究，为我们大致描绘出了城镇化进程中的乡—城移民群体的认同图像：认同的基本特征是复杂性和二重性，主要表现包括群体认同和地域认同的不一致，认同意愿和认同结果的不一致，自我认同与社会标签的不一致，且这种认同存在着明显的代际分化，新生代农民工群体正走向城市与农村“双重不认同”的深度困境。现有研究同时指出了这场深刻的认同危机背后的根源是中国的工业化和城市化是两个高度分离的过程，进城农民工以个体之躯来对抗社会结构性矛盾所带来的巨大分裂体验和社会不平等，其背后的影响因素也是多维的，既有制度的、市场的、网络的结构性因素，也有个体情感的、社会文化的情境性、建构性因素。

现有研究的主要不足是，对于认同的研究虽然已经突破了单维线性的框架和结构主义视角的局限性，但如何透过多维视角、建构视角和过程视角来清晰呈现乡—城移民的认同形成机制和未来轨迹，仍有大量工作可做，尤其是建立在严谨、规范的经验研究基础上的有真正理论洞察力的创新性研究，无论这种经验研究是量化的研究还是质性的研究，目前都还非常不够。

以笔者浅见，对未来研究的展望大致可以有如下几个方向：

一是从研究主题看，未来乡—城移民的“本地化”而不是“非农化”将成为

① 褚荣伟，熊易寒，邹怡．农民工社会认同的决定因素研究：基于上海的实证分析[J]．社会，2014，(4)；蔡禾，曹志刚．农民工的城市认同及其影响因素——来自珠三角的实证分析[J]．中山大学学报(社会科学版)，2009，(1)．

城镇化进程中社会认同的最大问题。现有研究中所呈现的乡—城移民在群体认同和地域认同上的不一致，表明乡—城移民已经将对流入地地域的认同与对流入地城市居民的认同区分开来，而恰恰是与所在城市居民之间的关系构成了他们社会认同的巨大张力和复杂性，在他们的思维框架中，“本地人”与“外地人”成了城镇化进程中的最大对立和矛盾。在当前地域流动和多元权利观念冲突的大背景下，对这一难题的破解将成为未来研究的重要方向。

二是从研究范式看，未来乡—城移民的社会认同研究将由强调“赋权”的制度理想范式向强调“协商与损益”的政治实践范式转变。未来的研究可能会更为关注乡—城移民作为行动者的主体性和策略性，关注在不利的政策、制度下他们依然选择留下来的实践理性以及他们内部丰富的差异性，从而关注到他们身份与认同实现过程的多样性和权变性。

三是从研究对象看，未来研究的主要对象将是新生代的乡—城移民，包括一代半和第二代的乡—城移民。新生代乡—城移民社会认同的最大问题是对城市和农村的“双重不认同”，他们无法像老一代移民一样实现一个完整的自我认同的循环过程，他们身上严重的“失根”困境正在导致一种怨恨政治，其对社会可能造成的强烈的负面情绪值得引起重视和深入研究。

（康　岚）

推荐阅读

1. 郭星华. 漂泊与寻根：农民工社会认同的二重性[J]. 人口研究，2009，(6).

2. 熊易寒. 城市化的孩子：农民工子女的城乡认知和身份意识[J]. 中国农村观察，2009，(2).

3. 卢晖临，潘毅. 当代中国第二代农民工的身份认同、情感与集体行动[J]. 社会，2014，(4).

思考题

1. 如何从认同政治的视角来破解大城市的“本地人”与“外地人”之间的矛盾？

2. 新生代的乡—城移民将何去何从？

第三章
现代化进程中的家庭结构和家庭关系

对于社会学来说，研究家庭结构和家庭关系的目的是了解人类社会的初级组织方式。早在20世纪80年代初期，中国社会学恢复不久，雷洁琼教授指导和主持了系列中国城市和农村家庭调查项目，自此开启了我国社会学界从家庭制度变迁探查中国现代化进程的研究传统。这些家庭调查项目都沿循一个总体的理论假设：社会制度的变迁导致家庭功能变化，进而影响家庭结构和关系的变化，最终形成家庭制度的变革。[①] 在这一研究路径中，家庭结构和家庭关系是洞察和分析社会制度、家庭制度的中介变量，也是可操作化进行实证研究的分析性概念工具。

在20世纪八九十年代，学界对家庭结构和关系的探讨，议题集中于"中国家庭核心化了没有"，讨论基本都在家庭现代化的"续谱理论"、"单线进化论"的框架内，为中国家庭日益趋向现代化作注解，理论方面的发展很少。后来随着中国社会转型的深入，其他社会问题研究日益兴起，家庭结构和家庭关系研究渐渐衰落并趋于边缘化地位。进入21世纪以后，特别是近5年，以快速的经济繁荣、市场化、城镇化、工业化和少子化为特点的中国现代化进程，裹挟着信息化和全球化的浪潮，极大地冲击着中国家庭既有的结构、关系、功能和价值取向。中国家庭领域一些明显区别于现代化理论预计的变动特征渐渐凸显，极大地触动了学界的思考，相关研究比较活跃，实证分析和理论探讨都得到加强。

近年来，国内社会学界着重以人口结构变迁、社会流动和价值观转型

---

① 杨善华.理论和实践：雷洁琼教授社会学思想之探寻[J].社会工作，2011，(1).

为视角，关注中国家庭结构和关系变迁的社会事实，致力于回答：① 传统的中国家庭结构是否在现代化进程中发生了根本性变化？② 家庭结构的调整是否破坏了家庭关系，并阻碍传统家庭功能的实现？③ 中国是否存在着和西方家庭现代化相同的历程，从制度家庭发展到核心家庭再到个体家庭？

第一节　家庭结构研究

社会学对家庭结构的研究，集中在反映家庭成员数量（家庭规模）、代际层数，以及家庭类型的分析上。家庭结构类型一般分为：单身家庭、夫妻家庭、核心家庭、主干家庭、联合家庭、隔代家庭等，其中后三种家庭又常被统称为扩大家庭（expanded family）。我国学者从 1982 年五城市调查起，就观察到中国家庭结构变动中既存在与现代化理论预测相一致的趋势，如"家庭类型以核心家庭为主"、"家庭规模小型化"、"联合家庭比重持续下降"等。但同时，也存在一个明显的有别于现代化理论预测的趋势，即"主干家庭比重稳中有升"。中国家庭结构是否存在着西方意义的现代化趋势？这个争论至今也未完结，但越来越多的学者开始反思以西方经验为基础的现代化理论对中国的适用性，并尝试着跳脱现代化的框架来分析中国家庭结构的特点。

一、家庭结构的变迁与延续

人口社会学家致力于以人口普查资料为基础，跟踪描述中国在人口转型和现代化进程中家庭结构的变动。虽然以"家庭户"[①]为单位来分析家庭结构的变动趋势有一定缺陷，因为户口并不能准确代表现实生活中的家庭结构，但人口普查资料仍然是分析全国状况最具权威的资料，特别是人口普查已开展了 6 次，提供了较好的可比性。王跃生基于对五次人口普查数据的比较，将我国家庭结构类型变动划分为三种状态：一是相对稳定型，以三代直系家庭为代表；二是明显上升型，包括夫妇家庭、隔代家庭、单人户；三是降低型，如夫妇

① 我国人口普查对家庭户的定义为："有家庭成员关系的人口（或者还有其他人口）居住并生活在一起的作为一个家庭户；单身居住的也作为一个家庭户。"

分居和单亲家庭明显减少，标准核心家庭有所下降。① 他对"六普"资料的分析进一步确认，2000 年以来中国核心家庭比例明显下降，单人户显著上升，直系家庭没有降低反而略有增加。② 胡湛、彭希哲对 1982—2010 年人口普查数据的分析认为，我国家庭户数量增长迅速、规模持续缩减、结构趋于简化，夫妇核心家庭和二代标准核心家庭分别是升幅最大和降幅最大的家庭类型，尽管核心家庭仍是中国家庭的主要形式，但随着单身户大量增加和扩展家庭维持较大比重，已呈现"核心户为主、单身户与扩展户为辅"的格局。③ 杨菊华、何炤华对中国社会转型过程中家庭结构的变动趋势和特点概括为"四化"：家庭规模小型化、家庭代数减少化、家庭形式稳定化、居住安排多样化。其中，居住安排的多样化已导致传统的家庭形态难以概况中国当前的家庭类型，具体表现为三个方面：一是因婚姻解体或不婚所致的单亲家庭在全部家庭中的比例稳步上升；二是重组家庭稳步上升；三是不完整的流动家庭与留守家庭在全部家庭中的比例持续高位，隔代家庭、空巢家庭比例持续攀升。④

人口的老龄化对家庭结构的影响是讨论最多的议题之一。研究者认为，随着人口老龄化的加速，独居和空巢的老年人家庭增多，是构成家庭小型化的重要力量。第六次人口普查资料分析显示，纯老家庭户（家庭成员均为 65 岁及以上老人）在 2010 年约有 3 000 万户，传统中少见的 3 人及以上的纯老家庭户（年轻老人与自己的父母辈同住，老人与配偶、兄弟姐妹及其他同辈同住等）也在不断增多，且主要集中在农村。与 2000 年相比，扩展家庭户中的老年人数量有所减少，而在单身户和夫妇核心户中的比例则大增，老年人单独居住的比例城乡都呈上升趋势。⑤ 章英华、于若蓉对 2004 年在上海、浙江、福建的抽样调查数据分析结果显示，60 岁以上的老年人中大约有 50%与已婚子或女同住。⑥ 王跃生对"六普"资料的分析发现，2010 年中国 65 岁及以上老年人在直

---

① 王跃生. 当代中国家庭结构变动分析[J]，中国社会科学，2006，(1).

② 王跃生. 中国城乡家庭结构变动分析——基于 2010 年人口普查数据[J]. 中国社会科学，2013，(12).

③ 胡湛，彭希哲. 中国当代家庭户变动的趋势分析——基于人口普查数据的考察[J]. 社会学研究，2014，(3).

④ 杨菊华，何炤华. 社会转型过程中家庭的变迁与延续[J]. 人口研究，2014，(2).

⑤ 胡湛，彭希哲. 中国当代家庭户变动的趋势分析——基于人口普查数据的考察[J]. 社会学研究，2014，(3).

⑥ 章英华，于若蓉. 家庭结构的持续与变迁——海峡两岸老年人居住安排的比较[J]，社会学研究，2014，(3).

系家庭生活的比例第一次降至50%以下(49.9%),老年人独居、夫妇核心家庭的比例超过三成,这对中国家庭结构来说是一个重要转折。①

一些研究强调中国家庭结构的变迁符合现代化理论的预期。比如,2008年李银河主持的"中国五城市家庭调查"结果显示:核心家庭依然占主导,夫妇家庭上升,主干家庭下降,联合家庭近于消失。② 杨善华基于对城市抽样调查数据的分析指出,所谓家庭"小型化"包含两层意思:一是家庭结构简单化,即核心家庭、夫妻家庭及单亲家庭所占比例日益增长,在联合家庭趋于消失的前提下,主干家庭(三代家庭)的比例逐渐下降;二是在每种家庭结构中,其家庭人口容量都向组成这种家庭结构所需的最低限度的人口接近。③ 许琪使用中国家庭动态跟踪调查2010年的初访数据研究了从妻居的影响因素,研究的地区比较、城乡比较,以及夫妇教育程度的研究结果都有力地支持了现代化理论。因此,该文认为,随着经济的高速发展、教育的迅速普及和城市化水平的进一步提高,社会的现代化将给未来的中国家庭的居住方式带来根本性的改变,不仅已婚夫妇与父母同住的比例会降低,从夫居和从妻居的差异也会缩小。④

另外一些学者则更关注三代主干家庭的稳定性。黄宗智认为,与现代化理论强调的"核心化"趋势相比,在全球比较视野下,真正应该引起注意的是三代家庭的延续。中国家庭赡养父母的功能,即"反哺"行为不仅依然在民间保持着,而且其做法受到法律制度的保护。这表明中国家庭的发展方向与西方国家有重要不同。⑤ 王跃生对历次普查数据的分析,1982—2010年30年间,中国三代直系家庭的比例非常稳定,占全部家庭类型的16%以上,在直系家庭中的比例均超过70%。城市中三代直系家庭比例有所下降,但农村三代直系家庭比例上升。三代直系家庭在中国之所以具有顽强的生命力,主要原因在于代际间存在"合作生活的优势和基础"和"公共经济利益":一是独子家庭增多,以往多子家庭的利益纠葛大大降低;二是在社会转型时期,青年子代离家

① 王跃生.中国城乡老年人居住的家庭类型研究——基于第六次人口普查数据的分析[J].中国人口科学,2014,(1).

② 马春华,李银河等.中国城市家庭变迁的趋势和最新发现[J].社会学研究,2011,(2).

③ 杨善华.中国当代城市家庭变迁与家庭凝聚力[J].北京大学学报(哲学社会科学版)[J].2011,(2).

④ 许琪.探索从妻居——现代化、人口转变和现实需求的影响[J].人口与经济,2013,(6).

⑤ 黄宗智.中国的现代家庭:来自经济史和法律史的视角[J].开放时代,2011,(5).

非农就业成为主导，婚后特别是生育后与父母同居，日常生活和家务多由其料理，子代从中“受益”明显。[①]

二、家庭结构的策略性视角

随着居住方式的多样化，一部分学者越来越强调家庭结构的情境性和策略性，文化规范对家庭的约束具有选择性。章英华、于若蓉对台湾和大陆的比较研究认为，无配偶的老年人与已婚子女同住的倾向更强，人们对独居父母有着较强的照顾义务，说明父系传统文化仍具有社会规范力。在父母与已婚子女同住方面，大陆的数据结果更符合资源和需求解释，也就是说，成年子女与父母同住是一种策略，并非由文化规范所决定。即在大陆东南沿海，老年父母是否与子女同住，较受到个人资源的多寡与需求的影响。比如，在公部门工作的父母较不可能与已婚子女同住，而农户家庭的父母与已婚子女同住的倾向较强。但在台湾，地区文化规范的意涵则更大，因为父母与子女同住在台湾比大陆东南沿海更为普遍，且在农村与都市无显著差异。[②] 对已婚独生子女与父母的居住安排发现，虽然从夫居依然为主，但也出现了夫妻之间从妻居、父子之间从子居、双方父母之间从独居等新的居住安排形式，这种居住安排与理性选择理论相一致，意味着新生家庭会根据现实需要作出相机选择。[③]

杨菊华与何炤华认为，从长远来看，现代化进程终将弱化代际之间的联系和互动互惠，中国目前主干家庭的比例仍保持稳定主要原因在于，中国的现代化历程是一个高度浓缩的急促过程，得以动摇家庭观念的社会福利和公共资源尚未得到有效准备，传统的家庭观念尚未受到本质性的消解。换言之，家庭的延续性折射出的是，在经济发展水平偏低、社会公共福利和公共服务不足的情景下，家庭的一种策略性选择。家庭功能的部分外化或多主体化倾向既是现代化的必然结果，也是家庭、国家、社会三者协调冲突及相互博弈的结果，还是家庭代际之间的交换实践、互动策略和理性选择的结果。代际之间在经济

---

① 王跃生. 三代直系家庭最新变动分析——以2010年中国人口普查数据为基础[J]. 人口研究，2014,(1).

② 章英华，于若蓉. 家庭结构的持续与变迁——海峡两岸老年人居住安排的比较[J]，社会学研究，2014,(3).

③ 丁仁船，吴瑞君. 已婚独生子女家庭人口与居住安排关系研究[J]. 人口与发展，2012,(5).

和非经济方面依旧相互依存,资源依旧互补和互惠。[①] 沈可等人考察了家庭结构对女性与男性劳动参与率及工作时间的影响及其机制,研究发现,多代同堂的家庭结构明显改善了女性的劳动参与率和工作时间,但没有显著改善男性的劳动参与。近 20 年来多代同堂家庭比例的下降对女性的劳动参与构成了一股抑制力量,这为女性劳动参与率相对于男性劳动参与率更快速下降的现象提供了一种新的解释。[②] 这也从一个侧面呼应了主干家庭存在是因为代际间的利益互惠和策略性选择。

一些研究在策略性视角上走得更远,将家庭结构的分析单位落在家庭中的个体上,用个体化理论来解释传统文化规范的消解。姚俊通过对城市家庭的观察和访谈,认为"大家庭—小家庭"这种单一的家庭结构形态划分不再适用评判中国家庭的现代化程度的标准,提出从结构主义的决定论转向强调策略的实践论。他通过对"临时主干家庭"的观察分析,认为当前中国家庭结构出现了时空分离的现象,具体的家庭结构的形成反映出了满足个体需求、代际不平衡、女性主导以及"传统"与"现代"相融合的建构逻辑,是一种走向自我中心式家庭的变迁之路。[③] 沈奕斐在个体化理论的指导下,基于对上海城市家庭生活的体验和观察,提出"个体家庭"概念,强调个体以自我为中心,根据自己的需要来建构家庭结构和家庭关系,家庭服务于个体,而非个体服从于家庭。这种家庭结构不同于核心家庭、主干家庭那样确定的划分,而是多元、流动和不确定的,家庭模式本身具有可选择性。[④] 吴小英从个体化的视角分析了当前中国家庭主妇化的倾向,她认为,这是个体遭遇全球风险、家庭衰退和制度保障不足的种种不确定性而寻找自保的一种生活选择方式,是女性在多元和流动的选择中规避风险、追求"为自己而活"的人生逻辑。[⑤] 与阎云翔的理论相承,这些研究都强调,个体不再是为了延续家庭或家族的需要而存在,而是家庭不断变动以服务于个体的需要。作为文化规范的传统,早已失去了制约力

---

① 杨菊华,何炤华. 社会转型过程中家庭的变迁与延续[J]. 人口研究,2014,(2).

② 沈可,章元,鄢萍. 中国女性劳动参与率下降的新解释:家庭结构变迁的视角[J]. 人口研究,2012,(5).

③ 姚俊. "临时主干家庭":城市家庭结构的变动与策略化——基于 N 市个案资料的分析[J]. 青年研究,2012,(3).

④ 沈奕斐,个体家庭 iFamily:中国城市现代化进程中的个体、家庭与国家[M]. 上海三联书店,2013.

⑤ 吴小英. 主妇化的兴衰——来自个体化视角的阐释[J]. 南京社会科学,2014,(2).

量，只是个体可资利用的资源，作为“想象的共同体”发挥着塑造个体身份认同的作用。①

第二节　家庭关系研究

近年来，婚姻关系研究议题相对分散，关于离婚风险的量化研究在模型和数据使用上都更成熟，而流动人口的婚姻质量、《婚姻法》对婚姻关系的影响、婚姻观念的变迁等社会热点问题也引起学界的回应。与此相对，代际关系研究议题则相对集中，特别是成年子女与父母的代际互惠互动和对反馈模式的变迁研究，在近年取得了较多的成果。直接推动这一问题热议的背景主要在于人口老龄化引起的家庭养老可持续与否的问题迫在眉睫，同时，学者们也意识到，成年子女与父母拥有紧密的支持关系是中国家庭区别于西方家庭的最重要特征，是研究中国家庭制度变迁独特性的核心问题。

一、婚姻关系研究

婚姻的稳定性始终是婚姻关系研究的重点。自 2010 年以来，随着研究方法的改善、数据可及性的提高，量化的离婚研究取得了一定的成果。徐安琪改进了离婚风险模型的既有指标。她将西方离婚风险研究中的婚姻异质论、互动论、离婚成本分析、家庭压力论、文化规范论和替代选择假说的相关变量根据中国国情加以改进后纳入一个综合分析模型，以上海、兰州城乡 4 区域的概率抽样调查资料来检视离婚风险的影响机制。研究结果表明，对于中国的经验来说，双方在观念、性格、旨趣、生活习惯、消费意向/习惯、子女教育和处理亲属关系等方面的协调性比西方文献中使用的双方年龄、教育、宗教和种族等人口特征指标在说明异质性方面更有解释力。② 孙晓娟等人通过与美国、日本、澳大利亚离婚率比较发现，中国离婚率较低但是有加速上涨的趋势；通过协整分析、格兰杰(Granger)因果检验发现离婚率与城市化率之间具有长期依存关系，城市化率是离婚率的单向格兰杰原因，城市化率与离婚率短期内不存

---

① 阎云翔. 导论：自相矛盾的个体形象，纷争不已的个体化进程. 载［挪威］贺美德，鲁纳编著. “自我”中国——现代中国社会中个体的崛起[M]. 许烨芳等译，上海译文出版社，2011.

② 徐安琪. 离婚风险的影响机制——一个综合解释模型探讨[J]. 社会学研究，2012，(2).

在因果关系。①

2010年中国家庭动态跟踪调查(CFPS)的数据公开,极大地推动了我国家庭领域的量化研究。许琪等人分析了子女因素对离婚风险的影响研究发现,婚前生育不利于婚姻的稳定,生育子女数量多对婚姻稳定有利但边际效应递减,子女的年龄小对婚姻稳定有保护作用,有男孩的夫妇离婚的风险更低。此研究还发现子女因素对离婚风险的影响在城乡之间有显著的不同:农村地区子女对婚姻的保护作用比城市更强,有男孩的夫妇婚姻更稳定。既有的离婚影响因素研究运用不同的数据分别涉及子女数量、年龄以及性别对婚姻稳定性的影响。② 李建新、王小龙建立离散时间 Logit 模型,分析当今中国社会女性初婚年龄及婚龄匹配对婚姻稳定的影响作用。研究结果显示,女性初婚年龄对婚姻稳定的影响效应呈"U"型模式;夫妻不同婚配年龄也对婚姻稳定产生不同影响。同时,女性初婚年龄与夫妻婚配年龄对婚姻稳定的影响存在着城乡差异。③

随着我国流动人口数量的上升,流动和半流动家庭关系问题受到越来越多的关注,尤其是半流动家庭。金一虹的研究发现,多数流动家庭在家本位的价值观念下,通过一系列适应、维系、修复性行为,顽强地维系着家庭基本功能,使其在离散中呈现弥合效应。在体制约束、市场主导和父系父权自身延续的需要三重力量的交互作用下,父权制家庭在解构中得以延续和重建。④ 流动人口的婚姻稳定性受到关注。罗小峰的研究发现,"共有一个家"的观念让农民工夫妻采取各种策略能动地维系彼此关系,克服时空隔离所带来的交流障碍,促进了夫妻关系的稳定,维护了家庭的完整。⑤ 杨啸发现,频繁地域流动和职业流动加剧了半流动家庭夫妻双方观念上传统与现代的二元性差异的产生,不利于夫妻双方婚姻稳定性发展。⑥ 杨哲、王茂福基于 CHIPS 2007 流动

---

① 孙晓娟,陈维涛,赵东红.中国城市化进程与离婚率之间的实证分析[J].长春理工大学学报(社会科学版),2012,(3).

② 许琪,于健宁,邱泽奇.子女因素对离婚风险的影响[J].社会学研究,2013,(4).

③ 李建新,王小龙.初婚年龄、婚龄匹配与婚姻稳定——基于 CFPS 2010 年调查数据[J].社会科学,2014,(3).

④ 金一虹.离散中的弥合——农村流动家庭研究[J].江苏社会科学,2009,(2);金一虹.流动的父权:流动农民家庭的变迁[J].中国社会科学,2010,(4).

⑤ 罗小锋.时空伸延:半流动家庭中的夫妻关系维系策略[J].内蒙古农业大学学报(社会科学版),2011,(2).

⑥ 杨啸.社会流动对半流动家庭婚姻稳定性的影响研究[J].长沙大学学报,2012,(4).

人口数据，对农民工城市居住质量与婚姻稳定性关系进行了研究，发现居住质量显著影响婚姻关系：第一，农民工在城市居住使用面积越大，对其婚姻产生有利影响，但住房使用面积存在边际效应递减，农民工多数在城市租房或者居住单位宿舍，农民工城市住房产权不显著影响该群体婚姻稳定性；第二，农民工在城市居住中，同乡关系存在对其婚姻稳定性产生积极影响，随着农民工的饮水条件进一步改善、卫生设备提高以及取暖设备完善，该群体的婚姻稳定性也显著增强；第三，居住距离与居住房屋类型也对农民工婚姻稳定性产生显著影响，与居住非城区的农民工相比，居住在城区的农民工婚姻更加稳定，与居住平房农民工比，居住在楼房更加有利于农民工的婚姻和谐美满。①

一些研究从法律社会学的视角分析法律制度对婚姻关系的影响。比如，刘正强以一起乡村离婚诉讼案件为分析对象，深入剖析了法律的形式理性如何破坏中国乡村日常生活的伦理、道德和文化，从而揭示法律实践的内在张力。② 突兀的法律介入并不能使家庭直接受益，反而可能成为婚姻危机的导火索，使一系列家庭矛盾显性化。

2011 年《婚姻法》的“司法解释（三）”出台成为社会热议的议题，批评声音集中于保护强者而非弱者、对家庭婚姻价值观的冲击、将导致女性生育意愿降低等。学界对此反应也各持己见。一些学者认为，我国婚姻法的立法轨迹集中体现了政策制定者努力适应婚姻变迁的时代特征。《婚姻法》的“司法解释（三）”对财产分配的解释增加了离婚审判的可操作性，对女性生育权的确认也推进了妇女权益的保护。③ 另一方学者则指出“司法解释（三）”对家庭的负面作用，陈友华、祝西冰认为对夫妻房产的新规定，虽然能保护个人财产，防止以物质为目的的婚姻，也能提升公民个人权力本位，鼓励独立自主的婚姻，却是对中国传统财产分割惯例的挑战，撼动了中国大部分家庭的财产维系纽带，忽视家庭成员在家务及养儿育女方面所作出的非物质性贡献。④ 赵晓力更是尖锐地指出，从 2001 年的《婚姻法》开始，新中国婚姻法就开始了资本主义和个人主义化的价值转向和阶级转向，“司法解释（三）”的实质是把 2001 年《婚姻法》开始侵入家庭的资本主义意识形态进一步引入家庭房产领域，把“同居共

---

① 杨哲，王茂福．农民工城市居住质量与婚姻稳定性研究[J]．兰州学刊，2014，(7)．

② 刘正强．“甩干”机制：中国乡村司法的运行逻辑[J]．社会，2014，(5)．

③ 徐安琪．婚姻法新司法解释的正面效益[J]．社会观察，2011，(3)．

④ 陈友华，祝西冰．家庭发展视角下的中国婚姻法之实然与应然[J]．探索与争鸣，2012，(6)．

财”的家产制度转为个人财产制，破坏了中国既有的家庭伦理秩序，完成了资本主义对中国家庭的侵入。①

还有一些研究从价值观念层面聚焦婚姻关系的现状和变迁。“城乡比较视野下的家庭价值观变迁研究”课题组发表了一系列的成果，用实证资料回应了一系列媒体和大众热议的家庭道德和伦理问题，比如金钱至上、年轻人同居比例高、不婚、丁克、不重视婚姻等。通过数据的城乡比较、地区比较和国际比较，课题组研究发现，在家庭幸福观方面，研究结果并未证实多数人持快乐主义、物欲主义主宰的幸福观，而是更强调和谐团结和健康平安，只是家庭的经济背景较差者更多地认同幸福的经济安全要素，家庭生活也更少幸福感。② 青年人对终身婚姻失去信心和耐心的推测未被证实，婚姻的神圣性、持久性仍为大多数人所敬畏，终身婚姻仍是中国人的理想和期盼。③ 尽管青年人婚恋观念不断趋于开明，但结婚依然是年轻人的主导态度，在青年人眼里，同居比婚姻缺乏安全感从而难以被接受，与欧美国家相比，中国的年轻人较少接受多元化的婚姻模式。④ 与美国的调查数据结果相比，中国青年性态度总体上仍处于相对保守和谨慎的层次。美国青年对同居和同性婚姻相对较高的认同度源自个体主义文化的发展，而我国目前的两性关系还未脱离家庭制度的约束。⑤ 虽然在欧美国家，生育不再是婚姻的“必需品”，但丁克只是少数人的理想生育选择，中国夫妻终生未育的比例一直处于极低水平，丁克家庭规模没呈现逐渐扩大的趋势。⑥

二、交换阶段的代际支持失衡

转型期中国代际关系的特点到底是什么？关于代际支持是否失衡的研究不断推进，对此给予了一定的回答。车茂娟最早在 1990 年就指出城市家庭中存在老年父母倒贴成年子女的“逆反哺”现象。⑦ 进入 21 世纪后，城市“啃老”

---

① 赵晓力. 中国家庭资本主义化的号角[J]. 文化纵横，2011，(1).

② 徐安琪. 家庭幸福：金钱愈加重要了吗——一项关于家庭幸福观的经验研究[J]. 社会科学研究，2011，(1).

③ 徐安琪. 白头偕老：新世纪的神话？——终身婚姻态度的代际比较研究[J]. 青年研究，2010，(4).

④ 薛亚利. 结婚还是不结婚？——青年人对不婚的态度及代际比较[J]. 当代青年研究，2011，(8).

⑤ 刘汶蓉. 中美两国青年性观念及趋势比较[J]. 当代青年研究，2011，(9).

⑥ 张亮. “丁克”家庭：青年人的时尚？——一项国际比较研究[J]. 青年研究，2012，(5).

⑦ 车茂娟. 中国家庭养育关系中的逆“反哺模式”[J]. 人口学刊，1990，(4).

现象、农村养老危机成为大众普遍关注的议题。郭于华、阎云翔、陈柏峰等人关于农村老年人生存状况恶化的个案研究尤为引人注目。在他们的分析中，农村老年人是当前中国社会价值转型的“受害者”。现代个体主义价值和经济理性严重侵蚀了中国家庭代际凝聚力，子女向父母恶性索取、不履行赡养义务的背后是现代化、市场化带来的世俗化和理性化价值的普及，以及农民价值世界的坍塌。① 有学者将这种失衡的、对老年人不公平的代际关系描述为“恩往下流”②和“眼泪向下流”，③暗示说代际互助是一种只有向下没有向上的单向支持。贺雪峰将传统乡土中国到1949年新中国成立再到改革开放，我国农村代际关系描述为从代际平衡—代际平等—代际失衡的过程。据他对中国农村的观察，他认为，与子代的个体理性化相对，亲代仍怀有宗教式的传宗接代愿望，由此造成了失衡的子女剥削父母的代际关系。当前老年人的不良生存状态会降低青年和中年父母对反哺的预期，从而降低他们无私为子女“操心”的打算，由此中国代际关系“抚育—反哺”的反馈模式将被打破而走向更理性、更少亲情的新型平衡关系。④

与此相对，大量基于抽样调查资料的研究却更多强调代际支持关系依然沿循“反馈模式”，成年子女与父母在日常照料、经济支持、情感慰藉等方面依然存在密切的互动，代际间的互惠合作性质并没有与传统社会相比发生根本性的变化，“中国的代际交往的基本模式没有改变，依然是以子女支持老人为主，老人帮助子女为辅”。⑤ 那么，与传统“抚育—赡养”反馈模式相比，当前中国家庭的反馈模式有什么新特点？刘汶蓉分析认为，在当前人口的预期寿命不断提高，老年人健康状况不断改善的背景下，父母在与子女支持关系中的

---

① 郭于华.代际关系中的公平逻辑及其变迁——对河北农村养老事件的分析[J].中国学术，2001,(4)；阎云翔，私人生活的变革：一个中国村庄里的爱情、家庭与亲密关系 1949—1999[M].上海书店出版社，2006；陈柏峰.代际关系变动与老年人自杀——对湖北京山农村的实证研究[J].社会学研究，2009,(4).

② 贺雪峰.农村代际关系论：兼论代际关系的价值基础[J].社会科学研究，2009,(5).

③ 刘桂莉.眼泪为什么往下流？——转型期家庭代际关系倾斜问题探析[J].南昌大学学报(人文社会科学版)，2005,(6).

④ 贺雪峰.农村家庭代际关系的变迁——从‘操心’说起[J].古今农业，2007,(4)；贺雪峰.农村代际关系论：兼论代际关系的价值基础[J].社会科学研究，2009,(5).

⑤ 杨菊华，李路路.代际互动与家庭凝聚力——东亚国家和地区比较研究[J].社会学研究，2009,(3)；谢桂华.老人的居住模式与子女的赡养行为[J].社会，2009,(5)；徐勤.农村老年人家庭代际交往调查[J].南京人口管理干部学院学报，2011,(1).

"可给予期"不断延长，也就是说，代际间的交换阶段延长，而这也是当代中国代际失衡产生的重要原因。抽样调查研究结果对代际失衡现象的"未发现"，主要是因为对老年人生活的抽样调查的样本多以代际关系的赡养阶段为分析对象，因为被访父母普遍年事高、给予能力很弱，特别如果是对农村养老的研究，结果则一定是子女"给予大于获得"，不可能观察到代际失衡的现象。她对上海和兰州两地的抽样调查数据分析，样本以低龄老人为主(年龄范围为 21—65 岁，60 岁以下的被访占 77%)，比较了被访分别作为亲代和作为子代与子女和父母之间在经济、劳务和情感三方面的互惠，结果证实了代际失衡现象的存在。主观指标和客观经济流向指标分析结果都表明，子代在代际关系中更多扮演"获得者"；主干家庭的代际支持重心向下倾斜，且农村家庭的资源倾斜更明显；亲代的给予和获得之间不平衡。① 宋健与戚晶晶从日常代际交流、住房和综合三个层面对城市已婚青年的啃老行为进行了分析。他们对黄石、保定、北京和西安 4 个城市的调查数据分析表明，已婚青年"啃老"现象确实存在，共计有 45.61%的已婚青年或多或少存在着"啃老"行为，其中"住房啃老"现象较严重，中小城市的青年人相比较大城市的已婚青年更容易"啃老"。回归分析显示，独生子女发生"啃老"的风险更大，流动青年比不流动的青年发生"啃老"的风险更低，但对父代的赡养可能性并未显著提高。② 这些研究改进了以往将成年子女与父母的关系统一视作赡养阶段进行论证的方法，在一定意义上证实了王跃生从理论上提出的"抚养—交换—赡养"模式。③ 当然，交换阶段在中国家庭代际关系反馈模式中的位置，目前学界还没有清晰阐释，现代青年相较于从前更晚独立，父母在交换阶段承受压力的时间拉长，对代际关系的反馈模式到底会产生怎样的影响，还有待进一步的观察和研究。

三、孝道伦理规范的变迁

与代际关系变迁相伴随的一个重要议题是家庭价值衰退和孝道伦理的变化。与 2010 年之前的研究强调孝道伦理衰落，甚至解体的趋势不同，2010 年

---

① 刘汶蓉. 反馈模式的延续与变迁：一项关于当代家庭代际支持失衡的再研究[M]. 上海社会科学院出版社，2012，第 12—13 页、139—141 页.

② 宋健，戚晶晶. "啃老"：事实还是偏见——基于中国 4 城市青年调查数据的实证分析[J]. 人口与发展，2011，(5).

③ 王跃生. 中国家庭代际关系的理论分析[J]. 人口研究，2008，(4).

之后出现了很多更细致探讨孝道伦理层次和伦理规范重构、变迁的研究。

贺美德、庞翠明在陕西和福建两省的农村所作的田野调查发现，虽然年轻人的个体主义观念上升，但并没有抛弃家庭责任，在赡养老人甚至支持兄弟姐妹方面显示出强烈的个人责任感。在中国的个体化背景下，农村青年人努力在获得个人自由、自主和履行家庭责任之间寻求平衡。① 黄娟 2007 年对河南省中南部古寨村的研究显示孝道依然在农村社区中不断得以再生产。虽然黄娟也观察到代际互惠在两代人之间的不对称，但她更强调当前农村子女外出打工强化了代际间的依赖，使得家庭关系更和睦；无论是亲代还是子代都对生育有强烈的偏好，其背后是一种通过第三代来补偿两代人之间的不平等互惠的潜在逻辑，这种传统孝道得以传承的神圣之物并未消失；虽然商品经济对人情社会有所冲击，但人情逻辑依然高于金钱逻辑，传统孝道在对"做人"逻辑的践行中得以再生产。② 刘汶蓉以兰州和上海的抽样调查数据为基础，分析了成年子女对孝观念四个层次的认同状况，从文化以外在社区压力和内在价值观驱动的两种形式制约行动的假设出发，考察了孝文化对父母的经济、家事和情感支持行为，以及在与父母支持关系中的比较角色中的影响作用。研究表明，青年人的"善事父母"的核心孝道观念并未呈衰落状态。孝文化的社区压力假设基本得到证实，而内在价值驱动的影响很有限，主要体现在对父母的情感支持上。当前城乡代际失衡的现象并不能简单归因为价值观上的"孝道衰落"，而更多的是社会结构性压力在家庭中的呈现和青年人普遍的社会压力向父母的转嫁。老年人的利益受损并不是因为家庭价值解体，而是因为虽然子代掌握家庭资源，但"合作社模式"的延续。正是基于代际间的物质依赖关系不变，家庭依然主要体现为满足经济需求的合作社模式，对老年人利益的压缩具有了合法性。在家庭成员都认可存在家庭整体利益的前提下，将更多资源投入到年轻一代成为最符合家庭未来利益的家庭策略。而按照资源分配中的帕累托最优原则，子女会利用最低的成本满足父母对代际支持的需求，从而达到个人和家庭整体福利的最大化。③

代际文化价值观方面的变迁体现在什么方面呢？康岚通过分析两代人在

① 贺美德，庞翠明. 个人选择的理想化：中国农村青年眼中的工作、爱情和家庭. 载[挪威] 贺美德、鲁纳编著. "自我"中国——现代中国社会中个体的崛起[M]. 许烨芳等译，上海译文出版社，2011.

② 黄娟. 社区孝道的再生产：话语与实践[M]. 社会科学文献出版社，2011.

③ 刘汶蓉. 反馈模式的延续与变迁：一项关于当代家庭代际支持失衡的再研究[M]. 上海社会科学院出版社，2012，第 88—89、144—146、190—193 页.

家庭主义认同的不同维度上的代差与代同后发现，青年人对于家庭主义的认同是有选择的，这种选择导致青年人身上出现了以家庭价值的稳固和个体意识的崛起为双重特征的“新家庭主义”，青年人更多地强调家庭利益与个人利益的平衡，这有别于父辈认同家庭利益高于个人利益的传统“家庭主义”。① 刘汶蓉的研究也认为，当代中国家庭亲代与子代之间依然保持着较强的团结意愿，赡养父母的责任意识也依然较强。但同时，孝文化中的情感因素上升、威权关系下降，代际生活安排上的选择性意识增强，是一种带有较强个体主义价值观特征的家庭主义观念。② 徐安琪基于兰州和上海的家庭价值观调查资料分析认为，转型中的中国社会的价值观正从传统社会的家族主义转向“家庭集体主义”，家庭成员的相互依存多于个体的独立自主、家庭的整体利益仍高于个人利益、家庭价值重于个人发展价值，这些观念特征显然区别于欧美现代社会和后现代社会的个体主义价值观。在此基础上，她进一步提出，目前一些学者将家庭价值观进行传统、现代的二分法分析过于笼统，不能准确描述中国家庭价值观变迁的复杂图景，因此，她将家庭价值观分为核心价值观和一般价值观。核心价值观，如和谐团结是家庭幸福的首要因素，敬老爱幼、相互扶助以及终身婚姻观等仍获得普遍认同。而那些一般价值观，在传统社会备受推崇甚至被定型化的观念，如性别观、婚育观、性观念方面，则随年代的变迁发生分化并日渐多元化。③

在生活实践层面，孝道伦理是如何发生变迁的？李琬予等人的研究值得关注。他们以访谈和实验的方法，通过研究城市中年子女对居家养老和机构养老的选择，呈现生活世界中个体在面临赡养困境时如何调整自己的孝行水平和孝道观念。④ 这一研究深描了权变的孝道观念（机构养老）在个体层面如何被接受的社会心理过程。通过分析行动主体在选择低于理想水平的孝行时，通过补偿视角和获益视角的努力获得“心理平衡”和“代际互惠平衡”的过程，展现了孝道观念在社会层面发生变迁的可能，建立了微观通向宏观的桥梁。

---

① 康岚.代差与代同：新家庭主义价值的兴起[J].青年研究，2012，(3).

② 刘汶蓉.当代家庭代际支持观念与群体差异——兼论反馈模式的文化基础变迁[J].当代青年研究，2013，(3).

③ 徐安琪.家庭价值观的变迁特征探析[J].中州学刊，2013，(4).

④ 李琬予，寇彧，李贞.城市中年子女赡养的孝道行为标准与观念[J].社会学研究，2014，(3).

第三节　讨论与展望

在现代化理论的框架下，探讨中国家庭结构和关系的传统性、现代性表征，是家庭社会学研究领域最经典和绵长的议题。从近5年的研究状况来看，在实证研究的不断推进下，研究者的理论反思也不断深入。虽然现代化理论仍是最重要的参照框架，但越来越多的学者开始突破简单的"传统—现代"二元对立，尝试着寻找现代性以外的，影响中国家庭结构和家庭关系发展的因素。虽然适合中国家庭发展经验的整体性理论框架远未形成，解释各种经验事实的理论视角也还存在分歧，但新近出现的一些提议和研究视角，有助于理解中国家庭变迁进程所呈现出的复杂性、多样性甚至矛盾性，值得进一步深入探讨。

一、代际关系研究中的情感转向

以往的学者在研究中国家庭代际关系时，主要强调的是物质支持和香火延续，很少对两代人的情感需求进行研究。但近年来，研究者越来越注意到代际关系的情感化倾向。康岚对城市父母的话语分析发现，城市中大多数父母给予子女大量的经济和劳务支持，并不求物质上的回报，但对子女显亲和悦亲的孝道期望较高，伴随着中国社会的现代转型，城市家庭的孝道标准已由"顺从"向"尊重"演化，从而使亲子间的互动模式由"奉养无违"转变为"亲密有间"。① 刘汶蓉的研究也发现，代际间的情感支持对代际关系的满意度的影响大于经济支持和日常劳务支持，父母在经济和劳务上的付出与获得的不平等，通过情感支持获得的不平等感，最终影响了对代际关系满意度的评价。而这种情感获得的不满意是亲代感慨"孝道衰落"的重要根源。② 袁小波对长期照料的家庭关系研究显示，除了孝道伦理和养老责任之外，代际亲情对照料动机具有强化作用，是维系家庭照料关系的重要力量。③

---

① 康岚.反馈模式的变迁：转型期城市亲子关系研究[M].上海社会科学院出版社，2012，第196—197页.

② 刘汶蓉.反馈模式的延续与变迁：一项关于当代家庭代际支持失衡的再研究[M].上海社会科学院出版社，2012，第148页.

③ 袁小波.长期照料中的家庭关系及其对成年子女照料者的影响[J].兰州学刊，2013，(1).

除了肯定代际关系中情感因素的重要性之外，一些研究者还深入研究了情感在建构成年子女与父母互助关系中的角色。钟晓慧、何式凝通过 2010—2011 年对广州 22 个家庭作深度访谈后发现，城市父母积极主动帮子女购房是为了与成年子女建立“协商式的亲密关系”，即通过主动付出经济资源，父母获得了参与子女小家庭事务决策的机会，并以此来培养亲子间感情上的沟通、尊重和紧密联系。该文指出，在中国的代际亲密关系中，金钱和感情并非二元对立关系，是父母在获得自由后，为了规避个体化带来的风险而重新嵌入社会的一种努力。① 肖索未以 13 个北京城市家庭为案例，分析了城市家庭内部的“严母慈祖”的分工和权力格局，即年轻母亲处于权力中心的“育儿总管”，祖辈处于权力边缘的“帮忙者”。她将代际合作育儿的权力称为“亲密的权力”，指出在代际互助过程中亲密关系的建立是权力运作的重要前提，祖辈以放弃权力争夺的方式来维系代际间的互助和亲密情感。② 这两项研究扩展了西方家庭社会学对“亲密关系”的定义，反映了纵向的代际关系对中国人的家庭生活、自我认同和主体性建构的重要意义。将亲密关系引入对代际互助合作的研究中，有利于理解中国人在代际互动中有别于西方个体主义文化下的家庭成员的主体认识和诉求。在亲密关系和精神共同体的框架下，能更好地认识当前代际交换中的种种有别于传统孝道的关系，把握代际关系的走向。这种亲密关系与父母子女的一体化、精神共同体、类宗教的价值追求之间的关系，以及如何影响家庭成员在代际交换、互助合作中对公平、正义的诉求，仍是值得持续探讨的有趣问题。

二、国家力量对家庭结构和关系变迁的影响

为什么中国的传统家庭制度的变迁道路呈现出不同于现代化理论预期的特征？近年来，研究者开始寻找现代性之外的推动家庭结构和关系变迁的力量，反思国家力量在中国人的家庭生活变迁中所扮演的角色。按照现代化理论，人类社会组织的方式是随着经济发展的发达程度逐渐“去家庭化”的，但中国大陆家庭的结构变迁并未遵循此规律。章英华、于若蓉比较了大陆和台湾

---

① 钟晓慧，何式凝. 协商式亲密关系：独生子女父母对家庭关系和孝道的期待[J]，开放时代，2014，(1).

② 肖索未. “严母慈祖”：儿童抚育中的代际合作与权力关系[J]. 社会学研究，2014，(6).

地区的老年人和子女同住的情况，认为大陆的家庭结构之所以比台湾更少遵循传统文化规范，原因在于国家政策的力量深刻地介入了大陆的“去家庭化”道路。他们认为，虽然台湾经济非农化发展快于大陆，但与台湾相比，正是大陆在社会主义转型过程中，公部门直接介入职业的分配，导致大陆老年父母在公部门工作的比例较高，进而导致老年父母与已婚子女同住的比例较低。也就是说，因为强势政府政策，导致大陆在经济发展尚不及台湾地区的阶段，就更趋向非家庭的社会组织模式了，这是大陆社会主义转型、政府介入家庭职业安排的结果。①

还有一些学者从历史社会学的角度分析中国社会主义革命对家庭制度改造的后果。阎云翔在分析传统家庭制度在中国农村的终结时指出，集体化剥夺了村民的包括土地等各种生产资料在内的私有财产，从而结束了传统上通过继承而聚集家产的途径。他还指出，1949 年以后国家对传统孝道和祖先崇拜的持续批判导致父母权威的倒塌，“父母身份非神圣化”，“没有了传统宗族体制与宗教信念和仪式的支持，所谓父母之恩的观念开始被削弱，上下两代人的关系变得更加理性，更具自我利益的意识。结果父母再也没有天然的权利要求儿女报答养育之恩，两代人之间变成了一种日常生活中的交换关系”。②另一方面，学者也注意到国家自上而下的社会主义革命对家庭改造的不彻底性。陈映芳回溯了 1950 年的婚姻法和相关家庭政策指出，国家虽然确立了个体的婚姻自由权利，但却将抚养幼儿和赡养老人的责任理所当然地交给了家庭。在社会主义家庭价值观领域，国家试图打碎家庭和家族，解放个人，但家庭成员间被规定有无限连带责任，住房和消费等日常生活规则实行的都是家庭捆绑式的福利政策。③ 张婷婷在文章中指出，即使在对传统家族制度破坏最为激烈的社会主义集体化时期，国家不但对诸多传统家庭制度进行了妥协，甚至还间接地利用这些传统家庭伦理和家庭秩序作为国家政权建设在乡村社会的实践策略。村民在政治层面对国家的忠诚并没有彻底改变日常生活中对血

---

① 之所以老年父母在公部门工作者与子女同住的比例明显低于非政府部门工作者，原因除了他们有较佳的社会保障之外也是政府政策最直接的实践者（参见章英华、于若蓉. 家庭结构的持续与变迁——海峡两岸老年人居住安排的比较[J]. 社会学研究，2014，(3)）.

② 阎云翔. 私人生活的变革：一个中国村庄里的爱情、家庭与亲密关系（1949—1999）[M]. 上海书店出版社，2006，第 207 页.

③ 陈映芳. 国家与家庭、个人——城市中国的家庭制度（1949—1979）. 载季卫东主编. 交大法学（第一卷）[M]. 上海交通大学出版社，2010.

缘关系的认同。这在客观上导致了家庭角色的双重性建构。这种双重性建构在某种意义上昭示了强势国家下的家庭改造悖论，也表明西方家庭现代化理论在中国经验下存在解释困境。作为分析家庭制度演化的主要解释范式，家庭现代化理论主要的局限在于它存在某种线性思维的缺陷，即把家庭演化的可能走向比附于工业化、现代化的发展逻辑，而忽视了家庭自身对社会所具有的调适性和传统再生性，实际上，家庭具有回应社会变迁的能动性，这使得家庭制度演化路径有着更复杂、多样和曲折的面相。①

吴小英撰文直面了中国家庭政策到底是“家庭化”还是“去家化”这个敏感议题，明确地指出，家庭政策之所以难以发展是因为其背后存在着价值和主义选择的难题，国家、社会、市场、家庭、个人之间的关系到底该如何定位？国家到底该对家庭介入多一些还是少一些？给予福利该多一些还是少一些？家庭政策的制定对象和目标到底是应该以个人为单位还是以家庭整体为单位？国家公共政策中的“家庭”到底该如何定位？对这些问题的不同回答将直接影响家庭结构和关系的走向。吴小英从个体视角和性别视角提出，中国家庭政策的“家庭化”取向，应该是“家庭的主体化和多元化”取向。② 但显然，这是一个带有政治色彩的议题，国家会因为其发展目标的不同而有不同选择，也在一定意义上取决于不同时期社会力量与国家力量的博弈。

三、有待进一步弥合的断裂与延续

概括来说，家庭结构与关系的研究始终在两条路径中徘徊，一方面，强调家庭结构、传统以及依附于家庭之上的功能和资源，持这一视角的研究者强调家庭作为一种机构设置对个体的约束，研究聚焦于家庭结构本身的变化；另一方面，一些学者倾向于更具心理学色彩的观点，通过观察和理解每个个体在适应和应对家庭压力中，比如育儿、养老、购房的过程，如何与重要相关人的互动，聚焦于行动和诠释，凸显主体性的“自我”。从研究方法上看，以定量研究为代表的“延续派”，以全国性的或跨地区的大型抽样调查数据为分析对象，基本结论更倾向于中国家庭主义式的家庭结构、关系、功能和价值观念在现代化

---

① 张婷婷.新国家与旧家庭：集体化时期中国乡村家庭的改造[J].华东理工大学学报(社会科学版),2014,(3).

② 吴小英.家庭政策背后的主义之争[J].妇女研究论丛,2015,(2).

进程中得以延续。而以个案研究为代表的“裂变派”则更多地强调家庭结构的多元化、流动性，以及基于个体利益的策略性建构，在家庭关系方面则侧重于揭示家庭关系的紧张、矛盾、压力，和家庭内部的结构不平等。这两派的研究分析各自描述和解释了中国家庭的部分特征，但在理论上难以弥合，还未能形成分析当代中国家庭的理论框架。

2010年之后，随着六次人口普查资料的开发，以及全国性的抽样调查数据使用的公开化，中国家庭结构和关系的变迁趋势呈现得更加明晰。虽然研究者各自强调的重点仍有不同，对未来中国家庭结构的走向也存在不同看法，但对于中国家庭结构变迁道路上的“现代性”与“传统性”共存，基本达成共识。研究者意识到，对于中国的家庭结构和家庭关系来说，“传统—现代”的分析维度不足以说明中国家庭变迁的特征。中国城市居民的亲属关系有着自身的变化和发展逻辑，其与现代性因素之间并非简单线性或相互排斥的关系；亲属间的互助互惠等工具性行为，对于人们的现代性没有明确的正向或负向影响。① 但就目前研究状况来看，这些基于大型抽样调查的实证研究，在理论和研究假设上都未能突破现代化的理论框架，难以找到适合解释中国家庭经验的理论概念和框架。

另一些研究者尝试着突破“传统”与“现代”的二分框架，从情境性和家庭策略视角出发探讨家庭结构的具体建构过程，凸显家庭结构和关系的权宜性，打破了对文化规范/家庭制度的铁板一块的假设，对个体化理论的应用是一个显著的倾向。但就目前研究现状看，以个体化理论来解释中国当前家庭现状存在一个明显的难题，即中国家庭到底还有没有高于个体利益的家庭利益？这也是目前学界存在显著争议的焦点。如前所述，很多学者都强调中国家庭目前代际合作的共同利益基础，既包括经济利益共同体，也包括价值共同体。如果说个体化可以解释一部分家庭现象的话，但“家庭个体化”能否被概括为中国家庭的发展趋势还需深入商讨。事实上，即使是在全球化、后现代的背景下，即使家庭结构日益变得多元，家庭作为个人的庇护所，依然处于个人生活的中心位置，处于个体与更宏大的结构之间，调节着全球化、社区资源、政府政策对个人的影响。个体很少有脱离家庭的资源和情感依附关系来作决定的。

---

① 唐灿，陈午晴. 中国城市家庭的亲属关系——基于五城市家庭结构与家庭关系调查[J]. 江苏社会科学，2012，(2).

所以，家庭作为行动者(agent)，依然是分析社会的一个基本单元。

（刘汶蓉）

推荐阅读

1. 费孝通. 乡土中国生育制度[M]. 北京大学出版社，2002.

2. 刘汶蓉. 反馈模式的延续与变迁：一项关于当代家庭代际支持失衡的再研究[M]. 上海社会科学院出版社，2012.

3. 唐灿. 家庭现代化理论及其发展的回顾与评述[J]. 社会学研究，2010，(3).

4. 王跃生. 中国城乡家庭结构变动分析——基于2010年人口普查数据[J]. 中国社会科学，2013，(12).

5. 杨菊华，何炤华. 社会转型过程中家庭的变迁与延续[J]. 人口研究，2014，(2).

6. 阎云翔. 私人生活的变革：一个中国村庄里的爱情、家庭与亲密关系(1949—1999)[M]. 上海书店出版社，2006.

7. 章英华，于若蓉. 家庭结构的持续与变迁——海峡两岸老年人居住安排的比较[J]. 社会学研究，2014，(3).

思考题

1. 现代化理论对家庭变迁持有怎样的假设？

2. 中国家庭结构和家庭关系的变迁与现代化理论的假设有何异同？

3. 在中国的家庭结构和家庭关系变迁方面，经济发展、人口结构变化、国家的家庭政策各自扮演怎样的角色？

4. 家庭主义和个体主义在当代中国人的家庭生活中各自有什么呈现？

第四章
社会性别理论的本土化发展

社会性别理论是西方妇女运动的实践和女性主义理论发展的重要成果。20世纪90年代前后，社会性别理论开始进入中国学者的视野，并逐渐成为社会学研究中一个不可或缺的分析范式。

近5年(2010—2014)来，国内学者运用社会性别理论分析社会问题和女性问题的研究成果呈上升趋势。CNKI期刊全文数据库检索以“社会性别”为关键词的论文，2000—2004年为645篇，2005—2009年上升至1 837篇，2010—2014年继续上升至1 932篇，学科涉及社会学、人口学、法学、政治学、哲学、伦理学、经济学、人类学、心理学、历史学、体育学、文化、科学、艺术等诸多领域。此外，不少硕士和博士也以“社会性别”作为学位论文的研究选题，其中硕士论文258篇，博士论文27篇。在出版和教材方面，超星检索2010—2014年书名中含“性别”的书共有340部，其中社会学占14.4%，共49部；书名中含“女性主义”的85部，社会学占24.7%，共21部。这些论文和图书中不乏具有一定学术价值和社会效益的研究成果。

根据中国妇女/社会性别学科建设与发展的现状和需求，王金玲建立了包含8个一级指标、28个二级指标、88个三级指标在内的妇女/社会性别学评估指标体系，并以此为标准，对中国的妇女/社会性别学科进行了评估。[①] 此外，中国社会学年会每年都要举办以“社会性别”为主题的研讨会，内容包括：社会性别视野下的中国道路和社会发展(2010)；性别研究方法论探析(2011)；中国女性人才发展规律与政策研究(2012)；性别发

① 王金玲.中国的妇女/社会性别学评估指标及评估[J].中华女子学院学报，2014，(6).

展与美丽中国建设(2013);社会性别视角下的社会治理现代化(2014)。2010 年和 2011 年,国内心理学界也两次举办全国性别心理学学术研讨会,尝试运用社会性别的视角拓展心理学研究的空间。这些研究成果和研讨会的举办,都在一定程度上推进了社会性别理论在中国的创新和"本土化"发展。

目前,由社会性别理论所引发的观察、认识方法的变革,正从妇女/性别学向社会学等其他学科的理论深处及各个领域渗透。它不仅拓展了实证主义对于社会现象的前沿准则,也打破了研究者与研究对象之间的不对等权利关系。① 王金玲认为,中国的妇女/社会性别学已走过了"前学科"阶段,成为一门真正的、独立的学科,并在学科之林拥有了自己的一席之地"。② 源于西方的社会性别理论,正在"通过文化与制度的双轮驱动",③ 开展对知识体系的重新审视,并由此开创了反思知识合法性的新型批判模式,促进了科学批判领域、认识论以及女性主义自身等各领域理论发展的步伐。"尽管这仍是一门比较新颖的交叉学科,但是它所展现的批判力却丝毫不逊于引领社会政治变革的其他女性主义理论"。④

本章将在简单回顾社会性别理论的缘起、发展和特点的基础上,聚焦近年来社会性别理论在中国的演变和推进,对社会性别理论中最具争议的焦点问题和社会性别理论的新视角进行综述、提炼和展望。

第一节　社会性别理论的缘起、发展和特点

社会性别理论的形成与女性主义的发展密切相关。女性主义源于妇女解放运动,但作为一种主义,它在理论层面蕴含改变女性不平等地位的一种自觉意识。尽管这种自觉意识在早期的女权主义作品中都有不同程度的反映,但其中最具影响力的还是西蒙娜·德·波伏娃的《第二性》。波伏娃指出,由于

---

① 谭少薇等.性别觉醒——两岸三地社会性别研究[M].商务印书馆(香港)有限公司,2012,导言.

② 王金玲.中国的妇女/社会性别学评估指标及评估[J].中华女子学院学报,2014,(6).

③ 李慧英.性别刻板定型与"文化陷阱"[J].妇女研究论丛,2004,(3).

④ 周冏.近五年来女性主义认识论在中国的发展简述[J].妇女研究论丛,2013,(5).

男权文化剥夺了女人的主体地位，迫使女人不得不以“他者”的角色依附于男人。虽然《第二性》译成中文约有60万字，但全书主要证明了一个重要观点，即“女人不是天生的，而是社会塑造的”。[①] 这句话所包含的方法论价值，以其锐利的触角与思辨，指出了两性之间的所谓本质上的差异，不过是文化建构的后果。

自《第二性》之后，社会性别理论的产生，为女性主义学术研究开启了新的更为广阔的视野。不过，迄今为止，对“社会性别”的阐释并没有一个统一的定义：1.《英汉妇女与法律词汇释义》的解释是：“社会性别一词用来指由社会文化形成的对男女差异的理解，以及社会文化中形成的属于女性或男性的群体特征和行为方式。”2. 美国历史学家琼·瓦拉赫·斯科特(Joan Wallach Scott)的定义是：“基于可见的性别差异之上的社会关系的构成要素，是表示权利关系的一种基本方式。”[②]3. 美国人类学家盖尔·鲁宾(Gayle Rubin)的看法是：“作为初步的定义，一个社会的‘性，社会性别制度’是该社会将生物的性转化为人类活动的产品的一整套组织安排，这些转变的性需求在这套组织安排中得到满足。”[③]4. 仉乃华认为：“社会性别(gender)是相对于生理性别(sex)而言的，强调两性间的根本差异在于它的社会性。后者被看作是生理范畴，被用来表达男女之间由于基因、解剖及荷尔蒙分泌不同而造成的生理上的差异，而前者则是社会范畴，通常用来指作为一个男人或女人的社会含意，即由特定文化环境规定的被认为是适合其性别身份的性格特征及行为举止。”[④] 王政(1997)认为：“社会性别分析范畴的创立同女性主义在学术界的目标紧密相连，即对男性中心文化提出批判质疑，改造人类知识，最终达到改造社会的目的。”[⑤]

尽管学界对社会性别概念的理解还存有歧义，但无论在理论层面还是在实践层面，它作为一种新的政治、经济和社会文化的分析工具所带来的观察和

---

① [法]西蒙娜·德·波伏娃. 第二性[M]. 陶铁柱译，中国书籍出版社，1998，第309页. 原文是：“女人并不是生就的，而宁可说是逐渐形成的。在生理、心理或经济上，没有任何命运能决定人类女性在社会的表现形象。决定这种介于男性与阉人之间的、所谓具有女性气质的人的，是整个文明。”

② 谭兢常，信春鹰主编. 英汉妇女与法律词汇释义[M]. 中国对外翻译出版公司，1995，第145页.

③ 王政，杜芳琴主编. 社会性别研究选译[M]. 三联书店，1998，第3页.

④ 鲍晓兰. 西方女性主义研究评介[M]. 生活·读书·新知三联书店，1995，第217页.

⑤ 王政. 国外学者对中国妇女和社会性别研究的现状[J]. 山西师大学报(社会科学版)，1997，(4).

认识方法的变革,极大地推进了国际妇女运动的发展和妇女学理论的繁荣,并表现出如下鲜活的特点:

一、对女性自我意识的觉醒

1935年,人类学家玛格丽特·米德(Margaret Mead)曾经这样说道:"性别之间标准化了的人格差异也是由文化'监制'的。每一代男性或女性都要在文化机制的作用下,适应他们所处的社会文化环境。"①1966年,英国女性主义思想家朱丽叶·米切尔(Juliet Mitchell)在《妇女:最漫长的革命》(Women: the Longest Revolution)一文中指出:19世纪所有伟大的社会主义革命家都认识到妇女的从属性问题,并意识到她们自身解放的重要性,但后来或被忽视,或被遗忘。②

不少女性主义研究者发现,由男性革命家提出的解放妇女的意识,并不等于作为主体的女性自身的觉悟。而妇女解放运动的关键恰恰在于女性自我意识的觉醒。在1963年出版的《女性的奥秘》一书中,贝蒂·弗里丹(Betty Friedan)也对这一问题提出了十分鲜明的观点。她说:"我的基本论点是,对于当今妇女来说,那种不可名状问题的实质不在于性,而在于身份——在于女性之谜长期造成的对女性成长的阻碍,或女人对这种成长的逃避。"③

正是伴随着这种女性自我意识的觉醒和反思,20世纪70年代后,新女权运动在追求平等目标的同时,开始特别重视对男女不平等因素的分析以及男女权力架构的分析,强调社会文化、法律、教育和制度的改革。因为只有当大批妇女能够挣脱无形的囚笼,走出边缘汇入主流时,社会本身才会为她们提供一个有利于实现自我价值的社会环境。这些探讨为女性自我意识的觉醒提供了根本的概念转变与理论范式的转移。

二、对社会学理论的拓展

经典社会学与其他社会学理论一般不太关注两性的社会差异,无论是

---

① [美]玛格丽特·米德.三个原始部落的性别与气质[M].宋践等译,浙江人民出版社,1988,第266—227页.

② 李银河主编.妇女:最漫长的革命——当代西方女性主义理论精选[M].中国妇女出版社,2007,第2页.

③ [美]贝蒂·弗里丹.女性的奥秘[M].陶铁柱译,黑龙江教育出版社,1988,第70页.

马克斯·韦伯、埃米尔·杜尔凯姆还是格奥尔格·齐美尔等著名社会学家，他们更"关注的是宏大理论的建构、概念的解释和独特的研究方法的建立"。①

直到 20 世纪 60 年代以后，社会学家才开始把女性主义和社会学研究结合起来。有学者认为，这种结合"对于我们理解这个现实世界起到了一种彻底转变的作用"。② 20 世纪 70 年代，社会学研究中出现了"性别"这个概念。一些研究者试图就性和性别的社会学问题作前沿性研究，以此探讨阴性特质和阳刚特质是如何被社会建构而成的，或者说，社会环境是如何制造并塑造男女差异的。

1972 年，英国社会学家安·奥克利(Ann Oakley)发表了《性、性别与社会》(Sex, Gender and Society)，对性别(Sex)和社会性别(Gender)做了经典的区分；1975 年，盖尔·鲁宾(Gayle Rubin)发表了《女人交易：性的"政治经济学"初探》，试图通过与马克思和恩格斯、列维斯特劳斯以及弗洛伊德和拉康的对话来探讨世界范围内女性普遍受压迫的根源；1978 年，安·怀特赫德(Ann Whitehead)发表了《妇女在发展进程中的持续的从属性》，提出了性别与发展的理论框架。③ 这些学者不但认为研究妇女问题的视角应当从生物性差异转向社会性差别，而且提出妇女与发展的研究不能仅从妇女问题的视角入手，而应从男性和女性，特别是两者之间的关系入手。

这种关注个人如何受制于社会环境影响的视角，进一步将性别问题引向了对权力关系的深层思考。如米歇尔·福柯(Michel Foucault)的《性经验史》、琼·斯科特(Joan Scott)的《社会性别：一个有助于历史分析的范畴》、凯特·米利特(Kate Millett)的《性的政治》，都从"权力关系"在性经验的机制中运作的结果，发掘了社会道德规范和政治结构的形成过程，揭示了人的本质在性的异化过程中如何重新陷入另一种"权力控制"(性别制度)的不自由状态。20 世纪 80 年代末，琼·斯科特在其产生了重大影响的《社会性别：历史分析中一个有效的范畴》一文中指出："(社会)性别是代表权力关系的主要方式。换言之，(社会)性别是权力形成的源头和主要途径。(社会)性别不仅是权力

---

① 祝平燕，夏玉珍主编. 性别社会学[M]. 华中师范大学出版社，2007，第 1 页.

② [美] 乔治里泽. 女性主义和社会学[J]. 夏国美编译，社会，1989，(10).

③ 王毅平. 社会性别理论：男女平等新视角[J]. 东岳论丛，2001，(4).

形成的舞台”,“(社会)性别还是维护权力永久的方式”。[①]

由于建构主义的观点“太过强调社会结构形塑个人性别的威力”,而个人的能动性等未受到应有的关注,因此,对于性别是由社会结构所强加的这种观点的批评,也引出了各种观点的争论。诸如“是我们在扮演性别? 性别强加在我们身上? 或者性别扮演着我们?”[②]这种被延伸到更广泛视角的社会化理论表明,要了解性别,就不能只关注论述,而必须将生产、消费、制度及社会斗争考虑进来。[③] 在这方面,理安·艾斯勒从人类发展史的角度对女性所处不合理地位的剖析及其提出的“伙伴关系”理论,[④]对性别理论在社会学领域的拓展性思考提供了一种新的可能。

三、推动实践的革命性

在社会性别理论产生之前,性别差异及性别特征问题一直未引起社会足够的重视。社会性别理论的诞生,充分揭示了现实社会中由于性别差异而带来的具体政策的不公平。孔静晌指出:“实际上表面中立的政策,由于忽视了现实中的性别不平等,在执行过程中易于对某一性别尤其是对女性造成歧视。”[⑤]

由于社会性别理论对女性争取平等的实践具有很大的推动作用,因此,从反对男权文化对女性的压迫开始的妇女解放运动,又被称为“解放政治”,这是安东尼·吉登斯(Anthony Giddens)在解释晚期现代性转型时所使用的概念。在吉登斯看来,解放政治“指的是激进地卷入从不平等和奴役状态下解放出来的过程”。[⑥] “解放政治包含了两个主要的因素:一个是力图打破过去的枷锁,因而也是一种面向未来的改造态度;另一个是力图克服某些个人或群体支配另一些个人或群体的非合法性统治”。也就是说,“解放政治”是从剥削、不平

① 李银河主编.妇女:最漫长的革命——当代西方女性主义理论精选[M].中国妇女出版社,2007,第135—136页.

② Mary Holmes.性别社会学导论[M].谢明珊译,台湾.韦伯文化国际出版有限公司,2012,第74页.

③ [美]康奈尔 R. W.男性气质[M].柳莉,张文霞等译,社会科学文献出版社,2003.

④ [美]理安·艾斯勒.圣杯与剑:男女之间的战争[M].程志民译,社会科学文献出版社,1995;理安·艾斯勒.神圣的欢爱——性、神话与女性肉体的政治学[M].黄觉,黄棣光译,社会科学文献出版社,2009.

⑤ 孔静晌.社会性别与政治学[J].妇女理论研究,2004,(2).

⑥ [英]安东尼·吉登斯.现代性的后果[M].田禾译,译林出版社,2000.

等或压迫中解放出来的政治追求。[①] 对妇女解放运动来说，这是一段必要的历程。胡晓红认为："'解放政治'实质上是一种'他人'的政治学，也就是说它只有在区分了群体之后才具有一定的实质内容。"但这种解放政治也造成了"性别有无差异"和"男女对立"的多重困境，从而反过来向理论提出了更多的问题。如怎样"从以男女平等为目标的'解放政治'的理念转向以自我认同和自我实现为核心的'生活政治'的理念"。[②]

从"解放政治"到"生活政治"的转换，在理论的深层纠正了激进女性主义在反对男权压迫时简单将男人当作对立面的形而上学方法，将女性对性别平等的追求提到了一个更高的层面。周美珍认为：从两性的角度出发，也要看到男性角色在社会中的压力，这样才能"把我们从'谁压迫谁'的思维中拉出来，从更高更大的范围去看性别问题"。[③]

第二节　社会性别理论在中国的演变和推进

中国对于社会性别理论的了解始于1993年在天津举办的"妇女与发展"研讨班。在会上，当海外学者用"社会性别"来定义"gender"这个英文词汇时，引起与会者的强烈兴趣，并催生了中国学界女性主义研究的繁荣。20世纪末，国内学界不仅出现了大量研究女性主义的论文，还出现了一系列研究专著。在1989年问世的《浮出历史地表》[④]为代表的著作中，作者们以西方女性主义理论所张扬的女性意识为立场，对中国历史进行了重读，读出了很多令人触目惊心的事实。

不少学者认为，中国知识女性在反思自己的解放之路时发现，拥有平等法权的中国女性，其实并不具备相应的自觉意识。但中国妇女被解放的动力主要不是来自女性对自身社会角色的自觉，而是来自社会革命潮流的裹挟。赵稀方指出：从属于民族解放的女性，其独立地位的顺势获得，反而造成了女性

---

① ［英］安东尼·吉登斯.现代性与自我认同：现代晚期的自我与社会[M].赵旭东，方文译，生活·读书·新知三联书店，1998.

② 胡晓红.女性主义研究理念的现代转向[J].浙江学刊，2004，(2).

③ 周美珍.如何将社会性别意识纳入社会发展和决策主流？[J].社会，2004，(7).

④ 孟悦，戴锦华.浮出历史地表：妇女研究丛书[M].河南人民出版社，1989.

意识更为根本的丧失。① 从这个意义上看，中国的妇女解放表现了其特有的发展轨迹：平等权利获得在前，自觉意识产生于后。

女性的解放，不仅是物质的解放，更是精神的解放。如果说物质的解放主要是指女性获得政治、经济、生活等各项平等权利的基本保障，那么精神的解放主要就表现为女性社会角色的自觉。夏国美认为，缺乏这种自觉意识，不仅已有的权利可能得而复失，理想的追求也会迷失方向。20世纪末期中国改革开放后大量女性地位的失落和重新依附男权的回潮现象，已生动演绎了这一历史规律。②

不同的文化和制度，必然会演绎出不同的女性主义思想。中国的历史以自己的特色解读了社会性别理论的东方轨迹，其潜在的学术研究价值也越来越多地引起海内外学者的关注。杜洁指出，在中国，"如何在当今形势下，继续推进社会性别主流化，是社会性别与发展研究的一个重点"。③ 2014年5月，北京召开了"男女平等价值观的理论基础研讨会"，④这是以"男女平等价值观研究及相关理论探讨"为目的的研讨活动。会议将社会性别平等与社会主义核心价值观联系起来，总体追求其社会主义价值观、法律政策原则、社会关系特征三位一体的意义系统和法权、参与权、享有成果权"三位一体"的立体结构。

由于中国妇女在法律上已经获得了平等的基本保障，因此，社会性别理论在中国的本土化推进，主要表现在"女性研究者在研究中不再仅仅关注女性自身，而且关注女人作为社会人的存在与发展，关注其除女人之外的其他社会身份或背景，如阶级、阶层、民族、代际、社区等"⑤具体目标、理论原则的反思和比较视角的研究等方面。其中一些具有前沿性思考的话题包括：

一、以男女平等为目标的追求

丁娟认为：价值观的视角是一种"人类性别关系的总体视角"，即在全面考察了原始自然的平等、阶级社会的不平等和现代法律的人人平等历史进程

---

① 赵稀方.中国女性主义的困境[J].文艺争鸣，2001，(4).

② 夏国美.主义抑或信仰——对女性主义理论的反思[J].社会科学，2013，(5).

③ 杜洁.国际有关社会性别主流化的理论观点述评——基于《超越社会性别主流化》专辑的讨论[J].妇女研究论丛，2013，(6).

④ http://www.wsic.ac.cn/academicnews/85746.htm.

⑤ 付红梅.社会性别理论在中国的运用和发展[J].经济与社会发展，2006，(7).

后，将目标“建筑在更加进步与完善的社会主义制度以及日趋平等的社会性别分工的基础之上，是更高形态的性别平等类型”。① 通过对生理、社会与心理三个角度的审视，这种性别平等观提出：由于男女生理上的差异，决定了社会角色和分配关系上的差异具有不可避免的合理性，因此真正的平等目标应该建立在心理的层面上，即“尊重是平等的核心理念”。

以“平等的核心理念”为原则，追求现实中有差异的合理性。这种具有矛盾关系的逻辑，表现了中国实践进程中逐步接近目标的渐进性理论特点，它主要通过如下几个方面来具体展开：

一是从理论层面推动立法、司法和法律，要求政府及相关部门自觉遵守男女平等的宪法原则，为男女平等价值观的践行提供坚实的制度保障。陈苇、任丁提出：社会主义制度本身就是社会主义核心价值观的集中体现，也是社会主义核心价值观的倡导和践行过程，具有不可替代的强制性和普遍性作用。因此，性别和谐与男女平等价值观应在法律制度中得到充分体现。②

二是注重发挥大众传媒对于性别平等意识的传播作用。戴蓓芬等人主张：“性别平等意识的发展需要历史过程，”③要加大对媒体的引导、管理与监测力度，增强大众传媒的责任意识和能力，积极宣传社会主义核心价值观、马克思主义妇女理论、中国特色社会主义妇女解放思想以及与此相适应的男女平等观念，帮助公民树立公平正义、互相尊重、共谋发展的现代理念。

三是动员和引导全体公民努力践行国家的男女平等的价值观。杜芳琴指出：价值观的生命力在于实践，“通向学术女性主义与行动女性主义的联手推动了中国社会的积极变革”。④ 社会主义核心价值观包括男女平等价值观的培育和践行，是全社会的共同责任，应推动形成人人参与、人人践行的生动局面，使男女平等价值观不断转化为公民的思想意识和自觉行动。

二、以性别公正为原则的反思

随着社会性别理论在实践中的不断推进，性别平等与社会公正的关系也

---

① 丁娟. 男女平等价值观的概念解析及主流化[J]. 妇女研究论丛，2014，(3).

② 陈苇，任丁. 司法公正与性别平等——性别与法律研究网络 2013 年年会综述[J]. 中华女子学院学报，2013，(5).

③ 戴蓓芬等. 性别与哲学研讨会观点综述[J]. 妇女研究论丛，2014，(4).

④ 杜芳琴. 从研究到学科化并通向行动主义：中国妇女学 30 年反观与理论化[J]. 中华女子学院学报，2013，(2).

日益凸显。从性别视角出发,王新宇指出了当代权威平等理论对于性别平等问题所存在的不足。① 由于男女差别的存在,平等的结果并不一定公正,同样,公正的结果也不一定平等。玛萨·艾伯森·法曼(Martha Albertson Fineman)认为:“尽管争取性别平等、反对权力分配中的性别歧视已经40多年,但植根于社会、意识形态、制度结构包括法律中的性别依附和男性主宰的政治仍然存在。”②这里,从方法论的线索看,问题的根源无可否认地与性别差异相关。尹旦萍追问:“平等派与差异派在立论起点和现实出路上的矛盾,似乎使女性主义陷入两难困境:平等意味着女性主体身份的丧失,差异又以平等目标为代价,女性主义的出路在何方?在平等与差异的分野中,女性主义还有共同的理论基础和政治目标吗?平等派与差异派是截然对立的吗?”③

复杂的现实和理论的纠缠,使得一些研究者开始将注意力转向对性别公正原则的反思。杨霞指出:“性别公正的出场是社会历史发展的必然趋势,是在实践、质疑、反思新中国成立以来妇女解放运动理论的基础上,对男女平等内涵的发展与注释。构建先进性别文化的提出从理念上把性别公正作为核心的价值诉求,但是我国现阶段的性别文化发展现状决定了实现性别公正还有很长的路程要走,如理论层面上多种性别文化理论并存,大众文化领域尚未形成合力,政策法规中还存在很多不公正的方面。”④

三、不同文化背景中的比较研究

改革开放后西方学者了解中国的渠道迅速扩大,英美学者对中国妇女的研究也发生了明显的变化。⑤ 20世纪七八十年代,中国妇女地位的历史巨变以及从国家层面开展的妇女解放运动是西方学者关注的重点,不少著述都在探讨中国革命和中国妇女解放的关系,并倾向于把中国妇女作为一个整体来

---

① 王新宇.性别平等与社会公正:一种能力方法的诠释与解读[M].中国政法大学出版社,2014.

② [美]玛萨·艾伯森·法曼.经年之后,平等仍未实现——公民权、自主权与性别权利之辩[J].王新宇译,比较法研究,2013,(4).

③ 尹旦萍.平等还是差异?——西方女性主义理论发展的内在逻辑[J].云南民族大学学报(哲学社会科学版),2013,(3).

④ 杨霞.性别公正:先进性别文化的价值诉求[J].山西师大学报(社会科学版),2013,(2).

⑤ 王政.国外学者对中国妇女和社会性别研究的现状[J].山西师大学报(社会科学版),1997,(10).

谈。这些不同文化视角引起的争论①极大地推进了不同文化背景下女性解放的比较研究。到20世纪90年代,英美学者的著述则转向考察中国社会性别多样及多变的构成过程,社会性别话语的多种意义,它同国家、现代化、民族主义的关系,等等。各项研究也以表现妇女的能动作用为重点。②

进入21世纪以来,随着男女平等和性别公正对社会文化和经济发展的重要性的日益显现,管理机构中“女性参与”人数比例和层次水平的提升,尤其是变革型领导与领导有效性之间的正相关关系在全球得到普遍验证和认可,中西方学者通过女性主义的社会性别的视角和分析框架,针对不同性别角色的社会价值的比较研究也逐渐增多。如吴紫建等人通过实证研究发现,领导性别对变革型领导行为和领导有效性之间的正向关系具有调节作用,其中女性领导者的调节作用要强于男性领导者。③ 李琳、陈维政则通过对变革型领导的性别差异的研究回顾与展望,进一步指出:这种研究的兴趣不再主要局限于组织行为学领域,女性研究学者也开始加入。随着性别角色理论融入变革型领导研究,有关两极的性别角色和双性化的性别角色理论都在变革型领导性别差异研究中不同程度地得到了体现和运用。变革型领导的性别差异问题不但存在研究的现实意义,还具有广阔的发展前景。④

第三节 社会性别理论中最具争议的焦点问题

一、性别平等与性别差异

中西方学界对社会性别理论的反思,主要是从对“平等与差异”问题的讨论开始的。在西方,围绕该焦点展开的激烈争论贯穿于女性主义理论发展的整个过程,并构成了女性主义不同流派之间的分界线。这些从不同视角观照性别理论的讨论,对中国学者理解西方后现代思潮对传统认识论和研究范式

---

① 龙丹.西方女性主义理论建构的中国妇女——以朱丽娅·克里斯蒂娃为例[J].妇女研究论丛,2015,(1).

② 王政.国外学者对中国妇女和社会性别研究的现状[J].山西师大学报(社会科学版),1997,(10).

③ 吴紫建,唐贵伍,董轩.基于性别视角的变革型领导有效性分析[J].商业时代,2013,(18).

④ 李琳,陈维政.女性是更好的领导吗?——变革型领导的性别差异研究回顾与展望[J].妇女研究论丛,2014,(5).

可能带来的冲击,以及社会性别理论在现时中国语境中可能遭遇的困惑都具有启示意义。近几年来,国内学界围绕这一命题的理论反思主要集中在以下几个方面:

1. 对"解放"和"正义"理论的反思

对性别平等的追求最初是从女性解放运动开始的。1792 年,受法国革命启蒙思想的影响,玛丽·沃尔斯通克拉夫特(Mary Wollstonecraft)出版了《为女权辩护》,提出妇女应该享有平等权利的理论;1848 年 7 月,美国第一次妇女权利大会参照《独立宣言》产生了《观点宣言》(*Declaration of Sentiments*),宣布男女生来平等,都有追求自由、平等和幸福的权利。但是,随着女性解放运动的发展,女性主义思想家逐渐发现,抽象的自由和平等只会将女权运动引向抹杀性别差异的传统理论的误区;而承认性别差异又等于接受了社会文化给女性的现实枷锁。正如王淼所言,这种根据"自由"和"平等"理论进行的"解放政治",恰恰暴露了女性主义"理论上最严重的弱点和最深刻的矛盾"。①

由于在政治领域,正义是最重要的理论范畴。因此,在陷入"平等与差异"的悖论之后,女性主义便开始进入对正义理论的探讨。高景柱指出:"以约翰·罗尔斯等人为代表的自由主义正义观通常给人以一种普遍主义的印象。女性主义对罗尔斯的两个正义原则的论证方式、基本理念及其适用范围进行了批判,认为这种普遍主义是一种虚假的普遍主义,在其中性别正义是缺失的。性别正义缺失的根源在于自由主义内部的公共领域与私人领域之间的二分法,因此,为实现性别正义,必须超越这种二分法。"②

2. 对"人本"理论的反思

由于经典社会学的理论基础源于传统"抽象人本"的定义,因此这种"人本"没有性别差异的区分。韦伯和迪尔凯姆都不是以他们对"性"(sex)(目前所使用的"gender"一词,是他们当时所未曾听闻)的不平等之深刻理解而闻名天下,事实上,他们通常认为女性从属的社会角色是天生"注定"。③

正是由于社会文化塑造了性别差异,但在现实社会中却并没有具体的政策来改善女性的劣势地位,这样一来,就必然会造成具体政策上的不公平。孔

---

① 王淼. 后现代女性主义的起源、发展及对当代的影响[J]. 理论界,2007,(1).

② 高景柱. 女性主义政治哲学视野中的性别正义[J]. 妇女研究论丛,2012,(1).

③ Mary Holmes. 性别社会学导论[M]. 谢明珊译,台湾. 韦伯文化国际,2012,第 18 页.

静晌指出:"实际上表面中立的政策,由于忽视了现实中的性别不平等,在执行过程中易于对某一性别尤其是对女性造成歧视。"①目前,学术界对这个问题的争论和探讨已经延续了比较漫长的时日。朱晓佳针对苏珊·詹姆斯(Susan James)的人格"同一性"的分析发现:"女性特征的边缘化以及社会权力的丢失是由于人类把精神和肉体的关系相对立的结果。"因此,如何理解世界及自我的基本概念,例如存在、身份、对象关系和必然性等,②已成为社会性别理论争论的新焦点。

3. 对性别差异的反思

由于早期的女性主义通常以 18 世纪启蒙时代的思想家为起源,其最重要的理论主张并不关注对抽象人本的剖析,或者说是没有性别维度的,因此这必然会陷入无性别差异的陷阱,即女人只有按照男人的标准才能实现自我价值。与此同时,这种实现也是对女性价值的取消和否定。在对这种现象的反思中,女性主义对女性是否具有统一的本质以及从这种本质基础出发的政治运动的可能性提出了质疑。

2003 年以后,在西方"酷儿"理论影响下,中国学界也开始出现"女性主义的反本质主义"观点。这种理论借用对同性恋的分析,向本质主义进行了全面挑战。但与此同时,也有不少学者持相反意见。一些学者认为,本质问题的确很复杂,但正如人不能"因噎废食"一样,我们不能因为其复杂就干脆将它抛弃。

宋少鹏指出:"近代生物进化论传入中国,彻底改变了儒家人伦关系中的'人'观,建立起以生物为基础的'人'的观念。同为人类和男女类分——依据生物性(sex)分成两个性属——的观念同步建立起来。"在这个问题上作深入分析,确实无法回避这样的难题:"平等和差异是内在于生物人观的两种规范,它们作为女权运动的两种基本理据,近代却使女权运动陷入了两难困境:诉诸同类,希望成为和男人一样的人,就会落入男人已设定的标准;诉诸差异,做一个与男性不一样的女性,意味着成为男性的'她者'。"③

不过,最近几年,女性主义学者正在尝试破解这个难题。肖巍指出,女性主义认识论研究出现一个新的趋向——"女性主义自然化认识论"。它试图打

① 孔静晌. 社会性别与政治学[J]. 妇女理论研究,2004,(2).
② 朱晓佳. 一缕女性主义哲学之光——《女性主义哲学指南》评介[J]. 妇女研究论丛,2012,(6).
③ 宋少鹏. 平等和差异:近代性'别'观念双重特性的建构[J]. 妇女研究论丛,2012,(6).

破传统认识论关于“客观性”、“普遍性”、“规律性”和“中立性”的理论预设，超越描述性与规范性、事实与价值、经验与理性、经验与先验的二元对立，把人类的认识、知识和信念，以及真理和价值置于历史的、具体的和文化的情境之中。这一理论对于当代主流哲学中的“自然化认识论”以及女性主义认识论本身的发展进步都作出了独特贡献。①

4. 对社会性别与客观知识的反思

以男性立场和思维特点为基础的科学方法被描绘成人类的普遍真理，这在相当程度上排斥了女性的思维方法，压制了女性的本质。尤其是科学对自然的无序开发，自然生态遭到科学发展的破坏，将自然视为人类母体的生态女性主义更痛感科学的普遍真理性是对女性的一种压抑。郭艳君认为，当女性主义分析社会性别时，不仅遇到了对原先批判的“二元论”进行重新默认的自相矛盾问题，“使女性问题的研究陷入不可解决的矛盾之中”，更主要的是由最初的性别差异，如情感与理性的分界引出了主观和客观的对立，最后当科学抛出“客观性”原则来维护“理性”时，这种原则已经在根本上排斥了女性思维特征而维护了男性思维特征。②

由于现代科学已经取得了巨大的成就，但这一切都是与女性化的事物相对立的。因此，在瓦勒里·布赖森那里，科学的“客观性”被称为“男性偏见的遮羞布”。③ 在《理性的人》一书中，劳埃德这样批判道：“理性，尽管它披着性别自由的伪装，但它是彻头彻尾地男性的。”④此外，曹剑波也认为：“女性主义知识论不仅为女性主义消除男性中心主义的霸权、结束压迫妇女的社会实践提供了哲学依据，而且为批判与更新西方主流知识论提供了力量之源。”⑤

5. 对“两性关系”的反思

2010年第三期全国妇女地位调查数据的研究发现，“男主外，女主内”、“干得好不如嫁得好”等传统观念在中国社会依然得到相当一部分人的认同，而且认同率还呈现上升态势；在家庭领域，男性优先发展的理念仍有着集中体现，

① 肖巍. 女性主义自然化认识论的兴起[J]. 妇女研究论丛，2013，(5).

② 郭艳君. 女性主义理论困境的现代性文化反思[J]. 江海学刊，2012，(3).

③ 李银河主编. 妇女：最漫长的革命[M]. 中国妇女出版社，2007，第47页.

④ [美]艾米·埃伦. 性别权力和理性：女性主义和批判理论[J]. 周穗明译，国外社会科学，2012，(3).

⑤ 曹剑波. 女性主义知识论的政治性研究[J]. 厦门大学学报(哲学社会科学版)，2012，(4).

近六成的受访者同意“丈夫的发展比妻子的发展更重要”。刘爱玉和佟新指出，中国男女两性的性别观念处于传统与现代的过渡状态，但女性的性别观念总体上更趋现代，越年轻者性别观念越趋向于现代；男性的性别观念更偏传统，且在不同年龄群体间表现出高度的一致性与稳定性。① 这些研究在一定程度上证实，培育和践行男女平等价值观的目标依然任重道远。

丁娟认为：“与人类出现过三种性质的性别关系状况相适应，人类的性别价值观也不断与时俱进，呈现出由肯定到否定、再由否定到新的肯定的曲折发展过程。其中，每一种价值观都在一定的性别关系的基础上形成，并发挥着维系既定性别关系状况的特定作用，这正是价值观的魅力与作用之所在。”②然而，如何在实现女性平等价值的同时处理好与男性的伙伴关系，无论在理论上还是在实践中都需要深入研究。

二、性别平等与性别公正

在社会生活中，性别平等主要通过各种法律规范的“一视同仁”来保障，从这个视角看，性别平等这条线很容易划分，它就是没有性别歧视的法律法规；但有关保护妇女权益的法规，则又凸显了“一视同仁”的平等法规并不合理，妇女还需要特别的保护和照顾。这两种法律在法理上是存在矛盾的，这种矛盾造成了性别平等在实践过程中产生的令人困惑的问题。这些问题除了在司法仲裁领域引起了诸多歧义以外，在社会性别的理论领域，还引起了一系列基本概念的论辩，其中一个比较关键的议题，就是围绕着对“女性本质”的确认所产生的本质主义和反本质主义之争。

本质主义力图找到一种兼顾差异的普遍性的身份，从而使得女性群体内部多样化的差异能够统合在一种共同的概念之下，为差异丛生的女性群体寻找一条走向团结的路径。戴雪红在引用南茜·乔德罗（Nancy Chodorow）的“精神分析和社会性别”③以及卡罗尔·吉利根（Carol Gilligan）④等人的观点

---

① 刘爱玉，佟新．性别观念现状及其影响因素——基于第三期全国妇女地位调查[J]．中国社会科学，2014，(2)．

② 丁娟．男女平等价值观的概念解析及主流化[J]．妇女研究论丛，2014，(5)．

③ Nancy Chodorow. The Reproduction of Mothering: Pschoanalysis and the Sociology of Gender [M]. Berkeley, CA: The University of California Press, 1978.

④ [美]卡罗尔·吉利根．不同的声音：心理学理论与妇女发展[M]．肖巍译，中央编译出版社，1999．

时指出:“男人和女人根本上是不同的,自然本性和后天培养都不能解释这种差异性。这种研究方法被称为‘客体关系理论’(objectrelations theory)。乔德罗认为,女性寻求的是与他者相‘关联的生活’,而男性更重视‘独处的生活’,往往很难与他者甚至自己的家庭成员形成牢固的私人关系。”由于乔德罗认为“女性的自我意识与世界紧密相连,男性的自我意识则与世界分离”。因此,针对这个问题的争论后来进一步成为吉利根与科尔伯格对女性道德之不同看法的“关怀伦理之争”,并且“引发了本哈比与弗雷泽之间、本哈比与杨之间有关自我和他者、公平和正义等更为激烈的争论”。①

反本质主义的主要代表是后现代女性主义。反本质主义的目的是想解构女性身份,解构女性主体性,甚至解构女性概念本身;通过取消或者解构“男性”和“女性”、“同性恋”和“异性恋”这些概念,向传统的性别规范提出挑战。一些反本质主义者甚至认为,其实根本不存在绝对的、传统意义上的男人或女人,只存在着一个个具体的、活生生的在性行为与性倾向上均具有多元可能的人。法国女作家莫尼克·威蒂格(Monique Wittig)在1996年撰写的《生理性别范畴》(The Category of Sex)一文中提出:同性恋人群的存在,一方面说明人的生理性别和社会性别并不总是一致的;另一方面说明人的主体是一个复杂的、有机的、完整的整体,难以简单归类。因此,她呼吁人们应当对生理性别和社会性别进行全面的解构。②

针对性别平等与性别公正的争论,一些学者从社会建构论出发,对本质论二元对立的思维模式提出了质疑。周潇、范燕燕指出,本质论总是在寻求性别不平等的根源和女性受压迫的具体过程,陷入男权单线型思维的泥潭。根源论意味着社会发展是直线的,是从低级到高级的,这会使人误认为女性受压迫是历史和社会发展的必然。于是,社会建构论强调人的主体性,强调其主体性是社会建构的。女性主义应该颠覆的是整个社会制度体系和社会话语,而非男性。③

此外,从方法论的角度来看,学者们在“女人立场”的问题上也存在各种理

---

① 戴雪红.自我与他者的永恒辩证——当代西方女性主义伦理论争探究[J].妇女研究论丛,2013,(6).

② 许春荣.社会性别视域中的唯物主义女性主义——以法国为例[J].理论月刊,2011,(12).

③ 周潇,范燕燕.社会性别理论与现代知识女性的角色困惑[J].广西青年干部学院学报,2012,(6).

解上的偏颇。有学者认为，它是一种价值评判上对女人进行的偏袒；也有学者提出，作为方法论的女人立场仅仅是一种研究者的视角；还有人认为，选择女人立场应采取价值中立，以便获得真实的知识。针对这些不同观点，单凌寒提出："女性主义批判实证主义所追求的普遍的、客观的知识实际上是带有偏见的，这种偏见源于传统社会学本身便是社会统治机构的一部分，这种'身在其中'的处境使传统社会学失去了自我批判的能力；而由于公私领域的划分，被限制在私人领域的女人一直以来都被排斥在统治框架及组织之外。因此，女人立场又是一种'他者'的立场，具备自我批判的能力，可以产生更加没有偏见的知识。"①

在对男女平等与性别公正问题进行深刻反思之后，闵冬潮指出，性别公正的提出首先是对男女平等概念的挑战。一些人认为，男女平等理念有局限性，这种局限主要表现在男女平等的主张过于强调男女之间的等同、均等，因此，需要性别公正来解决这一问题。性别公正的提出反映了社会现实生活中"不公正"问题的增多，人们期待以"公正"的理论来解决这些问题。其次，这一讨论也反映了从20世纪80年代改革开放以来社会主义的男女平等理论和实践所面临的困境。最后，这也意味着在多元复杂的社会，用单一标准衡量男女平等所面临的困难，性别公正的理论转向恰恰反映了多元的诉求。但若用"性别公正"取代"性别平等"则又会产生另一种偏向。②

此外，宋建丽提出了一种"超越二元对立，在不同层次建构统一理论"的观点：在阶级和性别的双重视域中，在历史唯物主义的理论框架下，性别正义并非仅仅是基于男性和女性之性别机械划分基础之上的非此即彼的二元对立思维范畴内的公正诉求，也不应该仅仅止步于基于多元差异身份划分基础之上的碎片化的话语公正诉求，而应该是基于特定社会经济、政治关系之中，置身于特定的性别劳动分工框架之中的现实的"人"的公正诉求。也正是这种意义上的公正诉求才使得女性有可能既充分认识、尊重自身之差异性特征，又能够跳脱自身性别、身份的束缚，真正以一个真实的、有血有肉的、充满女性特质但同时又是一个大写的"人"来反观自身，反观两性之间的关系，反观世界。从此

① 单凌寒.关于中国女性社会学学科名称的几点思考[J].妇女研究论丛，2013，(6).

② 闵冬潮.平等的中断——反思20世纪90年代以来的男女平等与性别公正问题[J].南开学报(哲学社会科学版)，2013，(4).

理解出发,女性解放的步伐与人的解放的步伐是相一致的,全面而自由发展的人也必然是女性解放的最终目标。[①]

三、政策保障与女性地位

社会性别理论不仅是社会学研究中的一个重要分析范畴,同时也是对妇女工作的实践起着重要指导作用的核心观念体系。如何才能在制定公共政策、从事公共管理的活动中,深入理解性别问题的本质,把正义、平等、公正的价值观纳入性别构成的现实实践之中,是国内学界和媒体共同关注的一个焦点问题。围绕这个问题,讨论最多的就是性别上的"就业歧视"。一方面,国家虽有多部法律规定必须保障女性就业权益,但另一方面,一些用人单位往往还是因为性别原因而谢绝录用女性;用人单位对女性员工"一年内不得婚育"的规定、同工不同酬的岗位设置等现象也较多见。更令人担忧的是,近几年来,在社会反对就业歧视呼声渐高的情况下,就业过程中较为常见的公开歧视女性的现象开始转向"隐性化",用人单位差别待遇的形式也不断"翻新"。[②] 所以,尽管国家法律规定男女平等,但是原则上的保护妇女和实际上的歧视妇女,却构成了政策实施中的一系列矛盾。

种种迹象表明,如何在原则平等的前提下落实妇女权益保障政策,在实践中贯彻男女平等和公正的法律规范,已经成为当下中国妇女工作突出的重点和难点;如何运用社会性别理论来指导鲜活的实践活动,也成为学界需要不断探索和重点关注的研究课题。有一种观点认为,要摆脱这种矛盾的纠缠,恰恰不应当强化性别,而应该弱化性别。如蔡敏认为:"仅仅就女性而谈女性,往往只是限制了女性的视野,只能适得其反,局限了女性作为社会属性的人的发展、成长,也局限了社会对女性的了解。"[③]也有人认为,社会性别理论在强化了社会塑造性别的分析视角后,反而弱化了性别的自然视角,这就造成了现实中的性别错觉。潘锦棠指出,社会性别理论的弱点在于它轻视两性自然差异,否认男女自然差异在性别角色塑造中的重要性;在于它并没有告诉大家塑造社会性别的文化为什么如此塑造性别,究竟在什么地方塑造得不合理,在多大程

---

① 宋建丽. 在历史唯物主义视野下重新理解性别公正[J]. 妇女研究论丛,2014,(2).

② 袁汝婷. 新华网评:女性就业"隐性歧视"何时了[EB/OL]. http://news.xinhuanet.com/comments/2013-03/08/c_114951363.htm.

③ 蔡敏. 社会性别理论在传媒实践中的困惑[J]. 新闻记者,2010,(6).

度上不合理。因此，社会性别理论不是万能的，使用得当如入无人之境，反之则牛头不对马嘴。特别是对传媒人而言，它更主要的是一种方法论——一种新的学术理论支撑和一种新的观察视角，帮助他们透过现象，发现有关妇女问题背后被遮蔽了的、隐性的东西。①

第四节　社会性别理论的新视角

一、作为社会学分析方法的社会性别理论

谭少薇等人认为，性别研究为人文与社会科学带来崭新的视点，尤其为社会调查提供了方法论的新方向。② 随着社会性别理论本土化进程的发展，近年来国内一些社会学研究者在分析社会现象、社会规范、社会制度、权利关系和分层机制时，开始引入性别分析的方法。性别社会学作为一门独立的、有着自己的研究内容和研究方法的学科，目前也已经进入高校课程。该学科从社会整体性的角度揭示了性别在以人为核心建构起来的社会系统结构中的地位与功能的发挥。③

有学者认为，由于社会性别范畴的使用，不仅形成了与主流范式截然不同的本体论和认识论，更在分析方法上构成了对主流范式的反叛与挑战。苏云婷指出，为了构建性别敏感的方法论框架，并在此框架内展开对国际关系的性别研究，女性主义者超越后实证主义方法，建立了独特的女性主义方法。形成了三种重要的女性主义国际关系分析方法，即女性主义批判分析方法、女性主义文本分析方法和女性主义建构主义方法。④

尽管把性别当做一个分析域是新生事物，在正统的社会理论中尚无稳固的根基，但性别已经成为一个有效的分析范式。⑤ 吉登斯认为，社会学界目前基本上接受了性别的社会建构理念。性别几乎在所有的社会都是一种主要的

---

① 潘锦棠.我看“社会性别理论”及其流行[J].复印报刊资料(妇女研究)，2003，(1).

② 谭少薇等.性别觉醒——两岸三地社会性别研究[M].商务印书馆(香港)有限公司，2012，导言.

③ 祝平燕，夏玉珍.性别社会学[M].华中师范大学出版社，2007.

④ 苏云婷.女性主义世界秩序分析方法探究[J].妇女研究论丛，2013，(2).

⑤ 李银河.妇女：最漫长的革命[M].中国妇女出版社，2007，第120—140页.

社会分层形式。[①] 在阿伯特等人编写的《社会学导论：性别主义视角》中，也认为性别视角已经在社会学的不同领域展开实践。特别是在性和身体、认同与差异、视觉和文化社会学这些主题中，性别视角提供了重要的学术思想。在身体与疾病、家庭、工作、犯罪和生活史领域的研究中，性别视角也发挥了积极作用。但何祎金指出，仍有一些领域，性别视角还没有完全获得认可，如社会分层、政治社会学和社会学理论领域。此外，在中国30年的社会学学科史的研究成果中，并没有论及社会学史研究中的性别问题。因此，有必要将性别视角引入中国情境下的学科史书写讨论。[②]

作为社会学分析方法的社会性别理论，还会引出两种明显不同的研究立场：价值中立与女性立场。陈序认为："从社会学方法论的视角看，存在这两种立场对立的主要原因就是社会科学领域中实证主义方法论和反实证主义方法论的传统之争。"我们常常把价值中立与实证主义方法论紧密联系在一起，就是仿效自然科学，将客观性圭臬，以消灭主观偏见或者保持价值中立为原则，力主运用中性语言、不带价值判断地揭示社会现象和社会行为的规律。也就是说，"我们在进行研究的时候只能描述社会事实，不能评价其好坏。但是无数的事实已经证实无论是预测社会现象发展趋势还是解释性社会行动背后的原因，研究者都无法真正摆脱自身的知识系统和文化背景，做到完全价值中立"。例如"妇女回家"的口号就是立足于剩余劳动力的，以男性为中心的价值中立，其实质是维护男性的劳动权益；但从女性立场出发，稍有不慎，就容易导致主观化和绝对化的困境。为此作者认为："要全面、科学地研究这一领域就更要依赖于研究者研究能力的提高和研究方法的灵活转变。"[③]

二、社会文化的性别视角和全球视野

由于性别的内涵比国家、民族和阶级的内涵更宽泛，是一种涉及全体人类的基本关系，因此社会性别作为一种文化视角和分析方法，必然不会局限于女性的性别立场，而必然会向所有文化渗透，并向整个人类的性别平等主义发展。

---

① 安东尼·吉登斯. 社会学[M]. 赵旭动，齐心等译. 北京大学出版社，2003，第140页.

② 何祎金. 性别视角下的社会学史重构[J]. 妇女研究论丛，2014，(4).

③ 陈序. 从社会学方法论看"价值中立"与"女性立场"之争[J]. 社科纵横，2013，(6).

在东西方文化的比较研究中，有学者曾将两种文化的差异从性别视角加以区分。如法国女性主义者朱丽娅·克里斯蒂娃((Julia Kristeva)在1974年发表的《中国妇女》一书中，曾抓住母性和性别差异的主题，以中国家庭为横坐标，以中国历史为纵坐标，从政治、宗教和文学等各个方面作出以点带面的全景式分析，将中国社会看成是东方女性传统的体现。但是她的观点受到许多女性主义学者的质疑。批评者认为，克里斯蒂娃的观点存在两个方面的问题：

第一，遵从西方话语传统，想象了一个不符合现实的中国妇女形象，使之服务于其自身的理论建构。

第二，强调中国的阴性传统/母系传统，乃至把西方看成男性的自我，把中国看成女性的他者，复制了殖民主义话语的东西方二元对立逻辑。佳亚特里·斯皮瓦克(Gayatri C. Spivak)曾经犀利地指出，克里斯蒂娃的跨文化书写是"种族中心主义"。尚林枭也认为，克里斯蒂娃将中国社会融入自己的理论建构中，并将其与西方置于二元对立的地位，从而表述了自己对中国社会的推崇与对西方社会的反思与批判。然而克里斯蒂娃将中国社会"为我所用"的做法并不符合中国的实际。[①] 龙丹在引用周蕾《妇女与中国现代性》[②]一书的观点时指出："克里斯蒂娃把中国他者化、女性化，实际上重复了她试图颠覆的西方形而上学的男性中心主义。"[③]

当然，也有学者认为，这种性别视角的文化区分可以带来对比较研究的新的启示和全球视野。如安乐哲(Roger T. Ames)在对东西文化特点作性别视角的分析时指出："至少从表面上看，儒家和道家哲学的奠基者是用所谓的'女性语言'来表达他们的观点的。就儒道两家学说在中国哲学形成阶段广泛流行这一点来看，我们可以毫不过分地说，中国文化的发展染上了强烈的女性性别特征的色彩。"[④]

近年来，这种性别视角的文化比较正在引起更多学者的关注。戴蓓芬等人在介绍美国华裔学者阐释中国传统哲学思想中的"阴"、"阳"概念对当代女

---

① 尚林枭. 中国妇女中的女性主义理论建构及其批评[J]. 南昌教育学院学报，2014，(6).

② 周蕾. 妇女与中国现代性[M]. 上海三联书店，2008.

③ 龙丹. 西方女性主义理论建构的中国妇女——以朱丽娅·克里斯蒂娃为例[J]. 妇女研究论丛，2015，(1).

④ [美]安乐哲. 和而不同：比较哲学与中西会通[M]. 温海明译，北京大学出版社，2002，第162页.

性主义研究的理论意义时指出，在中国背景下研究性别问题，必须回归中国的原初概念中深入考察“阴”和“阳”的古典含义，不但结合理论与现实，同时更要结合西方性别问题与东方传统理论。这样才能建构一个符合中国传统又对当代中国现实具有适用性的性别概念框架。① 夏国美等人在《女性主义的东方之路》②中，则将马克思哲学中的“本体矛盾”方法和中国传统阴阳方法相结合，通过性别平等的辩证视角，确立了女性文化在人类历史上自主、自觉和自信的必然进程，系统阐述了性别文化从远古到未来的走向及其世界化的平等格局。

三、社会性别理论与马克思主义理想

社会性别理论近年来的另一个研究新视角是它与马克思主义理想产生的众多理论关联。

马克思主义妇女理论主要涉及三大领域：一是人类学领域。马克思恩格斯根据摩尔根对《古代社会》的研究（以《家庭、私有制和国家的起源》为代表），提出了私有制是导致“女性的具有世界历史意义的失败”的根源；③二是阶级斗争领域。在《共产党宣言》等著作中，马克思论述了妇女解放是无产阶级革命的一部分；三是人本领域。在《经济学哲学手稿》等文章中，马克思恩格斯反复论述了人本主义理想及关于人的全面解放，其中“妇女解放的程度是衡量普遍解放的天然尺度”，④构成了理想社会的重要组成部分。由于上述第一部分属于人类远古的历史，第三部分属于对未来的设想，因此马克思的理论对一、三部分并没有作出详细和完整的论述，只有第二部分是马克思当时所处的具体社会现实。又由于马克思对第二部分的论述主要是从阶级层面展开，没有单独考察妇女理论，因而马克思关于妇女的理论，存在着“总体上的巨大魅力和细节上有欠具体”的矛盾。⑤ 艾斯勒指出：共产主义革命还“没有完成对家庭内部父权制关系的变革……没有对人类两性之间的关系进行任何基本的改革，这种关系仍然以等级制而不是以联系为基础。”⑥

---

① 戴蓓芬等.“性别与哲学研讨会”观点综述[J].妇女研究论丛，2014，(4).

② 夏国美等.女性主义的东方之路[M].上海人民出版社年，2015.

③ 马克思恩格斯选集(第4卷第2版)[M].人民出版社，1995，第54页.

④ 马克思恩格斯选集(第3卷第2版)[M].人民出版社，1995，第531页.

⑤ 魏宏霞.恩格斯与妇女解放——解读《家庭、私有制和国家的起源》[J]，社会观察，2007，(10).

⑥ [美]理安·艾斯勒.圣杯与剑——男女之间的战争[M].社会科学文献出版社，1995，第226页.

依据上述思考的轨迹，秦美珠从“马克思主义范畴是性别盲，女性主义是历史盲”的角度提出了两者必须在新的基础上结合的观点。① 史巍通过对马克思的“路易斯·亨·摩尔根《古代文明》一书摘要”和恩格斯的《家庭、私有制和国家的起源》的深层解读，消解了国外马克思主义女性主义研究者对这两部作品的截然分开的对立观点，论述了马克思和恩格斯社会性别思想的内在关联。她认为：“社会性别问题及其解决更应该放在整个人类及其对人的历史性和根本性的理解当中。”②

根据马克思主义的观点，只要人类社会还有压迫与被压迫的关系存在，任何追求局部人类的解放就都是不彻底的解放。从最终的目标看，女性主义只有将马克思的解放全人类作为最终目标，才可能实现自身的最后解放。因此，从中国妇女发展的实践出发，如何建构两者之间的有机联系，也是国内社会性别理论研究的新视角。

当男权社会用制度压迫妇女时，争取法律上的平等权利是妇女运动的明确目标；而当国家通过宪法保障妇女在各方面享有同男子平等的权利后，由女性和男性共同建构的自觉平等的社会关系就构成了妇女运动追求的新目标。刘伯红指出：“每当我们从人权、社会公正、经济效益和以人为本的可持续发展的角度看待社会性别平等问题，我们就在社会进步和全球化的进程中又向前迈出了关键性的一步。”③我国学者的这一见解，将女性运动的发展目标又向前作了新的推进。

但是，这种推进该定位何处呢？马克思人本理论既定的目标并不只是局部的生存利益或地域（性别）人群，而是全人类“自由人联合体”的最高理想。因此，根据女性主义运动的这种发展趋势，它必然会“从个性化/地方化向全球化融合”。④ 近年来，国内学者已开始关注这一发展趋势。杜芳琴指出：“从人的角度对人的重新诠释；其‘逻辑结构’是从‘人’切入，以‘男人’为参照，对‘女

---

① 秦美珠.女性主义与马克思主义的婚姻幸福吗？——关于西方女性主义与马克思主义结合的反思[J].学术交流，2009，(4).

② 史巍.社会性别思想在“摘要”和《起源》中的呈现——兼论马克思和恩格斯社会性别思想的内在关联[J].晋阳学刊，2014，(3).

③ 刘伯红.社会性别主流化的概念和特点[J].现代妇女，2011，(3).

④ Ackerly, B., & True, J. Back to the future: Feminist theory, activism, and doing feminist research in an age of globalization [J]. Women's Studies International Forum, 33 (5), 2010, pp. 464 - 472.

人'聚焦;这是一种男女交融汇聚的人文视角;目标是'描述完整的图景',进而描述'完整的人类图景',以达到'重建人文科学'的宏大目标。这是人学框架下的追求'科学'的、'整体'的、'一般'的、'本质'的、'超越社会关系'的、'规律'的女性的'女性学'的典型表述。"①石红梅也提出,关注人类共同的命运,是女性主义,也是一切正义理论不可回避的目标和任务。也就是说,马克思的妇女理论,应该将目标定位在实现人类理想的高度。所以,妇女要真正摆脱"他者"身份,不再充当"被解放"的角色,必须主动承担起解放人类、实现理想的使命。因为"'痛苦的女性'与'不幸的男性'是同一根性别文化链条捆绑的奴隶",两者的解放与发展是同一场革命。②

通过重读《家庭、私有制和国家的起源》,王新宏对妇女解放道路提出了新见解。她认为:"女性解放在于使女性敢于解放自身的独特个性和敢于直面对话男女界限的自信,从而取得个体的自由全面发展。女性解放是人的解放不可缺少的组成部分,要实现女性的解放,一方面,要认识到,女性解放和男性解放是人类解放的不可分割的部分。没有女性的彻底解放,人类解放将不完善;另一方面,没有男性的解放,人类解放也将是空谈。这样,女性解放道路抛开了差异和同化的怪圈,走向联合的辩证主义,使女性解放道路有了更宽阔的发展空间。"③

第五节 结 语

社会性别理论之所以能够成为研究分析社会现象的一种重要理论范式并具有如此重大的革命性意义,主要是因为这一理论在方法论上挑战了男性中心文化抽象的人本理论。传统的人本理论主要是西方文化的产物,在这种抽象的"人本"概念中并没有性别区分。这种人本的主体是男性,女性不过是以"属性"("他者"的身份)依附于男性的一种"潜在"。由于依附性不是一种主体性,"属性"并不与被依附的"主体"构成"人本"意义上的平等关系,因而传统"人本"概念是一个不关注性别差异的形而上学的本体论概念。然而,当属性

---

① 杜芳琴等.中国大陆妇女学:知识的建构与传承[J].山东女子学院学报,2010,(6).

② 石红梅.马克思主义妇女观与中国特色女性学理论的发展[J].中华女子学院学报,2012,(5).

③ 王新宏.解放与对话——从《家庭、私有制和国家的起源》看女性主义问题[J].社科纵横(新理论版,2013,(4).

地位的女性要求摆脱依附性，拥有平等和自主时，属性便上升成为一种新的主体，而且是与男性主体存有明显差异的主体。因此，由男女差异的主体构成的人本，便不再是西方本体论形而上学基础上统一的人本，而是有差异和矛盾的人本。这使得历来排斥矛盾，建立在形而上学理论基础上的西方文化开始发生重大转折。由于性别文化与中国传统文化的起点一致，因而西方文化的这种转折便有了向东方文化接轨的趋势。从这一立场出发，社会性别理论不仅凸显了中国文化的发展特点，同时对东西方文化的交流、沟通和融合具有深远意义。

（夏国美）

推荐阅读

1. 佟新. 社会性别研究导论. 21 世纪社会学系列教材[M]. 北京大学出版社，2011.

2. 谭少薇等. 性别觉醒——两岸三地社会性别研究[M]. 商务印书馆（香港）有限公司，2012.

3. 夏国美等. 女性主义的东方之路[M]. 上海人民出版社，2015.

思考题

1. 社会性别理论在推进女性解放的过程中何以会陷入“平等与差异”的理论困境？

2. 如果说女性解放陷入的理论困境是由男权社会的理论所造成的，女性无法采用造成困境的理论走出困境，那么属于女性自己的文化究竟是什么？如何塑造真正的女性文化？

3. 恩格斯在《家庭、私有制和国家的起源》的最后引用了摩尔根对人类社会发展规律的总结。其中，取代“以财富为唯一的最终目的”的不合理社会的理想社会，指的就是远古女性文化治理的美好社会的现代复活。如何从社会性别的视角去理解这种历史的宏大变迁？

第五章
中国家庭政策研究的发展与反思

自 20 世纪 70 年代末社会学在中国恢复以后，家庭一直是社会学研究的一个分支领域，但把家庭和社会政策结合起来则是近 10 多年的现象。[①] 张秀兰、徐月宾在 2003 年发表的一篇题为《建构中国的发展型家庭政策》的学术论文，成为国内真正意义上家庭政策研究的开端。不过，学术界对家庭政策研究真正兴趣大涨始于 2011 年，除学术论文发表量陡增外，国家社科基金项目的社会学和人口学课题指南中，也新增了不少直接以家庭问题及其政策研究的项目。[②] 这个明显的进展是与政府决策同步的，2011 年颁布的“十二五”规划纲要提出要“完善计划生育家庭优先优惠政策体系，提高家庭发展能力”，是激活中国家庭政策研究的重要契机。

本章的主要内容有两个：一是展示中国家庭政策研究最近的研究趋势。为此，本章主要关注 2010 年及之后发表的论文和著作，在中国知网 CNKI（学术类）(http://www.cnki.net/)以“家庭政策”、“家庭福利政策”、“家庭＋政策”为关键词检索标题，然后对检索出来的文献按主题内容进行定性归类，排除出单纯评析国外家庭政策的文献，以及不是以家庭政策为核心议题的文献。二是对近期中国家庭政策研究进行概括、总结和批判。具体而言，本章将围绕家庭政策研究的核心议题展开：我们为什么需要家

---

① 尽管早在 20 世纪 80 年代初，《国外社会科学》就摘译发表了西方学者关于家庭政策研究的论文，到 90 年代开始出现国内学者对西方国家家庭政策的考察和介绍，但由于这些研究均是立足于国外的家庭与政策，因此不能说是中国家庭政策研究的开端。

② 吴小英. 家庭研究的主义与问题[A]. 载上海社会科学院家庭研究中心编. 中国家庭研究（第 8 卷）[M]. 上海社会科学院出版社，2014.

庭政策，需要建立一个怎样的家庭政策体系，家庭政策的性质、职能定位、目标及发展方向等。

第一节　家庭政策成为新的研究领域

家庭作为社会生活的基本单位，影响着各个领域社会政策目标的实现，而且，每项社会政策也都要立足现实的家庭模式，隐含着关于家庭的假定，建立在预设的家庭结构、家庭关系、家庭功能的基础上。① 因此，家庭作为一种社会背景一直是处在社会政策视野之中的。那么，“社会政策中的家庭”何以发展为“家庭政策”？这一问题成为家庭政策研究不可回避的起点。研究者从两个方面阐述了家庭政策在中国成为一个新的研究领域的依据。

一是人口变迁对家庭的影响。研究者指出，我国计划生育政策的实施不仅使生育率大幅下降，还导致家庭户规模不断缩小，据 2010 年第六次全国人口普查数据，我国平均每个家庭户的人口为 3.10 人，比 2000 年第五次全国人口普查的 3.44 人减少 0.34 人，已经与发达国家没有什么大的区别。② 家庭结构也不断趋于简化，呈现出核心家庭为主、扩展家庭和单人家庭补充的格局，尽管这种家庭结构格局保持了典型的亚洲特征，即三代及以上扩展家庭户仍占较大比重，但中国家庭户的规模正在不断缩小并已远低于许多其他亚洲发展中国家。③ 另一重大的人口变迁现象是我国大规模的人口迁移与流动，它导致了家庭成员之间的地域分割，大量流动家庭、留守家庭、隔代家庭出现。这样的家庭在婚姻意义上是完整的，但从家庭生活和功能角度来看，已不再是一个具备照顾儿童和老人、履行夫妻义务功能的完整意义上的家庭。④

二是家庭自身的变迁。在社会经济转型和现代化的影响下，以及国家对个人生活领域的干预减少，社会组织对包括家庭生活行为等个人社会生活行为约束的减少，人们的婚姻家庭观念发生改变，家庭形态出现多元化，家庭不稳定性增加，表现为离婚、单亲家庭增多，平均结婚年龄推迟，子女成年后独立

---

①　Fox Harding, L., Family, State and Social Policy, Basingstoke: Macmillan Press Limited, 1996. 转引自陈卫民. 社会政策中的家庭[J]. 学术研究，2012,(9).

②　刘中一. 现阶段我国家庭发展的新变化与公共政策应对[J]. 调研世界，2012,(10).

③　胡湛，彭希哲. 家庭变迁背景下的中国家庭政策[J]. 人口研究，2012,(2).

④　武新，李英. 旨在维护家庭功能的家庭政策探索[J]. 社会工作，2012,(10).

立户离开父母成为常态的生活模式,空巢家庭日趋增加。①

在人口和家庭的变迁背景下,中国家庭的模式及稳定性都发生了很大变化,家庭的角色和功能受到不同程度的挑战,这些变动对于中国社会的稳定以及维系社会正常运作的各项社会政策带来巨大冲击,也带来了一系列的新问题,如人口迁移与流动所导致的家庭成员在生命周期不同阶段可资利用的资源正在减少,代际之间的生活互助受到制约并趋于弱化;②人口流动所形成的家庭成员分居导致家庭功能的缺损,影响到老年人的赡养和儿童的社会化与教育,加剧了家庭保障的困难;③家庭规模小型化、婚姻不稳定、家庭成员冲突和家庭文化从家本位转向个人本位等,使家庭抵御社会风险的能力下降。④ 这些变化对我国的社会政策而言具有双重意义:一是社会政策的前提发生变化,要求重新审视相关政策的合理性:二是社会政策环境发生变化。影响到相关政策实施的有效性。⑤ 于是,在新的人口和社会发展形势下,人们开始对家庭在社会中的地位和作用进行反思,家庭不仅被定位为社会政策的背景,还发展为社会政策的基本对象,家庭政策由此发展为一个独立的研究领域。

第二节　我们需要一个什么样的家庭政策

一、何为家庭政策

家庭政策是一个充满价值争议的概念,学者对其内涵与定义至今存在分歧。⑥ 最广义的家庭政策被认为是"政府对家庭做的和为家庭做的所有事情"(do to and do for families)。⑦ 从这一定义出发,家庭政策包含所有社会政策,

① 陈卫民.我国家庭政策的发展路径与目标选择[J].人口研究,2012,(4);武新,李英.旨在维护家庭功能的家庭政策探索[J].社会工作,2012,(10).

② 胡湛,彭希哲.家庭变迁背景下的中国家庭政策[J].人口研究,2012,(2).

③ 陈卫民.社会政策中的家庭[J].学术研究,2012,(9);吴帆,李建民.家庭发展能力建设的政策路径分析[J].人口研究,2012,(4).

④ 陈卫民.我国家庭政策的发展路径与目标选择[J].人口研究,2012,(4);刘中一.现阶段我国家庭发展的新变化与公共政策应对[J].调研世界,2012,(10).

⑤ 陈卫民.社会政策中的家庭[J].学术研究,2012,(9).

⑥ 胡湛,彭希哲.家庭变迁背景下的中国家庭政策[J].人口研究,2012,(2).

⑦ Kamerman, S. B. & Kahn, A. J., eds., 1978. Family policy: government and families in fourteen countries[M]. New York: Columbia University Press.

因为不管有意或无意,所有社会政策都对家庭造成了影响。而最狭义的家庭政策被认为是“直接并清楚标示为家庭所制定的政策”,[①]包括对家庭行为的规范法令和向家庭提供的经济资助与服务。相较于这两种定义,前者过于宽泛而后者过于狭窄,学者们更倾向于一种“中间”定义,即认为家庭政策针对的是家庭中的个人或者说是承担家庭角色的个人,政策目标关注的是家庭福利和个人从家庭获得的福利。[②]

国内学者对家庭政策的界定基本上采用了“中间”定义,如“家庭政策主要是指政府用于稳定家庭和承担家庭功能而针对家庭所推行的社会政策”,[③]“家庭政策是以家庭整体为目标对象,旨在增强家庭发展能力、替补与完善家庭功能、提升家庭成员的福利水平”,[④]“家庭政策指的是国家和政府提供给家庭、儿童和老人的福利与服务”。[⑤] 尽管这些定义在具体表述上有所不同,但具有一些共同的特征,认为家庭政策适用的对象应该是家庭,一是政策适用以家庭为单位,从家庭的整体状况考虑政策适用的条件;二是当适用对象是个人时,主要考虑的也是个人的家庭角色和在家庭中的行为,个人在家庭之外的角色和行为不属于家庭政策调节的对象。[⑥]

二、中国家庭政策的问题

基于对家庭政策的上述界定,国内研究者检视了我国家庭政策的特征及存在的问题。

1. 分散化、碎片化的“含蓄型”家庭政策

中国政府从未公开明确承认我国实行了家庭政策,也未设立专司家庭事务的部门,因此,我国明确以家庭为对象或客体、直接以引导家庭模式为目标的社会政策很少,只有婚姻、收养、家属户籍随迁、抚养赡养义务等方面的政策比较接近。更多的情况是政策并非特别地或主要地为家庭而制定但对家庭有

---

① Chester, R., 1994. Flying without instruments or flight plans: family policy in the United Kingdom. 转引自许雅惠. 家庭政策之两难——从传统意识形态出发[J]. 社会政策与社会工作学刊,2000,(6).

② Moss, P. & Sharpe, D., 1979. Family Policy in Britain. 转引自陈卫民. 我国家庭政策的发展路径与目标选择[J]. 人口研究,2012,(4).

③ 胡湛,彭希哲. 家庭变迁背景下的中国家庭政策[J]. 人口研究,2012,(2).

④ 吴帆. 第二次人口转变背景下的中国家庭变迁及政策思考[J]. 广东社会科学,2012,(2).

⑤ 马春华. 欧美和东亚家庭政策:回顾与评述[A]. 载唐灿,张建主编. 家庭问题与政府责任:促进家庭发展的国内外比较研究[M]. 社会科学文献出版社,2013.

⑥ 陈卫民. 我国家庭政策的发展路径与目标选择[J]. 人口研究,2012,(4).

间接影响，如生育、住房保障等方面的政策。① 由于家庭政策主要融入在以部门为主导而形成的各种与家庭相关的社会政策之中，研究者普遍认为中国当前的家庭政策属于典型的“含蓄型”。② 由于不同政府部门专注于各自的功能和职能定位，家庭发展在发展序列中的排序以及家庭政策优先对象的确定都要取决于相关部门对家庭事务的理解，不同政策之间存在相互制约、冲突的现象，也导致政策内容和对象存在分散化、碎片化的问题。③ 还有研究者指出，国家层面家庭政策立法的缺位，还使地方政府在家庭政策中的不作为具有合法性，也造成地方政府在政策推动上广受桎梏。比如反映双薪家庭普遍性需求的育儿假和弹性工作时间、（儿童）课后照料等目前多为空白。④

2. 普惠性弱的“补缺型”模式

自 20 世纪 80 年代以来，我国奉行经济发展优先和低福利政策取向，主要着眼于缺陷修补，旨在为困难人群和社会边缘人群提供“最后的安全网”，在实践层面表现出覆盖面小，普惠性弱。⑤ 作为社会政策的组成部分，中国的家庭政策同样表现为“补缺型”模式，它的主要对象是贫困家庭、计划生育家庭、特殊儿童以及功能不完整的家庭，社会福利项目或行动较多集中于特殊儿童家庭，而其他有家庭的社会成员，包括儿童、老人以及其他有特殊需要的人员，首先必须依靠家庭来满足其相应的保障和发展需要。⑥

3. 支持个人而非家庭

在现有的家庭政策中，只有“低保”政策和计划生育奖励扶助制度是以家庭为对象，其他则是以个体作为政策对象，致使许多政策难以为家庭成员提供更有针对性的支持。如对于女性就业的保护，便没有专门针对家庭中的个人——幼儿母亲这个女性群体的政策设计。⑦ 即便是生育保险、养老保险、医

---

① 陈卫民. 社会政策中的家庭[J]. 学术研究，2012，(9).

② 胡湛，彭希哲. 家庭变迁背景下的中国家庭政策[J]. 人口研究，2012，(2).

③ 吴帆. 第二次人口转变背景下的中国家庭变迁及政策思考[J]. 广东社会科学，2012，(2).

④ 韩央迪. 转型期中国的家庭变迁与家庭政策重构——基于上海的观察与反思[J]. 江淮论坛，2014，(6).

⑤ 郑功成. 从高增长低福利到国民经济与国民福利同步发展——亚洲国家福利制度的历史与未来[J]. 天津社会科学，2010，(1).

⑥ 张秀兰，徐月宾. 建构中国的发展型家庭政策[J]. 中国社会科学，2003，(6)；吴帆. 第二次人口转变背景下的中国家庭变迁及政策思考[J]. 广东社会科学，2012，(2).

⑦ 唐灿. 家庭问题与政府责任[A]. 载唐灿，张建主编. 家庭问题与政府责任：促进家庭发展的国内外比较研究[M]. 社会科学文献出版社，2013.

疗保险等对家庭功能进行补充的社会保障政策，也均以就业作为其准入门槛，且在家庭成员之间不得转移，因而无法为未就业或非正规就业的家庭成员提供有效的保障。①

4．政策工具单一

中国的社会保障体系由四部分组成，即社会保险、社会福利、社会救助、优抚安置，而社会保险和社会救助是建设的重点，在社会保障体系中对于社会服务却只字未提。在这样一个大的政策背景下，中国的家庭政策偏重对家庭的经济支持，对家庭的福利服务主要集中在婚姻避孕节育、妇幼保健托幼和妇幼计生技术服务方面，内容单一，服务数量不足，对于家庭社会变迁中遇到的众多问题，缺乏有力的家庭服务政策干预和支持。②

三、中国家庭政策的发展定位与方向

对于如何改革与完善中国家庭政策，近几年的探讨基本上是沿着张秀兰等人基于发展型福利理论提出的发展型家庭政策总体性思路进行的，研究者从政策定位、目标和路径等方面进一步对中国社会经济特征下的发展型家庭政策进行展开。

1．家庭政策定位

家庭政策首先是一种福利政策，政府需要通过家庭政策对社会成员进行福利输送，提高家庭福利水平和扩大福利覆盖面，③通过支持家庭功能发挥实现为公民提供福利和保障。④ 其次，家庭政策要适应家庭和社会变迁，如要针对家庭变化产生的问题，调整社会福利配给和组织方式，提高社会福利的成效，⑤应对人口结构转变所引至的老龄化、家庭自我保障能力减弱等问题，规避人口及社会风险。⑥ 再次，家庭政策应该是生产性的，要有效促进家庭能力的发展，为社会成员提供形成和发展人力资本、优化人口素质结构的良好环境，以实现对经济发展的积极支持与持续投资。⑦

---

① 胡湛，彭希哲．家庭变迁背景下的中国家庭政策[J]．人口研究，2012，(2)．

② 武新，李英．旨在维护家庭功能的家庭政策探索[J]．社会工作，2012，(10)．

③ 胡湛，彭希哲．家庭变迁背景下的中国家庭政策[J]．人口研究，2012，(2)．

④ 陈卫民．我国家庭政策的发展路径与目标选择[J]．人口研究，2012，(4)．

⑤ 陈卫民．社会政策中的家庭[J]．学术研究，2012，(9)．

⑥ 吴帆．第二次人口转变背景下的中国家庭变迁及政策思考[J]．广东社会科学，2012，(2)．

⑦ 陈卫民．我国家庭政策的发展路径与目标选择[J]．人口研究，2012，(4)；胡湛，彭希哲．家庭变迁背景下的中国家庭政策[J]．人口研究，2012，(2)．

2. 家庭政策的发展方向

我国推行的含蓄型家庭政策导致了各种与家庭相关的社会政策的分散化和碎片化，因此，研究者普遍认为，推动中国家庭政策由含蓄型向明确型转变是家庭政策发展的基本方向，一是要在政府部门成立专门负责家庭问题和相关事务的常设机构，从体制上强势整合卫生计生、民政、税收、人保等部门的相关职能和资源，在统筹行政资源的基础上有效推动中国家庭政策体系的重构，①履行公共决策过程中尽量减少对家庭的伤害、扶持和保护家庭的监督职责，②二是要制定国家层面的家庭政策中长期发展规划，明确国家的家庭政策框架，确立家庭政策在社会政策中的战略地位。③

不少研究者还认为推动家庭政策从"补缺"向适度普惠性转变是中国家庭政策体系完善与改革的另一方向。发展型家庭政策强调的是为那些拥有家庭的社会成员提供帮助，从而使个人更好地发挥其角色作用，家庭也能够更好地行使其职能，④因此，家庭政策不仅仅是局限于对困难家庭帮助，而是要支持所有家庭，满足社会成员的发展需要。受制于中国的发展水平，有研究者提出了"适度普惠性"以区别于发达国家的普遍主义。"适度普惠性"具有两重含义：一是支持水平上，认为要巩固和加强家庭的福利供给和保障能力，基于家庭责任前提构建普适性的福利保障体系，扩大对家庭的财政支持，提升对最有需求家庭的资助力度。⑤ 二是政策覆盖范围，在目前政策所覆盖的对象之外，还需要为独生子女家庭、残疾人家庭和有抚幼或养老责任的中低收入家庭提供普遍支持。⑥ 还有人提出"国民家庭政策"的概念，认为必须覆盖全体城乡居民家庭，城乡之间和地区之间必须实现政策对接，防止家庭福利政策的"碎片化"和"地方化"倾向，既需要通过专项政策协助困难家庭和残缺家庭，也要通过一般性的家庭福利制度来保障所有家庭的基本需要。⑦

---

① 胡湛，彭希哲. 家庭变迁背景下的中国家庭政策[J]. 人口研究，2012，(2)；孔铮. 构建中国的家庭政策体系：国际经验及启示[J]. 经济与社会发展，2013，(4).

② 吴小英. 公共政策中的家庭定位[J]. 学术研究，2012，(9).

③ 潘允康. 建设和谐家庭的社会标准[J]. 江苏社会科学，2010，(1)；刘继同，左芙蓉. "和谐社会"处境下和谐家庭建设与中国特色家庭福利政策框架[J]. 南京社会科学，2011，(6).

④ 张秀兰，徐月宾. 建构中国的发展型家庭政策[J]. 中国社会科学，2003，(6).

⑤ 陈卫民. 社会政策中的家庭[J]. 学术研究，2012，(9).

⑥ 胡湛，彭希哲. 家庭变迁背景下的中国家庭政策[J]. 人口研究，2012，(2)；吴帆，李建民. 家庭发展能力建设的政策路径分析[J]. 人口研究，2012，(4).

⑦ 吴帆，李建民. 家庭发展能力建设的政策路径分析[J]. 人口研究，2012，(4).

四、发展型家庭政策的基本内容

尽管研究者都主张要构建发展型的家庭政策，但对于发展型家庭政策的基本构成及优先发展领域，既存在共识之处，也存在诸多差异性主张。

对家庭的经济援助是被广泛认同的政策内容，它既包括对家庭的直接经济支持，如向贫困家庭提供最低收入保障，设立育儿津贴、老年人居家养老津贴、计划生育家庭津贴、残疾人和长期病患者家庭照顾津贴等，降低家庭的抚幼养老以及照料依赖成员的经济负担。① 也有对家庭的间接经济支持政策，如实施以家庭为单位的税收政策，在个人所得税的征收上纳入家庭视角，一是按照家庭平均收入作为所得税征收税基；二是以家庭人口负担情况纳入宽免个人所得税的依据，对于有未成年子女的家庭、赡养老年人的家庭、有丧失劳动力能力的家庭成员、正在接受高等教育子女的家庭给予一定额度的宽免税额，在税收政策中认可家庭在负担子女或赡养老人等责任方面付出的成本。②

第二项被广泛提及的政策内容是对家庭照料的支持。研究者指出，育儿、养老以及对病残家庭成员的照料仍然是家庭的重要功能。因此，家庭政策一方面要鼓励家庭成员之间的互相照顾，对承担照料家庭成员的家庭给予支持，另一方面要增加对儿童和老人照顾公共服务的投入，尤其是要规划长期照护制度，支持有需求长期照顾的老人、身心障碍者家庭，减轻其照顾负担。③ 还有人从性别平等和儿童发展的视角出发，提出要以家庭责任和儿童照顾为导向增设父亲育儿假和家庭照顾假，推动男性参与子女照顾。④

促进工作和家庭平衡也是发展型家庭政策的基本内容。工作对于大多数人来说都是最重要的收入保障，对家庭功能和家庭责任的实施非常重要，但同

---

① 刘继同，左芙蓉. “和谐社会”处境下和谐家庭建设与中国特色家庭福利政策框架[J]. 南京社会科学，2011，(6)；刘中一. 构建符合我国国情的家庭福利政策体系研究[J]. 社会保障研究，2011，(3).

② 徐安琪. 家庭视角的社会政策[A]. 载张丽丽主编. 和谐家庭理论与实践探索[M]. 上海社会科学院出版社，2009；刘中一. 构建符合我国国情的家庭福利政策体系研究[J]. 社会保障研究，2011，(3)；吴帆，李建民. 家庭发展能力建设的政策路径分析[J]. 人口研究，2012，(4).

③ 刘中一. 家庭价值与制度创新：社会管理创新视角下的家庭政策构建[J]. 发展研究，2012，(4)；吴帆. 第二次人口转变背景下的中国家庭变迁及政策思考[J]. 广东社会科学，2012，(2)；武新，李英. 旨在维护家庭功能的家庭政策探索[J]. 社会工作，2012，(10).

④ 徐安琪. 家庭视角的社会政策[A]. 载张丽丽主编. 和谐家庭理论与实践探索[M]. 上海社会科学院出版社，2009.

时也会导致有家庭负担者要面临工作与家庭的冲突。因此,政府要从制度上保障需要照顾家庭的就业者的合法权利,鼓励工作单位制定有利于职工行使其家庭责任的工作制度,包括家庭照顾假、弹性工作时间等,①还包括政府对有家庭负担的男女提供就业保障措施。②

还有一些研究者指出对家庭的保护也是发展型家庭政策的重要组成。发展型家庭政策重在积极预防,而家庭和谐稳定是家庭为成员提供保障并帮助其抵御风险、适应变迁的基础,但维系健康、和谐家庭生活的知识与技能并非生来就具备,因而通过婚姻教育和训练,帮助人们获得建立和维系健康婚姻所需的知识和技能变得非常必要。家庭保护政策包括为家庭提供婚姻与亲子教育等课程,协助家庭成员增强沟通技巧家庭经营能力,预防与协助处理家庭危机等内容,③还包括协助各种非主流家庭形态如单亲家庭、隔代家庭、服刑人家庭、异国婚姻家庭、独居或单身家庭等抵御风险。④

第三节　家庭政策研究中的争议与困境

一、发展型家庭政策意涵含混不清

尽管国内学者一致主张要构建一种发展型的家庭政策,但对于发展型的意涵却含混不清。发展型家庭政策是欧美发达国家依据"新右派"和"第三条道路"理论,在对传统福利国家的批评与反思的基础上提出来的,认为家庭政策不仅具有再分配功能,也有社会投资功能,是生产力要素之一。⑤ 具体而言,家庭政策的投资功能表现为良好的家庭功能是形成和发展人力资本的重要环境,对公民个人角色的有效发挥具有重要的影响,同时,家庭还是经济和社会政策发挥作用的焦点,是满足儿童成长需要以及预防社会问题最有效的切入点。⑥ 如果以这些理念为参照,可以发现,不少研究者对家庭政策的定位离发

---

① 陈卫民.我国家庭政策的发展路径与目标选择[J].人口研究,2012,(4).

② 徐安琪.家庭视角的社会政策[A].载张丽丽主编.和谐家庭理论与实践探索[M].上海社会科学院出版社,2009.

③ 刘中一.构建符合我国国情的家庭福利政策体系研究[J].社会保障研究,2011,(3).

④ 刘中一.现阶段我国家庭发展的新变化与公共政策应对[J].调研世界,2012,(10).

⑤ 徐安琪.家庭视角的社会政策[A].载张丽丽主编.和谐家庭理论与实践探索[M].上海社会科学院出版社,2009.

⑥ 张秀兰,徐月宾.建构中国的发展型家庭政策[J].中国社会科学,2003,(6).

展型尚有很大距离，他们或者把家庭政策定位为使个人的福利保障全面增长，①或是定位成对计划生育家庭的弥补，②或是认为家庭政策的战略重点是家庭健康服务与家庭福利服务。③

对发展型家庭政策意涵含混不清还反映在研究者的政策主张上。社会投资理论的特征之一是以儿童为中心，认为儿童期为投资人力资本提供了最佳的机会，④因而如何满足儿童的需要成为发展型家庭政策的重要内容。社会投资理论的另一特征是其社会性别意识，性别差异、境遇、就业与家庭生活不平等的观点在其政策话语中也居于前面位置，⑤关注妇女的需求和平等要求是发展型家庭政策的重要构成。然而，从国内学者提出的发展型政策主张来看，儿童需要和性别平等在政策话语中要么被忽视，⑥要么仅占极少内容。⑦

二、国家在家庭政策中角色的矛盾

从国外家庭政策的发展历程来看，家庭政策的演变过程事实上是对国家与家庭的责任边界不断重新界定的过程。⑧ 张秀兰等人在对中国现行家庭政策进行评价时指出，中国改革开放以来的社会政策一直以减轻国家负担、增加家庭和个人责任为主导思想，家庭被赋予重要的社会保护责任，凡是有家庭的社会成员，包括儿童、老人以及其他有特殊需要的人员，首先必须依靠家庭来满足其相应的保障和发展需要，家庭以外为家庭及其不能自立的成员提供帮助的渠道几乎不存在，政府和社会只有在家庭出现危机或遇到通过自身努力

---

① 刘中一.家庭价值与制度创新：社会管理创新视角下的家庭政策构建[J].发展研究，2012，(4).

② 唐灿.家庭问题与政府责任[A].载唐灿，张建主编.家庭问题与政府责任：促进家庭发展的国内外比较研究[M].社会科学文献出版社，2013.

③ 刘继同，左芙蓉."和谐社会"处境下和谐家庭建设与中国特色家庭福利政策框架[J].南京社会科学，2011，(6).

④ Esping-Andersen, G., Duncan, G., Anton, H., & Myles, J. 2002. Why We Need a New Welfare State[M]. Oxford: Oxford University Press.

⑤ Jenson, J. 2009. Lost in Translation: The Social Investment Perspective and Gender Equality [J]. Social politics, 16(4), pp. 446 - 483.

⑥ 刘继同，左芙蓉."和谐社会"处境下和谐家庭建设与中国特色家庭福利政策框架[J].南京社会科学，2011，(6)；陈卫民.我国家庭政策的发展路径与目标选择[J].人口研究，2012，(4)；吴帆.第二次人口转变背景下的中国家庭变迁及政策思考[J].广东社会科学，2012，(2).

⑦ 刘中一.构建符合我国国情的家庭福利政策体系研究[J].社会保障研究，2011，(3)；胡湛，彭希哲.家庭变迁背景下的中国家庭政策[J].人口研究，2012，(2)；韩央迪.转型期中国的家庭变迁与家庭政策重构——基于上海的观察与反思[J].江淮论坛，2014，(6).

⑧ 胡湛，彭希哲.家庭变迁背景下的中国家庭政策[J].人口研究，2012，(2).

无法克服的困难时才会干预。[①] 这一评价成了国内学界的共识,并称为"补缺型"家庭政策。鉴于此,研究者一致认为在发展型家庭政策体系中,国家的作用是最重要的,应发挥主导作用。

矛盾的是,在阐述政策路径之时,研究者却依然持有"减轻国家负担"的路径依赖,如陈卫民认为虽然从家庭变迁方面看,我国与发达国家的家庭政策面临的问题有很多相似之处,但由于社会福利和保障制度背景和发展水平不同,家庭政策发展的方向存在本质上的差异,与发达国家去家庭化的方向相反,我国家庭政策发展的主要方向应该是家庭化,即基于家庭责任前提构建福利保障体系,通过支持家庭功能发挥实现为公民提供福利和保障的目标。[②] 武新等人认为家庭成员应在家庭中得到快乐与安全、照顾与保护,家庭成员应互相协助与支持,而国家和社会应在家庭遭遇困难时给予帮助与支持。[③] 刘中一在主张实行政府负责、在统筹发展中提高家庭发展能力的同时,在政策体系中又认为国家的责任在于加强对弱势家庭的经济扶助,减轻其家庭照顾的负担、确保家庭的基本经济稳定,也使政府不至于因承担过多的责任而不堪重负。[④]

研究者对于国家在家庭政策中角色的矛盾观念还有另一种考量,即为了避免重回计划经济时期"国家包罗万象、居高临下地对家庭事务实施过多干预和侵入"。[⑤] 如吴帆等人认为家庭政策应该是基础性的,不是随意放大政府对家庭事务的干预,而是在尊重家庭与政府边界的基础上,针对家庭某些功能的弱化而形成对家庭的支持,协助家庭增强发展能力。[⑥] 武新等人指出我国家庭政策建立应本着支持家庭的基本理念,而非无限制地介入家庭,或控制家庭,社会福利政策的作用应是加强家庭的功能,而非取替和妨碍家庭发挥作用。[⑦] 韩央迪认为要确立支持家庭而非规制家庭的原则,避免对家庭的过多干预而破坏家庭自身的能动性。[⑧] 从研究者这些表述来看,他(她)们实际上主张国家

---

① 张秀兰,徐月宾.建构中国的发展型家庭政策[J].中国社会科学,2003,(6).

② 陈卫民.我国家庭政策的发展路径与目标选择[J].人口研究,2012,(4).

③ 武新,李英.旨在维护家庭功能的家庭政策探索[J].社会工作,2012,(10).

④ 刘中一.家庭价值与制度创新:社会管理创新视角下的家庭政策构建[J].发展研究,2012,(4).

⑤ 吴小英.公共政策中的家庭定位[J].学术研究,2012,(9).

⑥ 吴帆,李建民.家庭发展能力建设的政策路径分析[J].人口研究,2012,(4).

⑦ 武新,李英.旨在维护家庭功能的家庭政策探索[J].社会工作,2012,(10).

⑧ 韩央迪.转型期中国的家庭变迁与家庭政策重构——基于上海的观察与反思[J].江淮论坛,2014,(6).

在家庭政策中扮演"支持但不干预"的角色。然而,正如 Dominelli 所指出的,只要透过税收、转移支付和与家庭相关的福利再分配过程,政府对家庭生活就扮演了一个生死攸关的角色,①因此,国家不可避免具有"支持"并"控制"家庭与个人生活的双重特色。

当然,也有些研究者主张要增强政府的干预以应对家庭面临的风险与挑战。例如,冯凌等人认为我国的社会生产力发展水平和综合国力现状决定了家庭福利事业发展在很大程度上必须紧紧依靠政府而不是排斥政府的作用。②刘继同等人指出国家是家庭政策、家庭福利制度与总体性社会福利制度建设的责任主体,承担主要责任义务。③

三、家庭政策就是以家庭为单位的政策吗

研究者普遍认为,支持个人而非家庭是我国家庭政策的最大缺陷之一。因此,在讨论如何建立中国的发展型家庭政策之时,以家庭为单位成为研究者最基本的主张,例如,有人认为要纠正单纯以个人为单位提供福利保障的弊端,完善以家庭为单位的制度设计,以增强家庭的凝聚力,支持家庭对成员的保障功能;④或是认为只有强调家庭作为福利对象的整体性,才能真正支持和强化家庭在福利供给中的功能与责任,激活家庭的潜力并延续重视家庭的优秀传统。⑤ 至于如何在政策内容、视角中体现以家庭为单位,提及最多的是要建立家庭为单位的税收政策以及税收优惠措施,将有养老或育儿需求家庭的经济成本考虑在内,保障家庭的经济安全,体现出对家庭责任承担的社会承认。⑥ 建立以家庭为单位的社会保险及医疗保险制度也被提及,认为要允许保

---

① 转引自许雅惠. 家庭政策之两难——从传统意识形态出发[J]. 社会政策与社会工作学刊, 2000,(6).

② 冯凌,唐钧. 中国家庭综合服务的现状与发展[A]. 载唐灿,张建主编. 家庭问题与政府责任:促进家庭发展的国内外比较研究[M]. 社会科学文献出版社,2013.

③ 刘继同,左芙蓉. "和谐社会"处境下和谐家庭建设与中国特色家庭福利政策框架[J]. 南京社会科学,2011,(6).

④ 陈卫民. 社会政策中的家庭[J]. 学术研究,2012,(9);吴帆,李建民. 家庭发展能力建设的政策路径分析[J]. 人口研究,2012,(4).

⑤ 胡湛,彭希哲. 家庭变迁背景下的中国家庭政策[J]. 人口研究,2012,(2).

⑥ 徐安琪. 家庭视角的社会政策[A]. 载张丽丽主编. 和谐家庭理论与实践探索[M]. 上海社会科学院出版社,2009;刘中一. 构建符合我国国情的家庭福利政策体系研究[J]. 社会保障研究,2011,(3);胡湛,彭希哲. 家庭变迁背景下的中国家庭政策[J]. 人口研究,2012,(2);吴帆,李建民. 家庭发展能力建设的政策路径分析[J]. 人口研究,2012,(4).

险在家庭成员(配偶、法定受抚养者)之间转移、延伸,以满足未就业或非正规就业家庭成员的需求。①

毋庸置疑,把家庭作为政策设计的关注点无疑会使我们能够"克服那种个体层面的、狭隘的、个人本位的政策设计……而去关注因为血缘关系、法定关系或者一起支撑家庭而派生出来的家庭关系和家庭结构"。② 但是,我们必须清醒地意识到,家庭视角仅仅是政策制定的一个视角而已,并非唯一视角,而且家庭视角也并不是万能良药,存在一定的风险与漏洞,也并非都能产生正面的、积极的政策效用。

首先,正如 Harding 所指出的,家庭是一个牵涉到强烈道德、情感、理想、价值的概念与机制,对家庭的支持政策常常容易令人产生道德恐慌。③ 如对特殊家庭提供补助引发不少人担心福利政策会鼓励人们的离婚、单亲行为,担心对老人的照顾服务会削弱子女赡养父母的伦理等。实际上,不只是中国的家庭政策面临着这样的道德风险,几乎所有的国家都面临着这种两难。在西方工业化社会,早在家庭政策研究诞生之初的 20 世纪 70 年代,就有不少研究者认为他们力求保护家庭的行为可能会威胁家庭的生存,由希望看到公共服务有助于增强家庭能力转变为担心太多的帮助会削弱家庭的责任感。④ 以家庭为单位还可能会出现一种具有中国特色的道德风险,近年来,华北油田职工为重新上岗、哈尔滨女教师为得到报销取暖费的"公平待遇"、各地为获取低保补助金及动拆迁款而出现的群体性离婚事件,⑤都反映出把家庭作为政策设计的单位可能反而会成为破坏家庭的元凶,或是有违社会公平。

其次,在家庭结构和家庭形式日益呈现多样性的情况下,家庭本位的社会政策的有效性日益变得不确定。西方福利国家的经验证明,家庭的不稳定和多元化,削弱了家庭的福利传送能力,许多人无法借由家庭获得福利国家的保

---

① 胡湛,彭希哲.家庭变迁背景下的中国家庭政策[J].人口研究,2012,(2);陈卫民.我国家庭政策的发展路径与目标选择[J].人口研究,2012,(4).

② K·博根施奈德,T·J·科比特.家庭政策:成为一个研究领域和社会政策分支[A].载上海社会科学院家庭研究中心主编.中国家庭研究(第 6 卷)[M].上海社会科学院出版社,2011.

③ 转引自许雅惠.家庭政策之两难——从传统意识形态出发[J].社会政策与社会工作学刊,2000,(6).

④ Kamerman, S.B. & Kahn, A. J., eds., 1978. Family policy: government and families in fourteen countries[M]. New York: Columbia University Press.

⑤ 吕青.社会政策转向与中国家庭政策选择[J].甘肃社会科学,2013,(1).

障，在这种情况下，福利国家开始调整自己的福利供给和保障方式，把以家庭为单位设计的福利供给和保障制度引入以个人为单位设计的轨道，即所谓的社会福利传送路径“去家庭化”，以实现社会福利对公民更有效的覆盖。① 因此，尽管西方福利国家日益重视把家庭纳入社会政策的视野之中，但不是单单透过以家庭为单位来设计政策，而是以在政策制定过程中充分考虑个人的家庭角色和家庭负担来实现的。

再次，家庭整体利益和家庭中个体成员利益并不总是一致的。例如，生育和抚育行为符合家庭、儿童的利益，但妇女却往往因此而遭受“生育惩罚”——工资损失、断裂的职业生涯、渺茫的晋升机会以及劳动力市场的排斥。国外的研究也显示，在欧洲福利国家，母亲的利益也经常被放在家庭利益、儿童利益的对立面，在公共辩论中有不少人持母亲外出工作会破坏家庭的稳定性、伤害她们的孩子的观点，认为她们把自己的生活、愿望和需求摆在家庭、孩子之前，是自私自利的、冷漠的。② 因此，过于强调家庭利益很可能会导致忽视个体的价值和自由。

最后，社会变迁导致的家庭价值观和家庭形式的变化，如何确定“家庭”变得越发困难，更不用说以家庭为单位来制定和实施政策了。例如，沈奕斐就以上海市世博大礼包政策为例，展示了中国社会有关“家庭”概念理解和操作的复杂性，以及由此产生的冲突和对公平性的挑战。③

第四节　讨论与展望

本章回顾了2010年以来关于中国家庭政策研究的热点和重点问题，我们发现，在经历了一个短暂的繁荣期后，家庭政策研究又进入一个相对平缓期。从研究领域来看，家庭政策作为一个独立的知识领域还没有被广泛认可，在整个社会政策研究中家庭还是一个较少被提及的概念，至今也未见开设家庭政

---

① 陈卫民.我国家庭政策的发展路径与目标选择[J].人口研究，2012，(4)；陈卫民.社会政策中的家庭[J].学术研究，2012，(9).

② Kremer，M. 2007. How Welfare States Care：culture，gender，and parenting in Europe[M]. Amsterdam University Press.

③ 沈奕斐.社会政策中的家庭概念——以上海市世博大礼包政策为例[J].社会科学，2010，(12).

策的课程。从实践来看,正如中国家庭政策研究发端之初张秀兰、徐月宾所指出的,尽管家庭在中国社会转型的过程中为社会成员提供了最重要的社会保护责任,但却很少得到政府和社会的支持。虽然2011年政府就提出了要发展家庭能力,但家庭还是很少成为政策制定的视角。

当然,我们也需要看到,中国的家庭政策研究是一个年轻并且在缓慢进步的领域,而且,随着给予的经费支持和鼓励加大,我们相信研究者对家庭政策的研究会取得更大的进展。在这里,我们简单地指出我们认为亟须未来研究去解答的关键问题。

首先,继续寻找把家庭政策提升为一个研究领域的合法性。除了人口变迁所导致的家庭和社会后果外,还要探究在中国的现代化、工业化、城市化过程中家庭领域内部发生的革命性变化,以及这些变化产生的难以由传统家庭、社区或市场因应的新的、迫切的社会问题和政策需求。如有研究者就提及在"以个人为单位的社会"到来的今天,家庭生活只是一种生活方式,这既是个体应对现代性的策略方式,也提供了公共政策制定的现实依据和价值取向。① 这种个体价值观层面上的家庭变革及动态,以及这种变革与公共政策之间将产生哪些相互影响,是今后需要深入探究的。

其次,自家庭政策概念被提出来以来,中外学者至今仍未在定义上达成共识,不过尽管定义很重要,但在研究和行动方面,目前该领域发展的首要任务是在家庭政策的内容上达成一定的共识,因为"只有知道什么是家庭政策、什么不是以及它有什么作用,才能衡量出到底进步了多少"。②

再次,家庭政策是一个广泛的公共政策领域,包括但绝不仅限于弥补家庭功能的不足,它通常还是解决就业、反贫困、儿童福利和发展、性别平等、人口等多个政策领域问题的工具,③研究者需要在更大的视野下开展研究。令人欣喜的是,已有研究者在朝这些方向努力,如人口流动背景下的家庭福利政策,④以发展型家庭政策作为预防青少年犯罪的切入点,⑤构建发展型婚姻家庭政策

---

① 吴小英.公共政策中的家庭定位[J].学术研究,2012,(9).

② Bogenschneider, K. 2000. Has Family Policy Come of Age? A Decade Review of the State of U.S. Family Policy in the 1990s[J]. Journal of Marriage & Family, 62(4).

③ Lewis, J. 2009. Work-Family balance, gender and policy[M]. Edward Elgar Publishing Limited.

④ 顾江霞.家庭生命周期视角下的农民工家庭福利政策构建[J].中州学刊,2013,(11).

⑤ 杨静慧.发展型家庭政策:预防青少年犯罪的有效切入点[J].国家行政学院学报,2013,(5).

来促进性别平等，[①]通过家庭政策增进女性公平就业权利。[②]

最后，随着对民生问题的关注，政府作了许多面向家庭的政策的努力，近年来公共财政对家庭投入的力度不断加大，但这些努力和投入很少（甚至可以说是几乎没有）成为研究的主题。回顾过去5年的研究，我们发现，大多数的研究还处于对家庭政策进行泛泛而谈的议论和提议阶段，有关家庭如何受到这种政策的影响的研究还非常有限。"获取家庭政策总体状况的方法之一是看一个国家的财政支出，它能给我们指出家庭政策在社会支出中的位置、变动及特征"，[③]研究者下一步的任务是进行深入的经验研究，打破停留在理论层面的、一般化的现状。

（张　亮）

推荐阅读

1. 张秀兰，徐月宾. 建构中国的发展型家庭政策[J]. 中国社会科学，2003，(6).

2. 胡湛，彭希哲. 家庭变迁背景下的中国家庭政策[J]. 人口研究，2012，(2).

3. 陈卫民. 社会政策中的家庭[J]. 学术研究，2012，(9).

4. 唐灿，张建主编. 家庭问题与政府责任：促进家庭发展的国内外比较研究[M]. 社会科学文献出版社，2013.

思考题

1. 家庭政策能够给社会政策和社会干预带来哪些有益的视角？

2. 家庭政策可能存在哪些价值冲突？

---

① 卢文玉. 论社会性别视角下发展型婚姻家庭政策的构建[J]. 法制与社会，2014，(3).

② 潘锦棠. 向公共家庭政策要妇女公平就业权利[J]. 湖南师范大学社会科学学报，2015，(1).

③ Kamerman, S. B. & Kahn, A. J., eds., 1978. Family policy: government and families in fourteen countries[M]. New York: Columbia University Press.

第六章 残障社会政策的理论范式及在中国的走向

根据中国残疾人联合会的最新统计，我国现有各类残疾人总数已达到8 500万人，直接涉及家庭人口2.6亿。[①] 尽管多年来我国的残疾人事业取得了令人瞩目的成就，改变了众多残疾人的生活和命运，但是由于身体心理的伤残以及社会环境的障碍，残疾人的总体生存状况与社会平均水平相比还有较大差距，甚至近年来有些差距还有继续扩大的趋势。由中国残疾人联合会发布的《2013年度全国残疾人状况及小康进程监测报告》显示，2013年，全国残疾人家庭人均可支配收入仅是全国平均水平的56.2%，差距明显。[②] 作为如此庞大的社会人群，残疾人所享有的社会保障、公共服务和社会福利，自然成为我国社会政策关注和扶助的重点，相关的残障社会政策也成为社会政策体系中的重要组成部分。

经过30多年的改革开放与社会财富的急剧增长，当今中国的社会结构与利益分配格局已发生了深刻变迁。总体上我国已告别了短缺经济阶段，政府对社会矛盾和社会稳定的重视，公众对困难人群的关注，舆论对社会公平的呼吁，以及一系列社会政策的出台，都标志着我国正在实现由经济政策时代向社会政策时代的战略转变。如何有效保障残疾人的基本生活和特殊需求，不断改善残疾人的生活、教育、就业状况，保证残疾人共享经济增长和社会发展的成果，既是中国社会政策体系建设的题中应有之

---

① 中国各类残疾人总数达8 500万[EB/OL]. www. chinanews. com.

② 陈功，吕庆喆，陈新民. 2013年度全国残疾人状况及小康进程监测报告[J]. 残疾人研究，2014，(2).

义，也是国家现代化发展的客观要求。

由于关于残障社会政策的政策理念、政策目标以及政策工具等，都建构于残障的基本定义和理论范式之上，因此，厘清残障的概念模式和理论框架及其在中国残疾人事业发展中的作用与路向，将有助于中国特色残障社会政策的创设、创新、实施与发展，其意义之重大显而易见。

本章对中外文化背景下的残障理念及其发展演变进行了分析比较，介绍了国际社会主流的残障定义与理论模式及建构其上的残障社会政策特征，最后对相关残障理论在中国残障社会政策和残疾人事业发展中的实践运用进行了概括和总结。

第一节　中外文化语境下的残障解读

残障是人类的伴生现象，残疾人是人类多样性的组成部分。人们对残障及残障人群的理解和定义是一个渐变的过程，同步于社会生产力及文明进步的水平，既受到不同的国家、民族、宗教和文化的影响，又具有人类认知的共性特征。残障观念的变迁，实际上凸显了人类对人本身认知的拓展，是人类文明和社会进步的标志。

一、中国人对残障的理解与态度

自古以来，中华民族就有扶弱、济困、助残的传统美德。《周礼》中有“慈幼、养老、赈穷、恤贫、宽疾、安富”的思想，而“乡田同井，出入相友，守望相助，疾病相扶持”（《孟子·滕文公上》），以及“人不独亲其亲，不独子其子，使老有所终、壮有所用、幼有所长，鳏寡孤独废疾者皆有所养”（《礼记·礼运》），更是儒家仁爱思想的突出体现。这些都是我国古代残疾人观的宝贵思想财富。

由于儒家文化在中国的影响源远流长且根深蒂固，因此，中国传统社会对待残疾人的态度相对西方社会而言更为世俗、直观和淳朴。社会大众大都对残疾人怀有怜悯恻隐之心，认为他们是不幸或可怜的人，处于弱小、卑微、困顿的社会处境，需要别人的怜悯、同情和照顾。历代统治者更是将对残疾人的赡养、赈济、优抚视作国家的道德义务。因此，这种基于仁爱思想和氏族血缘关系的社会管理方法在一定程度上保证了残疾人最基本的生活保障。但是，在长期封建落后的旧中国，迷信和无知是难免的，残疾常常被看成是“天意”，是

"前世作孽"的"因果报应",残疾人往往被视为"废人",是家庭和社会的累赘,绝大多数残疾人遭到不同程度的压迫和歧视,过着低人一等的生活。

19世纪中期,进入中国的传教士开始创办残疾人机构,掀开了中国残疾人事业新的一页;政治家、思想家介绍西方残疾人事业的理念及成果,批判旧传统,提出了新理念。民国成立后,传教士创办的残疾人事业进一步发展,而以张謇、陆伯鸿为代表的实业家从国家建设和社会发展的角度定位残疾人事业,在理论和实践上都取得了重大发展。五四运动之后,残疾人的人权及国家应尽责任的理念得到了社会确认,国人要求自主发展的自觉性进一步提高,促使近代残疾人事业的中国化、普及化。①

新中国建立,苦难深重的残疾人在政治上获得了解放,开始走向新生活。社会对残疾人的认识也发生了本质上的变化,残疾人的公民权利和人格尊严开始得到承认和尊重。但是,由于社会历史条件的局限,残疾人主要被视为同情和照顾的对象,平等参与社会的问题尚未得到足够的重视。改革开放以来,我国社会发生了深刻的变革,残疾人事业乘势而起,迅速发展,人道主义思想在新的更高层面上被重新认识,形成中国特色的现代文明社会的残疾人观。②

由于中国历史上经历了长达几千年的封建社会,传统中国文化中的残障理念是建立在"仁义道德"、"安抚子民"和"哺育百姓"的慈恩思想之上,强调的是救助者的角色和至上权威,因此残疾人作为被动的救助接受者,缺少自主独立的人格和发言权,自然也无法发展出残疾人的人格平等观念。这种单向的、慈恩式的残障思想对中国社会的影响极其深远,即使在当代中国,以人道主义为旗帜的各地残疾人事业和残疾人社会政策,依然摆脱不了帮困济贫的施恩色彩。比如,在为残疾人提供教育、康复和就业帮助时,常常没有考虑到残疾人自身的意愿,缺乏残疾人的积极参与,使残疾人处于被动接受救济、照顾的状态。

传统残障理念更强调"残疾人"的特殊性而非其作为"人"的一般性,强调对残疾人的特殊保护而非平等参与,这种"标签化"的做法,无疑将残疾人与"正常人"区分开来。因此,尽管我国一直强调残疾人的社会参与和自尊自立,但残疾人的社会政策和公共服务一直以制度形式将残疾人与正常人隔离开

① 陆德阳.近代中国残疾人事业发展的三个阶段[J].探索与争鸣,2012,(8).

② 第29届奥林匹克运动组织委员会.北京残奥会志愿者培训教材[M].北京出版社,2008.

来，比如特教学校和福利工厂的设置等，实际上造成了残疾人的社会隔离和社会退却，最终导致残疾人的边缘性地位没有得到根本改变。①

此外，对残障人群的称呼问题也反映出残障理念的社会影响。众所周知，我国从 20 世纪 80 年代后期取消了“残废人”一词的官方使用，打破了残和废的人为关联，在其后至今的所有法律条文和官方文件中，均采用“残疾人”这样的称呼，这显然是一次认识上的重大进步。但是，在 21 世纪的今天，国际社会已普遍采用“残障者”或“身心障碍者”的称谓，“残疾人”一词与先进的残障理念已经明显脱节。尽管“残障者”和“残疾人”的概念内涵与外延有重叠的地方，但其本质是有区别的。根据世界卫生组织对国际残障分类（ICF）的理念，“残障者”是指因身心条件和社会环境不协调而处于障碍情境中的任何可能的社会人，是普适性的名称，体现了当代社会思潮中“正常化理论”的语境和趋势。② 而在我国《残疾人保障法》中，“残疾人是指在心理、生理、人体结构上，某种组织、功能丧失或者不正常，全部或者部分丧失以正常方式从事某种活动能力的人”。由此可见，“残疾人”称呼的实质是个体身心异常而无法正常生活的“病人”，是特殊人群的专属名称，蕴含了标签化和污名化的特征，与国际社会倡导的残障理念存在明显差距。近年来，“残疾人”的称呼已经遭到国内外部分学者的严重质疑。

令人欣慰的是，近年来越来越多的学者开始关注和讨论中国残障概念的更新和发展。郑功成③从分析致残原因的角度提出残疾责任的社会分担。因为致残的原因主要包括遗传发育因素、环境行为因素和疾病伤害因素三大类。在先天性致残者中，既有遗传发育因素造成的，也有环境行为因素造成的；在后天性致残者中，则多是因环境行为因素或者疾病伤害因素所导致。毫无疑问，包括职业伤害、交通事故、医疗事故、环境污染等各种因素导致的残疾，应当属于社会因素与社会责任的范畴。据统计，社会因素而非个人、家庭责任导致的残疾其实构成了残疾人群体的大多数。因此，继续维护传统的个人与家庭责任的观念，显然与现阶段残疾人群体结构及致因的社会属性相脱节。同时，从社会公正的角度出发，因照顾家庭中的残疾人而损害其他家庭成员的正

---

① 杨立雄.中国残疾人社会政策范式变迁[J].湖北社会科学，2014，(11).

② 胡仕勇.残障者社会保障理论发展史论纲[J].武汉理工大学学报(社会科学版)，2012，(6).

③ 郑功成.残疾人社会保障：现状及发展思路[J].中国人民大学学报，2008，(1).

常生活与工作，也是有违社会公正的，家庭成员之间的福利保障与福利增长也需要符合帕累托最优原则。

颜青山[①]通过分析对残疾人事业发展的伦理学原则，提出了发展残障理念的三种理由：一是从每个人自身利益出发考虑的，因为从统计学看，致残者是随机的，每一个健全人都有致残的可能，促成残疾人权益保障实际是对社会全体成员的保障；二是关于国家义务的，由于残疾人是生活着的人，因而在经济上也是消费者并由此通过缴税而成为纳税人，税收是国家公共事务的经济基础，因而残疾人也应当像其他纳税人一样享受适应于他们自身的公益服务；三是保障残疾人权益有助于形成一个良性的社会精神环境，这种环境对稳定社会秩序是有益的，从而有利于全体社会成员。

还有很多学者认为，残疾不是残疾人的专利，每一个健全人都有可能遭受健康受损的磨难和不同程度上的"残疾"。既然如此，社会就不应该歧视残疾人的心理或生理劣势，因为歧视残疾人就意味着歧视自己。理解、尊重、关心、帮助残疾人，使他们能够平等地参与社会公共生活，不仅是社会道德层面的要求，更是社会文明的表现。[②]

二、欧美国家残障意识的革命性发展

和古代中国不同，19世纪以前的西方封建社会对残疾的认识是带有浓厚宗教迷信色彩的。在西方文明中，形与神须兼而有之，古希腊语的"卓越"一词，便意味着"高尚的灵魂寓于健壮的体魄之中"，缺乏健全的形体，便无法成为最具有美德的公民。[③] 因而，残疾人长期被看成是上帝的惩罚或是人类的异类，残疾是被恶魔选中的标志，是个人的悲剧和家族的负担，残疾人常常遭到排斥、驱赶、囚禁和伤害，尽管也有少数残疾人被当做神灵的化身而受到顶礼膜拜，绝大多数西方国家的残疾人一直生活在黑暗与痛苦之中。

文艺复兴和宗教改革运动开启了欧洲的人权思想和人道主义，推动了人们对残疾认识的改变。进入工业社会尤其是现代文明以后，西方社会对残疾的理解发生了质的飞跃，增添了新的内涵。在欧洲两次世界大战之后，残疾士

---

① 颜青山.残疾人事业的伦理学辩护及其限制[J].湖南师范大学社会科学学报，2007，(5).

② 童星.残疾人社会政策的基点[J].甘肃社会科学，2013，(1).

③ 陶涛.残障人问题对罗尔斯正义理论的挑战[J].伦理学研究，2010，(4).

兵重返社会以及经济高速发展带来的劳动力短缺，刺激劳动力市场开始雇用一些残疾人士，从而推动了政府行政机制将注意力转移到残疾问题的社会意义上来。从19世纪到20世纪早期，欧洲对待残疾人的观念逐渐从漠视向关注转化，最主要的进步就在于改善残疾人的医疗条件，建立专门的教育机构以及膳宿护理处等。在20世纪60年代末，几乎所有的西欧国家都开展了包含立法在内的积极促进残疾人就业的行动。这种直面残疾人生理和生活保障的态度无疑在当时的欧洲是一种文明的进步。

20世纪70年代以后，随着西方发达国家的科技进步、经济快速增长和人权思想的发展，残疾人越来越关注自身的权益。在社会保障制度建设的同时，科学技术的进步也带给了残疾人更多的生活空间，诸如盲文、助听器和轮椅的普及使用，使得功能得以补偿恢复的残疾人开始思考独立的、积极的生活方式。与前时代相比，这一时期残疾人所追求的不仅仅是经济上的保障，还有与正常人一样的独立、自主的自我意识和公正、公平的社会机会。这种思想的首倡者是以美国伊利诺斯州和加利福尼亚的伯克利为代表的残疾人群体，他们提出"独立生活"(Independent Living)运动，即反对外部不顾残疾人需求的强制性干预，反对所谓的施舍，强调消除歧视残疾人的不公平行为。

自20世纪80年代开始，欧美等国较早地实施了从观念、制度到行动的转变，为残疾人的权益保障提供了法律上、组织上和物质上的准备。与此同时，美国的《残疾人法案》及欧盟的《阿姆斯特丹条约》《欧盟就业指令框架》等成为反歧视领域强大的法律依据。至此，除了对残疾人个体的关怀之外，欧美等发达国家对于残疾事业的理解逐渐转向于残疾人群体的社会融合，打破残疾人特殊群体与大众社会间的藩篱，把残疾作为正常社会现象的理解进一步延伸至残疾人正常融入社会生活的范畴。

第二节　国际社会关于残障的定义框架

随着全球市场的建立和西方主流文化的传播，欧美发达国家的残障理念逐步影响了一些权威的国际组织，并形成了得到多数国家认同的国际残障价值观念。例如残障不再是某个群体的专属概念，残障者拥有同样平等的权利，以及造成障碍的社会原因分析，等等。残疾人融入社会生活、共享社会成果已经在国际社会达成共识，并从残疾人平等参加社会生活和融入社会的角度出发,颁布了多项有关残疾人权利和康复的国际规则公约和决议等。其中,联合国与世界卫生组织对残障的定义是最具有代表性的,直接反映了国际社会主流残障理念及其流变。

一、1980 年 WHO 的残障相关定义

1980 年,世界卫生组织(World Health Organization, WHO)颁布了《国际残疾分类》(ICIDH),其中提出了三个有关残障的用语:伤残(impairment)、残障(disability)和障碍(handicap)。"伤残"指的是个人心理、生理或解剖结构功能上的缺损或异常;"残障"指的是因"伤残"而造成其在表现一般正常活动时能力的丧失或限制;"障碍"指的是因"伤残"或"残障",在扮演社会一般正常角色时,产生阻碍或处于不利状态。而且,在残障的解释框架中,伤残、残障和障碍的因果关系是递进式的(如图 3-6-1 所示)。由此可见,直至 1980 年,以 WHO 为代表的国际社会对残障的解释还是依据残障者个体能力的缺失或者功能受限的情况。遵循这种个体模式的思维逻辑,体能的复健被列为解决伤残、残障或障碍问题的首要策略。

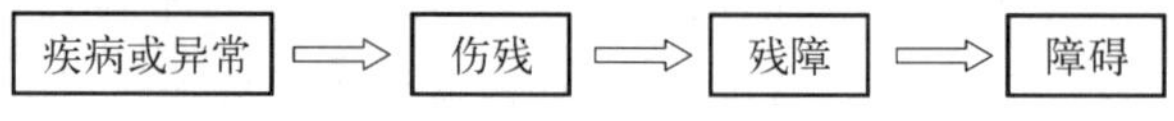

图 3-6-1 1980 年 WHO 提出的残障解释

资料来源:http://www3. who. int/icf/icftemplate. cfm? myurl = training. html&mytitle =Training%20Materails.

然而,1980 年 WHO 的残障模式提出之后,各国的残障研究者对此进行了讨论、批评和反思,许多人并不赞同 WHO 对伤残、残障和障碍三个用语的定义,以及从伤残到障碍之间必然的因果关系。①

二、2001 年 WHO 的残障系统新框架

2001 年,WHO 对原有的三个基本用语加以澄清与修正,提出了对"残疾"或"障碍"的系统性观点与分类系统,即《国际功能、残疾与健康分类》(International Classification of Functioning, Disability and Health, ICF)。

---

① 廖慧卿,杨罗观翠. 基于残障概念模式的残疾人就业政策目标评价[J]. 华中科技大学学报(社会科学版),2012,(2).

ICF 的主要目标是要提供一个全球统一的标准术语及架构，用来描述人类健康状况，以及与健康有关的功能及其受限的情况。具体而言，ICF 分类系统包括两部分：第一部分由身体功能改变、身体结构改变、能力及活动表现构成；第二部分由个人和环境中的有利因素与障碍因素构成。

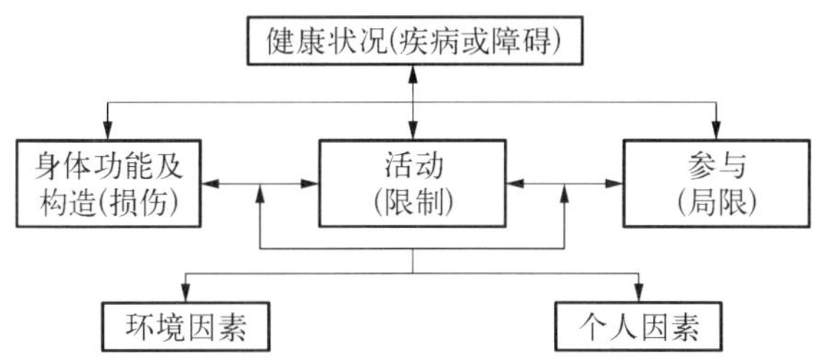

图 3－6－2　2001 年 WHO 公布的 ICF 新框架

资料来源：何侃. ICF 理念下我国残疾人服务体系建设的趋向分析[J]. 残疾人研究，2011，(4).

学术界普遍认为，ICF 的推出，标志着国际社会主流观点将环境和社会因素纳入残障的定义和框架之中，这也是残障社会模式对西方发达国家巨大影响力的证明。归纳来看，ICF 对国际残障理念变革的最大贡献体现在以下两方面：

其一，残障是一种普遍性的人类体验。ICF 将残障置于健康状态的架构下进行讨论，认为每个人在一生中都有可能经历健康状况受到威胁而形成残疾，当然也有可能得到康复和矫治。因此，所谓“残疾”或“障碍”不再是特殊人群的少数经验和一成不变的固定状态，而是一个面向所有人群的、普适的和动态的概念。

其二，残障是个体生理心理条件与社会环境状态互动的结果。有“残疾”或“障碍”的人，不应称为“残疾人”，而是“处在障碍情境中的人”。只要环境不改善，任何人都有可能因为身处不良环境中而遭遇障碍。因此，克服障碍不能仅仅是改造与矫正残疾人个体的身心状况，还必须将改善社会与环境也列入社会意识和政策行为之中，让更多的人因为环境的改善而消除障碍。①

2001 年，在世界卫生大会上，我国和其他 190 个成员共同签署了协议，同意采用 WHO 提出的 ICF 划分标准，这表明中国政府完全接纳 WHO 关于残

① 何侃.《世界残疾报告》对我国残疾人事业发展的启示[J]. 南京特教学院学报，2012，(1).

障的新的概念定义和理论框架。但是，这种体认仅仅是开始，传统残障观念的改变并非一蹴而就，我国在社会政策和大众理念等各个方面依然存在着对残障认识的模糊不清。有学者认为，这种认知的缺失和工作的缺位并不意味着社会对残疾人问题的热情不够，而在于理解不深和理性不足。①

第三节　主要的残障概念理论模式及其演变

在人类社会发展的不同阶段，存在着对残障的不同看法和解释，这些残障概念导致残疾人社会管理方式的产生，同时又被残障社会管理的实践所影响。学术界对这些概念和解释进行科学归纳和建构之后，形成了多种视角的残障概念理论模式，如医疗模式、慈善模式、道德模式、压迫模式、多元主义模式、社会建构模式等。20 世纪后期至今，西方国家一直持续着关于残障概念模式对社会政策和社会服务的影响的讨论，这种讨论不断丰富和发展着国际前沿的残障理论成果，也引起越来越多中国学者的关注和跟进。目前，得到大多数学者认同的几种主要的残障概念模式分别是个体模式、社会模式、人权模式和整合模式，而且这些模式存在时间上的继承性，反映了国际残障理论研究发展的轨迹。

一、个体模式(Individual Model)

残障概念的个体模式，其主要含义和医学模式(Medical Model)以及生物医学模式(Bio-Medical Model)是一致的。该模型聚焦于残疾人的个体本身，从生物医学的角度，把个人在身体、精神和智力等方面的损伤或功能缺失视为是非正常的，不仅是导致残疾的主要的甚至唯一的原因，而且是医学治疗或矫正的对象。因此，社会应对残疾的方法和途径：一是康复治疗；二是慈善照顾，目的是消除这种个体的生物医学异常。康复治疗的权威决策者是医生和医学机构，慈善照顾的决策者是政府和社会慈善机构，残疾人必须仰赖医疗机构的专家、政府或慈善组织的决策者，来决定如何解决他们的残障问题，比如“应该怎样治疗、就读什么样的学校、参加什么样的社会活动、居住在什么地方”，等等。

① 梅运斌，王国英．残疾观的演变：欧洲的例证与启示[J]．兰州学刊，2008，(4)．

由此，又衍生出“慈善模式”、“专家模式”、和“康复模式”等。[①]

由于古代欧洲社会对待残疾一向采取漠视的态度，因而从19世纪到20世纪早期，欧洲各国开始关注改善残疾人的医疗条件、建立专门的教育机构以及膳宿护理处等就被认为是“医疗模式”残疾观的确立，也是欧洲文明的一大进步。[②] 同样，在世界其他国家包括中国，残疾个体模式在很长时期内占据了残疾人社会政策和社会服务领域的统治地位。

然而，在今天看来个体模式的局限性是显而易见的。在个体模式的概念之下，残疾人作为治疗和救助的对象，只能被动地接受安排而失去了选择生活的自主性，残障社会政策带有明显标签化和污名化的特征，助推了对残疾人的社会排斥和社会隔离。[③] 尽管个体模式遭到了包括残疾人群在内的社会大众普遍地批判和抵制，但其影响仍然随处可见，至今仍形塑着许多国家的社会政策和福利体系。

二、社会模式

社会模式（Social Model）最早由英国“身体损伤反隔离联合会”（The Physically Impaired Against Segregation Union, UPIAS）于1976年提出，后来引起国际社会的强烈反响。20世纪80年代后在英国迅速传播，并被政府采纳，成为政策制定和服务供给的价值理念和指南。以后，社会模式也为WHO所接受，进而发展成为解释残障的一个主流概念模型。

残障社会模式彻底颠覆了个体模式和生物医学模式的思维，把目光从残疾人个体的身体、精神和智力等生物医学异常状态转移到残疾人所生活的社会环境，认为残疾本身是社会结构给残疾人带来的障碍，是社会歧视残疾人的结果。残障社会模式强调，真正把残疾人置于不利地位的不是残疾人的身体或精神状况，而是社会对残疾人的反应，是社会未能有效地包容人与人之间在身体、精神和智力等方面的差异。例如，一些残疾人不能进入主流学校接受教育，不是因为这些残疾人自身的残疾，而是因为学校缺乏有相应资格的教师或可容纳性的教室；一些残疾人被排除在劳动力市场之外，可能只是因为公共交

---

① 曲相霏.《残疾人权利公约》与中国的残疾模式转换[J]. 学习与探索，2013，(11).

② 梅运斌，王国英. 残疾观的演变：欧洲的例证与启示[J]. 兰州学刊，2008，(4).

③ 廖慧卿，杨罗观翠. 残障概念模型与残疾人集中就业政策工具研究[J]. 华南师范大学学报（社会科学版），2011，(5).

通和工作场所的无障碍环境和服务欠缺,或者是人们观念上认为这些残疾人没有工作能力,等等。想要减少残疾,首先就要改造社会,使我们的社会能够容纳有损伤的人,正如2010年联合国《残疾人权利公约》所绘就的社会改造路线图那样。

社会模式的提出是残障观念的一次革命,它从社会因素的角度来解释残障,主张积极的社会干预,通过法律、政策、社会行动而改变社会结构,破除对残障人士的社会排斥,推进残疾人的社会融合,对当今乃至未来全球残疾人事业的发展产生着重大和深远的影响。近年来,欧美国家相关的法令与政策明显地由残障的个体和医疗模式转向社会模式。

中国自2001年在世界卫生大会上签署了同意采用WHO提出的ICF划分标准的协议,实际上就是认可了残障社会模式的核心地位。在此之后10多年的残疾人事业实践中,中国政府一直在努力践行改进社会环境、促进残健融合的执政理念。

三、人权模式

残障概念的人权模式(Human Rights Model)是国际人权理论不断丰富与发展的结果。在人权理论的框架下,残疾人拥有与健全人完全相同的"因其为人而应享有的权利"。2006年12月,联合国宣布了《残疾人权利国际公约》(以下简称《公约》),期许各国政府能够负起责任,以社会政策及制度建设,为身心障碍者提供一个更没有外在障碍的环境,实现"充分"参与的基本人权。《公约》的一个突出贡献就是开创了残疾人权模式,确立了残疾人的人权主体地位,并以有约束力的国际公约形式保障残疾人的人权。

严格意义上说,残障人权模式是残障社会模式的延展和提升。《公约》支持残疾的"社会模式",并在"社会模式"的基础上明确地指出残障问题是一个人权问题。《公约》认为,残疾人首先是一个人,一个与其他人平等的人,一个与其他人一样享有全部人权的人。残疾人享有固有的生命、自由和尊严,应当充分参与社会生活的方方面面,并在需要照顾的时候有权得到合理照顾。残疾人不再仅仅是生物医学研究、治疗、矫正的对象和慈善扶助的对象,作为人权的主体,残疾人有权要求进入主流学校接受教育,有权要求政府为他们提供公共交通服务和公共无障碍环境,有权要求社会消除对他们一切形式的歧视,有权要求国家排除妨碍他们享有和行使人权的一切政治、经济、法律、社会和环境障碍，从而使他们能够充分地享有和行使人权。因此，残障人权模式被认为是保障残疾人权益的最先进的模式。

《残疾人权利公约》是联合国九大核心国际人权公约之一，也是中国已经批准实施的一项重要的国际人权公约。中国作为该《公约》的缔约国，于2010年8月30日向联合国残疾人权利委员会提交了首次报告；2012年9月18日和19日残疾人权利委员会审议了该报告，并于9月28日通过了结论性意见。在该结论性意见中，残疾人权利委员会对中国的残疾模式提出了批评。委员会认为，中国的法律以及人们长期惯用的术语都广泛采用残疾"医学模式"，而没有采纳《公约》中的"人权模式"。因此，残疾人权利委员会敦促中国引进残疾的"人权模式"，完成残疾人权利保障的模式转换。①

四、整合模式

整合模式（Integrated Model）是近年来学术界对残障概念新的理解，目的是修正社会模式对残疾人个体伤残的客观事实的忽视，力图兼容个体模式和社会模式。整合模式认为，个体模式和社会模式体现的是两个不同层次的诉求，在理论主张上可以不相互矛盾，两者是有可能并存的。首先，整合模式对1980年WHO关于残障的三个基本用语"伤残"、"残障"、"障碍"重新进行了定义，不同之处主要在于对"残障"和"障碍"的解释上。整合模式认为残障是指因伤残状况恶化，或社会环境中存在障碍而造成的任何内在、外在或者交互上的限制。这无疑扩大了对残障来源的理解，同时兼顾了个体因素和社会因素。本来，障碍（handicap）一词在英语中由于字义隐含歧视，已被社会模式的主张者弃之不用，而整合模式对之进行了新的诠释，指纯粹因为外在社会压迫或障碍所造成的不利状态，即是外在因素，那么所采用的介入方式为社会策略。②

残障整合模式在坚持人权的基础上，正视个体伤残的客观现实被认为更为务实和理性。尽管这一模式目前的研究成果不甚丰富，但是已得到包括一些残疾人学者的关注与推崇。一些国外最新的研究成果在我国已有少量出版。也有中国学者提出了"增能型社会模式"，其实质与整合模式不谋而合，即在认同改造社会环境、消除环境障碍的同时，强调残疾人个体状况改善的重要

① 曲相霏.《残疾人权利公约》与中国的残疾模式转换[J].学习与探索，2013，(11).

② [台]林淑玟.整合残障概念模型之初探[J].特殊教育与复健学报（台湾），2007，(17).

性，综合社会和个人两方面的努力，国家除了尽力消除种种社会限制和障碍外，还应该采取措施充分发挥残疾人个体的能力，而不仅仅是被动地期待由外部力量来消除环境的障碍。①

除了上述经常被讨论的残障概念模式之外，也有学者用“三段论”来划分残障理念的历史演变，即先天宿命论、个体残损论和社会缺位论，每个阶段都对应着关于残障的理论模式和政策视角。所谓先天宿命论将残疾视为一种命运的安排，是一种因果报应，甚至被视为个人甚至家族的一种耻辱。个体残损论认为残疾是个体的悲剧，残疾问题的根源在于残疾人个体，只有残疾人的残损消除或者康复了才能带来问题的解决。对应这种理念的政策模式有医学模式、专家模式、康复模式、经济模式和慈善模式等。而社会缺位论认为残疾问题的根源存在于社会和环境当中，残疾是社会应有功能缺失的产物，是社会压制和偏见歧视的结果，这种理念反映了残疾人权利意识和自我认同的增强，要求改变社会架构和运作方式以改变残疾带来的问题。对应该理念的政策模式有：人权模式、社会模式、社会适应模式、消费者/赋权模式、肯定性模式等。②

五、不同概念模式的残障社会政策比较

社会政策的功能是满足社会需要和解决社会问题，而任何社会问题总是发生在一定的社会经济背景之下，具有鲜明的历史和文化内涵。不同的社会价值观念决定了社会政策的取向。③

社会对残障的价值观念反映在对残障的解释定义和残障概念模式上。在不同的残障概念模式框架下，残障社会政策的目标、工具及后果必然是不同的。廖慧卿、杨罗观翠④对不同残障概念模式下的残障社会政策体系进行了比较，其中包括残障社会政策的哲学基础、对残障的解释、残障的责任主体、政策作用机制、政策手段和政策后果几个方面。比如，坚持个体模式观点的残障社会政策，其目标设定在改善残疾人个体状况的可能性上面；社会模式和人权模

① 兰花.我国残疾人社会福利制度重构研究[D].南开大学博士论文，2008.

② 郑雄飞.残疾理念发展及“残疾模式”的剖析与整合[J].新疆社科论坛，2009，(1).

③ 杨团.社会政策的理论与思索[J].社会学研究，2000，(4).

④ 廖慧卿，杨罗观翠.残障概念模型与残疾人集中就业政策工具研究[J].华南师范大学学报(社会科学版)，2011，(5).

式支撑的政策，锚定的则是残疾人个体之外的社会障碍的破除和绝对平等的社会权利分享；而整合模式的政策目标是兼顾残疾人个体的复健、增权以及社会障碍的消除，实现个体与社会的融合。

表 3-6-1　不同残障概念模式下的残障社会政策体系比较

残障社会政策体系	残障理论模式		
	个体模式/医疗模式	社会模式/人权模式	整合模式
哲学基础	人道主义，权利等级	公民权利	公民权利
残障解释	个体的功能丧失，对常模的偏离	社会压迫和社会排斥的结果	因个体因素或社会因素造成的任何限制
残障责任	个人及家庭	政府/社会	个人/政府/社会
作用机制	市场/社会政策	政治/社会政策	市场/政治/社会政策
政策手段	针对个体，标签化，医疗复健	积极的社会干预	兼顾个体复健、增权和社会干预
政策后果	社会隔离，社会排斥	忽略个体伤残而造成新的社会剥削	个体与社会的融合
以就业政策为例	庇护性就业，注重就业率	反就业歧视，创建无障碍就业环境	重构适合残障者身心的就业体系

资料来源：廖慧卿，杨罗观翠. 基于残障概念模式的残疾人就业政策目标评价[J]. 华中科技大学学报(社会科学版)，2012，(2).

第四节　残障理论发展在中国社会政策中的映射

我国学术界对残障问题的关注和研究起步较晚，公开的理论成果直至 20 世纪 90 年代方见诸报端。但是，随着近年来我国残疾人事业的快速发展和残障社会政策的频繁出台，国内学术界对残障社会政策的研究已从制度设计的视角开始关注符合中国残疾人事业现实的残障理念和原则，并对基于中国历史文化和社会实践的残障理论进行归纳和提炼，更有学者进行宽视野的国际对比研究。

一、相关文献梳理

在国内有限的论及残障社会保障理论专著中，大多从不同的学科视角展开论述。例如余向东[①]从残障者社会保障法律制度角度论及相关理论。在其论述中,他阐明了残障社会保障理论基础有人道主义理论、公平正义理论、人权保障理论以及现代残疾人观等。同时在论及残疾人社会保障基本理论模式中论述了先天宿命理论模式、个体残损理论模式以及社会缺位模式等。马洪路[②]从残障者社会工作的角度论及了残障者社会保障相关理论。他把残障相关理论分为四块:残障的发生理论、残障的预防理论、残障的社会参与理论以及残障的扶助理论等。李迎升、厉才茂[③]从社会保障角度论及残疾人社会保障理论,其论述主要围绕着残障医疗模式理论与残障社会模式理论的历史演变过程及其对比展开。

在国内论及残障者社会保障理论的学术论文中,大多从特定时期和特定的区域去展开论述。例如梅运斌、王国英[④]在分析现代欧洲残疾观的演变过程中,重点论述了残障医疗模式理论与残障社会模式理论的发展演化过程,20 世纪 80 年代以前的残障理论是由个体残疾理论向社会参与理论过渡,20 世纪 80 年代以后的残障社会模式理论则更强调正常化理论与社会融合理论。李莉、邓猛[⑤]在对近现代西方残疾人社会福利保障的价值理念分析中,分析了残障社会保障理论由社会公平理论、公民权理论到残障社会模式理论的过渡过程。

另外也有不少学术论文将焦点集中在残疾观念对比和发展上。冬雪[⑥]分析了残疾观念发展的三个阶段——由"残废人"到收养、救济,再到"平等·参与·共享"的阶段。奚从清[⑦]在对新、旧两种不同的残疾观比较研究的基础上,着重探讨了新残疾观的基本内容、形成条件等问题。郑雄飞[⑧]分析了残疾观的演进过程——先天宿命论到个体残损论再到社会缺位论。

二、当今中国主流的残障理论思想

发轫于 20 世纪 80 年代的现代中国残疾人事业,伴随着改革开放的步伐,

① 余向东. 残疾人社会保障法律制度研究[M]. 中国法律出版社,2012.

② 马洪路. 残障社会工作[M]. 高等教育出版社,2008.

③ 李迎升,厉才茂. 残疾人社会保障理论与制度实践[M]. 华夏出版社,2008.

④ 梅运斌,王国英. 残疾观的演变:欧洲的例证与启示[J]. 兰州学刊,2008,(4).

⑤ 李莉,邓猛. 近现代西方残疾人社会福利保障的价值理念及实践启示[J]. 中国特殊教育,2007,(6).

⑥ 冬雪. 试论理念发展及"残疾模式"剖析与整合[J]. 中国特殊教育,2005,(7).

⑦ 奚从清. 论两种不同的残疾人观[J]. 浙江大学学报(人文社会科学版),2000,(2).

⑧ 郑雄飞. 残疾理念发展及"残疾模式"的剖析与整合[J]. 新疆社科论坛,2009,(1).

已经走过了近30年的发展历程。在引进和吸收国外先进理论和实践成果的同时，也逐步形成与完善适合中国国情的残障理论思想。

邱观建、安治民①从道路、理论、制度三个方面分析了中国特色残疾人事业的建构，认为社会主义人道主义思想是我国残疾人事业的核心价值。人道主义作为一种思想认知，最早诞生于14—15世纪的欧洲，当时的资产阶级出于反对封建势力的需要，举起了人文主义的旗帜，并以"自由、平等、博爱"为口号，主张社会要保护人的基本权利；而人文主义在其演进过程中逐渐发展成了一个完整的人道主义思想体系。在我国，最早提出社会主义人道主义思想的是中国残疾人事业的拓荒者邓朴方，②他以残疾人联合会为组织依托，以残疾人朋友为本位，从中国实际出发，致力于人道主义思想的研究、宣传与实践。社会主义人道主义是社会主义社会的伦理原则和道德规范，它提倡人们之间相互关心和同情，尊重个人对社会作出的贡献，尊重人格，维护社会成员的基本权利，并促进全体社会主义劳动者的全面发展。社会主义人道主义建立在社会主义经济基础之上，同社会主义政治制度相适应。而现代文明社会的新残疾人观，是以尊重、全面、科学、发展的眼光看待和对待残疾人的一种关于残疾人和残疾人问题的总的看法和根本观点，是一种科学的价值体系。因此，将其与社会主义人道主义相结合，构建以社会主义人道主义为核心价值的新残疾人观，使其成为新形势下推动残疾人理论研究，指导残疾人事业实践，构建和谐社会的重要思想武器。

有学者将我国残障社会政策的理论背景归纳为以下三种观念：③

1. 人道主义观

人道主义的伦理观崇尚人的价值，认为残疾人与健全人一样同样可以创造社会财富，他们的公民权利和人格尊严应同样受到保护。因此，应该坚持人道主义的非歧视原则、权利平等原则、同等条件下弱者优先原则和共同发展原则，鼓励残疾人去实现自身的创造才能，保证残疾人能平等参与社会生活与发展，共享社会发展成果。这种理念更倾向保护残疾人自我价值的实现。

---

① 邱观建，安治民.道路、理论、制度——中国特色残疾人事业发展的体系建构[J].理论月刊，2015，(3).

② 邓朴方.人道主义的呼唤(第3辑)[M].华夏出版社，1999.

③ 高圆圆.中国残疾人社会保障研究综述[J].湖北社会科学，2009，(8).

2. 人权为本观

这种观念认为残疾人应当像其他社会成员一样享有决定自己生活的权利,应该和其他社会群体一样享有基本人权,残疾人在充分参与个人发展和社会发展中所遇到的障碍可认定为是对人权的侵犯,保障残疾人权益应作为人权保障的重要内容。从以权为本的角度研究残疾人社会政策,是强调残疾人的生存权与发展权,强调其社会权利与义务相对应。

3. 公平共享观

提倡平等、参与、共享的发展理念,让残疾人享有公平的社会保障权益,与平等地生活及参与社会的权利,合理地分享国家发展的成果。公平是以承认合理的差异为前提的,要对残疾人群体体现公平,可以通过二次分配,利用税收等手段把残疾人群体和正常人群体的差距调整到合理的范围之内,再通过三次分配,即通过社会的、社区的、非营利组织的力量,开展公益事业,帮助弱者获取更多社会资源。这一观念强调所有社会成员的成果共享,以达到社会和谐与稳定。

还有一些学者对中国残障社会政策的理论起点进行了反思。比如,对残疾人的各种制度安排仍未走出单向施助的慈恩模式,未能意识到残疾人的权利主体地位;残障的概念和定义仍停留在个体的伤残和功能缺失,而没有考虑社会环境的因素,有很深的科学主义和医疗模式痕迹;残障社会政策在实践中秉承的是算计主义态度,如许多国家机关、企业事业单位未能按法律规定按比例安排残疾人就业,取而代之的是缴纳相应的补偿金。①

三、中国特色残障社会政策的路径与目的

中国社会的发展有其自身的文化积淀、历史背景和政治道路,因而残障理论思想和社会政策必然不同于他国。杨立雄②从历史变迁的角度将中国残障理论思想和社会政策模式进行了如下划分:

1. 基于仁政思想的居养模式

自古以来,中国儒家文化提倡"仁政"、"兼爱",在这一理论思想确立了除残疾人家庭之外,执政者也负有赡养残疾人的责任和义务,故而形成了具有中

---

① 赵树坤. 中国残疾人保障理路的省思[J]. 思想战线,2013,(5).

② 杨立雄. 中国残疾人社会政策范式变迁[J]. 湖北社会科学,2014,(11).

国特色的居养模式，综观中国几千年的发展历史，“养”一直是保障弱势群体生存的最重要方式。但是，居养模式只能保障残疾人的基本生存，无法满足其发展需要，残疾人被收养而长期生活于封闭的环境之中，逐步与社会脱离，甚至造成“社会退却”。

2. 基于人道主义的自立模式

1988 年，中国残疾人联合会成立，提出“社会主义的人道主义”理念。20 多年来，在人道主义的旗帜下，中国的残疾人事业突飞猛进，尤其是残疾人就业、教育和康复等方面的社会福祉得到了明显提升。人道主义的出发点是基于残疾人具有先天性的劣势，因而需要制定优先政策或保护性政策，这种模式对保障残疾人的合法权益起到了很好的促进作用。但是，庇护性社会政策模式强调政府对残疾人在各方面利益的政策保护，不注重消除残疾人阻碍融入社会的因素，往往导致残疾人依赖于政府的保护，影响他们主动融入社会的意愿。

3. 基于社会权利的发展性模式

随着福利国家的建立，社会权利被看成是公民身份的基本组成部分。随着中国社会及经济的快速发展，公民权利意识逐步增强，越来越多的公民运用法律和诉讼手段维护自身的合法权益。自 20 世纪 90 年代以来，中国残疾人事业逐步转向基于人权的社会保障。如颁布《中华人民共和国残疾人保障法》，加入联合国《残疾人权利公约》。基于权利的发展性模式一方面强调“赋能”，重视残疾人力资本的建设；另一方面强调平等，即残疾应该享有与正常群体一样的基本权利；同时还强调残疾人自身责任义务和对社会的回报，并由此提升其社会地位，获得社会尊严。

中国共产党是领导中国进行社会主义建设的唯一政党。李志岐、许家成①认为，共产党人以人类解放为最高宗旨，社会主义的中国以实现全体人民的富裕幸福为建设的根本目的，更应尊重残疾人的公民权利和人格尊严，保护他们不受侵害。同时对这个特殊而困难的群体给予特殊的扶助，通过发展残疾人事业，使他们的权利得到更好的实现，使他们以平等的地位和均等的机会参与社会生活和国家建设，共享社会物质文化的成果。残疾人这个社会最困难群体的解放，是人类文明发展和社会进步的一个重要标志。人类的解放始终是

---

① 参见第 29 届奥林匹克运动组织委员会. 北京残奥会志愿者培训教材[M]. 北京出版社，2008.

我们追求的目标，我们反对以肤色的不同、民族的大小强弱和性别的差异来划分优劣，追求并努力实现种族解放、民族解放和妇女解放，也反对以人体功能是否有缺陷来划分优劣，追求并努力实现残疾人的解放。人类的解放不但必须消除奴役、压迫和剥削，还要消除歧视、偏见和陈腐观念所导致的不平等社会现象，最终实现全人类的全面发展。它不但涉及经济基础、社会制度的变革，也要求社会思想文化的全面进步。残疾人的解放，对残疾人而言，是消除障碍、全面发展，实现"平等·参与·共享"；对健全人而言，是消除愚昧、偏见和歧视，实现道德的完善和精神的升华；对社会而言，是追求和谐友爱，实现进步平等。因此，残疾人的解放作为人类解放的一个重要组成部分，不仅是对残疾人自身的解放，也包含着社会解放的意义。残疾人的解放就其终极意义来说，是人类从残疾人的解放中获得新的解放。可以说，残疾人的解放是衡量人类解放的广泛性和深刻性的重要尺度之一。

（汤　潇）

推荐阅读

1. 邓朴方. 人道主义的呼唤(第 3 辑)[M]. 华夏出版社，1999.
2. 李迎升，厉才茂. 残疾人社会保障理论与制度实践[M]. 华夏出版社，2008.
3. 丁启文. 建构新文明——人道原则与新残疾人观[M]. 华夏出版社，2001.
4. 马洪路. 残障社会工作[M]. 高等教育出版社，2008.
5. 郑功成. 中国残疾人事业发展报告[M]. 人民出版社，2011.

思考题

1. 从历史角度分析中国和欧美国家在残障认识上的异同之处。
2. 有哪些主要的残障理论模式？其核心观点是什么？
3. 请简述当今中国主流的残障理论思想。

第四篇
青少年问题研究

第一章
家庭、学校与社会的青少年教育

与人生中的其他年龄阶段相比，青少年时期是个体从幼儿期走向成人的过渡期，是个体性格、能力、认知水平、人生观、世界观和价值观形成的关键时期，应该说，在这一阶段所获得的知识、经历、体验、感悟等会对一个人一生的发展产生重要的影响。因此，教育对于青少年具有极其重要且深远的影响，对青少年教育的研究意义重大，具有重要的理论和现实意义。

近10年来，随着终身教育思潮的广泛传播、互联网在生活和学习中的普及、MOCC学习方式的出现以及独生子女、二胎生育政策，加之经济全球化、科技化、市场化的社会环境、数字化的生活环境、个性化的学习环境以及多样化的家庭环境等，都对青少年教育产生了极大的冲击和影响。

家庭教育、学校教育和社会教育是我国青少年教育格局中的重要组成部分，各有优势，互相影响，也互相补充。本章从家庭教育与青少年成长、学校教育与青少年发展以及社会教育与青少年成才三方面，对近年来的青少年教育研究进行综述。

第一节　家庭教育与青少年成长

家庭教育是青少年接触最早的教育，在整个教育体系中处于基础地位。与学校教育相比，家庭教育具有较大的随意性。家庭教育由家长亲自实施，因此内容、方法都具有强大的灵活性、连续性和广泛性，家长和青少年间由于亲情的纽带易于沟通，教育有特别的针对性，可以有效地进行因材施教。所以，家庭教育是一切教育的基础，对人的一生发展有着重要的影响；家庭教育具有显著的启智、育德、培养青少年兴趣爱好的功能。而不同时代的家庭教育，总会被深深烙上时代的印记。在中国的现代化进程中，家庭教育因为受到社会思潮、社会环境影响，呈现了更多的特点，被寄予更高的期待，日渐成为备受关注的社会现实问题。下面主要从亲子关系、家长教养方式以及家庭教育与学校教育之关系等几个方面对近年来的家庭教育研究进行综述。

一、亲子关系研究

在青少年三大社会关系（即亲子关系、师生关系和同伴关系）中，亲子关系是最重要的社会关系，是影响青少年身心健康的主要因素，对亲子关系的研究是家庭教育的重要研究内容。

罗凌云、苏莹荣对青少年期的亲子关系作了研究，研究表明，当前青少年期亲子关系总体良好，但呈现出一定的性别和年级差异。亲代对子代学习的关注状况、亲子互动的频度和范围，以及亲代对子代的评价和期望等都会对亲子关系产生影响。要想更好地优化亲子关系，还须增进亲代和子代之间的相互理解，从双向互动的层面讲，亲代应不断完善自身并适应子代的变化，改变沟通方式，以及合理地调整对子代的期望值和评价标准；而子代则应学会换位思考，理解父母。①

随着经济的发展和时代的变迁，大量农村剩余劳动力向城市转移，有些孩子则随父母前往务工地生活、学习，也有很多孩子成了“留守儿童”，而“留守”与“流动”也对亲子关系产生了直接的影响。许传新等人对“流动”与“留守”子女进行了比较，对两类家庭的亲子关系进行了研究。从总体上看，两类家庭中的亲子关系是正常的和良好的，从比较来看，“流动子女”亲子关系要比“留守子女”亲子关系和谐。留守儿童长期与父母分离，难以从父母那里得到应有的照料、关爱和呵护，难以跟父母进行心灵的沟通、情感的交流和精神慰藉，不可避免地对亲子关系产生冲击和影响；流动儿童，随父辈携带乡土文化传统进入现代都市，子辈的文化价值观念还没有形成，可塑性强，进城后将比父辈吸收更多的现代都市文化，两种不同的文化在城市流动家庭中碰撞，以至更有可能发生一些紧张和冲突，从而对亲子关系产生影响。对上述两种家庭亲子关系产生影响的主要因素是以下几方面：年级对两类子女亲子关系有负面影响，

① 罗凌云，苏莹荣.青少年期亲子关系及其调适[J].青年探索，2011，(1).

子辈大众传媒接触对其亲子关系有负面影响，而相对剥夺感对亲子关系有增进作用。①

因为时代的进步，家庭中的亲子关系面临着更多的挑战。杨雄认为当前家庭教育面临的挑战主要来自以下四个方面：① 直接的挑战来自独生子女政策，独生子女是家庭生活的中心，目前在校的大学生、城市中小学生绝大多数是独生子女。按照国外“智力汇合”理论，独生子女比多子女家庭的子女更易得到父母经济、精力、时间上的投注与关爱，有利条件是双亲和其他家庭成员对独生子女倾注的感情和教育精力可达到最大的可能值；不利方面是这又容易造成双亲对于子女的过度关心、过高期望及以溺爱子女为特征的不良教育态度，反而不利于儿童的心智成熟与发展。② 现代家庭人际关系趋于简单，由于祖辈到孙辈呈减数排列，传统大家庭中那种复杂多角的人际关系逐渐消失。③ 目前中国父母育儿观仍存在偏差。中国大多数父母对青少年的教育着眼于孩子将来有出息，有个好职业，基于这种企盼，多数家长认为，父母对孩子的责任就是让他们生活得好，即使自己再苦再累也要给孩子创造最优越的生活条件。④ 挑战来自大众传媒迅猛发展对家庭教育带来的隐性冲击。随着电视、电话的普及，加之电脑大量涌入家庭以及信息高速公路的开通，社会影响进入家庭领域的途径越来越多，尤其是网络上的各种信息对青少年的影响是具有颠覆性的。因此，现代家庭如何调节和控制社会影响，如何行之有效地在教育子女方面实行家庭影响与社会影响的良性组合，形成融洽的亲子关系，是当前家庭教育面临的新挑战。②

而近10年来网络对生活的影响逐渐显现，网络改变了人们的生活、思维方式，网络在改变社会生活的同时也改变了我们的家庭，家庭亲子关系、家庭结构、家庭功能、家庭的运作方式、家庭的发展都打上网络时代的烙印。缪建东对网络时代的家庭教育进行了研究，在网络时代，亲子关系有了很大的改变，传统亲子关系中父母权威逐渐丧失，父母对儿童的教育影响方式发生了改变；价值观也有很大改变，更多地强调全球意识与本土意识的统一，效率意识与公平意识的统一，学习意识与创新意识的统一，自我发展与社会发展的统

---

① 许传新，陈国华，王杰. 亲子关系：“流动”与“留守”子女的比较[J]. 中国青年研究，2011，(7).

② 杨雄. 和谐社会建设进程中的家庭教育审视[A]. 开拓　发展　创新：改革开放与家庭教育论坛文集[C]. 中国妇女出版社，2009，第34—35页.

一,开放意识与竞争意识的统一;教育目标更多地指向内部,目标的构成之间倾向于有机与整合。①

二、家长教养方式研究

家庭教养方式是父母对子女抚养教育过程中所表现出来的相对稳定的行为方式,是父母各种教养行为的特征概括。家庭教养方式是教育、心理工作者关注的重要课题。

尊重和保护儿童权利应是家庭教育的根本。关颖认为,当前家庭教养出现问题的根本原因是家长对儿童权利的漠视。主要表现在三个方面:一是父母失职、行为失当,甚至侵害了孩子的生存权,其表现一方面是"角色错位",过度关注学习,严重威胁孩子身心健康,另一方面是监护缺失,孩子面临生存危机,还有粗暴管教的教养方式,难免造成孩子心灵的创伤和行为的扭曲;二是以成人为本——忽视孩子的发展权,成人本位,把孩子当大人,存在认识偏颇,不顾及青少年的年龄以及心理特点,把特点当缺点,不允许青少年的失败,把过程当结果,急功近利;三是"亲子一体化",剥夺孩子对事物的参与权,作为家长主观臆断,不屑于倾听孩子的声音,孩子的事都由大人做主,不给孩子选择的机会,另外过多替代,弱化了孩子参与的动力和能力。② 李玫瑾也提出"家庭教育中对子女的爱护其前提是尊重",一个从小没有感受到快乐和尊重的人不可能有健康阳光的心态,一个从小没有被亲人或社会善待过的人不会温情地善待别人,一个从未体验过被尊重的被子不会自尊而自制,不会懂得尊重别人的权利和生命。即使成年人给了他们生命……"被给予者"具有独立的人格,需要平等地理解和尊重。③

家庭教育方法对青少年社会化的影响也是学者关注的课题,家庭是青少年社会化的重要场所,家庭教育是青少年社会化的重要内容。家庭教育方式和教育技巧对青少年的自我评价、性别观、独立性、失范行为、学习成绩以及行

① 缪建东.网络时代的家庭教育[A].开拓　发展　创新:改革开放与家庭教育论坛文集.中国妇女出版社,2009,第42—44页.

② 关颖.尊重和保护儿童权利是家庭教育的根本[A].开拓　发展　创新:改革开放与家庭教育论坛文集.中国妇女出版社,2009,第27—30页.

③ 李玫瑾.从预防未成年人犯罪角度谈家庭教育的基本理念[A].开拓　发展　创新:改革开放与家庭教育论坛文集.中国妇女出版社,2009,第20—24页.

为习惯有重要的影响。范中杰对家庭教育方法对青少年社会化的影响作了研究。研究表明，父母的教育方式对青少年的自我评价有显著的影响。教育方式的民主化程度越高，青少年对自己的评价越高。父母教育方式民主化程度与青少年经济上的独立性成较强正相关，父母教育方式越民主，青少年在经济上的独立性越高。究其原因，一方面，家庭教育方式民主化程度更高的青少年对独立有更深的体验和更高的要求，这促使他们在经济上寻求独立；另一方面，父母的民主化管理让他们有较高的自信，在自主处理学习、生活事务的过程中，他们的判断力和能力得到了加强，他们也更有可能比其他人更早获得经济上的独立。因此，应从创新家庭教育机制，转变家庭教育观念，完善家庭教育方式，强化家庭教育技巧等几个方面改善家庭教育方法。①

张建新等人对父母教养方式与青少年人格特点的关系作了研究，该研究以湖南、四川、福建、北京四地的 637 名初二、高二学生为调查对象，采用父母养育方式评价量表（EMBU）和中国人的个性量表（CAPI）进行问卷调查。通过统计分析，在青少年人格特点方面，女生的神经质均数显著高于男生，而男孩的人际和谐性、面子、防御性的均数显著高于女孩。独生子女的外倾性、开放性、宜人性方面的均数显著高于非独生子女。父母教养方式的各因素与青少年人格各因素之间的相关系数较多达到显著性水平。该研究分析表明，父母的情感温暖和理解对青少年的外倾性、宜人性、责任心有积极作用；父亲的惩罚和母亲的拒绝否认对青少年的宜人性、人际关系有消极作用。该研究得出的结论是，父母教养方式对青少年人格特点有显著影响。②

父母的教养方式对青少年的社会适应性具有重要影响，邹泓等人对这个问题作了研究。研究采用青少年父母教养方式问卷、青少年小五人格问卷和青少年社会适应评估问卷对六城市的 2 288 名中学生进行调查，探讨父母教养方式对青少年社会适应的影响及人格类型在其中的调节作用。结果发现：① 青少年父母教养方式可分为民主型、权威型、专制型和忽视型四种，所占比例分别为 35.2%、16.9%、20.8%、27.1%，不同父母教养类型的青少年在社会适应、人格五因素各维度上的差异达到显著水平；② 除撤回爱护与行事效率

① 范中杰.家庭教育方法对青少年社会化的影响[J].湖北社会科学，2008，(1).

② 王中会，罗慧兰，张建新.父母教养方式与青少年人格特点的关系[J].中国临床心理学杂志，2006，(3).

之间相关不显著外，父母教养行为与青少年社会适应各维度相关均达到显著水平；③ 人格类型可以调节父母教养行为对青少年社会适应的预测作用，表现在支持陪伴、自主准予及知晓度对积极适应的影响以及规则引导、自主准予及知晓度对消极适应的影响。①

三、家庭教育与学校教育关系研究

家庭教育与学校教育作为促进青少年成长的两种重要教育形式，各自具有独特的教育性，两者能否形成教育合力，关系青少年的身心能否健康成长。家庭教育与学校教育的关系并不是一成不变的，它将随着社会的发展而发展，实现两者的良好对接是社会发展、个体社会化成长的必然要求。高瑛认为，实现家庭教育和学校教育的良好对接，应从以下几方面入手：首先，提高家长的自身素质，家长要以身作则，树立孩子心目中最亲近的榜样形象，潜移默化地影响孩子；其次，注重家庭教育的方式，家长首先应该尊重孩子、了解孩子、平等地对待孩子，要认识到孩子是成长发育中的人，按社会的标准去培养孩子，使孩子能够很好地成为走向社会的独立的人，还要全面、客观地认识子女。无论学校教育还是家庭教育都应从孩子的实际状况出发，遵循孩子身心发展规律，这是教育的前提和基础。②

近年来，随着劳动力从农村向城市转移，农民工随迁子女以及留守儿童的家庭教育与学校教育问题受到了教育研究者的关注。刘谦、冯跃等人基于对北京市农民工随迁子女教育活动的田野观察，对家庭教育与学校教育互动的文化机理进行了探究，旨在通过对以农民工随迁子女为主的家庭教育和学校教育的实证观察，揭示两者的互动机理与规律，从而为改善教育环境，形成合力更好地培养社会建设所需要的人才提出对策建议。③ 研究重点对象聚焦在农民工随迁子女家庭，同时，为便于对比，问卷调查还包括对市民家庭子女教育的调查。通过研究，在农民工随迁子女家校互动中，存在干预性教育行为、非干预性教育行为和情境性教育三种主要实践模式，在每种模式互动中，都彰

---

① 刘文婧，许志星，邹泓. 父母教养方式对青少年社会适应的影响：人格类型的调节作用[J]. 心理发展与教育，2012，(6).

② 高瑛. 关于家庭教育与学校教育对接问题的探讨[J]. 法制与社会，2008，(11).

③ 刘谦，冯跃，生龙曲珍. 家庭教育与学校教育互动的文化机理初探——基于对北京市农民工随迁子女教育活动的田野观察[J]. 教育研究，2012，(7).

显着人们对教育目标的理解、社会资本的局限、自我经历的复制等社会文化因素对教育实践的影响。物质资本和社会资本相对匮乏的农民工随迁子女的家庭教育，需要和其学校教育一起，共同受到社会和政府进一步关注。段成荣、吕利丹等人则对城市化背景下农村留守儿童的家庭教育与学校教育进行了研究，①农村留守儿童的成长环境遭到了不同程度的系统性破坏，他们的身心健康、学习和社会化等方面都面临着诸多问题，留守儿童大多生活在拆分型家庭中，与父母分离亲情缺失，能完成义务教育，高中教育机会明显较差，教育进度滞后、超龄就学现象突出。该研究得出的结论是，儿童群体正在经历快速的分化过程，家庭结构拆分，导致留守儿童家庭教育面临最主要的挑战是孩子不能与父母保持日常的、近距离的沟通和交流，农村非留守儿童未按规定完成九年制义务教育的比例最高，农村留守儿童的该比例次高，反映出我国农村教育的明显薄弱地位。解决留守儿童教育问题最根本的途径是让更多儿童随父母进入城市，而城市面临的问题则是以开放的姿态接受这些孩子，农村留守儿童的教育问题首先是农村儿童的教育问题。必须从整体上加强农村教育，迅速改变农村教育的落后局面。尽管我们强调要从让更多孩子进城的角度从根本上解决农村留守儿童问题，但是目前农村毕竟有 6 000 多万留守儿童，而且在今后一段时期还会源源不断产生新的留守儿童。我们不可能奢望这些留守儿童一夜之间都能够进城，这就要求在今后一段时期，各级教育部门必须从加强农村教育发展的角度，努力改善农村教育条件，提升农村教育质量，同时，家庭应承担更多的责任。

除上述问题外，学者在家庭教育领域关注的问题还有，网络对家庭教育的影响以及网瘾的预防和治疗问题，父母离异对子女的影响以及单亲和再建家庭子女教育问题，隔代教养问题，贫困家庭儿童教育问题，中小学生消费教育问题，未成年人家庭保护问题，青春期教育问题，预防青少年犯罪问题，家庭暴力问题，生命教育问题，以及社区、学校对家庭教育的指导问题，等等。

近 10 年来，我国家庭教育的学术研究集中在家庭教育基础理论的前沿问题，注重宏观上的探索。家庭教育哲学，家庭教育功能，家庭教育价值取向，②

① 段成荣，吕利丹，王宗萍. 城市化背景下农村留守儿童的家庭教育与学校教育[J]. 北京大学教育评论，2014，(7).

② 杨雄. 和谐社会建设进程中的家庭教育审视[A]. 开拓　发展　创新：改革开放与家庭教育论坛文集. 中国妇女出版社，2009，第 34—35 页.

家庭教育的变迁,[①]家庭文化建设与家庭教育、家庭生活方式与家庭教育,中外家庭教育比较,中外家庭教育思想史,学习型家庭建设科学发展观与家庭教育,家庭教育管理体制改革,家庭教育立法,[②]家长参与学校教育,我国家庭教育发展趋势预测,父母角色差异,家庭教育科学方法论等问题。

但目前,青少年家庭教育的研究过度关注父母在青少年教育中的重要性和必要性,过多强调父母应该"如何教",大多站在父母的角度和立场思考如何教育青少年,研究大多集中在父母的教育观念,教育方式与教养方式,父母的教育态度等,以及上述因素对孩子的影响。但青少年家庭教育研究对家庭教育的研究对象——青少年,关注则相对较少。青少年是家庭教育的主体,只有真正关注青少年,站在青少年的立场上的家庭教育,才是真正意义上的家庭教育,才会做出真正有意义的家庭教育研究。

另外,"德是为人之本","品德教育"是青少年家庭教育的根本,家庭教育教育孩子,要万事"德"为先。而现在的家庭教育,过多关注的是青少年对知识的掌握和理解,家长却很少对孩子的道德品质进行关注,认为那都是学校的思想品德课的任务。其实,家长才是孩子品德教育的第一责任人。目前,对家庭德育的研究相对缺失,这也是今后家庭教育研究中应当重视的研究重点。

第二节 学校教育与青少年发展

现代学校教育已经成为连接人与社会的重要中介,通过系统的学校教育,有选择地、规范地将社会发展对人的要求转化为人的能力和素质,在这个教育的过程中,人由"自然人"成长为"社会人"。随着社会的工业化和全球化,社会对各类专门人才的需要更加迫切,家庭中很少能有家长可以胜任孩子的职业生存教育,此时学校教育就更加成为人的成长不可或缺的重要组成部分。下面从素质教育、智育以及德育三个方面对学校教育近年来的研究进行综述。

---

① 邹强.中国当代家庭教育变迁研究[D].华中师范大学博士学位论文,2008.

② 刘兰兰.日本家庭教育立法及其对我国的启示[J].教育评论,2015,(1).

一、素质教育研究

20世纪末，中共中央国务院《关于深化教育改革全面推进素质教育的决定》明确提出"全面推进素质教育，培养适应二十一世纪现代化建设需要的社会主义新人"。[①] 2006年，一份关于素质教育的调研总报告明确指出："虽然素质教育取得了一定的进展……但一些深层次体制性障碍仍然没有消除……一些问题的呈现更加复杂，解决起来更加困难，虽几经努力，仍没有达到预期的效果，造成一些地方素质教育喊得轰轰烈烈，应试教育抓得扎扎实实。"[②]时隔4年，2010年公布的《中国教育改革和发展规划纲要(2010—2020年)》则表达得更为直接简要："素质教育推进困难。"[③]从上述文件可以看出，中国的素质教育推进并不顺利。

2005—2007年，叶澜教授发表了《推进素质教育——转换思路才能打开新局面》《素质教育的真谛是什么》《关于"素质教育是什么"的"三思"》以及《清思　反思　再思——关于"素质教育是什么"的再认识》等一系列文章对素质教育实施需要澄清的认识、素质教育是什么、素质教育的针对性以及素质教育推进中认识与实践发展的思行关系进行了深入阐述与分析。叶澜教授认为，当前素质教育认识的误区和偏差主要在以下三个方面：对素质教育是一项长期、艰巨、涉及学校整体和全体师生的深刻变革缺乏足够的认识；对学校教育存在问题的批判简单化、狭窄化，使实现学校素质教育的主体处于消极、被动的状态；对素质教育理解的局部化与孤立化，也是影响素质教育推进有效性的重要因素。叶澜教授提出："素质教育"的推进，要从与"应试教育"的简单纠缠中走出，这不是说不要否定仅以应试为目的之教育，而是要以素质教育建设性的推进，以其真实的成效来取代应试教育。光靠批判解决不了应试教育的问题，只有变革的实践才是从根本上解决问题的力量。素质教育具有时代性。素质教育在实践中的具体表现因时代而变化，呈现多样性和发展性。同时关

---

① 中共中央国务院关于深化教育改革全面推进素质教育的决定[EB/OL]. http://www.moe.edu.cn/publicfiles/business/htmlfiles/moe/moe_177/200407/2478.html，1999-06-13.

② 素质教育调研组.共同的关注——素质教育系统调研[M].教育科学出版社，2006.转引自叶澜.素质教育推进现状及其原因辨析[J].教育发展研究，2011，(4).

③ 国家中长期教育改革和发展规划纲要(2010—2020年)[EB/OL]. http://www.inoe.edu.cn/publicfiles/business/htinlfiles/moe/moe_177/201008/93785.html，2010-07-29.

注素质教育时代性与可能性的统一以及素质教育的性质要求教育实践作整体的转型性变革。①

几年后，叶澜教授通过《素质教育推进现状及其原因辨析》一文从两个方面对素质教育“艰难推进、酝酿突破”的现状进行了深刻剖析。叶澜教授认为，造成素质教育现状的原因之一是基于应试教育顽强的事实，一方面，当代中国社会发展的动力基于功利，政府关注的焦点集中在经济实力和国际竞争中的胜出，这是社会整体价值取向趋于急功近利的根本原因；它渗透并体现在各个领域，教育并不因得到额外关照而例外，这是“应试教育”长盛不衰的根本原因，另一方面，“应试教育”在实践中有坚实日常化、弥漫化的载体。学校不仅有日常的教育、教学实践支撑，还有学校组织作业设计(从数量到内容)评价考试，乃至学生的标准与选拔方法、考试结束后的反馈与补缺等方方面面，通过各种规范及大部分教师的习惯与行为将其落到实处，与此密切相关的是，主推素质教育的决策层面在如何推进的问题上尚缺乏明确方针，呈游移变化之态。时而把注意力引向课程改革，时而把减负看作重要抓手，时而又企图以大规模、多层次的教师培训作为支撑。同时把这些不同问题不作层面区分地并列为一项项工程，又不研究其内在关联，始终没有明确作出推进素质教育必须以学校整体变革作为最基本着力点的决策，从而使众多因缺乏自主权而习惯按上级指示说话、行事的基层领导将素质教育作成了展示性的应景“文章”。总之，没有找准路径、形成清晰的改革之基本单位；停留于一般号召，只强调其重要，没有落到实处；没有使实施学校改革的主体拥有自主权以及因内需而主动积极投入改革，是素质教育推进自身乏力、造成局面难以得到根本改变的内在原因。而另一个原因则是社会缺乏与教育关联视角的改革，在论及教育与社会的关系时，往往强调教育要为社会服务，而忽视了整个社会要为教育改革与发展服务，给予教育内部不能左右却又是不能缺失的保障与支持，30 年来大家持续议论的是财政拨款与经费保障，但国家层面的制度与体制改革直接影响教育的远不止于此，目前尤其值得关注的是人事制度的改革，包括干部选拔制度与用人制度。干部选拔除了民主推举、公开进行、不暗箱操作等一般意义上

---

① 叶澜等.推进素质教育——转换思路才能打开新局面[J].人民教育，2005，(21)；叶澜.素质教育的真谛是什么[J].新课程，2007，(3)；叶澜.关于“素质教育是什么”的“三思”[J].青年教师，2007，(5)；叶澜.清思　反思　再思——关于“素质教育是什么”的再认识[J].人民教育，2007，(2).

的改革要求之外，更重要的是要改变仅仅强调资历达标，却缺乏对专业领域干部在资质上的专业性要求的现状，它在教育领域近些年的干部配置上尤其明显。用人制度方面的改革，涉及校长在选拔教师方面自主权的落实等等。①

有学者针对德育对素质教育的重要性作了研究。詹万生提出和谐德育，是以满足人与社会全面发展的和谐统一为出发点，在遵循教育过程基本规律的基础上，构建德育体系诸要素之间的和谐关系，使之协调相应、配合得当，形成合力，以引导教育者掌握德育规律，提高育人能力，从而促进受教育者思想品德②及整体素质和谐发展的一种教育模式。和谐德育的基本理念和主要内容包括：学生综合素质和谐发展，师生关系和谐融洽，德育过程和谐有序，大、中、小学德育和谐衔接以及学校、家庭、社会和谐育人。

对青少年进行公民素质教育是不少国家在发展进程中所采取的具有战略意义的重要措施。公民素质教育的本质核心是一种价值观的教育，是从价值观上去对公民进行的某种社会态度、社会倾向与责任以及认同某种社会制度的教育，教育的本质在于塑造接班人，当代中国社会处在改革开放、迅速发展的动态之中，对青少年进行公民素质教育是青少年自身发展的强烈要求，也是中国社会发展的客观需要。陆士桢提出，在对青少年进行公民素质教育时，要恰当处理教学双方的关系，正确对待教学双方的主体地位，弱化教育者与被教育者的观念。③

郭大成在《素质教育 20 年发展成果回顾与前瞻》一文中从素质教育范畴不断拓展，推动思想政治教育与素质教育融合，素质教育方式方法不断创新，促进教育与养成相统一，素质教育主体不断丰富，全员育人理念深入人心等几方面对素质教育 20 年的发展作了回顾。思想政治教育不仅是大学素质教育的应有之义，而且也是大学素质教育的必然选择，大学素质教育特别强调通过养成训练、潜移默化的教育，养成良好的品格。大学素质教育在课堂之外，应通过合理举措，促使学生向社会合格公民转变。要创设有效的教育情境，提供激发学生思维所必需的知识手段，促进学生“身份认同、持久的友谊和人际关系”的发展，帮助学生形成“人生转型的体验”，并为学生更好地分析和评价他

---

① 叶澜. 素质教育推进现状及其原因辨析[J]. 教育发展研究，2011，(4).

② 詹万生. 素质教育呼唤和谐德育[J]. 中国教育报，2009 - 01 - 03.

③ 陆士桢. 对青少年进行公民素质教育的几点思考[D].“社会发展与民族精神”学术研讨会论文集，2006.

们未来生活中即将遇到的各种问题作准备。大学素质教育将教育养成统一起来,应帮助学生养成探究真理的良好习惯,这样既为学生创新发展奠定基础,也为其成长成才提供意志品质的磨练。①

二、智育研究

智育是指理智或智慧方面的教育,主要涉及一定知识的传递,理科能力和理智技能的培养。学生理智的发展,在一定程度上是与他们的道德和审美,以及身体等方面的发展相联系的。② 青少年"智育"的主要培养机构是学校,家长也应配合学校,在家庭教育中促进青少年的智育发展。

智育,重在学什么?幼儿智育教育应该怎样进行?每天忙碌的教育,不意味着在教育观念上就已经十分清晰了。北京联合大学教授汪馥郁指出,让幼儿多认一点字,学习数数和计算,学点科学知识,虽然是必要的,但这绝不是幼儿教育中智育的重点任务,幼儿的智育重在培养孩子的逻辑思维能力。有意识地加强对幼儿和青少年思维能力的培养训练,当成为今天我们教育的关注点。逻辑与科学思维教育仍然是我国国民教育体系中一个极其薄弱的环节,无论中学教育还是大学教育都是如此。当一个学生可以用他学过的逻辑知识去提出问题、分析问题和解决问题时,他也拥有了独立思考、独立判断的能力,他的智慧和能力得到自由地释放和全面地发展。③

中国传统教育重视智育教育,并将其置于学校教育的重要地位,对教育的传承和人才的培养产生了巨大影响。中国传统智育强调人的品格修养,追求人的全面和谐发展,重视系统知识的传授,发挥教师的主导作用,强调知与行的统一,提倡多元并存、兼容并包。这些传统智育宝库的精华,对我们当代学校教育具有十分重要的借鉴意义,梁励对中国传统智育特点进行了探析。我国传统智育教育的特点是:因材施教,重视学生的个性发展;循序渐进,关注学生的学习能力提高;启发诱导,充分调动学生的学习积极性;学思结合,促进学生的思维能力发展;教学相长,重视师生之间的双向互动;由博返约,确立学生的正确学习方法;尊师爱生,充分发挥教师的主导作用;温故知新,不断提高

---

① 郭大成.素质教育 20 年发展成果回顾与前瞻[J].高校教育管理,2015,(5).

② 瞿葆奎主编.教育学文集——智育[M].人民教育出版社,1993:11.

③ 靳晓燕.智育,重在学什么?[N].光明日报,2014-01-28.

学生的学习技能。[①]

郭斯萍对智力观与智育观进行了研究。现代知识观强调知识的广义含义，即知识不仅指陈述性知识，而且包括以陈述性知识为内涵的技能与策略。这样的知识观决定了人的心理的智慧实质，使智力的先天因素决定观转变为习得性广义知识决定观，为智力的培养与发展提供了新的思路。该研究在阐述现代知识观的心理学性质基础上，讨论了智力与知识、能力的关系，并从知识的学习与转化、专家—新手的研究及创造性人才培养三个角度探讨了在现代知识观下的智育途径。[②]

智育是在掌握知识的过程中进行的，但是不能简单地把智育归结为积累知识，智育与人的全面发展具有重要意义，王华对此进行了研究。一方面，智育有赖于知识的分量，从纵向看，一个人的知识越多，他对世界的看法才会越全面和深刻，没有知识的量的积累，绝对谈不上智育；另一方面，在学校所获得的知识分量和智力发展程度之间是不能画等号的，人为地把富于丰富文化内涵的知识强行剥开，去精取粗，把剩下来的教条硬灌给学生，这是对智育的否定，这种知识的多少不仅与智育无关。智育的有效实施取决于下列因素：学校整个精神生活的丰富性；教师的思想面貌，他们智力的“道德的”情感的修养以及学识的渊博程度；教师对每个学生在智慧创造力的形成上保持各种能力和潜在可能性之间的和谐发展的关心，阐明教材内容的技巧，教学方法的丰富多样性。问题的关键在于如何优化这些因素。教育者必须自觉地负责任地站在学生全面发展的立场上，以育人为己任，敢于担当，勇于实践，为教育的科学发展奉献毕生，这才是包括智育在内的教育教学工作最可贵最需要的精神。[③]

三、德育研究

道德教育是学校教育的重要内容，因为教育的本质是使人成为人。学校应该是培养人的社会机构，教育应该是提升人性的过程，学校教育应该是“以教化为大务”，教师也应该是点拨人生智慧的“灵魂之师”。然而，某种程度上，学生丧失了作为独立自主个体的地位，由“人”而变成“非人”、一种“容器”、一

---

① 梁励. 中国传统智育特点进探析[J]. 江苏教育学院学报(社会科学版)，2009，(3).

② 郭斯萍，孙艳玲. 知识·智力·智育——试论现代知识观下的智力观与智育观[J]. 徐州师范大学学报(哲学社会科学版)，2010，(3).

③ 王华. 略论智育与人的全面发展[J]. 贵州教育，2012，(3—4).

种等待加工的“产品”。西方国家的经验教训应当引起我们的重视。我国一些经济发展水平居于前列地区,不同程度地存在着生活水平提高、道德水准下降的事实,学校教育应当以人生观教育为核心,加强道德教育。①

班华提出了生态道德教育的理念。② 班华认为,对生态道德教育的认识与实践过程,大体是由初始阶段的认识与实践,拓展到心理—道德教育领域,然后试图向生态教育哲学的高度提升。生态道德教育对生态文明建设、培育现代生态人格,以及对促使人类道德与道德教育的飞跃和对德育学科建设具有重大意义。除了生态道德教育,班华通过一系列文章对青少年德育问题作了研究,理解道德生命需要懂得生命哲学,即理解生命本质、生命发展的规律。教育的对象是人,人的生命是自然生命与精神生命的统一;道德生命是精神生命的核心。这是自觉教育者应有的生命自觉。道德生命成长的生态环境包括社会、政治、经济、文化、社会与自然的关系以及教育自身。因此优化德育生态环境不单单是学校教师的责任,也是整个社会都应当关注的。③

沈壮海提出,应将优秀传统文化融入高校立德树人实践。习近平总书记深刻指出:“中华优秀传统文化是中华民族的突出优势,是我们最深厚的文化软实力。”立德树人是教育的根本任务。立德树人,就是要让中华民族崇真向善的德心永在、优秀的精神基因永续,让中国人成其为“中国人”。将优秀传统文化融入高校立德树人的实践,就教育内容的角度而言,需要努力做到“四个结合”:一是将弘扬优秀传统文化与“中国梦”的宣传教育结合起来;二是将弘扬优秀传统文化与中国特色社会主义的宣传教育结合起来;三是将弘扬优秀传统文化与社会主义核心价值观的宣传教育结合起来;四是将弘扬优秀传统文化与创新型人才的培养结合起来。④

于漪在《抓住根本讲求德育实效》中对德育教育的实效作了研究:德育内

① 杜时忠.人文教育与制度德育[M].安徽教育出版社,时代出版传媒股份有限公司,2012,第3—10页.

② 班华.生态道德教育的意义与实施[J].中小学德育,2014,(4).

③ 班华.让道德生命自己成长[J].中小学德育,2013,(1);班华.德育目标应有的要求:民族精神与世界精神统一[J].教育研究,2013,(2);班华.论班主任的职责与德育的关系[J].小学德育,2009,(18);班华.提高小学品德课效果的有效方式[J].教程·教材·教法,2013,(5);班华.对“心理—道德教育”的探索——兼论中国自己的心理教育之道[J].教育科学研究,2010,(1);班华.略论德育论学科对象与任务的几个问题[J].教育科学研究,2007,(4);班华.终身道德学习[J].教师之友,2005,(7).

④ 沈壮海.优秀传统文化融入高校立德树人实践[J].思想政治工作研究,2014,(4).

容非常丰富，理想信念、价值取向、国家意识、民族情怀、法制观念、荣辱观念、道德情操、意志品质、行为习惯等都要施以良好的教育，滋养学生的心灵，引领他们打好根基，健康成长。但是，一定要牢牢把握教育对象的实际情况，加强针对性，不能无视教育对象的差别。多目标往往导致无目标，德育工作要取得实效，要在吸引力与感染力上有所突破。吸引学生兴趣，拨动他们的心弦，做人的美好旋律才会在他们心中共鸣，内化为他们自己的思想情操。教育手段要先进，要多样化，在生动形象上做文章，尤其是对未成年人。以悦目悦耳为切入口，达到悦心的目的。教育内容要实在，要用丰富的、具体翔实的事实说话，不是从概念到概念空对空地说道理。要创造人生的辉煌，就须打好做人的根基，让心灵先辉煌起来。德育做的就是让学生心灵辉煌起来的工作，任重而道远。①

詹万生也发表了一系列文章对德育课程体系的构建、未成年人思想道德建设创新、整体建构学校德育体系与中小学德育课程改革、和谐德育、校本德育、互动德育机制等问题作了深入研究。② 詹万生提出，整体构建校本德育体系，是指为了增强学校德育工作的针对性和实效性，各级各类学校依靠本校教师集体研究，进而构建具体化、特色化、可操作的学校德育实施系统。校本德育体系的具体化，指的是构成校本德育体系的德育目标、内容、途径、方法、管理、评价等要素的细化、优化和科学化。校本德育体系的特色化，主要是指学校所处的地区特色、层次特色和办学特色在学校德育工作中表现出来的独特风格。校本德育体系的可操作，是指把理论形态的德育体系转化为实践形态的、适合本校实践运用的德育体系。③

---

① 于漪. 抓住根本讲求德育实效[J]. 上海教育，2010，(9).

② 詹万生. 21世纪中国德育课程体系之建构[J]. 2000，(12)；詹万生. 推动未成年人思想道德建设创新[J]. 中国教育报，2004-06-08；冯铁山，詹万生. 整体建构学校德育体系与中小学德育课程改革[J]. 教育科学研究，2005，(5)；詹万生，宁武杰. 青少年荣辱观教育要从中华民族传统文化中汲取营养[J]. 中国青年政治学院学报，2006，(5)；詹万生，宁武杰. 开展和谐德育研究构建和谐学校文化[J]. 班主任，2009，(3)；韩传信，詹万生. 试论学校与社区和谐互动德育机制的建立[J]. 教育研究，2009，(8)；詹万生. 素质教育呼唤德育[J]. 中国教育报，2009-01-03；詹万生. 深入开展中华民族传统美德教育的几点思考[A]. 让传统美德代代相传——中华民族传统美德教育的理论与实践(第九卷)[C]. 中华民族传统美德教育研究20周年纪念论坛会文集，2010；詹万生. 弘扬中华传统美德，创新当代礼仪教育[A]. 中英中小学教育与伦理学国际研讨会伦理规范与培养教育论文集[C]. 中英中小学教育与伦理学国际研讨会·伦理规范与培养教育文集，2007；詹万生. 中国古代思想史上的义利之辩与当代青少年学生的义利观教育[A]. 中华民族传统美德教育研究成果选集[C]，2011；詹万生. 和谐德育研究的理论基础[J]. 教育研究，2007，(7).

③ 詹万生. 整体构建具体化、特色化、可操作的校本德育[J]. 中国教育学刊，2007，(4).

在对学校教育的研究中,"学校教育基本功能研究"作为教育社会学中的经典研究课题,具有重大的理论价值与现实意义。学者对于学校教育功能的探讨几乎与学校自身的历史一样悠久。自从有了学校,它便承担并发挥了人们有意或无意地赋予它的种种功能。但随着时代的进步,人们对学校教育功能的要求越来越高,因此学校的负担越来越重。而目前,对于学校教育功能的研究还存在着这样或那样的不足,很多相关研究并没有严格遵循功能分析的范式,随意性较大;很多关于学校教育基本功能的研究往往没有区分主观的功能与客观的功能,从而无法形成普适性的知识,而只是表明了研究者对于某一问题的态度或提出了个人化的思考与建议。但随着我国教育改革的进一步深入,特别是素质教育的深入开展,随着学校教育中"以人为本"观念的深入人心并逐渐走向制度化,特别是党的十八大提出的"依法治国"理念的不断深入,对这一问题的关注必将不断增强。

第三节　社会教育与青少年成才

青少年社会教育是指由家庭和学校以外的社会文化教育机构对全体青少年实施的有目的、有系统、有组织、相对独立的、内容广泛的教育活动。由于社会性是人的本质属性,青少年除受到家庭教育和学校教育的影响外,不可避免会受到社会教育的影响。广义的社会教育指一切社会生活影响于个人身心发展的教育(狭义的社会教育是指家庭和学校以外的社会文化教育机构实施的教育)。[①] 下面主要从关于如何发挥青少年社会教育功能、对青少年社会教育本质与内涵以及对学校、家庭、社会三位一体育人体系三个方面对青少年社会教育的研究进行综述。

一、如何发挥青少年社会教育功能研究

李承钢以武汉市探索建立青少年社会教育工作新模式为案例,对青少年社会教育预防青少年违法犯罪问题作了研究。通过对青少年社会教育概念的诠释和对我国青少年社会教育活动类型的梳理,客观分析了青少年社会教育活动对预防青少年违法犯罪的重要性;以武汉市探索建立青少年社会教育工

① 顾明远主编.教育大辞典[Z].上海教育出版社,1992.

作新模式为典型案例，全面介绍了武汉市创新青少年社会工作模式的具体举措；通过对武汉市青少年社会教育工作新模式及其特色的系统解析，总结了武汉市青少年社会教育的成功经验和启示，并借此分析了青少年社会教育与预防青少年违法犯罪之间的关系，试图为创新我国预防青少年犯罪工作提供可资借鉴的方式和方法。①

牛凯也就社会教育与预防青少年违法犯罪问题展开了研究，他认为，从青少年接受社会教育的角度分析，社会教育与学校（单位）教育、家庭教育相比，具有六个特点：多样性、形象性、实践性、复杂性、自主性以及开放性。预防青少年违法犯罪只有与社会教育相结合，才能充分彰显其应有的实践意义，开展社会教育活动是预防未成年人犯罪的法律要求，有利于保护青少年合法权益，可以促进青少年全面发展；发挥社会教育在预防青少年违法犯罪中的作用应从立法、顶层设计、教育理念、大众传媒、成年人的榜样作用、同伴教育、社区、社会教育机构、社会组织、传统文化等方面出发，发挥社会教育在预防青少年违法犯罪中的作用。② 另外，褚宸舸通过对陕西省青少年特别是重点青少年社会教育进行实证研究，建议发挥社会教育在青少年全面发展中的作用，把社会教育作为预防青少年违法犯罪的重要手段，干预青少年的社会化过程并改善其社会环境。③

近10年来，学者借鉴国外青少年社会教育的先进经验，围绕图书馆、博物馆、青少年宫、社区等社会教育机构与设施展开诸多讨论，探索如何更好地发展青少年社会教育工作。《青少年宫教育——学校教育的延伸与补充》《博物馆：青少年社会教育基地——以海南生物多样性博物馆为例》《上海博物馆的社会教育：理念与实践》《开发与利用博物馆的青少年社会教育资源》等多篇文章分别从不同的视角探索发展青少年社会教育的途径和方法。④ 青少年有

---

① 李承钢. 创新青少年社会教育　预防青少年违法犯罪——以武汉市探索建立青少年社会教育工作新模式为案例[J]. 预防青少年犯罪研究，2013，(1).

② 牛凯. 社会教育与预防青少年违法犯罪[J]. 预防青少年犯罪研究，2013，(2).

③ 褚宸舸. 重点青少年社会教育的实证研究——以陕西省为例[J]. 青少年犯罪问题，2013，(5).

④ 张婷婷. 中小学校如何开发与利用社会教育资源[J]. 小学校长，2008，(4)；韩兵，洪港. 开发与利用博物馆的青少年社会教育资源[J]. 天津职业院校联合学报，2006，(1)；唐友波，郭青生. 上海博物馆的社会教育：理念与实践[J]. 中国博物馆，2001，(2)；彭正文. 博物馆：青少年社会教育基地——以海南生物多样性博物馆为例[J]. 海南师范大学学报（社会科学版），2008，(4)；陈瑛琪. 青少年宫教育——学校教育的延伸与补充[J]. 中国校外教育（理论），2008，(9).

较多的闲暇休息时间，但让人担忧的是很多青少年不知道如何有效以及合理地利用自己的闲暇时间，不知道如何使得休息和放假时间过得更加有意义。博物馆、青少年宫等具备社会教育的功能，具备丰富的社会教育资源，在为青少年提供社会教育上有其相当大的优势，因此，开发与利用博物馆等社会教育场馆作为青少年的社会教育资源有着重要的意义。

二、青少年社会教育本质与内涵研究

佘双好在《青少年社会教育的本质与内涵》一文中提出，社会教育是一种公共教育活动，社会教育和家庭教育的本质区别在于，它是以公共社会生活为基础的教育活动形式，而家庭教育是以血缘关系为纽带，以亲情作为调节手段，来调节教育者和受教育者双方关系的教育活动形式；社会教育是一种更注重个体经验的教育活动，社会教育与学校教育的本质区别在于，学校教育是一种有目的、有计划的系统进行课程教育的体制化的教育，学校提供给学生的教育性经验是经过一代代教育工作者精心准备相对稳定的教育性经验，与之相比，受教育者在社会教育中更多体现的是个体积极主动的参与方式，是个体在现实社会生活中所获得的积极的社会性情感，个体在整个社会中有意无意所接受的各种对个体发展起促进作用的教育和环境因素；社会教育以促进个体社会性发展为主要内容。社会教育与家庭教育、学校教育的区别在于，社会教育尽管也对个体发展提供知识和技能帮助，但其重点在于促进个体社会性的发展，培养个体亲社会性行为和思想情感、观念等，培养个体作为一个社会成员的丰富性和多样性。家庭教育虽然也促进个体社会性发展，但家庭教育促进个体社会性情感的方式主要是通过亲子关系，通过移情作用，推广到社会生活的各个领域；在学校教育中，虽然也会关注学生社会性的发展，使之成为未来社会合格的公民，但从总体上来看，学校教育具有超越社会发展的一面，也就是说，学校教育的内容既要适应社会发展，但同时又要超越社会发展，学校教育内容与学生社会性发展既相适应，但又反映了相对稳定和长远的要求。学校教育的内容主要以间接经验的形式对学生社会性产生影响，而社会教育则是提升社会公民基本素质的教育形式。作为一个社会公民的素质最主要体现在个体的社会性发展内容上，促进个体社会性发展的教育虽然需要一些间接经验的教育内容作为基础，但从根本上说，它体现的是一种直接经验的教育方式，它是以公民的基本素质作为教育的基础和起点。①

日本学者千野阳一也对这个问题进行了研究,社会教育比较完整的表述应当是“作为正规课程进行的学校教育以外的教育、学习活动的总称(包含体育、娱乐活动)”。所谓“作为正规课程进行的学校教育”是指以儿童、中小学生为对象,按照规定的时间进行课程学习,举行学校仪式及进行特别活动的教育等。因而,以儿童、中小学生为对象自主举行的校外活动甚至是在规定时间以外的在校内举行的集体活动,都在社会教育中占有一定地位。其次,“教育、学习活动”所表现的社会教育主要是以成人为对象,在这里要求学习者开展主体的、自主的学习活动。再次,加入“包含体育、娱乐活动”只不过是说社会教育也要考虑人在身心两方面的成长和发展。②

青少年社会教育需要理论支撑,《关于社会教育的一般理论》系统介绍了与青少年社会性发展相关的一些理论,如社会学习理论、生态系统理论、群体社会化理论、社会文化理论等,这些理论可以作为青少年社会教育的理论基础。③

侯怀银也对这个问题进行了研究,他认为,社会教育可以从广义和狭义两方面去理解。广义的社会教育,是指有意识地培养人,并使人身心和谐发展的各种社会活动;狭义的社会教育是指由政府、公共团体或私人所设立的社会文化教育机构对社会全体成员所进行的有目的、有系统、有组织、独立的教育活动。广义的社会教育包括了社会生活的一切具有教育意义的活动,实际与广义教育无多大差异。事实上,最早的教育功能就是由社会教育去实现的。在原始社会,家庭尚未形成之前,年轻一代的教育就是在全氏族成员的共同劳动及日常社会生活中,由氏族公社的成员通过互相的言传身教,或由有经验的年长者向年轻一代传授一些简单的生产和生活的经验的方式进行的。以后随着家庭及家庭教育的出现,直至学校教育的产生,广义的社会教育才开始逐步分化为学校教育、家庭教育和狭义的社会教育这三种独立的教育形态。狭义的社会教育概念,实际上强调了以下几个方面的内涵:第一,社会教育实施的主体,即社会文化教育机构,无论其创办者是政府、团体或私人,只要它是对社会成员实施有影响的教育活动,就是社会教育的实施者;第二,社会教育实施的

---

① 佘双好. 青少年社会教育的本质与内涵[J]. 中国青年研究,2007,(12).

② [日] 千野阳一. 关于理解社会教育本质的研究方法[J]. 华东师范大学学报,2007,(1).

③ 张荣华. 关于社会教育的一般理论[J]. 中国青年研究,2007,(12).

客体，是针对社会全体成员，而不是其中的某个特殊群体；第三，社会教育实施的机构和场所，包括公私立学校和社会文化机构；第四，社会教育是有目的、有系统、有组织的、独立的教育活动。社会教育不是学校教育的补充，而是一种独立的教育活动。我们应该将社会教育和学校教育平等看待。对社会教育，必须认真策划，精心设计，周密安排。基于对社会教育这一概念的认识，社会教育的研究对象不应仅仅以学生为对象，而应该是以社会全体成员为对象，不断拓宽社会教育研究领域。①

三、构建学校、家庭、社会三位一体育人体系研究

学校教育、家庭教育和社会教育是相互联系、相互渗透、相互依存、辩证统一的教育体系的三要素，开展“学校、家庭、社会三位一体育人体系研究”具有很强的现实意义与学术价值。构建“三位一体”育人体系，有利于实现整个教育在时空上的紧密衔接，有利于保证整个教育在方向上的高度一致，从而大大增强教育实效。有利于实现各种教育之间的互补作用，增强整体教育的有效性。构建“三位一体”育人体系是深入开展素质教育的需要，是建设学习型社会的需要，也是社会建设发展的需要；学者对构建“三位一体”育人体系作了深入研究。② 该体系研究主要是根据包容理论与共同责任理论、教育系统生态理论以及多元智力理论与全景教育理念建立的，并在我国当前的教育领域已经有了教育实践。由于各方面的原因，当前在学校、家庭和社会三结合教育方面存在着一定的矛盾和问题：一是“三位一体”育人机制的职责定位不够明确。学校、家庭与社会之间仍然缺乏切实有力的领导来协调各方关系和统一步调，三方面互相联系不够，互相配合不够密切。二是“三位一体”育人目标不够统一。教育系统依然存在着应试教育至上的思潮，重视学校教育，忽视家庭、社会教育，重视知识传授，忽视德育、体育和智能培养。应试教育给三结合教育带来许多阻力，学校担心影响升学率，对素质教育既赞成又排斥。家长则重视智育，轻视德育、体育，不愿让子女参加社会活动。社会单位对学校教育的支持与合作力度还有待提高。三是“三位一体”合作机制不够成熟。学校、家庭和社会依然存

① 侯怀银．中国社会教育研究的若干问题[J]．教育研究，2008，(12)．

② 杨雄，刘程等．教育合作论[M]．上海人民出版社，2012；杨雄，刘程．关于学校、家庭、社会“三位一体”教育合作的思考[J]．社会科学，2013，(1)．

在一定程度的各自为政现象，依然比较缺乏有效的合作平台以整合各方资源。学校在一定程度上依然较为封闭，需要更多地关切和呼应家长、社区等方面的合理诉求。此外，还要充分加强教育系统与外部环境的信息交换，促进各方面之间的理解、沟通和信任。

另外，也有一些学者对此问题进行了研究。① 关冬生等人进行了青少年社会教育与学校教育、家庭教育的比较研究，该研究采用定量与定性研究相结合的方式，以广州市为主要研究地点，珠三角地区的东莞、佛山、中山三个城市作为辅助研究地点，以广东省内青少年、教师以及家长为研究对象，以社区、学校为研究载体，通过问卷调查结合文献法、参与式观察、深度访谈、座谈等方式对省内青少年社会教育、学校教育、家庭教育情况进行了深入调查。研究表明，青少年在家庭教育阶段，由于社会化未完全，对成人（特别是父母及其家庭成员）的依赖很强，此时的教育形式多为被动的灌输式，学生每天完成作业的时间在 2—3 小时，占学生可支配时间的 60.5%；同时，由于社会教育的内容和形式的多样，社会教育的载体也呈现蓬勃发展的趋势，随着社会经济及网络的发展，青少年在社会教育内容和形式上也发生了显著变化。②

宋宁娜提出，学校、家庭和社会教育是整体的社会系统工程，各司其职而又相互联系，任何一方面的失误或者失职都会造成文化缺陷，形成社会发展障碍。家庭、学校、社会教育应强调人性理性。只有社会教育、学校教育和家庭教育通力合作，培养现代社会所需的现代意识和人格特征，才能构筑社会公平和谐的基础。家庭教育、学校教育和社会教育相互连接和联系、协同作用完成教育年轻一代任务，使之不仅能接受和继承优秀文化，并且能为文化改进和发展作出自己的贡献。社会教育、学校教育和家庭教育应当相互联系，教育是与伦理、法律、社会、政治诸多方面相联系的系统工程，家庭教育、学校教育和社会教育是一个人从小到大接受教育的过程和环境。③

应当说，青少年社会教育既是学校教育和家庭教育的重要补充，可以弥补

---

① 刘贤利. 试论家庭、学校、社会教育的整合[J]. 淮南师范学院学报，2007，(2)；李中亮，刘宁. 家庭教育、学校教育及社会教育的整合发展趋势——兼议人的发展的内涵[J]. 现代教育科学，2009，(2)；刘宁. 家庭教育、学校教育及社会教育的整合发展趋势[J]. 基础教育研究，2009，(4)；李贵兰. 学校教育、家庭教育、社会教育三位一体共同推进生命、生存、生活教育[J]. 科教文汇，2009，(7).

② 关冬生，关淑凡，石军. 青少年社会教育与学校教育、家庭教育的比较研究——以广东为例[J]. 中国青年研究，2013，(3).

③ 宋宁娜. 学校、家庭及社会教育[J]. 南通大学学报(社会科学版)，2013，(3).

学校教育和家庭教育的缺点和不足，同时又有着不可替代的教育功能，有着自己的特点和优势，对社会教育的研究应和家庭教育、学校教育一样并重。但目前的研究现状是，社会对青少年社会教育的研究重视程度不够；从关注的热点来看，许多社会矛盾和社会问题，更需要加强社会教育的力量。目前，对青少年社会教育的目的、作用、内容、原则与方法的研究还相对欠缺。同时，当前对青少年社会教育的行政和法规的研究还是一片空白，可以参考和借鉴国外青少年社会教育制度建设的经验，结合我国国情和社会现状探讨适合我国特点的青少年社会教育行政制度及方针政策，使青少年社会教育的发展有基本的制度保证和政策依据。

第四节　青少年教育研究展望

综上所述，近年来青少年教育在家庭教育、学校教育以及社会教育的研究中都取得了突破。经济全球化、社会多元化以及国家相应人口、生育政策等的影响，社会出现了不同的变化，因此，与已取得的研究相比，青少年教育的研究呈现更加多元的态势；从重视理论研究到更加重视采用实证研究的方法，通过数据分析作出更加科学、客观的判断。

一、加强青少年教育政策研究

当前，在青少年教育的研究中，对青少年教育政策的研究处于相对缺失的状态。青少年教育政策是政党和国家根据社会发展和青少年受教育的需要而制定的有关青少年教育的目标、途径和方法的总体规定。我国虽然没有以“青少年教育政策”为名的政府文件，但有较为系统的、以青少年为主要对象的教育政策，因此青少年教育政策名不具而实存。[①] 近 10 年来，国家先后颁布了中共中央、国务院《关于进一步加强和改进未成年人思想道德建设的意见》，中共中央、国务院《关于进一步加强和改进大学生思想政治教育的意见》《关于建立健全普通本科高校、高等职业学校和中等职业学校家庭经济困难学生资助政策体系的意见》、中共中央、国务院《关于加强青少年体育增强青少年体质的意见》等一系列青少年教育文件，充分体现党和政府对青少年健康成长无微不至

① 陆玉林. 浅析我国的青少年教育政策[J]. 中国青年政治学院学报，2000，(9).

的关心、关怀、关爱之情。我国青少年教育政策体现了宪法中规定的"公民有受教育的权利和义务"的精神。但当前,对青少年教育政策的研究尚处于空白的状态,研究青少年教育政策的论文寥寥无几。在依法治国的背景下,对青少年教育政策的研究、更好地保障青少年合法权益尤为重要。对青少年教育政策的研究,可以加强教育政策以及教育状况的评价和监督机制,促进我国青少年教育的进一步发展。当前,我国正在大力推进依法治国,青少年法制教育大纲正在制定当中,青少年教育政策的某些方面也将有较大的改进和完善,青少年教育政策为了适应未来社会的需要,也势必将进行较大的改革、调整。未来对青少年教育政策的研究可以侧重在以下几个方面:① 教育目标上个人发展和国家需要之间的关系如何进一步协调平衡的研究;② 目前各地区对课程设置、教材、教学内容等方面整齐划一,既不符合我国地域辽阔、各地区之间发展不平衡的特点,也不利于调动学生的学习积极性。政治教育的过早进行,也与青少年的接受能力不相适应,对这些问题教育政策设置的研究;③ 教育政策和教育状况评价的监督机制的研究;④ 大力推进和深化素质教育的过程中,青少年教育政策如何适应素质教育需要的研究,等等。

二、加强青少年教育立法研究

青少年教育存在的问题应当需要立法的方式解决和规范。青少年教育立法首先应明确主体——青少年的权利与义务,明确各主管及相关部门的职责范围,能够使责权明晰,提高青少年家庭教育的实效。另外,应确认青少年教育的宗旨和目的,法律地位和原则,以提升青少年教育在现代国民教育体系和终身教育体系中的作用。对于特殊青少年,如留守、流动、残障、单亲家庭青少年的教育问题,可通过应制定相应的法律条款给予关怀。

三、将终身教育贯穿于青少年教育全过程

个体在成长过程中,主要的活动中心从家庭、学校到社会发生转变,在这一过程当中,学校教育是个体成长过程中特定阶段的影响要素之一,而家庭与社会伴随着个体的一生。与此同时,在人的终身发展过程中,学校教育对人的发展的影响力从时空上来讲相对有限,非学校教育的社会环境对人的影响表面上看零碎、偶然、无序,但从根本上看,所有社会影响中都蕴含着深层次的文化底蕴。20 世纪 60 年代后期以来,终身教育的理念已在世界范围内得到了广

泛的传播、推广与普及，被誉为现代终身教育之父的保罗·朗格朗在其代表作《终身教育导论》中曾对终身教育作了如下的阐述："我们所使用的终身教育……包括了教育的各个方面、各种范围，包括从生命运动的一开始到最后结束这段时间的不断发展，也包括了在教育发展过程中的各个点与连续的各个阶段之间的紧密而有机的内在联系。"①随着终身教育理念在国际社会的逐步深入，对青少年教育的研究，不应单一偏向家庭、学校以及社会教育的某一部分，把终身教育理念贯穿青少年教育的全过程，贯穿青少年的学校教育、家庭教育和社会教育，才能更好地完善青少年的自身人格，促进青少年的全面发展，为社会造就合格公民。

（孙冬喆）

推荐阅读

1. [德] 福禄培尔. 人的教育[M]. 孙祖复译，人民教育出版社，1991.

2. [法] 保罗·朗格朗. 终身教育导论[M]. 滕兴等译，华夏出版社，1988.

3. [美] 杜威. 学校与社会·明日之学校[M]. 赵祥麟等译，人民教育出版社，1994.

4. [美] 沃尔特·范伯格，乔纳斯，F·索尔蒂斯. 学校与社会[M]. 李奇等译，教育科学出版社，2006.

5. 蔡汀，王义高，祖晶主编. 苏霍姆林斯基选集（五卷本）[M]. 教育科学出版社，2001.

6. 顾明远主编. 教育大辞典[Z]. 上海教育出版社，1992.

7. 瞿葆奎主编. 教育学文集——智育[M]. 人民教育出版社，1993.

8. 杨雄，刘程等. 教育合作论[M]. 上海人民出版社，2012.

9. 叶澜等. 教育理论与学校实践[M]. 高等教育出版社，2000.

思考题

1. 家庭教育对青少年社会化有哪些影响？
2. 学校教育的基本价值和基本功能是什么？
3. 青少年社会教育的内涵和功能定位是怎样的？
4. 如何正确处理家庭、学校、社会教育之间的关系？
5. 如何理解家庭、学校及社会教育的整合发展趋势？

---

① [法] 保罗·朗格朗. 终身教育导论[M]. 滕兴等译，华夏出版社，1988，第16页.

第二章
青少年心理发展研究综述

青少年期是个体从儿童逐渐发育成为成年的过渡时期。美国心理学家霍尔认为青少年期会产生个体心理形态的突变和危机，是一个动荡的阶段。研究者常常将青少年期称作是"暴风骤雨期"，典型的表现有亲子冲突、情绪激荡、冒险行为等。[①] 当然，上述结论大多出自西方文化背景，源于西方的研究者。受中国传统文化和社会快速变迁双重影响的当代中国青少年，其心理发展又体现出怎样的特点？本章尝试从青少年生理变化与认知发展、青少年的情绪发展与调节、青少年的社会性发展、青少年的道德发展、青少年心理发展问题（如成瘾行为、冒险行为等）等层面，重点梳理国内研究者的相关研究成果，展现我国当今青少年心理发展的整体态势，揭示青少年心理发展过程中的热点问题和难点问题。

第一节　青少年生理变化与认知发展

青少年期是个体发展中的第二个生长高峰期，生理发育的主要特征为第二性征出现，并且速度快和变化快。随着生理发育逐渐向成人靠拢，这些变化会以不同的方式影响青少年的心理发展。

一、青少年期生理发育的基本规律

身高体重突然快速增长是青少年期最明显的标志，增长趋势为先快速增

① Arnett, J. J. (1999). Adolescent storm and stress: Reconsidered. American Psychologist, 54(5), 317 - 326.

长，后增长速度平缓。通常9—10岁时，女生的身高体重开始突增，在11—12岁达到最高峰，13岁左右发育速度慢慢回落，发育平缓。男生发育要晚于女孩1—2年，一般在11—12岁身高体重才开始突增，14岁左右达到顶峰，16岁之后发育速度平缓。18岁左右，男女生达到其最高身高。[①] 青少年期大脑快速发展，脑结构在形态上接近成人水平，额叶区内神经元之间的联系以及该皮层区与大脑其他皮层区之间的联系已经成熟。

青少年期个体发育规律既遵照一定的规律，又存在较大的个体差异。男生第二性征的主要表现为长胡子，毛发生长，声音由尖细变得粗而低沉，喉结突起。遗精现象标志着男生的性成熟。青春期睾丸快速生长，开始产生精子，在13岁左右会出现遗精现象。女生第二性征的主要表现为胸部的发育以及毛发的生长。胸部慢慢发育成型，由圆锥状慢慢增大变得圆润，乳头和乳晕随之变大。卵巢发育速度加快，待卵子成熟后，排出体外，形成月经，月经初潮标志着女生性成熟。月经初潮时间存在较大的个体差异，一般在12—18岁。

近年来有关青少年身体发育的研究主要关注于少数民族群体和城乡差异。有研究者调查了云、贵、川三省的少数民族青少年身体形态的变化，研究结果发现1995—2010年，青少年的身体形态生长水平提高，但青春期突增期和突增高峰期提前。[②] 但近年来没有对全国青少年身体发育趋势进行系统的调查研究。由于生活质量提高，生活习惯和饮食习惯发生变化，身体的生长发育规律也会有所变化，需要进行大规模的调查研究，从而了解青少年最新的发展规律，并促进其健康发展。此外，身体发育还受到社会文化环境的影响，青少年正处于学业压力最大的时期，由于运动机会和睡眠时间减少，烦恼增多，这些因素都会影响个体的身体发育。

二、青少年生理发育与心理发展的关系

青少年的生理发育与心理发展之间的关系密切。青少年由于身体发育速度加快，体型发生变化，部分群体容易对自身的形体产生错误判断，形成认知偏差。特别是女生，在以瘦为美的社会观念下，容易产生对自身形体的不满，

---

① 李晓东.发展心理学[M].北京大学出版社，2013.

② 王玉洪，邓志红，周国霞，杨春林.社会变迁视野下1995—2010年西南少数民族青少年身体形态变化规律及动态分析[J].广州体育学院学报，2014，34(3).

从而引发自卑、烦恼等负面情绪,这是引起青少年低自尊的一个原因。对初中生、高中生和大学生的研究表明,青少年的形体认知偏差存在体重、性别和年龄的差异,并与自尊水平有关。相对于体重正常的群体,偏胖和偏瘦的群体更容易产生形体认知偏差,女生更容易产生形体认知偏差,初中生比高中生产生更多的形体认知偏差。① 高亚兵等人对 1 000 多名初中生和高中学进行体像烦恼和自尊水平的研究,结果发现随着年龄的增长,青少年对自身的体像烦恼减少,体像烦恼与自尊呈负相关。② 潘晓红等人认为在社会文化和舆论媒体的日益影响下,广告等对青少年减肥观念具有深刻的影响,当他们发现自身形体特征与预期不符合时,会引发消极情绪,从而导致自尊水平降低。③ 还有研究发现那些对自己形体满意的个体,自我价值感高,对形体不满意的个体自我价值感较低。④

三、青少年的认知发展

按照皮亚杰的认知发展理论,青少年处于形式运算阶段,在青少年期后期基本达到成人水平。随着社会的发展,近几年研究者比较关注青少年的元认知、生命认知、网络认知和风险决策等方面的发展。

元认知是认知结构中最核心的部分,它在认知过程中起着计划、决策、监控和调节的作用,是主体我对客体我的思考、监控和调节,是调节认知过程的认知活动。⑤ 元认知强的个体能够准确估计任务的难度以及自身是否能够完成该任务,并合理安排任务过程的各个方面,针对不同的情境和任务采取不同的解决策略。随着年龄和经验的增加,元认知呈增长趋势,但也有可能受到其他因素的影响。聂衍刚等人的研究发现元认知能力能够正向预测青少年的学习适应行为,此外初中生的元认知水平高于高中生的元认知水平,与以往的研

---

① 高红艳,王进,胡炬波.青少年学生形体认知偏差与自尊、生活满意感的关系[J].体育科学,2007,27(11).

② 高亚兵,彭文波,骆博巍,周丽华,叶丽红.大中学生体像烦恼与自尊的相关研究[J].心理科学,2006,29(4).

③ 潘晓红,徐群英,姚彦等.青春期少女体像及相关问题调查[J].中国心理卫生杂志,2006,16(8).

④ 陈红,冯文锋,黄希庭.身体美:我国青少年理想身体自我特点[J].西南师范大学学报(人文社会科学版),2006,32(5).

⑤ 姜英杰.元认知研究的历史源流与发展趋势[J].东北师大学报(哲学社会科学版),2007,(2).

究结果不同。[①] 这可能是因为初中生刚进入青少年期，自我中心明显，需要花更多的时间和精力思考自身；而高中生的自我中心倾向减弱，并面临着更大的学习压力，焦虑水平较高，从而影响了元认知的发展水平。因此，元认知在青少年期的发展规律有待进一步证实。

生命认知是指个体对生命过程和死亡现象的整体认知和体验，主要包括生命意识、生命价值和生命态度。[②] 研究结果发现青少年的整体生命认知水平处于中等，对苦难有一定的理解，知道自己的生命目的和意义，并且有追求生命的意志和生命控制能力，但普遍对死亡的接受能力低。青少年对死亡的态度可能和中国文化有关。中国文化中，父母往往不会坦然与子女讨论有关死亡的话题，经常用一些比较隐晦的词汇来形容死亡。有研究表明，父母公开坦然地和青少年谈及死亡的话题，正确地对待死亡，能够降低青少年对死亡的回避和焦虑。[③]

随着网络的普及，青少年还没有完全认知到网络的利弊就已经接触到网络。通过网络交友、娱乐，特别是网络游戏，不少青少年沉迷于其中。研究发现青少年对网络的积极影响给予了高度的认可，特别是有关信息的沟通和交友方面，他们认为网络促进了信息的沟通和分享，并且结交新朋友的机会增加。从整体上看，青少年不太认同网络带来的消极影响，但对于网络带来的色情信息、暴力信息以及沉溺于网络的负面影响比较认可。[④] 此外，有很大一部分人表示对于网络带来的影响并不清楚，因此，青少年对网络认知的水平有待提高。

第二节　青少年的情绪发展与调节

情绪是个体对各种认知对象产生的一种内心感受或态度，伴随着一定的生理反应，并以此来调整自身的行为。情绪调节是指个体通过一定的策略和

---

① 聂衍刚，杨安，曾敏霞．青少年元认知、大五人格与学习适应行为的关系[J]．心理发展与教育，2011，(2)．

② 李倩倩．青少年生命认知与依恋类型相关研究[D]．长江大学硕士论文，2013．

③ 王莉佳．高中生死亡态度及其与依恋关系的研究[D]．华东师范大学硕士学位论文，2010．

④ 王海明，任娟娟，黄少华．青少年网络行为特征及其与网络认知的相关性研究[J]．兰州大学学报(社会科学版)，2005，33(4)．

机制管理和改变自己或者他人情绪的过程，伴随着生理反应、主观体验和表情行为等方面的变化。情绪调节有以下三个特征：[①]① 情绪调节的对象可以是正性情绪也可以是负性情绪，调节效果可以是增强情绪和减弱情绪；② 情绪调节包含有意识过程和无意识过程；③ 情绪调节具有情境依赖性。

一、青少年的情绪与情绪调节

青少年期之所以被描述为“暴风骤雨期”，“情绪激荡”是重要的原因之一。Silver 等人的研究发现情绪反应性在青少年期达到最高峰，面对各种情绪刺激时，青少年最容易产生强烈的情绪反应。[②] 国内研究者对青少年的情绪发展及其调节特点进行了有益的探索。

对上海市中学生的调查表明，中学生焦虑的特点是：[③]总焦虑程度为中等偏下水平，具体表现为中等水平的广泛性焦虑、学习焦虑、对人焦虑和自责。女生的焦虑程度普遍高于男生，焦虑程度随年龄变化，尤其男生的焦虑呈现降低趋势。青少年随年龄增高对焦虑的承受、社会交往和行为控制的能力普遍增强，男生突出，女生较平稳，但女性更敏感，容易有广泛焦虑的症状。与焦虑程度增高相关的不利环境因素有：父母文化程度过低、父母个性焦虑忧郁、主要抚养者的养育态度专断或冷漠、父母之间的养育态度经常或完全矛盾、父母经常吵架、较长时间不与父母生活、被打骂的经历较多和遇到困难缺乏其他人的关心等。

以贝克抑郁自评问卷作为抑郁的评价指标，对中学生抑郁症状的发展进行调查研究，结果发现：[④]中学生抑郁症状发展水平的关键年龄是 13 岁（约为初一年级），因为这个时间段正好是向青少年期过渡的时期，心理和行为发生了显著的变化（见图 4－2－1）。

总体而言，青少年开始能够在不同的场合灵活运用各种情绪调节策略，从而有效地应对突发的情绪压力。随年龄的增长，青少年积极的调节策略越来

---

① 桑标主编. 儿童发展[M]. 华东师范大学出版社，2014.

② Silvers, J. A., McRae, K., Gabrieli, J. D. E., Gross, J. J., Remy, K. A., & Ochsner, K. N. (2012). Age-related differences in emotional reactivity, regulation, and rejection sensitivity in adolescence. Emotion, 12, 1235－1247.

③ 张劲松，金星明，周雪典，沈理笑，黄红，沈晓明. 上海市中学生焦虑状况及其相关因素[J]. 中华预防医学杂志，2005，39(5).

④ 冯正直，张大均. 青少年心理健康素质的概念和结构初探[J]. 心理与行为研究，2005，2(4).

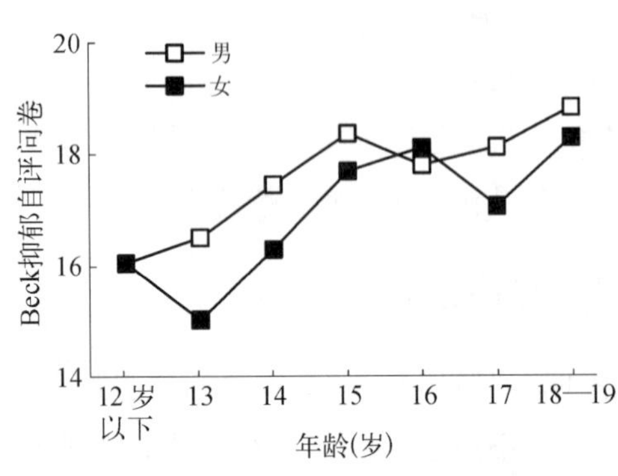

图 4-2-1　不同年龄中学生抑郁症状的发展状况

越多,并越来越多地使用一些建设性的认知调节策略。

情绪调节的效果与情绪调节的策略使用有关。有研究者采用问卷法对 1 210 名青少年进行情绪调节策略使用和情绪调节能力的测量,研究结果显示:[①]积极的情绪调节策略与情绪调节能力呈正相关,具有正向的预测作用;消极的情绪调节策略对情绪调节能力具有负向预测作用。

近几年,研究者开始关注自动化情绪调节过程。自动化情绪调节过程主要涉及情绪调节内隐态度和自主的情绪调节行为。情绪调节内隐态度指个体无法有意识识别的对情绪调节的评价,但这种评价却会无意识地影响个体的情绪调节过程。持抑制型调节态度的个体,潜意识地认为个体的情绪是需要被调节和控制的,即"不以物喜,不以己悲";持宣泄型调节态度的个体,潜意识地认为个体的情绪不需要被调节和控制,应予以宣泄和抒发,即所谓"人生得意须尽欢,莫使金樽空对月"。

焦虑和抑郁是青少年常见的情绪问题,有研究发现这些情绪问题与情绪调节策略使用不当、情绪调节能力弱等因素造成的适应不良的情绪调节有关。[②] 有研究者认为焦虑和抑郁症状可能与情绪调节内隐态度有关,刘俊升、桑标研究发现,持宣泄型情绪调节内隐态度的个体,倾向于使用认知重评的情绪调节策略,而持抑制型情绪调节内隐态度的个体,则倾向于使用表达抑制的情绪调节策略。[③] 马伟娜、桑标先使用问卷法在 180 名中学生中筛选出高焦虑和高抑郁个体,再使用问卷法和情绪调节版的内隐联想测试(ER-IAT)测量了他们的情绪调节状况和情绪调节内隐态度,研究结果发现,焦虑和抑郁高低

① 刘启刚.青少年情绪调节策略与情绪调节能力的关系研究[J].心理研究,2011,4(6).

② Gross, J. J., & John, O. P. (2003). Individual differences in two emotion regulation processes: Implications for affect, relationships, and well-being. Journal of Personality and Social Psychology, 85(2), 348-362.

③ 刘俊升,桑标.情绪调节内隐态度对个体情绪调节的影响[J].心理科学,2009,32(3).

组被试的情绪调节内隐态度均存在差异，焦虑和抑郁水平越高，则内隐态度越消极，使用的重视策略、抑制策略和宣泄策略就越多。①

二、情绪调节的中西方差异

一般情况下，人们倾向于增强自身的积极情绪，减弱自身的负性情绪，表现出享乐主义原则(hedonic principle)，国外的很多研究也证明了该现象。但跨文化研究发现中西方的情绪调节存在差异，西方人倾向于享乐主义，但中国文化强调生于忧患死于安乐，注重人际之间的和谐状态，表现出非享乐主义的模式(anti-hedonic regulation)。Miyamoto 等人的跨文化研究发现，当积极情绪出现时，中国被试倾向于减弱调节。②

Deng 等人借助于体验取样法，从青少年日常情绪生活出发，探讨中国青少年在不同情绪事件发生时的情绪调节策略使用倾向，以及使用不同调节策略对所感受到的情绪体验带来的累积和滞后影响。③ 研究发现，在日常生活中，中国青少年更倾向于使用那些降低其情绪体验的调节策略，比如转移注意力、重新对问题作出思考、压抑情绪带来的影响。使用减弱调节频率较高的青少年，比使用增强调节频率较高的青少年在日常生活中体验到更多的正性体验。另外，对正性情绪进行有意识的压抑与降低虽然减少了青少年在短时间内的正性情绪体验，但更符合中国文化的调节需求，后续会导致长期的正性体验。

Sang 等人使用追踪研究法，从青少年长期的发展趋势出发，探讨中国青少年在成长的过程中情绪调节策略的使用习惯是否产生了变化，并重点探讨使用不同的调节策略是否会对其日常情绪体验状况产生影响。④ 研究发现，在发展过程中青少年越来越倾向于使用减弱调节策略应对自己的情绪。在遇到

---

① 马伟娜，桑标. 焦虑、抑郁青少年的情绪调节内隐态度[J]. 华东师范大学学报(教育科学版)，2011，29(3).

② Miyamoto, Y., Ma, X. (2011). Dampening or savoring positive emotions: A dialectical cultural script guides emotion regulation. Emotion, 11, 1346-1357.

③ Deng, X. M., Sang, B., & Luan, Z. Y. (2013). Up-and down-regulation of daily emotion: An experience sampling study of Chinese adolescents' regulatory tendency and effects. Psychological Reports, 113, 552-565.

④ Sang, B., Deng, X. M., & Luan, Z. Y. (2014). Which emotional regulatory strategy makes Chinese adolescents happier? A longitudinal study. International Journal of Psychology, 49, 513-518.

带来正性情绪体验的事件当中，那些能够有意识地对其正性情绪进行减弱调节的青少年，能够在日常生活中体验到更为积极的情绪。从对负面情绪的调节和应对来说，负性情绪的减弱调节习惯与青少年日常负性情绪体验的减少密切相关。这反映了青少年情绪调节发展过程中减弱调节对个体情绪的适应价值。

看来，青少年若以牺牲短期的正性情绪体验为代价，对正性情绪采取减弱调节，他们就能够在之后的情绪采样时刻体验到更高的正性情绪。这种对正性情绪体验的短期削弱虽然暂时降低了个体的愉悦感受，但是能够为他们带来日后更高的正性体验。

三、情绪调节的神经机制

情绪调节与前额叶皮质有关，青少年期是前额叶皮质发展的第二个快速期，到青少年期后期基本接近成人水平。① 青少年期个体体验到的来自人际和学业的压力越来越大，体验到的负性情绪增加，情绪反应强烈，但前额叶皮质没有发育成熟，不能很好地调节个体产生的情绪。

随着 ERP，fMRI 等神经科学技术的兴起，越来越多的研究者关注情绪调节的神经机制，借助于这些技术，能够发现情绪调节策略使用与大脑激活之间的关系。国外的神经影像研究发现，运用点探测、情绪 stroop 任务或者情绪 go/no-go 任务能够测量前扣带皮层与自动化情绪调节策略之间的关系。② 张文海等人采用 go/no-go 的实验任务收集了 20 名青少年对表情图片的 ERP 数据，研究结果发现，自动化情绪调节能够调节 ERP 的早期成分，N2 和 P3 可以作为自动化情绪调节的生理指标。③ 邓欣媚等人通过 ERP 技术发现成人和早期青少年对不同的情绪刺激均产生情绪效应，并且成人的情绪调节效应优于早期青少年。④ 此外，脑区的激活存在差异，成人激活的脑区范围多于青少年，

① Lewis, M. D., & Steinberg, J. (2004). Emotion regulation in the brain: Conceptual issues and directions for developmental research. Child Development, 75(2), 349 - 376.

② Phillips, M. L., Ladouceur, C. D., & Drevets, W. C. (2008). A neural model of voluntary and automatic emotion regulation: Implications for understanding the pathophysiology and neurodevelopment of bipolar disorder. Molecular Psychiatry, 13, 833 - 857.

③ 张文海. 青少年情绪调节的 ERP 和 fMRI 研究[D]. 上海师范大学博士学位论文，2011.

④ 邓欣媚. 青少年情绪调节增强调节与减弱调节的发展及其神经机制[D]. 华东师范大学博士学位论文，2014.

关键脑区的 LPP 波幅的激发显著大于青少年。

马伟娜等人比较了认知重评与反应抑制两种情绪调节方式在神经机制上的异同，发现两者都能够降低情绪反应，但在神经水平上存在差异。① 当个体使用认知重评时，生理反应和交感神经系统激活减少，杏仁核和内侧眶额叶皮层的激活水平降低。而使用反应抑制时，生理反应和交感神经系统激活增加，杏仁核和内侧眶额叶皮层的激活水平提高。因此，在一般的情绪事件中，认知重评更有效地调节情绪并且有利身心健康；当遇到重大事件的时候，反应抑制的方法能够起到保护作用，维持个体的心理弹性。

四、青少年的主观幸福感

主观幸福感包含了对生活的满意度以及情感体验，生活满意度越高，体验到越多的积极情绪、越少的消极情感，则个体的主观幸福感越强烈。② 青少年的主观幸福感处于中等偏上水平，体验到较多的积极情感，较少的消极情感，消极情感主要体现为考试焦虑，并且随着年龄的增长而下降。③

乔静文等人对大学生和同龄社会青年进行问卷调查，调查结果发现，从整体上看两者之间的主观幸福感没有显著差异，但在社会信心、目标价值和家庭氛围三个方面，大学生群体的主观幸福感显著低于同龄社会青年的平均水平。④ 研究者提出，一般认为大学生理应比没有考上大学的同龄人对社会更有信心，有更明确的目标价值，更和谐的家庭氛围。大学生在以往的求学过程中一直是被羡慕、被推崇、被偏爱的对象，长期以来形成了一种习以为常的优越感。但随着我国高教事业的发展，高校逐年扩招，这一群体迅速壮大，他们面临着日益增强的竞争和压力，对自己的未来也多了一些迷茫和无助。同时，大学阶段费用的日益昂贵也使他们给自己的家庭生活带来了一定的负担，使他们在精神上承担了一定的压力。所有这些因素共同导致了大学生在以上三个维度上得分较低。

---

① 马伟娜，姚雨佳，桑标. 认知重评和表达抑制两种情绪调节策略及其神经基础[J]. 华东师范大学学报(教育科学版)，2010，28(4).

② 丁新华，王极盛. 青少年主观幸福感研究评述[J]. 心理科学进展，2004，12(1).

③ 岳颂华，张卫，黄红清，李董平. 青少年主观幸福感、心理健康及其与应对方式的关系[J]. 心理发展与教育，2006，(3).

④ 乔静文，常志坚，李慧民. 大学生群体与同龄社会青年的主观幸福感之比较研究[J]. 科技信息，2008，(9).

情绪调节在一定程度上影响青少年的主观幸福感。窦凯等人对中学生进行问卷调查发现，情绪调节自我效能感和情绪调节方式能够预测个体的主观幸福感。[①] 此外，不同的情绪调节方式对主观幸福感有不同的影响，该研究结果显示，减弱调节正向预测主观幸福感，当个体使用减弱调节时，能够降低负性情绪事件对自己的伤害。该研究结果与杨芳的实验结果相似，杨芳发现在大学生群体中，正性情绪的增强调节以及负性情绪的减弱调节能够正向预测主观幸福感，而负性情绪的增强调节负向预测主观幸福感。[②]

第三节　青少年的社会性发展

青少年的社会性发展涉及自我与自我同一性发展、同伴关系发展及青少年期的亲子关系与亲子冲突。

一、青少年的自我与自我同一性

自我是个性的一个重要组成部分，是衡量个性成熟水平的标志，是整合、统一个性各个部分的核心力量，是推动个性发展的内部动因。

青少年的社会化受到学习环境、家庭环境、同伴环境、社会环境和文化环境的影响，特别是文化观点，例如青少年要听父母的话。“听话”一词反映了中国社会对于青少年的一种教条化的理念，即社会群体倾向于用成人的价值观和利益原则来指导青少年的社会化，因而忽视了青少年的主体地位，这种理念倾向称为成人本位。[③] 随着科技的发展以及社会的变迁，成人本位与青少年社会化产生了冲突，主要体现在以下四个方面：① 信息技术快速发展，青少年能够快速高效地获取相关信息，成人提供的信息已经不再那么重要，在这种环境中，若成人依旧强调自身观点的重要性，容易导致青少年的叛逆和不认可；② 社会变迁飞速，青少年面临着各种新鲜的信息，产生了多元的价值观，与成人的价值观存在矛盾之处；③ 生活方式和生产方式的变革，使成人的经验价值减弱，青少年更具创造性，有时解决问题能力比成人强，成人权威受到了挑

---

① 窦凯，聂衍刚，王玉洁，刘毅，黎建斌. 青少年情绪调节自我效能感与主观幸福感：情绪调节方式的中介作用[J]. 心理科学，2013，36(1).

② 杨芳. 大学生情绪调节方式与主观幸福感的关系[D]. 华南师范大学硕士学位论文，2007.

③ 刘小龙，吕志. 青少年社会化中的“成人本位”困境及其超越[J]. 当代青年研究，2014，(1).

战;④ 现代社会青少年的主体意识增强,降低了对父母等权威的认同感和服从感。因此,是否坚持原有的成人本位理念还是重构成人本位理念对青少年的社会性发展有着重大的影响。

征鹏提出了自我空间论,这是指网络社会给个体提供了寻找自我、建构身份、展现个性的一个空间自由、文化自由的空间。① 在这个空间里大家以自我为中心,遵循快乐原则,个体倾向于将自己符号化,通过媒介平台展示和释放自我。在某种程度上,青少年群体会将现实生活中的想法和个性、爱好通过网络表现出来,展示和构建自我。黄华采用质性方法中的虚拟民族志方法对17—23 岁青少年进行研究,研究发现青少年围绕着真实性、存在感、表演方式以及线上朋友关系四个主题在朋友圈里自我表达和经验构建,整个过程展现了丰富性和多重性。② 青少年可以通过设置来限定朋友圈对谁开放,因此隐私性较强,强调自我的真实性;通过分享照片,能够受到自身鲜活的存在,能够体验到自我的存在感;往往青少年在发布照片时,聚焦于自身的照片,展示自己,但不在乎别人是否理解照片的含义;朋友往往只是表示看到了这个状态,但并不能够深入交流,朋友间是符号性的存在。

埃里克森将自我同一性定义为个体对于我是谁以及如何定义和评价自己的观念。他提出了同一性渐成说来解释个体的社会性发展,该理论模型认为青少年处于同一性获得对同一性混乱的阶段,基本任务是发展同一性。玛西亚等人依据探索(对个体自身价值观、个性及目标信仰的探索程度)和投入(指个体对自身的价值观、目标的坚持程度)两个维度将同一性分成了四个类别,分别为同一性延迟、同一性混乱、同一性拒斥和同一性实现。安秋玲发现,在人际关系方面,相对小学和高中生,初中生出现了"低混乱,低拒斥和高实现"的快速发展的同一性模式,表明处于生理和心理快速发育期的初中生,自我探索意识更为强烈,也有更多的精力去自我探索;此外,同一性实现存在显著的地区差异,上海学生同一性实现水平、同一性拒斥水平都高于山东学生,这可能与个体所处的生活环境相关。③

① 征鹏.网络青年文化的"自我空间"论[J].当代青年研究,2014,(2).
② 黄华,张旭东.朋友圈里的"我":青少年的经验[J].当代青年研究,2014,(6).
③ 安秋玲.青少年自我同一性发展研究[J].心理科学,2007,30(4).

二、青少年的同伴关系

同伴关系是指年龄相似或者心理发展水平接近的个体之间形成的共同活动并互相帮助的一种人际关系。同伴关系是个体安全感的一个重要来源。

在人生的不同阶段，同伴关系是普遍存在的人际关系，但对个体的重要性不同，青少年期是同伴关系发展的特殊时期。有研究表明，从 9 到 15 岁青少年与家人的相处时间慢慢减少，与同伴相处的时间远远超过了和父母等其他人的相处时间。[①] 青少年更愿意和同伴交流在生活、学习中遇到的快乐和烦恼的事情，并互相交流人生观和价值观，往往兴趣爱好、价值观相似的个体会形成一个团体。

同伴关系在青少年行为、认知、情感以及社会性发展上起着重要的作用：[②]① 在同伴群体中，同伴能够提供各种榜样作用，并对个体的行为进行反馈，促进青少年同一性的建构；② 同伴给予青少年足够的支持，促进个体自主性的发展；③ 同伴关系的亲密感增多，为成人期的人际关系发展打下基础。有研究发现，亲密朋友给予青少年最大的支持，并且影响最大；[③]④ 同伴关系影响青少年的未来发展。

青少年同伴关系的发展受到认知、情感、人格、归因方式等因素的影响。青少年同伴关系存在性别差异，女生比男生对同伴关系更敏感，注重关系中的理解和亲密感，倾向于少数几个人形成亲密的团体，而男生则倾向于更大的群体，不关注群体的亲密度。有研究发现初中生人格、自我表露、归因方式与同伴关系之间有密切关系，性格外向、自我表露水平高、倾向于内归因的青少年具有较高的同伴接纳度，同伴关系更加积极，思考性的青少年的同伴接纳度较低，同伴关系相对消极。[④] 徐瑞荣等人发现，高中生倾向于对好朋友自我表露，并且女生的自我表露水平高于男生，自我表露水平负向预测同一性危机水平。

---

① Larson, R., & Richards, M. H. (1991). Daily companionship in late childhood and early adolescence: Changing developmental contexts. Child Development, 62, 284 - 300.

② 胡义青.青少年同伴关系、自我和谐与网络成瘾的关系研究[D].江西师范大学硕士学位论文，2008.

③ Bernt, T. J., & Perry, T. B. (1986). Children's perceptions of friendships as supportive relationships [J]. Developmental Psychology, 22 (5).

④ 李支勇.初中同伴关系与人格特征、自我表露、归因方式的相关研究[D].山东师范大学硕士论文，2008.

因此，同伴间的自我表露有助于青少年自我同一性的发展。①

有研究发现具有良好同伴关系的青少年，表现出的亲社会行为比较多，并且自尊水平高。此外，同伴关系不良会带来一些不良的行为问题，例如攻击性行为、犯罪行为等。有研究发现亲子关系和同伴关系在一定程度上能够预测攻击性行为的发生，②另外的研究发现同伴关系在家庭教养方式和犯罪青少年人格之间起着调节作用。③

三、青少年的亲子冲突

亲子冲突是青春期亲子关系的最主要特征。亲子冲突是指发生在亲子之间双向的持有不一致观点的人际互动事件，程度可大可小，会体验到不愉快的情绪，可通过肢体、言语或者非言语的形式表达，例如争吵、打架、冷战、回避等。方晓义等人将亲子冲突分成三种类型，分别为情绪对立、言语冲突和身体冲突。方晓义认为亲子冲突并不等同于敌对，低水平的亲子冲突能够促进亲子关系的形成，促进青少年的成长。④ Steinberg 认为低水平亲子冲突促进青少年同一性的发展，提高其情绪调节能力，有助于建立良好的人际处理模式。但高水平的亲子冲突则会给家庭带来伤害。⑤

亲子冲突目前在国内的研究并不系统，主要集中在亲子冲突的量上，很少涉及产生冲突的本质原因。方晓义等人调查了青少年在学业、家务、交友、花钱、日常生活安排、外表、家庭成员关系以及隐私八个方面与父母的冲突。⑥ 父子与母子的冲突领域存在差异，父子冲突最多的学习方面，而母子冲突则是在生活方面，共同的地方是在隐私方面，两者的冲突较少。家庭环境类型与亲子冲突有关，在亲密度高、情感表达高以及矛盾少的家庭中，家庭成员使用积极的冲突解决策略，有目的性地去解决冲突；而在亲密度低，情感表达低以及矛

---

① 徐瑞荣，施春华. 高中生同伴自我表露与自我同一性的关系[J]. 中国健康心理学杂志，2014，22(9).

② 陈立民. 亲子关系、同伴关系与青少年攻击性行为的相关研究[D]. 华南师范大学硕士论文，2007.

③ 彭运石，王玉龙，龚玲，彭磊. 家庭教养方式与犯罪青少年人格的关系：同伴关系的调节作用[J]. 中国临床心理学杂志，2013，21(6).

④ 方晓义，张锦涛，孙莉，刘钊. 亲子冲突与青少年社会适应的关系[J]. 应用心理学，2003，9(4).

⑤ Steinberg, L. (1990). Autonomy conflict and harmony in the family relationship. Journal of Family, 35, 324 - 339.

⑥ 方晓义，张锦涛，孙莉，刘钊. 亲子冲突与青少年社会适应的关系[J]. 应用心理学，2003，9(4).

盾多的家庭中，家庭成员倾向于使用消极的冲突解决策略，自主解决冲突的目的低。[①] 邹泓等人对中学生进行问卷调查，结果发现初一学生的亲子冲突水平最低，并且两两年级之间亲子冲突存在差异。[②] 这可能是由于年龄较小时，个体畏惧于权威；随着年龄增长，一方面自身力量变大，另一方面也有了自己的想法，故有能力反抗权威的意见。

有研究发现青少年的自主期望和对父母权威的态度与亲子冲突有关。张文新等人通过问卷调查发现，[③]在高中阶段，青少年对父母权威的认可度越高，则越是能接受与父母的不同意见，亲子冲突水平较低；在较大年龄时期望获得自主行为的个体容易和父亲产生冲突，但和母亲比较亲密。青少年与父母的关系存在城乡差异，城市的男青少年与母亲的冲突更多。相对高一学生，高三学生的亲子冲突较少，说明青少年晚期个体发展接近成人，能够冷静处理亲子间的关系。青少年与母亲的关系很微妙，相对于父亲，一方面男生女生都报告与母亲的亲密度高，但另一方面，青少年报告和母亲的亲子冲突比较严重。这与中国文化“严父慈母”的形象比较符合。不过，随着社会的发展，越来越多的女性在事业中有所成就，母亲在家庭中的角色也随之改变，在这类家庭中，青少年的亲子冲突模式可能会有所不同。

第四节　青少年的道德发展

道德发展主要包括道德认知、道德情感、道德行为三个方面。道德认知主要是指对是非、善恶行为准则的判断及其执行意义的认识，表现为道德决策和道德判断；道德情感是指对善恶行为的感受；道德行为是指符合或者违背道德的行为表现。

一、大众媒体与道德价值观

随着电视、电影、网络等大众媒体的普及，人们的认知、思维、价值观等都

---

① 涂翠平，方晓义，刘钊. 家庭环境类型与青少年亲子冲突解决的关系[J]. 心理与行为研究，2008,6(3).

② 邹泓，李晓巍，张文娟. 青少年家庭人际关系的特点及其对社会适应的作用机制[J]. 心理科学，2010,33(5).

③ 张文新，王美萍，Fuligni，A. 青少年的自主期望、对父母权威的态度与亲子冲突和亲和[J]. 心理学报，2006,38(6).

会受到一定的影响。张将星通过自编问卷，研究大众媒体对青少年道德价值观的影响，结果显示：[①]有1/3的人认为他们的日常道德判断受到了电视、网络等大众媒体的影响。研究者认为，以教师为代表的传统教育主体仍然以一定优势影响着青少年的道德价值观，但其道德教育者的身份已有出现严重危机的迹象。从总体来看，大众媒体是影响青少年道德价值观的绝对力量，而青少年对大众媒体的道德价值观影响具有一定判断能力。刘晓倩采用问卷法和访谈法对六年级以及八年级学生进行网络文化和道德认知的研究，研究结果显示，在网络文化的环境中，一半多的青少年能够抵制各种网络信息的诱惑，正确理解道德概念以及作出符合社会规范的道德判断，具备主流文化所提倡的人生观和价值观。[②] 但也有一定数量的青少年受到网络文化的负面影响，难以抵制网络不良信息的诱惑，对道德概念的理解、对道德情景的选择判断均不符合主流社会的要求和规范，价值观和人生观功利、世俗，出现了很多道德认知上的问题；青少年越是接触网络，沉迷于网络，道德认知受到的影响越大；随着网络环境的影响时间加长，青少年道德认知的问题越来越严重，八年级学生提出了更多的挑战主流文化的道德观点，道德认知问题更加突出，当出现网络行为问题时，八年级学生体验到的惭愧和内疚情绪更少。

二、道德认知

研究者对道德认知和宽恕、道德推脱等方面的问题开展了实证研究。

崔映飞对儿童青少年进行了问卷调查，探讨道德认知和宽恕之间的关系，研究结果发现：[③]从整体上看，儿童青少年的道德认知发展水平符合科尔伯格的道德认知发展的阶段模型，随着年龄的增长，道德认知水平提高，年级差异显著；存在较大的个体差异，有些青少年的道德发展水平达到阶段四或阶段五，但也有一些儿童落后于相应的阶段；道德认知与宽恕发展呈正相关，一个人的道德认知水平越高，则越容易宽恕他人。

道德推脱是指个体产生的一些认知倾向，这些认知倾向包括重新定义自

---

① 张将星. 大众媒体对青少年道德价值观影响调查分析[J]. 教育研究，2011，(4).

② 刘晓倩. 网络文化境遇下青少年道德认知研究[D]. 山东师范大学硕士论文，2011.

③ 崔映飞. 儿童青少年道德认知与宽恕发展水平的比较研究[D]. 南京师范大学硕士论文，2008.

己的行为，让自己受到的伤害减少，最大限度地减少自己所要承担的后果以及降低对受害者痛苦的认可。① 杨继平、王兴超采用问卷法调查了756名初一到高三的青少年的攻击行为、父母冲突、道德推脱和道德判断的水平及其之间的关系。② 研究结果发现，青少年的道德推脱水平随着年龄的增长而提高，在15岁和19岁时发生显著的变化，并且存在性别差异，男生的道德推脱水平要高于女生；道德推脱在父母冲突和青少年攻击行为之间起着部分中介的作用，该中介作用受到青少年道德判断的调节，即道德推脱对青少年攻击行为的影响是有调节的中介效应。

近几年，随着具身认知思潮兴起，从具身视角考察道德的研究日益丰富。具身道德是指身体体验与道德认知或道德判断等心理过程相互影响产生的道德感受。③

在中国文化背景下，有很多言语涉及温度等具身感觉，例如：金盆洗手、雪中送炭、世态炎凉、热情似火等，因此，由"冷"、"热"所引发体验究竟如何，引起了研究者的兴趣。在道德决策过程中，主要受到认知和情绪的影响，一般认为，"冷"道德决策，即功利性道德决策只与认知加工过程有关；而"热"道德决策，即非功利性道德决策，则依赖于情绪性反应。有研究探讨了青少年身体的冷热与道德决策冷热之间的相互作用。研究对100余名中学生进行了两个实验，实验结果显示：④"冷"道德决策会影响青少年的身体温度，导致对冷食物产生偏好，而"热"道德决策的个体对热食物产生偏好；启动青少年不同的身体温度会影响青少年的"冷、热"道德决策，冷启动的青少年偏向于"冷"道德决策，而热启动的青少年则偏向于"热"道德决策。该研究证明了道德温度的具身效应存在。

三、道德情感

青少年道德情感是指青少年根据一定的社会道德规范来约束和评价自己和他人行为时产生的一种内心体验，是青少年情感教育中重要的一种情感。

---

① Bandura, A. (1990). Mechanisms of moral disengagement, in W. Reich (ed.), Origins of Terrorism: Psychologies, ideologies, states of mind. Cambridge University Press, New York.

② 杨继平，王兴超. 道德推脱对青少年攻击行为的影响：有调节的中介效应[J]. 心理学报，2012，44(8).

③ Schnall, S., Haidt, J., Clore, G. L., & Jordan, A. H. (2008). Disgust as embodied moral judgment. Personality and Social Psychology Bulletin, 34, 1096 - 1109.

④ 栾子烟. 道德温度：身体冷暖与青少年道德决策[D]. 华东师范大学硕士论文，2013.

道德情感发展水平高的青少年，当他作出符合道德规范的行为时，会体验到积极肯定的情绪，而当自身行为不符合社会规范时，会体验到消极否定的情绪。道德情感是道德认知和道德行为的中介变量，当道德认知和道德情感结合在一起作用时，才能激发相应的动机，从而促进道德行为的产生。

卢家楣等人在理论推演与实践探索基础上，编制了青少年道德情感问卷，并调查了25 485名11—19岁青少年的道德情感发展水平。研究结果显示：[①]我国青少年的道德情感总体正向积极，其中，爱国感和关爱感发展水平较高，女生道德情感及其关爱感和责任感优于男生；责任感和正直感发展水平较低，有待提高；青少年的道德情感的发展水平与学业自评、师生关系呈正相关。对青少年道德情感水平的了解有助于我们调节道德教育的结构，更好地促进青少年全面发展。

第五节　青少年心理发展问题

随着社会发展与时代变迁，青少年在成长与发展过程中也出现了一些新情况、新问题，比较突出的有网络成瘾和冒险行为。

一、青少年网络成瘾行为

随着网络的普及，网络成瘾已成为青少年心理发展常见的问题之一。网络成瘾是指个体无法控制自己，沉迷于网络，对身心健康和社会功能产生损害的一种网络使用状态。[②] 第34次中国互联网络发展状况统计报告显示，截至2014年6月，互联网普及率达到46.9%。互联网已经融入了青少年的学习和生活，导致青少年网络成瘾的问题日益突出，调查研究显示网络成瘾未成年人约占未成年网民的6.8%，男生高于女生。[③] 网络成瘾是一个涉及社会、学校、家庭和个人的综合性问题，其普遍性和危害性引起了社会的广泛关注。

有研究调查青少年网络成瘾与心理健康之间的关系，结果发现抑郁与网

① 卢家楣，袁军，王俊山，陈宇. 我国青少年道德情感现状调查研究[J]. 教育研究，2010，(12).

② 中国青少年研究中心课题组. 关于未成年人网络成瘾状况及对策的调查研究[J]. 中国青年研究，2010，(6).

③ Yen, J. Y., Ko, C. H., Yen, C. F., Chen, S. H., Chung, W. L., & Chen, C. C. (2008). Psychiatric symptoms in adolescents with Internet addiction: Comparison with substance use. Psychiatry and Clinical Neurosciences, 62(1), 9-16.

络成瘾的相关最高,但两者之间的关系并不清楚。网络成瘾是抑郁的原因还是结果,目前相关研究比较少,有一部分研究发现网络成瘾增加了抑郁的风险,[①]另一些研究发现抑郁能够预测后期的网络成瘾行为。[②] 研究结果说明网络成瘾和抑郁之间并不是线性关系,可能是双向的恶性循环。

研究发现,相对没有网络成瘾的高中生,具有网络成瘾的高中生报告了更多的压力事件,这些生活压力事件是后期导致青少年抑郁的危险因素。[③] 张林等人探讨了网络成瘾预测青少年抑郁时生活压力事件的中介作用。结果发现在控制了儿童虐待这个因素之后,网络成瘾对青少年抑郁的预测作用完全受到生活压力事件的中介作用(见图 4－2－2)。[④]

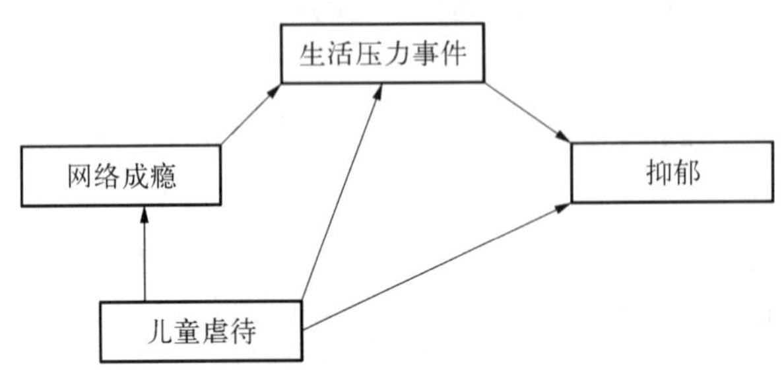

中介模型(Yang, Sun, Zhang, Sun, Wu, & Ye, 2014)

图 4－2－2 网络成瘾对青少年忧郁的预测作用

网络成瘾的影响因素主要有三个方面:互联网的自身特点、个体特征以及环境因素。近几年研究者较多关注个人特征与环境因素对青少年网络成瘾的影响。

1. 自我控制与网络成瘾

自我控制是指对自己情绪、认知和行为进行调节的能力,自我控制低的

---

① Lam, L. T., & Peng, Z. W. (2010). Effect of pathological use of the internet on adolescentmental health: Aprospective study. Archives of Pediatrics and Adolescent Medicine, 164(10), 901－906.

② Wastlund, E., Norlander, T., & Archer, T. (2001). Internet blues revisited: Replication and extension of an Internet paradox study. Cyberpsychology & Behavior, 4, 385－391.

③ Tang, J., Yu, Y., Du, Y., Ma, Y., Zhang, D., & Wang, J. (2014). Prevalence of internet addiction and its association with stressful life events and psychological symptoms among adolescents' internet users. Addictive Behaviors, 39, 744－747.

④ 张林,张志华,金岳龙,韩慧,叶冬青. 中学生网络成瘾与抑郁的相关性研究[J]. 中国学校卫生,2009,30(5).

个体追求及时满足，关注眼前利益，喜欢冒险行为，一般能够预测社会适应不良。成长在温暖家庭的儿童和青少年，往往获得了足够的关心和支持，满足了各方面的需求，因此能够更好地控制自己的情感，集中于任务和目标导向的行为；而那些没有获得父母重视，甚至得到消极应对的青少年，则容易失去自我控制，追寻感觉寻求。① 有研究者对中学生进行调查，研究结果发现，② 具有网络成瘾的个体报告了较少的积极教养方式、更多的父母控制，以及较弱的自我控制能力；低自我控制能力与积极教养方式呈负相关，与父母控制呈正相关。

2. 家庭因素与网络成瘾

按照双向生态系统理论，③最靠近的生态系统对个体的影响最大，家庭是个体接触最早和最近的生态系统，因此父母的教养方式在个体的发展中起着重要的作用。父母教养方式可分为积极教养和消极控制，积极教养方式包括教育原则、自主权利和情感支持等，消极控制则是惩罚、忽视孩子需求等。有研究发现，伴随网络成瘾的孩子报告对父母的不满意。④ 香港有研究对 3 000 多名青少年进行了一项为期 3 年的追踪研究，发现男生网络成瘾人数远远大于女生网络成瘾人数。功能良好的家庭，其孩子网络成瘾的概率比较小，积极成长的青少年网络成瘾的可行性较小。⑤

3. 冲动性人格、亲子沟通与网络成瘾

有些研究者认为网络成瘾是一种冲动性障碍，因此冲动性人格受到了普遍关注。冲动性人格的个体面对外界刺激时，会不考虑行为的后果而迅速做

---

① Eisenberg, N., Sadovsky, A., Spinrad, T. L., Fabes, R. A., Losoya, S. H., Valiente, C., Reiser, M., Cumberland, A., & Shepard, S. A. (2005). The relations of problem behavior status to children's negative emotionality, effortful control, and impulsivity: Concurrent relations and prediction of change. Developmental Psychology, 41(1), 193 - 211.

② Li, C. N., Dang, J. N., Zhang, X. L., Zhang, Q. Q. & Guo, J. J. (2014). Internet addiction among Chinese adolescents: The effect of parental behavior and self-control. Computer in Human Behavior, 41, 1 - 7.

③ Bronfenbrenner, U. (1989). Ecological systems theory. InR. Vasta (Ed.), Six theories of child development: Revised for mulations and currentissues (pp. 185 - 264). Greenwich, CT: JAI Press.

④ Lam, L. T., Peng, Z. W., Mai, J. C., & Jing, J. (2009). Factors associated with Internet addiction among adolescents. CyberPsychology & Behavior, 12(5), 551 - 555.

⑤ Yu, L. & Shek, D. T. L. (2013). Internet Addiction in Hong Kong Adolescents: A Three-Year Longitudinal Study. J Pediatr Adolesc Gynecol, 26, S10 - S17.

出无计划的反应。而家庭因素是网络成瘾的一项保护因素，尤其是亲子沟通，有研究发现亲子沟通质量好的家庭，其子女网络成瘾的风险低，而亲子冲突多的家庭，其子女网络成瘾的风险高。① 冲动性人格和亲子沟通如何共同作用于网络成瘾？邓林园等人对 1 610 名中学生进行问卷调查，并将亲子沟通细分为母子沟通和父子沟通，探讨冲动性人格、亲子沟通和网络成瘾之间的关系以及父亲和母亲对青少年的影响。② 研究结果发现相对无网络成瘾的青少年，网络成瘾的青少年的冲动性更高，亲子沟通更差。冲动性人格能够正向预测青少年网络成瘾，母子沟通能够负向预测青少年网络成瘾，但父子沟通没有显著的预测作用。当青少年的冲动性水平较低时，母子沟通对网络成瘾具有显著负向预测作用，但当青少年的冲动水平较高时，母子沟通对网络成瘾反而有正向预测作用。当青少年比较冲动时，父母对孩子的沟通越多，可能越会让他们感到烦躁，行为越是冲动。该研究结果支持条件影响模型，家庭因素对网络成瘾的保护作用受到人格因素的调节。

4. 生活压力事件、应对方式与网络成瘾

Tang 等人以 755 名中学生为对象，研究网络成瘾、生活压力事件及应对方式之间的关系。③ 研究结果发现网络成瘾与来自人际和学校的生活压力事件有关，与以往的研究结果相似。青少年使用不良的应对方式会增加网络成瘾的风险。即生活压力事件的增加会提高青少年网络成瘾的风险，但良好的应对方式能够降低该风险，因此，消极的应对方式在生活压力事件和网络成瘾的关系中起着中介作用。

Li 等人调查了 660 名青少年，研究发现情绪自我控制在生活压力和网络成瘾的关系中起着调节作用，这个调节作用受到认知适应不良的中介作用。④ 情绪自我控制能够缓解生活压力事件对女性青少年网络成瘾的作用，受到认知适

---

① Liu, Q., Fang, X., Deng, L., & Zhang, J. (2012). Parent-adolescent communication, parental internet use and internet-specific norms and pathological internet use among Chinese adolescents. Computers in Human Behavior, 28, 1269 - 1275.

② 邓林园，方晓义，伍明明，张锦涛，刘勤学. 家庭环境、亲子依恋与青少年网络成瘾[J]. 心理发展与教育，2013，(3).

③ Tang, J., Yu, Y., Du, Y., Ma, Y., Zhang, D., & Wang, J. (2014). Prevalence of internet addiction and its association with stressful life events and psychological symptoms among adolescents' internet users. Addictive Behaviors, 39, 744 - 747.

④ Li, D., Zhang, W., Li, X., Zhen, S., & Wang, Y. (2010). Computers in Human Behavior, 26(5), 1199 - 1207.

应不良的中介作用。但情绪自我控制不能有效地缓解生活压力事件对男性青少年网络成瘾的作用,也受到认知适应不良的中介作用。相对女性青少年,男性青少年在情绪控制上的得分低,在认知适应不良和生活压力事件上的得分低。

二、青少年冒险行为

青少年冒险行为是指青少年在其个人意志下做出的对健康有潜在负面影响的行为,例如吸烟、酗酒、吸毒、赌博、偷窃、打架以及性行为等,会对青少年的身心发展产生影响。① 研究者对青少年倾向于产生冒险行为的原因进行了大量的研究。

1. 个人特质与冒险行为

冒险行为受多方面因素的影响,个体特征是一个重要的因素。个体差异对冒险行为的影响不容忽视,其中抑制性控制和冲动性与冒险行为的关系比较密切。有研究发现,个体早期的抑制性控制的发展能够预测未来的冒险行为,抑制性控制水平低的儿童表现出更多的外显行为问题,并在同伴游戏中表现出攻击行为;抑制性控制与攻击性的关系随着年龄的增长而变强。② 冲动性则表现为鲁莽行事、不考虑后果,分为功能性冲动性和功能障碍性冲动性,前者是指个体思维敏捷,能在当下的环境快速作出适合的决定,往往伴随积极的结果;后者是指个体鲁莽行事,没有计划和思考就作出反应,往往伴随消极的后果。相关研究表明,冲动性与抑制性控制缺失有关,相对低冲动者,高冲动者抑制性控制水平低。③

有研究者对113名中学生进行问卷调查,探讨抑制性控制和冲动性对青少年冒险行为的影响,研究结果发现,冲动性通过抑制性控制的中介作用影响冒险行为的计划性,思维敏捷的功能性冲动性的青少年往往具有较高的抑制性控制,冒险行为少;而思维轻率的功能障碍性冲动性的青少年,抑制性控制水平低,往往鲁莽地作出决定,冒险行为多。④

---

① 韩菁.青少年冒险行为研究综述[J].中国青年政治学院学报,2008,(2).

② Utendale, W. T., & Hastings, P. D. (2011). Developmental changes in the relations between inhibitory control and externalizing problems during early childhood. Infant and Child Development, 20, 181 - 193.

③ Avila, C., & Parcet, M. A. (2001). Personality and inhibitory deficits in the stop-signal task: The mediating role of Gray's anxiety and impulsivity. Personality and Individual Differences, 37(6), 975 - 986.

④ 赵静.抑制性控制和冲动性对中学生冒险行为的影响[D].宁夏大学硕士论文,2013.

2. 情绪发展与冒险行为

情绪对青少年冒险行为的影响可以分为两大类：预期情绪和及时情绪。预期情绪是由于预期可能发生的事情而产生的情绪。例如：当一个青少年考虑是否参加这次群殴时，会对事情的可能性产生预期，如果他拒绝了，那他可能无法混入这个朋友圈，很有可能被排挤，从而产生焦虑；如果他答应参与群殴，则大家会和他称兄道弟，但可能不符合家长老师的期望。及时情绪是指在作出决策的当下产生的情绪，例如，当青少年决定参与群殴时，刚好有老师在，或者想起被父母批评的场景，则可能畏惧而不再参与；但如果当他决定参与时，他的同伴表示他很勇敢够哥们，则会强化他的冒险行为。有大量研究发现情绪因素与冒险行为有关，例如，处于中性或者积极情绪的个体更倾向于产生冒险行为，当个体处于不确定情绪的时候，个体容易产生冒险行为等。① 但也有研究发现拥有消极情绪的青少年比拥有积极情绪的青少年更容易产生冒险行为。② 关于不同效价的情绪对冒险行为的影响，研究得到的结果并不一致。

除了情绪效价对冒险行为有影响之外，情绪调节策略的使用也会影响冒险行为。黄苏英采用问卷法和实验法探讨了情绪调节对青少年冒险行为中框架效应的影响，研究结果发现框架效应存在性别差异，男性在生命问题和娱乐问题背景下都不存在框架效应，女性则在生命问题背景下没有出现框架效应，在娱乐问题背景下存在框架效应。③ 不同情绪调节策略的使用受到框架效应的影响不同，认知重评不需要消耗太多的认知资源，使用认知重评的个体较少受到框架效应的影响进行冒险决策，而表达抑制需要调动外部的资源来调节情绪，因此，在进行冒险决策的过程中，使用表达抑制的个体较多受到框架效应的影响。青少年使用有效合理的情绪调节策略在一定程度上有利于降低他们的冒险行为。

3. 同伴关系与冒险行为

随着个体进入青春期，青少年与同伴相处的时间日益增多，同伴成为青少年重要的接触群体。同伴对青少年参与冒险行为的影响主要通过三

---

① Yuen, K. S. L. & Lee, T. M. C. (2003). Could mood state affect risk-taking decisions? Journal of affect disorders, 75(1).

② 沈佳斌. 情绪调节与信息表述对青少年冒险行为的影响[D]. 华东师范大学硕士学位论文，2011.

③ 黄苏英. 情绪调节对青少年风险决策中框架效应的影响[D]. 浙江理工大学硕士论文，2013.

个方面表现：① 青少年与同伴共处的时间多于与成人同伴的相处时间，并更愿意和同伴谈心；② 同伴在场能够激活个体有关奖赏加工的脑区，从而导致青少年倾向于产生冒险行为；③ 同伴在场时，个体容易有压力感，为了证明自己的能力，个体倾向于做出冒险行为。因此，在青少年阶段，同伴既是一种社会支持的来源，又是一种诱惑和危险的来源。同伴依恋的一项纵向研究发现，从儿童时期到青少年中期、晚期，同伴顺从特质和同伴顺从行为的发展形成一个倒 U 形的发展特征。① 另外，同伴依恋还随着同伴社会活动、与父母的关系、外表和态度的顺从、吸毒和饮酒行为等情况的变化而变化。

国内的研究者采用问卷法调查 660 名高中学生的冒险行为水平和同伴关系。调查结果发现：随着年龄的增长，冒险行为水平增长，并且男生的冒险行为水平显著高于女生，与国外的研究结果相似。同伴关系越差，则个体的冒险行为倾向越高，具有一定的预测作用。②

4. 冒险行为的生物基础

近几年，随着 fMRI 等脑功能成像技术的发展，越来越多的研究者开始关注青少年冒险行为的生物基础。Steinberg 提出了青少年冒险行为的"双系统模型"，认为大脑中主要存在两个系统指导和支持着人们进行日常活动，一个是认知控制系统，主要包括外侧前额叶皮质（lateral prefrontal）和顶叶皮质（parietal cortices）区域，以及前扣带回皮层（anterior cingulate cortex，ACC）与之相联系的区域；另一个是社会—情绪系统，位于大脑边缘（limbic）和旁边缘（paralimbic）区域，包括杏仁核（amygdala）、腹侧纹状体（ventral striatum）、眼眶皮层（orbitofrontal cortex）、内侧前额叶皮层（medial prefrontal cortex）以及颞上沟（superior temporal sulcus）。③ 认知控制系统的发展成熟可以促进个体自我调节能力的提升，它在整个青春期逐渐发展，直到成年早期；社会—情绪系统则使个体在青春期产生更多的奖赏寻求行为，该系统在青春期

---

① Brown, B. B., Clasen, D. R., Eicher, S. A. (1986). Perceptions of peer pressure, peer conformity dispositions, and self-reported behavior among adolescents. Developmental Psychology, 22(4), 521 - 530.

② 万红霞. 高中生的感觉寻求、同伴关系及与心理健康的关系——基于聊城市高中生的调查研究[D]. 贵州师范大学硕士学位论文，2008.

③ Steinberg, L. (2010). A dual systems model of adolescent risk-taking. Developmental Psychology, 52, 216 - 224.

开始时便迅速发展，在青少年中期（13—15岁）达到顶峰，之后发展逐渐变缓。正是由于大脑中两个系统在发育成熟时间上的差异，导致个体从青少年早期开始、直到中后期，出现一系列由情绪引起的冲动、冒险行为，不能像成年人那样很好地控制自己的某些冲动行为。①

青春期的个体对于奖励有更加敏感的体验，而这种过分敏感性可能是导致青少年增加冒险行为的原因之一。青少年对于奖励的过分敏感是由于大脑内侧纹状体（medial striatum）和前额叶（prefrontal lobe）的发展模式不平衡造成的。Van Leijenhorst 等人利用 fMRI 范式，分离了不同年龄段的青少年对于预期奖赏、得到奖赏和未得到奖赏的反应，发现青少年对于奖励刺激过度敏感，即使是微小的奖励，也可以引起他们脑中纹状体等区域的激活，而这种激活可能使得个体更容易产生风险寻求的冲动。②

第六节　结论与启示

青少年期经历了生理的发育变化和认知、情绪、社会性等方面的快速提高，展现出发展的多样性和复杂性。最主要的特征是：① 在身体发育方面，生理发育普遍提前，且青少年对生理发育的态度会影响其心理发展的过程与结果，主要体现在形体发展对心理健康的影响；② 青少年的认知能力发展迅速，不同方面的认知能力的发展水平存在差异，早期青少年的元认知在自我中心化的影响下，发展水平受到影响，生命认知水平处于中等水平，普遍认为网络带来的积极结果多于消极结果；③ 情绪发展与认知发展遵循不同的发展路径，情绪发展的成熟要晚于认知发展的成熟，情绪调节效应与脑区的发展有关，因此，青春期容易出现情绪波动的现象，随着年龄的增长，个体倾向于使用减弱调节的情绪调节方式，从而获得长远的利益；④ 同伴的影响随年龄的增加逐渐加大，促进个体自我同一性的发展，并为未来的人际发展提供基础，亲子关系也随着年龄的增长发生变化，在青春期亲子冲突最为明显，随着年龄的增长，亲子冲突模式发生变化；⑤ 总体上青少年的道德发展积极向上，受到大

---

① 程琛，胡经纬，桑标. 青春期冒险行为的认知神经科学研究及其教育启示[J]. 华东师范大学学报（教育科学版），2013，31(2).

② Van Leijenhorst, L. et al. (2010). What motivation the adolescent? Brain regions mediating reward sensitivity across adolescence. Cerebral Cortex, 20, 61–69.

众媒体、具身认知等因素的影响;⑥ 在社会变迁的过程中,青少年的网络成瘾和冒险行为具有一定的时代特征,两者主要受到个体人格特征、家庭因素、同伴关系等因素的影响。

未来应更加注重对青少年群体的关注和研究,并从以下几个方面提升研究的科学性与应用价值。

一是跨学科融合。青春期发育的调控主要由遗传与环境因素的交互作用影响下丘脑—垂体—性腺轴系统,通过神经内分泌系统的变化,使青春期适时启动、提前或延迟启动,从而导致青春期发育的正常、提前或延迟。此外,青少年的认知、情绪、社会性、道德等方面的成长与发展,通常也与生理发育密切相关。因此,未来的研究应注重跨学科的融合,加强合作,从生物学、认知神经科学、心理学、社会学、人类学等不同学科视角,整合式地探讨青少年的成长与发展。

二是进一步挖掘与运用适合揭示青少年心理特点的研究方法和研究范式。目前有关青少年心理发展的研究,所采用的方法几乎都是横断研究,在对青少年认知、情绪、社会性、道德等方面随年龄变化的测量上缺少时间上的连续性,影响了研究结果的可靠性。未来研究应加强采用长期追踪研究方法,以深入探讨青少年认知、情绪、社会性、道德等方面发展的特点和作用机制。特别是通过增加纵向研究,从动态发展的视角,结合干预的方法,一方面更有助于深入探讨大脑发育与青少年多种行为之间的关系;另一方面,也有助于我们从个体毕生发展的角度,更好地理解青少年期在个体整个生命全程中的发展特点与适应价值。在研究范式方面,目前针对青少年的研究大部分采用的是问卷法和主观的自我评价,容易存在主观偏差和期望效应。而在实验室环境下开展的研究,往往会导致生态效度低的问题。生态化研究有助于克服生态效度低的问题,而采用内隐研究方法则有助于解决被试的主观偏差和期望效应问题,从而真正揭示青少年的内心世界。这两类研究范式,应该更多地运用于青少年心理的研究。

三是要密切结合时代特点,揭示社会变迁与青少年心理发展间的动态关系特征。目前,我国二元社会特征明显,城镇化建设如火如荼,社会变迁快速迅猛。研究者需要进一步开阔视野,将青少年心理发展置于社会快速变迁的生态环境系统中来加以分析与考察,针对进城农民工子女进入青春期后的发展问题、网络文化对当代青少年同伴关系的影响特征与影响机制、新形势下青少年的成瘾行为特点、青少年的学业压力与社会压力对情绪体验与情绪状态的影响等有时代特征的问题，展开深入细致的研究。

（桑　标）

推荐阅读

1. 董奇，林崇德. 中国6～15岁儿童青少年心理发育关键指标与测评[M]. 科学出版社，2011.

2. 杜亚松. 青少年心理障碍咨询与治疗[M]. 北京大学医学出版社，2008.

3. 桑标. 儿童发展[M]. 华东师范大学出版社，2014.

4. F·菲利浦·赖斯，金·盖尔·多金等. 青春期：发展，关系和文化[M]. 桑标等译，上海人民出版社，2009.

5. 约翰·桑特洛克. 青少年心理学[M]. 寇彧译，人民邮电出版社，2011.

思考题

1. 如何看待青少年的情绪体验和情绪调节特点？

2. 为什么青少年容易出现网络成瘾行为和冒险行为？

3. 你认为运用怎样的理论与研究方法，能更有助于我们把握当今青少年的心理与行为特征？

第三章
青少年文化与青年研究的学科化

自20世纪七八十年代以来，西方青少年研究的理论发展中就有一种“文化转向”；近年来，国内涌现的青少年研究成果中，文化视域的研究也越来越成为显势。文化社会学围绕文化和结构的关系，构建出的文化与分层、文化与权力、文化生产与接受等多个研究议题、理论积累和方法探索，给国内近年来的青少年研究提供了丰厚的理论启发和方法导引。青少年文化研究的推进，不仅充实了文化研究，更激活了青少年研究本身；将“青年”作为“文化”去理解，或可成为解决青年研究学科化以来一直面临的本体论、认识论、结构化困境的一种视阈和路径。

第一节　青年研究的文化转向

一、青少年文化研究概况

随着我国嵌入全球化、信息化、网络化程度的加深，年轻人的主体性力量得到了空前释放、文化反哺能力被前所未有地加强。然而，年轻人在社会地位、权力方面的持续边缘性，令其在就业、教育、参与等领域仍然极易成为弱势群体以至变成“抵抗”群体；而青年问题与社会问题又进入了高度同构期。于是，“异常性揭示”“正常性赋予”成为社会和权力支配系统对青少年研究的重要期待。

但是，传统意义上的整体一块儿的“青年”在中国实际上已经解体了，[①]当

---

① 陈映芳.“青年”与中国社会变迁[M].社会科学文献出版社，2008.

代年轻人要么以“青少年”、“年轻人”、“Young People”等教育意义上的角色类别自居，要么是以“御宅族”、“乐活族”、“小清新”、“NONO族”、“杀马特”等文化意义上的社会类别来定义，且后者越来越普遍。年轻人的这种多元化、族群化甚至碎片化现状，促使不同学科常常不约而同地把青少年研究处理成为“文化的”研究：不论是关于年轻人社会化的研究、人格、心理的研究、生活风格的研究、消费习惯的研究，还是代际关系的研究等，“文化”均参与其中。

这使得近年来的青少年文化研究进入了一种学术繁荣的阶段。然而，国内青少年研究的文化语境，其实就像整个中国社会的“时空压缩”特色一般，将西方经过几十年走过的“文化转向”杂糅在了同一个平行时空中，因而，无论在理论阐释时还是在经验解读时，既看得到“文化的社会学”身影，又嗅得出“文化社会学”的味道；既有持“精英支配性文化”取向的，又有取“大众亚文化”取向的。因而，我们有必要先就社会学学术史上的“文化转向”作一回顾。

二、从“文化的社会学”到“文化社会学”

一直以来，社会学家通常是带着结构色镜参与文化现象研究的。[①] 社会学家零散的文化现象研究，例如对宗教、历史、艺术、流行文化等的诸多经典研究，促生了文化社会学内部一批亚领域的成长，但实际的文化社会学名目下却空旷如野、形同虚设，好像是众多亚学科的集合……于是有“边缘性”的讨论，有“从哪方面‘文化’都只是‘结构’之配角”的说法，还有圈外人把文化社会学当作社会学的“一块飞地或一系列飞地”的评价。[②]

而20世纪60年代的全球动荡，青年运动、女权主义运动及后结构主义思潮一步步推动了文化的复兴。尤其是20世纪七八十年代以来，当文化成为所有社会和人文学科一个日益重要的概念时，文化社会学经历后帕森斯时代的一系列“再造”之后，将原本只作配角的被动，转换为用文化语境直接参与研讨主流社会学问题的主动。这时期，无论是美国基于实证的文化社会学的中层研究，还是欧洲基于结构主义、后结构主义的文化“高雅理论”，都强烈表现了这种主动。事实是，近一二十年来，文化社会学的研究对象（客体）已经从原来

---

① Thompson, E. P. The Making ofthe English Working Class[M], New York: Pantheon Books. 1963,

② 周怡. 文化社会学的转向：分层世界的另一种语境[J]. 社会学研究，2003，(4).

的人格文化、宗教、艺术、流行文化、仪式、文化变迁等文化现象,转而投向阶级分层、流动、性别和组织等社会问题。

总之,文化社会学"已经不再是关于不同文化形式或文化现象的单一研究,而是一个关于整体社会生活/社会现象的研究",它正在实现从"Sociology of Culture"到"Cultural Sociology"的转向。① "The Sociology of Culture"、"文化的社会学"是以社会学想象力和方法研究文化现象的研究视角;而"Cultural Sociology""文化社会学"是以文化为中心概念的社会学理论架构、力主从文化分析入手研究社会现象。正是这种转向,标志了文化社会学在社会学领地中确立了"相对自我",迫使社会学从此不得不在一些被视为主流的研究问题上,关注一下来自文化社会学的声音,并随时准备与之对话。②

三、从"支配性文化取向"到"大众亚文化取向"

当整个文化研究经历转向时,文化社会学本身的两大理论取向——支配性文化取向和亚文化取向亦发生了实质性的转变,即从注重前者的研究转向了对亚文化或弱势群体或大众文化的强烈关注。③

很长一段时间,文化的理论世界被分隔成两个不同取向的半球:一是体现"精英精神"的主文化取向理论。这种取向的文化研究相信,文化是由所有人口或绝大多数人口所共享的态度、价值观和信仰构成的。它强调主文化的统领地位,即强调统治阶级对从属阶级实施的强制或曰灌输的绝对文化支配;强调全社会文化的一致、连贯和可预测性。二是体现"平民精神"的亚文化取向理论。这类取向的研究欣赏文化模式、生活方式及行为方式意义上的文化概念。相对"精英取向"要求全社会的规范一致而言,它属于反抗类型的"圈子文化",或属于小范围内步调一致的文化。故而重视"亚文化"相对社会大文化的异质、非连贯及不可预测之特性,并因此赋予文化以比社会结构更高的重要性。④

在青少年研究中,自帕森斯将"正在发展中的同辈群体文化"视为"有更宽

① Crane, Diana. The Sociology ofCulture: Emerging Theoretical Perspectives[J]. Cambridge: Blackwell. 1994.

② 周怡. 文化社会学的转向:分层世界的另一种语境[J]. 社会学研究,2003,(4)

③ 周怡. 文化社会学的转向:分层世界的另一种语境[J]. 社会学研究,2003,(4).

④ Kane, Anne. Cultural Analysis in History Sociology: The Analytic and Concrete Forms of the Autonomy of Culture[J]. Sociological Theory 9(I).

泛基础的世代意识”的表达，并提出那种“世代意识周围萦绕着一种特有的、以享乐消费为核心的‘青年文化’”以来，让片面强调年龄区分的优先性、对社会分层与不平等视而不见的“世代模式”统领了青少年研究近30年的历史。当结构功能主义学派把“文化”等同于“价值”，强调文化和社会、人格体系一起在行动过程中的共同作用、在维持社会正常运转、整合社会系统中的作用，①并且“居高临下”地表达出对当时美国中产阶级青年文化的诸多不满时，“精英取向”“支配性文化取向”的研究视角被带入青少年研究中，并不断被巩固，青年被化约为“社会化”的对象。

这一观点在20世纪70年代以后随着文化社会学的转向、理论取向的“下沉”而改变。贝尔关于《意识形态终结》的断言，让人们看到了“发端于19世纪人道主义传统的普遍性意识形态已经走向衰落，新的地方性意识形态正在兴起”；同时，也让人们不再固守“文化”和“结构”之间的“因果关系”等传统话语，而取文化和结构相互建构、文化差异、文化多元、文化联结松弛的全新话语。文化社会学的两大理论取向，亦因此从对峙、关联转向了更为注重大众亚文化研究的一侧。伯明翰学派的青年亚文化研究，布迪厄关于学校教育、年轻人文化资本的研究，彼得森等人关于青年文化生产、接受的研究等为青少年文化研究注入了不一样的视阈和路径。随后的青少年文化研究，逐渐有了宏观结构主义、结构—文化主义、文化主义等三个不同观念框架的研究思路和方式。

社会学“文化转向”的内核其实是关于“文化和结构的关系”命题的考量和对“文化自主性”的设定。西方文化社会学者围绕着“文化和结构的关系”命题，思考和构建出的文化与分层、文化与权力、文化生产与接受等多个研究议题，给国内近年来的青少年研究提供了丰厚的理论启发和方法导引，也因带入了不同观念框架而植入了复杂性。

第二节　青少年文化研究的议题和内容

一、文化与社会分层、流动

文化社会学的经典作品很多都落脚在社会分层与流动领域。汤普森的

① 卢文超.理查德·彼得森的文化生产视角研究[J].社会，2015，(1).

《英国工人阶级的形成》，布迪厄的《区隔》，20 世纪 70 年代伯明翰中心相继出版的《工人阶级文化》、《学做工》、《仪式反抗》等都既是文化社会学理论的奠基/发展之作，又分别是直接涉及分层研究的力作。[①] 随着这些作品近年被文化研究学者、社会学者、教育学者等译介过来后，为国内研究青少年，尤其是底层青少年的身份认同、阶层再生产、社会融合与流动等问题提供了对话目标和智识资源。

周潇通过对北京市打工子弟学校、农民工家庭和农民工社区的民族志研究，想要回答的问题即是：农民工子女在结束义务教育之后何去何从，他们是否能够实现向上流动，他们究竟在整个社会结构中处于何种位置？研究发现在农民工"子弟"中间存在着一种类似于保罗(威利斯在《学做工》中，所描述的工人阶级"小子"的反学校文化：绝大部分"子弟"并不关心读书，也不孜孜以求学业的进步；相反，他们拒绝学校所传递和教导的知识，开发了一系列的"找乐子"技术，以上网、看小说、嬉笑打闹为乐。但是，由于制度安排与社会条件的差异，"子弟"与"小子"的反学校文化却是形似质异的，表现在以下四个方面：

第一，对待知识和文凭的态度不同。"小子们"嘲弄"小耳朵"、蔑视学校权威，挑战正式制度和规范，根本原因之一在于他们对知识和文凭价值的否定以及对脑力劳动的蔑视。英国的工人阶级颠倒了脑力劳动和体力劳动的位置，在他们看来，体力劳动彰显了男性气质，脑力劳动则具有女性的特征，因而体力劳动较脑力劳动更具社会优越性。这种对男子汉气质的推崇和追求是"小子"反学校文化的一个核心精神。但是"子弟"虽然在形式上对抗学校制度和知识的传递体系，但实际上，他们并非真正反抗知识和文凭的价值，"子弟"不像那些"小子"，蔑视脑力劳动并以体力劳动所体现出来的男性气质自居，他们都不喜欢干体力活，而想"坐办公室"，想干"不累人，又能拿钱"的工作。正因为这种对知识、对文凭的认同和肯定，使得"子弟"们并非有意对抗学校规范和教师权威。虽然他们在课堂上经常和教师戏谑调侃、不守纪律，但实际上他们非常希望教师严格管制。

第二，心灵状态的不同。"小子"表现出很强的优越感，父辈在"小子"眼中是英雄，是真正的男人，是他们效仿的榜样，他们因为优越感而反抗，并且在反

---

① 周怡.文化社会学的转向：分层世界的另一种语境[J].社会学研究，2003，(4).

抗中进一步强化了优越感;但是在“子弟们”看来,父辈们所展示的是一种混乱的生活经历,他们干着脏、累、苦的工作,居无定所、毫无保障的生活形态展现了命运的无情和失败。这些都构成了“子弟”不同于“小子”的前文化形态:他们不要追随父辈的职业、价值观和生活方式,而要极尽所能地逃离,这些都使得“子弟”们内心深处存在着很深的自卑和自我否定。随着年龄增长,他们与生活现实越来越贴近,就越感到人生重担和前途无望,因而越会通过种种形式上的嬉笑打闹逃离心理上的重负;那些挑战规范的行为其实是化解生活无聊、矛盾和失望的手段。

第三,阶级再生产的不同结局。底层再生产是“小子”和“子弟”共同的反抗结果。不同的是,威利斯笔下的“小子”全部找到了工作而且在体力劳动中寻找到了意义;但“子弟”很多人离校后,较长时间都处于闲荡状态。一些辍学的七年级学生,或无所事事、四处闲荡,或上网游戏、看电视,或进入次级劳动力市场从事不稳定、低收入工作。另外,威利斯指出,“小子”对劳动力商品特殊性的洞察以及他们反抗学校权威的文化经历,意味着他们可能在工作场所去反抗支配关系。因此,虽然反学校文化导致了阶级再生产,却也蕴含着社会变迁的可能。但是,作为一种内涵着自我否定的反学校文化,“子弟”们的“抵制”并非对既有社会秩序和支配关系的洞察和抗争,他们大多把学业的失败归咎自身或者父辈的农民出身。因此,与“小子”不同,“子弟”的学校经历并不足以滋生一种抵制资本要求的工厂文化。

第四,底层再生产的机制不同。如果说“小子”是甘愿选择了放弃通过教育向上流动,那么“子弟”更多的则是被迫放弃。农民工劳动力再生产的低成本组织模式导致“子弟”高度边缘化的生存状态,这使得他们通过教育向上流动困难重重,从而以拒绝知识的形式放弃了学业,也因此完成了作为底层的社会再生产。①

熊易寒在上海对农民工子女的田野调查也得出了相似的结论:就读于公办学校的农民工子女,其成长的过程存在显著的“天花板效应”,一方面认同主流价值观,渴望向上流动,另一方面则制度性地自我放弃;而农民工子弟学校则盛行“反学校文化”,通过否定学校的价值系统、蔑视校方和教师的权威而获得独立与自尊,同时心甘情愿地提前进入次级劳动力市场,加速了阶级(阶层)

---

① 周潇.反学校文化与阶级再生产:“小子”与“子弟”之比较[J].社会,2011,(5).

再生产的进程。两类机制虽有差异，却殊途同归地导向阶级（阶层）再生产而非社会流动。汪建华等人在珠三角地区对以新生代农民工为主体形成的城市帮派的田野调查也展示出了底层再生产的文化叙事。另外，不少学者在操作化布迪厄的文化资本理论后，利用定量数据对年轻人的学校成绩、职业获得、品味等进行研究后，同样看到了青少年群体中的文化分层。

另外，张乐等人在对"杀马特"亚文化现象进行研究时，也看到了其作为年轻人逃脱成人社会控制的"抵抗方式"之外，反映出的当代中国愈加明显的社会区隔。"杀马特"群体在出现之初就备受嘲弄和贬损，特别是在青年群体内部，"杀马特们"经常被以"小清新"自居的青年群体调侃和嘲讽。以"小清新"自居的文艺青年，站在文化精英的道德高地，肆意地贬低"杀马特"青年，说他们的骨子里永远透露着乡土气息，称他们是名副其实的"杂草文化"。"杀马特"群体面对这些质疑和贬损却毫无还手之力，他们缺乏对自身及围绕自身所产生的文化争议的归纳和阐释的能力，无形中被褫夺了言说自我的权利。更重要的是，"杀马特"青年，凭借廉价仿名牌服饰和"山寨手机"等穿戴，尽力向城市时尚靠拢时却反遭城市人讥讽的情况，则反映出中国城乡区隔的现实；"杀马特"青年不同寻常的时尚选择，可以被认为是中国新移民大潮下的阶层区分扩大的副产品……收入微薄且文化资本缺乏的"杀马特"青年，任何一次精神文化上的更新以及努力向城市文明靠拢的行动，都难逃被围观、被贬损，进而又很快被忽略的命运。

近年来，国内学者在和国外文化与分层研究对话的基础上，立足于中国青少年发展现象和问题所作的研究，凸显了文化"相对自主"的重要性，同时对社会阶层和流动研究作了有益的深化和拓展。

二、文化与权力

虽然在较长一段时间，人们宁愿相信文化不受任何群体或社会阶层的控制，但无论是新马克思主义者，如葛兰西的"霸权文化"理论，还是布迪厄的"符号权力"理论、抑或是后现代主义者，如福柯的"知识—权力观"等，都揭示了人们生存其间的文化（模式/意识形态/文化产品等）均是由权力利益来塑造，且文化以非政治的材料充斥着传媒，与命名的权力、表现常识的权力、创造"官方话语"的权力、表现合法性的权力大为相关，这本身就是一种深刻的政治方式。这一思潮在国内研究青少年文化时颇受重视，学界和社会对青少年与主流意识形态是否"亲和"相当敏感,对青少年借由网络形成的文化权力十分关注。

中国青年政治学院陆玉林教授认为,当代中国青年的文化认同问题不仅直接反映出当代中国文化认同的症结所在,而且更具有前沿性特征。同时,由于青年群体的高度分化和现实生活的不确定性,青年的文化认同又具有高度的复杂性。他在一篇对青少年传统文化认同的研究中指出:青年对传统文化的态度,在20世纪90年代之后,总体上是偏向于积极的一面。各种相关的调查都显示基本情况如此。持续不断的"国学热"、"汉服运动"及其他文化民族主义现象也都表明青年对传统文化多了些敬意。但是,耐人寻味的是,当代青年在读书学习中,传统文化并不占有很高的比重。从某种程度上说,在现代的教育体系和社会生活中,传统文化的因素非常有限。传统的经籍不是青年的必读书,传统的生活方式、礼仪制度已经被打破。宏观上说当代青年对传统文化缺乏了解,并不是不客观的判断。即青年认同传统文化,在承认和接受的意义上是成立的,但如若认为是以此为文化基盘则难成立;多数青年没有读过传统的经典,也不愿意去读这些经典。抽象地认同,事实上的置之不理,这或许是青年文化认同更真实的状况和态度。

他认为青年对传统文化的赞同和接受,并非出自对传统的真实理解,而是受其他外部因素的影响:中国的经济崛起和市场经济深入发展。前者,正如东亚经济的崛起有"儒家资本主义"的流行一样,中国的经济崛起带来的是民族文化复兴的浪潮。后者,则是导致神圣性的精神价值被祛魅,而人们以工具理性的方式追求世俗欲望的满足。在神圣性价值被消解之后,回归到"轴心时期"的文明中去寻找精神的归宿,就不失为一种选择。另外,全球化对本土文化的冲击也与之相关。全球化一方面表现为西方文化影响的不断扩大和深入,另一方面却是非西方的民族的文化自主自觉意识的觉醒和加强。青年对传统文化有较高的认同度可能就是文化自主意识的体现,或许并不在于传统文化本身如何,而在于需要有具有民族性的文化。

与此同时,陆玉林看到青年对西方文化的普遍接纳,但又对作为西方文化实体化表现形式的西方国家呈现出一定的剥离。例如,青年人认同和接受美国文化,却并不一定认同美国。或许更为准确地说,青年所认同的并不是作为文化事实的西方文化,而是"想象"中的西方文化。因而,在现实的青年群体中,认同传统与认同西方十分奇异地结合在一起,形成异质性程度较高的价值观念并存的状态。对于在青年身上和当代中国社会所体现的多重认同的情况，陆玉林认为可以运用主流/支流分析法，抽象地概括出某种取向性，但化约论的分析方式是难以反映现实中的复杂性的。其实，“五四时期”和新中国成立到“文化大革命”结束阶段曾经出现的青年在思想文化上极度“统一”的情况已经不复存在。在现实世界，青年的文化认同是与某种文化实体的抽象关系，又是具体的、现实的文化选择，随着身份、职业和场域与情境变化，处在不断的建构过程之中。青年事实性文化认同中的差异和矛盾以及建构性认同中的关系性特征是当前青年文化的重要议题，当代中国的青年文化认同是多层次、多维度的，并不存在各种青年群体共有的、贯穿诸领域的实质性认同。①

与陆玉林的文化开放性相比，更多的研究者仍采取一种“社会或群体的普遍一致的性格”的文化概念，致力于探讨“核心价值观”“传统文化”“红色文化”以及其他和当权者倡导相符的意识形态（如当下的“创业文化”）如何获得青少年群体，尤其是大学生等精英群体的认可，从而“同意”将权威加诸于自身。

例如，有研究者提出要以隐性德育为载体，引导大学生的文化观和文化实践：一是通过传统文化渗透载体，让学生在耳濡目染中受到启迪，感化；二是通过审美教育陶冶载体，使大学生提高审美情趣、审美修养、审美品位；三是通过德育网站引导载体，及时了解学生的时尚动态，并进行针对性教育；四是通过身边榜样示范载体影响大学生群体的精神面貌和人生价值观，从而引导他们追求时尚文化的高层次与高品位。② 这一文化教化思路和实践基本涵盖了当下主流社会对青少年实施意识形态教化的方方面面。综观近年来的青少年文化研究，不少是与之类似的，将问题意识落脚在如何让意识形态植根于青少年，尤其是大学生等精英群体的日常生活中，使之成为年轻人组织生活的经验。

当然，同时也有一些持文化主义观念框架的研究者，对上述的“文化整合”概念持疑。他们认为文化分裂和文化全球化共同存在的事实，已经使那种具有可预见性结果的主导文化的观念日益变得难以维持；文化整合和文化协调一致的问题可能正在失去意义，连贯性的匮乏将越来越引起人们的关注。如伯明翰学派完成的一些研究，均表明虽然传媒总在充当统治阶级的喉舌，但它

---

① 陆玉林．当代中国青年的文化认同问题[J]．当代青年研究，2012，(5)．

② 袁洪群．大学生时尚文化与高校德育融入的新思考[J]．中国青年研究，2011，(2)．

们并不总能成功获得霸权;反抗的亚文化常以始料未及的方式对传媒作出抨击。[①] 在国内,近年来青少年使用互联网创造符号的能力、行使符号权力的现象越来越不可回避。

例如,作为典型的青年网络文化现象的"屌丝文化":他们采取自甘平庸、自嘲的态度来消解个体难以解决的现实压力,以取笑高富帅的生活方式和价值观念、张扬自我的立场来获得自身存在的意义与合法性,以屌丝自居来获得群体性的身份和认同并获得社会的认可,来消解正统、表达不满。[②] "屌丝"作为青年对贫富日益分化的社会现实和城市过高的生活成本的反拨,越来越构成身份认同的来源和符码。

又如,网络造词,从"神马""给力""HOLD住"等流行热词,从"凡客体""咆哮体""甄嬛体""淘宝体""元芳体"到如今迅速蹿红的"DuangDuang体",从恶搞小胖到恶搞杜甫,这些网络流行语和恶搞图片等构成了网络娱乐文化大潮。值得注意的是,近年来的网络娱乐文化在突出娱乐精神的同时,其嘲讽调侃的意味明显增强,不是为了娱乐而娱乐和恶搞,而更多的是用以表达青年群体的社会心态和对现实问题的看法,[③]构成了"围观"力量。另外,青年意见领袖在网络空间里崛起,也是颇受关注的青少年文化权力现象。借助微博人气,青年意见领袖关注时政并进行舆论监督,为草根代言,重塑了作为支撑政治发展价值基础的政治文化,且在一定程度上实现了公民文化之于沟通与说服、竞争与合作、一致与多元、变革与稳定的内在要求,使得作为现代民主政治发展价值基础的参与型政治文化可能会得到前所未有的发展。[④]

还有,随着智能手机的普及,"微信"成为全球下载量和用户量最多的通信软件。微信体现了年轻一代"快餐文化"的特性和社交中的"读图文化"。而作为自媒体的新生力量,微信更重要的是体现了青少年群体的自媒体文化,与微博中充斥着意见领袖和大V们的声音不同,微信更多的是属于自己的"朋友圈"内容分享,是一种更个人化的表达,这种注重私人化体验的产品;青少年不再关注遥不可及的名人意见领袖,而是注重私人社交圈子的微信,体现个体权

---

① 胡疆锋.从"世代模式"到"结构模式"论伯明翰学派青年亚文化研究[J].中国青年研究,2008,(2).

② 刘胜枝,王飒飒.近两年青年网络文化现象与热点事件分析[J].中国青年研究,2013,(9).

③ 蒲清平,赵楠,朱丽萍.青年"微博文化"现象的心理学透视[J].中国青年研究,2012,(7).

④ 陈德志.网络政治文化:青年网络政策参与的新窗口[J].中国青年研究,2011,(6).

力，这是值得关注的问题。①

三、文化生产与文化接受

青少年文化与文化生产、消费等的关系，是文化社会学一向关注的范畴。王璐以淘宝为例，分析了商业对于“光棍节”这一青年亚文化的“收编”过程。“光棍节”是一种流传于年轻人的娱乐性节日，以庆祝自己仍是单身一族为骄傲。虽然光棍节的具体来历仍不确定，但可以肯定的是光棍节产生于校园，并通过网络等媒介逐渐传播开来，有着典型的青年亚文化属性：来源于青年群体，具有亚文化的“狂欢仪式”和抵抗风格——向社会的婚姻主流文化发起了挑战，也向当下的婚姻社会矛盾表达了不满。商业在第一时间用其敏锐的嗅觉感知到了这一青年亚文化的存在，并在几年时间对其进行全面收编，使 11 月 11 日变成了“双十一”，让“光棍节”变成了当下的“网购狂欢节”。王璐的问题意识在于：“网购狂欢节”为何能够替代“光棍节”成为如今的“双十一”？商业对于光棍节的收编是如何进行的？商业与青年亚文化究竟是何种关系？

王璐从三个方面分析了电子商务网站为何会看中“光棍节”？②

第一，节日本身的特殊性。“光棍节”在字面上吸人眼球，具有新闻效应，它符合年轻人标新立异的个性，同时也容易让媒体大众关注。关注便是参与，而注意力便是一种市场，消费文化自始至终都惦记着青年亚文化的“风格”。除了标志性日子外，由于 11 月是消费淡季，电商选择“双十一”促销一定程度上是为了错开线下促销的周期。此外，选择 11 月 11 日是因为青年亚文化中具有消费文化追逐的巨大利益，商业从大学生自创的“光棍节”里看到了极广的商业销售空间。而从“单身经济”起航，加之从众心理、羊群效应，容易涵盖所有群体，打造全民狂欢的购物盛宴。

第二，文化内核的一致性。“光棍节”和“网购狂欢节”，其文化内核是一致的，都是游戏、娱乐、发泄和狂欢。娱乐和消费本就是肩并肩、手拉手的好朋友，从娱乐到消费是一个不需要理由的过渡，某种程度上甚至可以说，娱乐就是消费，消费就是娱乐。商业的力量使人们相信若“光棍节”能够满足大众获

---

① 刘胜枝，王飒飒. 近两年青年网络文化现象与热点事件分析[J]. 中国青年研究，2013，(9).

② 王璐. 11 月 11 日：从文化建构到商业收编——对“光棍节”和“网购狂欢节”的分析[J]. 青年研究，2014，(3).

取信息、表达自我、社会交往、娱乐减压等多元化需求的话，那么“网购狂欢节”一样能够做到。光棍节想要创造的“主体价值的实现”和“群体身份的认同感”，在网购消费中一样能够获取。甚至在如今的消费社会，消费活动更能实现自我价值和身份认同。

第三，群体的相似性与媒介的共通性。青年亚文化受众与网络消费主体是相似的，光棍节流行于青年人中，是年轻人创造并热捧的新兴节日，而年轻人又是网购的主力军，是最主要的网络消费群体，群体的相似性促成了光棍节与网购的“联姻”。此外，由于媒介的共通性，让电商在第一时间“恋上”光棍节。网络媒介成了青年亚文化和消费文化之间的桥梁。同时，光棍节还与网购背后的宅文化相符合，网购人群中很多人都偏爱“宅”的生活方式，而这正是许多光棍的生活方式。因为宅，所以光棍；因为光棍，所以网购。

进一步，王璐通过对淘宝网站 2009—2013 年“双十一”当天活动的实证分析，研究商业对于光棍节这一青年亚文化的具体收编过程，指出从“光棍节”到“网购狂欢节”，从“脱光”到“疯淘”，它是一个商业化的过程，更是一个“文化收编”的过程。对于这一过程，她援用的理论解释是伯明翰学派的“亚文化收编”分析。尽管亚文化的风格只是符号层面上的抵抗，尽管风格不能对现实进行实质性的颠覆，但它最终还是会被支配文化收编，在伯明翰学派眼中这就是亚文化的宿命。王璐也认为，商业正式通过对亚文化风格的利用和符号意义的转化来收编青年亚文化，使“光棍节”成了一种消费风格。

除了新马克思主义者，如伯明翰学派对文化与生产的分析外，近年来，其他学派的文化社会学者关于生产与消费文化、媒介文化情境所作的中观层面的经验研究也受到了国内青少年文化研究者的重视。文化生产与文化接受的思潮在美国发展得尤其壮大；其研究目标就是要把文化还原为由政府机构、精英或者利益等的发动过程；强调对利润、权力、声望或意识形态控制的追求位于文化生产的核心；文化接受则由社会处境所决定。比如，戴安娜·克兰的《文化生产：媒体与都市艺术》一书，她使用了大量原始资料考察 1945 年之后文化生产性质的变动，描述生产现代流行文化的语境；提出人们不可能脱离生产与消费这类文化形式的语境来理解流行文化。再比如，彼得森的《文化生产》表达了一种“文化生产远景由代表文化的”供方“需求发展而来”的观点时，他指出文化生产是一种“自动生产”(auto-production)过程。这种自动生产的语境不仅与大众消费相联系，而且与消费者积极选择、重新解释他们自己的文化产品的接受过程相关。文化消费或曰文化自生产的观点假设，观众在对他们接受的文化产品作重新解释时或多或少掺有其各自的一成不变的价值观，因而，文化接受过程存在由于文化定势或选择的文化过滤。[①] 以上前沿研究成果已逐渐被国内学者介绍进来，并引发了讨论，但应用到具体的青少年文化生产与消费领域的中观研究或经验调查还不多，不过，可以预见，这些理论体系会成为未来影响国内青少年文化研究的基石。

第三节　作为“文化的”青年：青年研究学科化的方向和路径

无论从研究视角、方法、主题，还是从学科背景、研究队伍组成等各方面来看，近年来的青少年研究都有着极大的突破和创新。从研究类型来看，青少年研究正从最初主要服务于意识形态发展到力图将现实、政策与理论融会贯通，使研究富于客观性和学理性；从研究视角来看，青少年研究从主要将青少年视为“问题群体”、开展以治疗和拯救青少年为目的的研究，发展为更趋多元化、更倾向于相对主义的研究；从学科背景上看，研究者为弥补青少年研究长期存在的理论贫血和“拼盘”状态，正从社会学、心理学、教育学、人类学、文化学、解释学等学科中汲取养分，多学科、跨学科的研究方法正越来越多地应用于青少年研究；从研究方法来看，多种学科方法和理论的引入不仅使青少年研究跳出报告文学式的“陷阱”、得以进一步拓展，形成一些既互有联系又各具特色的分析框架与理论视界，而且在这些方法论导引下，青少年研究开始摸索自身的研究逻辑和手段。另外，从研究人员的结构上来看，早期的研究人员主要来自从事思想教育工作和青年工作的共青团系统，而目前越来越多的受过学术训练的专业研究人员进入了青年研究领域。

上述这些演变特点使得当代青少年研究的存在形态与发展逻辑出现了远比早期的问题导向型青少年研究更加复杂的特点，也正是这些新的形态、逻辑和特点将青少年研究引上了一条力图学科化的路径。而青少年研究在朝学科转向的过程中，有如下几个需要破除的藩篱。

---

① 周怡.强范式与弱范式：文化社会学的双视角——解读 J.C.亚历山大的文化观[J].社会学研究，2008，(6).

一、本体论困境：青年是否只是个词

青年研究是否能够成为相对独立的学科，前提条件是“青年”是不是特定的知识领域。这涉及对青年本质的认识。

20 世纪中叶的大约 30 年时间，结构功能主义一度成了青年研究的主流范式，青年被视为一个无差别的消费群体，青年创造的文化是“没有阶级”的，年龄成了更有解释力的社会类别，“青年代替无产阶级成为历史的基本主体，世代的连续超越了阶级斗争，成了变化的基本发动机”。这种强调年龄区分日益重要而社会不平等仅仅是枝节问题的观点，与那种强调消费和休闲是青年意识、社会主轴的核心论断结合在一起，给有关青年的论述涂上了一层“无阶级”的神话色彩。

但 20 世纪 70 年代以来，随着发达资本主义国家经济状况的恶化、福利国家的终结，各阶层围绕经济资源和基本生活机会的斗争日益激烈，学界开始重新重视青年的社会差别，世代间关于意识模式和文化风格的争论退居次要。著名社会学家布迪厄题为《青年只是个词》(Youth is Only a Word)的论文使这类反思达到了顶点，文章指出了“青年”一词作为意识形态的功能，在“青年”的流行使用中，青年之间的社会差异、不平等甚至区隔被掩盖了。在粉碎“青年”的虚假共性、避免将青年过度简单化等方面，这类批评是非常成功的，让人们去关注，除了亚文化以外，这一年龄群体内还真实地存在着阶级差异、剥削和阶级再生产等。但是，当年的大讨论在质疑、颠覆之后没能在新领域中重建关于“青年”的问题群。简言之，这一大讨论产生的未预期后果是：作为社会类别的青年变得不存在的或说青年解体了。社会关系对年龄关系的压倒优势阻碍着青年研究学科化的尝试。这对学科建设而言是不利的，研究对象的独立性失去后，整个研究领域的有效性就会遭到质疑。

20 世纪 80 年代后的青年研究在有关文化和生活方式等的传统主题外，开辟了注重劳动市场和经济整体性的“新”领域，但是在缺乏能够联合社会—经济范畴和文化范畴的理论体系的情况下，这两大领域至今未曾被整合。“生命历程理论”和关注阶层再生产的代际关系研究等逐渐成为研究主流，动态分析取代了传统的静态探讨。但青年问题始终没有从社会问题中抽离出来；青年研究很难说建立了相对独立的研究领域，有了不可替代的主题、理论、方法与评价体系。

二、认识论困境：研究何以持续

本体论上的不足，还让从事青年研究的社会科学家难以建立并维持其职业特性。事实上，对某一学科的兴趣并不只是学术动机的问题，学者们研究的往往是与个人利害直接有关的课题。例如，从事妇女问题研究的大多是女学者，从事贫困和社会阶级研究的大多是那些有着工人阶级背景的学者，青年研究则吸引着许多青年学者。性别、阶层等都是永久性，而年龄却是流动的，这使得大多数青年学者在完成了一两个课题以后，往往就将研究重点转移到其他专题或学科上去了。青年研究团体总是处于不断更新之中，造成意图学科化的青年研究缺乏知识积累的过程。大多数课题往往根据"时代风气"，政府、大众的关注而建构，在研究中往往忽视了过去已经产生的错综复杂的问题及可能的解释，而努力去重建前代青年研究者早就熟知的框架。

国内情况也是如此，20 世纪 80 年代，改革开放为整个社会带来了思想解放，青年与主流意识形态之间的对立和疏离情绪逐渐呈现，青年问题逐渐成为焦点，引起国家和社会层面的关注，同时也给青年研究提供了丰富的素材和想象的空间，青年研究应运而起。众多官方青年研究机构相继成立，给青年研究在学术界争得一席之地奠定了很好的基础。研究者们对"青年学"的志趣也从这一阶段开始，以"青年学"为名的研究著述不断推出，聚集了一大批研究力量。但到了 20 世纪 90 年代后，随着意识形态趋向求稳，而经济领域趋于活跃，同时社会结构的分化和不平等渐趋明显，青年问题逐渐被融化到各种社会问题中，或者被越来越多的社会问题取而代之，青年淡出主流社会关注焦点的位置，青年研究随之冷静。而起步时缺乏充分的学术准备和方法论自觉，使青年研究很快滑到了学术界的边缘地带，人员逐渐分化、机构走向衰微。

2000 年以来，全球化、信息化、草根化等激烈的社会变迁，让作为推动经济、政治、社会、文化、生态文明发展主体性力量的青年处于前所未有的活跃期，但社会地位、权力的持续边缘性仍令青年极易在就业、教育、社会保障、参与、融入、公共政策制定等领域成为弱势群体。同时，青年问题与社会问题进入了高度同构期，青年问题若未得到及时的研究和回应，整个经济、社会发展都极可能面临动荡，甚至停滞。青年研究重新获得十分强劲的"内需"作为它的发展空间和动力。而与第一阶段不同的是，当前的青年研究面对的是一个转型社会中的全新的、多元的青年群体，青年研究自身也处于从问题导向研究转变到学科化研究的时期，青年研究出现了远比第一阶段更加复杂的特点，这些新的对象、逻辑和特点或将青年研究带入新的历史时期。

三、结构化困境：理论提炼和方法准备的不足

严格意义上说，青年研究和青年学是两码事，不能混为一谈。前者是一种对青年的各个方面和角度的研究，带有明显的对象化与问题化研究思路，后者则是将其上升到一门学科的高度，带有明显的学科化和结构化企图。学科的建立即研究的学科化，说到底是一种划界运动。这种划界运动，能够为研究提供合法化依据和制度性保证，建立研究的相对独立的规则，使研究、分析与训练系统化，推进研究专业化的纵深发展和建构研究者之间的身份认同。

然而，目前的青年研究中，看到学科的地方看不到青年，看到青年的地方看不到学科，甚至做到青年研究的规范化、专业化和科学化的都属寥寥。规范化是基础性问题，这种规范化包括研究应当遵守最基本的学术规范、研究方法和程序是规范的、研究的结论是符合事实和逻辑的。就研究方法和研究程序的规范化而言，无疑是当今青年研究应当解决的问题。如果在青年研究成果中大量存在研究方法和研究程序的不规范或规范性程度不够的问题，它的可信性就存在着问题。因此，青年研究学科化诉求中的规范化诉求是应当高度重视的，而从事青年研究的学者也是应当遵守的。而以专业精神和专业态度从事青年研究，从大量存在的业余性、感悟性、议论性的青年研究成果的情况来看，是需要强调的。同时，专业精神和专业态度还意味着对专业研究的特殊性有深刻的理解，意味着最少现实功利的考虑，最大限度的理性自觉的自我控制。如果考虑到专业精神和专业态度的这层意涵，那么也得考虑以专业精神和专业态度从事青年研究在捍卫青年研究的自主性和独立性的同时，也确立了零度情感和价值中立的理性原则。

青年研究的学科化诉求，抛开划界问题不论，其实质上应该是将青年研究从权力、权威和其他各种非学术的压力下解放出来，促进理论发展和知识积累。尽可能客观地描述和解释青年群体的状况和问题，打破有关青年的宏大叙事和主观臆测，获得有关青年的相对精确的知识和建构相对系统的理论体系，使青年研究在专业化的时代获得专业地位，并将青年研究者的角色和宣传教育者、新闻记者、文学作品编造者区分开来。也唯有这样，有意思的课题才会被挖掘出来，青年研究离学科的距离才能更近。

四、青年研究学科化的方向和路径探讨

青年并不是有史以来就存在的，各国社会中的“青年期”均是随着社会的工业化、城市化而被发现和普及的，20 世纪 70 年代东欧学者提出要建立青年学，但囿于政治氛围、机构传统等，这一想法未能得到西欧、北美学者的广泛呼应。不同的是，“青年”在我国自近代被发现以来，在革命、建设、改革的各个时期，不仅被视为人力资源、受教育者等，更被作为一种变革社会、担当希望的特殊的社会力量；发端于新文化运动的青年研究、肇始于改革开放之后的学科化努力，始终受到中国共产党的高度重视、关怀和信任。这为中国学术界承担建设并完善青年学这一时代使命提供了独特的历史传统和认识资源。而综观科学发展史，在遵守普适性的科学规则前提下、基于本土经验提炼出的学科，当其所在国家的影响力日益增强时，就越可能成为国际的；青年研究学科化的中国经验必将为世界青年学提供知识、方法乃至学科标准。学科化的可能路径包括问题意识和研究结构体系的建立与维护。

把青年拉回到青年研究中来，是解决“青年无学”的第一要素，从青年出发、以青年为本位来思考和观察与青年有关的现象。这意味着青年的在场或出场。换言之，研究者只是提供平台，展示的是青年自身，而非研究者的意愿或主观判断，在这种情况下，才能有真正的问题意识。传统意义下的政策研究，需要青年研究是一个短平快和直观性的解释模型，需要在泛道德的话语状态下的社会化功能实现，需要主流社会站在自己的本位立场快速对问题作出反映，并为追求效果的最大化，这种反映必须是“宏大视野”下的“结构化”。青年本位的青年研究要求在达到前者目标的同时，可能更力图于阐述或叙述个人的生活方式、心理特征、行为模式与文化背景在与群体、社会的互动中如何形成了现在的状态，然后据此在结构视野下提出解释和分析，有一个微观叙事和宏大视野相互结合和渗透的过程，而事实上，也只有在具有充分解释力和说服力的“叙事”状态中，“宏大视野”才能得到真正的体现和照顾，也只有这样，“青年问题”才能被真正理解，并找到切实改进方法。

事实上，要做到上述这些，在当下的学科背景和发展趋势下，将“青少年”处理成为“文化的”，或许能成为青年学科关于本体论、认识论、方法论等迷思的一种视阈和路径。文化：① 是内在于“心”的主观结构，它可能是一个时代内的精神、一个群体内的凝聚，更是个体业已习得的或内化于心的规范、价值

观念、生活态度和信仰等。② 是某一特定的总体生活方式。它可能是一个民族的、一个时期的，或者是一个群体共享的行为模式。③ 是各种结构特征编织而成的象征符号体系。它可以是知识和智能、物质产品、用以沟通的语言及生存背景。④ 是外在的社会角色及其期望的制度化体系。它可以是道德、社会伦理、习俗、制度规范及法律。[①] 四种不同意义的文化概念，其实有相互联系、相互转化的机理：外在的制度化文化体系一旦建立，就会通过诸如语言、仪式和文化产品等充斥符号的拟剧意义文化而得以传播、深化，成为人们内在于心的共享的主观价值观文化，最终这种共享价值或规范又引导社会中个体或群体的行为，形成某种特定一致的生活方式或行为模式，即构成结构文化。如果这种结构文化再一次被制度化文化所维护，便有了文化再生产的循环。从这种联系来看，四种不同意义的文化概念，恰恰可能表达的是一种文化延续、文化运行的内在机理。[②] 纵观青少年研究学术史，其实大部分研究是在从上述四大文化意义的任意一点或几点出发，对青少年人格、心理、实践、关系、生命历程等的阐释。与其从生理学角度去争论到底什么年龄区间的算"青少年""青少年是谁?"不如跳开以往巢臼，从"文化"出发去关照"青少年"的"为何"及"何为"的问题。

借此，从研究的结构、体系来讲，未来青少年研究学科化的实现路径、实践探索的主要内容包含三个层次、四个维度。

第一，青少年学科元理论研究。以"文化"为视角和理论基盘，从本体论、认识论、方法论出发，进一步梳理青少年学术史，探讨并确立青少年学科的学科性质、范畴和地位、研究对象、知识体系及学术命题等，在范式和经验间摸索并形成独特的研究方法，破除"青年是否是相对独立的知识领域"的迷思，建立既有中国特色，又能开展国际对话交流的、相对完整的学科体系。

第二，青少年学科中层理论构建。以回应青年、社会现实需要为使命，以实证研究为一般取向，构建可操作化的概念系统来直接描述、分析青年及青年问题。探索方向包括四个维度：青少年思想道德教育、青少年政策与事务和青少年心理与文化、青少年组织与青年运动。其中，前两个维度的中层理论是从国家、社会本位出发，属于青年学中经验性研究；后两个则立足于青年本体，

---

① 周怡. 文化社会学发展之争辩：概念、关系及思考[J]. 社会学研究，2004，(5).

② 周怡. 文化社会学发展之争辩：概念、关系及思考[J]. 社会学研究，2004，(5).

属于青年学中解释性的研究。

第三，青少年学科的应用型研究。实用性是青少年学科的天然品格，注重理论联系实际，使学科建设成果服务于青少年的全面健康成长、服务于青少年工作者的教育培养、服务于青少年政策法规的科学制定，促进青年的健康成长和全面协调发展。

青少年学科相对于其他领域研究而言尚属新兴科学，但其整体性、交叉性和综合性却恰恰呼应了当今各学科之间既高度分化又高度渗透的世界性趋势。站在历史—现实—未来的连续点上，将青少年作为一个整体，探讨青年发生发展、青年与社会互动、青年工作等的规律，有计划、有魄力地进行科学研究，形成本土乃至世界的理论体系和应用经验，这无疑是一项深远意义，同时前景广阔的事业。

（黄洪基　邓　蕾）

推荐阅读

1. 周怡. 文化社会学的转向：分层世界的另一种语境[J]. 社会学研究，2003，(4).

2. 周怡. 文化社会学发展之争辩：概念、关系及思考[J]. 社会学研究，2004，(5).

3. 周潇. 反学校文化与阶级再生产："小子"与"子弟"之比较[J]. 社会，2011，(5).

4. 王璐. 11 月 11 日：从文化建构到商业收编——对"光棍节"和"网购狂欢节"的分析[J]. 青年研究，2014，(3).

5. 陆玉林. 青年研究：学科逻辑与问题意识——论对改革开放以来青年研究的反思[J]. 青年研究，2007，(5).

6. 黄海. 田野、叙事和结构：青年研究的人类学进路[J]. 当代青年研究，2007，(2).

思考题

1. 比较农民工"子弟"与英国工人阶级"小子"的异同，试分析当今底层青少年的阶层流动与社会融合。

2. "光棍节"变身为"网购狂欢节"，商业与青年亚文化究竟是何种关系？

3. 青年研究学科化的方向、路径是什么？

第四章
中国儿童福利研究述评

儿童福利问题涉及家庭和国家在抚育儿童事务中的关系定位，也涉及未来一代的成长和宏观社会秩序的稳定。尽管各自社会历史与现实脉络不同，现代国家在儿童福利政策与服务方面都进行了自己的实践。近年来，我国社会发生了包括南京幼童饿死案、贵州毕节儿童非正常死亡案等一系列儿童公共事件。这些事件，引发了人们对儿童福利问题的广泛关注。在研究方面，儿童福利已是社会政策研究中热门的分支之一。已有的研究对儿童福利的价值选择与政策模型、儿童福利需求与儿童福利服务体系及其内容、我国儿童福利制度建设、儿童福利政策的制定方法等进行了深入的研究。

第一节　儿童福利的属性及其模式

一、儿童福利的属性

从理论上看，家庭是养育儿童的最佳社会单位。① 但实际上，因为家庭结构和功能的变化以及社会公共事件与自然灾害等突发性因素的作用，总有一部分家庭会出现临时或长期没有足够能力，或没有意愿养育孩子的问题。此时，对于儿童的成长来说，由国家或社会提供的儿童福利就十分必要。② 儿童福利制度的制定与实践，既可以是直接服务儿童，也可以是通过干预家庭育儿

---

① 科萨罗. 童年社会学[M]. 上海社会科学院出版社，2014.

② 彭淑华. 儿童福利：理论与实务[M]. 台湾伟华书局，2013.

事务、通过提升家庭育儿意识与能力来间接提升儿童的福利水平。但无论是前者还是后者，提供儿童社会福利的国家，都无法绕过儿童的父母及其家庭。在这个场域，公共权力在非常私人的领域存在并发挥作用，不可避免地搅动了对家庭价值与国家权力作用边界存在不同认识立场的人们的神经。人们对儿童福利属性的认识由此产生分化。①

作为未成年的儿童，大多没有足够的能力独立生存。他们难以依靠自己的努力从竞争性市场中获取福利。因此，儿童福利制度的定位，实际上是要调整好家庭、社会与国家三者在儿童福利供给过程中的关系模式与角色定位。而建构什么样的关系模式，确立什么样的角色定位，则涉及我们怎么看待儿童、儿童抚育的责任归属，以及国家在社会经济发展中的作用。

现代国家建立之前，儿童抚育之责概由家庭承担，特别是由母亲、祖母等女性家庭成员承担。父母被社会文化赋予以养育孩子的权利和责任。只有在父母与家庭无力养育时，邻里、社区等市民社会的力量才会通过血缘与地缘的连接展现其互帮互助的力量，而制度化的国家支持则付诸阙如。其时家庭之外的儿童养育充其量只是社区性的，而不是国家性。对于父母亲职权威(Parental authority)的长期普遍存在，研究者有两种不同解释：一则认为孩童是父母的私有财产，父母有权力选择怎样养育他们的孩子；另一则认为社会将养育孩子的责任托付给父母是出于对父母的信任。在信任理论看来，因为血缘与基因遗传等原因，父母是最适合照料孩子的人。② 不过，在 Barton 与 Douglas 看来，如果我们要理解不同社会文化中长期存在的亲职权威，就有必要将私有财产论与信任论结合起来看问题。在一些国家和地区，即使是社会的力量也不允许为人父母者随意处置他们的孩子，有的社区甚至直接严禁忽视、虐待孩子。在那里，孩子并非个体的私有物品。另一方面，信任论也遭遇挑战：对于一些孩子而言，很多非亲生父母的个体、组织比亲生父母更适合扮演养育者的角色。③ 基于这种逻辑，有研究者指出，养育孩子的责任归属于家

① Thomas, N., & Campling, J. (2000). Children, family, and the state: decision-making and child participation. Basingstoke, Hampshire, New York: Macmillan St. Martin's Press.

② Thomas, N., & Campling, J. (2000). Children, family, and the state: decision-making and child participation. Basingstoke, Hampshire, New York: Macmillan St. Martin's Press.

③ Barton, C. & Douglas, G. 1995, Law and Parenthood. London: Butterworths.

庭与父母之安排，并非一种本质性的要素，而是一种典型的社会建构物，[①]儿童社会福利制度的发展由此具有了合法性基础。

工业革命之后，现代民族国家开始系统地关注儿童的福利，通过发展家庭与儿童政策介入到儿童抚育事务之中，积极关注各类困境儿童，关注儿童的基本医疗保健，关注他们的受教育问题，关注儿童忽视与虐待，进而关注到家庭无力照顾的孩子和越轨儿童。[②] 这之间，最值得关注的是，英国 1889 年颁布实施的儿童法案赋予了法庭以剥夺忽视、虐待儿童父母的监护权的权力，在人类历史上第一次从法律上粉碎了孩子是父母私有财产的神话，为国家干预儿童抚育事务提供了充分的法律基础，成为现代儿童保护与儿童福利制度的重要基础。

二、儿童福利模式

由于经济社会文化的历史与现实脉络的不同，不同国家和地区的儿童社会福利制度呈现出明显的差异。根据国家介入儿童抚育的方式，Fox Harding 曾经在理论层面区分出四种不同的儿童社会福利类型：自由放任主义模型(Laissez-faire)、国家家长主义模型(State paternalism)、父母权利中心模型与儿童权利中心模型。以不干预、小政府、市场主导为主要内容的自由放任主义坚持最大限度地限制国家介入，强调维系“不受干扰的家庭生活”的重要性。这一模型支持既存的家庭内部成人之间权利关系模式(如男主外女主内)，亦支持传统的亲子关系模式。因为家庭生活是一个独立的整体，国家应该尊重其固有的边界，不可轻易将触角延伸至其内。自由放任主义模型只愿意对边缘儿童提供必要援助。与此不同，国家家长主义高度强调儿童的脆弱性与依赖性，认为国家应该通过有组织的保护儿童的行动去捍卫并提高儿童福利。在他看来，国家主导的儿童社会福利不仅应该关注得不到家庭充分照顾的孩童，也应该设法增强一般正常家庭的育儿能力，因为现代国家培育的专业儿童工作者(如医生、教师、法官与社工等)往往比家长更能准确判断什么才是儿童的最佳利益，以及怎么做有利于维护其最佳

---

① James, A., Jenks, C., & Prout, A. (1998). Theorizing childhood. Cambridge: Polity Press.

② Thomas, N., & Campling, J. (2000). Children, family, and the state: decision-making and child participation. Basingstoke, Hampshire, New York: Macmillan St. Martin's Press.

利益。和国家家长主义有所区别的是，尽管父母权利中心模型强调国家介入儿童抚育事务的合理性，但是，它并不主张、不欢迎强制的、逼迫性的(Coercive)国家干预服务。在这个模型中，父母是一个需要国家支持的儿童照顾者，但是国家绝不可轻易剥夺父母的监护权，不可轻易将儿童放置到儿童之家、儿童中心等替代性的社会儿童照顾机构。即使是那些真的需要离开父母接受国家照顾的孩子，替代性照顾方案也应该协助孩童与他们的家长进行必要沟通与联络。在这个模型中，家长的权利与需要和儿童的权利与需要并重。这与儿童权利中心主义模型显著不同。在儿童权利中心主义者看来，儿童的感受、理解、希望、自由、选择与行动至关重要，所有关于儿童的安排都应该让儿童参与。和前面三个模型有所不同，该模型强调儿童的参与权利，突出儿童的能力与主体性。①

Fox Harding 四分法的主要中轴，是家庭与国家在儿童福利供给中的关系。在强调家庭作用的政策体系中，国家只有在家庭功能失灵时才发挥其作用、协助困难家庭抚育孩童。这是一种残余福利模式(Residual model)，注重对问题儿童、困难儿童及其家庭的帮助。② 在英美等奉行右派自由主义福利体制国家和东亚国家普遍注重家庭的责任，强调家庭、市场与社会在儿童抚育中的作用，政府一般只为孩童进行人力资本的投资和对困境儿童的保护，较少有实物的保护性投资。在这种自由主义的儿童福利体制下，儿童抚育被看做主要是家庭之事，国家的过度介入会影响到个体的自由、侵犯家庭的隐私、破坏家庭责任。另一方面，国家为本的制度性儿童福利政策模型则注意通过公共政策去预防儿童问题，促进儿童的正面成长，其福利的对象通常是所有孩童，而不仅仅是边缘弱势孩童。③ 社会民主主义福利体制国家(如丹麦、挪威等)和保守主义福利体制国家(如法国和德国)一般强调国家在儿童抚育过程中的积极责任，④注重为所有儿童提供福利服务。尽管“国家—家庭”分类体系为我们理解儿童福利模型提供了便利，但是，各国福利体系都

---

① Fox Harding, L. 1996, Family, State and Social Policy. Basingstoke: Macmillan.

② Quintero, S. J. 2009, Child welfare issues and perspectives. New York: Nova Science Publishers.

③ Nixon, R. 1997, “Positive youth development.” Child Welfare: Journal of Policy, Practice, and Program, 76(5).

④ 陈云凡. OECD十国儿童福利财政支出制度安排比较分析[J]. 欧洲研究，2008，(5).

是经济、政治、文化等多种因素共同作用的结果，很难说哪一个国家的福利体系纯粹是左的或是右的。因此，在"家庭—国家"轴心外，有研究者开始注重亲属网络、社区伙伴、志愿者等非正式、第三部门在儿童福利服务过程中的作用，由此提出了社区为本的儿童公共政策模型。① 这与福利多元主义理论对于国家、市场、家庭与社会的共同强调乃异曲同工。② 在我国，也有研究者指出，儿童福利应该走社会化的模式；在强调政府作用的同时，要动员民间力量参与到儿童福利事业中，并实现对非政府儿童福利机构的有效支持、指导与监管。③

无论是强调家庭的主导作用，还是强调国家介入的意义，抑或是福利多元主义对多个主体作用的同时强调，既有的儿童福利理论与实践模型都强调，当家庭无力承担起抚育孩童的责任时，作为儿童终极监护人的国家都有介入所谓"私领域"的儿童抚育事务的国家责任。④ 因为儿童并非家长的私有财产，他们更是社会的公共产品。⑤ 当"私领域"的力量无法确保儿童拥有良好的成长环境时，作为公共部门的国家——儿童的终极监护人——需要提供及时有效的援助，以充分保障儿童的各项正当权益。这种国家干预，不仅是出于对作为公民的儿童的权利保护的需要，也是国家维护社会公平正义，进而维护社会秩序的需要。在马歇尔的公民权理论中，由市场发育引发的社会不平等可能给市场社会的发展带来严峻挑战与威胁，而消除这种不平等的国家力量的呈现，则有利于市场力量阔步前行。⑥ 可见，在福利理论的争论之中，不管是自由主义还是保守主义，不管是左派还是右派，都突出了国家在养育处境困难儿童中的责任。所不同的是，自由主义的倡导者主张的是剩余式福利，保守主义则倡导普惠型福利。

---

① Pecora, et al. 2009, The child welfare challenge: policy, practice, and research. New Brunswick : Transaction Publishers.

② Rose, R. 1986, "Common goals but different roles: the state's contribution to the welfare mix." In Rose, R. & Shiratori, R. (eds.), The welfare state: east and west. Oxford: Oxford University Press.

③ 尚晓援. 中国弱势儿童保护制度[M]. 社会科学文献出版社，2013.

④ 程福财. 家庭、国家与儿童福利供给[J]. 青年研究，2012，(1).

⑤ 陈云凡. OECD十国儿童福利财政支出制度安排比较分析[J]. 欧洲研究，2008，(5).

⑥ Marshall, T. H. 1950, *Citizenship and Social Class and other Essays*. Cambridge: Cambridge University Press.

第二节　福利需求与儿童福利服务体系

社会福利的发展应是建立在积极回应服务对象需求的基础之上。儿童福利需求构成儿童福利制度发展的逻辑起点，而这种需求的满足则是儿童福利制度建设的目标。

一、儿童福利需求

《联合国儿童权利公约》主张一切儿童工作要遵照保障儿童最佳利益的原则开展。要评估和确定儿童的最佳利益是什么，并采取有效的福利措施去满足他们的最佳利益，首先就要分析、明确儿童的需要，并评估儿童不同需要的强度与急切程度。这个评估的结果，在很大程度上决定了儿童福利政策与服务的发展重点与方向。①

按照 Bradshaw 的社会需求类型学，人类的需求包括感觉性需求(Felt need)、表达性需求(Expressive need)、规范性需求(Normative need)和比较性需求(Comparative need)。感觉性需求、表达性需求与比较性需求，是个体自身界定自己在物质和心理方面的需要；规范性需求则是由专家或行政人员在专业研究的基础上，按照专业评判标准认定的个体应该具有的需要。② 尽管由第三方表述，规范性需要却是儿童福利政策制定的最重要依据。例如，《联合国儿童权利公约》明确提出的儿童都具有生存权、受保护权和参与权这个规范性论述，在国际社会产生了深远影响。欧美国家大多从儿童生存权、受保护权和参与权等权利保护的路径出发研究制定儿童福利政策。

中国研究者对儿童的福利需求问题有较多分析。郭静晃等人的研究发现，儿童福利需求至少包括获得基本生活照顾的需求、获得健康照顾的需求、获得良好家庭生活的需求、满足学习的需求、满足休闲娱乐的需求、拥有社会生活能力的需求、获得良好心理发展的需求以及免受剥削伤害的需求等。③ 曾华源等人的研究指出，所有的儿童都具有以下几方面的需求：① 生活保障的

---

① 彭淑华. 儿童福利：理论与实务[M]. 台湾伟华书局，2013.

② Bradshaw, J. (1972). The concept of social need. *New society*, 30(3), 72.

③ 郭静晃. 迈向二十一世纪儿童福利的愿景[J]. 台湾《社区发展季刊》，1999，(88).

需求，即免于物质匮乏、获得基本生活保障、维持基本生活的需要；② 健康维护的需要，即免于疾病困扰、维护基本身心健康的需要；③ 保护照顾的需要，即免于忽视、遗弃、虐待、剥削等不良处置并获得充分适当照顾的需要；④ 教育辅导的需要，即获得成长与发展机会的需要、应对挫折等负面事件困扰的需要；⑤ 休闲娱乐的需要，即在安全的环境中进行娱乐、玩耍、游戏的需要。[①] 众多的研究表明，未来我国需要社会服务的困境儿童的比例会不断上升，儿童福利的专业化需求会日益突出。[②]

有关儿童福利需求的最完整系统研究，来自台湾大学的冯燕。在受台湾有关政府部门委托进行的儿童福利需求评估研究中，她详细列出了不同类型儿童的不同福利服务需求(详见表 1)。在她看来，儿童福利政策和服务的制定和实施应该更有针对性，更加注意以专业的福利和服务去回应不同儿童的差异化需要。

表 4-4-1　不同儿童的规范性儿童福利需求

儿童类型	福利需求项目
一般儿童	专责单位、社工员、托育、儿童图书馆、咨商辅导、亲职讲座、儿童健保、义务教育、生活教育、安全教育
低收入户儿童	家庭辅导、托儿服务、免费医疗服务、学前辅助教育、免费义务教育
原住民儿童	儿童娱乐场所、亲职教育、社工员服务、医护健康检查、加强师资素质、营养午餐、母语教学、谋生补习、图书设备、课业辅导、学前教育、奖励就业举措
意外事故儿童	亲职教育、安全教育、急救照顾措施、医疗措施、医疗辅助、心理辅导及咨询
单亲儿童	现金津贴、住宅服务、医疗保险、就学津贴、法律服务、就业服务、急难救助、课业辅导、托儿服务、心理辅导、亲职教育、学校辅导
未婚妈妈子女	收养服务、寄养服务、机构收容服务
学龄前儿童	托儿设施、课后托育、假期托育、托育人员训练、在宅服务
无依儿童	医疗服务、寄养服务、机构教养、收养、收养儿童辅导
寄养儿童	寄养家庭招募、寄养家庭选择、寄养家庭辅导、家养儿童心理需求、个案资料建立、追踪辅导

---

① 曾华源等. 少年福利[M]. 台湾亚太图书公司，1999.

② 陆士桢等. 中国儿童政策概论[M]. 社会科学文献出版社，2005.

（续表）

儿童类型	福利需求项目
机构收容儿童	专业人员、学业辅导、生活常规训练
受虐儿童	预防性亲职教育、社会宣导、家庭支持、学校社会工作、责任通报制、危机治疗、身体照顾、寄养服务、机构照顾、心理治疗、热线电话、紧急托儿所、社会服务家务员
街头儿童	游童保护与取缔、紧急庇护、中途之家、替代性福利服务、追踪辅导
性剥削儿童	家庭社会工作、宣导教育、个案救援、法律保护、中途之家、教育需求、心理辅导、追踪辅导、专业社会工作人员
失踪儿童	亲职教育、安全教育、智障儿童家庭预防措施、个案调查及管理、寻获、追踪、暂时安置、永久安置、伤害鉴定、补救教学
问题儿童	亲职教育、常态编班、消弭升学主义、取缔电玩、传媒自清、补救教学、辅导服务、药物治疗、直接服务社工员、鉴别机构、家长咨询机构、儿童心理卫生中心、行为矫治、观护制度、法律服务、寄养服务、戒毒机构
残障儿童	心理辅导咨询、早期通报系统、优先保健门诊、早期疗育、医疗补助、双亲教室、互助团体、长期追踪、转介服务、特别护士、早产儿资料网络、亲职教育、床边教育、临时托育、居家照顾、临终照顾、医疗团队

资料来源：冯燕. 儿童福利需求初步评估的研究. 台湾地区“内政部社会司”委托研究，1994.

二、儿童福利服务体系的建构

和冯燕等人对儿童福利需求的总结不同，其他的研究者试图进一步建构儿童福利服务的体系。如图 4－4－1 所示，卡都兴（Kadushin）等人在其经典著作《儿童福利》一书中，按照父母在家庭系统中的角色理论，将由国家与社会提供的儿童福利服务具体分为支持性服务、补充性服务与替代性服务三大类。其中，支持性服务是儿童福利的第一道防线，它因应儿童所处家庭因社会变迁所产生的紧张状态，帮助这些虽然暂时没有遭遇危机但未来可能遭遇困境的家庭养育好子女，为家庭赋权强能。这类服务通常包括：儿童与家庭咨询服务（含亲职教育）、对未婚父母及其子女的服务、发展迟缓儿童的早期疗养、儿童休闲娱乐设施，以及预防儿童虐待的服务。一般地，支持性服务是以家庭为本位的服务计划，透过强化家庭的育儿能力，协助父母履行好父母责任，减轻亲子间压力与紧张，以免对儿童产生不良影响。

补充性服务是为因应父母亲职角色不适当的执行，已伤害到儿童的福利，但透过适当的协助，子女仍可生活在家庭之中，不会受到再度伤害。换言之，补充性服务是指用来补充父母职责和家庭功能的儿童福利服务，它包括维持家庭基本所得(Income Maintenance)经济补贴措施，日间托育和举家照料服务(Homemaker Service)等。卡都兴将补充性服务视为儿童福利服务的第二道防线。在他看来，父母的主要职责是供给儿童基本生活所需，以促使儿童正常成长，一旦家庭中的生计者失业、残疾或死亡，都可能影响家庭所得，使儿童权益受损，补充性服务的失业保险、残障给付、抚恤制度和贫困儿童生活补助等措施，都可补充家庭或父母的经济功能，以维持家庭所得，使儿童生活不虞匮乏。此外，母亲就业、重病和离家等问题，常使父母照顾子女之功能难以充分发挥，而日间托儿服务、钥匙儿童服务和住宅服务等措施，即可弥补父母的部分功能，使儿童获得应有的照顾。补充性服务的特质是在家庭发生危机而致亲职功能不足，影响儿童正常成长时，经由外界协助，补充父母职责，使儿童健全成长。

替代性服务是指当家庭功能或亲子关系发生严重缺损，导致儿童不适宜在原生家庭生活，儿童需要暂时或永久解除亲子关系时，要临时或永久剥夺其父母的监护权，将儿童安排到替代性的居住场所作为一种短暂或永久性的安置及教养，例如短暂的家庭寄养服务、长期的收养服务、机构安置等。所有替代家庭照顾的安置，都会使得儿童的亲生父母暂时或永久停止所有日常父母对子女的责任，并将照顾的责任赋予其他人或国家。必要时政府透过法定程

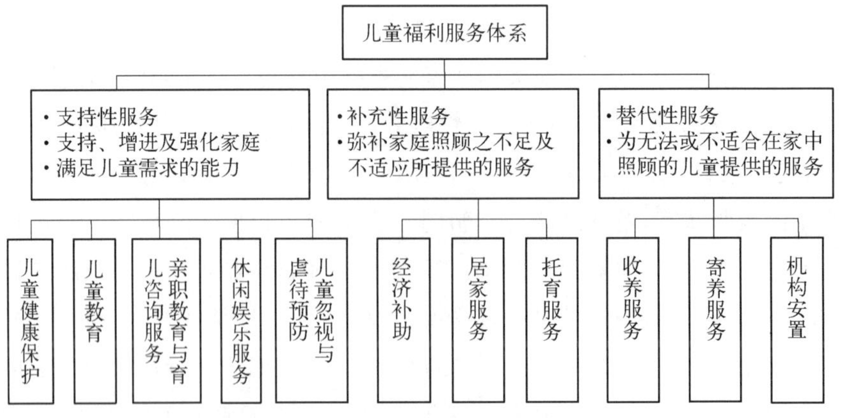

图 4-4-1　儿童福利服务体系

资料来源：Kadushin & Martin (1988). Child Welfare Services. (4th). New York：McMillan，p. 4.

序剥夺父母的监护权，强使儿童安置到适合其生活的家庭或机构，这也是政府行使代亲权，限制父母亲权，同时也解除父母的责任，转而由国家亲权来代理父母的责任。

卡都兴等人的上述研究，被公认为儿童福利服务体系研究的经典之作。其在学术界的影响至今广泛深刻。在台湾地区，有研究者对他们所谓的三类服务赞誉有加，并将其看作是儿童保护的三道有效防线，即预防防线、支持防线和治疗防线。① 也有研究者指出，从儿童福利实务发展情况看，有必要在卡都兴的概念框架中加入第四类服务——"保护性服务"：为遭遇忽视、虐待和剥削的儿童提供的服务。② 不过，其所谓的保护性服务却又没有实质超越卡都兴的理论框架：保护性服务中的预防性服务可包容在卡都兴的支持性服务之中，其治疗性服务则可放置在卡都兴的替代性服务之中。尽管如此，因为儿童虐待问题在儿童福利制度中的极端重要性，把保护性服务单列出来的安排，对于儿童保护服务实践具有更现实的指导意义。③

笔者在对中国儿童福利制度的研究中指出，儿童福利服务体系至少应该包括对儿童及其家庭的经济资助和儿童照顾服务两个方面。④ 当前中国儿童福利制度建设尤其需要优先回应困境儿童的需要。身处困境、不能从家庭获得适当照顾和养育的儿童，通常面临严重的生存危机。他们的家庭在养育孩子方面的功能不健全，甚至处于完全失能的状态。他们的父母有的因为疾病、工作繁忙、入监服刑等状况而缺乏照顾孩子的时间与精力，还有的则是因为知识和技能的贫乏而缺乏适当的育儿态度、知识与技能。从这个角度看，所谓的困境儿童面临的生活实际及其需要并不完全一样，其内部存在着明显的异质性。基于儿童福利政策制定与实践的需要，我们可以根据困境儿童的生活实际和需要将其分作贫困儿童、无人照顾的困境儿童和被忽视与虐待的儿童三类，并有针对性地为其提供相应的福利服务。由此，笔者提出了如图 4－4－2 所示的困境儿童福利服务体系。

---

① 冯燕等. 儿童福利[M]. 台湾空中大学，2000.

② 林胜义. 儿童福利[M]. 台湾五南图书公司，2002.

③ 郭静晃. 儿童福利[M]. 台湾扬智文化，2009.

④ 程福财. 从经济资助到照顾福利：关于上海儿童及其家庭福利需要的调查[J]. 中国青年研究，2013，(9).

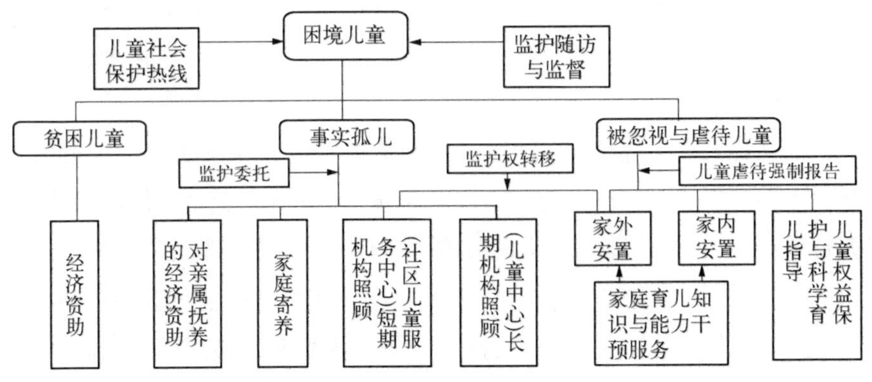

图 4-4-2　困境儿童福利服务体系

资料来源：程福财：拯救儿童[M]. 上海人民出版社，2014.

第三节　中国儿童福利制度建设面临的问题与出路

过去半个世纪，国际学术界已有 *Child Welfare*（《儿童福利》）、*Children and Youth Services Review*（《儿童与青年服务评论》）、*Child Neglect and Abuse*（《儿童忽视与虐待》）等多种儿童福利学术期刊，发表了一系列有关儿童福利政策与服务的学术论文。国外学者的研究，已在用实证的方法来比较不同服务、不同服务方法的效果，特别是它们之于儿童发展的影响，并在这个基础上提出改进儿童福利服务的模式与方法。例如，在关于寄养儿童的精神健康与相关服务的研究方面，美国学者通过实证调查发现，寄养儿童中有 40%—60%的人至少有一种心理功能紊乱问题，大约 33%的人已被确诊有 3 种以上的心理问题。① Susan dosReis 等人比较了寄养儿童、享受其他政策服务的儿童精神健康紊乱发生的比率差异与治疗差异。他们通过为期一年的追踪比较调查发现，占全美儿童总数 2%的寄养儿童患精神紊乱症的比率是接受政府其他服务的儿童的 16 倍。87%的 6—14 岁寄养儿童、61%的 15—19 岁寄养儿童、28%的 0—5 岁寄养儿童都使用过精神健康服务；这三类人群出现精神紊

① Stein E, et al., 1994. Psychiatric disorders of children in care: methodology and demographic correlates. Can J Psychiatry, 39: 341-347.

乱症的比例分别为81%,55%,27%。他们的研究发现,出现这种情况的原因可能和较差的身心健康素质、治疗服务的组织化水平与综合性水平较差、照顾服务的不连续不稳定、获取健康服务的障碍较大等因素有关。① 还有研究者在比较研究后发现,针对有严重情绪障碍的儿童,传统的精神健康服务系统反应不够,政策不足,服务的递送系统不够,资金不足。对这类人群的服务,应该发展社区为本的照顾系统。因为传统的这类服务都强调院内服务、机构服务、治疗性服务,但是,却将儿童与其生活的社区隔离开来,与孩子需要的自然环境隔离开来,使得家庭、社区无法参与到孩子的康复过程中。在这个意义上,他们认为,社区为本的康复系统有更好的效率。②

相比之下,我国儿童福利研究中关于特定服务系统、服务内容与服务方法的效率评估的实证研究还相对较少。目前有关我国儿童福利的研究,主要聚焦在对当前我国社会面临的困境儿童保护问题、儿童福利发展的迫切性、现行儿童福利制度的不足与未来发展方向上。

一、困境儿童保护问题

调查发现,当前中国存在一批得不到家庭适当监护、养育而身处困难生存境地的儿童。因为极端贫困、疾病(含精神病)、残障、服刑、育儿责任意识缺乏等原因,他们的父母没有能力、没有意愿或不懂得如何养育孩子,以致其作为儿童的基本权利得不到保障,容易酿成严重的人道危机。③ 据不完全统计,全国实际无人抚养的"事实孤儿"总数高达58万,④国家每年救助的流浪儿童数量保持在15万人次左右,⑤我国无人陪伴、监护的独居留守儿童数量高达205.7万,⑥全国服

---

① Susan dosReis et al (2001). Mental health services for youths in foster care and disabled youths. 91(7): 1094 - 1099.

② Schmitz, C. L., & Gilchrist, L. D. 1991. Developing a community-based care system for seriously emotionally disabled children and youth. Child and Adolescent Social Work, 8(5): 417 - 430.

③ 程福财.流浪儿——基于对上海火车站地区流浪儿童的民族志调查[M].上海社会科学院出版社,2008.

④ 尚晓援.中国弱势儿童保护制度[M].社会科学文献出版社,2013.

⑤ 民政部.2012年社会服务发展统计公报(2013)[EB/OL]. http://www.gov.cn/gzdt/2013-06/19/content_2428923.htm.

⑥ 全国妇联·我国农村留守儿童、城乡流动儿童状况研究报告(2013)[EB/OL]. http://wenku.baidu.com/link?url=Tcg54_xoRhcQz9Q38Wrq3RRHCUYgGmTgBkVpfV-zkr4g-BonfFaj2qrrK3TLklaqZBZt1iulwo2KNE2kHRdhIDNIOZfSIluB3kBMJh8wwX7.

刑人员未成年子女总数将近 60 万,3%—5%的中国儿童在家庭内遭受过身体虐待或性侵犯。①

尽管国内以"困境儿童"为名的研究论文非常少(截至 2015 年 2 月,中国知网期刊数据库中仅收录了 20 篇),且大多只是介绍性、规范性的论述,但我们仍然可以从国内许多关于特定类型困境儿童(如流浪儿童、贫困儿童等)的调查研究中获得关于此一群体生存状况的基本认识:不少儿童因为家庭功能失调,无法从成人社会获得必要照顾、养育,生活无依,他们中有的在家庭内长期遭受虐待,有的甚至不得不浪迹街头而独自在城市街头谋生度日,还有的甚至因此丧失生命,引起国内外舆论高度关注。② 多项研究发现,困境儿童问题产生的原因,与传统儿童抚育模式的失灵有关。笔者关于流浪儿童问题的研究发现,改革开放后,传统的以家庭为主、社会为辅的儿童抚育模式开始出现失灵,难以有效承载抚育儿童的重责。③ 家庭结构不断小型化、脆弱化,大家庭比例持续减少,离婚家庭、单亲家庭增多,④邻里、社会在儿童抚育方面互助的道德传统在削减衰落,而儿童福利政策与服务没有相应建立起来,以致相当一部分儿童得不到成人社会的养育。

二、既有儿童福利制度的不足

从国际社会的经验看,儿童保护政策体系一般包括预防性的儿童福利政策、面向边缘儿童的保护性服务政策和面向被忽视、虐待儿童的替代性儿童福利政策。⑤ 但是,在经济社会发展水平不同的国家,政策重心并不一致。有国际比较研究指出,在北欧社会民主主义国家,这三类政策及相关服务发展都比

① 刘晶晶.沪每年约 8—13 万儿童受父母不同程度虐待[N].青年报,2013-10-21;乔东平.虐待儿童:全球性问题的中国式阐释[M].社会科学文献出版社,2012.

② 尚晓援.中国弱势儿童保护制度[M].社会科学文献出版社,2013;乔东平.虐待儿童:全球性问题的中国式阐释[M].社会科学文献出版社,2012;张明锁等.建立适度普惠型的流浪儿童救助服务体系[J].社会工作,2013,(4).

③ 程福财.流浪儿——基于对上海火车站地区流浪儿童的民族志调查[M].上海社会科学院出版社,2008.

④ 邓伟志等.家庭社会学[M].中国社会科学出版社,2001;杨善华.中国当代城市家庭变迁与家庭凝聚力[J].北京大学学报,2011,(3).

⑤ 徐月宾.儿童福利服务的概念与实践[J].民政论坛,2001,(4);Pecora,et al. 2009, The child welfare challenge: policy, practice, and research. New Brunswick : Transaction Publishers.

较健全，在崇尚自由主义的美国则更加强调保护性和替代性的政策服务的发展。① 有研究发现，我国政府迄今仍然没有出台系统地帮助家庭照顾儿童的社会服务，亦没有相关法律政策明确该如何发现、应对和安置在家庭中得不到适当照顾的孩子。② 在相当长的一段时间，我国的儿童福利制度只是聚焦在孤残儿童和流浪儿童。对于孤残儿童，国家通过机构养育、家庭寄养和收养等办法予以了系统的回应，但仍有相当一部分孤儿散落在社区，未得到国家帮助。2011 年之后，这个状况得到改变，孤儿救助政策开始惠及社区散居孤儿，面向散居孤儿的基本生活保障制度顺利推进。但是，那些由儿童福利院养育的孤残儿童却面临重残儿童收养寄养难、在院儿童社会性培育不足、难以融入社会的难题。这个问题的出现，与儿童福利院养育模式本身的局限性、与儿童福利院专业人员和专业服务力量的不足等因素密切相关。③ 对于流浪儿童的救助，我国的相关政策更长期满足于以强制的方式简单将他们护送回家，护送回家后的跟踪服务、预防儿童外出流浪的源头预防服务长期缺乏，在实践上造成了流浪儿童救助工作的资源浪费和低效。④

2010 年之后，中国儿童福利政策的对象开始适度扩大，政府开始较多关注困境儿童的保护问题。2013 年，民政部开始在全国同时推进“未成年人社会保护试点”和“适度普惠型儿童福利制度建设试点”。前者试图解决家庭监护缺失和监护不当的问题，后者主要致力于解决贫困儿童的基本生活保障。政府积极回应各类困境儿童的需求，尝试建立困境儿童的国家保护制度，引起民众和学术界广泛关注。不过，相关研究表明，尽管试点工作将近两年，我国困境儿童的国家保护制度依然非常不健全。⑤ 有研究者指出，我国困境儿童保护工作存在多部门共管、遇事容易相互推卸责任，缺乏专责儿童保护事务的政府机构等问题。⑥ 尽管国家公开宣示要建立适度普惠型的儿童福利制度，但这个制度建设的进程缓慢，关于困境儿童的发现、报告、评估、干预的政策规定还很不明确，相关的服务即使是在上文提及的两个试点的地区都不够完善。

---

① 陈云凡. OECD 十国儿童福利财政支出制度安排比较分析[J]. 欧洲研究，2008，(5).

② 张文娟. 中国未成年人保护机制研究[M]. 法律出版社，2008.

③ 尚晓援. 中国弱势儿童保护制度[M]. 社会科学文献出版社，2013.

④ 程福财. 流浪儿——基于对上海火车站地区流浪儿童的民族志调查[M]. 上海社会科学院出版社，2008.

⑤ 程福财. 拯救儿童——流浪儿童社会融合问题研究[M]. 上海人民出版社，2014.

⑥ 杨雄. 我国儿童社会政策发展的基本问题[J]. 当代青年研究，2012，(1).

在对我国流浪儿童救助政策的研究中，有研究者发现，中国儿童福利制度建设面临的最突出问题是意识形态层面的认识问题。中国人长期认为养儿育女是家庭的私事，父母有充分的权力决定如何教养孩子，国家公权力不该插手管。中国人讲究长幼有序，家长对幼童具有绝对支配权；儿童必须无条件服从成年人的要求，按照成年人的意见行事，接受成年人的教育、监督、管束与控制。在一个成年人对儿童拥有绝对支配权、而体罚被看作是教育的一种有效方式的文化中，打孩子、体罚孩子、虐待孩子就具有了充分的社会文化合法性。关于禁止虐待儿童的政策与法律建议，甚至常常被一些专业的儿童研究者与儿童工作者批评为“生搬硬套外国的做法”、忽视中国传统体罚教育的传统。在这样的社会情境中，国家有充分的理由不积极介入家庭内的虐童问题，它不会自寻烦恼似地去剥夺虐待孩子家长的监护权。此外，有人更担心过多地发展面向困境儿童的福利服务会增加国家的财政负担，甚至重蹈福利国家危机的覆辙。基于这种担心，我们国家在尚未起步协助家庭抚育儿童时，就一再强调家庭的责任，强调要在社会福利社会化的理念下发展由政府、家庭、第三部门等多重力量共同供给的社会化儿童福利。实际上，我国在儿童保护福利服务方面的开支占国民生产总值的比重，不仅低于北欧、英美等发达国家，更低于墨西哥、印度、菲律宾等发展中国家。①

三、儿童福利制度建设的路径

关于中国儿童福利制度的未来建设，研究者从机构建设、法制保障与服务内容等方面提出了许多设想。有研究者指出有必要尽快改变儿童福利制度缺乏专责部门的不足。在他们看来，儿童福利与保护工作，直接牵涉到对父母监护权的监督、委托或变更等法律议题，牵涉到对儿童的重新安置以及由此而起的学校教育安排与健康保障问题。这些问题的处理，需要包括民政、公安、检察、司法、甚至立法等部门的协调配合，需要教育、卫生等政府职能的配合。例如，对于需要在家庭外安置的流浪儿童或事实孤儿，其接受学校教育的权利应该如何保障这个问题，就需要教育部门的通力支持。所有这些都要求政府相关部门之间进行必要的协调与合作，要求儿童福利工作体制机制的创新。但是，从现实的情况看，我国没有独立的统筹儿童保护工作的政府职能机构，与

① 程福财. 拯救儿童——流浪儿童社会融合问题研究[M]. 上海人民出版社，2014.

儿童福利、儿童权益保护有关的工作分别由教育部门、民政部门、卫生部门、公检法部门以及妇联、共青团等群众团体分头负责。这种多部门共同致力于儿童工作的体制安排，充分发挥了各部门的专业优势与工作积极性。但是，另一方面，也正是因为政出多门，儿童工作在一定程度上呈现出了各自为政、缺乏统筹合力的局面。为了协调各部门的工作，国务院和地方各级政府在 20 世纪 90 年代设置了本级政府有关儿童工作的议事协调机构——妇女儿童工作委员会。但这个委员会并非实体的政府职能机构。其办公室设立在作为群团组织的妇联，这在形式上实际削弱了其工作的权威性。在当前的体制框架中，群团组织下附设的机构，很难协调好教育、卫生、公检法等政府行政、司法部门的行动。基于此，他们提出了建立专责儿童福利事务的政府职能部门的建议。①

加强儿童福利立法，为儿童福利制度建设提供法律保障，是许多研究者的共同主张。在他们看来，儿童保护与儿童福利法律的不健全，严重影响了我国儿童福利事业发展的进程，成为推进我国儿童福利制度建设需要重点解决的问题。从形式上看，我国《民法通则》和多项专门法律对儿童保护问题都作了总体性规定，从原则上规范了父母等监护人在养育孩子过程中的行动范围和边界，为预防和应对儿童虐待问题提供了基本的法律依据。但研究者指出，相关的法律，但凡涉及父母（家庭）忽视、虐待儿童议题的法律条文，都显得十分抽象，不具体，操作性差。② 例如，尽管社会各界对虐待儿童的行为（引发儿童外出流浪的重要原因）十分不满，但现存的几乎所有相关法律法规都没有明确规定虐童行为的认定标准、究责程序与惩罚办法，以致大部分虐待儿童的监护人都可逍遥法外。对于那些得不到父母和家庭适当照顾和抚育的孩子的养育问题，法律也没有作具体、明确的规定。从实际的情况看，尽管国家声言要通过法定程序剥夺不适格父母的监护权，每当出现被家庭忽视、虐待、遗弃的儿童时，政府有关部门与司法部门往往只是反复口头教育父母要妥善照顾好孩子，没有系统的政策与服务提升家庭的育儿意识与能力，更不知如何或不敢不愿启动司法程序剥夺不适格父母的监护权，有关儿童监护权转移的规定很难在司法实践中落实，相关的儿童福利服务也得不到发展。法律问题的这般突

---

① 杨雄. 我国儿童社会政策发展的基本问题[J]. 当代青年研究，2012，(1)；张文娟. 中国未成年人保护机制研究[M]. 法律出版社，2008.

② 张文娟. 中国未成年人保护机制研究[M]. 法律出版社，2008.

出，几乎成为人们的共识。佟丽华等人甚至提出了民间版的儿童福利法，不过，2014年，民政部有关领导明确表示，目前我国进行儿童福利立法的时机依然不成熟，因为各地儿童福利服务的实践探索还在过程，甚至是起步过程之中，人们的认识还有分歧。

建构适当的儿童福利框架或福利服务体系是推进儿童福利制度建设的重要内容。有研究者指出，要在坚持儿童利益最大化、坚持预防和干预相结合、坚持国家监护与家庭监护相结合的基础上，紧紧围绕国家监护责任落实和监护服务发展这个战略目标开展儿童福利制度建设，积极建构包括监护监督、监护支持和监护替代在内的三位一体的儿童福利制度。①

第四节 儿童福利政策制定的方法问题

儿童福利是政策性强的助人专业。相关政策的制定，既要遵循一般公共政策制定的原理，也要考虑到其服务对象与自身运作的特殊性。作为一门实务性强的科学，儿童福利研究要关注相关政策的制定、修改、评估，要考量政策制定的优先顺序，明确儿童福利服务的重点。②

Zimmerman在20世纪80年代提出，对于社会政策的制定、形成过程，通常可以从以下几个方面来进行把握：社会政策都是理性选择的结果，是在竞争的情境下比较选择的结果；社会政策的形成是一个渐进的过程，非一蹴而就；在政策制定的过程中，不同的利益团体会积极发声、相互博弈，最后形成的政策是利益博弈的结果；政治精英与知识精英在政策形成过程中具有重要影响。③ 基于此，对儿童福利政策的研究，要特别注重对利益相关者的需求与行动进行分析，特别关注服务对象的感觉性需求，并警惕规范性需求论述是否脱离实际。实践中，儿童福利政策的制定与评估，通常采用决策研究法和问题为本的研究路径。决策研究法强调资源的输入与服务结果的输出之间的系统分析。④ 问题为本的政策分析，始终关注作为福利对象的儿童面临的

① 程福财. 拯救儿童——流浪儿童社会融合问题研究[M]. 上海人民出版社，2014.

② 郭静晃. 儿童福利[M]. 台湾扬智文化，2009.

③ Zimmerman, S. (1988). Understanding family policy: Theoretical approach. CA: Sage Publishing Co. Inc.

④ 郭静晃. 儿童福利[M]. 台湾扬智文化，2009.

问题的解决，同时积极关注政策本身、政策执行者及相关利益团体的互动与博弈对政策制定与实践的影响。① 在这种分析路径中，在预测基础上形成政策选择方案、决策后的政策行动效果的验证与评估，构成儿童福利政策制定过程的必要环节。②

儿童福利政策的制定过程，还要特别关注儿童自身作用的发挥。由于儿童和成人权力关系的不平等，长期以来，儿童福利政策都是由成人主导。儿童一般只是作为被动的政策服务的接受者而存在，并未能参与到政策的决策过程中。在《联合国儿童权利公约》颁布后，强调儿童能动性(Agency)的"儿童社会研究新范式"逐渐兴起并为儿童政策研究者接受。③ 由此，人们开始反思、批判从前的忽视儿童声音的儿童政策决策过程，并积极主张将儿童纳入儿童政策的决策过程。④

儿童福利政策是应聚焦儿童还是聚焦儿童所在的家庭？研究者对此问题争论不休。从本源上说，儿童社会政策是发端于家庭因为父母死亡、忽视与虐待、遗弃、贫穷等原因而无法有效抚育儿童的事实。因此，有研究者极力主张儿童才应该是儿童政策的对象。⑤ 但是，研究发现，单独惠及儿童的政策，并不能有效将儿童从不利处境中挽救出来。家庭是儿童生存与发展的最主要生态场所，只有作为整体的家庭的境况得到改善，儿童的福利才可能增长。基于这个原因，20世纪90年代以来，美国研究者极力倡导所谓"家庭维系服务"(Family preservation service)，强调通过改善家庭的整体生存境遇去达成保护儿童的目标。⑥

---

① Dunn, W. N. (1994). Public policy analysis: an introduction (2nd ed.). NJ: Prentice-Hall Inc.

② 郭静晃等. 儿童福利政策之研究[R]. 台湾"内政部社会司"委托研究，1995.

③ Prout, A., & James, A. (1997). A new paradigm for the sociology of childhood? Provinenance, promise and problems. In A. James & A. Prout (Eds.), Constructing and reconstructing childhood: contemporary issues in the sociological study of childhood (pp. 7 - 33). London: Falmer Press.

④ Alderson, P. (2008). *Young Children's Rights: Exploring Beliefs*. Jessica Kingsley Publishers.

⑤ Waldfogel, J. (1998). *The future of child protection: How to break the cycle of abuse and neglect*. Cambridge, MA: Harvard University Press.

⑥ O'Reilly, R., Wilkes, L., Luck, L., & Jackson, D. (2010). The efficacy of family support and family preservation services on reducing child abuse and neglect: What the literature reveals. *Journal of Child Health Care*, 14(1), 82 - 94.

第五节　简短结语

儿童福利研究牵涉到关于育儿责任划分的意识形态，也牵涉到具体政策与服务的制定和实践。总体上看，目前我国儿童福利政策研究相对比较滞后，大多数现存的研究都只是停留在对儿童福利政策制定和实施的意义与儿童福利需求的理论思辨分析上，只有少数研究开始系统评估我国的孤残儿童与流浪儿童救助政策。例如，国内现存的关于困境儿童的研究，大多只是强调关于困境儿童国家保护制度建设的意义，对困境儿童的需求、困境儿童保护政策发展的急迫性有较多理论思辨分析，但关于困境儿童及其家庭的生存现状与福利需求的系统的实证调查还较少(相关实证研究只是聚焦在流浪儿童、流动儿童、留守儿童和残疾儿童，少有研究以综合性视角来审视不同种类困境儿童)，在实证研究基础上系统反思困境儿童保护制度的研究较少。国外的儿童政策研究者已经具体到对很多微观政策服务过程的评估研究。例如，西方很多学者开始系统评估院舍照顾与社区照顾的优势与局限，开始系统反思育儿津贴与服务制度的实施绩效等。中西方这种儿童政策研究水平差距的出现，一方面是因为我国儿童福利政策本身的滞后，另一方面则是因为我国儿童福利政策学学科研究的滞后。随着我国儿童福利需求的不断增大以及儿童福利政策的不断出台与实践，儿童福利政策研究需要有更大的发展。在这个过程中，研究者需要在积极借鉴国外研究成果的基础上，探讨分析我国儿童福利政策的模型、过程，并展开实证的科学的政策评估研究。

(程福财)

推荐阅读

1. 程福财.拯救儿童——流浪儿童社会融合问题研究[M].上海人民出版社，2014.
2. 科萨罗.童年社会学[M].上海社会科学院出版社，2014.
3. 彭淑华.儿童福利：理论与实务[M].台湾伟华书局，2013.
4. 乔东平.虐待儿童：全球性问题的中国式阐释[M].社会科学文献出版社，2012.
5. 尚晓援.中国弱势儿童保护制度[M].社会科学文献出版社，2013.

思考题

1. 国家在儿童福利供给中应承担什么职责？
2. 我国儿童福利制度存在的问题与不足主要包括哪些？
3. 儿童福利政策的制定过程应该遵循哪些原则？

附　录

社会调查与专业化智库建设

——上海社会科学院社会调查中心

上海社会科学院社会调查中心作为首批中宣部舆情直报点、上海社会调查研究中心首批分中心之一，较早建成了 CATI 电话访问系统。较早出版系列年度报告《上海社会报告书》。经过 15 年发展，社会调查中心逐渐发展成为以数据库平台建设为支撑、民生民意动态调查和发布系统为载体、公共政策评估为导向的“三位一体”专业社会调查机构，并以多元化成果形式为各级党和政府部门提供大量决策咨询研究，成为上海乃至全国同行中较有代表性的特色智库。

一、基本情况

2000 年 3 月经中共上海市委领导提议，开始筹建上海社会科学院社会调查中心。是年 5 月，经院党委会讨论，并最后报经中共中央宣传部批准，该中心成为中宣部舆情信息直报点。2010 年开始，中心成为上海市人民政府发展研究中心下属的全市九大社会调查分中心之一。现有研究人员 9 名，平均年龄 39 岁，90％成员具有博士学位，60％成员具有高级职称，3/4 成员具有海外学术交流经历。经过 15 年发展，上海社会科学院社会调查中心已经发展成为有一定知名度、影响力的专业化智库。

1. 中宣部首批舆情直报点，连续多年被评为舆情信息先进工作单位

作为上海的首批三个舆情点之一，中心及时、准确、全面地向中宣部和市委宣传部反映关系思想政治文化领域和社会生活等方面带有全局性、倾向性和时效性的情况、问题和观点，并提出建设性的意见和建议。中心凝聚了一批专家学者，为舆情信息的采集提供了强有力的专业支撑，多次得到中宣部和上海市委宣传部的表扬。2003—2009 年，中心连续 7 年被上海市委宣传部评为舆情信息先进工作单位，被中宣部评为全国舆情信息先进工作单位(2009 年后

独立、分拆成为院舆情研究中心）。

2. 上海市第一本年度报告《上海社会报告书》，连续10年出版，全面、深入反映上海的社情民意

该书采用"集束平台"的方式，对年度社会热点问题展开调研。目前为止共收录调研报告252篇，共计480万字，涉及社会治理、社会发展、社会民生、社会建设、社会政策、和谐社会、社会文化等10多个研究主题，在政府职能部门和政策研究领域获得广泛好评。

3. 上海社会调查研究中心首批分中心，为政府决策咨询提供重要依据和建议

从2010年开始，中心成为上海市人民政府发展研究中心下属的全市九大社会调查分中心之一——"上海社会调查中心上海社会科学院分中心"，杨雄研究员为分中心主任。先后承担了国家及省部级领导部门委托的重大调研课题，涵盖了社会管理、公共服务、公共安全、市民心态、劳动关系、社会福利等方面，如"上海市民公共服务满意度调查"、"上海市民文化需求调查"、"上海公共交通服务体系满意度调查"等，受到上级领导高度肯定。

4. 上海社会科学院首个CATI技术（电脑辅助电话）访问室，搭建科学、便捷、有效的数据平台

2006年年底，中心建成上海社会科学院首个CATI技术（电脑辅助电话）访问室。CATI技术访问室采用最先进的电脑、电话、短消息相结合的访问方法，是"密切联系群众，倾听群众呼声，深入了解民意，充分反映民情"的最佳平台。中心利用电访系统和科学规范的调查方法，广泛开展社情民意调查、政策评价、项目评估、市场调查等服务，先后为中央文明办、上海市委宣传部、上海市社会服务局（上海社会工作党委）、上海市政府法治办、上海市公安局、上海市精神文明办等机构提供了决策支持服务。

二、主要成果

1. 深度分析重大理论问题与重大现实问题，完成一批较高质量研究报告

近年来，中心先后承接完成了大量重大调研课题，并在此基础上形成具有现实性和典型性的专题研究报告。这些研究报告成为各级党委和政府科学决策的重要理论与经验依据。据不完全统计，近年来，中心完成聚焦重大现实问题的研究报告共计128篇，报告总字数达数百万。

2. 完成上级领导部门委托、下达决策咨询研究，积极发挥决策咨询建言功能

10年来，中心成员共主持完成(包括在研)国家、省部级纵向课题31项，主要包括国家哲学社会科学重大课题2项，国家哲学社会科学一般课题1项，国家哲学社会科学青年课题4项，上海市哲社规划课题10项，上海市决策咨询课题10项，上海市晨光计划3项，上海市浦江人才计划1项。总共完成横向课题131项，其中中央委办局的课题8项、上海市委办局的课题78项、上海市区县及以下课题45项。

3. 积极参与各类相关决策活动，获得一批较高质量的奖项

近年来，中心的研究成果先后获得国家级奖2项，省部级决策咨询奖4项，其他省部级奖6项，包括获得中国家庭教育学会全国家庭教育"十一五"规划课题结题评审一等奖、二等奖；上海市第七届决策咨询研究优秀成果二等奖、上海市第八届决策咨询研究优秀成果一等奖、二等奖；上海市第七届邓小平理论研究和宣传优秀成果二等奖、三等奖；上海市第九届邓小平理论研究和宣传优秀成果二等奖；上海市第十一届哲学社会科学"网络理论宣传优秀成果奖"等。

4. 加强理论研究，发表一批较高质量论著

据不完全统计，近10年，中心成员共完成专著、合著、译著等著作44部(约710万字)，发表学术论文172篇(约190万字)，历年在院科研考评中名列前茅。在44部著作中，集体参与撰写著作33部，占75.0%；172篇论文中，甲类期刊46篇，占26.7%，乙类期刊84篇，占48.8%，其他类期刊42篇，占24.5%，其中10多篇论文被《新华文摘》《人大复印资料》转载。

三、运作方式

1. 采用传统与网络相结合的调查手段，构建数据平台，开展社会调查

拥有先进、高效、科学的调查方法与手段，是完成大量社会调查任务的第一保障。中心除了采用纸质问卷、焦点访谈、专家座谈等传统调查方法之外，构建了一套基于电话系统、移动互联的现代调查系统与方法，大大提高了调查研究的效率和科学性。目前，上海社会科学院社会调查中心的快速调查系统有四个子系统，包括CATI系统(图附1)、II系统(图附2)、QQS系统(图附3)等，为科学调查提供便利。例如在2014年度民生民意调查中，对全市的2010个样本，采用60个移动终端的CAPI系统，分组调查，并实现全程录音和GPS

定位监控，不仅大大缩短了调研周期（缩短近30%的时间），提高了工作效率，更提升了数据质量，保证了科学性。在完成调查任务的同时，也完成了数据库建设。

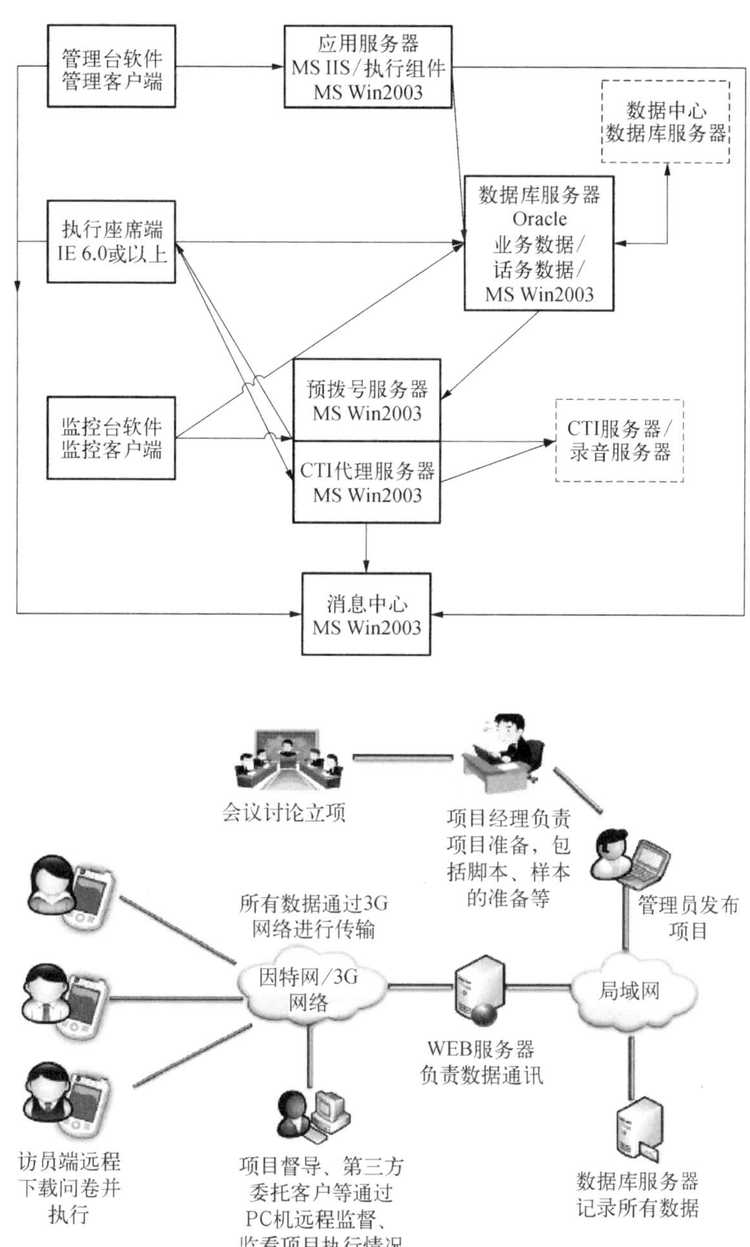

图附1　CATI系统（2006年建成，2014年更新）

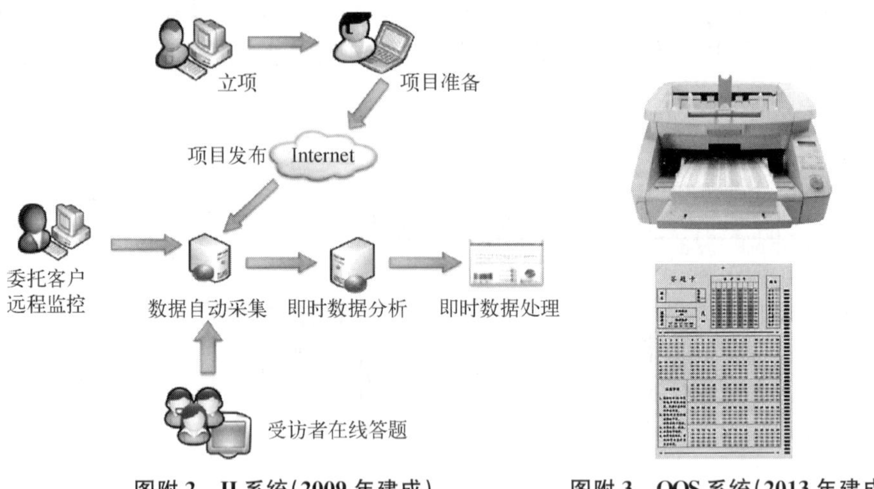

图附 2　II 系统(2009 年建成)　　**图附 3　QQS 系统(2013 年建成)**

2. 打造核心产品,持续扩大政府、社会影响力

中心自 2000 年成立伊始,在上海市委宣传部指导下,由上海哲学社会科学办公室资助,开始打造自己拳头产品"年度上海社会报告书",对当年度社会热点问题展开调研,全面、深入反映上海的社情民意,这是上海市第一本社会发展年度报告。该报告最大特点是强调第一手资料、注重科学实证研究方法、信息量大、可操作性强等。目前《上海社会报告书》已连续出版 10 本,共收录调研报告 252 篇,共计 480 万字,涉及社会治理、社会发展、社会民生、社会建设、社会政策、和谐社会、社会文化等 10 多个研究主题。其中"特大城市社会稳定与社会管理对策研究"、"互联网发展对上海社会思想文化领域的挑战"、"非典期间市民心态快速跟踪调查"、"上海万名党员思想状况调查"、"社会转型期市民素质和生活方式"、"上海万名市民法制素质调查"、"上海市民文化需求调查"、"世博后上海市民社会心态调查与预测"、"上海市民社会服务满意度调查"、"特大城市紧急情况下民众的社会心理及行为"、"国际金融危机时期市民社会生活与幸福指数"、"上海城市居民生活质量报告"等调研报告,受到上海市决策咨询部门、课题委托单位和社会民众好评。

3. 构建多边协同关系,加强开放化、社会化合作研究

一是与许多政府机构形成紧密合作关系,提供长期政策咨询服务。如与中央宣传部、中央文明办、国务院妇儿工委、国家安全局、国家教委、全国妇联、团中央、上海市委、市委宣传部、市文明办、市发展研究中心、市决咨委、市政法

委、市民政局、市社会建设委员会等 20 多个机构保持着紧密联系，这为中心更好地服务决策、开展研究提供了有力的指导和帮助。二是与诸多高校、研究机构建立学术交流与合作关系。三是与上海社区发展研究会建立了战略合作协议。在全市范围内，有 20 多个街道社区是上海社区发展研究会的理事单位，为本中心深入开展研究社区自治、基层服务型党组织、社会组织等相关问题提供便利。四是鼓励研究人员走出中心，参与国际学术交流、为政府部门提供决策咨询、向社会大众传播研究成果等。中心多数研究人员曾赴美、日、法、英、瑞典、芬兰、澳大利亚、新加坡、菲律宾、香港、台湾、澳门等国家和地区进行学术交流，国际学术出访和来访累积达 20 余次，正致力于建立一个全方位、稳定联系的合作研究网络，形成由政府、高校、社会组织、国际机构等研究网络，提升智库开放合作水平。

4. 以创新工程项目为抓手，集体攻关，形成特色智库产品

一个研究机构的健康成长离不开一支崇尚合作、互助、奉献精神的合作团队，但团队建设需要集体项目支撑。以项目为抓手，集体攻关，是获得质量更高、影响更大的科研成果的抓手和保障。中心于 2014 年成为上海社会科学院首批创新智库团队之一，计划连续 5 年开展“上海民生民意”调查。充分发挥团体的集体和个体优势，采用“兵团作战、流水式作业”合作攻关合作研究方式。针对问卷设计，集体头脑风暴，集思广益，先后开展 10 多次讨论、修改、精炼，发挥兵团作战的集体优势。采用流水线作业方式，发挥每个人长处和优势，根据成员不同学科背景与长处，把调研工作分成理论文献查阅总结、集体问卷设计、样本抽取、实地调查、数据分析、报告撰写、成果转换等流程，由不同成员分别负责，一环扣一环，有序推进研究按原来的计划推进。

图附 4　智库产品

5. 与媒体紧密合作，形成社会发布机制，实施成果转换

调查研究结果仅仅局限于圈子内学术影响，关键在于与媒体紧密合作，有效转换研究成果，扩大社会影响力。一是适应现代居民阅读特点，以单一主题宣传研究成果。我们将民生民意民情总体报告细分成单一主题，如社会信心、

工作就业、通勤时间、医疗、居住环境等，更容易让百姓记住研究成果，从而愿意讨论和关注相关研究成果。二是传统媒体与新媒体结合，以多种形式宣传研究成果。在网络媒体（如网络新闻、手机 APP）越来越受民众欢迎的当下，传统媒体（如电视、广播和报纸等）并未淡出百姓的生活，而是有加强的趋势。因此，中心既注重召开针对传统平面媒体（如《解放日报》、《文汇报》、上海电台、上海电视台）的新闻发布会，也注重网络媒体（如上海观察、新民网、解放网、新闻晨报、话匣子等）宣传，形成研究成果宣传多种形式发布，让百姓能够多渠道了解研究成果，使宣传效果更立体。三是抓住主题时效性，借助热点议题宣传成果。在信息爆炸的当下，人们对热点议题的关注有其关键期。根据社会热点和节点，确定时间、主题，达到较为理想的宣传效果。四是与主要媒体形成“双赢”合作模式。由于不同媒体的社会和市场定位不同，对新闻发布主题有所偏重，对稿件时间截点要求不同。一方面加强研究成果发布力度，另一方面使宣传标题和内容呈现多样化，吸引更多“读者”关注。

四、重大建言举要

据不完全统计，近年来，中心科研人员撰写各类专报、内参约 26 篇，其中 14 篇获得省部级以上领导批示、中央政治局常委批示 3 次。

1. 积极构建国家安全发展体制

国家安全发展体制的改革与重建是一项非常复杂的系统工作，不会一蹴而就，需要顶层设计、分步改革。以实际国情与西方经验为基础，提出如下建议：全面建立健全“一把手负责”的安全管理责任考核制。依靠制度创新和法律制裁相结合，在全社会形成“所有当权者极端负责”、“人人负责”的安全发展意识。从最紧迫问题出发，构筑全过程、连续性的横向中央大部门管理体制。建议在食品安全、应急管理两个领域率先进行这种体制的改革创新。在食品安全管理方面，虽然在中央层面有国务院食品安全委员会，但在实际工作中依然面临协调组织难、沟通难、合作难的困境，为此建议在不断强化“国务院食品安全委员会”权威性的同时，逐步向“实体化大部门管理”模式过渡，可以将分散在相关部门中的食品安全职能进行重组、合并、整合，组建实体的“国家食品安全管理部”。同理，在应急管理领域可以设置中央级的“国家应急安全部”。在条件成熟的时候（“十三五”时期），将所有分管不同领域安全事务的相关部委或安全监管职能进行全面梳理、合并、整合与重组，设置中央级、综合性、实体化的“国家安全监管与发展部”(类似美国的国土安全部)。这一安全监管机构的主要职责应该是除了国防安全以外,统管国内涉及生产安全、食品药品安全、水源安全、信息安全、文化安全、危险化学品安全、应急管理、信息安全等安全有关的重大事务,承担国家安全发展的政策调研、战略规划、监督监管、人才培养等职能。

2. 规范社会组织购买公共服务制度与目录清单

扩大政府购买服务是培育社会组织并激发其活力的需要,是加快转变政府职能、提高公共服务供给水平和效率的需要。建议市政府成立政府购买公共服务办公室,由该办公室牵头,研究制定本市各级政府部门向社会力量购买公共服务方面要遵循的原则、程序和组织保障办法,建立健全政府采购社会组织服务的行政法规与制度体系。建议由市发改委或上文建议成立的政府购买公共服务办公室牵头组织相关领域专家、相关政府职能部门领导,共同研究制定本市各级人民政府向社会力量购买公共服务的基本目录,并明确基本目录内的各项公共服务必须通过购买服务的方式由社会力量提供。建议市发改委、市财政局组建课题组专门研究本市各级政府部门向社会力量购买公共服务的定价机制,形成定价的基本原则、程序和方法,为政府购买公共服务实践工作提供科学依据。建议各级政府部门将向社会力量购买公共服务的资金列入部门年度预算,并逐步扩大购买服务的比例,逐年按比例提高用于购买服务的资金数量。财政局要将各个预算单位购买公共服务预算资金单列,以方便监管与审计。市有关部门应建设全市统一的规范、透明、高效的公共服务招投标平台与机制,推进健康、有序的政府购买公共服务秩序。要确保社会组织保质保量做好公共服务,建立由第三方独立评估社会组织绩效的评估机制,并根据评估结果给予必要的奖励和惩戒。

3. 加强大城市政府实事项目的居民满意度评价

居民对大城市政府每年出台实施的实施项目绩效的满意度评价,是提高政府为民做实事的前置条件,也是做好这项工作的目的所在。据最新调查,大城市居民认为市政府公共服务达到中等略偏上水平,对社会保障服务评价最高,对医疗卫生服务评价最低。市民对公共服务的“优质”评价最高,对“低廉”评价稍低。市民对义务教育的“优质”和“低廉”评价高,对“公平”和“便捷”评价稍低;“教育资源配置不均”、“择校费过高”、“教师素质不高”是当前义务教育的三大突出问题。为进一步推动政府公共服务质量,建议:将居民对每年政府实施项目满意度、期盼度纳入下一年财年政府实事项目的重要依据;完善公共财政制度,健全付费体制;优化资源配置,提高公共服务效率;坚持公立服务主体公益性质并增强其活力,丰富完善服务主体结构,灵活满足多元化的服务需求;完善多层次监督评价机制,确保公共服务水平稳步上升。

4. 进一步重视解决高校毕业生"蚁族"问题

据调查,目前京沪大学生"蚁族"陷入了努力工作但仍过着拮据生活的"在职贫穷"怪圈,不同于收入上的"绝对贫困",其更多表现为一种风险和弱势。这种状况如果长期得不到改变,可能加剧社会阶层的固化。如果任其发展,可能使这一群体陷入心理危机和行为失范,甚至引发一系列社会问题,必须予以重视和疏导。当前,需要从单向度的"社会管理"向"社会治理"理念转换更新,进一步明确"蚁族"群体在政府、社会组织和公众共同参与社会治理格局中的定位,将其作为"青年新市民"进行对待,创新使其有序参与社会公共事务的新机制,引导他们融入城市生活。

5. 独二代成长状况、面临的社会风险及应对策略

随着城市经济社会的发展,社会财富极大增长,作为新一代独生子女,"独二代"从一出生就身处这个政治稳定、经济优越、文化开放的社会环境之中,整体素质得到提高,人口构成更加多样化,家庭教育环境合理,信息化程度较高。但"独二代"为社会带来家庭结构缺损、养老、劳动力短缺、国家安全四大风险。为此国家需要采取以下政策:用发展的眼光来观察"独二代"。开辟多种渠道保障"独二代"抚养问题。第一,推进"独二代"家庭扶助服务;第二,建立"独二代"家庭就业援助计划;第三,发展儿童暂托服务;第四,建设青少年社会工作者队伍。营造"三结合"的家庭教育指导网络。兼顾家庭养老和社会养老体系的构建。为"独二代"社会化提供教育支持。第一,在尊重精神自由的同时,必须对"独二代"进行核心价值观的引导;第二,要为"独二代"提供接触社会和实践的机会;第三,要积极开展"独二代"的心理建设和生命教育。

6. 国际大都市儿童食品安全不容忽视

儿童食品安全是关乎每个家庭的民生大事,需要未雨绸缪,统筹考虑,积极防范,确保儿童身心健康。具体建议:一是不能等到儿童肥胖率达到发达国家水平再进行干预。上海儿童肥胖率如果再不进行及时干预,10 年内上海 13—16 岁儿童的肥胖率将接近美国水平。未来 40 年,由于肥胖引发的慢性疾病呈现高发趋势,若不及时干预,届时政府、社会和家庭都将承担昂贵的医疗

成本。对于儿童肥胖风险与成年人肥胖问题不能等量齐观,成人肥胖症可通过药物和手术等形式予以治疗,而这些药物和手术可能会给儿童带来其他负面影响。二是国家标准并不适合上海,需尽快制定上海儿童食品地方标准。目前国内没有明确的儿童食品标准,中国营养学会发布的《中国儿童青少年零食消费指南》定义也太宽泛,仅将零食分为"限量食用"、"适当食用"和"可经常食用"三类,且都是向消费者提要求,并未对生产者提出要求。因此在这种情况下食品生产商仅以满足生产质量标准为要求,儿童与成人一起按照对成人健康无害的标准消费着休闲食品和饮料。国际经验显示儿童食品需要更高标准要求。上海已经进入较发达地区,儿童日常消费习惯、支出与口味偏好有向西方发达国家看齐的趋势。为此,有必要结合上海的实际情况,制定出符合国际标准的儿童食品地方标准。三是亟待增加本市儿童体育体锻课时、户外活动机会。上海地区儿童日运动量与西方发达国家儿童相比,明显不足。吃得太多,摄入量过多,而活动量明显不足,就会产生热量超标进而引起健康风险隐患。因此,建议在校学生增加体育或体锻课时,社区、家庭要创造更多让孩子动起来的环境。四是儿童食品包装外观,应加强安全风险提示;加强对家长与儿童食品安全消费的科学指导。建议涉及儿童食品大外包装上,借鉴国外经验,应将儿童营养成分表呈现的更为直观,便于家长理性选择。同时,建议将普及儿童营养知识作为重要的科普内容,进社区、进学校、进家庭。

7. 将未成年人思想道德建设作为全国文明城市评比前置条件

未成年人思想道德建设是一项系统工程,如何将全国各地未成年人思想道德建设的工作绩效进行量化测评,理应成为国家推动未成年人思想道德建设的重要抓手。未成年人思想道德建设测评指标体系的构建,需要突出政策性、实践性、系统性、可操作性四大基本原则,主要采取工作案卷材料调阅、实地考察、问卷调查、网络调查、整体观察等测评方法,在全国选取试点的基础上,向全国广泛推行。为了提高测评工作的科学性和高效率,同时需要开发一套网络操作系统,充分发挥现代高科技在社会政策测评中的功能与作用。为了有效推动这一工作,建议把未成年人思想道德建设测评与全国文明城市测评紧密结合,并把未成年人思想道德测评的合格作为文明城市参评的前置条件。

8. 加强学校、家庭、社会"三结合",促进未成年人思想道德建设

家庭教育是整个教育系统工程的重要组成部分。要以现代科学教育理念

来指导家庭教育活动，倡导以人为本、亲子互哺的理念以及多方参与、角色定位的理念，强调亲子互哺、多方参与的重要性，鼓励开放互动、兼容并蓄的教育方式。着眼于推进家庭教育知识的宣传和普及工作，优化家庭教育的社会环境，增强家长科学教子育儿的责任感。推广家庭教育的成功经验，指导家长掌握科学教子育儿的方法与技能，促进家长与子女共同成长。加强现代家庭教育理论体系建设，提高家庭教育指导者和管理者的理论水平、服务意识和指导技巧，促进家庭教育指导水平不断提升。重视调动民间社会组织力量和社会支持体系，重视家庭教育指导的受众评估，坚持走社会化道路。完善家庭教育工作的长效机制，加强学校、家庭、社会“三结合”的教育网络建设。

后　　记

“学科理论前沿”丛书是上海社会科学院创新工程的组成部分，以相关专业的研究生和研究人员为对象，主要目的是帮助读者在短时间内较系统、全面地了解本学科国内学界的最新研究进展和前沿方向，从而使研究生能较快地实现从课程教材学习向独立研究的角色转变，也为相关领域的教师和研究人员提供一个教学和研究参考。

近年来，中国社会学研究逐渐走出了理论译介和现象描述的阶段，尝试从本土的社会现实出发进行理论概括和实证检验。特别在一些中层理论和研究领域取得了可喜的进展。考虑到当前中国社会学研究重经验实证、重实践与政策相结合的研究特点，本书在框架和内容设置上对理论和实践并重，以具体研究议题或领域为对象，突出研究的理论进展及其实践意义和政策应用。

本书主体由社会结构与社会变迁、社会治理与社会发展、社会问题与社会政策和青少年问题研究四个部分构成。第一篇“社会结构与社会变迁”侧重社会结构和变迁的分析，包括转型理论、社会分层和流动，以及消费社会的特征等内容，并介绍了主观层面的社会情绪研究近年来的进展，最后讨论中国社会学的本土化问题；第二篇聚焦当前研究热点——社会治理问题，内容涵盖社会组织、信访、劳动关系和民族问题，以中国情境下的新型社会风险和社会稳定风险评估研究收尾；第三篇以“社会问题与社会政策”为题，对一些政策性较强的议题，如对农业发展模式和城镇化下城乡移民的认同问题、性别和家庭问题，以及残疾人政策等方面的研究作了较为深入全面的介绍。

2015 年年初，上海社会科学院社会学研究所与青少年研究所合并，青少年研究成为本所一个具有深厚研究积淀而又充满活力的研究新领域，本书特辟“青少年问题研究”部分，专题介绍儿童福利、青少年心理、教育和文化等领域的研究成果和前沿动态。附录介绍了上海社会科学院调查研究中心在以社会调查为专业化智库建设服务方面的一些尝试，供读者参考。

本书各章写作分工如下：总论（杨雄、张虎祥）；第一篇　社会结构与社会变迁　第一章（臧得顺）、第二章（李骏）、第三章（李煜）、第四章（陆晓文）、第五章（张结海）、第六章（李宗克）；第二篇　社会治理与社会发展　第一章（郑乐平）、第二章（刘正强）、第三章（朱妍）、第四章（杨敏）、第五章（薛亚利）、第六章（朱志燕）；第三篇　社会问题与社会政策　第一章（王会）、第二章（康岚）、第三章（刘汶蓉）、第四章（夏国美）、第五章（张亮）、第六章（汤潇）；第四篇　青少年问题研究　第一章（孙冬喆）、第二章（桑标）、第三章（黄洪基、邓蕾）、第四章（程福财）。最后由杨雄、李煜对全书进行统稿。

参与本书撰写的主要是上海社会科学院社会学研究所的同仁，同时特邀了部分相关论题资深学者参与，他们在各自的研究领域有长期的研究积累。在议题设置时，结合各位撰稿人学术专长，同时尽可能地覆盖当前社会学领域的主要热点问题，展示近年来社会学研究所取得的成果。限于篇幅和撰稿人专长领域的限制，一定有很多重要的研究议题和重大成果未能在本书中得到体现，挂一漏万之憾有待在未来本丛书不断延展时弥补，希望能够得到各位领导、专家学者、读者的批评指正。

图书在版编目(CIP)数据

社会学理论前沿/杨雄,李煜主编.—上海:上海社会科学院出版社,2016

ISBN 978-7-5520-1432-7

Ⅰ.①社… Ⅱ.①杨… ②李… Ⅲ.①社会学—研究生—教材 Ⅳ.①C91

中国版本图书馆 CIP 数据核字(2016)第 136945 号

社会学理论前沿

主　　编:杨　雄　李　煜
责任编辑:董汉玲
封面设计:黄婧昉
出版发行:上海社会科学院出版社
　　　　　上海顺昌路 622 号　邮编 200025
　　　　　电话总机 021-63315947　销售热线 021-53063735
　　　　　http://www.sassp.cn　E-mail:sassp@sassp.cn
排　　版:南京展望文化发展有限公司
印　　刷:镇江文苑制版印刷有限责任公司
开　　本:710 毫米×1010 毫米　1/16
印　　张:34.25
插　　页:2
字　　数:558 千
版　　次:2016 年 6 月第 1 版　　2022 年 9 月第 2 次印刷

ISBN 978-7-5520-1432-7/C·110　　　定价:118.00 元